Dictionnaire scolaire du français

A basic monolingual dictionary

HODDER AND STOUGHTON

LONDON SYDNEY AUCKLAND TORONTO

Contents

Compiled by Diethard Lübke
in cooperation with Hachette and Langenscheidt

ISBN 0 340 38893 5

This edition first published 1985
Copyright © 1981, Langenscheidt-Hachette GmbH, Munich

Printed in W. Germany for
Hodder and Stoughton Educational,
a division of Hodder and Stoughton Ltd,
Mill Road, Dunton Green, Sevenoaks, Kent
by Langenscheidt, Munich

Preface

The *Dictionnaire scolaire du français* is an entirely new monolingual dictionary for students of French.

The dictionary contains approximately 7,500 carefully chosen key words that are important in the early years of learning French. In compiling the dictionary, the author consulted *Le Français fondamental* as well as the most important textbooks in use. In this undertaking, the author has benefited from many years of classroom experience.

This dictionary will be especially useful to students in their reading and writing assignments. Numerous examples in the form of illustrative phrases and common colloquialisms constitute the focus of the definitions. Also noteworthy is the inclusion of many idiomatic expressions, for which the collaboration of Hachette was invaluable.

Every word has been supplemented by grammatical aids. Irregular verb forms and hints for the formation of adverbs and the use of prepositions are included in the definitions. Of particular value are those elements marked with the symbol △, which calls attention to difficulties encountered and errors commonly made by students of French – for example, mistakes in gender, grammatical interference, and lexical and orthographic "faux amis".

Key words are defined concisely in simple French, in many cases by an illustration. The dictionary contains 551 illustrations.

Where a definition is unnecessary because the French key term is similar in spelling and meaning to its English equivalent, the key word is usually flagged with parallel lines ‖. The dictionary also gives synonyms and antonyms where appropriate. Additional information on language level or usage, such as *mot littéraire, mot familier,* or *langue administrative,* further extends the range of applications. Where pronunciation errors may occur, transcriptions in the International Phonetic Alphabet (API) are provided.

The key words and their definitions are in strict alphabetical order. The visually clear presentation and typographical style afford easy access to the desired information, with the key words in bold type and all illustrative examples in italics.

Symbols and Abbreviations

⚠ *Warning diamond* Refers to typical difficulties and errors made by foreign students of French.

‖ *Parallel lines* Indicates that the French key word exists in English with identical meaning or in identical or similar form.

~ *Tilde* Stands for the key word in expressions and illustrative examples.

adj.	adjectif	*f.*	nom féminin	*pron.*	pronom
adv.	adverbe	ind.	indicatif	subj.	subjonctif
conj.	conjonction	*m.*	nom masculin	*v.*	verbe
Contr.	contraire	*prép.*	préposition		

Pronunciation Key

Vowels

[a]	madame, patte, courage	like *a* in *mama*
[ɑ]	âme, phrase, tâche	like *a* in *father*
[e]	été, manger, nez, les	like *ay* in *day*, but without diphthongal glide
[ɛ]	mère, tête, sec, met, lait	like the first *e* in *ever*
[ə]	le, dehors, temple	like *a* in *comma*
[i]	ici, mis, île, style	like *i* in *machine*
[ɔ]	poche, Paul, fort, album	like *o* in *ton*
[o]	pot, dôme, aussi, beau	like *o* in *open*, but without diphthongal glide
[ø]	peu, danseuse, deux, nœud	lips are rounded for [o] and held while [e] is pronounced
[œ]	seul, heure, neuf, cœur	like *i* in *sir*
[u]	ou, souci, goût	like *oo* in *tooth*
[y]	tu, sûr, j'ai eu	lips are rounded for [u] and held while [i] is pronounced

Nasal Vowels Nasal vowels are produced by breathing through the nose and mouth at the same time. Nasal vowels occur when there is a vowel + **m** or **n**, which is not pronounced.

[ã]	dans, lampe, entrer, temps	nasal [a]	[õ]	ton, nombre	nasal [o]
[ɛ̃]	vin, impair, faim, bien	nasal [ɛ]	[œ̃]	un, lundi	nasal [œ], often like [ɛ̃]

Semivowels

[j]	fille, travail, crayon	like *y* in *yes*	[ɥ]	lui, huit, cuisine	like *we*
[w]	oui, trois, loin	like *w* in *watch*			

Consonants

[s]	son, tasse, ces, ça	like *s* in *six*
[z]	rose, zéro	like *s* in *rose* or *z* in *zero*
[ʃ]	chercher, vache	like *sh* in *she* or *ch* in *machine*
[ʒ]	je, jour, cage, gilet	like *s* in *measure*
[ɲ]	gagner, vigne, oignon	like *ny* in *canyon* or *ni* in *onion*
[ŋ]	camping, parking	like *ng* in *sing*

A

à *prép.* ~ *Paris,* ~ *10 heures, faire du cent* ~ *l'heure, demander qc* ~ *qn, pêcher* ~ *la ligne,* ~ *vrai dire, le livre est* ~ *moi (= appartenir).* ⚠ **Au** (= à le), **aux** (= à les). ⚠ **à** Paris, mais: **en** France.

abaisser *v.* Mettre plus bas, baisser; CONTR. relever: ~ *la vitre d'une voiture,* ~ *les mérites de qn.* – **s'**~ (il s'est abaissé) Perdre sa dignité: *s'*~ *à demander pardon à qn, s'* ~ *à des mensonges.* ⚠ **Baisser** le rideau/la voix/le prix. ⚠ Le baromètre **baisse.**

abandonner *v.* Laisser, quitter; CONTR. garder, conserver: ~ *qc à qn,* ~ *ses biens à qn,* ~ *un projet/son poste/la lutte,* ~ *sa femme/ses amis,* ~ *tout espoir, plusieurs coureurs ont abandonné.* – **s'**~ (il s'est abandonné), *s'*~ *à qc, s'*~ *lâchement au désespoir.*

abattre *v.* (j'abats, il abat, nous abattons, ils abattent; il abattit; il a abattu) **1.** Faire tomber: ~ *un arbre.* **2.** Tuer: ~ *un bœuf/un cheval.* – **s'**~ (il s'est abattu), *la pluie s'abat sur la ville (= tombe).*

une **abbaye** [abei] Le monastère, le couvent: *une* ~ *gothique.*

un **abbé** Prêtre catholique: *«Monsieur l'*~*», cet* ~.

un **abcès** [-sɛ] ‖ *Un* ~ *plein de pus, ouvrir/ vider l'*~*, cet* ~.

une **abeille** Insecte: *un essaim d'*~*s, les* ~*s font le miel, les* ~*s sont dans la ruche, être piqué par une* ~.

abeille

un **abîme** Le gouffre, le précipice: *tomber dans un* ~*; il y a un* ~ *entre eux, être au bord de l'*~ *(= près de la ruine), cet* ~.

abîmer *v.* Mettre en mauvais état, gâter, salir; CONTR. réparer, conserver en bon état: ~ *ses vêtements/sa santé.* – **s'**~ (il s'est abîmé), *ce tissu s'abîme vite.*

un **aboiement** Le cri du chien: *être dérangé par les* ~*s, faire cesser les* ~*s, cet* ~.

abolir *v.* Annuler: ~ *une loi,* ~ *la peine de mort.*

abominable *adj.* Horrible, affreux; CONTR. agréable: *un crime* ~*, elle porte un chapeau* ~ *(= très laid).* – *adv.* ~ **abominablement.**

une **abondance** Une grande quantité; CONTR. la rareté: *l'*~ *de poissons dans le lac, l'*~ *de la récolte, avoir qc en* ~*, vivre dans l'*~ (CONTR. *vivre dans la pauvreté), son* ~.

abondant, abondante *adj.* En grande quantité; CONTR. rare, insuffisant: *une récolte* ~*e.* – *adv.* **abondamment.**

un **abonné** Personne qui a pris un abonnement: *les* ~*s d'un journal/du téléphone, cet* ~.

un **abonnement** Le fait de recevoir régulièrement qc: *prendre un* ~ *à un journal/ au théâtre, renouveler son* ~*, cet* ~.

s'abonner *v.* (il s'est abonné) Recevoir régulièrement: *s'*~ *à un journal/à une revue.*

un **abord 1.** *au premier* ~ *(= à la première impression).* **2.** *adv.* **d'**~*;* CONTR. ensuite, après: *tout d'*~.

aborder *v.* S'approcher de qn pour lui adresser la parole; CONTR. s'éloigner, quitter: ~ *qn avec respect,* ~ *un passant pour lui demander son chemin, ne pas oser* ~ *qn;* ~ *un problème.*

aboutir *v.* **1.** Arriver à: ~ *à un lieu, le couloir aboutit dans la cuisine, les négo-*

ciations ont abouti à la signature du traité.
2. Réussir; Contr. échouer: *ne pas ~ dans ses recherches.*

aboyer *v.* (il aboie, ils aboient; il a aboyé; il aboiera) Crier (en parlant d'un chien): *le chien aboie, ~ après/contre un visiteur.*

abréger *v.* (j'abrège, il abrège, nous abrégeons, ils abrègent; il abrégea; il a abrégé; il abrégera) Diminuer la durée/la longueur; Contr. allonger: *~ un voyage, ~ un discours/un texte.*

une **abréviation** *S.N.C.F.* est l'~ de *Société nationale des chemins de fer français, la liste des ~s, employer une ~.*

un **abri** Lieu où l'on est protégé du danger/du mauvais temps: *chercher un ~, se mettre/être à l'~ du vent/de la pluie/du danger, cet ~.*

un **abricot** [-ko] ‖ Fruit jaune: *des ~s frais/secs, cet ~.* ⚠ **Un** abricot.

s'abriter *v.* (il s'est abrité) Se mettre à l'abri, se protéger: *s'~ du soleil.*

une **absence** Contr. la présence: *s'excuser de son ~, une ~ pour cause de maladie, son ~ de Paris a été longue, en l'~ de qn, pendant son ~, mon/ton/son ~.*

absent, absente *adj.* Contr. présent: *être ~ de Paris/de son bureau/de chez soi/en classe, le patron est ~ aujourd'hui, être ~ à l'heure du repas.*

s'absenter *v.* (il s'est absenté) Contr. être présent, rester: *il s'est absenté de son bureau, s'~ pour un moment.*

absolu, absolue *adj.* ‖ Total, complet; Contr. relatif: *avoir une confiance ~e en qn, une nécessité/une discrétion ~e, un ordre ~, la monarchie/la majorité ~e. – adv.* **absolument.**

un **absolutisme** ‖ Régime où le souverain a le pouvoir absolu, le despotisme: *l'~ des rois français, cet ~.*

absoudre *v.* (j'absous, il absout, nous absolvons, ils absolvent; il a absous/absoute) Remettre les péchés (en parlant d'un catholique): *~ qn de ses péchés, ~ un pénitent.*

abstrait, abstraite *adj.* ‖ Contr. concret: *une idée ~e, un texte ~. – adv.* **abstraitement.**

absurde *adj.* ‖ Insensé; Contr. logique,

raisonnable: *une réponse/une idée/un raisonnement ~, il est ~ de faire cela.*

un **abus** [aby] Usage excessif, mauvais ou injuste: *l'~ de l'alcool, un ~ d'autorité/de confiance, les ~ d'un régime politique, cet ~.*

abuser *v.* Faire un usage trop grand: *~ de qc/de ses forces/de son autorité, il ne faut pas ~ de ma patience, ~ d'un médicament/du vin.*

une **académie** ‖ *l'~ des sciences/de musique, l'A~ française (fondée en 1635).*

académique *adj.* Théorique, conventionnel, trop correct: *le style ~.* ⚠ La formation/la carrière/le grade **universitaire.**

accabler *v.* Faire supporter une chose pénible; Contr. soulager: *~ qn de travail, ~ qn d'injures, cette triste nouvelle m'a accablé.*

un **accélérateur** Contr. le frein: *appuyer sur l'~, pousser l'~ à fond, cet ~.*

accélérer *v.* (j'accélère, il accélère, nous accélérons, ils accélèrent; il accélérera) Rendre plus rapide; Contr. ralentir, freiner: *~ la vitesse d'une voiture/le mouvement; ~ la réalisation d'un projet.*

un **accent 1.** ‖ Signe d'orthographe: *l'~ aigu/grave/circonflexe.* **2.** Façon de parler, l'intonation: *avoir l'~ marseillais, il parle français avec un ~ anglais, sans ~, cet ~.* **3.** *mettre l'~ sur qc* (= insister).

accentuer *v.* Augmenter, intensifier, souligner; Contr. atténuer, réduire: *~ une syllabe/un mot, ~ un contraste.*

acceptable *adj.* ‖ Qui peut être accepté: *une proposition/une offre ~, le salaire est ~.*

accepter *v.* ‖ Prendre ce qui est offert; Contr. refuser: *~ un cadeau de qn/une invitation avec plaisir, ~ qn pour arbitre, il a accepté de venir, ~ que + subj.*

un **accès** [aksɛ] **1** L'entrée: *l'~ aux quais, cet ~.* **2.** *un ~ de colère* (= une crise), un *~ de fièvre.*

accessible *adj.* Où l'on peut arriver/pénétrer; Contr. inaccessible: *une vallée difficilement ~.*

un **accident** Événement inattendu et malheureux: *un ~ léger/grave, un ~ de la circulation/d'avion/de chemin de fer, un ~ arrive/se produit/a eu lieu, avoir un ~, être* victime d'un ⌣, être blessé dans un ⌣, il a échappé à cet ⌣. ⚠ Une voiture **accidentée**.

acclamer v. Saluer avec des cris de joie, applaudir; Contr. siffler: ⌣ le vainqueur, ⌣ qn à la fin de son discours.

s'accommoder v. (il s'est accommodé) Accepter qc: s'⌣ d'une situation.

accompagner v. Aller avec qn ou qc: ⌣ son enfant à l'école, ⌣ qn au théâtre; ⌣ ses paroles d'un sourire, ⌣ un chanteur, être accompagné de/par qn.

accomplir v. Réaliser, exécuter: ⌣ son devoir/un ordre/une mauvaise action, ⌣ ce qu'on avait projeté.

un **accord** 1. Le fait de penser de la même façon qu'un autre; Contr. le refus, le conflit, la rupture: l'⌣ est parfait, donner son ⌣, se mettre d'⌣ avec qn, être d'⌣ avec qc, être d'⌣ avec qn sur qc/pour faire qc, «Êtes-vous d'⌣?», «D'⌣!» (= oui). 2. frapper un ⌣ au piano. 3. En grammaire: l'⌣ du verbe avec le sujet, cet ⌣. ⚠ Travailler à **forfait** (= le salaire est fixé selon le travail effectué).

accorder v. 1. Donner volontiers; Contr. refuser, rejeter, repousser: ⌣ un crédit/une faveur à qn. 2. En grammaire: ⌣ le verbe avec le sujet de la phrase. – **s'**⌣ (il s'est accordé) Se mettre d'accord: s'⌣ avec qn sur qc.

un **accouchement** La sortie de l'enfant hors du corps de sa mère: elle a eu un ⌣ facile/difficile, la clinique d'⌣, cet ⌣.

s'accouder v. (il s'est accoudé) S'appuyer sur les coudes: s'⌣ à la fenêtre/au parapet.

accourir v. (j'accours, il accourt, nous accourons, ils accourent; il accourut; il est/a accouru; il accourra) Venir vite: ⌣ pour aider qn, ⌣ au secours de qn, je l'ai appelé et il est accouru. ⚠ «Il **a** accouru» marque l'action, «il **est** accouru» souligne le résultat.

accoutumer v. Habituer: ⌣ qn à qc, ⌣ qn à travailler, être accoutumé à qc, être accoutumé à ce que + subj. – **s'**⌣ (il s'est accoutumé), s'⌣ à faire qc, on s'accoutume à tout. ⚠ **Habituer** est plus fréquent.

accrocher v. 1. Attacher à un crochet:

⌣ un tableau au mur, ⌣ son manteau au porte-manteau. 2. Causer un accident: la voiture a accroché un piéton. – **s'**⌣ (il s'est accroché), s'⌣ à qn, s'⌣ à un espoir.

accroître v. (j'accrois, il accroît, nous accroissons, ils accroissent; il accrût; il a accru) Rendre plus grand, augmenter; Contr. diminuer: ⌣ la production, cette mesure accroît le risque.

s'accroupir v. (il s'est accroupi) S'asseoir sur les talons: s'⌣ derrière les buissons pour se cacher.

un **accueil** Manière de recevoir qn, la réception faite à qn: faire un bon/mauvais ⌣ à qn, un ⌣ aimable/amical/cordial/froid, cet ⌣.

accueillir v. (j'accueille, il accueille, nous accueillons, ils accueillent; il accueillit; il a accueilli; il accueillera) Recevoir qn: il nous a accueillis chez lui, être bien/froidement accueilli chez qn, ⌣ le nouveau venu/les visiteurs.

une **accumulation** L'action de mettre ensemble, la quantité: une ⌣ de preuves/de faits/d'exemples.

accumuler v. Mettre ensemble en grand nombre: ⌣ des richesses, ⌣ des preuves.

une **accusation** L'action de signaler qn comme coupable: faire/porter une ⌣, une ⌣ justifiée, lire l'acte d'⌣, son ⌣.

un **accusé** La personne que l'on croit coupable: interroger l'⌣, l'⌣ est condamné/acquitté par le tribunal, cet ⌣.

accuser v. 1. Présenter qn comme coupable; Contr. excuser, pardonner, défendre: ⌣ qn de meurtre/d'un crime, ⌣ qn d'avoir menti/d'avoir volé. 2. ⌣ réception (= confirmer qu'on a reçu une lettre etc.), je vous accuse réception de votre lettre.

un **acharnement** L'ardeur, la rage: travailler avec ⌣, cet ⌣.

un **achat** L'action d'acheter; Contr. la vente: faire l'⌣ de qc, l'⌣ d'une voiture, faire un bon ⌣, faire des économies pour l'⌣ d'une voiture, l'⌣ à crédit, le prix d'⌣ et de vente, cet ⌣.

acheter v. (j'achète, il achète, nous achetons, ils achètent; il achètera) Contr. vendre: ⌣ un livre à la librairie/du pain chez le boulanger, je lui ai acheté une glace (= pour lui), ⌣ cher/à bon marché,

∼ qc cent francs.

achever v. (j'achève, il achève, nous achevons, ils achèvent; il achèvera) Mener à bonne fin, finir, terminer; CONTR. interrompre, cesser: ∼ un repas/un travail/une phrase, ∼ de boire son café.

acide 1. adj. Aigre; CONTR. doux: un fruit vert et ∼, le citron a un goût ∼. **2.** m. un ∼, l' ∼ chlorhydrique.

un **acier** Fer dur: un couteau est en ∼; avoir des muscles d'∼.

une **acoustique** ‖ la bonne/mauvaise ∼ d'une salle.

acquérir v. (j'acquiers, il acquiert, nous acquérons, ils acquièrent; il acquit; il a acquis; il acquerra) Devenir le propriétaire, obtenir: ∼ une propriété, ∼ de l'expérience/la célébrité.

acquitter v. Payer, régler: ∼ ses dettes/ ses impôts/sa note d'hôtel. – s'∼ (il s'est acquitté), s'∼ de ses dettes envers qn, s'∼ d'une commission.

un **acte 1.** ‖ Action: un ∼ de courage/de bonne volonté, être responsable de ses ∼s. **2.** ‖ Partie d'une pièce de théâtre: une tragédie en cinq ∼s, cet ∼ est long. **3.** Papier officiel, document: un ∼ de mariage, signer un ∼, cet ∼. ⚠ Ne pas confondre avec **le dossier.** ⚠ Représentation d'un corps humain nu: **le nu.**

un **acteur,** une **actrice** Artiste de théâtre/ de cinéma: un grand ∼, cet ∼ est célèbre, un ∼ de théâtre/de cinéma. ⚠ Un acteur très célèbre: **la vedette.**

actif, active adj. ‖ Énergique, qui fait beaucoup; CONTR. inactif, passif, paresseux, oisif: un ouvrier ∼, mener une vie ∼ve, la population ∼ve (= qui travaille), prendre une part ∼ve dans une affaire, un médicament ∼ (= efficace).

une **action 1.** ‖ Ce que l'on fait: être en ∼, accomplir une bonne/mauvaise ∼, l'∼ du film se passe à Paris, le programme d'∼ d'un parti, le comité d'∼. **2.** À la Bourse: ce que l'actionnaire possède: acheter/vendre des ∼s, les ∼s montent/baissent, mon/ton/son ∼. ⚠ Ne pas confondre avec **la campagne** (publicitaire).

activer v. ‖ Rendre plus rapide; CONTR. ralentir: ∼ les travaux/les préparatifs, le vent a activé l'incendie.

une **activité** ‖ Le fait de travailler/d'agir, l'occupation; CONTR. la passivité, le repos, l'oisivité: montrer beaucoup d'∼, être en ∼, l'∼ professionnelle, mon/ton/son ∼.

une **actualité 1.** Ce qui se passe aujourd'hui; CONTR. le passé: s'intéresser à l'∼ politique, l'∼ d'un problème, une question d'∼, être d'∼, son ∼. **2.** les ∼s (= les informations à la radio/à la télévision).

actuel, actuelle adj. D'aujourd'hui, présent; CONTR. ancien, démodé: à l'époque/à l'heure ∼le, le monde ∼, la mode ∼le, un sujet ∼, les circonstances ∼les. – adv. **actuellement.**

adapter v. Fixer, mettre en accord avec: ∼ un objet à un autre, ∼ ses désirs à la réalité, ∼ un roman pour en faire un film. – s'∼ (il s'est adapté), s'∼ aux autres (= faire comme les autres), s'∼ aux circonstances.

une **addition 1.** ‖ 2 + 2 = 4 est une ∼, faire une ∼. **2.** Ce qu'il faut payer au restaurant: demander l'∼, «Garçon, l'∼!», le garçon apporte/présente l'∼, payer/régler l'∼, mon/ton/son ∼. ⚠ On dit: **la note** d'hôtel, **la facture** du gaz.

adieu 1. interjection «Au revoir»: dire ∼ à qn, «∼, papa.», «∼, les amis.» **2.** m. (les adieux), le moment des ∼x est venu, faire ses ∼x à ses amis.

un **adjectif** ‖ Catégorie de mots: un ∼ possessif/démonstratif, cet ∼ est variable.

un **adjoint 1.** L'assistant: le maire et son ∼, cet ∼. **2.** adj. le directeur ∼.

admettre v. (j'admets, il admet, nous admettons, ils admettent; il admit; il a admis) Considérer comme vrai/acceptable; CONTR. contester, douter, refuser: ∼ l'opinion de qn/les raisons de qn, ∼ un compromis, ∼ qn comme témoin, ∼ que + subj. (= supposer ou permettre)/ + ind. (= c'est évident), ne pas ∼ + subj., être admis à faire qc (= autorisé).

administratif, administrative adj. Qui concerne l'administration: les services ∼s, des mesures ∼ves.

une **administration** Services publics: l'∼ des départements par les préfets, faire carrière dans l'A∼, son ∼.

admirable adj. Digne d'admiration, beau, merveilleux; CONTR. effroyable,

laid, horrible: *un portrait ⁓ de son père,*
avoir des yeux ⁓s, donner une réponse ⁓.
– *adv.* admirablement.

un **admirateur** Personne qui admire: *les*
⁓s de G. Garbo, un ⁓ de Molière, cet ⁓.

une **admiration** Sentiment de joie devant ce
qui est beau; Contr. la critique, le mépris: *avoir de l'⁓ pour qn/pour qc, être*
plein d'⁓, être en ⁓ devant un tableau,
exciter l'⁓, mon/ton/son ⁓.

admirer *v.* Trouver beau; Contr. critiquer, mépriser: *⁓ Napoléon/la cathédrale*
de Chartres/le coucher du soleil, ⁓ qn
pour son courage, ⁓ qn d'avoir fait qc,
être admiré de qn. ⚠ «admirer que +
subj.» appartient à la langue soutenue.

un **adolescent,** une **adolescente** Jeune
homme ou jeune fille de 14 à 20 ans: *un*
film interdit aux ⁓s, cet⁓.

adopter *v.* **1.** ‖ Prendre comme enfant:
⁓ un garçon, être adopté par une famille.
2. Prendre: *⁓ une attitude réservée.*

adoptif, adoptive *adj.* ‖ *le fils ⁓.*

adorable *adj.* Très joli, charmant;
Contr. laid, détestable, répugnant: *une*
petite fille ⁓, avoir un sourire ⁓. – *adv.*
adorablement.

adorer *v.* **1.** Honorer Dieu: *⁓ Dieu.* **2.**
Aimer beaucoup; Contr. haïr, détester:
⁓ une belle femme/la musique de Beetho-
ven/la chasse, être adoré de qn.

adoucir *v.* Rendre plus doux/plus agréable: *un produit de beauté qui adoucit la*
peau; ⁓ sa voix, ⁓ le chagrin de qn.

une **adresse 1.** ‖ Le nom/la ville/la rue: *mettre*
l'⁓ sur l'enveloppe, donner son ⁓ à qn,
ma nouvelle ⁓, écrire une lettre à l'⁓ de
qn, partir sans laisser d'⁓, mon/ton/son ⁓.
2. Qualité de celui qui est adroit, l'habileté; Contr. la maladresse: *avoir de l'⁓,*
des jeux d'⁓.

adresser *v.* **1.** ‖ Envoyer: *⁓ une lettre à*
qn. **2.** Parler à qn: *⁓ la parole/un compli-*
ment/une question à qn. – **s'**⁓ (il s'est
adressé), *s'⁓ à la concierge/au directeur.*

adroit, adroite *adj.* Contr. gauche,
maladroit: *il faut être ⁓ pour jouer au ten-*
nis, être ⁓ de ses mains/en couture. – *adv.*
adroitement.

un **adulte** Grande personne; Contr. l'enfant: *c'est un ⁓ à présent, cet ⁓.*

un **adverbe** ‖ Catégorie de mots: *l'⁓ de lieu/*
de temps/de négation, cet ⁓ se termine en
-ment.

adverbial, adverbiale *adj.* (adver-
biaux, adverbiales) ‖ *une locution ⁓e.* –
adv. **adverbialement.**

un **adversaire** L'ennemi, le rival; Contr. le
partisan, l'ami, le collaborateur: *un ⁓ po-*
litique, vaincre son ⁓, l'emporter sur ses
⁓s, cet ⁓.

aérien, aérienne *adj.* De l'air, par
avion: *les lignes ⁓ nes, les transports ⁓s,*
une base ⁓ne.

un **aéroport** Pistes où les avions atterrissent
et décollent et les halls pour les voyageurs
etc.: *l'⁓ Charles-de-Gaulle, cet ⁓.*

affable *adj.* Aimable; Contr. impoli, arrogant: *se montrer ⁓ avec qn, répondre*
d'un ton ⁓. ⚠ «être affable **envers** qn»
est rare.

affaiblir *v.* Rendre faible; Contr. renforcer, consolider: *la fièvre a affaibli le*
malade, une crise qui affaiblit l'État.

une **affaire** ‖ Ce qui occupe qn: *c'est mon ⁓,*
occupe-toi de tes ⁓s, une ⁓ de cœur/
d'honneur, régler une ⁓, connaître son ⁓
(= son travail), se tirer d'⁓ (= d'une si-
tuation difficile); avoir ⁓ à qn, parler ⁓s
(= de commerce), je ne sais pas où mettre
mes ⁓s (= choses), le ministre des A⁓s
étrangères (= d'un pays), mon/ton/son ⁓.
⚠ Il a ses devoirs **à faire.**

affamé, affamée *adj.* Qui a faim: *la*
population ⁓e.

affecter *v.* Montrer ce qu'on ne ressent
pas réellement, simuler, feindre: *⁓ la*
gaieté (quand on est triste), ⁓ d'ignorer qc
(que l'on sait très bien).

affectif, affective *adj.* Qui concerne les
sentiments; Contr. rationnel: *la vie ⁓ve,*
une réaction ⁓ve.

une **affection** Sentiment de tendresse (moins
fort que l'amour); Contr. l'indifférence,
l'aversion, la haine: *avoir de l'⁓ pour une*
femme, avoir une ⁓ sincère pour qn,
éprouver de l'⁓ pour qn, il m'a pris en ⁓,
gagner/perdre l'⁓ de qn, rester fidèle dans
ses ⁓s, mon/ton/son ⁓.

affectueux, affectueuse *adj.* Qui montre de l'affection, tendre; Contr. froid,
dur: *il a eu des paroles très ⁓ses pour moi,*

un sourire ⁓, un enfant ⁓ envers ses parents. – *adv.* **affectueusement.**

une **affiche** Une feuille imprimée fixée sur un mur: *des ⁓s publicitaires, poser/coller une ⁓ sur le mur, lire les ⁓s, une ⁓ de théâtre, son ⁓.*

afficher *v.* Poser des affiches: *⁓ une vente aux enchères/une pièce de théâtre, «Défense d'⁓».*

affirmatif, affirmative *adj.* CONTR. négatif, interrogatif: *un geste ⁓, une réponse ⁓ve.* – *adv.* **affirmativement.**

une **affirmation** CONTR. la négation, la question: *ses ⁓s ont fini par me convaincre, mon/ton/son ⁓.*

affirmer *v.* Donner une chose pour vraie, assurer; CONTR. démentir, nier, contester: *⁓ qc à qn, j'affirme avoir vu cette personne, ⁓ qc sur son honneur, je ne peux rien ⁓, j'affirme que cela s'est passé ainsi, ⁓ que + ind., ne pas ⁓ que + subj.*

affliger *v.* (-ge- devant a et o: nous affligeons; il affligeait; affligeant) Rendre triste; CONTR. réjouir, soulager: *cette triste lettre m'afflige, sa mort a affligé tous ceux qui l'ont aimé, être affligé par la mort de qn, être affligé que + subj.* – **s'⁓** (il s'est affligé), *s'⁓ de qc, s'⁓ que + subj.*

affranchir *v.* Rendre libre, libérer: *⁓ un esclave; ⁓ une lettre/un paquet (= payer le port en mettant un timbre).*

affreux, affreuse *adj.* Horrible, très laid; CONTR. beau, agréable: *un visage ⁓, ses robes sont d'un goût ⁓, un ⁓ accident, une ⁓se blessure, il fait un temps ⁓ (= très mauvais).*

un **affront** L'offense faite publiquement, l'injure: *faire un ⁓ à qn (= insulter), subir un ⁓, ne pas supporter un ⁓, cet ⁓.*

affronter *v.* S'opposer avec courage, faire face à: *⁓ qn/qc, ⁓ un grand danger, ⁓ ses adversaires.*

afin de *prép.* Marque l'intention, pour: *⁓ travailler/s'amuser, aller à la campagne ⁓ se reposer.*

afin que *conj.* + subj. Marque l'intention: *se dépêcher ⁓ tout soit prêt à temps.*

un **âge 1.** Temps écoulé depuis la naissance: *quel ⁓ a-t-il?, «Quel est votre ⁓? – J'ai trente ans.», à cet ⁓, être du même ⁓ que qn, il est de mon ⁓, mourir à l'⁓ de 80 ans, l'⁓ ingrat (= 13 à 16 ans)/mûr (= 40 à 50 ans), une personne entre deux ⁓s (= ni jeune ni vieille), l'⁓ de raison, les enfants de 5 à 7 ans entrent dans l'⁓ de raison, le troisième ⁓ (= les vieux), être d'un certain ⁓ (= assez âgé, environ 50 à 60 ans).* △ Il **a** vingt ans. **2.** L'époque: *l'⁓ de la pierre/de bronze/du fer, le Moyen Âge, cet ⁓.*

âgé, âgée *adj.* Qui a tel ou tel âge: *être ⁓ de trente ans (= avoir trente ans), il est plus ⁓ que moi de deux ans, les enfants ⁓s de moins de quatre ans.* △ Une femme âgée (expression polie pour «vieille»). △ Un **vieux** château.

une **agence** Le bureau: *une ⁓ de voyages/immobilière.*

un **agenda** [aʒɛ̃-] Carnet qui contient une page pour chaque jour: *inscrire ses rendez-vous dans son ⁓, consulter son ⁓, cet ⁓.*

s'agenouiller *v.* (il s'est agenouillé) Se mettre à genoux: *s'⁓ pour prier.*

un **agent 1.** *un ⁓ de police, l'⁓ règle la circulation, demander le chemin à un ⁓, être arrêté par un ⁓, cet ⁓.* **2.** ‖ *un ⁓ secret (des services d'espionnage).* △ **Le policier** (= n'importe quelle personne de la police, en uniforme ou non).

agent de police

une **agglomération** Un village ou une ville: *ralentir dans une ⁓.*

aggraver *v.* Rendre plus grave; CONTR. améliorer: *⁓ le mal/son cas.* – **s'⁓** (il s'est aggravé), *l'état du malade s'est aggravé.*

agile *adj.* Souple et rapide; CONTR. lent, lourd: *un enfant ⁓, les doigts ⁓s du pianiste, un esprit ⁓.*

agir *v.* Faire qc: *le moment est venu d'⁓, ⁓ bien/mal envers qn, ⁓ au nom de qn, ⁓ en ami, ⁓ sur qn (= influencer).* – **s'⁓** (il s'est agi), *dans ce livre il s'agit de la vie des animaux (= il est question), de quoi s'agit-il? (= quel est le sujet?), il s'agit* d'arriver à l'heure (= il est important).

une **agitation** Mouvement irrégulier, le tapage; la nervosité; CONTR. le calme, le silence: *l'～ de la ville/de la rue; être dans un état d'～.*

agiter *v.* Remuer vivement: *～ un médicament; une journée/une vie agitée, une mer agitée* (CONTR. calme).

un **agneau** (les agneaux) Jeune mouton: *doux comme un ～, cet ～.*

une **agonie** ‖ Les moments avant la mort: *être à l'～ (= agoniser), son ～.*

agrandir *v.* Rendre plus grand; CONTR. diminuer, réduire: *～ la maison, faire ～ une photo, ～ sa propriété.*

agréable *adj.* Qui plaît, sympathique, charmant; CONTR. désagréable, déplaisant: *un visage/une voix/une conversation/ une promenade/une maison ～, une odeur ～, des gens ～s, ce roman est très ～ à lire, il est ～ de se reposer, il est ～ que* + subj. – *adv.* **agréablement.**

agréer *v.* Accepter (avec faveur): *veuillez ～ mes salutations distinguées.* ⚠ la demande qu'il a agré**ée.**

une **agrégation** Le concours le plus élevé dans l'enseignement: *se présenter à l'～, avoir son ～ (= être agrégé).*

agressif, agressive *adj.* ‖ Qui attaque, provoquant; CONTR. doux: *un ton ～, une attitude ～ve, tenir un discours ～.*

une **agression 1.** ‖ *l'～ hitlérienne contre la Pologne.* **2.** Attaque violente contre une personne: *un passant qui a été victime d'une ～.*

agricole *adj.* Qui concerne l'agriculture: *un pays/une exploitation/un ouvrier ～, les machines/les produits ～s.*

un **agriculteur** Personne qui exploite une ferme, le cultivateur, le fermier: *l'～ cultive les champs, l'～ vend le blé, cet ～.*

une **agriculture** La culture du sol/des champs: *les produits de l'～, le ministère de l'A～.*

ah! *interjection* qui marque un sentiment vif: *～ oui?, ～ non alors! (= la colère, la protestation), ～ bon, ～ je comprends.*

une **aide** Action d'aider; CONTR. l'obstacle: *appeler qn à l'～, avoir besoin de l'～ de qn, demander/recevoir de l'～, venir en ～ à qn, faire qc avec l'～ de qn, à l'～ de (=*

avec), *mon/ton/son ～.* ⚠ Si on est en danger on appelle **au secours.** ⚠ **Un** aide-maçon.

aider *v.* Faire qc pour qn; CONTR. nuire, gêner: *«Voulez-vous l'～?», ～ qn dans ses travaux, ils s'aident mutuellement, ～ qn à faire qc.* ⚠ «Aider à qn» ne se dit plus.

aïe! *interjection* qui marque la douleur.

un **aigle** Le roi des oiseaux: *les yeux/le bec crochu/les ailes de l'～, cet ～.* ⚠ **Une** aigle napoléonienne (= un étendard).

aigle

aigre *adj.* CONTR. doux: *du vin ～ (= désagréable au goût).*

aigu, aiguë *adj.* Qui se termine en pointe: *un oiseau au bec ～, un angle ～; l'accent ～.*

une **aiguille** [egɥij] **1.** Elle sert à coudre/à tricoter: *enfiler une ～, coudre/tricoter avec des ～s, casser son～, mon/ton/son ～.* **2.** la *petite/la grande ～ de la montre, les ～s indiquent l'heure.*

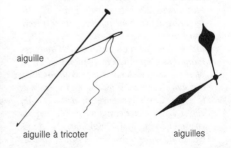

aiguille

aiguille à tricoter　　　　　　　aiguilles

un **ail** [aj] *l'odeur forte de l'~, une tête/une gousse d'~, mettre de l'~ dans un rôti, cet ~.* ⚠ Le pluriel **aulx** [o] est littéraire.

ail

une **aile** Elle sert à voler: *l'oiseau étend ses ~s, l'oiseau bat des ~s, les ~s d'un avion, son ~.*

ailleurs *adv.* **1.** CONTR. ici: *allons ~, venir d'~, il habite ~.* **2.** *d'~* (= *d'autre part), j'ai d'~ lu ce livre.*

aimable *adj.* Qui cherche à faire plaisir, gentil; CONTR. désagréable: *être ~ avec/ envers/pour qn, «Vous êtes très ~.», «C'est bien ~ à vous.», être ~ de faire qc, une lettre ~.* – *adv.* **aimablement.** ⚠ S'arranger à l' **amiable.**

aimer *v.* **1.** Éprouver de l'amour, adorer; CONTR. détester, haïr: *~ une femme/ la musique/le sport, la mère aime ses enfants, ~ qn beaucoup/avec passion, ~ bien qn (= un peu), j'aime voyager/ m'amuser/ sortir avec elle, être aimé de qn, ~ que + subj.* **2.** *~ mieux (= préférer), j'aime mieux la bière que le vin, ~ mieux faire qc que (de) faire qc.* ⚠ «aimer **à** faire qc» est affecté ou littéraire, «aimer **de** faire qc» est incorrect.

aîné, aînée *adj.* Qui est né le premier, le plus âgé; CONTR. cadet: *le frère ~, il est mon ~ de trois ans, le père et son fils ~.*

ainsi *adv.* De cette façon: *«Regardez, il faut faire ~.», ~ soit-il, pour ~ dire (= presque), il a été puni ~ que son frère (= comme).*

un **air 1.** Ce que l'on respire: *l'~ pur des montagnes, manquer d'~, prendre l'~, en plein ~ (= au-dehors), un courant d'~, l'oiseau s'élève dans les ~s, en l'~ (= vers le haut).* **2.** L'apparence: *avoir l'~ de qc, elle a l'~ sérieux/content (= elle semble être contente).* **3.** La mélodie: *l'~ d'une chanson, apprendre les paroles et l'~, cet ~.*

une **aisance 1.** La fortune qui permet de vivre dans le confort: *vivre dans l'~.* **2.** La facilité de parler etc.: *s'exprimer avec ~.*

une **aise 1.** CONTR. la gêne, l'embarras: *être à l'~, se mettre à l'~, mettre qn à l'~, je suis mal à mon ~, mon/ton/son ~.* **2.** *adj.* Content: *je suis bien ~ de faire qc/que + subj.*

ajouter *v.* Mettre en plus; CONTR. enlever, diminuer: *~ du sel à la salade, ~ un mot à la phrase, ~ que + ind.*

une **alarme** ‖ Signal pour avertir d'un danger, l'alerte: *le signal/la sonnette d'~, donner l'~.* ⚠ une alarme.

un **albâtre** ‖ Pierre utilisée pour faire des objets d'art: *des vases d'~.*

un **album** [-bɔm] ‖ *un ~ de timbres/de photos, cet ~.*

un **alcool** [-kɔl] ‖ Liquide qui rend ivre: *boire de l'~, cet ~ fait 40 degrés, l'~-test, cet ~.*

un **alcoolisme** ‖ Le fait de boire régulièrement trop d'alcool: *la lutte contre l'~, cet ~.*

les **alentours** *m. (au pluriel)* Les environs: *aux ~ de Bordeaux il y a des vignes (= du côté de).*

une **alerte** L'alarme: *donner l'~, une fausse ~, en cas d'~, mettre les troupes en état d'~, son ~.* ⚠ On dit: la sonnette d'**alarme**, tirer le signal d'**alarme** dans le train.

un **alibi** ‖ *avoir un ~ excellent, vérifier l'~ de qn, cet ~.*

aligner *v.* Mettre en ligne droite: *~ des chaises, les élèves sont alignés (= mettre en file).* – *s'~* (ils se sont alignés), *alignez-vous!*

un **aliment** Tout ce que l'on mange, la nourriture: *le pain est un des principaux ~s, cet ~.* ⚠ Payer pour un enfant une **pension alimentaire.**

alimentaire *adj.* Qui sert à nourrir: *les produits ~s.*

une **alimentation** Action de nourrir, la nourriture: *le magasin d'~, l'~ des soldats.*

une **allée** Chemin bordé d'arbres: *une belle ~ avec des arbres, les ~s du bois de Boulogne/du Luxembourg (à Paris), son ~.* ⚠ Une grande rue dans une ville avec des arbres: une **avenue.**

une **allégorie** ‖ L'expression d'une idée par une image: *l'~ de la justice, son ~.*

allégorie

allégorique *adj.* ‖ *un roman/une peinture ~.*

l' **Allemagne** *f.* Pays de l'Europe centrale: *la République fédérale d'~ (R.F.A.), vivre en ~.*

un **Allemand,** une **Allemande** Personne de nationalité allemande: *c'est un ~, il y a beaucoup d'~s à Paris, cet ~.*

l' **allemand** *m.* La langue allemande: *apprendre/parler l'~, cet ~.*

allemand, allemande *adj.* Qui concerne l'Allemagne: *la langue/la littérature ~e, la République démocratique ~e (R.D.A.).*

aller *v.* **1.** (je vais, tu vas, il va, nous allons, vous allez, ils vont; il alla; il est allé; qu'il aille; il ira; va! vas-y!) Se déplacer à pied ou avec un véhicule: *~ à pied, ~ chez le coiffeur/chez le médecin, ~ au restaurant/au cinéma/au travail, ~ à Paris, ~ en ville/en France, ~ voir qn (= lui rendre visite), ~ se promener/se coucher (= au lit), ~ à bicyclette, ~ en auto/en avion, ~ loin, le train va vite, «Va ouvrir la porte.»* **2. s'en ~** (il s'en est allé) Quitter un lieu, partir: *«Va-t'en.»* **3.** Aller à cheval. **4.** Fonctionner: *ma montre va bien.* **5.** Se porter (bien ou mal): *«Comment allez-vous?» «Ça va.», «Je vais bien.»* **6.** Convenir: *ce pullover lui va bien (= à cette dame), ce bleu et ce rouge vont bien ensemble.* **7.** Le futur proche: *nous allons commencer (= nous commençons tout de suite), il va venir, le train va partir.* **8.** *Cela va sans dire (= c'est évident).* **9.** *se laisser ~ (= perdre courage, ne faire aucun effort pour réagir).*

une **alliance** ‖ L'union: *une ~ entre deux pays.*

allô! *interjection* ‖ Appel au téléphone: *«~! qui est à l'appareil?»*

allonger *v.* (-ge- devant a et o: nous allongeons; il allongeait; allongeant) Rendre plus long; Contr. raccourcir, abréger: *~ une jupe, ~ le texte, ~ le bras (= étendre).* – **s'~** (il s'est allongé), *s'~ dans l'herbe.*

allumer *v.* Mettre le feu; Contr. éteindre: *~ une cigarette/le gaz; ~ une lampe/la lumière.* ⚠ Ne pas confondre avec **incendier** (= détruire qc par le feu).

une **allumette** *acheter une boîte d'~s, frotter une ~, mon/ton/son ~.*

allumettes

une **allure** **1.** La manière et la vitesse de se déplacer: *l'~ rapide d'un cheval, rouler à grande ~.* **2.** L'apparence: *avoir de l'~ (= l'élégance), mon/ton/son ~.* ⚠ Quelles **drôles de manières!**

une **allusion** Mot qui fait penser à ce que l'on ne dit pas directement, le sous-entendu: *faire ~ à qc/ à qn, comprendre une ~, mon/ton/son ~.*

alors *adv.* [-ɔr] À ce moment-là: *j'étais ~ à Paris, jusqu'~, ~ que + ind. (= tandis que).* ⚠ Ne pas confondre avec **maintenant** (= dans le moment présent).

une **alouette** Petit oiseau brun: *l'~ chante, la chasse aux ~s, le pâté d'~s.*

alouette

alourdir *v.* Rendre plus lourd: ⌣ *une charge, ce mot alourdit la phrase.*

un **alphabet** [-bɛ] ‖ A, B, C . . . Z: *apprendre l'*⌣*, les 26 lettres de l'*⌣*.*

alphabétique *adj.* ‖ Selon l'alphabet: *l'ordre* ⌣*, l'index* ⌣*.*

un **alpinisme** Sport en montagne: *pratiquer l'*⌣*.*

alternatif, alternative *adj.* Qui se répète, périodique: *le mouvement* ⌣ *d'un pendule, le courant* ⌣*.*

une **alternative** ‖ Choix entre deux possibilités: *dans cette* ⌣ *il faut choisir, il n'y a pas d'*⌣*, son* ⌣*.*

une **altitude** Hauteur au-dessus du niveau de la mer: *une grande/faible* ⌣*, le sommet du mont Blanc est à 4807 mètres d'*⌣*, l'avion prend/perd de l'*⌣*, son* ⌣*.*

un **aluminium** [-jɔm] ‖ Métal léger: *une casserole en* ⌣*, cet* ⌣*.*

une **amabilité** Qualité d'une personne aimable; Contr. la grossièreté, la brutalité: *être plein d'*⌣*, avoir l'*⌣ *de faire qc, mon/ton/son* ⌣*.*

amaigrir *v.* Rendre maigre: *le corps amaigri d'un malade, elle suit un régime amaigrissant.*

une **amande** *des* ⌣*s douces/amères, la pâte d'* ⌣*s, le gâteau aux* ⌣*s.* ⚠ Ne pas confondre avec l'**amygdale** (= organe dans la gorge).

amande

un **amant** Homme qui a des relations avec une femme avec laquelle il n'est pas marié: *elle a pris un* ⌣*, être l'*⌣ *d'une femme, son* ⌣*, cet* ⌣*.*

amasser *v.* Accumuler, entasser: ⌣ *des richesses,* ⌣ *des provisions,* ⌣ *des documents.*

un **amateur** **1.** Celui qui aime une chose: *un* ⌣ *de musique classique/de bonne cuisine.* **2.** ‖ Contr. Le professionnel: *faire du sport en* ⌣*, n'être qu'un* ⌣*, cet* ⌣*.*

une **ambassade** Le bureau de l'ambassadeur: *aller à l'*⌣*, s'adresser à l'*⌣ *de France.*

un **ambassadeur** Le représentant d'un État étranger: *l'*⌣ *de France, être nommé* ⌣*, cet* ⌣*.*

une **ambiance** L'atmosphère, le milieu: *dans notre classe il y a une bonne* ⌣*, une* ⌣ *hostile/sympathique, son* ⌣*.*

ambigu, ambiguë *adj.* Qui permet plusieurs interprétations, équivoque, incertain; Contr. clair, précis, net: *donner une réponse* ⌣*uë, une conduite* ⌣*uë.*

ambitieux, ambitieuse *adj.* Qui a de l'ambition, qui désire réussir; Contr. modeste: *un homme* ⌣*.* – *adv.* **ambitieusement.**

une **ambition** Désir de réussir: *avoir l'*⌣ *de faire qc, manquer d'*⌣*, mon/ton/son* ⌣*.*

une **ambulance** ‖ Voiture qui transporte les malades/les blessés: *appeler l'*⌣ *pour conduire le malade à l'hôpital, son* ⌣*.*

une **âme** La partie immortelle de l'homme; Contr. le corps: *sauver/perdre son* ⌣*, rendre l'*⌣ *(= mourir), la grandeur/la force d'*⌣*, une* ⌣ *sensible, de toute son* ⌣ *(= très volontiers), mon/ton/son* ⌣*.*

une **amélioration** Action de rendre meilleur, le progrès: *l'*⌣ *de la situation/de son état de santé/des relations entre deux nations, l'*⌣ *du temps, mon/ton/son* ⌣*.*

améliorer *v.* Rendre meilleur, perfectionner; Contr. aggraver, gâter: ⌣ *la situation,* ⌣ *une traduction.* – *s'*⌣ (il s'est amélioré), *ma santé s'est améliorée.*

une **amende** Somme qu'il faut payer en punition: *être condamné à une* ⌣*, payer une* ⌣ *de 1000 F pour avoir fait qc, défense d'afficher sous peine d'*⌣*, mon/ton/son* ⌣*.*

amener *v.* (j'amène, il amène, nous amenons, ils amènent; il amènera) Faire venir une personne avec soi: ⌣ *un ami avec soi/chez qn,* ⌣ *sa sœur.* ⚠ Ne pas confondre avec **apporter** (= porter une chose avec soi).

amer [-ɛr]**, amère** *adj.* **1.** Contr. doux, sucré: *un fruit* ⌣*, une amande* ⌣*ère, un médicament* ⌣*.* **2.** Douloureux, triste: *une* ⌣*ère déception, d'* ⌣*s reproches.*

une **amertume** La tristesse, la déception, le découragement; Contr. la joie: *penser à qc avec* ⌣*, mon/ton/son* ⌣*.*

un **ami,** une **amie** Qn que je connais bien, avec qui je m'entends bien; Contr. l'ennemi, le rival: *un de mes ⌣s, c'est mon meilleur ⌣, un véritable ⌣, être entre ⌣s, confier ses soucis à son ⌣, inviter des ⌣s chez soi, présenter cet ⌣ à qn.*

amical, amicale *adj.* **(amicaux, amicales)** Qui manifeste de l'amitié; CONTR. hostile, malveillant: *être ⌣ avec qn, avoir des relations ⌣es, donner un conseil ⌣, une lettre ⌣e. – adv.* **amicalement.**

un **amiral (les amiraux)** ‖ Officier de marine: *le contre-⌣, le vice-⌣, cet ⌣.*

une **amitié** Sentiment qui unit deux amis; CONTR. l'aversion, la haine: *l'⌣ entre deux hommes, avoir de l'⌣ pour qn, éprouver une vive ⌣ pour qn, se lier d'⌣ avec qn, faire qc par ⌣ pour qn, mon/ton/son ⌣.*

amortir *v.* Rendre moins violent; CONTR. augmenter: *⌣ un coup, les tampons des wagons amortissent les chocs, ⌣ les bruits.*

un **amour** **1.** Le sentiment de celui qui aime; CONTR. la haine: *un grand ⌣, l'⌣ passionné/platonique, l'⌣ paternel/maternel/fraternel, l'⌣ du prochain, l'⌣ de la vérité/de la patrie/de la liberté, un chagrin d'⌣, un mariage d'⌣, éprouver/avoir de l'⌣ pour qn, pour l'⌣ de Dieu (= pour rien), faire l'⌣ avec qn (= avoir des relations sexuelles), cet ⌣.* **2.** *l'⌣-propre* (= sentiment de la valeur personnelle).

amoureux, amoureuse **1.** *adj.* Plein d'amour: *tomber ⌣, il est ⌣ d'elle, des regards ⌣.* **2.** *un ⌣, les deux ⌣.*

ample *adj.* Très large; CONTR. étroit: *un manteau ⌣, trop ⌣. – adv.* **amplement.**

une **ampleur** La largeur, l'importance; CONTR. l'étroitesse: *l'⌣ de la jupe, la manifestation a pris de l'⌣, l'⌣ de la catastrophe, son ⌣.*

une **ampoule** **1.** La lampe électrique: *remplacer/changer l'⌣.* **2.** Blessure de la peau: *avoir des ⌣s aux pieds/aux mains, mon/ton/son ⌣.*

amputer *v.* ‖ Couper un membre: *on l'a amputé d'un bras.*

ampoule

amusant, amusante *adj.* Qui fait rire, comique, drôle; CONTR. triste, ennuyeux: *un jeu/un livre/un film ⌣.*

s'amuser *v.* (il s'est amusé) CONTR. s'ennuyer: *les enfants s'amusent bien, s'⌣ avec qc, s'⌣ à faire qc.*

un **an** 365 jours: *rester deux ⌣s à Paris, il a dix-huit ⌣s, un enfant de six ⌣s, le nouvel ⌣, trois fois par ⌣, depuis deux ⌣s, il y a deux ⌣s, un ⌣ et demi.* ⚠ **An** sert surtout pour compter; pour la durée on dit **année.**
⚠ Trois **mois**, six **mois**, neuf **mois.**

une **analogie** [-ʒi] ‖ La ressemblance totale; CONTR. la différence, le contraste, l'opposition: *une ⌣ entre deux choses/avec qc, par ⌣ avec qc, son ⌣.*

analogue *adj.* ‖ Pareil, semblable, presque identique; CONTR. différent: *une idée ⌣ à une autre.*

une **analyse** [-liz] ‖ L'examen: *faire une ⌣ du texte/du style/des détails, l'⌣ de la situation politique, l'⌣ du sang, l'⌣ exacte/minutieuse/superficielle, mon/ton/son ⌣.*

analyser *v.* ‖ Faire l'analyse, étudier, examiner: *⌣ un texte/la situation politique/ses sentiments.*

un **ananas** [-nas/-na] Fruit: *une boîte d'⌣ en conserve, une tranche d'⌣, cet ⌣.* ⚠ **Un** ananas.

une **anarchie** [-ʃi] ‖ Le désordre: *le pays est dans l'⌣, tomber dans l'⌣, son ⌣.*

une **anatomie** ‖ L'⌣ humaine/animale, son ⌣.

les **ancêtres** *m.* (au pluriel) Personnes qui sont à l'origine d'une famille/d'un peuple: *mes ⌣s, nos ⌣s les Gaulois.*

ancien, ancienne *adj.* **1.** Qui existe depuis longtemps; CONTR. moderne, actuel, récent: *acheter des meubles ⌣s, les coutumes très ⌣nes.* **2.** Qui a été et n'est plus: *mes ⌣s voisins, l'⌣ ministre, les ⌣s combattants, l'Ancien Régime (avant 1789).*

une **ancre** ‖ *jeter/lever l'⌣, son ⌣.* ⚠ **Une** ancre.

ancre

un **âne 1.** Animal: *l'~ a de longues oreilles, têtu comme un ~.* **2.** Un idiot, un imbécile: *tu es un ~, cet ~.*

âne

anéantir *v.* Détruire/ruiner complètement: *~ une ville pendant la guerre, la grêle a anéanti la récolte.*

une **anecdote** ‖ Petite histoire amusante: *l'~ rapporte un petit fait curieux et historique, raconter une ~ amusante, l'~ fait rire.*

un **ange** Être spirituel (près de Dieu): *l'~ Gabriel, l'~ gardien, être aux ~s (= très heureux), mon ~ (= mon chéri/ma chérie), cet ~.* △ **Un** ange.
angélique *adj.* Digne d'un ange, pur, innocent; Contr. diabolique: *une douceur ~, un sourire ~.*

un **angle 1.** *les quatre ~s de la table, les côtés de l'~, l'~ droit/aigu, à l'~ de la maison/de la rue (= le coin).* **2.** Le point de vue: *voir les choses sous un certain ~, cet ~.*

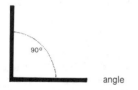

90°

angle

une **angoisse** Grande peur, l'anxiété; Contr. le sang-froid, la tranquillité: *penser à qc avec ~, une ~ mortelle, mon/ton/son ~.*

une **anguille** Poisson très allongé: *pêcher l'~.* △ **Une** anguille.

anguille

un **animal (les animaux)** Une bête: *les ~aux sauvages/domestiques/utiles, élever des ~aux, cet ~.*
animer *v.* Donner de la vie/du mouvement: *une rue peu/très animée, une conversation animée.*

un **anneau (les anneaux)** Cercle de matière dure: *l'~ d'un porte-clefs, les ~x du rideau, cet ~.* △ Ne pas confondre avec **l'alliance** (= l'anneau de mariage).

une **année** La période/la durée de 365 jours: *l'~ 1918, l'~ dernière/prochaine, quelques ~s plus tard, toute l'~, pendant l'~, en fin d'~, souhaiter la bonne ~ à qn, l'~ scolaire, être dans sa vingtième ~, mon/ton/son ~.* △ Distinguez **an** et **année**.

un **anniversaire** Jour où l'on fête le jour de sa naissance: *c'est aujourd'hui mon vingtième ~, fêter/célébrer son ~, cet ~.*

une **annonce 1.** Publicité dans le journal: *mettre/insérer une ~ dans le journal, les petites ~s.* **2.** La nouvelle: *l'~ de sa mort m'a bouleversé, mon/ton/son ~.*
annoncer *v.* (-ç- devant a et o: nous annonçons; il annonçait; annonçant) Faire savoir, communiquer: *~ une bonne nouvelle à qn, ~ que + ind., ~ qn à qn (= dire son nom).* △ **Publier une annonce/mettre une annonce dans le journal.**

annoter *v.* Ajouter des notes à un texte: *cet exemplaire est annoté par l'auteur.*

un **annuaire** Livre qui paraît tous les ans: *l'~ du téléphone, cet ~.*
annuel, annuelle *adj.* Qui a lieu une fois par an: *une fête/une cérémonie ~le; des plantes ~les (= qui ne vivent qu'un an).*

un **annulaire** Le quatrième doigt: *on porte une bague à l'~, cet ~.*
annuler *v.* ‖ Supprimer; Contr. confirmer: *~ une commande/un rendez-vous.*

anonyme *adj.* [-nim] ‖ Qui ne fait pas connaître son nom: *une lettre/un auteur ~, une société ~ (S.A.).*

annulaire

un **anorak** ‖ Veste courte à capuchon: *mettre son ~, cet ~.*

anormal, anormale adj. (anormaux, anormales) ‖ Exceptionnel, extraordinaire, bizarre; CONTR. normal: *une température ⌣e, il est ⌣ de faire cela, c'est tout à fait ⌣. – adv.* **anormalement.**

une **anse** *l'⌣ d'une tasse/d'un panier, prendre un seau par l'⌣.*

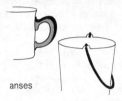

anses

une **antenne** ‖ *l'⌣ de télévision, mon/ton/ son ⌣.*

antérieur, antérieure adj. 1. Qui est avant (dans le temps); CONTR. postérieur: *cet événement est ⌣ à ma naissance, le passé ⌣ d'un verbe.* 2. Situé à l'avant (dans l'espace): *les pattes ⌣es d'un animal. – adv.* **antérieurement.**

anticiper v. Exécuter avant la date convenue: *⌣ un paiement.*

un **anticyclone** En météorologie: zone de beau temps; CONTR. le cyclone: *l'⌣ annonce le beau temps, cet ⌣.*

une **antipathie** ‖ CONTR. la sympathie: *avoir de l'⌣ pour qn, éprouver de l'⌣, montrer ouvertement son ⌣, mon/ton/son ⌣.*

une **antiquité 1.** ‖ *l'A⌣ grecque/latine, s'inspirer de l'A⌣.* 2. ‖ *des ⌣s (= objets d'art ancien), un marchand d'⌣s.*

une **antithèse** ‖ L'opposition de deux termes dans une phrase: *cette phrase contient une ⌣ brillante/recherchée, l'auteur emploie des ⌣s, son ⌣.*

un **antonyme** ‖ CONTR. le synonyme: *«grand» et «petit» sont des ⌣s, cet ⌣.*

une **anxiété** L'inquiétude, l'angoisse; CONTR. le calme: *une vive ⌣, attendre qc dans l'⌣, mon/ton/son ⌣.*

août m. [u/ut] 8ᵉ mois: *le mois d'⌣, le premier ⌣, en ⌣.* ⚠ À la radio on entend parfois: [au].

apaiser v. Calmer; CONTR. exciter: *⌣ sa faim/sa soif, ⌣ les esprits, ⌣ les soupçons/ les remords.*

apathique adj. ‖ CONTR. actif, énergi-

que: *il est complètement ⌣, avoir un caractère ⌣.*

apercevoir v. (-ç- devant o et u: j'aperçois, il aperçoit, nous apercevons, ils aperçoivent; il aperçut; il a aperçu; il apercevra) Remarquer, voir: *⌣ qn/qc de loin. – s'⌣* (il s'est aperçu), *s'⌣ de qc, s'⌣ d'une erreur, je ne m'en suis pas aperçu, s'⌣ que + ind.*

un **aperçu** Le résumé: *donner un ⌣ de la situation, cet ⌣.*

un **apéritif** *offrir/prendre un ⌣ avant le repas, cet ⌣.*

à peu près adv. 1. Environ; CONTR. précisément, tout à fait: *il a ⌣ 30 ans, c'est ⌣ correct, j'ai ⌣ terminé mon travail.* 2. m. *un à-peu-près.*

un **aphorisme** ‖ La maxime, le proverbe: *citer un ⌣, cet ⌣.*

un **apogée** Le point le plus élevé, le sommet: *atteindre son ⌣, être à l'⌣ de sa grandeur, cet ⌣.*

une **apostrophe** ‖ Le signe ': *mettre l'⌣.* ⚠ **Une** apostrophe.

apparaître v. (j'apparais, il apparaît, nous apparaissons, ils apparaissent; il apparut; il est apparu) Devenir visible; CONTR. disparaître, se cacher: *il apparaît derrière le mur, la vérité apparaît, des difficultés apparaissent, ⌣ comme, il apparaît que + ind.*

un **appareil 1.** Une machine: *les ⌣s ménagers, l'⌣ photographique.* 2. Le téléphone: *«Allô! qui est à l'⌣?», cet ⌣.*

une **apparence** L'aspect extérieur, l'air: *la belle ⌣ d'une maison, juger qn sur les ⌣s, se fier aux ⌣s, en ⌣, garder/sauver les ⌣s, selon toute ⌣, contre toute ⌣, son ⌣.*

apparent, apparente adj. Visible; CONTR. invisible: *une cicatrice ⌣e, des difficultés/des contradictions ⌣es (= qui ne sont pas réelles). – adv.* **apparemment** [-amã].

une **apparition** Action d'apparaître/de devenir visible; CONTR. la disparition: *faire son ⌣, l'⌣ d'une comète, avoir des ⌣s (= visions).*

un **appartement** Un logement composé de plusieurs pièces, d'une cuisine, d'une salle de bain, etc.: *un ⌣ confortable, louer un bel ⌣, habiter un ⌣ moderne, un*

~ *de six pièces, changer d'~, un ~ à louer, cet ~.* △ Appartement d'une seule pièce: **le studio.**

appartenir *v.* (j'appartiens, il appartient, nous appartenons, ils appartiennent; il a appartenu; il appartiendra) Être la propriété de, être à: ~ *à qn, la voiture lui appartient.*

un **appât** [-pa] Ce qui sert à attirer des poissons/des animaux pour les prendre: *mettre l'~ à l'hameçon, le poisson mord à l'~, cet ~.*

un **appel** Action d'appeler, le cri: *entendre l'~ de qn, répondre/accourir à un ~; faire ~ à qn* (= demander de l'aide), *faire ~ à l'imagination de qn, manquer à l'~, l'~ aux armes, cet ~.*

appeler *v.* (j'appelle, il appelle, nous appelons, ils appellent; il appellera) **1.** Faire venir en criant: ~ *son chien/un enfant/le garçon de café/le médecin/la police, ~ qn à son aide, ~ au secours.* **2.** Téléphoner: *je vous appellerai demain.* **3.** Donner un nom: ~ *son fils Pierre, ~ qn «imbécile», ~ les choses par leur nom. – s'~* (il s'est appelé), *je m'appelle Pierre, comment s'appelle cette fleur?*

un **appendice** [apēdis] **1.** Petite partie de l'intestin: *enlever l'~.* **2.** Ce qui est ajouté à la partie principale: *l'~ d'un dictionnaire, cet ~.*

une **appendicite** L'inflammation de l'appendice: *une crise d'~, opérer qn de l'~, mon/ton/son ~.*

appétissant, appétissante *adj.* Qui excite l'appétit; CONTR. dégoûtant: *un plat ~.*

un **appétit** [-ti] ‖ Le désir que l'on a de manger: *avoir de l'~, manger de bon ~, manger avec/sans ~, un ~ d'oiseau, «Bon ~!», cet ~.*

applaudir *v.* ‖ Battre des mains en signe d'approbation; CONTR. siffler: *les spectateurs applaudissent les acteurs, ~ l'orateur, ~ à un projet* (= approuver vivement.)

un **applaudissement** L'action d'applaudir: *provoquer/soulever des ~s.*

une **application 1.** Action de mettre une chose sur une autre: *l'~ du papier peint sur le mur.* **2.** Action de mettre en prati-

que: *l'~ d'une loi aux étrangers, l'~ d'une règle, l'~ d'un traitement médical.* **3.** L'attention; CONTR. la distraction: *l'élève travaille avec ~, mon/ton/son ~.*

appliquer *v.* **1.** Mettre une chose sur une autre; CONTR. enlever: ~ *de la peinture sur un mur, ~ une bonne gifle à qn.* **2.** Mettre en pratique: ~ *une méthode à qc, ~ le règlement. – s'~* (il s'est appliqué), *s'~ au travail/à l'étude, s'~ à faire qc.*

apporter *v.* Porter au lieu où est qn/jusqu'au lieu où l'on va; CONTR. emporter: *apportez-lui des cigarettes, ~ ses outils, je vous apporte de bonnes nouvelles.*

une **apposition»** ‖ Exemple: «La lune, astre des morts»: *un adjectif mis en ~, employer une ~.*

apprécier *v.* Estimer, trouver bon/beau, saisir; CONTR. mépriser, méconnaître: ~ *la distance; ~ les gâteaux/un vin, ~ la peinture moderne.* △ Imparfait: nous appréciions, vous appréciiez.

appréhender *v.* **1.** Arrêter qn: *la police va ~ le bandit devant sa maison.* **2.** Redouter, craindre: *j'appréhende son arrivée/de le rencontrer.*

apprendre *v.* (j'apprends, il apprend, nous apprenons, ils apprennent; il apprit; il a appris) **1.** Être informé; CONTR. ignorer: ~ *qc, ~ une nouvelle, ~ que + ind.* **2.** Chercher à avoir des connaissances: ~ *à écrire, ~ une langue étrangère, ~ sa leçon/le texte par cœur, ~ un métier.* **3.** Donner la connaissance à un autre, enseigner: *le professeur apprend à chanter aux élèves, ~ à qn à jouer aux cartes.* **4.** Informer: ~ *qc à qn, je lui ai appris la mort de son père, ~ à qn que + ind.*

un **apprenti,** une **apprentie** Personne qui est en train d'apprendre un métier; CONTR. le maître: *un ~ maçon, cet ~.*

un **apprentissage** Le fait d'apprendre un métier: *mettre son fils en ~ chez un maçon, faire l'~ de qc* (= apprendre), *cet ~.*

apprêter *v.* Préparer (la nourriture): ~ *un plat/le repas. – s'~* (il s'est apprêté) Se mettre en état de faire qc, se préparer: *s'~ au combat, s'~ à faire qc, elle s'apprête pour le bal* (= s'habiller.)

apprivoiser *v.* Rendre un animal moins

sauvage, en faire un animal domestique: *∼ des tigres/des serpents/des oiseaux.*

une **approbation** Le fait de donner son accord; C<small>ONTR</small>. le refus: *exprimer/donner son ∼ à un projet, cette action est digne d'∼, mon/ton/son ∼.*

une **approche** Le fait d'approcher; C<small>ONTR</small>. l'éloignement: *à mon ∼ les oiseaux s'envolent, l'∼ de la nuit.*

approcher *v.* **1.** Mettre plus près; C<small>ONTR</small>. éloigner: *∼ la chaise de la table.* **2.** Venir plus près: *∼ de la gare, ∼ du but, ∼ le président. –* **s'∼** (il s'est approché) C<small>ONTR</small>. s'éloigner: *s'∼ de qc/de qn.* ⚠ (s')approcher **de** qc.

approfondir *v.* Rendre plus profond, étudier à fond: *∼ un puits; ∼ une question.*

approuver *v.* Donner son accord, louer, trouver bon; C<small>ONTR</small>. rejeter, blâmer: *∼ l'ordre du jour/la décision/le projet, ∼ la conduite de qn, ∼ qn de faire qc, ∼ que + subj.*

approximatif, approximative *adj.* C<small>ONTR</small>. exact: *un nombre/un calcul ∼, l'évaluation ∼ve des dégâts. – adv.* **approximativement.**

un **appui 1.** Action de s'appuyer: *le point d'∼, prendre ∼ sur qc; demander l'∼ de qn (= l'aide, la protection).* **2.** *l'∼ de la fenêtre, cet ∼.*

appuyer *v.* (j'appuie, il appuie, nous appuyons, ils appuient; il a appuyé; il appuiera) Soutenir par qc, mettre qc contre qc: *∼ sa bicyclette contre le mur, ∼ ses coudes sur la table, ∼ le pied sur la pédale (= presser), ∼ sur le levier. –* **s'∼** (il s'est appuyé), *s'∼ sur le bras de qn.*

âpre *adj.* **1.** Agressif, rude; C<small>ONTR</small>. doux: *une voix ∼, parler sur un ton ∼.* **2.** Dur, froid: *un hiver ∼.*

après 1. *prép.* C<small>ONTR</small>. avant: *l'un ∼ l'autre, tout de suite ∼ son arrivée, peu de temps ∼, ∼ cela (= ensuite), ∼ avoir mangé, ∼ être arrivé, courir ∼ qn, d'∼ ce qu'il dit, ∼ tout.* **2.** *conj. ∼ que + ind.* (passé antérieur): *∼ qu'il fut parti, ∼ qu'il eut téléphoné.* ⚠ Deux jours **plus** tard. ⚠ Après que + ind.; mais: avant que + subj.

après-demain *adv.* Le jour qui suivra demain: *il viendra ∼.*

un **après-midi** *(invariable)* Le temps après midi: *cet ∼, un ∼ ensoleillé, mes ∼.* ⚠ On dit aussi **une** après-midi.

un **à-propos** Faire ou dire ce qu'il faut au moment proprice: *répondre avec ∼, avoir l'esprit d'∼ (= la présence d'esprit), cet ∼.* ⚠ **A propos** de cette conférence.

apte *adj.* Capable par nature; C<small>ONTR</small>. incapable: *être ∼ à qc/à faire qc, être ∼ au service militaire, être ∼ à faire des études.*

une **aptitude** La capacité, la disposition naturelle: *avoir des ∼s pour les sciences, mon/ton/son ∼.*

une **araignée** *l'∼ tisse sa toile, une toile d'∼.*

arbitraire *adj.* Voulu sans tenir compte des règles ou de la justice; C<small>ONTR</small>. motivé, raisonnable, légitime: *une décision/un choix ∼, une classification ∼ (= artificielle), la détention ∼.*

araignée

un **arbitre 1.** Celui qui est choisi pour être juge dans une dispute/dans un jeu: *prendre qn pour ∼, l'∼ siffle une faute/expulse un joueur du terrain, se soumettre à la décision de l'∼, cet ∼.* **2.** *le libre ∼ (= faculté de décider librement, sans contrainte).*

un **arbre** Le chêne, le bouleau, le platane sont des arbres: *les racines/le tronc/les branches/les feuilles de l'∼, un ∼ fruitier/forestier, monter sur/dans un ∼, grimper sur l'∼, abattre un ∼, l'∼ de Noël, cet ∼.*

un **arc** [ark] **1.** *tirer des flèches avec un ∼; l'∼ des sourcils, cet ∼.* **2.** *l'A∼ de triomphe ∼ (à Paris).* **3.** *l'∼-en-ciel (= phénomène météorologique très beau après la pluie)* **(des arcs-en-ciel)**, *les couleurs de l'∼-en-ciel.*

arc

archaïque [ark-] *adj.* ‖ Très ancien, primitif; CONTR. moderne: *un mot* ⁓, *le style* ⁓.

une **arche 1.** *l'* ⁓ *de Noé.* **2.** Voûte en forme d'arc: *les* ⁓*s d'un pont, son* ⁓.

un **archevêque** Évêque qui dirige plusieurs diocèses: *le palais de l'* ⁓, *l'* ⁓ *de Paris,' cet* ⁓.

un **architecte** ‖ *l'* ⁓ *trace les plans des maisons, l'immeuble est construit sur les plans de cet* ⁓.

une **architecture** ‖ *l'* ⁓ *d'une église gothique, l'* ⁓ *antique, son* ⁓.

les **archives** *f.* [-ʃiv] *(au pluriel)* ‖ Collection de documents: *les* ⁓ *d'une ville/d'une entreprise, un document d'* ⁓.

ardent, ardente *adj.* Qui est en feu, brûlant: *des charbons* ⁓*s, un soleil* ⁓; *être sur des charbons* ⁓*s.* – *adv.* **ardemment** [-amã].

une **ardeur** Énergie, enthousiasme: *soutenir une opinion avec* ⁓, *conserver toute l'* ⁓ *de la jeunesse, mon/ton/son* ⁓.

une **ardoise** Pierre grise utilisée en plaques pour la couverture des maisons: *un toit d'* ⁓, *son* ⁓.

les **arènes** *f. (au pluriel)* ‖ *des* ⁓ *romaines, les courses de taureaux se déroulent dans les* ⁓.

une **arête** Tige du squelette des poissons: *une* ⁓ *lui est restée dans la gorge, s'étrangler avec une* ⁓, *son* ⁓.

arête

un **argent 1.** La monnaie, les billets de banque: *gagner de l'* ⁓, *avoir de l'* ⁓ *sur soi, payer avec de l'* ⁓, *déposer son* ⁓ *à la banque, prêter de l'* ⁓ *à qn, dépenser son* ⁓, *cet* ⁓. **2.** Métal blanc et précieux: *la vaisselle en* ⁓.

un **argot** [-go] La langue familière que l'on emploie dans un milieu: *l'* ⁓ *des écoles/militaire, parler* ⁓, *cet* ⁓.

un **argument** ‖ La raison, la preuve: *appuyer son affirmation sur de bons* ⁓*s, op-*

poser des ⁓*s à un adversaire, un* ⁓ *convaincant/sans réplique, cet* ⁓.

aride *adj.* Où il n'y a pas de plantes parce qu'il ne pleut pas, désert, stérile: *une région* ⁓; *une matière* ⁓ *(= difficile).*

un **aristocrate** ‖ Membre de l'aristocratie: *avoir des manières d'* ⁓, *les* ⁓*s à la lanterne (= refrain des révolutionnaires en 1789), cet* ⁓.

une **arme** Instrument qui sert à blesser/à tuer: *les* ⁓*s à feu, diriger son* ⁓ *vers qn (= viser), les* ⁓*s atomiques, prendre/déposer les* ⁓*s, aux* ⁓*s!, mon/ton/son* ⁓.

une **armée** ‖ *l'* ⁓ *de l'air/de terre, être dans l'* ⁓, *son* ⁓.

un **armement** Les armes, action d'armer; CONTR. le désarmement: *l'* ⁓ *de l'armée/des rebelles, freiner la course aux* ⁓*s, cet* ⁓.

armer *v.* Donner des armes; CONTR. désarmer: ⁓ *les soldats/les troupes, être armé jusqu'aux dents, un vol à main armée (= fait avec des armes).* – **s'**⁓ *(il s'est armé), s'* ⁓ *d'un fusil.*

un **armistice** Interruption de la guerre: *conclure/signer un* ⁓, *l'* ⁓ *du 11 novembre 1918, cet* ⁓.

une **armoire** Meuble: *ranger le linge dans l'* ⁓, *l'* ⁓ *à linge, mon/ton/son* ⁓. ⚠ **Une** armoire. ⚠ Une armoire pour les livres: **la bibliothèque.**

armoire

un **arôme** ‖ Odeur agréable: *l'* ⁓ *d'une tasse de café/d'un bon vin, cet* ⁓.

arracher *v.* Enlever avec effort: ⁓ *les mauvaises herbes/les pommes de terre, un clou avec des tenailles, le dentiste arrache une dent cariée (= extraire),* ⁓ *un* *secret/une promesse à qn.* – **s'**⁓ (il s'est arraché), *s'*⁓ *les cheveux.*

un **arrangement 1.** Action de disposer les choses dans un certain ordre, la disposition, l'ordre: *l'*⁓ *des meubles dans la pièce, l'*⁓ *des mots dans une phrase.* **2.** L'accord, le compromis: *un* ⁓ *entre la direction et les grévistes, cet* ⁓.

arranger *v.* (-ge- devant a et o: nous arrangeons; il arrangeait; arrangeant) ‖ Disposer: ⁓ *les fleurs dans un vase,* ⁓ *sa coiffure;* ⁓ *un voyage (= organiser),* ⁓ *une affaire (= régler).* – **s'**⁓ (il s'est arrangé), *s'*⁓ *avec qn à l'amiable.*

un **arrêt 1.** L'action de s'arrêter: *attendre l'*⁓ *du train pour descendre, l'*⁓ *du travail/des hostilités, il pleut sans* ⁓, *travailler/parler sans* ⁓. **2.** L'endroit où les autobus s'arrêtent: *attendre à l'*⁓, *cet* ⁓. **3.** L'arrestation: *le mandat d'*⁓, *décerner un mandat d'*⁓ *contre qn.*

arrêter *v.* **1.** Empêcher d'avancer, faire rester sur place, stopper: ⁓ *le moteur/la voiture,* ⁓ *qn pour lui demander le chemin, la pluie n'arrête pas de tomber.* ⚠ Il ne **cesse** (pas) de dire des sottises. – **s'**⁓ (il s'est arrêté), *ma montre s'est arrêtée, s'*⁓ *pour se reposer, s'*⁓ *de faire qc (= cesser).* **2.** ‖ Faire qn prisonnier: *la police a arrêté le criminel.*

un **arrière 1.** *être assis à l'*⁓ *de la voiture.* **2.** *adj. (invariable) le feu/les sièges/les roues* ⁓ *d'une voiture, l'*⁓*-grand-père, l'*⁓*-boutique, l'*⁓*-goût, une* ⁓*-pensée, l'*⁓*-plan.* **3.** *adv.* en ⁓ Contr. en avant: *marcher en* ⁓ *(= à reculons), se tenir en* ⁓ *de qn.*

une **arrivée** L'action d'arriver; Contr. le départ, la sortie: *l'heure d'*⁓, *annoncer son* ⁓, *la ligne d'*⁓ *d'une course, l'*⁓ *du printemps, mon/ton/son* ⁓. ⚠ Pour les marchandises on dit: **l'arrivage.**

arriver *v.* (il est arrivé) Contr. partir, s'en aller: ⁓ *à Paris,* ⁓ *par le train/en auto,* ⁓ *le premier/le dernier, il est arrivé une lettre; cela peut* ⁓ *à tout le monde (= se passer), il lui arrive souvent de perdre ses gants, il arrive que + ind. (= réel)/ + subj. (= possible).*

arrogant, arrogante *adj.* ‖ Insolent; Contr. modeste, respectueux, aimable: *avoir un air* ⁓, *parler sur un ton* ⁓.

un **arrondissement** La division d'un département/d'une grande ville: *les vingt* ⁓*s de Paris, le Ve* ⁓ *de Paris, cet* ⁓.

arroser *v.* Mettre de l'eau sur qc: ⁓ *les plantes/les fleurs.*

un **art** [ar] La peinture, la sculpture, la musique, etc. sont des arts: *les beaux-*⁓*s, un objet d'*⁓, *une œuvre d'*⁓, *l'*⁓ *égyptien, les règles de l'*⁓*; l'*⁓ *d'aimer/de vivre/de plaire, cet* ⁓.

une **artère** ‖ *le sang coule dans les* ⁓*s et dans les veines.*

artériel, artérielle *adj.* Qui concerne les artères: *avoir trop/trop peu de tension* ⁓*le.*

un **artichaut** ‖ Légume (très cultivé en Bretagne): *manger des* ⁓*s bretons; avoir un cœur d'*⁓ *(= n'être pas fidèle en amour), cet* ⁓. ⚠ **Un** artichaut.

un **article 1.** ‖ En grammaire: *l'*⁓ *défini/indéfini/partitif.* **2.** ‖ *les* ⁓*s d'un journal, publier un* ⁓. **3.** ‖ Marchandise: *les* ⁓*s de toilette/d'hygiène/de sport/de voyage/d'exportation.* **3.** Partie d'une loi: *les* ⁓*s d'une loi/d'un traité, cet* ⁓. ⚠ Ne pas confondre avec **le paragraphe.**

artificiel, artificielle *adj.* Contr. naturel: *des fleurs* ⁓*les, un lac* ⁓, *la soie* ⁓*le.*

une **artillerie** [-tijri] ‖ *l'*⁓ *légère/lourde, une pièce d'*⁓ *(= le canon), son* ⁓.

un **artisan** Personne qui fait un travail manuel: *le cordonnier/le maçon est un* ⁓, *cet* ⁓.

un **artiste** Personne qui pratique les beaux-arts (peintre, musicien, etc.): *être un grand* ⁓, *mener une vie d'*⁓, *cet* ⁓. ⚠ Ne pas confondre avec **l'acrobate, l'équilibriste.**

artistique *adj.* Qui concerne les arts: *les richesses* ⁓*s d'une ville, avoir le sens* ⁓ *(= du beau).*

un **as** [as] ‖ *l'*⁓ *de pique/de trèfle; un* ⁓ *du volant (= un conducteur exceptionnel), cet* ⁓.

un **ascenseur** Appareil qui sert à monter verticalement les personnes aux différents étages: *appeler l'*⁓, *monter par l'*⁓, *l'*⁓ *est en panne, cet* ⁓.

une **ascension 1.** Action de monter sur une montagne: *la première* ⁓ *d'une montagne, faire des* ⁓*s, mon/ton/son* ⁓. **2.** Fête chrétienne en commémoration de l'ascension de Jésus aux cieux: *la fête de l'A*⁓. △ Ne pas confondre avec **Assomption** (= 15 août, fête de la Sainte Vierge).

un **asile** ‖ *un* ⁓ *d'aliénés (= hôpital psychiatrique), un* ⁓ *de vieillards, cet* ⁓.

un **aspect** [-spɛ] ‖ *envisager un problème sous tous ses* ⁓*s/ sous un autre* ⁓, *cette ville a un* ⁓ *triste, cet* ⁓.

une **asperge** Légume: *les pointes d'*⁓*s, le potage aux* ⁓*s.* △ **Une** asperge.

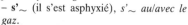

asphyxier *v.* Donner la mort par le gaz: *être asphyxié par une fuite de gaz.* – *s'*⁓ (*il s'est asphyxié*), *s'*⁓ *au/avec le gaz.*

asperges

un **aspirateur** *nettoyer le tapis avec l'*⁓, *cet* ⁓.

aspirateur

aspirer *v.* **1.** Attirer l'air dans les poumons; CONTR. expirer: ⁓ *l'air,* ⁓ *une boisson avec une paille (= attirer dans sa bouche).* **2.** Désirer: ⁓ *à qc/à faire qc,* ⁓ *à un titre.* △ «Aspirer de» ne se dit plus.

assaisonner v. Ajouter à la nourriture ce qui en relève le goût: ⁓ *la salade avec de l'huile et du vinaigre, un plat bien/trop assaisonné.*

un **assassin** Celui qui tue un homme, le meurtrier: *la police recherche/arrête l'*⁓, *Charlotte Corday fut l'*⁓ *de Marat, cet* ⁓.

un **assassinat** Un meurtre (commis avec préméditation): *l'*⁓ *du président, commettre un* ⁓, *cet* ⁓.

assassiner *v.* Tuer un homme: *le bijoutier a été assassiné dans sa boutique, être assassiné par qn, il est mort assassiné.*

une **assemblée** Personnes qui sont ensem-

ble: *tenir une* ⁓ *annuelle, l'Assemblée nationale.*

s'asseoir *v.* (je m'assois/assieds, il s'assoit/assied, nous nous asseyons, ils s'asseyent/assoient; il s'assit; il s'est assis) Se mettre sur un siège; CONTR. se lever: *s'*⁓ *sur une chaise/à table, «Asseyez-vous!», une place assise.*

assez *adv.* [ase] CONTR. peu, insuffisamment, trop: ⁓ *grand/chaud, rester* ⁓ *longtemps, j'ai* ⁓ *travaillé, avoir* ⁓ *d'argent; j'en ai* ⁓ *(= je suis fatigué de cela),* ⁓*! (= arrêtez-vous!).*

assidu, assidue *adj.* Ponctuel, régulier: *un employé* ⁓ *à son bureau, donner des soins* ⁓*s à un malade.* – adv. **assidûment.**

assiéger *v.* (il assiège, nous assiégeons, ils assiègent; il assiégeait; il a assiégé; il assiégera) Encercler, entourer: ⁓ *une ville, les voyageurs assiègent les guichets de la gare.*

une **assiette** Pièce de vaisselle: *une* ⁓ *plate/ creuse/à dessert, une* ⁓ *de potage (= le contenu d'une assiette), manger dans son*⁓, *mon/ton/son* ⁓.

assiettes

assimiler *v.* Comprendre, intégrer: ⁓ *qc qu'on apprend,* ⁓ *les étrangers.*

assister *v.* Être présent; CONTR. être absent: ⁓ *à la cérémonie/à la messe/au match/à la conférence;* ⁓ *qn dans son travail (= l'aider).*

une **association** Groupe de personnes qui ont un but commun: *former une* ⁓, *une* ⁓ *sportive/professionnelle, mon/ton/son* ⁓.

un **associé** Personne qui a apporté de l'argent dans une entreprise/qui travaille avec une autre: *l'*⁓ *a approuvé les projets, cet* ⁓.

associer v. Mettre ensemble; faire participer: ⁓ *qc à qc,* ⁓ *le courage à la prudence;* ⁓ *qn à une entreprise.* – **s'**⁓ (il s'est associé), *s' ~ à/avec qn, s' ~ à un projet.* △ Imparfait: *nous associions, vous associiez.*

assumer *v.* Se charger de; CONTR. refuser: *~ une fonction, ~ la responsabilité de qc.*

une **assurance 1.** La confiance en soi-même; CONTR. la timidité: *parler avec ~, perdre son ~, mon/ton/son ~.* **2.** Contrat garantissant contre un risque: *la compagnie/la police d'~, contracter une ~ automobile/ sur la vie/contre le vol.*

assuré, assurée *adj.* **1.** Qui est certain; CONTR. douteux: *tenir un succès pour ~, avoir une voix ~e (= ferme).* – *adv.* **assurément. 2.** *m.* les ~s *sociaux (= les personnes qui ont une assurance contre la maladie, etc.)*

assurer *v.* **1.** Affirmer, garantir, donner comme certain: *«C'est vrai, je vous assure.», ~ qn de son amitié, ~ avoir fait qc, ~ à qn que* + ind., *ne pas ~ que* + subj. **2.** Faire qu'une chose fonctionne: *~ un service.* **3.** Garantir contre un risque: *~ qn, être assuré contre l'incendie.* – **s'~** (il s'est assuré), *s'~ contre l'incendie; s'~ de qc, s'~ que* + ind. (= *contrôler, vérifier*).

un **astre** Une étoile, une planète: *observer les ~s, les ~s brillent, l'~ du jour (= le soleil), cet ~.* △ Le signe * qui indique un renvoi: **un astérisque.**

astrologique *adj.* ‖ Qui concerne l'astrologie: *les prédictions ~s, les symboles ~s.*

une **astronomie** ‖ La science des astres: *étudier l'~.*

astronomique *adj.* ‖ *des observations ~s; des chiffres/des prix ~s (= exagérés).*

un **atelier 1.** Lieu où travaillent des artisans/ des ouvriers: *l'~ d'un menuisier, l'~ de montage.* **2.** ‖ *l'~ d'un peintre/d'un sculpteur, cet ~.* △ On fait des films/des photos dans **un studio.**

un **athée 1.** Personne qui ne croit pas en Dieu; CONTR. le croyant: *il est ~, la doctrine des ~s (= l'athéisme).* **2.** *adj. il est ~, les gens ~s.*

un **athlète 1.** Personne qui pratique un sport, le sportif: *les ~s français qui participent aux Jeux Olympiques, cet ~.* **2.** ‖

Homme fort/musclé: *c'est un ~ (= un hercule).*

atlantique *adj.* ‖ *le Pacte ~, l'Océan A~.*

un **atlas** [-las] ‖ Recueil de cartes: *un ~ géographique/historique, cet ~.*

une **atmosphère 1.** ‖ L'air qui entoure la Terre: *la haute ~, polluer l'~, son ~.* **2.** ‖ L'ambiance, le milieu: *une ~ de travail/de vacances, l'~ hostile.*

atmosphérique *adj.* ‖ Qui concerne l'atmosphère: *la pression ~, des perturbations ~s.*

un **atome** [-om] ‖ *la molécule contient plusieurs ~s, le noyau de l'~, cet ~.*

atomique *adj.* ‖ Qui concerne l'atome: *le poids/la bombe ~, l'usine ~ de Pierrelatte.* △ **Nucléaire** (= ce qui concerne le noyau de l'atome): *l'énergie/le réacteur nucléaire.*

atroce *adj.* Horrible, effroyable, monstrueux: *un crime ~, une peur ~ (= insupportable), un temps ~ (= très mauvais).*

une **atrocité** La cruauté, le crime cruel: *les ~s commises contre les populations civiles.*

un **attaché** ‖ Personne attachée à un service: *un ~ de presse/d'ambassade/militaire, cet ~.*

un **attachement** Le sentiment qui unit deux personnes, l'affection; CONTR. l'aversion, l'indifférence: *montrer de l'~ pour qn, garder un ~ durable à qn; l'~ aux traditions, cet ~.*

attacher *v.* Fixer, lier; CONTR. détacher, délier, séparer: *~ son collier, ~ un paquet, ~ le chien, ~ sa ceinture de sécurité; ~ de la valeur/de l'importance à qc (= considérer).* – **s'~** (il s'est attaché) Avoir de l'attachement pour qn ou qc: *s'~ à qn, s'~ trop à l'argent; s'~ à faire qc (= s'appliquer).*

une **attaque 1.** ‖ Action d'attaquer/de commencer le combat; CONTR. la défense, la résistance: *passer à l'~, repousser l'~.* **2.** *Avoir une ~ d'apoplexie (= crise), mon/ton/son ~.*

attaquer *v.* ‖ Commencer le combat; CONTR. défendre, résister: *l'armée attaque l'ennemi, un passant qui est attaqué par un voleur; ~ le ministre à l'Assemblée nationale (= critiquer).*

s'attarder *v.* (il s'est attardé) Se mettre en retard; CONTR. se dépêcher: *s'⌣ chez qn, s'⌣ à parler avec qn/sur un sujet.*

atteindre *v.* (j'atteins, il atteint, nous atteignons, ils atteignent; il atteignit; il a atteint) **1.** Arriver à, parvenir à: ⌣ *le village,* ⌣ *un but,* ⌣ *un maximum, j'ai réussi à l'⌣ avant son départ.* **2.** Blesser: *la balle l'a atteint au bras, être atteint d'une maladie.*

atteler *v.* (j'attelle, il attelle, nous attelons, ils attellent; il attellera) Attacher un cheval etc. à une voiture: ⌣ *des bœufs à la charrette,* ⌣ *une remorque au tracteur.*

attendre *v.* **1.** Rester dans un endroit en pensant que qn/qc arrivera; CONTR. s'en aller: ⌣ *qn/qc,* ⌣ *un ami,* ⌣ *l'autobus/le train,* ⌣ *(pendant) une heure, se faire ⌣,* ⌣ *de faire qc, ne pas ⌣ que* + subj., *s'⌣ à ce que* + subj. *(= prévoir).* **2.** Espérer, vouloir: ⌣ *qc de qn, cette femme attend un bébé pour avril,* ⌣ *que* + subj., *j'attends que cela soit fini.* **3.** *adv.* en attendant *(= pendant ce temps, jusqu'à tel moment), en attendant que* + subj. △ «Bien attendu» n'existe pas.

attendrir *v.* Rendre plus sensible, exciter la pitié: *ses larmes m'ont attendri.* – **s'⌣** (il s'est attendri), *s'⌣ sur le sort des malheureux.*

un **attentat** [-ta] *Projeter/préparer/commettre un* ⌣ *contre qn, l'auteur d'un* ⌣, *cet* ⌣.

une **attente** Le fait d'attendre: *une longue* ⌣, *la salle d'⌣ (à la gare, chez le médecin), dans l'⌣ de vous voir, contre toute* ⌣ *(= contre tout espoir), mon/ton/son* ⌣.

attentif, attentive *adj.* Qui écoute/regarde/agit avec attention; CONTR. distrait, inattentif: *un auditeur/un spectateur/un élève* ⌣, *observer qc d'un œil* ⌣, *prêter une oreille* ⌣*ve à qn.* – *adv.* **attentivement.**

une **attention** Action de concentrer son esprit sur qc; CONTR. la distraction, l'inadvertance: *attirer l'⌣ de qn sur qc, prêter* ⌣ *à qn/à qc, examiner qc avec* ⌣, *faire* ⌣ *à qc, «Fais* ⌣ *de/à ne pas tomber.», «⌣!», «⌣ à la marche!», faire* ⌣ *que* + subj., *mon/ton/son* ⌣.

atténuer *v.* Rendre moins grave/moins

violent, adoucir; CONTR. aggraver, exagérer: *prendre un cachet pour* ⌣ *le mal de tête,* ⌣ *la brutalité d'une réponse.*

atterrir *v.* Se poser à terre; CONTR. décoller, s'envoler: *l'avion vient d'⌣.*

un **atterrissage** L'action d'atterrir: *le terrain/la piste d'⌣, le train d'⌣, faire un* ⌣ *forcé, cet* ⌣.

une **attestation** Pièce écrite qui atteste qc: *l'⌣ établie par le médecin, l'⌣ de bonne conduite, mon/ton/son* ⌣.

attester *v.* Garantir, certifier: ⌣ *la vérité d'un témoignage, un fait attesté,* ⌣ *que* + ind.

attirer *v.* Tirer vers soi, faire venir vers soi; CONTR. repousser: *l'aimant attire le fer, la lumière attire les insectes; il attire sur lui la colère de qn; ce sujet m'attire (= m'intéresse).*

une **attitude** La manière dont une personne se tient, le comportement qui manifeste un sentiment: *l'⌣ gauche d'un élève timide, prendre/avoir une* ⌣ *ferme, affecter une* ⌣ *réservée, mon/ton/son* ⌣.

une **attraction** ‖ Ce qui attire le public: *les danses folkloriques sont une* ⌣ *pour les touristes, un parc d'⌣s (= de distractions); exercer une grande* ⌣ *sur qn (= attrait), son* ⌣.

un **attrait** Le charme, la fascination; CONTR. le dégoût: *l'⌣ de la nouveauté/du risque/des vacances, cet* ⌣.

attraper *v.* Prendre, saisir (par adresse/par ruse): ⌣ *un ballon au vol,* ⌣ *un voleur;* ⌣ *un rhume/la grippe (= prendre).*

attribuer *v.* **1.** Donner, accorder; CONTR. reprendre, retirer, ôter: ⌣ *qc à qn,* ⌣ *une récompense à qn.* **2.** Considérer comme auteur/cause: ⌣ *un tableau à Picasso,* ⌣ *une défaite à la malchance.*

un **attribut** **1.** ‖ *la couronne est l'⌣ du roi, cet* ⌣. **2.** En grammaire: *dans la phrase «elle est belle» l'⌣ est «belle».*

un **attroupement** Réunion de passants qui troublent l'ordre public: *la police a dispersé les* ⌣s, *cet* ⌣.

une **aube** La première lumière du soleil qui se lève: *se lever à l'⌣ (= très tôt).*

une **auberge** Hôtel très simple: *déjeuner dans une* ⌣, *une* ⌣ *de la jeunesse, son* ⌣.

une **aubergine** Légume: *manger des* ⌣s.

aucun, aucune 1. *adj.* Pas un: *on n'a ~e information, «Avez-vous des nouvelles de lui? – ~e.», sans ~ doute.* **2.** *pron.* *~ de nos amis, ~ n'est venu, je ne connais ~ d'entre eux.* – *adv.* **aucunement** (= nullement). △ Le pluriel d'«aucun» est rare (aucuns frais). △ Ne . . . aucun/ aucun ne . . . (sans **pas**).

une **audace** Le mépris des dangers, la hardiesse, le courage; CONTR. la peur, la lâcheté: *manquer d'~, braver le danger avec ~, montrer beaucoup d'~ dans le danger, une ~ folle, mon/ton/son ~.*
audacieux, audacieuse *adj.* Qui montre de l'audace, hardi, courageux; CONTR. timide, craintif: *un cambriolage ~, être trop ~.* – *adv.* **audacieusement.**

au-dehors → dehors.
au-dessous → dessous.
au-dessus → dessus.

une **audience** ‖ Le fait de recevoir qn pour l'écouter: *demander une ~ au chef d'État, obtenir une ~, le président reçoit l'ambassadeur en ~, son ~.*

un **auditeur,** une **auditrice** Personne qui écoute: *les ~s de la radio/d'un conférencier, cet ~.*

un **auditoire** L'ensemble des auditeurs, le public: *parler devant un ~ nombreux/ attentif, cet ~.*

une **augmentation** L'action d'augmenter/de rendre plus grand; CONTR. la diminution: *l'~ des prix/de la durée/de la vitesse, demander une ~ à son patron* (= augmentation du salaire), *mon/ton/son ~.*
augmenter *v.* Rendre plus grand/plus important; CONTR. diminuer: *~ les salaires, le salaire a été augmenté, ~ les impôts, ~ la durée, ~ qn* (= son salaire).

aujourd'hui *adv.* En ce jour, au jour où l'on est: *je pars ~, c'est tout pour ~, ~ à midi, dès ~, à partir d'~, jusqu'à ~ ou: jusqu'~.* △ Ne pas confondre avec **alors** (qui indique un moment dans le passé ou dans l'avenir).

une **aumône** L'argent que l'on donne aux pauvres: *demander l'~, faire l'~ à un mendiant, mon/ton/son ~.*

auparavant *adv.* Avant un événement, d'abord; CONTR. après: *un mois ~, je vais aller te voir mais ~ je dois terminer mon travail.* △ la préposition est **avant.**

auprès de *prép.* Tout près de, à côté de; CONTR. loin: *asseyez-vous ~ de moi, rester ~ d'un malade.*

au revoir Ce que l'on dit quand on quitte qn: *dire ~, «~ Messieurs Dames.»* (= *style familier*).

une **aurore** Lumière rose du lever du soleil, l'aube: *dès l'~.*

ausculter *v.* Écouter les bruits produits par l'organisme: *le médecin ausculte le malade/son cœur/ses poumons.*

aussi *adv.* **1.** Terme de comparaison marquant l'égalité: *il est ~ grand que moi, ~ vite que possible.* △ Dans les phrases négatives on préfère **si:** *pas si bête, ce n'est pas si simple.* **2.** Également: *c'est ~ mon opinion, moi ~ je n'y vais pas.* **3.** (En tête de la phrase:) Pour cette raison, c'est pourquoi: *je me suis trompé, ~ je dois recommencer ce devoir; ce timbre est rare, ~ coûte-t-il très cher* (généralement avec inversion).

aussitôt *adv.* [-to] Tout de suite après: *il a compris ~, ~ après son arrivée, ~ dit ~ fait,* – *conj.* ~ *que* + ind., *~ qu'il fut arrivé.*

austère *adj.* Qui se montre sévère envers soi-même, dur, sans plaisir: *mener une vie ~, un homme ~.*

autant *adv.* Indique la même quantité: *j'ai fait ~ de fautes que mon camarade, il travaille ~ que les autres, ~ de fois, pour ~* (= pour cela), *d'~ plus* (= encore plus pour cette raison).

un **autel** La table avec la croix (dans l'église): *s'approcher de l'~ pour communier, le maître-~, cet ~.*

un **auteur** ‖ être l'~ d'un livre/d'un article, le droit d'~; l'~ d'un crime, cet ~.
authentique *adj.* ‖ Réel, véritable, vrai; CONTR. faux, douteux: *un fait ~, un testament ~.*

une **auto** ‖ *le Salon de l'~* (à Paris), *conduire une ~, mon/ton/son ~.* △ **Une** auto (une Renault, une Mercédès, une Volkswagen). △ **La voiture** est plus fréquent.

un **autobus** *l'~ est un moyen de transport dans les villes, un arrêt d'~, attendre l'~, prendre l'~, cet ~ est complet.* △ Abréviation fréquente: **le bus.**

un **autocar** Moyen de transport en dehors des villes: *une excursion/un voyage en ⌣, cet ⌣.* ⚠ Ne pas confondre avec l'**auto-bus.**

une **auto-école** (les **auto-écoles**) On y apprend à conduire une auto: *prendre des leçons de conduite dans une ⌣.*

un **automate** ‖ Machine qui imite les mouvements d'un homme: *un ⌣ qui amuse les enfants, agir comme un ⌣, cet ⌣.* ⚠ Ne pas confondre avec le **distributeur** (automatique) de cigarettes/de tickets.

automatique *adj.* ‖ *un mouvement ⌣, une arme ⌣, un distributeur ⌣ de billets/de cigarettes.* – *adv.* **automatiquement.**

un **automne** [-tɔn] La saison qui précède l'hiver: *être en ⌣, un bel ⌣, les feuilles tombent en ⌣, cet ⌣.*

une **automobile 1.** ‖ → auto. **2.** *adj. l'industrie ⌣.*

autonome *adj.* ‖ Qui s'administre soi-même, indépendant: *un État/une région/un gouvernement ⌣.*

une **autonomie** ‖ Le droit de se gouverner par ses propres lois, l'indépendance; CONTR. la dépendance: *une région qui réclame son ⌣.*

un **autonomiste 1.** Qui réclame l'autonomie: *les ⌣s bretons.* **2.** *adj. le mouvement ⌣ basque/corse.*

un **autorail** [-raj] *prendre l'⌣, cet ⌣.*

autorail

autoriser *v.* ‖ Accorder la permission; CONTR. interdire: *⌣ un élève à sortir, ⌣ une réunion syndicale, ⌣ qn à parler en son nom.*

autoritaire *adj.* ‖ Qui abuse de son autorité, qui veut être obéi; CONTR. libéral: *un régime ⌣, un chef ⌣, prendre un ton ⌣.*

une **autorité 1.** ‖ *l'⌣ paternelle, l'⌣ du supérieur, abuser de son ⌣, jouir d'une grande ⌣, mon/ton/son ⌣.* **2.** *les ⌣s (= les repré-*

sentants du pouvoir politique), les ⌣s civiles/militaires.

une **autoroute** Large route à deux chaussées: *prendre l'⌣, l'⌣ de l'Ouest (en direction de Caen)/ du Nord (en direction de Lille), son ⌣.*

autoroute

un **auto-stop** Le fait d'arrêter une voiture pour se faire transporter gratuitement: *faire de l'⌣.*

autour de *prép.* Indique l'espace qui environne un lieu: *les collines ⌣ du village, mettre une clôture autour d'un jardin, la Terre tourne ⌣ du Soleil.*

autre 1. *adj.* CONTR. le même: *chercher un ⌣ hôtel, prendre un ⌣ chemin, j'ai une ⌣ idée, une ⌣ fois, c'est ⌣ chose, d'⌣ part (= par ailleurs), l'⌣ jour (= il y a quelques jours), d'⌣s gens sont venus, nous ⌣s.* **2.** *pron. prendre une personne pour une ⌣, l'un et l'⌣, d'un jour à l'⌣, de temps à ⌣, personne d'⌣, rien d'⌣.* – *adv.* **autrement.**

autrefois *adv.* Dans un temps passé, jadis; CONTR. aujourd'hui, maintenant: *⌣ il a été un grand sportif, les gens/les mœurs d'⌣.*

l' **Autriche** *f.* République fédérale de l'Europe centrale (sur les Alpes): *Vienne est la capitale de l'⌣, la Basse-⌣, la Haute-⌣, l'⌣-Hongrie.*

un **Autrichien,** une **Autrichienne** Habitant de l'Autriche: *l'⌣ne (= surnom de Marie-Antoinette), cet ⌣.*

autrichien, autrichienne *adj.* De l'Autriche: *la neutralité ⌣ne, la monarchie ⌣ne.*

autrui *pron.* Le prochain: *l'amour d'⌣, penser à ⌣.* ⚠ «autrui» est toujours complément.

auxiliaire 1. *adj.* Qui aide: *un moteur ⌣, les services ⌣s de l'armée.* **2.** *m.* En grammaire: *«Avoir» et «être» sont des ⌣s, cet ⌣.*

une **avalanche** Masse de neige qui se détache d'une montagne: *chercher les skieurs emportés par une ⌣; recevoir une ⌣ de lettres (= grande quantité).*

avaler *v.* Faire descendre dans le gosier ce qu'on a dans la bouche: ～ *d'un trait un verre de vin,* ～ *sans mâcher;* ～ *un livre* (= *lire vite*).

une **avance** *arriver deux heures à l'*～ (= *plus tôt*)*, être en* ～ *d'une heure* (Contr. *en retard*)*, payer d'*～ (= *avant le jour fixé*).

avancer *v.* (-ç- devant a et o: nous avançons; il avançait; avançant) **1.** Aller en avant; Contr. reculer: ～ *lentement/rapidement, le cap avance dans la mer, ma montre avance* (Contr. *retarde*)*,* ～ *la date de son retour.* **2.** Prêter de l'argent: *je lui ai avancé 50 francs.* – **s'**～ (il s'est avancé)*, s'*～ *vers qn/vers qc.*

avant 1. *prép.* Exprime la priorité dans le temps; Contr. après: ～ *le départ,* ～ *le lever du soleil,* ～ *de partir,* ～ *de se décider.* **2.** *adj. les roues* ～*, la nuit d'*～*, l'*～*-dernier jour.* **3.** *conj.* ～ *que* + subj.*,* ～ *qu'il ait fini.* **4.** *adv.* ～*-hier,* ～ *tout, «En* ～ *marche!».* △ Ne pas confondre avec **devant** (qui indique l'espace).

un **avantage** Ce qui donne une supériorité sur les autres; Contr. le désavantage: *profiter de son* ～ *pour faire qc, perdre un* ～*, se montrer à son* ～*, avoir un* ～ *sur qn, cette décision offre de grands* ～*s, tirer* ～ *de qc, cet* ～*.* △ **Un** avantage.

avantageux, avantageuse *adj.* Qui offre un avantage; *un prix* ～*, profiter d'une occasion* ～*se.* – adv. **avantageusement.**

avare 1. *adj.* Qui refuse de dépenser son argent; Contr. généreux: *être économe sans être* ～*; être* ～ *de son temps.* **2.** *m.* un *vieil* ～*, cet* ～*.*

une **avarice** Le défaut d'un avare: *être d'une* ～ *sordide, mon/ton/son* ～*.*

avec *prép.* En compagnie; Contr. sans: *sortir* ～ *son ami, se promener* ～ *son chien, se marier* ～ *qn, être bien/mal* ～ *qn, se battre* ～ *qn, couper* ～ *un couteau* (= *à l'aide de*)*, accepter* ～ *plaisir, agir* ～ *prudence.*

un **avenir** Le passé – le présent – l'avenir: *penser à l'*～*, faire des projets d'*～*, prédire l'*～*, dans un proche* ～*, à l'*～ (= *à partir de maintenant*)*, penser à son* ～ (= *sa carrière*)*, cet* ～*.* △ Ne pas confondre avec **le futur** (= temps du verbe). △ Les jours à **venir.**

une **aventure** Ce qui arrive d'extraordinaire: *un roman/un film d'*～*s, raconter les* ～*s de qn, une fâcheuse* ～*.* △ **Une** aventure.

une **avenue** Large rue, le boulevard: *l'*～ *de l'Opéra* (*à Paris*)*, habiter dans une* ～*.*

une **averse** La pluie soudaine: *il y a eu des* ～*s cet après-midi, être surpris par une* ～*, recevoir une* ～ *pendant la promenade.*

une **aversion** ‖ L'antipathie, la haine; Contr. la sympathie: *avoir de l'*～ *pour/contre qn, prendre qn en* ～*, surmonter/vaincre son* ～*.*

avertir *v.* Informer, prévenir: ～ *qn de son arrivée,* ～ *qn d'un danger,* ～ *par un signal d'alarme,* ～ *qn que* + ind.

un **avertissement 1.** Petite préface: *lire l'*～*.* **2.** Mesure disciplinaire: *donner un* ～ *à un élève, cet* ～*.*

un **avertisseur** Appareil qui donne un signal, le klaxon: *un* ～ *d'automobile, un* ～ *d'incendie, cet* ～*.*

un **aveu** (**les aveux**) L'action d'avouer, la confession, la déclaration: *un* ～ *sincère, l'*～ *d'un secret, faire l'*～ *de sa faute, cet* ～*.*

aveugle *adj.* **1.** Qui ne peut pas voir: *être* ～ *de naissance, devenir* ～*; sa passion le rend* ～*, avoir une confiance* ～ *en qn* (= *totale, absolue*)*.* **2.** *m.* *un jeune* ～*, un* ～*-né, cet* ～*.* – *adv.* **aveuglément.**

une **aviation** Le transport par avion: *l'*～ *civile/de tourisme/militaire, une compagnie d'*～ (*exemple:* AIR-FRANCE).

avide *adj.* Qui désire avec violence: *être* ～ *d'argent/de nouveauté/d'honneurs/de connaître le monde, un regard* ～*.* – *adv.* **avidement.**

avilir *v.* Faire perdre l'estime, déshonorer; Contr. honorer: ～ *qn par des calomnies.*

un **avion** *les* ～*s à hélices/à réaction* (= *le jet*)*, l'*～ *de ligne, l'*～ *de transport, aller en* ～*, envoyer une lettre par* ～*, l'*～ *militaire, un porte-*～*s, cet* ～*.*

avions

un **avis** [avi] **1.** L'opinion, le point de vue: *donner son ⌐, être du même ⌐ qu'un autre, changer d'⌐, à mon ⌐, je suis d'avis qu'il prenne le train, je suis d'avis d'y aller en voiture (= je pense que c'est mieux).* **2.** L'information: *un ⌐ au public, cet ⌐.*

un **avocat** [-ka] Personne qui représente ses clients en justice: *consulter un ⌐, l'⌐ plaide, l'⌐ défend son client, cet ⌐.*

une **avoine** *un champ d'⌐, donner de l'⌐ aux chevaux, son ⌐.*

avoir *v.* (→ page 313) **1.** Posséder; CONTR. manquer de: *⌐ une voiture, avez-vous une cigarette?, ⌐ de l'argent, ⌐ le temps, ⌐ des*

avoine

enfants, ⌐ les cheveux blonds, j'ai vingt ans, ⌐ soif/faim, ⌐ raison/tort. **2.** Verbe auxiliaire: *il a écrit une lettre, il a eu, il a été, je n'ai rien à faire.* **3.** *il y a, il y a de l'alcool dans la bouteille.*

un **avortement** Interruption d'une grossesse: *l'⌐ légal; l'⌐ de ses projets, cet ⌐.*

avouer *v.* Reconnaître, admettre, faire un aveu; CONTR. nier: *⌐ un crime, ⌐ son amour à qn, l'assassin a avoué, ⌐ avoir fait qc, ⌐ que + ind.*

avril *m.* ‖ Le 4e mois: *un mois d'⌐ pluvieux, en ⌐, faire un poisson d'⌐ à qn (le 1er avril).*

un **axe** ‖ *l'⌐ de la Terre/d'une sphère, tourner autour d'un ⌐, l'⌐ d'une roue, cet ⌐.* ⚠ **Un** axe. ⚠ **Le pont** avant/arrière d'une voiture.

un **azur** La couleur du ciel bleu: *l'⌐ du ciel, la Côte d'Azur.*

B

le **baccalauréat** Examen qui termine les études secondaires et permet d'entrer à l'Université: *préparer/passer son ⌐.* ⚠ Abréviation courante: **le bac** [bak].

la **bactérie** ‖ *(langue scientifique)* Le microbe: *une ⌐ arrondie/en forme de spirale.*

badiner *v.* Plaisanter, s'amuser: *il badine toujours; il ne badine pas sur/avec la politesse/l'ordre (= il est sévère).*

les **bagages** *m.* (au pluriel) Les valises etc.: *les ⌐ d'un voyageur/d'un touriste, les ⌐ à main, laisser les ⌐ à la gare/à la consigne.*

la **bagarre** La querelle violente avec échange de coups: *aimer/chercher la ⌐, des ⌐s entre les manifestants et la police, se trouver pris dans une ⌐.*

la **bagatelle** ‖ Chose sans importance: *se disputer pour une ⌐, acheter un meuble pour une ⌐ (= peu d'argent).*

la **bagnole** *(mot populaire)* La voiture, l'auto: *avoir une bonne ⌐.*

la **bague** Bijou que l'on porte au doigt: *porter une ⌐ au doigt, la ⌐ de fiançailles, une ⌐ en or.*

bague

la **baguette** **1.** Petit bâton: *tenir une ⌐ à la main, frapper un cheval avec une ⌐, des ⌐s de tambour, la ⌐ du chef d'orchestre, la ⌐ magique.* **2.** Pain long et mince de 250 à 300 grammes: *acheter des ⌐s chez le boulanger.*

baigner *v.* Mettre dans l'eau: *⌐ un enfant/un chien.* – **se** ⌐ (il s'est baigné), *se ⌐ dans la rivière/dans la mer/dans le lac, je me suis baigné seulement les pieds, il est* interdit de se ~ sur cette plage. ⚠ **Prendre un bain** dans la baignoire.

le **baigneur,** la **baigneuse** Personne qui se baigne (dans la mer): *la plage est couverte de ~s, un ~ imprudent s'est noyé.*

la **baignoire** *faire installer une ~ émaillée dans la salle de bain(s).*

baignoire

bâiller *v.* Ouvrir largement la bouche quand on est fatigué: *~ de sommeil/d'ennui, un spectacle qui fait ~, mettre la main devant la bouche quand on bâille.* ⚠ Orthographe: bâiller.

le **bain** Action de mettre le corps dans l'eau: *prendre un ~ (dans la baignoire) pour se laver, un ~ chaud/froid, la salle de ~(s), un ~ de mer/de rivière, une serviette de ~, un costume/un bonnet/un maillot de ~, prendre un ~ de soleil (= s'exposer au soleil).*

le **baiser** L'action d'appliquer les lèvres sur une autre personne: *un petit/gros ~, un ~ d'adieu/de paix.* ⚠ Donner un baiser = **embrasser.**

la **baisse** Le fait de baisser; CONTR. l'augmentation, la hausse: *la ~ de la température, la ~ des prix, les cours sont en ~ (à la Bourse).*

baisser *v.* **1.** Faire descendre, mettre plus bas; CONTR. lever: *~ la tête/les yeux/la voix, ~ la vitre d'une voiture.* **2.** CONTR. augmenter: *le pain a baissé de cinq pour cent, la température a baissé.* – **se** ~ (il s'est baissé), *se ~ pour ramasser qc.*

le **bal (les bals)** ‖ Réunion où l'on danse: *donner un grand ~, aller au ~, la salle de ~, un ~ masqué, les ~s du 14 Juillet, une robe de ~, être en toilette de ~.* ⚠ Ne pas confondre avec le **ballon** de football, la **balle** de tennis.

le **balai** *nettoyer le sol avec un ~, un manche à ~.*

balai

la **balance** Appareil qui sert à peser: *une ~ automatique/de précision, l'aiguille de la ~ indique le poids sur le cadran; faire pencher la ~ en faveur de qn (= favoriser).* ⚠ Ne pas confondre avec **l'équilibre.** ⚠ L'appareil dont se servent les gens pour savoir combien ils pèsent: le **pèse-personne.**

balance

balayer *v.* (je balaie, il balaie, nous balayons, ils balaient; il balaiera) Enlever la saleté/la poussière avec un balai: *~ le plancher/la salle/le bureau, ~ la neige.*

balbutier *v.* [-sje] S'exprimer en articulant mal, bégayer: *se mettre à ~ (sous l'émotion), ~ quelques excuses/quelques mots.*

le **balcon** **1.** ‖ *Se faire bronzer sur le ~, se pencher sur le ~.* **2.** Au théâtre: les places au-dessus de l'orchestre: *les places de ~.*

la **baleine** Le plus grand animal de la mer (jusqu'à 20 mètres): *la pêche à la ~, l'huile de ~.*

baleine

la **ballade** ‖ Poème: «*La* ～ *des pendus*» *de Villon, les* ～*s de Schiller.*

la **balle 1.** ‖ Objet rond qui sert à jouer: *la* ～ *de tennis/de golf/de ping-pong, jouer à la* ～, *lancer/attraper/renvoyer la* ～, *saisir la* ～, *la* ～ *roule/tombe/rebondit.* **2.** Projectile d'une arme à feu: *la* ～ *de revolver, recevoir une* ～ *dans le bras.* ⚠ **La** balle. ⚠ **Le ballon** de football, **le boulet** de canon, **la boule** de neige.

le **ballet** ‖ *Voir un* ～ *à l'opéra, le chorégraphe règle le* ～, *un* ～ *russe.*

le **ballon 1.** Grosse balle qui sert à jouer: *le* ～ *de football/de rugby.* **2.** ‖ *acheter un* ～ *rouge pour un enfant, les* ～*s-sondes des météorologues.* ⚠ **La balle** de tennis/de ping-pong.

balnéaire *adj.*Qui concerne les bains de mer: *une station* ～.

banal, banale *adj.* **(banals, banales)** ‖ CONTR. original, extraordinaire, curieux: *une idée* ～*e, dire un compliment* ～, *c'est un cas* ～.

la **banalité** ‖ La platitude, le lieu commun; CONTR. l'originalité: *la* ～ *de cette conversation, dire/débiter quelques* ～*s.*

la **banane** ‖ *manger une* ～ *au dessert, glisser sur une peau de* ～.

le **banc** [bã] ‖ Long siège: *un* ～ *de bois, un* ～ *de jardin, être assis sur un* ～. ⚠ **Le** banc. ⚠ On met son argent à **la banque.**

banc

bancaire *adj.*Qui concerne la banque: *un chèque* ～.

la **bande 1.** Morceau de papier etc. beaucoup plus long que large: *une* ～ *de papier collant/hygiénique, enregistrer de la musique sur* ～ *magnétique, mettre une* ～ *de toile autour d'une blessure.* **2.** *la* ～ *dessinée (exemple: Astérix).* **3.** ‖ Groupe: *le chef de la* ～, *une* ～ *d'enfants/de voleurs, une* ～ *de moineaux s'envole/s'envolent.*

le **bandit** [-di] ‖ Le criminel, le malfaiteur,

le gangster: *un* ～ *armé et masqué; ce commerçant est un* ～.

la **banlieue** Petites villes autour d'une grande: *la* ～ *de Paris, un train de* ～, *habiter en* ～*/la* ～.

la **banque** ‖ Entreprise qui s'occupe du commerce de l'argent: *aller à la* ～, *remettre un chèque à l'employé de* ～, *avoir un compte en* ～, *aller chercher de l'argent à la* ～, *le billet de* ～.

le **banquet** ‖ Grand repas: *donner un* ～ *en l'honneur du président, être invité à un* ～.

la **banquette** Siège qui occupe la largeur d'une voiture/d'un compartiment: *s'asseoir sur la* ～ *arrière de la voiture.*

le **baptême** [bat-] Le premier sacrement par lequel qn devient chrétien: *recevoir le* ～; *le* ～ *d'un navire.*

baptiser [bat-] *v.* Donner le baptême: «*Je te baptise au nom du Père, du Fils et du Saint-Esprit*»; ～ *un navire.*

le **bar** Café où les clients boivent debout devant le comptoir: *fréquenter les* ～*s.* ⚠ Ne pas confondre avec **le cabaret, la boîte de nuit, le music-hall.** ⚠ **Le** bar.

la **baraque** Maison provisoire en bois: *une* ～ *de planches; il habite une* ～ (= *maison en mauvais état*), *une* ～ *bonne à démolir.*

le **barbare 1.** ‖ *se conduire comme un* ～. **2.** *adj.* CONTR. civilisé, humain: *une musique* ～, *une façon de parler* ～ (= *incorrecte*), *un acte* ～ (= *cruel*).

la **barbarie** ‖ La cruauté: *un acte de* ～, *retomber dans la* ～ (CONTR. la civilisation).

la **barbe** *porter la* ～, ～ *grise, laisser pousser sa* ～, *se faire la* ～ (= *se raser*). ⚠ **La** barbe.

barbe

barbu, barbue *adj.* Qui a de la barbe: *un homme* ～.

le **baromètre** ‖ *le ⁓ est à la pluie/au variable/au beau; la presse est le ⁓ de l'opinion publique.*

baroque *adj.* **1.** Bizarre, étrange: *avoir une idée ⁓.* **2.** ‖ Qui concerne le style du XVIIe siècle: *une église ⁓.*

la **barque** Petit bateau: *une ⁓ à rames/à voiles/de pêcheur, faire une promenade en ⁓.*

le **barrage** Grand mur qui retient l'eau d'une rivière: *un ⁓ sur le Rhône, construire un ⁓ pour produire de l'électricité; le ⁓ d'une rue, un ⁓ de police.*

la **barre 1.** Pièce de bois/de métal: *une ⁓ d'or, la ⁓ d'appui (de la fenêtre), la ⁓ du gouvernail.* ⚠ On dit: **les barreaux** d'une cage/d'une fenêtre de prison. **2.** *être à la ⁓ d'un bateau/du pays, tenir la ⁓.*

barre

barrer *v.* **1.** Fermer un passage: *barrer une route/un chemin, une rue barrée, ⁓ le passage à qn (= empêcher qn de passer).* **2.** *⁓ un chèque (= tracer deux traits).*

la **barricade** ‖ *dresser/élever des ⁓s dans la rue; être de l'autre côté de la ⁓ (= du parti opposé).*

la **barrière** ‖ Elle sert à fermer un passage: *les ⁓s d'un passage à niveau, ouvrir/fermer la ⁓; les ⁓s douanières (= taxes sur les produits qui entrent dans un pays).*

bas, basse 1. *adj.* Contr. haut, élevé: *les nuages sont ⁓, les branches ⁓ses d'un arbre, vendre à ⁓ prix, un enfant en ⁓ âge, parler à voix ⁓se, la marée ⁓se, la Basse-Normandie (région), le Bas-Rhin, les Basses-Pyrénées (départements).* **2.** *adv. l'avion vole ⁓, parler plus/moins ⁓,*

habiter/regarder en ⁓, là-⁓. ⚠ Comme adverbe «bas» est invariable.

la **base 1.** Partie d'une chose qui supporte le reste: *les ⁓s d'un édifice, la ⁓ d'une montagne.* **2.** ‖ *la ⁓ militaire/navale/aérienne.*

baser *v.* Reposer sur une base: *cette théorie est basée sur des faits, il base son système sur des spéculations.*

la **basilique** ‖ Église: *la ⁓ de Lourdes.*

la **basse-cour** *les animaux de ⁓ (= les poules, les canards, les oies, etc.).*

la **bassesse** Manque de noblesse/de dignité: *la ⁓ de son caractère, commettre une ⁓ (= une action méprisable).*

le **bassin 1.** ‖ *le ⁓ est rempli d'eau, un jet d'eau au milieu du ⁓, le ⁓ d'une piscine/d'un port.* **2.** *le B⁓ parisien (= région).*

la **bataille** Combat entre deux armées: *la ⁓ d'Austerlitz/de la Marne, livrer ⁓, gagner/perdre la ⁓, être tué dans une ⁓, le champ de ⁓.*

le **bateau** (les **bateaux**) Tout moyen de transport par eau: *le ⁓ à voiles/à moteur/de pêche/de plaisance/de commerce, prendre le ⁓ pour aller de Marseille à Ajaccio, mettre un ⁓ à l'eau.* ⚠ Orthographe: Le bateau (sans accent circonflexe). ⚠ **Le navire** de guerre.

le **bâtiment** Toute sorte de maison, l'immeuble: *la façade d'un ⁓, les ⁓s d'une ferme.*

bâtir *v.* Contr. détruire, démolir: *⁓ une maison/un immeuble/une ville/une route/un pont, faire ⁓ une maison par qn, le terrain à ⁓, ⁓ une maison en briques/en ciment/en béton.*

le **bâton** Long morceau de bois: *se tailler un ⁓, donner/recevoir des coups de ⁓, le ⁓ blanc de l'agent de police, le ⁓ du chef d'orchestre; un ⁓ de rouge à lèvres/de craie; parler à ⁓s rompus (= de ceci et de cela).*

le **battant 1.** Pièce métallique qui frappe l'intérieur d'une cloche: *le ⁓ fait sonner la cloche.* **2.** La partie mobile d'une fenêtre/d'une porte: *ouvrir la fenêtre/la porte à deux ⁓s.*

le **battement** Action de battre: *le ⁓ du cœur/du pouls, le ⁓ des ailes d'un oiseau, le ⁓ des mains (= l'applaudissement).*

la **batterie 1.** Plusieurs canons: *une ⁓ de canons*. **2.** ‖ *la ⁓ de la voiture*. ⚠ Ne pas confondre avec **la pile**.

battre *v.* (je bats, il bat, nous battons, ils battent; il battit; il a battu) **1.** Frapper, taper: *⁓ un enfant/un chien, se faire ⁓, le cœur bat vite, mon cœur bat, ⁓ des mains (= applaudir)*. **2.** *⁓ les cartes avant de les distribuer (= mêler)*. – **se ⁓** (ils se sont battus), *les enfants se battent*. **3.** Vaincre: *⁓ l'adversaire/l'ennemi, l'équipe de football a été battue*.

bavard, bavarde *adj.* Qui aime parler; Contr. silencieux, discret: *une concierge ⁓e, un élève ⁓*.

bavarder *v.* Parler beaucoup; Contr. se taire: *perdre son temps à ⁓, ⁓ avec qn/ avec le voisin*.

la **béatitude** Le bonheur parfait: *la ⁓ céleste, avoir un air/une expression de ⁓*.

beau/bel, belle *adj.* (beaux, belles) **1.** Contr. laid: *un bel enfant, un bel homme, une belle femme, un ⁓ panorama, un ⁓ voyage, le ⁓ temps, un ⁓ jour . . . (= un jour)*. **2.** *avoir ⁓ faire qc (= faire inutilement), j'ai ⁓ crier mais on ne m'entend pas*. ⚠ **Bel** s'emploie devant un nom masculin qui commence par une voyelle ou un h muet. Distinguez: *un* **bel** *anorak; l'anorak est* **beau**.

beaucoup *adv.* Contr. peu, rien: *⁓ de monde/d'argent/de chance, travailler/s'amuser/boire/lire ⁓, j'ai ⁓ à faire (= être très occupé), c'est ⁓ plus joli, «Merci ⁓.»* ⚠ «**Très** beaucoup» n'existe pas.

le **beau-fils**, la **belle-fille 1.** Enfant d'un précédent mariage: *il a épousé une veuve et a un beau-fils*. **2.** Le mari/la femme de son enfant, le gendre, la bru: *elle s'entend mal avec sa belle-fille*.

le **beau-frère**, la **belle-sœur 1.** Le mari de la sœur, la femme du frère. **2.** Le frère/ la sœur de la personne que l'on a épousée.

le **beau-père**, la **belle-mère 1.** Le nouveau mari de la mère, la nouvelle femme du père. **2.** Le père/la mère de la personne qu'on a épousée.

la **beauté** Qualité de ce qui est beau; Contr. la laideur: *la ⁓ du paysage/du visage, un institut/un produit de ⁓, admirer*

la ⁓ de qn/de qc.

les **beaux-arts** *m.* (au pluriel) La peinture, l'architecture, la sculpture, etc.: *l'école des Beaux-Arts*.

les **beaux-parents** *m.* (au pluriel) Les parents de la personne qu'on a épousée.

le **bébé** ‖ Très petit enfant: *attendre un ⁓, avoir un ⁓, laver un ⁓, nourrir un ⁓, le ⁓ dort dans son berceau*.

le **bec** [bɛk] **1.** La bouche des oiseaux: *le ⁓ crochu de l'aigle, un long ⁓, piquer avec le ⁓.* **2.** *le ⁓ d'une cruche/d'une cafetière*.

la **bêche** Le manche de la ⁓, retourner la terre avec une ⁓.

bégayer *v.* (je bégaie, il bégaie, nous bégayons, ils bégaient; il bégaiera) S'exprimer d'une façon hésitante et confuse, balbutier: *se mettre à ⁓ (par timidité), ⁓ une excuse*.

bêche

beige *adj.* ‖ Brun très clair: *porter un manteau ⁓*.

bêler *v.* Pousser des cris (en parlant des moutons et des chèvres): *l'agneau bêle*. ⚠ Le chien **aboie**. (→ aboyer).

belge 1. *adj.* De Belgique: *les deux langues officielles ⁓s: le flamand et le wallon*. **2.** *un Belge (= un habitant de la Belgique)*.

belliqueux, belliqueuse *adj.* Qui aime la guerre ou la dispute: *prendre une attitude ⁓se*.

la **belote** Jeu de cartes: *la ⁓ se joue entre deux, trois ou quatre personnes*.

la **bénédiction** Action du prêtre qui bénit: *donner/recevoir la ⁓, la ⁓ nuptiale, la ⁓ d'une église*.

le **bénéfice** Le profit d'un marchand; Contr. la perte, le déficit: *faire de gros ⁓s, les ⁓s commerciaux, l'impôt sur les ⁓s*.

bénir *v.* Appeler la protection de Dieu; Contr. maudire: *le pape a béni la foule, le prêtre bénit le mariage, «Dieu vous bénisse.»* ⚠ L'eau **bénite**, le pain **bénit**.

la **béquille** *s'appuyer sur des ~s, il se déplace avec des ~s parce qu'il a la jambe dans le plâtre.*

le **berceau** (les berceaux) Petit lit d'un bébé: *mettre le bébé dans son ~; la Grèce est le ~ de la civilisation occidentale.*

bercer *v.* (-ç- devant a et o: nous

béquille

berçons; il berçait; berçant) Balancer doucement: *~ bébé dans ses bras, les barques sont bercées par les vagues.*

le **béret** *le ~ basque/de marin, porter un ~.*

béret basque

le **berger,** la **bergère** Personne qui garde les moutons: *le ~ garde le troupeau, le chien de ~.*

la **besogne** Le travail, la tâche: *la ~ quotidienne, être chargé d'une ~ difficile.*

le **besoin** Le fait de manquer de choses nécessaires: *le ~ de dormir/de manger, éprouver le ~ de parler, j'ai ~ de cela (= cela m'est nécessaire), avoir ~ d'argent/de repos/de sommeil, une chose dont on a ~, je n'ai ~ de rien, avoir ~ que + subj.* ⚠ Avoir besoin **de** qc.

le **bétail** Les animaux de la ferme: *le gros/le petit ~, l'alimentation du ~.* ⚠ «**Bétail**» s'emploie toujours au singulier.

la **bête** Tout animal: *ce chien est une jolie ~, les ~s sauvages/féroces.*

bête *adj.* Idiot, imbécile, sot, stupide; Contr. intelligent, spirituel: *il est ~, je suis ~ d'avoir oublié la date, comme tu es ~, il n'est pas si ~ (= plus intelligent qu'on ne le croit). – adv.* **bêtement.**

la **bêtise** La sottise, la stupidité; Contr. l'intelligence: *faire/dire des ~s, faire une grosse ~, avoir la ~ de faire qc.*

le **béton** *un mur en ~.*

la **betterave** *la ~ fourragère (pour l'alimentation du bétail), la ~ sucrière, la ~ rouge.·*

betterave fourragère

betterave rouge

le **beurre** Aliment jaune fait avec la crème du lait: *mettre du ~ sur le pain, du ~ frais, le ~ a ranci.* ⚠ **Le** beurre.

le **bibelot** [-lo] Petit objet décoratif, objet d'art: *acheter des ~s, un salon encombré de ~s.*

la **bibliothèque 1.** Meuble pour y ranger les livres: *les rayons d'une ~, une ~ vitrée.* **2.** Salle avec des livres: *la ~ de l'université/municipale, emprunter des livres à la ~.*

la **bicyclette** *une ~ pour homme/pour dame/d'enfant, monter sur la ~, aller à ~, une promenade à ~, se promener à ~, réparer sa ~.* ⚠ Synonyme courant: **le vélo.** ⚠ «aller **en** bicyclette» est familier.

bicyclette

le **bidon** *le ~ de lait/d'essence.*

bidon de lait

bidon d'essence

bien 1. *adv.* (**mieux, le mieux**) Contr. mal: *elle danse/chante ⌣, se conduire ⌣, je me trouve ⌣ ici, j'ai cru ⌣ faire, être ⌣ avec qn (= son ami), ⌣ entendu (= oui), ⌣ sûr, je veux ⌣ (= d'accord), ⌣ des (= beaucoup de), ⌣ des touristes, depuis ⌣ des années, eh ⌣, je trouve ⌣ que +* subj. **2.** *conj.* ⌣ *que +* subj. *(= quoique), je sors ⌣ qu'il pleuve.* ⚠ Ne pas confondre avec **bon, bonne** (= adjectif).

le **bien** Ce qui est bon: *faire le ⌣, rendre le ⌣ pour le mal, dire du ⌣ de qn, le ⌣-être; les ⌣s (= ce que l'on possède).*

le **bienfait** Acte de bonté envers qn: *combler qn de ⌣s, être reconnaissant d'un ⌣.*

le **bien-fondé** La conformité à la raison, la légitimité: *le ⌣ d'une opinion, reconnaître/contester le ⌣ des revendications, examiner le ⌣ d'une réclamation.*

bientôt *adv.* Dans peu de temps: *je reviendrai ⌣, ce sera ⌣ fait, cela est ⌣ dit, à ⌣ (= au revoir).*

bienveillant, bienveillante *adj.* Qui a de la bonté, indulgent; Contr. hostile, dur: *se montrer ⌣ envers qn, une critique ⌣e.*

le **bienvenu,** la **bienvenue** Celui qui est accueilli avec plaisir: *Soyez le ⌣, vous serez toujours le ⌣.*

la **bienvenue** *souhaiter la ⌣ à qn (= faire un bon accueil).*

la **bière** ‖ Boisson alcoolique: *une ⌣ blonde, boire un verre de ⌣, «Garçon, une ⌣!»* ⚠ **La** bière.

le **bifteck** ‖ Tranche de bœuf grillée: *un ⌣ saignant/cuit à point, manger un ⌣ avec des frites.*

le **bijou (les bijoux)** Objet précieux qui sert d'ornement à qn: *un ⌣ en or, mettre ses ⌣x, porter de beaux ⌣x, des ⌣x de fantaisie.*

la **bijouterie** Magasin où l'on vend les bijoux: *aller dans une ⌣ pour acheter une bague.*

le **bilan** ‖ Le résultat final: *faire/dresser un ⌣, le ⌣ d'un accident/d'une catastrophe.*

la **bile** Liquide brun et amer sécrété par le foie: *échauffer la ⌣ de qn (= mettre en colère), décharger sa ⌣ (= manifester sa mauvaise humeur).*

bilingue *adj.* [-ɛ̃g] *un enfant ⌣ (= qui parle deux langues), une édition ⌣ (= en deux langues).*

le **billard** [-ar] ‖ Jeu: *faire une partie de ⌣.*

le **billet 1.** *un ⌣ de banque, un ⌣ de cent francs, les ⌣s et la monnaie.* **2.** Le ticket: *un ⌣ de chemin de fer/de théâtre/de cinéma, prendre un ⌣ au guichet, un ⌣ aller et retour, un ⌣ de seconde classe, payer son ⌣ à la caisse, acheter un ⌣ de loterie.* ⚠ Un **aller** simple.

billet de banque

la **biographie** ‖ Livre qui raconte la vie de qn: *lire la ⌣ de qn.*

le **biscuit** Gâteau sec: *manger un ⌣.*

le **bistrot** *(mot familier)* Petit café, le bar: *aller prendre un verre au ⌣, retrouver qn au ⌣.*

bizarre *adj.* Curieux, étrange; Contr. banal, normal, régulier: *trouver qc ⌣, sa conduite paraît ⌣, avoir une idée ⌣.*

la **blague** La farce, l'histoire qui fait rire: *raconter des ⌣s, sans ⌣ (= sérieusement), faire une ⌣ à qn.*

blâmer *v.* Critiquer; Contr. louer, approuver: *⌣ la conduite de qn, il est à ⌣.*

blanc, blanche *adj.* Contr. noir: *une feuille de papier ⌣, la peau ⌣che, les cheveux ⌣s, le vin/le pain ⌣, un cheval ⌣; parler d'une voix ⌣che (= sans intonation caractéristique), passer une nuit ⌣che (= sans dormir).*

blanchir *v.* Rendre blanc; Contr. noircir: *⌣ le mur à la chaux, la neige blanchit la montagne.*

la **blanchisserie** Boutique où le blanchisseur lave et repasse le linge: *porter son linge sale à la ⌣.*

le **blasphème** Insulte/injure adressée à Dieu: *dire/proférer des ⌣s.*

le **blé** On en fait de la farine/du pain blanc:

semer du ~, *le* ~ *germe/pousse, couper le* ~, *battre le* ~, *un sac de* ~, *la moisson du* ~.

blesser *v.* **1.** Faire une blessure: ~ *qn légèrement/grièvement/mortellement,* ~ *qn avec un couteau, être blessé dans un accident de la circulation.* – **se** ~ (il s'est blessé), *se* ~ *en tombant.* **2.** Offenser, peiner, vexer: ~ *qn, ces paroles l'ont blessé,* ~ *qn dans son orgueil.*

la **blessure** La plaie, la fracture, la brûlure, etc.: *recevoir une* ~, *soigner/panser une* ~, *une* ~ *légère/grave/mortelle, avoir une* ~ *à la tête, mourir de ses* ~*s.*

bleu, bleue *adj.* La couleur du ciel sans nuages: *avoir les yeux* ~*s,* ~ *foncé,* ~ *marine; la zone* ~*e (= où le stationnement est limité).*

le **blindé 1.** Véhicule de combat, le char: *les* ~*s ont percé le front.* **2.** *adj.* une voiture ~*e.*

le **bloc** [blɔk] ‖ La masse solide: *un* ~ *de pierre/de granit; un* ~ *de papier à lettres, vendre qc en* ~ *(= la totalité).*

blond, blonde *adj.* ‖ Jaune (en parlant des cheveux): *avoir des cheveux* ~*s, cette fille est* ~*e; une bière* ~*e.*

se blottir *v.* (il s'est blotti) Se faire le plus petit possible: *se* ~ *sous la couverture/contre son épaule.*

la **blouse** Vêtement de travail: *la* ~ *blanche du médecin, la* ~ *du peintre, mettre sa* ~ *pour éviter de se salir, porter une* ~. ⚠ Ne pas confondre avec **le chemisier.**

le **blouson** Veste courte et ample serrée dans le bas: *un* ~ *militaire, un* ~ *à fermeture à glissière/en cuir, le* ~ *d'un motocycliste, les* ~*s-noirs (= jeunes délinquants).*

le **blue-jean** [bluʒin] ‖ Pantalon de toile bleue: *porter un* ~.

la **bobine** *une* ~ *de fil à coudre, une* ~ *de film.*

le **bœuf** [bœf] (**les bœufs** [bø]) **1.** *élever des* ~*s, travailler comme un* ~ *(= beaucoup).* **2.** La viande de bœuf ou de vache: *manger du* ~, *un rôti de* ~.

bœuf

boire 1. *v.* (je bois, il boit, nous buvons, ils boivent; il but; il a bu) Prendre un liquide par la bouche, apaiser sa soif: ~ *du lait/du café/du vin,* ~ *une tasse de thé,* ~ *dans un verre/dans une tasse,* ~ *son verre d'un trait, offrir à* ~ *à qn, donner à* ~ *à qn,* ~ *à la santé de qn.* **2.** *m. le* ~ *et le manger.*

le **bois 1.** La forêt: *se promener dans les* ~, *un* ~ *de chênes/de sapins.* **2.** La matière dure des arbres: *du* ~ *vert/sec/de chêne/de chauffage/de menuiserie, une chaise de/en* ~, *couper/scier/brûler du* ~.

la **boisson** Tout ce qui se boit: *prendre une* ~ *froide/chaude/gazeuse/sucrée/glacée, commander les* ~*s au café, s'adonner à la* ~ *(= être alcoolique).* ⚠ **La** boisson.

la **boîte** Récipient de carton/de métal, etc.: *une* ~ *de conserve/de bonbons, une* ~ *d'allumettes, déposer le courrier dans la* ~ *aux lettres, la* ~ *de vitesses (dans une automobile).*

boiter *v.* Marcher en penchant le corps: ~ *du pied droit,* ~ *légèrement, marcher en boitant, le cheval boite.*

boiteux, boiteuse *adj.* Qui boite: *un cheval* ~; *une table* ~*se; une phrase* ~*se (= pas correcte).*

le **bol** Grande tasse: *boire un* ~ *de café au lait, verser du café dans un* ~.

bobine

bol

le **bombardement** ‖ *des ⁓s ont détruit la ville, un ⁓ atomique.*

la **bombe** ‖ Projectile qui sert à détruire: *une ⁓ incendiaire/atomique, lancer des ⁓s, la ⁓ a éclaté, commettre un attentat à la ⁓.*

bombé, bombée *adj.* Gonflé, convexe: *la route est ⁓é, avoir la poitrine ⁓é, le front ⁓.*

bon, bonne 1. *adj.* (**meilleur, le meilleur**) CONTR. mauvais: *une ⁓ne voiture, un ⁓ vin, c'est un bon film, un ⁓ médecin, avoir un ⁓ métier, une ⁓ne action, une chose ⁓ne à manger, c'est ⁓ pour la santé, trouver ⁓ de faire qc, toute vérité n'est pas ⁓ne à dire, à quoi ⁓? (= à quoi cela sert-il?), le ⁓ Dieu, il est ⁓ que +* subj. **2.** *adv. la rose sent ⁓, ⁓ marché* (CONTR. cher).

le **bonbon** *acheter/offrir/manger des ⁓s, un ⁓ au chocolat.*

le **bond** [bɔ̃] Le saut: *franchir l'obstacle/le fossé d'un ⁓.*

bondir *v.* Sauter brusquement: *⁓ de surprise/de joie/de peur/de colère.*

le **bonheur** CONTR. le malheur: *rechercher/trouver le ⁓, le ⁓ d'aimer, cela porte ⁓, par ⁓ (= heureusement).* ⚠ **Le** bonheur. ⚠ Avoir de **la chance.**

le **bonhomme** (**les bonshommes**) *(mot familier)* L'homme, le type: *un petit ⁓ (= petit garçon), dessiner des bonshommes, un ⁓ de neige.* ⚠ **La bonne femme** *(en deux mots).*

le **bonjour** Terme pour saluer qn que l'on rencontre; CONTR. au revoir: *dire ⁓ à qn, «⁓, Monsieur.», «⁓ Messieurs Dames.» (familier).*

bon marché *adj. (invariable)* CONTR. cher, coûteux: *des articles/marchandises ⁓, acheter qc (à) ⁓.*

la **bonne** Employée de maison: *chercher une nouvelle ⁓, ⁓ à tout faire.*

bonnement *adv.* Simplement, vraiment: *cet enfant est tout ⁓ insupportable, c'est tout ⁓ impossible.*

le **bonnet** Coiffure souple: *un ⁓ de fourrure, un ⁓ de bain, un ⁓ de nuit, le ⁓ phrygien (= le bonnet rouge des révolutionnaires de 1789).*

le **bonsoir** Salutation du soir: *dire ⁓ à qn, «⁓, Monsieur.»*

la **bonté** Qualité d'une personne qui est bonne; CONTR. la méchanceté, la dureté: *traiter qn avec ⁓, avoir la ⁓ de faire qc, être d'une grande ⁓ envers/pour qn, «Ayez la ⁓ de me passer le sucre.».*

le **bord 1.** La limite, le côté: *le ⁓ de la mer/ de la rivière/de la route, être assis au ⁓ de l'eau, remplir son verre jusqu'au ⁓.* **2.** ‖ *monter à ⁓ (d'un bateau), être à ⁓; à ⁓ d'un avion/d'une voiture.*

la **bordure** *en ⁓ (= à côté, le long du bord), des maisons en ⁓ de la plage, une ⁓ de fleurs.*

borgne *adj.* Qui a perdu un œil: *être ⁓, un cheval ⁓.*

borner *v.* Limiter; CONTR. élargir: *⁓ son ambition à qc.* – **se** ⁓ (il s'est borné), *se ⁓ à faire qc.*

les **bornes** *f. (au pluriel)* La limite, la frontière: *ma patience a des ⁓, son ignorance dépasse les ⁓, sans ⁓ (= illimité).*

la **bosse** Grosseur anormale: *avoir une ⁓ dans le dos, se faire une ⁓ au front en se cognant, les ⁓s du chameau.*

botanique *adj.* ‖ *le jardin ⁓.*

la **botte** *des ⁓s de cuir, une paire de ⁓s, mettre/enlever ses ⁓s.*

le **bouc** [buk] Le mâle de la chèvre: *la barbe du ⁓; le ⁓ émissaire (= personne rendue responsable de toutes les fautes).*

botte

la **bouche 1.** Ouverture dans le visage qui sert à parler/ manger/boire: *ouvrir/fermer la ⁓, parler la ⁓ pleine, embrasser qn sur la ⁓.* ⚠ «la bouche» s'emploie également en parlant de certains animaux (cheval, vache, grenouille). **2.** L'entrée ou la sortie: *la ⁓ du métro, les ⁓s d'égout.*

la **bouchée** Quantité de nourriture que l'on peut mettre en une seule fois dans la bouche: *une ⁓ de pain; travailler pour une ⁓ de pain (= pour rien).*

boucher *v.* Fermer une ouverture/un

trou; CONTR. déboucher, ouvrir: ~ *une bouteille/un trou, le tuyau est bouché, avoir le nez bouché (par un rhume).* – **se** ~ (*il s'est bouché*), *se* ~ *les oreilles/le nez.*

le **boucher** Marchand de viande: *acheter un rôti de veau chez le* ~, *le* ~ *coupe un bifteck.*

la **boucherie** La boutique du boucher: *aller à la* ~. ⚠ Ne pas confondre avec **la charcuterie** (où l'on vend du porc.)

le **bouchon** Il sert à fermer une bouteille: *faire sauter un* ~ *de champagne, le tire-*~, *le* ~ *de carafe.*

la **boucle** 1. *une* ~ *de ceinture.* 2. *des* ~*s d'oreilles.* 3. *des cheveux en* ~*s; les* ~*s de la Seine.*

boucle de ceinture

boucle d'oreille

boucle de cheveux

le **bouddhiste** ‖ *les* ~*s de l'Inde.*

bouder *v.* Manifester sa mauvaise humeur/son mécontentement en refusant de parler: *un enfant qui boude parce qu'on lui a refusé un bonbon.*

la **boue** Terre pleine d'eau dans les chemins: *être couvert de* ~, *avoir de la* ~ *sur ses chaussures/son pantalon, un chemin plein de* ~.

le **bouffon** Le clown, le fou: *les plaisanteries d'un* ~.

bouger *v.* (-ge- devant a et o: nous bougeons; il bougeait; bougeant) Faire un mouvement: *ne pas* ~, *ne bougez pas la tête.* ⚠ «bouger» est employé souvent à la forme négative.

la **bougie** 1. La chandelle: *allumer une* ~, *s'éclairer à la* ~. 2. Dans un moteur: *changer les* ~*s usées.*

bouillir *v.* (il bout, ils bouillent; il bouillait; il a bouil-

bougies

li) Être à 100 degrés (en parlant de l'eau); CONTR. geler: *l'eau bout, faire* ~ *le lait, de l'eau bouillante.* ⚠ **Faire cuire** des pommes de terre; **faire** du café.

le **bouillon** La soupe très liquide: *un* ~ *de légumes/de poulet/gras, boire un* ~, *prendre un* ~, *servir un* ~.

le **boulanger** Personne qui fait et vend le pain: *aller chez le* ~, *acheter du pain/une baguette/des croissants chez le* ~.

la **boulangerie** La boutique du boulanger: *une* ~-*pâtisserie, travailler dans une* ~.

la **boule** Masse ronde: *lancer une* ~ *de neige, le jeu de* ~*s, jouer aux* ~*s.*

le **bouleau** (**les bouleaux**) Arbre à l'écorce blanche: *un bois de* ~*x.*

le **boulevard** Rue très large: *se promener sur les grands* ~*s (à Paris), habiter* ~ *Voltaire, le théâtre de* ~.

bouleverser *v.* 1. Mettre en désordre (par une action violente); CONTR. arranger, mettre en ordre: *cet événement a bouleversé sa vie.* 2. Émouvoir très fortement: *sa mort a bouleversé ses amis, un visage bouleversé.*

le **bouquet** 1. *un* ~ *de fleurs, offrir un* ~ *de roses à qn pour sa fête.* 2. ‖ L'odeur, l'arôme: *le* ~ *du vin.*

bouquet

le **bouquin** (*mot familier*) le livre: *acheter un* ~.

le **bouquiniste** Marchand de livres d'occasion: *les* ~*s des quais de la Seine (à Paris).*

bourdonner *v.* Faire un bruit sourd (comme les abeilles): *une guêpe qui bourdonne dans la chambre, les oreilles lui bourdonnent.*

le **bourgeois**, la **bourgeoise** (*mot souvent péjoratif*) 1. CONTR. l'ouvrier, le paysan: *un riche* ~, *le petit* ~. 2. *adj. une maison/la* culture ⌣*se, un quartier* ⌣. ⚠ *Ne pas* confondre avec **le citoyen.**

la **bourgeoisie** La classe dominante dans le régime capitaliste; Contr. le prolétariat: *la petite/la grande* ⌣.

le **bourreau** (**les bourreaux**) Celui qui exécute les personnes condamnées à mort: *être un* ⌣ (= *personne qui maltraite qn*), *un* ⌣ *d'enfants.*

bourrer *v.* Remplir complètement; Contr. vider: ⌣ *sa valise,* ⌣ *sa pipe.*

la **bourse 1.** Petit sac avec de l'argent: *perdre sa* ⌣. **2.** *la* ⌣ *d'études* (= *pension accordée à un étudiant*), *recevoir une* ⌣. **3.** *la Bourse, la* ⌣ *de Paris, aller en* ⌣.

bousculer *v.* Pousser brutalement, heurter: ⌣ *qn par inadvertance, être bousculé par la foule.*

la **boussole** *une* ⌣ *de poche, le cadran de la* ⌣, *s'orienter à l'aide de la* ⌣. ⚠ **Le compas** sert à tracer des cercles.

boussole

le **bout** La partie qui termine un objet, l'extrémité: *le* ⌣ *du nez/du doigt, le* ⌣ *de la route, le* ⌣ *d'une canne à pêche, aller jusqu'au* ⌣ *de qc, rester jusqu'au* ⌣, *d'un* ⌣ *à l'autre, être à* ⌣ *de ses forces/de souffle/de sa patience, au* ⌣ *d'un moment/de quelques minutes/d'un mois* (= *après*), *savoir qc sur le* ⌣ *des doigts* (= *très bien par cœur*), *un* ⌣ *de papier/de ficelle* (= *morceau*).

la **bouteille** *une* ⌣ *de vin/de bière/de jus de fruits, boucher/déboucher la* ⌣, *mettre le vin en* ⌣, *boire une* ⌣ *de vin, une* ⌣ *pleine/vide.*

la **boutique** Petit magasin: *la* ⌣ *du boucher, une* ⌣ *d'alimentation, tenir une*

bouteilles

⌣ (= *être le propriétaire*), *ouvrir/fermer la* ⌣.

le **bouton 1.** *un* ⌣ *de chemise/de culotte, coudre/recoudre un* ⌣, *arracher un* ⌣. **2.** Fleur qui n'est pas encore ouverte: *un* ⌣ *de rose.* **3.** *tourner le* ⌣ *du poste de radio.*

bouton

boutonner v. Fermer au moyen de boutons: ⌣ *sa veste/son imperméable.*

la **boutonnière** Petit trou pour y passer le bouton: *avoir une fleur à la* ⌣.

bovin, bovine *adj.* Qui concerne le bœuf: *les races* ⌣*es, un regard* ⌣ (= *plein de bêtise*).

la **boxe** ‖ *des gants de* ⌣, *un match/un combat de* ⌣. ⚠ **La** boxe.

le **boxeur** ‖ *être* ⌣, *un* ⌣ *professionnel.*

le **bracelet** Bijou que l'on porte au poignet: *un* ⌣ *en or, le* ⌣ *d'une montre (en cuir ou en métal).*

bracelet

la **branche** Partie d'un arbre où sont les feuilles: *les* ⌣*s d'un arbre, couper les* ⌣*s d'un arbre; les* ⌣*s d'un compas, les diverses* ⌣*s d'une famille.*

brancher *v.* Mettre en communication avec une canalisation ou avec le circuit électrique: ⌣ *une lampe sur la prise de courant, le poste de radio est branché,* ⌣ *un abonné sur le réseau du téléphone.*

le **bras 1.** Membre qui va de l'épaule à la main: *le* ⌣ *droit/gauche, porter un enfant sur/dans ses* ⌣, *retenir qn par le* ⌣, *serrer qn dans ses* ⌣, *offrir le* ⌣ *à qn, se jeter* *dans les* ⌣ *de qn, se casser le* ⌣. **2.** *les* ⌣ *d'un fauteuil.*

la **brasse** La nage sur le ventre: *nager la* ⌣, *le cent mètres* ⌣.

la **brasserie** **1.** Fabrique de bière: *la* ⌣ *vend la bière en tonneaux/en bouteilles/en boîtes.* **2.** Grand café-restaurant: *une* ⌣ *alsacienne.*

brave *adj.* **1.** Courageux; CONTR. lâche, peureux: *être* ⌣ *devant l'ennemi, faire le* ⌣. **2.** (placé devant le nom) honnête, bon; CONTR. méchant, malhonnête: *un* ⌣ *homme, une* ⌣ *femme, de* ⌣*s gens.* ⚠ Un enfant obéissant est **sage.**

braver *v.* Se comporter sans crainte, s'opposer à qn: ⌣ *le danger,* ⌣ *les autorités.*

bravo *interjection.* ‖ Exclamation pour applaudir: «⌣*! c'est parfait!*»

la **bravoure** **1.** ‖ Le courage: *faire preuve de* ⌣. **2.** *un air de* ⌣ *(dans un opéra).*

bref, brève *adj.* Court; CONTR. long: *une visite brève, une lettre brève, un* ⌣ *discours, soyez* ⌣ *(= ne parlez pas trop longtemps),* ⌣*! (= en un mot).* – *adv.* **brièvement.**

la **bretelle** **1.** Bande de cuir que l'on passe sur l'épaule: *porter une arme à la* ⌣. **2.** Bandes pour retenir le pantalon/le soutien-gorge: *une paire de* ⌣*s, mettre/porter des* ⌣*s.*

breton, bretonne **1.** *adj.* De Bretagne: *les traditions* ⌣*nes.* **2.** *m. les Bretons (= les habitants de la Bretagne).*

le **brevet** Diplôme délivré par l'État: *un* ⌣ *de capacité, un* ⌣ *d'invention.*

le **bricolage** L'occupation, le fait de bricoler: *faire du* ⌣, *un magasin de* ⌣.

bricoler *v.* S'occuper de petits travaux manuels: *aimer* ⌣, *passer le dimanche à* ⌣.

la **bride** *tenir un cheval en* ⌣, *lâcher la* ⌣.

bride

la **brigade** ‖ *une* ⌣ *de gendarmerie/de police/d'infanterie.*

le **brigand** Le voleur, le bandit: *une bande de* ⌣*s, une histoire de* ⌣*s, petit* ⌣*! (= petit coquin!)*

brillant, brillante *adj.* **1.** Éclatant, radieux; CONTR. terne, pâle: *avoir des yeux/des cheveux* ⌣*s.* **2.** CONTR. médiocre: *une* ⌣*e carrière, un* ⌣ *mariage (= riche), un élève* ⌣. – *adv.* **brillamment.**

briller *v.* Émettre de la lumière, luire: *le soleil brille, les étoiles brillent, ses yeux brillent de joie;* ⌣ *à un examen,* ⌣ *par son talent.*

le **brin** Tige (d'une plante): *un* ⌣ *d'herbe/de paille; prendre un* ⌣ *de repos (= un peu), faire un* ⌣ *de toilette.*

la **brique** Pierre artificielle rouge: *un mur de* ⌣*(s), une maison bâtie en* ⌣.

le **briquet** *un* ⌣ *à essence/à gaz, se servir d'un* ⌣ *pour allumer une cigarette.*

briquet

la **brise** ‖ Vent léger: *une* ⌣ *souffle de la mer.*

briser *v.* Casser: ⌣ *un miroir;* ⌣ *le cœur, une voix brisée,* ⌣ *la résistance/la grève.*

la **broche** **1.** Tige de fer: *mettre un poulet à la* ⌣, *faire cuire un poulet à la* ⌣. **2.** ‖ Bijou de femme: *une* ⌣ *de diamant, mettre une* ⌣ *sur sa robe.*

broche

le **brochet** *pêcher le* ⌣, *la chair du* ⌣ *est très estimée.*

brochet

la **brochure** ‖ Petit livre: *distribuer des ⌣s de propagande, lire une ⌣.*

broder *v.* Orner une étoffe de motifs: *un mouchoir brodé.*

le **bronze** ‖ *une statue de ⌣, l'âge de ⌣.* △ **Le** bronze.

bronzer *v.* Brunir au soleil: *se faire ⌣ au soleil, être tout bronzé.*

la **brosse** *la ⌣ à dents/à cheveux/à chaussures/à habits, donner un coup de ⌣ à son manteau.*

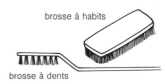

brosse à habits

brosse à dents

la **brouette** Petit véhicule à une roue qui sert à transporter: *la ⌣ de jardinier, charger qc sur la ⌣, transporter du sable dans une ⌣.*

brouette

le **brouillard** Sorte de vapeur naturelle qui gêne la vue: *un ⌣ épais/léger, le ⌣ rend la circulation dangereuse, le ⌣ se dissipe.*

se brouiller *v.* (ils se sont´ brouillés) Cesser d'être ami; CONTR. se réconcilier: *se ⌣ avec ses amis/sa sœur.*

le **brouillon** La première rédaction de ce qu'on veut écrire: *un cahier de ⌣, recopier un devoir fait au ⌣.*

la **broussaille** *(surtout au pluriel)* Plantes épineuses qui poussent sur les terrains incultes: *passer à travers les ⌣s, arracher les ⌣s; avoir des cheveux en ⌣ (= mal peignés).*

le **bruit** 1. CONTR. le silence: *les ⌣s de la rue, faire du ⌣/trop de ⌣, sans ⌣.* **2.** Nouvelle non confirmée: *un ⌣ court que . . ., un faux ⌣.*

brûler *v.* Détruire ou être détruit par le

feu: *⌣ une maison, le bois brûle; le café chaud brûle la gorge, le soleil est brûlant, la peau me brûle.* – **se** ⌣ (il s'est brûlé), *se ⌣ les doigts.*

la **brûlure** Blessure causée par le feu: *se faire/avoir une ⌣ à la main, les ⌣s du premier/du deuxième degré.*

la **brume** Brouillard léger: *la ⌣ du soir, une ⌣ légère flotte sur la rivière.*

brun, brune *adj.* De la couleur du chocolat: *des cheveux ⌣s, avoir la peau ⌣e.*

brusque *adj.* **1.** Brutal, rude; CONTR. doux: *être trop ⌣ avec qn, répondre d'un ton ⌣.* **2.** Inattendu: *la ⌣ arrivée de qn, un changement ⌣.* – *adv.* **brusquement.**

brut [-yt], **brute** *adj.* Qui est à l'état naturel; CONTR. travaillé, achevé: *un diamant ⌣, du pétrole ⌣, le champagne ⌣ (CONTR. doux).*

brutal, brutale *adj.* (brutaux, brutales) ‖ Qui aime la violence, rude; CONTR. doux: *être ⌣ avec qn, un gardien ⌣, un choc/un vent ⌣.* – *adv.* **brutalement.**

la **brutalité** ‖ La violence; CONTR. la douceur: *agir avec ⌣, les ⌣s de la police, s'exprimer avec ⌣.*

bruyant [bʀɥijɑ̃], **bruyante** *adj.* Qui fait beaucoup de bruit; CONTR. silencieux: *des enfants ⌣s, une rue ⌣e.* – *adv.* **bruyamment.**

bu → boire.

le **bûcheron** Personne dont le métier est d'abattre les arbres dans la forêt: *une cabane de ⌣.*

le **budget** ‖ L'ensemble des recettes et des dépenses: *le ⌣ de l'État, la discussion/le vote du ⌣ annuel, le ⌣ est en équilibre.*

le **buffet** 1. Meuble qui sert à ranger la vaisselle: *remettre les assiettes dans le ⌣, les tiroirs du ⌣.* **2.** Café-restaurant dans une gare: *le ⌣ de la gare est ouvert, aller déjeuner au ⌣, prendre un sandwich au ⌣.*

le **buisson** Ensemble d'arbustes sauvages: *des ⌣s épais cachent la vue sur la villa.*

le **bulletin 1.** Information officielle: *le ⌣ météorologique/de notes.* **2.** *le ⌣ de bagages (= le reçu), déposer le ⌣ de vote dans l'urne.*

le **bureau** (**les bureaux**) **1.** Table sur laquelle on écrit: *être assis à son ⌣ pour écrire.*

2. Salle de travail: *le ∼ du directeur, être dans son ∼, travailler dans son ∼, un employé de ∼, aller au ∼; le ∼ de poste (= la poste), le ∼ de tabac (= où l'on vend du tabac, des cigarettes, des timbres).*

burlesque *adj.* ‖ Comique: *un film ∼ de Charlie Chaplin.*

le **bus** *(mot familier)* ‖ L'autobus: *l'arrêt du ∼, les tickets de ∼.*

le **buste** ‖ La partie supérieure du corps humain: *redresser le ∼, un ∼ antique*

(= sculpture). △ **Le** buste.

le **but** [by/byt] **1.** Point visé: *avoir pour ∼ de faire qc, atteindre/toucher le ∼, aller droit au ∼, manquer le ∼, dans le ∼ de faire qc (= avec l'intention).* **2.** Au football etc.: *marquer un ∼, gagner par trois ∼s à un, le gardien de ∼.*

le **butin** Ce qui est volé: *le voleur s'enfuit avec son ∼, le ∼ de guerre.* △ Ne pas confondre avec **la proie** (d'un animal).

le **buveur** Personne qui boit: *le ∼ de bière.*

C

ça → cela.

çà *adv.* ∼ *et là (= de côté et d'autre, n'importe où).*

la **cabane** Petite maison, la baraque: *une ∼ en planches, la ∼ du jardin.*

le **cabaret** ‖ Établissement de spectacle où l'on sert aussi des consommations: *un ∼ chic/élégant, un chansonnier de ∼.*

la **cabine 1.** ‖ *une ∼ à bord d'un bateau, la ∼ téléphonique, la ∼ d'ascenseur.* **2.** *la ∼ de bain (= où l'on se déshabille).*

le **cabinet 1.** Petite pièce: *le ∼ de toilette, le ∼ de travail (= le bureau), le ∼ d'étude, le ∼ du docteur; les ∼s (= les W.-C.).* **2.** ‖ Ensemble des ministres: *former un ∼.*

le **câble** ‖ *un ∼ électrique, le ∼ du téléphérique.*

se cabrer *v.* (il s'est cabré) Se mettre sur les pieds de derrière: *le cheval se cabre; Paul s'est cabré devant la punition injuste donnée par sa mère (= se révolter).*

le **cacao** ‖ *une tasse de ∼, de la poudre de ∼.*

cacher *v.* Mettre qc dans un lieu où on ne peut pas le trouver; CONTR. montrer, exposer: *∼ qc, ∼ qc à qn, on lui a caché la vérité. – se ∼ (il s'est caché), se ∼ derrière un arbre.*

le **cachet** Petit médicament plat et rond, le comprimé: *le médecin lui a ordonné un ∼ avant chaque repas, un ∼ d'aspirine fera disparaître ton mal de tête.*

la **cachette** Là où l'on cache qc: *une ∼ sûre, en ∼ (= secrètement), faire qc en ∼.*

le **cachot** La cellule obscure (dans une prison): *mettre/jeter qn dans un ∼, trois jours de ∼.*

c.-à-d. = c'est-à-dire.

le **cadavre** ‖ Corps mort d'un homme ou d'un animal: *découvrir le ∼ quelques heures après le crime.* △ «Cadavre» se dit d'un homme mort.

le **cadeau** (**les cadeaux**) Objet qu'on offre à qn: *faire des ∼x aux enfants, le ∼ de Nouvel An, faire ∼ d'une bicyclette, donner qc à qn en ∼.*

cadet [-dɛ], **cadette** *adj.* Celui qui est né après l'aîné, plus jeune: *mon frère ∼, ma sœur ∼te, il est mon ∼ de deux ans.*

le **cadran** La surface qui porte des chiffres: *le ∼ d'une montre/d'un téléphone/d'un baromètre/d'une boussole.*

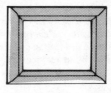

cadre

le **cadre 1.** *le ∼ d'un tableau/d'une porte/ d'une fenêtre, une maison dans un ∼ de* verdure. **2.** *les ⌣s (= les directeurs et le personnel de direction), les ⌣s de l'industrie, un ⌣ moyen/supérieur.*

le **café 1.** ‖ *du ⌣ en poudre, boire un ⌣ chaud/une tasse de ⌣, un ⌣ filtre/express, le ⌣ noir/crème/au lait, acheter du ⌣ chez l'épicier.* **2.** Lieu public où l'on sert du café et d'autres boissons: *prendre une bière au ⌣, le garçon de ⌣, la terrasse de ⌣.* ⚠ Établissement où l'on sert du café et des gâteaux: **le salon de thé.**

la **cafetière** *une ⌣ de porcelaine, une ⌣ électrique.*

cafetière

la **cage** On y enferme des animaux vivants: *un oiseau en ⌣, ouvrir la porte de la ⌣.* ⚠ **La** cage.

le **cahier** Le grand carnet: *un ⌣ d'écolier, copier ses devoirs dans un ⌣, un ⌣ d'exercices/de dictées.*

cahier

le **caillou (les cailloux)** Petite pierre: *casser des ⌣x, un chemin plein de ⌣x, lancer des ⌣x dans la rivière.*

la **caisse 1.** Grosse boîte: *des ⌣s de fruits, le couvercle de la ⌣.* **2.** ‖ On y paie: *aller/passer à la ⌣; la ⌣ d'épargne (= banque).* ⚠ **Le bureau de location** (au théâtre).

la **calamité** Grand malheur public, la catastrophe: *les ⌣s de la guerre, une époque remplie de ⌣s.*

le **calcul** Opération de mathématiques: *faire des ⌣s, un ⌣ exact/juste, une erreur de ⌣, être bon en ⌣.*

calculer *v.* Faire une addition/une divi-

sion etc.: *⌣ un bénéfice, ⌣ de tête, une machine à ⌣, ⌣ que + ind.*

le **caleçon** Sous-vêtement masculin qui se porte sous le pantalon: *porter un ⌣ ou un slip, être en ⌣.*

le **calendrier** ‖ *accrocher un ⌣ au mur, consulter le ⌣, le ⌣ républicain.*

le **calmant** Remède calmant, le tranquillisant: *prendre un ⌣ avant de se coucher pour dormir.*

le **calme 1.** La tranquillité, le repos, le sang-froid; Contr. le bruit, l'agitation, l'émotion: *un moment de ⌣, être au ⌣, conserver/garder son ⌣.* **2.** *adj. mener une vie ⌣, avoir un air/un caractère ⌣, la mer est ⌣, rester ⌣.* – *adv.* **calmement.**

calmer *v.* Rendre calme; Contr. exciter, émouvoir: *⌣ sa douleur, ⌣ une querelle, ⌣ qn.* – **se ⌣** (il s'est calmé) Devenir calme: *Calmez-vous, la tempête se calme.*

calomnier *v.* Dire des mensonges sur qn: *⌣ qn, ⌣ ses voisins, ⌣ ses ennemis.*

le **calvados** [-dos] Eau-de-vie de cidre: *boire un ⌣.*

le **camarade** ‖ Le copain, le compagnon: *un ⌣ d'enfance/de lycée, rencontrer un vieux ⌣.* ⚠ L'orthographe: camarade.

cambrioler *v.* Voler dans un lieu: *⌣ un appartement/une maison/une villa.*

le **cambrioleur** Le voleur: *les ⌣s ont pénétré dans la chambre par la fenêtre.*

la **caméra** ‖ *une ⌣ pour faire des films, la ⌣ de télévision.* ⚠ **Un appareil-photo.**

le **camion** Grande voiture de transport: *un ⌣ de six tonnes, charger/décharger un ⌣, le transport par ⌣, un ⌣ de déménagement, un ⌣-citerne.*

camion

la **camionnette** Petit camion: *le marchand livre les marchandises avec sa ⌣.*

le **camp** Terrain où sont installées des tentes ou des baraques: *être dans un ⌣, le ⌣ de vacances, le ⌣ militaire/de prisonniers/de concentration.*

campagnard, campagnarde *adj.* De la campagne: *une maison ~e.*

la **campagne 1.** Les régions situées loin des villes: *vivre à la ~, passer huit jours à la ~, posséder une maison de ~, battre la ~ (= se promener dans la campagne).* **2.** ‖ La propagande: *la ~ électorale/commerciale.*

le **camping** [kãpiŋ] ‖ *le terrain de ~, faire du ~.*

le **campus** ‖ Le terrain de l'université: *le ~ de la Sorbonne.*

le **Canada** ‖ *le ~ est un État fédéral, l'émigration française vers le ~, vivre au ~.*

le **Canadien,** la **Canadienne** ‖ *un ~ français/anglais.*

canadien, canadienne *adj.* Qui concerne le Canada: *le peuple ~, les forêts ~nes.*

la **canaille** Individu méprisable/malhonnête: *méfiez-vous de cette ~, cette vieille ~!*

le **canal (les canaux)** ‖ *le ~ de Suez, un ~ d'irrigation.* ⚠ **Le Pas** de Calais (= la Manche).

le **canapé** Long siège à dossier: *un ~ à deux places, s'étendre sur un ~, un ~ garni de coussins.*

canapé

le **canard** *élever des ~s, chasser le ~ sauvage, manger un ~ à l'orange/aux petits pois.*

canard

le **cancer** [-sɛr] Tumeur, maladie dans certains cas incurable: *le ~ du poumon/de*

l'estomac/du sein, découvrir le ~ à temps, chercher un remède contre le ~, traiter le ~.

cancérigène *adj.* Qui provoque le cancer: *le tabac est ~.*

le **candidat** [-da] ‖ *les ~s au baccalauréat/aux élections.*

la **canette** Petite bouteille dont le bouchon est une capsule: *une ~ de bière.*

la **canicule** Très forte chaleur: *la ~ du mois d'août.*

canin, canine *adj.* Qui concerne le chien: *les races ~es, visiter une exposition ~e.*

la **canne** *marcher avec une ~, se promener la ~ à la main, la ~ blanche de l'aveugle.*

canne

le **canon 1.** ‖ *le ~ antichar.* **2.** Le tube d'une arme à feu: *le ~ du fusil/du revolver.* ⚠ **Le** canon.

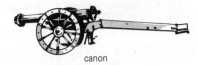
canon

le **canot** [-no] Petit bateau, la barque: *un ~ de sauvetage, un ~ pneumatique (= gonflé à l'air comprimé).*

la **cantatrice** Chanteuse d'opéra: *applaudir la ~.* ⚠ Au masculin on dit **le chanteur.**

la **cantine** ‖ *la ~ d'une école/d'une usine.*

le **canton 1.** Un État de la Suisse: *le ~ de Berne.* **2.** en France le ~ est une subdivision de l'arrondissement.

le **caoutchouc** [-tʃu] Substance élastique: *le pneu est fait de ~, le ~ synthétique, des bottes de ~.*

le **cap** [kap] ‖ *le ~ de Bonne-Espérance, le*

~ *d'Antibes; doubler/passer un* ~ (= *passer une étape difficile*), *de pied en* ~ (= *des pieds à la tête*).

capable *adj.* Habile, compétent, qualifié; Contr. incapable, maladroit, incompétent: *un ouvrier* ~, *être* ~ *de qc/de faire qc, il se sent* ~ *de faire qc.*

la **capacité** 1. La compétence, l'aptitude; Contr. l'incapacité: *il a une grande/haute* ~ *professionnelle, les* ~*s intellectuelles, c'est au-dessus de mes* ~*s.* 2. Ce que peut contenir un récipient (= terme scientifique): *la* ~ *d'un récipient.*

le **capitaine** 1. Officier qui commande une compagnie d'infanterie: *être nommé/devenir* ~, *«Mon* ~.*»* 2. ‖ Le chef d'un bateau de commerce. △ Le chef d'un bateau de pêche: **le patron.** 3. ‖ *le* ~ *d'une équipe de football.*

le **capital** (**les capitaux**) ‖ Somme d'argent: *investir des capitaux dans une affaire, un* ~ *qui rapporte 6% d'intérêts.*

capital, capitale *adj.* (**capitaux, capitales**) 1. Qui est le plus important, essentiel; Contr. secondaire, insignifiant: *une question* ~*e, jouer un rôle* ~ *dans une affaire, il est* ~ *que* + subj. 2. *la peine* ~*e* (= *la peine de mort*).

la **capitale** La ville où se tient le gouvernement: *Paris est la* ~ *de la France.*

le **capitalisme** ‖ Contr. le collectivisme, le communisme: *le* ~ *libéral/d'État, la crise du* ~.

le **capitaliste** ‖ 1. (*familier*) Personne très riche: *un gros* ~. 2. *adj.* le *régime* ~, *la société* ~.

la **capitulation** ‖ *la* ~ *des Allemands en 1945/ de Napoléon III à Sedan, la* ~ *sans conditions.*

capituler *v.* ‖ Contr. résister, tenir bon: *le général a dû* ~, ~ *sans conditions.*

le **capot** [-po] La partie de l'auto qui recouvre le moteur: *soulever le* ~.

la **capote** Grand manteau militaire: *la* ~ *du soldat d'infanterie.*

le **caprice** L'envie passagère, la fantaisie: *faire des* ~*s, faire qc par* ~, *agir par* ~, *les* ~*s de la mode.*

captif, captive *adj.* Contr. en liberté: *des animaux* ~*s.*

captiver *v.* Attirer et fixer l'attention;

Contr. ennuyer: ~ *l'attention de qn, être captivé par le feuilleton télévisé, un roman captivant* (= *passionnant*).

car *conj.* Indique la cause: *il ne viendra pas* ~ *il est malade, j'ai pris mon parapluie* ~ *il pleut.*

car → autocar.

la **carabine** ‖ Fusil léger à un seul canon: *tirer à la* ~. △ **La** carabine.

le **caractère** 1. ‖ L'individualité, la nature, le tempérament: *avoir un bon/mauvais* ~, *un* ~ *difficile, un trait de* ~; *la lettre a un* ~ *officiel.* 2. *les* ~*s d'imprimerie, les petits/les gros* ~*s.* △ Caractère.

caractériser *v.* ‖ Préciser: ~ *qc en peu de mots, les cheveux bruns caractérisent le type méditerranéen.*

caractéristique 1. *adj.* ‖ Typique, essentiel, spécifique, particulier: *un trait/un exemple* ~, *une différence* ~. 2. *f.* *les* ~*s d'un moteur/d'un avion.*

la **carafe** ‖ *apporter une* ~ *de vin/d'eau.*

le **caramel** 1. Le sucre chauffé devenu brun: *la crème au* ~. 2. Bonbon: *des* ~*s mous.*

carafe

la **caravane** *Nos voisins ont laissé leur tente et leur* ~ *sur le terrain de camping.* △ **La** caravane.

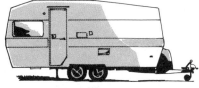
caravane

le **carbone** Substance chimique (symbole: C): *l'oxyde de* ~.

la **carcasse** Ensemble des os d'un animal mort: *la* ~ *d'une volaille/d'un cheval.* △ On dit **le squelette** en parlant d'un homme.

cardiaque *adj.* Qui concerne le cœur: *avoir une crise* ~, *un malaise* ~. △ Une maladie/une opération **du cœur.**

le **cardinal** (les cardinaux) ‖ *la réunion des ⌣aux, les vêtements pourpres du ⌣.*

cardinal, cardinale *adj.* (cardinaux, cardinales) *les nombres ⌣aux* (CONTR. *ordinaux), les quatre points ⌣aux* (= *nord, sud, est, ouest).*

le **carême** Période entre le mardi gras et Pâques: *faire ⌣* (= *privation de nourriture).*

la **caresse** L'action de toucher qn pour marquer la tendresse: *une ⌣ affectueuse/ tendre, faire des ⌣s à qn.*

caresser *v.* Toucher qn doucement en signe de tendresse; CONTR. battre, frapper: *⌣ un enfant/une femme/un chien, un regard caressant; ⌣ un rêve/un projet.*

la **cargaison** Ce que transporte un navire de commerce/un camion/un avion: *une ⌣ de bananes/de laine, décharger la ⌣.*

le **cargo** Grand bateau de commerce: *un ⌣ pétrolier, un ⌣ mixte* (= *qui peut prendre quelques passagers).*

la **caricature** ‖ Portrait satirique: *une ⌣ spirituelle/réussie/cruelle.* ⚠ Dans les illustrés il y a des **dessins humoristiques.**

carié, cariée *adj.* ‖ Attaqué par une carie: *arracher une dent ⌣e.*

carnassier, carnassière *adj.* Qui se nourrit uniquement de viande: *un animal ⌣.* ⚠ Ne pas confondre avec **carnivore** (= qui mange surtout de la viande).

le **carnaval** (les carnavals) ‖ *le ⌣ de Nice/de Rio, des masques/des déguisements de ⌣.*

le **carnet** Petit cahier de poche: *écrire/noter qc sur son ⌣, un ⌣ de notes, un ⌣ de chèques, un ⌣ de métro* (= *10 tickets).*

la **carotte** ‖ Légume orange: *manger des ⌣s râpées, manger du bœuf aux ⌣s.*

la **carpe** ‖ Gros poisson: *les ⌣s vivent en étang, pêcher la ⌣, bâiller comme une ⌣* (= *en ouvrant largement la bouche), muet comme une ⌣* (= *ne dit absolument rien).* ⚠ '**La** carpe.

carré, carrée *adj.* CONTR. rond: *une fenêtre ⌣e, un mètre ⌣ (1 m²).* ⚠ Le papier à **carreaux.**

carré

le **carreau** (les carreaux) **1.** Un morceau de pierre plate et carrée qui sert à couvrir le sol ou les murs: *poser des ⌣x sur les murs de la salle de bains.* **2.** *une robe à ⌣x.* **3.** Une des couleurs rouges d'un jeu de cartes: *l'as de ⌣.* **4.** La vitre, la fenêtre: *les ⌣x d'une voiture.*

le **carrefour** Endroit où se croisent plusieurs rues/routes: *un accident a eu lieu au ⌣.* ⚠ L'endroit où se croisent deux rues/ routes: **le croisement.**

carrément *adv.* D'une façon nette/décidée, fermement; CONTR. indirectement, timidement: *dire ⌣ ce qu'on pense, répondre ⌣.*

la **carrière** ‖ La profession, la progression dans la profession: *choisir une ⌣, la ⌣ d'ingénieur, faire ⌣.*

le **carrosse** Ancienne voiture à chevaux: *lors de grandes cérémonies la reine Élisabeth II se déplace en ⌣; être la cinquième roue du ⌣* (= *celui qui est de trop).* ⚠ **Le** carrosse.

la **carrosserie** *la ⌣ de sa voiture a été endommagée dans un accident.*

la **carte 1.** ‖ *un jeu de ⌣s, jouer aux ⌣s, une partie de ⌣s.* **2.** Au restaurant: *manger à la ⌣, dîner à la ⌣.* **3.** ‖ *Une ⌣ postale.* **4.** *acheter une ⌣ de France/de la région parisienne.* ⚠ Ne pas confondre avec **le billet/ le ticket.**

carpe

carte à jouer

le **carton 1.** Papier épais: *le* ⁓ *à dessin.* **2.** Boîte en carton fort: *le* ⁓ *à chaussures.*

le **cas** Ce qui arrive, l'événement, la situation: *un* ⁓ *grave/important/étrange/rare/ imprévu, dans ce* ⁓*-là, en ce* ⁓*, au* ⁓ *où* + cond., *dans le* ⁓ *contraire, dans la plupart des* ⁓*, en tout* ⁓ *(= de toute façon), en aucun* ⁓*, en* ⁓ *d'accident/de maladie; faire grand* ⁓ *de qc, faire peu de* ⁓ *de qc.*

la **cascade** ‖ Chute d'eau: *une* ⁓ *tombe du rocher.* ⚠ **La cataracte/les chutes** du Niagara.

la **caserne** ‖ *une* ⁓ *d'infanterie, être à la* ⁓*, une sentinelle garde l'entrée de la* ⁓*.*

le **casino** ‖ *le dancing d'un* ⁓*, jouer à la roulette au* ⁓*.* ⚠ Ne pas confondre avec **la cantine.**

le **casque** *les soldats portent des* ⁓*s, le* ⁓ *est obligatoire pour les motocyclistes, le* ⁓ *de pompier.*

casque

la **casquette** *mettre sa* ⁓*, la* ⁓ *a une visière.*

casquette

le **casse-croûte** *(invariable)* Repas léger pris rapidement: *prendre un* ⁓*.* ⚠ **La** croûte.

casser v. Mettre en morceaux, briser, rompre; CONTR. réparer, recoller: ⁓ *une assiette/un verre/une vitrine/sa montre,* ⁓ *la figure à qn (= le battre).* – **se** ⁓ (il s'est cassé), *se* ⁓ *le bras/la jambe; se* ⁓ *la tête (= réfléchir).*

la **casserole** *faire bouillir de l'eau dans une* ⁓*, prendre une* ⁓ *par le manche.*

casserole

le **cassis** [-is] Groseille noire (avec les fruits on fait une liqueur): *prendre un verre de* ⁓*.*

le **catalogue** ‖ *un* ⁓ *illustré, le* ⁓ *de jouets/ d'un grand magasin/d'une bibliothèque, feuilleter un* ⁓*.*

la **catastrophe** ‖ le désastre, la calamité: *une* ⁓ *aérienne, périr dans une* ⁓*.* **catastrophique** *adj.* ‖ *une épidémie/une sécheresse* ⁓*.*

la **catégorie** ‖ *un hôtel de première* ⁓*, une* ⁓ *grammaticale.* **catégorique** *adj.* ‖ Qui ne permet pas de doute, absolu, formel: *un démenti* ⁓*, une réponse* ⁓*, un refus* ⁓*.* – *adv.* **catégoriquement.**

la **cathédrale** ‖ Grande église épiscopale: *la* ⁓ *de Chartres/de Reims, une* ⁓ *gothique, visiter une* ⁓*.* **catholique 1.** *adj.* ‖ *la religion* ⁓*, l'Église* ⁓ *(= le Pape, les cardinaux, etc.), une église* ⁓ *(= un bâtiment).* **2.** *m.* ‖ *un bon* ⁓*, les* ⁓*s vont à la messe.*

le **cauchemar** Rêve pénible qui cause de l'angoisse: *faire un* ⁓*; les mathématiques c'est son* ⁓*.*

la **cause** La raison, le motif: *être la* ⁓ *de qc, connaître la* ⁓ *de sa réussite, le magasin est fermé pour* ⁓ *de décès, à* ⁓ *de (= en raison de), on n'a pas pu se promener à* ⁓ *du mauvais temps.* **causer** *v.* **1.** Être la cause, provoquer: ⁓ *un accident/des dégâts.* **2.** Parler, bavarder: *aimer* ⁓ *avec qn,* ⁓ *de qc/de qn,* ⁓ *ensemble.*

la **caution** La garantie d'un engagement: *exiger une* ⁓*, verser une* ⁓*.*

le **cavalier 1.** Personne à cheval: *un bon/ excellent* ⁓*, une troupe de* ⁓*s.* **2.** L'homme qui accompagne une dame au bal: *elle donne le bras à son* ⁓*.* ⚠ Un homme **galant;** sois **galant** et aide madame; un conducteur **courtois.** ⚠ L'adjectif «cavalier, cavalière» signifie: insolent, impertinent; CONTR. respectueux: *donner une réponse ⁓ière.*

la **cave** La partie souterraine de la maison: *descendre à la ⁓, garder le vin à la ⁓, aller chercher des pommes de terre à la ⁓.*

la **caverne** La grotte dans un rocher: *les hommes des ⁓s (= les hommes préhistoriques).*

ce/cet, cette, ces 1. *(adj. démonstratif):* ⁓ *livre, cet arbre, cette chose, ces livres, ces femmes,* ⁓ *livre-ci, cet homme-là.* **2.** *(pron. démonstratif): qui est-⁓?, c'est vous, c'est eux, c'est toi qui l'as dit?, c'est nous qui l'avons dit?, c'est-à-dire, c'est fini, c'est vrai, fais* ⁓ *que tu veux.* ⚠ Le pluriel de **cette** est **ces.** ⚠ Distinguez **cet** et **c'est** (cet anorak, c'est un anorak). ⚠ Distinguez **ce qui** et **ce qu'il.** ⚠ Distinguez **ce que** . . . et **qu'est-ce que** . . .?

ceci *pron. démonstratif* qui désigne la chose la plus proche; CONTR. cela: *donne-moi ⁓.*

céder *v.* (je cède, il cède, nous cédons, ils cèdent; il cédera) Laisser, donner; CONTR. garder, conserver: ⁓ *sa place à qn,* ⁓ *ses droits,* ⁓ *qc par faiblesse/par politesse.* ⚠ Il cèdera (toléré depuis 1977).

la **cédille** *le c* ⁓ *(=* ç, qui se prononce [s] devant a, o, u), mettre/oublier la ⁓.*

la **ceinture** *serrer/boucler la ⁓, porter une* ⁓ *de cuir, mettre/attacher la* ⁓ *de sécurité (dans la voiture, dans l'avion), la* ⁓ *de sauvetage.*

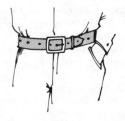

ceinture

cela *pron. démonstratif.* Cette chose-là: *après ⁓, avec ⁓,* ⁓ *ne vous regarde pas.*

⚠ Forme familière: **ça,** *c'est ça, ça va?*

célèbre *adj.* Très connu, fameux; CONTR. inconnu, ignoré: *un auteur/un acteur ⁓, se rendre ⁓, un nom ⁓.*

célébrer *v.* (je célèbre, il célèbre, nous célébrons, ils célèbrent; il célébrera) Fêter (en présence de beaucoup de monde): ⁓ *un mariage/la messe/un anniversaire/la victoire.*

céleste *adj.* Qui concerne le ciel: *la voûte ⁓, les espaces ⁓s.*

le **célibat** ‖ État d'une personne qui n'est pas mariée (terme administratif): *le* ⁓ *des prêtres, vivre dans le ⁓.*

le **célibataire 1.** Personne non mariée: *être encore ⁓, rester ⁓.* **2.** *adj. une femme ⁓.*

la **cellule 1.** ‖ Petite chambre réservée à un religieux: *les moines restent dans leurs ⁓s.* **2.** ‖ Petite pièce dans une prison: *détenir un criminel en ⁓.* **3.** ‖ Élément d'un être vivant: *le noyau d'une ⁓.*

celui-ci, celle-ci *pron. démonstratif* **(ceux-ci, celles-ci):** *voici deux robes: celle-ci est plus belle que celle-là.* ⚠ Devant «de» ou devant une **relative** il n'y a pas de «ci»: *celui d'entre nous, celui qui vient.*

la **cendre** La poussière qui reste après qu'une chose a brûlé: *la* ⁓ *de bois/de papier/de cigarette, faire tomber les ⁓s dans le cendrier.*

le **cendrier** Petit récipient où les fumeurs font tomber les cendres de leurs cigarettes/cigares: *un* ⁓ *de cristal, écraser sa cigarette dans le ⁓.*

la **censure** ‖ L'examen fait par le gouvernement avant d'autoriser la publication d'une nouvelle/l'émission d'un film etc.: *le contrôle de la ⁓, un article interdit par la ⁓, la* ⁓ *militaire.*

cent *numéral.* 100: ⁓ *francs (= 100 F), deux* ⁓ *quatre, je lui ai dit* ⁓ *fois que . . ., pour ⁓, cinquante pour* ⁓ *(= 50%), pour* ⁓ *(= complètement); une centaine de personnes (= à peu près cent).* ⚠ **Cent** est variable quand il n'est pas suivi d'un autre nombre: deux cents; deux cent dix. Mais depuis 1977 est toléré: deux cents dix.

le **centime** 100 centimes = 1 franc: *une pièce de cinquante ⁓s.*

le **centimètre 1.** ‖ (cm): *le tableau mesure 60 ⁓s sur 40, un ⁓ carré (cm²)*. **2.** *le ⁓ de la couturière.*

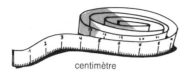
centimètre

central, centrale *adj.* (**centraux, centrales**) ‖ Qui est au centre; Contr. périphérique: *un quartier ⁓, le bureau ⁓, l'administration ⁓e, le pouvoir ⁓, le Massif ⁓.*

la **centrale** Usine qui produit de l'énergie électrique: *une ⁓ nucléaire.*

centraliser *v.* Réunir dans un centre: *⁓ les pouvoirs, la France est un pays centralisé.*

le **centre** ‖ Point situé au milieu; Contr. la périphérie, l'extrémité: *le ⁓ du cercle, le ⁓ de la Terre/de la France, le ⁓ d'intérêt, au ⁓ de (= au milieu), un ⁓ industriel/commercial (= ville).*

cependant *conj.* Malgré cela, toutefois, néanmoins: *il est riche ⁓ il est malheureux, cette histoire curieuse est ⁓ vraie.* ⚠ **Cependant que** est archaïque.

la **céramique** ‖ *des carreaux de ⁓.*

le **cercle** *un demi-⁓, décrire un ⁓, former un ⁓ autour de qn.* ⚠ On trace un cercle avec **un compas.**

cercle

le **cercueil** Caisse où l'on met un mort: *un ⁓ couvert de fleurs, porter le ⁓ au tombeau.*

cercueil

le **céréale** Le blé, l'avoine, le seigle, le maïs, le riz sont des céréales: *la culture des ⁓s.*

cérébral, cérébrale *adj.* (**cérébraux, cérébrales**) Qui concerne le cerveau: *une maladie ⁓e, le surmenage ⁓.*

la **cérémonie** ‖ *la ⁓ du mariage, une ⁓ militaire/religieuse, assister à une ⁓.*

le **cerf** [sɛr] *le ⁓ frotte son bois contre les arbres, la chasse au ⁓.* ⚠ La femelle du cerf est **la biche.**

cerf

la **cerise** Fruit rouge: *acheter/manger des ⁓s, le noyau de ⁓.*

cerises

le **cerisier** L'arbre qui porte les cerises: *le bois du ⁓.*

cerner *v.* Encercler par des troupes/des gens: *les policiers cernent la maison.*

certain, certaine *adj.* **1.** Ce qui arrivera, sûr; Contr. incertain, douteux, problématique: *être ⁓ de qc, je suis ⁓ de pouvoir faire qc, être ⁓ que + ind.* **2.** Quelque(s): *rester un ⁓ temps, ⁓es personnes, un ⁓ Dupont, une ⁓e différence, un ⁓ effet* [-tɛn]. **3.** *pron. indéfini:* *⁓s de nos amis.* – *adv.* **certainement.**

certes *adv.* (*langue soignée*) Certainement: *⁓ il a raison.*

le **certificat** Le diplôme, papier officiel: *le*

~ d'études primaires, le ~ de licence, le ~ d'aptitude professionnelle, le ~ de travail, avoir de bons ~s.

la **certitude** CONTR. l'incertitude, le doute, l'hypothèse, l'illusion: *avoir la ~ d'un fait, affirmer avec ~, j'ai la ~ qu'il viendra.*

le **cerveau** (les cerveaux) Organe de la pensée: *une tumeur au ~, avoir un rhume de ~, avoir le ~ dérangé (= être fou).* ⚠ La substance dont est fait le cerveau est **la cervelle:** *manger une cervelle de mouton.*

cesse *sans ~ (= toujours), travailler sans ~.*

cesser *v.* Finir, s'arrêter; CONTR. continuer, poursuivre: *~ le travail/la discussion, le vent/la pluie a cessé, faire ~ qc (= interrompre), ~ de faire qc, ~ de parler, il ne cesse (pas) de pleuvoir.*

le **cessez-le-feu** *(invariable)* L'arrêt des combats: *proclamer/observer le ~.*

c'est-à-dire *conj.* qui annonce une explication: *il se lève tard ~ à 10 heures, ~ que (= en conséquence).* ⚠ Abréviation: **c.-à-d.**

cf. Abréviation du mot latin «confer» = comparez.

chacun, chacune *pron. indéfini.* Personne ou chose qui fait partie d'un tout; CONTR. aucun: *~ pour soi, ~ d'entre nous, ~ des deux, ~ d'entre eux, ~ le dit.* ⚠ Notez bien l'orthographe: **chacun** et **quelqu'un.**

le **chagrin** La douleur morale; CONTR. la joie, le plaisir: *éprouver un grand ~, avoir du ~, faire du ~ à qn, le ~ d'amour, noyer son ~ dans l'alcool (= boire de l'alcool pour oublier son chagrin).*

le **chahut** [ʃay] Grand bruit accompagné de désordre: *faire un ~ monstre.*

la **chaîne** 1. *mettre/tenir un chien à la ~, une ~ d'ancre/de bicyclette.* 2. *une ~ de montagnes, la ~ des Pyrénées.* 3. *une ~ de montage, travailler à la ~.* 4. *la première ~ de télévision, une ~ stéréo.*

chaîne

la **chair** 1. La viande, les muscles: *la ~ et*

les os, la ~ tendre du poulet; avoir la ~ de poule (= avoir très froid).* **2.** Partie d'un fruit qu'on mange: *les poires ont une ~ juteuse.*

la **chaire** La tribune élevée dans l'église: *le curé monte en ~ pour prêcher.*

la **chaise** *les ~s autour de la table, ils sont assis sur des ~s, la ~ de salon/de cuisine, la ~ électrique.*

chaise

le **chalet** 1. Maison en bois dans les montagnes: *les ~s suisses.* 2. Maison de plaisance au bord de la mer: *louer un ~ pour les vacances.*

la **chaleur** CONTR. le froid, la fraîcheur: *la ~ de l'eau, la ~ du soleil, supporter mal la ~, «Quelle ~!» (= il fait très chaud).*

chaleureux, chaleureuse *adj.* Ardent, empressé; CONTR. froid, glacial: *un ami ~, un accueil ~, des protestations ~ses.* – *adv.* **chaleureusement.**

la **chambre** La pièce où l'on se couche: *la ~ à coucher, la ~ d'hôtel/à deux lits, garder la ~ (pendant une maladie), la robe de ~.*

le **chameau** (les chameaux) *un ~ à deux bosses, une caravane de ~x.*

chameau

le **champ** 1. Les terres d'un cultivateur: *cultiver/labourer un ~, un ~ de blé, courir*

à travers ⌣s. **2.** *le ⌣ de bataille/d'honneur.*
3. *le ⌣ de courses, aller au ⌣ de courses.*
4. *les Champs-Elysées (à Paris).*

le **champagne** ‖ Vin blanc mousseux de
Champagne: *une bouteille de ⌣, faire sauter le bouchon d'une bouteille de ⌣, boire
du ⌣.*

champêtre *adj.* Qui concerne les
champs/la vie à la campagne: *un repas ⌣,
les travaux ⌣s.*

le **champignon** *un ⌣ comestible/vénéneux,
ramasser des ⌣s, une omelette aux ⌣s.*
⚠ «Champignon» désigne tous les champignons, pas seulement le **«champignon
de couche».**

champignons

le **champion** Le plus grand sportif: *le ⌣ du
monde de boxe, le ⌣ d'Europe.*

la **chance** **1.** Le hasard heureux: *avoir de
la ⌣, il n'a pas de ⌣, avec un peu de ⌣,
«Bonne ⌣.»* **2.** Ce qui peut arriver, la
possibilité: *calculer ses ⌣s de succès, il y a
des ⌣s que* + subj. ⚠ Ne pas confondre
avec **le bonheur** (= sentiment).

chanceler *v.* (je chancelle, il chancelle,
nous chancelons, ils chancellent; il chan-
cellera) Pencher d'un côté et de l'autre
en risquant de tomber; CONTR. garder
l'équilibre: *⌣ comme un homme ivre,
un pas chancelant.*

le **chancelier** Le premier ministre dans
certains pays: *le ⌣ allemand/autrichien, le
⌣ Adenauer.*

le **chandail** Le pull-
over: *porter un ⌣ de
laine, un ⌣ à col
roulé.* ⚠ **Pull-over
(pull)** est un peu plus
courant.

la **chandelle** La bou-
gie: *allumer/souffler
la ⌣, s'éclairer à la
⌣, un repas aux ⌣s.*

chandelle

le **change** L'action d'échanger l'argent de
deux pays différents: *aller au bureau de ⌣
pour acheter des dollars.*

le **changement** Le fait de changer; CONTR.
la constance, la stabilité: *un ⌣ de pro-
gramme/d'adresse, avoir besoin d'un ⌣
d'air, un ⌣ progressif/brusque/total.*

changer *v.* (-ge- devant a et o: nous
changeons; il changeait; changeant) **1.**
Mettre une chose à la place d'une autre;
CONTR. garder, conserver; *⌣ une ampoule, ⌣ de l'argent, ⌣ ses projets (= modifier), ⌣ de coiffure, ⌣ d'avis, le temps
va ⌣, un temps changeant.* **2.** *⌣ de train
(= prendre un autre train pour continuer
le voyage).* **3. se** *⌣* (il s'est changé) Mettre
d'autres vêtements: *se ⌣ pour aller
danser.*

la **chanson** Mélodie et paroles: *chanter une
⌣, l'air/les paroles/le refrain d'une ⌣, une
⌣ d'amour.* ⚠ **La** chanson.

le **chant** Action/art de chanter, la chanson:
*apprendre le ⌣ au conservatoire, le ⌣ des
oiseaux/du coq, un ⌣ guerrier.*

chanter *v.* Former avec la voix une mélodie: *⌣ juste/faux, ⌣ fort/doucement, ⌣
un air/une chanson, travailler en chantant,
l'alouette/le coq chante, entendre ⌣ les oiseaux.*

le **chantier** Lieu où il y a des matériaux de
construction, l'endroit où l'on construit
un bâtiment: *un ⌣ de construction,
travailler sur un ⌣, le ⌣ naval (= où
l'on construit les bateaux).*

le **chaos** [kao] ‖ Le désordre énorme: *un ⌣
épouvantable, un ⌣ d'idées.*

chaotique *adj.* ‖ CONTR. cohérent: *Une
discussion ⌣ (= tumultueuse).*

le **chapeau (les chapeaux)** *un ⌣ d'homme/
de femme, mettre/porter un ⌣, retirer son
⌣ devant qn, un ⌣ de paille, ⌣! (= félicitations!)*

chapeau

le **chapelet** **1.** Objet de piété catholique:

dire/réciter son ~. **2.** Une série: *lâcher un* ~ *de bombes, un* ~ *d'injures.*

chapelet

la **chapelle** ‖ Petite église: *la* ~ *de la Sainte-Vierge.*

le **chapitre** ‖ Une partie d'un livre: *le premier/le dernier* ~ *d'un roman, le roman se divise en* ~*s, le roman comprend cinq* ~*s, le titre d'un* ~.

chaque *adj. indéfini.* ~ *chose, à* ~ *instant,* ~ *fois,* ~ *jour.* △ La police contrôle **une** voiture **sur cinq.**

le **char 1.** Le tank: *le* ~ *d'assaut, les chenilles du* ~. **2.** *le* ~ *de carnaval* (= *voiture décorée*).

char

le **charbon** Pierre noire destinée à être brûlée, la houille: *une mine de* ~, *le chauffage au* ~, *le* ~ *de bois.*

la **charcuterie 1.** La boutique où l'on vend du porc: *aller à la* ~, *acheter du jambon/des saucissons à la* ~. **2.** Aliments faits de porc (saucissons, pâtés, etc.): *manger de la* ~.

le **charcutier** Personne qui prépare et vend du porc: *aller chez le* ~ *pour acheter du jambon.*

le **chardon** Plante épineuse: *nettoyer un champ de ses* ~*s.*

chardon

la **charge** Ce que porte un animal/un véhicule/un bateau: *le camion transporte une* ~ *de 3 tonnes, porter une* ~; *elle a pris cet enfant en* ~ (= *elle s'occupe de lui*).

le **chargement 1.** Action de charger; Contr. le déchargement: *le* ~ *d'un camion/d'un wagon.* **2.** La cargaison, la charge: *un lourd* ~.

charger *v.* (-ge- devant a et o: nous chargeons; il chargeait; chargeant) **1.** Mettre sur un camion etc. des choses à transporter; Contr. décharger: ~ *des caisses sur un camion.* **2.** Donner à qn un travail: ~ *qn de qc,* ~ *qn de faire qc, je vous charge de cette affaire.* **3.** ~ *une arme,* «*Attention ce revolver est chargé*». – **se** ~ (il s'est chargé) S'occuper de, prendre la responsabilité de: *se* ~ *de qc, se* ~ *de faire qc, je m'en chargerai.*

le **chariot** Véhicule pour transporter des charges: *un* ~ *à bagages (dans les gares).*

chariot

charitable *adj.* Qui a de la charité; Contr. égoïste, dur: *être* ~ *envers qn, donner un conseil* ~, *des paroles* ~*s.* – *adv.* **charitablement.**

la **charité** L'amour du prochain, la bienfaisance; Contr. l'égoïsme, la dureté: *faire la* ~, *demander la* ~ *à qn, la* ~ *est une vertu chrétienne.*

charmant, charmante *adj.* ‖ Très agréable, qui plaît; Contr. désagréable, déplaisant, affreux, choquant: *une jeune fille* ~*e, une robe* ~*e, un petit village* ~.

le **charme** ‖ Qualité de ce qui plaît; Contr. le dégoût, l'ennui: *avoir beaucoup de* ~; *le* ~ *de la nouveauté.*

charmer *v.* Plaire par son charme; Contr. déplaire, choquer: ~ *qn, être charmé de qn/de qc.*

charnel, charnelle *adj.* Corporel, sensuel; CONTR. spirituel, platonique: *les désirs ⌣s, l'amour ⌣ (= physique).*

la **charogne** Corps de bête mort (en décomposition): *une ⌣ puante.*

la **charpente** Ensemble de pièces de bois ou de métal pour soutenir une construction: *la ⌣ du toit, le bois de ⌣.*

la **charrette** Voiture à deux roues: *atteler un cheval à une ⌣, conduire une ⌣.*

charrette

la **charrue** *labourer un champ avec une ⌣, tracer un sillon avec la ⌣, une ⌣ tirée par un tracteur.*

charrue

la **chasse** Action de poursuivre et de tuer des animaux sauvages: *être à la ⌣, aller à la ⌣, partir en ⌣, faire la ⌣ à qc, la ⌣ au canard, une partie de ⌣, un chien de ⌣, le permis de ⌣.*

chasser *v.* Poursuivre et tuer des animaux sauvages: *aimer ⌣, ⌣ le lièvre/le tigre; le vent chasse les nuages.*

le **chasseur,** la **chasseuse** Personne qui chasse: *un bon/mauvais ⌣, le fusil du ⌣.* ⚠ **La chasseresse** est un mot poétique.

chaste *adj.* CONTR. impur, sensuel, sexuel, érotique: *l'amour ⌣, donner un ⌣ baiser à qn.*

le **chat,** la **chatte** Animal domestique: *le ⌣ miaule/ronronne de plaisir, le ⌣ attrape une souris/un rat, les griffes du ⌣; être comme chien et ⌣.*

chat

châtain *adj.* Brun (en parlant des cheveux): *avoir des cheveux ⌣s, elle est ⌣.* ⚠ «Châtaine» est rare.

le **château (les châteaux)** La maison magnifique d'un roi, le palais: *le ⌣ de Versailles, les ⌣x de la Loire, le parc du ⌣, mener une vie de ⌣, bâtir des ⌣x en Espagne (= former de beaux projets en rêve), le ⌣ fort.*

le **chateaubriand** Filet de bœuf grillé: *un ⌣ saignant.*

le **châtiment** La peine sévère, la punition: *un ⌣ corporel, recevoir le ⌣ de ses crimes.*

chatouiller *v.* Toucher légèrement une partie sensible du corps ce qui provoque un rire convulsif: *⌣ qn; qc chatouille le nez/l'oreille/le palais (= plaire), ⌣ la vanité de qn.*

chaud, chaude *adj.* CONTR. froid, frais: *l'eau ⌣e, tenir qc au ⌣, un ⌣ soleil d'été, il fait ⌣, avoir ⌣, une ⌣e discussion, très ⌣, trop ⌣. – adv. boire ⌣.*

le **chauffage** Ce qui sert à chauffer une maison: *le ⌣ à charbon/à gaz, le ⌣ électrique, le ⌣ central.*

chauffer *v.* Rendre chaud: *⌣ la maison, le radiateur chauffe la pièce, ⌣ l'eau pour le café, le café chauffe (= devenir chaud). – se ⌣* (il s'est chauffé), *se ⌣ au soleil/près de la cheminée, se ⌣ au charbon/au mazout.*

le **chauffeur** Le conducteur de voiture: *un ⌣ de camion/de taxi, un ⌣ du dimanche (= très mauvais).*

la **chaussée** La partie de la route où circulent les voitures, la voie (par opposition au trottoir, aux accotements): *traverser la ⌣, la ⌣ glissante.* ⚠ Ne pas confondre avec **la route.**

chausser *v.* Mettre des chaussures; CONTR. déchausser: *⌣ des souliers/des sandales, ⌣ du 42 (= la pointure).*

la **chaussette** Vêtement tricoté qui couvre le pied: *une paire de* ⁓*s, tricoter des* ⁓*s de laine.* ⚠ **Les socquettes** sont moins hautes.

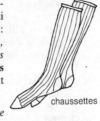
chaussettes

la **chaussure** *mettre ses* ⁓*s, porter des* ⁓*s, des* ⁓*s à talons hauts, des* ⁓*s habillées/de sport, le cordonnier répare les* ⁓*s.*

chaussure de sport

chauve *adj.* Qui n'a plus de cheveux: *une tête* ⁓, *il est* ⁓.

la **chauve-souris** (les chauves-souris) *la* ⁓ *vole la nuit, avoir peur des* ⁓.

chauve-souris

le **chef** [ʃɛf] Personne qui est à la tête, le patron, le directeur, le maître; Contr. le subordonné, l'inférieur: *les ordres du* ⁓, *obéir à son* ⁓, *le* ⁓ *de bureau/de service/ d'entreprise/d'orchestre/de cuisine, un* ⁓ *de bande, le rédacteur en* ⁓.

le **chef-d'œuvre** [ʃɛdœvrə] (les chefs-d'œuvre) Œuvre remarquable, la meilleure œuvre: *accomplir un* ⁓, *c'est son* ⁓, «*La Joconde*» *est un des* ⁓ *de Leonard de Vinci.*

le **chef-lieu** [ʃɛfljø] (les chefs-lieux) La ville qui est le centre administratif d'un département: *le* ⁓ *du département, la préfecture se trouve dans le* ⁓.

le **chemin** La route, la voie: *le* ⁓ *qui mène à la forêt, se mettre en* ⁓, *prendre le* ⁓ *de Paris, ils ont fait la moitié du* ⁓, *ils sont à mi-*⁓, *être en* ⁓, *se tromper de* ⁓, *montrer/indiquer à qn le* ⁓ *de la gare, le* ⁓ *du retour.*

le **chemin de fer** Moyen de transport, le train: *prendre le* ⁓, *voyager par* ⁓, *le* ⁓ *électrique, les chemins de fer français* (= *S.N.C.F.*).

la **cheminée** 1. *allumer un feu dans la* ⁓, *brûler des papiers dans la* ⁓, *se chauffer à la* ⁓. 2. *la* ⁓ *d'usine, la* ⁓ *fume.*

cheminées

le **cheminot** Employé/ouvrier des chemins de fer: *la grève des* ⁓*s paralyse le trafic ferroviaire.*

la **chemise** Vêtement léger qui couvre le buste (porté souvent sur la peau): *être en* ⁓, *porter une* ⁓ *blanche, une* ⁓ *de nuit.*

le **chemisier** Corsage léger (porté par les femmes): *porter un* ⁓. ⚠ Ne pas confondre avec **la blouse** (le médecin porte une blouse blanche).

le **chêne** Grand arbre: *un* ⁓ *majestueux/tordu, le bois de* ⁓, *le parquet de* ⁓. ⚠ **Le** chêne.

chêne

la **chenille** 1. Larve des papillons: *la* ⁓ *se*

transforme en papillon. **2.** des véhicules à
~, les ~s du char d'assaut.

chenilles

le **chèque** ‖ le ~ bancaire/postal, le carnet
de ~s, payer par ~, faire un ~, signer un
~, remettre le ~ au marchand, un ~ sans
provision, le ~ en blanc (= signé, mais où
la somme à payer n'est pas indiquée).
cher [ʃɛr], **chère** adj. **1.** Que l'on aime
(dans les formules de politesse): mes ~s
amis, mon ~ collègue, ~ Monsieur.
2. CONTR. bon marché, gratuit: une voiture chère, c'est trop ~, la vie est chère à
Paris. **3.** adv. valoir/coûter/payer ~, cela
me coûte ~. – adv. **chèrement.**
chercher v. **1.** Essayer de trouver: ~ un
objet qu'on a perdu, ~ qn des yeux, ~ un
emploi/un appartement, ~ la solution d'un
problème, ~ ses mots en parlant. **2.** Essayer, s'efforcer: ~ à comprendre/à
plaire. **3.** aller ~ qc/qn (= apporter, amener), aller ~ le médecin. ⚠ «Chercher **de**
faire qc» ne s'emploie plus.
chéri, chérie adj. Très aimé: ma ~e, sa
femme ~e, la liberté ~e.
chérir v. Aimer tendrement, adorer;
CONTR. détester, haïr: ~ ses enfants/sa
femme/ses amis.
chétif, chétive adj. CONTR. robuste, vigoureux: un enfant ~.
le **cheval** (les chevaux) le ~ de course, monter sur un ~, aller à ~, être à ~, le ~
hennit, le ~ trotte/galope/se cabre, descen-
dre/tomber de ~, le costume/la culotte de
~; être à ~ sur les principes (= très strict).

cheval

le **chevalier** **1.** Noble du Moyen Âge:
Bayard, le ~ sans peur et sans reproche.
2. Membre d'un ordre: le ~ de Malte, ~
de la Légion d'honneur.
la **chevelure** Ensemble des cheveux: une ~
blonde.
le **chevet** [-vɛ] La partie du lit où l'on pose
la tête: la lampe de ~, rester au ~ d'un
malade.
le **cheveu** (les cheveux) des ~x noirs/châ-
tains/roux/blonds/gris, des ~x frisés/
bouclés, se faire couper/teindre les ~x, le
coiffeur coupe les ~x, perdre ses ~x;
couper les ~x en quatre (= chercher des
complications), qc est tiré par les ~x,
faire dresser les ~x à qn (= donner un
sentiment d'effroi). ⚠ Ne pas confondre
avec le **poil** (qui couvre le corps).

cheveux

la **cheville** se tordre la ~ en tombant.

cheville

la **chèvre** Animal domestique: la ~ bêle, le
lait/le fromage de ~, le mâle de la ~ est le
bouc. ⚠ Ne pas confondre avec le
mouton.

chèvre

le **chevreuil** le ~ vit dans la forêt, chasser le ~, un ragoût de ~.

chevreuil

chez prép. Dans la maison de qn: venez ~ moi, il est rentré ~ lui, il reste ~ lui, elle est sortie de ~ elle, aller ~ Mme Leroc/ ~ le boulanger. ⚠ Va **au** diable.

chic 1. adj. (invariable) Élégant: elle est ~, une robe/une toilette ~, des gens ~; ~ alors! (= quel plaisir), sois ~ (= sois gentil). **2.** m. elle a beaucoup de ~ (= élégance).

chiche adj. Avare; CONTR. généreux: des gens ~s, être ~ de compliments/d'éloges. – adv. **chichement.**

la **chicorée** ‖ Plante dont les feuilles se mangent en salade, avec la racine on fait une boisson: manger de la ~, boire une tasse de ~. ⚠ **La** chicorée.

le **chien,** la **chienne** Animal domestique: le ~ aboie/mord, la niche du ~, le ~ de chasse/de garde/policier, «Attention, ~ méchant!»; avoir un caractère de ~ (= être très méchant), s'entendre comme chat et ~ (= se disputer toujours), il fait un temps de ~ (= il pleut sans arrêt).

chien

le **chiffon** Morceau de vieille étoffe qui sert à frotter: essuyer les meubles avec un ~, frotter ses chaussures avec un ~. ⚠ «Chiffon» n'est pas un tissu pour faire des robes.

le **chiffre** 1,2 ... I,II...: les ~s arabes/romains, le ~ d'affaires. ⚠ **Le** chiffre. ⚠ On écrit en chiffres romains: Louis XIV, le XXᵉ siècle.

la **chimère** L'illusion, le rêve, l'utopie; CONTR. la réalité: ses projets sont des ~s.

chimérique adj. Sans rapport avec la réalité, utopique: CONTR. réel, certain: des projets ~s, un esprit ~.

la **chimie** [ʃimi] ‖ Science: la ~ minérale/ organique/biologique, faire une expérience de ~.

chimique adj. ‖ Qui concerne la chimie: une réaction ~, une analyse ~, une formule ~, des produits ~s.

le **chimiste** Personne qui s'occupe de chimie: un ~ de laboratoire.

la **chirurgie** Partie de la médecine: la ~ du cœur, la ~ esthétique.

le **chirurgien** Médecin qui fait des opérations: le ~ l'a opéré de l'appendicite, un ~ habile, un ~-dentiste.

le **choc** [ʃɔk] **1.** Le coup, la collision: sentir/ entendre un ~, un ~ brusque/violent. **2.** ‖ Très forte émotion: la mort de son père lui a fait un ~.

le **chocolat 1.** ‖ la plaque/la tablette de ~, ~ au lait/aux noisettes, le bonbon au ~, une boîte de ~s, manger un morceau de ~. **2.** ‖ Boisson: boire une tasse de ~. ⚠ **Le** chocolat.

le **chœur** [kœr] ‖ Ensemble de chanteurs: le ~ de l'opéra, un ~ d'enfants, chanter en ~ (= tous ensemble).

choisir v. Préférer une chose ou une personne parmi d'autres: ~ qn/qc entre d'autres, ~ un livre, ~ une carrière, «Décidez-vous, il faut ~.», ~ de faire qc, il a choisi de partir, il faut ~ si vous partez ou si vous restez, ~ qn comme arbitre.

le **choix** Action de choisir: faire un bon/ mauvais ~, on lui laisse le ~, vous avez le ~, ce magasin offre un grand ~ d'articles, des articles de ~ (= de qualité supérieure).

le **chômage** Le fait d'être sans travail: des ouvriers en ~, être en ~, le ~ qui résulte d'une crise économique, l'indemnité de ~.

chômer v. Être sans travail: ~ depuis deux mois.

le **chômeur** Celui qui est sans travail: un ~

qui est à la recherche d'un emploi, le nombre des ~s augmente/diminue.

la **chorégraphie** [k-] ‖ L'art de composer un ballet: *la ~ d'un ballet.*

la **chose** Terme très général désignant tout objet; Contr. rien: *je vais vous expliquer la ~, c'est autre ~, la même ~, un tas de ~s, regarder les ~s en face, quelque ~, chercher quelque ~, peu de ~, ce n'est pas grand-~.*

le **chou** (les **choux**) *les feuilles du ~, la soupe aux ~x, le ~-fleur, le ~ rouge/de Bruxelles, la ~croute; mon ~, mon petit ~ (= expression de tendresse).*

chou

la **chouette 1.** Oiseau de nuit: *la ~ hulule, la ~ du clocher; vieille ~ (= femme méchante).* **2.** *adj.* *(familier)* Beau, agréable, chic: *c'est ~.*

chouette

chrétien [kretjɛ̃], **chrétienne 1.** *adj.* De Jésus-Christ: *la religion ~ne, la morale ~ne.* **2.** *m.* *vivre en ~.* – *adv.* **chrétiennement.**

le **chrome** ‖ Métal gris brillant: *nettoyer les ~s d'une voiture.*

chronique *adj.* ‖ Qui concerne une maladie qui dure longtemps: *une maladie ~, une bronchite ~.*

la **chronique** Partie d'un journal: *la ~ sportive/théâtrale/hippique/locale.*

chronologique *adj.* ‖ Dans l'ordre du temps: *l'ordre ~ des événements.* – *adv.* **chronologiquement.**

chuchoter *v.* Parler bas; Contr. crier, hurler: *~ à l'oreille de qn, il m'a chuchoté quelques mots à l'oreille.*

chut! [ʃyt] *interjection.* Silence: *«~! On nous écoute.», il fit «~!»*

la **chute** L'action de tomber: *faire une ~ dans l'escalier, la ~ de neige, la ~ des feuilles en automne, la ~ des prix (= baisse).*

la **cicatrice** Marque laissée sur la peau par une blessure: *avoir une ~ au visage, une ~ de brûlure, garder une ~ après une opération.*

le **cidre** Boisson alcoolisée obtenue du jus de pomme: *boire du ~ doux.*

le **ciel** (les **cieux** = religion, poésie; **les ciels** = réalité) Espace infini au-dessus de nos têtes: *le ~ bleu/clair/nuageux/gris, à ~ ouvert (= plein air), être au septième ~, «Notre père qui es aux cieux . . .», Air-France dans tous les ciels.*

le **cierge** Bougie longue et mince (en usage dans le culte chrétien): *brûler un ~ à un saint.*

la **cigale** Insecte des régions chaudes: *le chant de la ~.*

cigale

le **cigare** ‖ *fumer un ~, un gros ~, une boîte de ~s.* △ **Le** cigare.

la **cigarette** ‖ *un paquet de ~s, offrir/prendre une ~, fumer une ~, le bout de la ~.*

la **cigogne** Oiseau blanc au bec rouge: *la ~ fait son nid sur les toits, les ~s sont des oiseaux migrateurs.*

cigogne

le **cil** [sil] *avoir de longs ⌣s, battre des ⌣s.*

cils

la **cime** Le sommet: *la ⌣ d'un arbre/d'une montagne.*

le **ciment** ‖ Matériau de construction: *un sac de ⌣, le ⌣ armé, un mur de ⌣.*

le **cimetière** Lieu où l'on enterre les morts: *porter un mort au ⌣, l'enterrement a lieu dans un ⌣, les tombes d'un ⌣, les morts qui reposent au ⌣.*

le **cinéma** Salle où l'on voit des films: *aller au ⌣, la salle de ⌣, un acteur/une vedette de ⌣.*

cinq *numéral.* 5: *les ⌣ doigts, ⌣ minutes, les ⌣ sens, ⌣ francs, ⌣ fois, tous les ⌣* [sɛ̃k], ⌣ [sɛ̃] *mille.* – **cinquième.** ⚠ Le **cinq** avril. ⚠**Le** cinq gagne (à la loterie nationale).

cinquante *numéral.* 50: *la page ⌣, avoir ⌣ ans.*

le **cirage** Produit pour nettoyer les chaussures: *mettre du ⌣ sur les bottes.*

circonflexe *adj. l'accent ⌣ (= ˆ).*

la **circonstance** Chacun des faits qui forment une situation: *examiner les ⌣s d'un accident, cela dépend des ⌣s, en raison des ⌣s, les ⌣s atténuantes/aggravantes d'un crime.*

le **circuit** Petit voyage organisé qui fait un tour/un cercle: *faire un ⌣ en autocar, le ⌣ des lacs/des Vosges/des châteaux de la Loire.*

circulaire 1. *adj.* Rond: *une table ⌣.* **2.** *f.* Lettre adressée à plusieurs personnes à la fois: *une ⌣ ministérielle.*

la **circulation 1.** Mouvement des voitures qui circulent, le trafic: *une ⌣ intense, la ⌣ est difficile dans les grandes villes, un accident de la ⌣, l'agent de police règle la ⌣.* **2.** ‖ *la ⌣ du sang, avoir des troubles de ⌣.*

circuler *v.* Se déplacer, aller; Contr. stationner, rester sur place: *les passants circulent, «Circulez!», les autos circulent sur l'autoroute.*

la **cire** Matière jaune et molle (faite par les abeilles): *séparer le miel de la ⌣, une bougie en ⌣.*

le **cirque** ‖ *les numéros d'acrobatie/de dressage au ⌣, aller au ⌣, emmener les enfants au ⌣.*

les **ciseaux** *m. (au pluriel) des ⌣ de couturière, des ⌣ à ongles, couper le tissu/le papier avec des ⌣, plusieurs paires de ⌣.*

ciseaux

citadin, citadine 1. *adj.* Qui concerne la ville, urbain; Contr. rural, champêtre: *la vie ⌣e.* **2.** *m.* Contr. paysan: *les ⌣s vont à la campagne au mois de juillet.*

la **citation** ‖ Extrait d'un texte: *tirer une ⌣ d'un livre, une ⌣ textuelle/abrégée, mettre une ⌣ entre guillemets, donner la référence d'une ⌣.*

la **cité** La partie la plus ancienne d'une ville: *l'île de la Cité (à Paris), la ⌣ de Carcassonne/de Londres; une ⌣-jardin, la ⌣ universitaire.*

citer *v.* ‖ Rapporter un extrait d'un texte: *⌣ un auteur/un passage d'un texte/ un exemple pour renforcer ce qu'on dit.*

le **citoyen** Personne qui possède la nationalité d'un pays: *un ⌣ français, les droits du ⌣, accomplir son devoir de ⌣.* ⚠ Ne pas confondre avec **le bourgeois.** ⚠ La guerre **civile.**

le **citron** Fruit jaune: *presser un ⌣, le jus de ⌣, l'écorce de ⌣, une glace au ⌣.* ⚠ **Le** citron.

citron

civil, civile 1. *adj.* ‖ Du citoyen; Contr. militaire: *la vie ⌣e, la guerre ⌣e (= entre*

les citoyens d'une même nation), le droit
⁓*, le Code* ⁓*, le mariage* ⁓ (CONTR. *religieux), l'état* ⁓ *(= liens familiaux, dates et faits principaux de la vie d'une personne).*
– *adv.* **civilement. 2.** *m. s'habiller en* ⁓*, un soldat en* ⁓*.*

la **civilisation** CONTR. la barbarie, l'état de nature: *la* ⁓ *française/hellénique/chinoise.*
⚠ Ne pas confondre avec **la culture.**

clair, claire 1. *adj.* CONTR. obscur, sombre: *cette chambre est très* ⁓*e, un temps* ⁓ *(= sans nuages), une eau* ⁓*e, une couleur* ⁓*e; une voix* ⁓*e; une idée* ⁓*e (= facile à comprendre), est-ce* ⁓*?, il est* ⁓ *que* + ind. *(= évident)/* + subj. **2.** *adv. voir* ⁓ *dans qc, je commence à y voir* ⁓*.* – *adv.* **clairement. 3.** *m. le* ⁓ *de lune (= la lumière de la lune).*

clandestin, clandestine *adj.* En secret; CONTR. légal, public: *un passager* ⁓*, une réunion* ⁓*e, un journal* ⁓*.* – *adv.* **clandestinement.**

claquer *v.* Produire un bruit sec: ⁓ *des dents (de froid/de peur), faire* ⁓ *la porte, entendre la porte* ⁓*,* ⁓ *des mains (= applaudir).*

clarifier *v.* Rendre clair; CONTR. embrouiller: *ceci clarifie la situation.*

la **clarinette** ‖ Instrument de musique: *jouer de la* ⁓*, les clefs d'une* ⁓*.*

la **clarté 1.** La lumière; CONTR. l'obscurité, l'ombre: *une faible/vive* ⁓*, la* ⁓ *de l'eau.* **2.** La précision: *la* ⁓ *d'un exposé, s'exprimer avec* ⁓*, la* ⁓ *de la langue française.*

la **classe 1.** ‖ Le rang social: *la* ⁓ *ouvrière, les* ⁓*s moyennes, la lutte des* ⁓*s.* **2.** ‖ Dans le train: *un wagon de première/seconde* ⁓*, voyager en première* ⁓*.* **3.** ‖ Groupe d'élèves: *les petites* ⁓*s, les* ⁓*s supérieures, le camarade de* ⁓*, entrer en* ⁓ *de sixième, avoir* ⁓ *de 8 à 13 heures, faire la* ⁓ *(= enseigner).*

classer *v.* Diviser en classes; CONTR. mêler, brouiller: ⁓ *qc par séries,* ⁓ *qc suivant la qualité,* ⁓ *par ordre alphabétique,* ⁓ *ses papiers (= ranger).*

le **classicisme** Caractère des grandes œuvres littéraires du XVIIᵉ siècle en France: *le* ⁓ *et le romantisme.*

classique *adj.* ‖ Qui concerne les grands

auteurs du XVIIᵉ siècle: *les auteurs* ⁓*s, le théâtre* ⁓*, la musique* ⁓*.*

le **clavier** Les touches de certains instruments: *le* ⁓ *du piano/de l'orgue; le* ⁓ *d'une machine à écrire.* ⚠ On dit: **les clefs** d'un instrument à vent.

clavier

la **clé** *ou* **clef** [kle] **1.** *la* ⁓ *d'une porte/d'une armoire, une* ⁓ *de sûreté, perdre ses* ⁓*s de voiture, une porte fermée à* ⁓*, la* ⁓ *est sur la porte, la* ⁓ *est dans la serrure, un trousseau de* ⁓*s.* **2.** Outil pour serrer et desserrer des vis et des écrous: *une* ⁓ *anglaise, une* ⁓ *universelle.* **3.** *le mot* ⁓*, occuper une position* ⁓*.* **4.** En musique: *la* ⁓ *de sol (= 𝄞), la* ⁓ *de fa (= 𝄢).* ⚠ **La** clé est **sur** la porte.

clés

clément, clémente *adj.* Humain, indulgent, doux; CONTR. rigoureux: *se montrer* ⁓*, le juge a été* ⁓*; un hiver* ⁓*, une température* ⁓*e.*

le **clergé** L'ensemble des prêtres catholiques: *le* ⁓ *catholique, le haut/bas* ⁓*.*

clérical, cléricale *adj.* (cléricaux, cléricales) Qui concerne le clergé (souvent péjoratif); CONTR. anticlérical: *la presse* ⁓*e, un parti* ⁓*.*

le **cliché 1.** (En photographie:) le négatif. **2.** ‖ La banalité, le lieu commun: *une conversation pleine de* ⁓*s, une série de* ⁓*s.*

le **client** Personne qui achète qc ou qui demande un service: *le magasin est plein de*

~s, *servir les* ~s, *les* ~s *d'un coiffeur/d'un restaurant, les* ~s *d'un avocat/d'un médecin, les* ~s *sont dans la salle d'attente.*

la **clientèle** L'ensemble des clients: *la* ~ *d'un magasin/d'un médecin, avoir une grosse* ~, *la publicité attire la* ~.

cligner *v.* Fermer et ouvrir rapidement les yeux: ~ *des yeux.*

le **clignotant** Petite lampe orange sur une voiture qui indique le changement de direction: *mettre le* ~ *à gauche/à droite avant de tourner.*

le **climat** [-ma] **1.** ‖ La température, les vents, les pluies: *un* ~ *agréable/tempéré/sec/humide/pluvieux/chaud/froid.* **2.** ‖ L'ambiance: *un* ~ *d'inquiétude règne en ce moment dans le pays.*

le **clin d'œil** Mouvement rapide de la paupière: *faire un* ~ *à qn* (= *faire un signe*), *faire qc en un* ~ (= *très vite*).

la **clinique** (Petit) hôpital privé: *une* ~ *d'accouchement, le chef de* ~.

le **clochard** Vagabond: *un* ~ *sans domicile, les* ~s *dorment à Paris sous les ponts de la Seine.*

la **cloche** *les* ~s *sonnent.*

cloche

le **clocher** La tour de l'église où il y a les cloches: *la flèche/le coq/l'horloge du* ~, *un* ~ *gothique.*

la **cloison** Le mur léger ou mince: *une* ~ *de bois.*

le **cloître** Galerie encadrant la cour d'un monastère: *visiter un* ~ *gothique.*

la **clôture 1.** Ce qui ferme l'accès à un terrain (mur, haie, palissade): *la* ~ *du jardin/du parc.* **2.** *la* ~ *des débats* (= *la fin*).

le **clou** (**les clous**) **1.** *la tête/la pointe d'un* ~, *enfoncer un* ~ *avec un marteau, arracher*

un ~, *accrocher un tableau à un* ~. **2.** Le furoncle: *il a un* ~ *dans le cou.*

clou

clouer *v.* Fixer avec des clous: ~ *une caisse; rester cloué de stupeur.*

le **clown** [klun] ‖ Comique de cirque: *faire le* ~.

le **club** [klœb] ‖ *le Touring-*~ *de France, un fauteuil* ~.

la **coalition** ‖ *une* ~ *politique, une* ~ *de partis.*

la **cocarde** Insigne aux couleurs nationales: *la* ~ *tricolore, les avions militaires portent des* ~s.

cocarde

le **coche** ‖ Autrefois: grande voiture tirée par des chevaux: *voyager en* ~. ⚠ **Le** coche.

le **cocher** Personne qui conduit une voiture à cheval: *le* ~ *de fiacre.*

le **cochon** Animal domestique: *engraisser/élever des* ~s, *le* ~ *grogne, être gros/sale comme un* ~. ⚠ La viande du cochon = **le porc.**

cochon

le **cocktail** [-tɛl] ‖ Mélange de boissons alcoolisées: *préparer un* ~ *dans un shaker; un* ~ *Molotov.*

le **code** Livre qui contient des lois: *les articles d'un ~, le C~ civil, le C~ de la route.*

le **cœur** 1. Organe qui fait circuler le sang: *le ~ bat, une maladie de ~, presser qn sur son ~.* 2. Le siège des sensations: *aimer qn de tout son ~, accepter de bon ~, prendre qc à ~, un chagrin qui serre le ~.* 3. *savoir un texte par ~.* 4. *avoir mal au ~ (par exemple: sur la mer).*

la **coexistence** ‖ *la ~ pacifique.*

le **coffre** 1. Partie d'une voiture où l'on met les bagages: *mettre sa valise dans le ~.* 2. *le ~-fort (pour enfermer des papiers/ objets de valeur); le ~-fort contient des bijoux, les voleurs ont percé le ~-fort.* ⚠ Ne pas confondre avec **la valise.**

le **cognac** Eau-de-vie de Cognac: *boire un ~, une bouteille de ~.*

cogner *v.* Frapper: *~ à la porte.* – **se ~** (il s'est cogné) Se donner un coup, se heurter: *se ~ à un meuble/contre le mur.*

cohérent, cohérente *adj.* Dont les éléments s'organisent logiquement, harmonieux; CONTR. incohérent: *des idées ~es, une argumentation ~e.*

coiffer *v.* 1. Disposer les cheveux, peigner: *se faire ~.* – **se ~** (il s'est coiffé), *elle s'est coiffée devant la glace.* 2. *être coiffé d'un béret/d'une casquette (= porter).*

le **coiffeur**, la **coiffeuse** Personne qui arrange les cheveux: *un ~ pour hommes/ pour dames, la boutique du ~, aller chez le ~ pour se faire couper les cheveux.*

la **coiffure** Manière dont les cheveux sont arrangés: *une ~ bouclée/à raie, changer de ~, le salon de ~.* 2. Ce qui sert à couvrir la tête: *le béret rouge est la ~ des parachutistes.*

le **coin** L'angle: *les quatre ~s d'une chambre/d'une table, attendre qn au ~ de la rue, regarder qn du ~ de l'œil (= le surveiller discrètement).*

coïncider *v.* [kɔɛ̃-] Se produire en même temps: *les deux événements coïncident, deux témoignages qui coïncident.*

le **col** [kɔl] 1. Partie du vêtement qui entoure le cou: *le ~ de chemise, le ~ roulé, rabattre le ~ de son manteau.* 2. Passage qui permet de passer entre deux sommets de montagnes: *franchir un ~, le ~ du Simplon.*

la **colère** La rage, la fureur: *un accès de ~, être/se mettre en ~ contre qn, laisser éclater sa ~, exciter/calmer la ~ de qn.*

la **colique** ‖ Vive douleur: *une ~ hépatique.*

le **colis** [-li] Grand paquet qu'on envoie par la poste: *faire/ficeler un ~, expédier/envoyer un ~, un ~ postal.*

collaborer *v.* Travailler avec une autre personne: *~ avec qn, ~ à une revue.*

le **collant** 1. Sous-vêtement que portent les femmes, culotte et bas en une seule pièce: *elle préfère le ~ aux bas.* 2. Maillot de gymnastique ou de ballet: *la danseuse porte un ~.* 3. *adj.* Se dit pour des gens dont on n'arrive pas à se débarrasser: *«Ah, qu'il est ~ celui-là!»*

la **collation** Le repas léger: *servir/prendre une ~.*

la **colle** Substance liquide qui sert à faire tenir deux objets ensemble: *le tube/le pot de ~, la ~ de bureau, mettre un peu de ~ sur le papier.*

collectif, collective *adj.* ‖ CONTR. individuel, particulier: *une entreprise ~ve, la propriété ~ve, la travail ~.* – *adv.* **collectivement.**

la **collection** 1. Un ensemble d'objets rares: *avoir une belle ~ de timbres/de livres/de tableaux/d'armes.* 2. *la ~ d'un grand couturier.*

collectionner *v.* Réunir pour faire une collection: *~ des timbres/des cartes postales; ~ les échecs/les gaffes (= accumuler).*

le **collège** Depuis 1977, réunit les classes de la 6ᵉ à la 3ᵉ de toutes les branches. Avant 1977, il y avait différents types de collèges: le ~ d'enseignement général (C.E.G.), le ~ d'enseignement secondaire (C.E.S.): *aller au ~.* ⚠ **Le lycée** assure l'enseignement jusqu'au baccalauréat.

le **collègue** ‖ Personne qui exerce les mêmes fonctions: *présenter un nouveau ~ aux autres.* ⚠ En parlant des professions libérales (avocats, médecins, etc.) on dit: **confrère.**

coller *v.* 1. Mettre ensemble avec de la

colle: *~ une affiche sur le mur, ~ un timbre sur une enveloppe.* **2.** *être collé (= ne pas réussir à un examen).*

le **collier 1.** Cercle pour attacher un animal: *le ~ de chien.* **2.** Bijou qui se porte au cou: *porter un ~ de perles/de diamants/en or.*

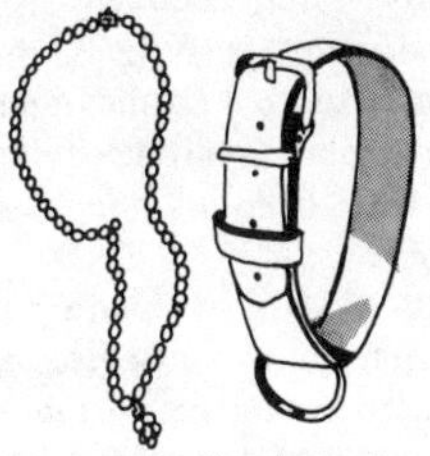

colliers

la **colline** Très petite montagne: *le pied/le sommet/les pentes d'une ~, monter sur une ~.*

la **collision** || Choc de deux choses qui se rencontrent brutalement: *entrer en ~ avec qc, la ~ de deux voitures.*

la **colombe** Le pigeon blanc: *la ~ est le symbole de la paix.*

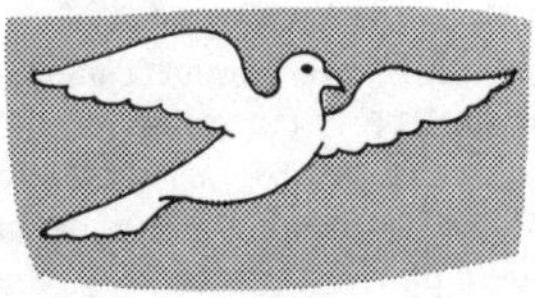

colombe

le **colonel** Officier qui commande un régiment: *le ~ d'infanterie.*

colonial, coloniale *adj.* **(coloniaux, coloniales)** || *l'expansion ~e (= le colonialisme).*

la **colonie 1.** || Territoire occupé par un autre pays: *les anciennes ~s d'Afrique, l'indépendance des ~s.* **2.** *la ~ de vacances (= groupe d'enfants qui vont en vacances accompagnés de moniteurs.)*

la **colonne 1.** *une ~ de marbre; une ~ de fumée s'élève vers le ciel.* **2.** || *une ~ de voitures.* **3.** Section qui divise verticalement une page: *une page à deux ~s, un titre de journal sur trois ~s.*

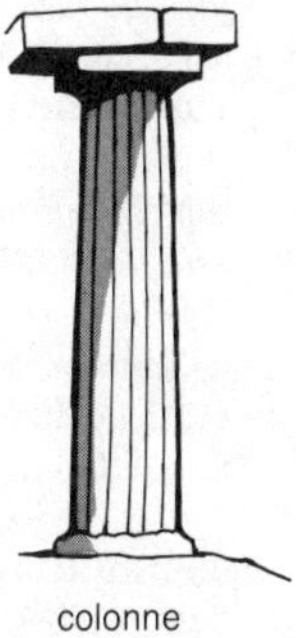

colonne

colorer *v.* Mettre de la couleur, teindre, blanchir, rougir, etc.: *le soleil colore les fruits.*

colossal, colossale *adj.* **(colossaux, colossales)** || immense, gigantesque: *une statue ~e, faire un effort ~.* – *adv.* **colossalement.**

le **combat** [-ba] Action de deux adversaires qui se battent: *un ~ offensif/défensif, commencer/cesser le ~, un ~ aérien, être mis hors de ~, un ~ de coqs.*

combattre *v.* (je combats, il combat, nous combattons, ils combattent; il combattit; il a combattu) Se battre contre l'ennemi, lutter; Contr. pacifier, soutenir, aider: *~ un adversaire/un ennemi, ~ un incendie/la maladie/la faim; ~ un argument, le gouvernement est combattu par l'opposition.*

combien 1. *adv.* Quelle quantité? *~ de livres/de temps/de visiteurs?, ~ êtes-vous?, ~ gagne-t-il par an?, «Ça fait ~?» (= combien d'argent).* **2.** *conj. vous savez ~ je le regrette.*

la **combinaison 1.** La disposition, l'arrangement: *~ de couleurs, des ~s politiques.* **2.** Sous-vêtement féminin: *une ~ de soie.* **3.** *la ~ d'un mécanicien/d'un parachutiste (= survêtement de travail).*

combiner *v.* || Arranger, disposer: *~ des couleurs, ~ des projets; ~ des efforts.*

le **comble** Le maximum, le plus haut degré: *être au ~ de la joie, c'est le ~, le ~ du ridicule.*

combler *v.* **1.** Remplir: *~ un trou.* **2.** Donner beaucoup à qn: *~ qn de cadeaux.* **3.** Satisfaire: *~ un désir/un espoir.*

la **comédie** || Pièce de théâtre amusante; Contr. la tragédie: *l'intrigue d'une ~, voir une ~ de Molière, aller à la Comédie-Française (à Paris), jouer la ~ (= affecter des sentiments), «Quelle ~!»*

comestible *adj.* Que l'on peut manger: *un champignon ~.*

la **comète** || *Voir dans le ciel la queue d'une ~.* ⚠ **La** comète.

comique 1. *adj.* || Qui est amusant;

CONTR. sérieux, triste: *une pièce de théâtre* ⌣, *un auteur* ⌣, *une scène* ⌣, *une histoire* ⌣ (=*drôle*). **2.** *m.* ‖ *analyser le* ⌣
d'une scène. ⚠ **Le** comique.

le **comité** ‖ Petit nombre de personnes, la
commission: *élire un* ⌣, *désigner un* ⌣,
les réunions d'un ⌣, *les membres d'un* ⌣,
le ⌣ *d'action.*

le **commandant 1.** ‖ Chef militaire: *le* ⌣
d'une compagnie. **2.** ‖ Officier qui commande un bateau/un avion: *le* ⌣ *d'un
sous-marin.* ⚠ **Le commandeur** de la Légion d'honneur.

la **commande** Ordre par lequel un client
demande une marchandise: *passer une* ⌣
à un marchand, recevoir une ⌣, *faire qc/
livrer qc sur* ⌣, *le garçon (de restaurant)
prend les* ⌣*s.*

commander *v.* **1.** ‖ Donner des ordres,
ordonner, diriger: ⌣ *qc à qn,* ⌣ *à qn de
faire qc,* ⌣ *une troupe,* ⌣ *une attaque,*
«*Faites ce qu'on vous commande.*», ⌣ *à
qn que* + subj. **2.** Demander une marchandise à un marchand: ⌣ *un costume
chez le tailleur,* ⌣ *un taxi/un meuble/un
repas au restaurant.*

comme *conj.* **1.** de comparaison: *être
riche* ⌣ *Crésus, il fait doux* ⌣ *au printemps, têtu* ⌣ *un âne, il agit* ⌣ *s'il avait dix
ans, il fait* ⌣ *nous.* ⚠ Plus/moins/au-
tant . . . **que. 2.** ⌣ *il vous plaira* (= ⌣
vous voulez), faire le travail ⌣ *il faut*
(= *bien),* ⌣ *ça* (= *ainsi), je l'ai choisie* ⌣
secrétaire. **3.** Indique la cause: ⌣ *il n'a pas
encore déjeuné on lui prépare vite un repas.* **4.** Indique le temps: *Nous sommes
arrivés* ⌣ *il était en train de partir* (= *en
même temps).* **5.** Exclamation: ⌣ *c'est
cher!,* ⌣ *je suis heureux!* ⚠ **Comment . . .?** introduit une question directe
ou indirecte.

commémorer *v.* Rappeler par une cérémonie le souvenir de qc: ⌣ *la victoire.*

le **commencement** Le début; CONTR. la
fin: *le* ⌣ *de l'année/de la semaine, le* ⌣ *de
la rue/du film, du* ⌣ *à la fin, au* ⌣ *de qc.*

commencer *v.* (-ç- devant a et o: nous
commençons; il commençait; comman-
çant) CONTR. finir, terminer: *il faut maintenant* ⌣, ⌣ *un travail/une phrase/ses
études, cela commence mal/bien,* ⌣ *à/de*

faire qc, ⌣ *à/de travailler,* ⌣ *par faire qc*
(= *faire d'abord).* ⚠ «Commencer à faire
qc» est plus fréquent.

comment *adv.* **1.** De quelle manière? ⌣
est-ce qu'il a pu entrer?, expliquer ⌣ *cela
s'est passé.* **2.** «⌣?» (= *hein?, pardon?*)
⚠ Distinguez **comment** (question) et
comme (comparaison).

le **commentaire** ‖ Explications ajoutées à
un texte, la remarque: *faire le* ⌣ *d'un
texte, un* ⌣ *littéraire, «Sans* ⌣*!», faire des
⌣s sur qc.*

commenter *v.* ‖ Expliquer par un commentaire: ⌣ *un texte/des nouvelles, le
journaliste commente l'actualité.*

le **commerçant** Le patron d'un magasin:
le ⌣ *en gros/en détail, un riche* ⌣, *les
clients d'un* ⌣.

le **commerce** L'achat et la vente de marchandises: *la maison de* ⌣, *être dans le* ⌣,
faire du ⌣, *le représentant de* ⌣, *le* ⌣ *international, la liberté du* ⌣ *extérieur.*

commercial, commerciale *adj.* (**commerciaux, commerciales**) Qui concerne le
commerce: *une société* ⌣*e, la publicité
⌣e, le centre* ⌣, *les relations* ⌣*es entre
deux pays.* – *adv.* **commercialement.**

commettre *v.* (je commets, il commet,
nous commettons, ils commettent; il
commit; il a commis) Faire, accomplir: ⌣
un délit/un crime/un péché, ⌣ *une erreur,*
⌣ *une injustice à l'égard de qn.*

le **commissaire** Fonctionnaire qui dirige
les services de la police: *le* ⌣ *d'un quartier, le* ⌣ *fait/mène une enquête.*

la **commission 1.** ‖ Groupe de personnes
qui travaillent ensemble, le comité: *être
membre d'une* ⌣, *une* ⌣ *d'enquête, le rapport de la* ⌣. **2.** *faire des* ⌣*s* (= *faire les
achats de tous les jours).*

commode 1. *adj.* Facile à employer, pratique; CONTR. incommode, gênant: *un
fauteuil/un habit* ⌣, *la porte est* ⌣ *à ouvrir.* **2.** *f.* Meuble: *ranger le linge dans la
⌣.* – *adv.* **commodément.** ⚠ Mettez-vous
à l'aise.

la **commodité** Qualité de ce qui est commode; CONTR. l'incommodité: *les* ⌣*s de la
vie.*

commun, commune *adj.* Ce qui appartient à plusieurs personnes; CONTR. indi-

viduel, différent: *avoir des intérêts ⏝s avec qn, avoir un ami ⏝, un but/un projet ⏝, personnes qui travaillent en ⏝ (= ensemble), manquer de sens ⏝, les transports en ⏝ (= bus, métro, etc.) – adv.* **communément.**

la **communauté** Un groupe de plusieurs personnes/pays: *une ⏝ religieuse, vivre en ⏝, la C⏝ européenne.*

la **commune** ‖ Une petite partie d'un département: *à la tête de la ⏝ est le maire, le conseil municipal de la ⏝.*

la **communication 1.** ‖ Action de communiquer: *être en ⏝ avec un ami, les moyens de ⏝, la ⏝ téléphonique.* **2.** L'information: *la ⏝ d'une nouvelle, j'ai une ⏝ très importante à vous faire.*

la **communion** ‖ Le fait de recevoir le sacrement de l'eucharistie: *la première ⏝, la table de ⏝.*

le **communiqué** ‖ Le bulletin, l'avis: *le porte-parole du gouvernement a lu un ⏝ officiel aux journalistes.*

communiquer *v.* Faire connaître, transmettre: *⏝ une nouvelle/ses sentiments à qn.*

le **communisme** ‖ Contr. le capitalisme: *le ⏝ russe/chinois, l'euro-⏝.*

le **communiste** ‖ Contr. le capitaliste: *être ⏝. – adj. le parti ⏝, un journal ⏝.*

compact [-akt], **compacte** *adj.* ‖ Dense, serré: *une poudre ⏝e, une foule ⏝e.*

la **compagnie 1.** La présence auprès de qn; Contr. la solitude, l'isolement: *rechercher la ⏝ de qn, tenir ⏝ à qn, voyager en ⏝ de qn (= ensemble), être en ⏝ de qn (= avec).* **2.** Société commerciale: *une ⏝ d'assurance.*

le **compagnon** Celui qui accompagne, le camarade, le copain: *un ⏝ de voyage/de travail/d'études/de jeu.* ⚠ Celui qui dirige une entreprise avec un autre = **l'associé.**

comparable *adj.* Qui peut être comparé, analogue; Contr. incomparable: *arriver à des résultats ⏝s.*

la **comparaison** Le fait de chercher les ressemblances et les différences: *faire la ⏝ entre qc et qc, mettre deux choses en ⏝, en ⏝ de, par ⏝ avec.*

le **comparatif** ‖ *«plus beau», «moins beau» sont des ⏝s.*

comparer *v.* Examiner les ressemblances et les différences: *je le compare à mon cousin, ⏝ un texte à un autre, ⏝ plusieurs auteurs entre eux.*

le **compartiment** Partie d'un wagon de voyageurs: *un ⏝ de première classe.*

le **compas** [-pa] *tracer un cercle avec un ⏝.* ⚠ Ne pas confondre avec **la boussole.**

compas

la **compassion** La pitié; Contr. la dureté, l'indifférence: *avoir de la ⏝ pour qn, inspirer de la ⏝ à qn.*

le **compatriote** Personne qui vient du même pays qu'un autre: *aider un ⏝, nous sommes ⏝s.*

la **compétence** La capacité, l'aptitude; Contr. l'incompétence: *la ⏝ professionnelle, avoir de la ⏝, s'occuper de qc avec ⏝.*

compétent, compétente *adj.* ‖ Capable, expert, qualifié: *un critique ⏝, être ⏝ en qc, être ⏝ pour faire qc.*

la **compétition** La concurrence, la rivalité: *la ⏝ entre les partis politiques, une ⏝ sportive (= le match, la course).*

la **complaisance** Le désir de plaire aux autres, l'amabilité: *faire qc par ⏝, montrer de la ⏝, voulez-vous avoir la ⏝ de, sourire de ⏝, abuser de la ⏝ de qn.*

le **complément** En grammaire: *le ⏝ d'objet/d'attribut/circonstanciel.*

complémentaire *adj.* **1.** De plus, supplémentaire; Contr. principal: *demander des renseignements ⏝s.* **2.** ‖ *les couleurs ⏝s (exemple: rouge-vert, bleu-jaune).*

complet [-plɛ], **complète** *adj.* **1.** ‖ Où rien ne manque, achevé, parfait; Contr. incomplet: *les œuvres ⏝ètes de Molière, un petit déjeuner ⏝, un échec ⏝, du pain ⏝.* **2.** *le bus/l'hôtel est ⏝ (= il n'y a plus de place) – adv.* **complètement.**

le **complet** Vêtement masculin de deux

pièces (veste, pantalon): *porter un* ͜.

compléter *v.* (je complète, il complète, nous complétons, ils complètent; il complétera) Ajouter pour rendre complet: ͜ *une collection de timbres.*

complexe *adj.* ‖ CONTR. simple: *une question* ͜, *un problème* ͜, *une situation* ͜.

le **complexe** ‖ *avoir des* ͜*s* (*par exemple: être timide*), *le* ͜ *d'infériorité.*

la **complication** ‖ *les* ͜*s d'une maladie, éviter/fuir les* ͜*s.*

le **complice** Qui participe à une mauvaise action: *être* ͜ *d'un vol, l'auteur du crime et ses* ͜*s ont été arrêtés.*

le **compliment** ‖ Paroles de félicitations; CONTR. le blâme, le reproche: *faire des* ͜*s à qn, aimer les* ͜*s, un* ͜ *sincère/hypocrite.*

compliquer *v.* ‖ Rendre difficile; CONTR. simplifier: ͜ *une affaire, un calcul/un problème compliqué.* – **se** ͜ (il s'est compliqué), *la situation se complique.*

le **complot** [-plo] ‖ La conspiration: *faire un* ͜ *pour renverser le régime, découvrir un* ͜ *contre le président.*

le **comportement** L'attitude, la conduite, les manières: *un* ͜ *étrange, le* ͜ *d'un élève en classe.*

se comporter *v.* (il s'est comporté) Se conduire, agir d'une certaine manière: *se* ͜ *comme un imbécile, se* ͜ *mal à l'égard de qn.*

composer *v.* Former, faire: ͜ *un menu/un poème/un morceau de musique,* ͜ *un numéro de téléphone (sur le cadran), les joueurs qui composent l'équipe.* – **se** ͜ (il s'est composé), *la maison se compose de cinq pièces, le texte se compose de trois parties.*

le **compositeur** Personne qui compose de la musique: *Bizet/Gounod est un* ͜ *français, un grand* ͜, *un* ͜ *célèbre.*

la **composition 1.** Action de composer une chose: *analyser la* ͜ *d'un roman (= la structure), la* ͜ *d'un programme/d'un menu.* **2.** Dissertation/rédaction écrite par les élèves: *le sujet d'une* ͜, *écrire une* ͜, *corriger la* ͜, *une* ͜ *française.*

la **compote** *une* ͜ *de fruits/de pommes.* ⚠ **La** compote.

compréhensible *adj.* Qui peut être compris, clair; CONTR. confus, incompréhensible: *une attitude* ͜, *un désir bien* ͜, *expliquer qc d'une manière* ͜, *il est* ͜ *que* + ind.

compréhensif, compréhensive *adj.* Qui comprend les sentiments des autres; CONTR. dur, sévère, incompréhensif: *avoir des parents* ͜*s.*

la **compréhension 1.** La faculté de comprendre: *la* ͜ *d'un problème/d'un texte.* **2.** La faculté de comprendre les sentiments et les désirs des autres: *montrer beaucoup de* ͜ *envers qn, être plein de* ͜ *à l'égard des autres, manquer de* ͜.

comprendre *v.* (je comprends, il comprend, nous comprenons, ils comprennent; il comprit; il a compris) **1.** Saisir par l'esprit: *chercher à* ͜ *qc, c'est facile à* ͜, ͜ *une explication/une réponse/une plaisanterie, faire* ͜ *qc à qn, je vous comprends, cela se comprend (= c'est évident),* ͜ *que* + ind. *(= saisir)* / + subj. *(= je ne m'étonne pas).* **2.** Renfermer: *le service est compris, tout compris, les statistiques ne comprennent pas les étrangers, le texte comprend 3 parties.*

le **comprimé** Pastille de médicament, le cachet: *prendre deux* ͜*s dans un verre d'eau, un* ͜ *d'aspirine.*

compromettre *v.* (je compromets, il compromet, nous compromettons, ils compromettent; il compromit; il a compromis) Nuire (à la réputation): ͜ *qn/une femme,* ͜ *sa réputation;* ͜ *sa santé (= mettre en danger).*

le **compromis** [-mi] ‖ Accord entre plusieurs personnes qui ont fait des concessions: *arriver/parvenir à un* ͜, *consentir à un* ͜.

le **comptable** Personne qui a pour profession de tenir les comptes: *le chef* ͜.

comptant *adv.* CONTR. à crédit: *acheter/vendre au* ͜, *payer/régler* ͜.

le **compte** [kõt] **1.** La somme des recettes et des dépenses: *le livre des* ͜*s, faire ses* ͜*s, vérifier un* ͜, *au* ͜ *de qn.* **2.** *se rendre* ͜ *de qc (= remarquer, s'apercevoir), se rendre* ͜ *que* + ind., *elles se sont rendu* ͜ *que . . ., tenir* ͜ *de qc.* **3.** *le* ͜ *rendu d'une discussion (= le résumé).*

compter *v.* **1.** Dire 1, 2, 3, 4 . . .: ~ *son argent,* ~ *les minutes,* ~ *qn parmi ses amis, c'est le résultat qui compte.* **2.** ~ *avec qn/avec qc,* ~ *sur qn/sur qc* (= *lui faire confiance).* **3.** Vouloir: *que comptez-vous faire maintenant?, je compte partir demain.*

le **compteur** Appareil qui sert à mesurer/à compter: *le* ~ *de vitesse/de gaz, le* ~ *Geiger* [ʒeʒɛr].

le **comptoir** Grande table dans un magasin/dans un restaurant, sur laquelle le marchand montre ses marchandises/reçoit l'argent, etc.: *le* ~ *de la boutique, s'installer au* ~ (= *bar).*

le **comte,** la **comtesse** Titre de noblesse: *le* ~ *de Monte-Cristo.*

la **concentration 1.** ‖ Réunion en un centre: *la* ~ *économique, le camp de* ~. **2.** ‖ L'attention; Contr. la distraction: *la* ~ *d'esprit, ce travail exige une grande* ~.

concentrer *v.* **1.** ‖ Réunir, mettre ensemble; Contr. disperser: ~ *son énergie/son attention,* ~ *des troupes.* **2.** ‖ **se** ~ (il s'est concentré), *se* ~ *sur un problème.*

la **conception** ‖ Idée qu'on se fait de qc, le point de vue: *se faire une* ~ *claire/originale/personnelle de qc, je n'ai pas la même* ~ *du mariage que toi.*

concerner *v.* Avoir un rapport, regarder, toucher: *voici une lettre qui vous concerne, cela ne vous concerne pas, en ce qui concerne* . . . (= *quant à).*

le **concert** [-ɛr] ‖ Séance musicale: *l'orchestre donne un* ~, *la salle de* ~. ⚠ Ne pas confondre avec le **concerto.**

le **concerto** ‖ Morceau de musique pour orchestre et un instrument soliste: *un* ~ *pour piano et orchestre, jouer un* ~ *de Mozart.* ⚠ Ne pas confondre avec le **concert.**

la **concession** ‖ Le fait d'abandonner un point de discussion; *demander/obtenir une* ~, *faire une* ~ *à son adversaire, des* ~*s mutuelles.*

concevable *adj.* Qu'on peut concevoir, imaginable; Contr. inconcevable: *c'est une solution* ~, *il est* ~ *que* + ind.

concevoir *v.* (je conçois, il conçoit, nous concevons, ils conçoivent; il conçut; il a conçu) Se former une idée/un concept,

s'imaginer: ~ *un projet/un roman, cet ouvrage est bien conçu,* ~ *que* + ind. (= *saisir)* / + subj. (= *trouver naturel), ne pas* ~ *que* + subj.

le **concierge** *m./f.* Personne qui garde un immeuble avec de nombreux appartements: *la loge du* ~, *être bavard comme une* ~. ⚠ **Le portier** d'un hôtel.

conciliant, conciliante *adj.* ‖ Qui veut rester en bonne entente avec les autres; Contr. blessant, arrogant: *être d'un caractère* ~, *prononcer des paroles* ~*es.*

concilier *v.* Rendre harmonieux: ~ *des opinions/des intérêts.* ⚠ Imparfait: nous conciliions, vous conciliiez.

concis, concise *adj.* Qui s'exprime en peu de mots, bref; Contr. diffus, long: *un texte clair et* ~, *un style* ~.

conclure *v.* (je conclus, il conclut, nous concluons, ils concluent; il conclut; il a conclu) **1.** Régler: ~ *un marché/une affaire.* **2.** ~ *qc de qc* (= *tirer la conséquence), j'en conclus que* + ind.

la **conclusion 1.** Le règlement, l'arrangement final: *la* ~ *d'un traité/d'un accord.* **2.** La partie qui termine un ouvrage; Contr. le début, l'introduction: *la* ~ *d'un discours/d'un livre.* **3.** Jugement qui découle d'un raisonnement, la conséquence, le résultat: *tirer une* ~ *de qc, la* ~ *est fausse/juste, arriver à la* ~ *que* + ind., *en* ~ (= *pour conclure).*

le **concombre** Légume vert: *une salade de* ~*s.*

concombre

la **concorde** La paix, l'harmonie; Contr. la discorde, la haine: *l'esprit de* ~, *la* ~ *règne entre eux.*

le **concours 1.** Examen (de ceux qui désirent un poste/un prix): *les candidats à un* ~, *le* ~ *d'entrée aux grandes écoles, se présenter à un* ~, *être reçu/refusé à un* ~. **2.** L'aide, l'appui: *prêter/apporter son* ~ *à qc/à qn.* ⚠ Le commerçant qui ne peut plus payer a fait **faillite.**

concret, concrète adj. ‖ Réel; CONTR. abstrait: *donner un exemple* ⌣, *une image* ⌣*ète.* – *adv.* **concrètement.**

la **concurrence** La rivalité entre commerçants: *la libre* ⌣, *le commerçant fait* ⌣ *à un autre, entrer/être en* ⌣ *avec qn.*

le **concurrent** *le* ⌣ *vend moins cher que ce marchand, s'adresser à un* ⌣, *éliminer/ vaincre un* ⌣ *(= rival).*

la **condamnation** [-dan-] Le jugement qui condamne; CONTR. l'acquittement: *infliger une* ⌣ *à qn, une* ⌣ *pour vol.*

condamner *v.* [-dane] Infliger une peine à un coupable; CONTR. acquitter, réhabiliter: ⌣ *qn à une peine de prison/à mort/à payer une amende,* ⌣ *qn à faire qc, être condamné à deux ans de prison.*

condenser *v.* ‖ Rendre plus dense: ⌣ *un gaz par pression, le lait condensé (= concentré), le récit de l'événement est très condensé.* – **se** ⌣ (il s'est condensé), *la vapeur d'eau se condense en eau.*

la **condition 1.** Exemple: Si tu es sage, tu auras un bonbon: *remplir les* ⌣*s exigées, poser ses* ⌣*s, j'accepte à cette* ⌣, *à* ⌣ *de, à* ⌣ *que* + subj. **2.** ‖ La forme, l'état, la nature: *la* ⌣ *humaine, être en* ⌣ *pour faire qc, la* ⌣ *physique d'un athlète.*

le **conditionnel** ‖ Mode du verbe (exemples: je viendrais, il aurait): *employer le* ⌣.

les **condoléances** *f. (au pluriel)* Le fait d'exprimer que l'on prend part à la douleur de qn: *faire/offrir/présenter ses* ⌣ *à l'occasion d'un deuil, adresser à qn une lettre de* ⌣.

le **conducteur** Personne qui conduit une voiture, le chauffeur: *le* ⌣ *de la voiture a été blessé dans l'accident, le* ⌣ *du camion/ de l'autobus, le* ⌣ *a brûlé un feu rouge et renversé un piéton.* △ Pour désigner une catégorie professionnelle on doit dire: **un chauffeur** de camions/d'autobus, etc.

conduire *v.* (je conduis, il conduit, nous conduisons, ils conduisent; il conduisit; il a conduit) **1.** Mener qc/qn quelque part: ⌣ *un enfant à l'école,* ⌣ *qn chez le médecin,* ⌣ *un aveugle par la main, se laisser* ⌣, *cette route conduit à la ville.* **2.** Diriger une auto: ⌣ *bien/rapidement/prudemment, apprendre à* ⌣, *le permis de* ⌣, *sa-*

voir ⌣. – **se** ⌣ (il s'est conduit) Se comporter: *se* ⌣ *bien/mal envers qn.*

la **conduite** Le comportement, l'attitude: *la bonne/mauvaise* ⌣ *d'un élève en classe, une* ⌣ *étrange.*

la **confection** L'industrie des vêtements en série, le prêt-à-porter: *un vêtement de* ⌣, *travailler dans la* ⌣.

la **confédération** L'union: *la* C⌣ *helvétique (= la Suisse), la* C⌣ *générale du travail (= C.G.T., syndicat français).*

la **conférence 1.** ‖ Le congrès: *une* ⌣ *politique, la* ⌣ *au sommet, la* ⌣ *de presse.* **2.** Discours (d'un professeur): *faire/ donner une* ⌣, *la salle de* ⌣*s.* △ **Le conseil** des professeurs.

confesser *v.* Déclarer ses fautes/ses péchés, avouer; CONTR. nier: ⌣ *ses péchés/son erreur à qn,* ⌣ *que* + ind., *je confesse que j'ai eu tort.* – **se** ⌣ (il s'est confessé), *se* ⌣ *à un prêtre.*

la **confession** La déclaration de ses péchés/ de ses fautes, l'aveu: *faire une* ⌣ *sincère, entendre qn en* ⌣. △ **La religion** catholique/protestante.

la **confiance** CONTR. la méfiance, la crainte, le doute: *avoir* ⌣ *en qn, avoir une* ⌣ *absolue en qn, il a* ⌣ *dans son médecin, faire* ⌣ *à qn, un homme/un poste de* ⌣, *manquer de* ⌣, *je n'ai pas* ⌣ *en lui.*

la **confidence** La communication d'un secret; CONTR. la déclaration publique: *faire une* ⌣ *à qn, dire qc en* ⌣.

confidentiel, confidentielle adj. Qui se dit/fait sous le sceau du secret: *un entretien* ⌣ *(= seul à seul), une lettre* ⌣*le, donner un avis* ⌣ *à qn.* – *adv.* **confidentiellement.**

confier *v.* **1.** Dire un secret à qn: ⌣ *ses secrets/ses soucis à un ami,* ⌣ *à qn que* + ind. – **se** ⌣ (il s'est confié), *se* ⌣ *à qn (= lui faire une confidence).* **2.** Donner une mission délicate: ⌣ *son enfant à un ami,* ⌣ *à qn les clefs de son appartement.* △ Imparfait: nous confiions, vous confiiez.

la **confirmation** L'affirmation; CONTR. le démenti: *donner/recevoir la* ⌣ *d'une nouvelle.*

confirmer *v.* Rendre plus ferme, assurer; CONTR. nier: ⌣ *qn dans sa résolution,*

~ *l'exactitude d'un fait, l'exception con-firme la règle*, ~ *que* + ind.

la **confiserie** 1. Magasin où l'on vend des sucreries: *acheter du chocolat dans une* ~. 2. Produit à base de sucre: *aimer les* ~*s* (= *les bonbons etc.*).

confisquer *v.* ‖ Enlever, saisir: ~ *des marchandises de contrebande, le profes-seur a confisqué à un élève une revue.*

la **confiture** *la* ~ *est faite de fruits et de sucre, la* ~ *de fraises, un pot de* ~, *man-ger de la* ~, *une omelette aux* ~*s*.

le **conflit** [-fli] ‖ La lutte, l'opposition; CONTR. l'accord, la concorde: *un* ~ *éclate, entrer en* ~ *avec qn, un* ~ *d'inté-rêts, les* ~*s internationaux.*

confondre *v.* Prendre une chose ou une personne pour une autre qui lui ressem-ble; CONTR. distinguer: ~ *qc et qc*, ~ *une chose avec une autre.*

conforme *adj.* CONTR. différent: *une déclaration* ~ *à la vérité, une copie* ~ *à l'original, une décision* ~ *au règlement.* – *adv.* **conformément.**

se **conformer** *v.* (il s'est conformé) Obéir à une loi: *se* ~ *aux règlements de la circulation/aux ordres du directeur.*

le **confort** [-fɔr] ‖ Ce qui rend la vie plus agréable: *le* ~ *d'un appartement, avoir tout le* ~, *aimer son* ~. △ L'orthographe: le confort.

confortable *adj.* ‖ Qui donne du con-fort: *une maison/un hôtel/un appartement/ un fauteuil* ~. – *adv.* **confortablement.** △ Orthographe: confortable. △ Je suis **à mon aise.**

le **confrère** Le collègue: *mon cher* ~, *un médecin estimé par ses* ~*s.*

cónfronter *v.* Comparer et opposer: ~ *des textes/des idées*, ~ *les témoins avec l'accusé.*

confus, confuse *adj.* 1. (Personnes:) très embarrassé, gêné: *être tout* ~, *être* ~ *d'être pris sur le fait.* 2. (Choses:) obs-cur, en désordre; CONTR. clair, précis: *en-tendre un bruit* ~ *de voix, avoir des souve-nirs* ~, *des idées* ~*es, l'affaire/la situation/ l'explication est* ~*e, un style* ~. – *adv.* **confusément.**

la **confusion** 1. (Personnes:) L'embarras; CONTR. l'assurance: *rougir de* ~, *remplir*

qn de ~. 2. (Choses:) le désordre; CONTR. la clarté: *une* ~ *dans les dates/les idées, faire une* ~.

le **congé** Période où l'on ne travaille pas: *le* ~ *annuel, un* ~ *de maladie, prendre* ~ (= *s'en aller, partir*), *avoir deux jours de* ~, *être en* ~.

congédier *v.* Inviter qn à s'en aller; CONTR. accueillir: ~ *un visiteur importun*, ~ *un employé* (= *renvoyer*). △ Impar-fait: nous congédiions, vous congédiiez.

le **congrès** [-grɛ] ‖ La réunion de personnes qui échangent leurs idées: *un* ~ *de méde-cine, tenir un* ~ *annuel, le* ~ *se réunit à Paris.*

la **conjecture** La supposition: *en être réduit à des* ~*s.*

la **conjonction** ‖ *la* ~ *de coordination (par exemple: et)/de subordination (par exem-ple: que).*

la **conjugaison** ‖ *la* ~ *des verbes en -er.*

conjugal, conjugale *adj.* (**conjugaux, conjugales**) Qui concerne le mariage: *le domicile* ~, *l'amour* ~. – *adv.* **conjugale-ment.**

conjuguer *v.* ‖ Dire les formes d'un verbe: ~ *le verbe «être» au présent.*

conjurer *v.* Prier avec fermeté, supplier: ~ *qn de faire qc, je le conjurais de me dire la vérité.*

la **connaissance** 1. Le fait de savoir/de connaître; CONTR. l'ignorance: *avoir* ~ *de qc, prendre* ~ *de qc, à ma* ~, *ses* ~*s en géographie sont étendues; faire la* ~ *de qn; perdre* ~ (= *s'évanouir*). 2. Personne que l'on connaît: *ce n'est pas un ami c'est une simple* ~, *une vieille* ~.

le **connaisseur** Personne compétente: *être* ~ *en vins, un regard de* ~.

connaître *v.* (je connais, il connaît, nous connaissons, ils connaissent; il connut; il a connu) CONTR. ignorer, ne pas savoir: ~ *un fait/un texte/une nouvelle/un nom, faire* ~ *une chose à qn, ne pas* ~ *grand-chose à qc, je connais ce monsieur, je* ~ *qn de vue, être très connu* (= *célèbre*). – *se* ~ (il s'est connu), *se* ~ *en musique pop, je m'y connais* (= *je suis expert*).

conquérir *v.* (je conquiers, il conquiert, nous conquérons, ils conquièrent; il con-quit; il a conquis; il conquerra) Soumettre par les armes: ~ *un pays, César conquit la Gaule, Guillaume le Conquérant;* ~ *une femme.*

la **conquête** Action de conquérir, pays conquis: *les* ~*s de Napoléon, je te présente ma nouvelle/dernière* ~ *(= mon ami/ mon amie).*

consacrer *v.* **1.** Donner un caractère religieux, sacré: ~ *une église.* **2.** Employer son temps à faire qc: ~ *l'après-midi à ses devoirs.* – **se** ~ (il s'est consacré), *se* ~ *à une œuvre.*

la **conscience 1.** Faculté qui permet de distinguer le bien et le mal: *avoir bonne/ mauvaise* ~, *avoir la* ~ *pure, agir selon sa* ~, *avoir qc sur la* ~, *un cas de* ~ *(= difficile).* **2.** *avoir* ~ *de qc (= connaître), prendre* ~ *de qc.*

consécutif, consécutive *adj.* ‖ Qui se suit dans le temps: *pendant trois jours* ~*s, une proposition* ~*ve.* – *adv.* **consécutivement.**

le **conseil 1.** Opinion donnée à qn sur ce qu'il doit faire: *demander* ~ *à qn sur qc, donner le* ~ *à qn de faire qc, un bon/ mauvais* ~, *un* ~ *prudent, tenir compte d'un* ~. **2.** Groupe: *le* ~ *des ministres, le* ~ *municipal, le* ~ *de classe, le* ~ *de discipline.*

conseiller 1. *v.* Donner un conseil, recommander; Contr. déconseiller: ~ *qc à qn,* ~ *à qn de faire qc, il leur a conseillé de partir, être conseillé par un avocat.* **2.** *m.* *le* ~ *municipal.*

le **consentement** L'accord, la permission; Contr. l'interdiction, l'opposition: *accorder/refuser son* ~, *se marier avec le* ~ *de ses parents.*

consentir *v.* (je consens, il consent, nous consentons, ils consentent; il consentit; il a consenti) Être d'accord, admettre, permettre; Contr. interdire, refuser: ~ *à qc,* ~ *avec plaisir,* ~ *à faire qc, j'y consens,* ~ *à ce que* + subj. △ «Consentir **de** faire qc» ne s'emploie plus.

la **conséquence** ‖ La suite naturelle ou logique d'un acte/d'une idée; Contr. la cause: *prévoir les* ~*s, avoir pour* ~, *tirer la* ~ *de qc, des* ~*s graves/sérieuses, une affaire lourde de* ~*s, sans* ~, *en* ~ *(= par conséquent).*

conséquent, conséquente 1. *adj.* Logique: *être* ~ *dans ce qu'on fait.* **2.** *par* ~ *adv. (= comme suite logique, donc).*

la **conservation** Action de maintenir intact: *la* ~ *des aliments, l'instinct de* ~ *(de sa propre vie).*

la **conserve** *une boîte de* ~, *acheter des* ~*s de viande/de légumes, mettre en* ~.

boîte de conserve

conserver *v.* Garder en bon état; Contr. perdre: *le froid conserve les aliments,* ~ *un souvenir/des illusions.*

considérable *adj.* Assez grand, important, remarquable; Contr. petit, insignifiant: *c'est un travail/une dépense* ~, *avoir un rôle* ~ *dans qc.* – *adv.* **considérablement.**

la **considération 1.** L'attention, la réflexion, l'étude: *qc est digne de* ~, *prendre qc en* ~ *(= tenir compte).* **2.** La bonne opinion que l'on a de qn, l'estime: *jouir de la* ~ *de qn, assurer qn de sa* ~.

considérer *v.* (je considère, il considère, nous considérons, ils considèrent; il considérera) Examiner, envisager: ~ *une chose sous tous ses aspects, tout bien considéré,* ~ *comme (= regarder comme, tenir pour), je le considère comme un ami.*

la **consigne** À la gare: service chargé de garder les valises: *laisser/mettre sa valise à la* ~, *la* ~ *automatique.*

consister *v.* Être composé de, être constitué par: *en quoi consiste ce projet?, leur conversation a consisté en bagatelles, le bonheur consiste à rendre les autres heureux.*

la **consolation** Soulagement apporté à la douleur de qn: *dire des mots de* ~ *à qn, chercher une* ~ *dans qc, être sans* ~; *un prix/un lot de* ~.

consoler *v.* Soulager qn dans son chagrin; Contr. désoler, accabler: ~ *un en-*

fant qui pleure, ⁓ *un chagrin.* – **se** ⁓ (il s'est consolé), *se* ⁓ *de qc, elle ne se laisse pas* ⁓.

consolider *v.* ‖ Rendre plus solide; Contr. affaiblir, démolir: ⁓ *un mur, le parti a consolidé sa position aux élections.*

la **consommation 1.** Ce que le client boit et mange au restaurant: *payer les* ⁓*s.* **2.** ‖ *la société de* ⁓.

le **consommé** Bouillon de viande: *commander un* ⁓ *(au restaurant).*

consommer *v.* **1.** Manger et boire (au café/au restaurant): *payer ce qu'on a consommé,* ⁓ *à la terrasse.* **2.** Utiliser comme source d'énergie: *cette voiture consomme peu d'essence.*

la **consonne** Contr. la voyelle: *prononcer la* ⁓ *b.*

constant, constante *adj.* ‖ Permanent, continuel; Contr. variable, inconstant: *avoir de(s)* ⁓*es difficultés d'argent, manifester un intérêt* ⁓ *pour qc.*

la **constatation** L'action de constater, l'observation: *la* ⁓ *d'un fait.*

constater *v.* Prendre connaissance d'un fait, remarquer: ⁓ *un fait/la réalité/ une erreur, vous pouvez* ⁓ *(par) vous-même que* + ind.

consterner *v.* Affliger, navrer, désoler (brusquement): *regarder d'un air consterné, l'échec l'a consterné, une nouvelle qui l'a consterné.*

constituer *v.* Composer: *les parties qui constituent un tout, être constitué par/de qc.* – **se** ⁓ (il s'est constitué), *la commission s'est constituée* (= *formée*).

la **constitution 1.** L'organisme, le corps: *avoir une forte* ⁓, *une* ⁓ *robuste.* **2.** Texte fondamental qui détermine la forme du gouvernement etc.: *voter la* ⁓, *la* ⁓ *républicaine, réformer la* ⁓.

le **constructeur** ‖ *un* ⁓ *d'automobiles.*

constructif, constructive *adj.* ‖ *une proposition/une critique* ⁓*ve, un esprit* ⁓.

la **construction 1.** ‖ Action de construire: *la* ⁓ *d'une maison/d'un pont, les matériaux de* ⁓. **2.** ‖ Ce qui est construit, le bâtiment: *le plan de* ⁓, *une* ⁓ *de briques.*

construire *v.* (je construis, il construit, nous construisons, ils construisent; il construisit; il a construit) ‖ Bâtir suivant

un plan; Contr. détruire, démolir: ⁓ *une maison/un pont sur la rivière/une automobile,* ⁓ *une théorie.*

le **consul** ‖ Agent diplomatique: *le* ⁓ *général de France.*

le **consulat** [-la] ‖ Le bureau d'un consul: *aller au* ⁓ *pour obtenir un visa.*

la **consultation** ‖ Action de prendre avis: *la* ⁓ *de l'opinion, la* ⁓ *d'un dictionnaire, le cabinet/les heures de* ⁓ *d'un médecin.*

consulter *v.* ‖ Demander conseil, interroger: ⁓ *un ami/un médecin/un expert,* ⁓ *qn sur qc/au sujet de qc,* ⁓ *un dictionnaire.*

le **contact** ‖ Le point où deux choses se touchent; Contr. l'éloignement, la séparation: *le point de* ⁓, *entrer/être/rester en* ⁓ *avec qc/avec qn, prendre* ⁓ *avec qn.*

contagieux, contagieuse *adj.* Se dit des maladies qui se transmettent: *la grippe est une maladie* ⁓*se; un rire* ⁓, *un exemple* ⁓.

contaminer *v.* Transmettre une infection, infecter: *se laisser* ⁓ *par qc, de l'eau contaminée* (= *polluée*).

le **conte** Le récit, l'histoire inventée: *le* ⁓ *de fée, des* ⁓*s pour enfants.*

contempler *v.* Regarder attentivement et longuement: ⁓ *un tableau/le ciel,* ⁓ *qc avec admiration.*

contemporain, contemporaine *adj.* Qui est de notre temps: *la littérature* ⁓*e, un auteur* ⁓.

contenir *v.* (il contient, ils contiennent; il a contenu) Avoir en soi, renfermer: *la boîte contient du sucre, la salle de spectacle peut* ⁓ *4000 personnes, ce récit contient des erreurs.*

content, contente *adj.* Satisfait; Contr. mécontent, triste, ennuyé: *être* ⁓ *de qc/de qn, être* ⁓ *de sa nouvelle voiture, je suis* ⁓ *de vous, nous vivons* ⁓*s, être* ⁓ *de faire qc, être* ⁓ *que* + subj.

contenter *v.* Rendre content, satisfaire; Contr. affliger, attrister: *on ne peut pas* ⁓ *tout le monde,* ⁓ *sa curiosité.* – **se** ⁓ (il s'est contenté), *se* ⁓ *de qc* (= *ne rien demander de plus*), *se* ⁓ *de faire qc.*

le **contenu** Ce qui est dans qc: *le* ⁓ *de la boîte/d'un livre/d'une lettre, connaître le* ⁓ *d'un testament.*

conter *v.* Raconter une histoire/un conte: ~ *la nouvelle/des histoires à qn.*

contestable *adj.* Discutable; Contr. vrai, sûr, certain, incontestable: *une hypothèse* ~, *le fait est* ~, *un droit* ~, *il est* ~ *que* + subj., *il n'est pas* ~ *que* + ind.

contester *v.* Mettre en doute; Contr. admettre, croire: ~ *un fait, cette théorie est très contestée, les jeunes aiment* ~, ~ *que* + subj., *ne pas* ~ *que* + ind., *nul ne contestera que* + ind. *(= certitude).*

le **contexte 1.** ‖ Le texte dans lequel se trouve un mot: *comprendre un mot en regardant le* ~, *dans ce* ~ *le mot signifie:* . . ., **2.** La circonstance: *voir un événement dans son* ~ *historique.*

le **continent** ‖ *l'Europe/l'Asie sont des* ~s, *l'Ancien* ~ *(= l'Europe), le Nouveau* ~ *(= l'Amérique), le* ~ *américain.*

continu, continue *adj.* Sans interruption: *faire des efforts* ~s, *une pluie* ~e.

continuel, continuelle *adj.* Fréquent, constant: *ses absences* ~les. – *adv.* **continuellement** *(= sans cesse).*

continuer *v.* Poursuivre ce que l'on a commencé; Contr. arrêter, interrompre: ~ *son travail/ses études*, «*Continuez!*», ~ *à/de faire qc*, ~ *à/de parler, le beau temps continue, la séance continue, la route continue jusqu'à Lille (= se prolonger).*

le **contour** Ligne qui marque la forme: *tracer les* ~s *d'une figure, les* ~s *d'un corps humain.* ⚠ **Le** contour.

contourner *v.* Éviter: ~ *une ville/un endroit/un problème.*

contracter *v.* **1.** S'engager par contrat: ~ *une assurance/un mariage/une dette.* **2.** Tendre: ~ *un muscle.* – **se** ~ (il s'est contracté), *les muscles se contractent.* ⚠ Orthographe: contracter; mais: le contrat.

la **contradiction 1.** Action de contredire qn; Contr. l'approbation: *l'esprit de* ~, *il supporte mal la* ~. **2.** Opposition; Contr. accord: *il y a une* ~ *entre ce qu'il dit et ce qu'il fait, être en* ~ *avec qn.*

contradictoire *adj.* Qui contient une contradiction: *deux théories* ~s, *une affirmation* ~. ⚠ Une affirmation **opposée/ contraire** à une autre.

contraindre *v.* (je contrains, il contraint, nous contraignons, ils contraignent; il contraignit; il a contraint) Faire agir qn contre sa volonté, forcer, obliger: ~ *qn à qc, je ne veux pas vous* ~, ~ *qn à/de faire qc, les circonstances m'ont contraint à/de faire cela, il fut contraint d'obéir.*

la **contrainte** La force qui contraint, l'obligation: *agir/céder sous la* ~ *de qn, se décider sans* ~.

le **contraire 1.** Ce qui est logiquement opposé: «*grand*» *est le* ~ *de* «*petit*», *au* ~ *(= par contre), c'est le* ~ *de qc, faire le* ~ *de ce que l'on a dit.* **2.** *adj.* Contr. identique, semblable, pareil: *deux opinions* ~s, *la direction* ~, *être* ~ *à qc.* – *adv.* **contrairement.**

contrarier *v.* **1.** Faire obstacle, gêner, résister, combattre; Contr. favoriser, aider: ~ *les projets de qn.* **2.** Rendre fâché: *il m'a contrarié, je suis contrarié.* ⚠ Imparfait: nous contrariions, vous contrariiez.

le **contraste** ‖ *un* ~ *entre/de deux choses, un* ~ *de couleurs, former un* ~ *avec qc.*

contraster *v.* Être en contraste, s'opposer: *les couleurs qui contrastent entre elles/ l'une avec l'autre.*

le **contrat** [-tra] ‖ L'acte officiel, le document, la convention: *un* ~ *de travail/de louage, signer un* ~ *de vente.* ⚠ Orthographe: contrat; mais: contracter.

le **contravention** Amende que l'on doit payer quand on ne respecte pas les règles du Code de la route: *le policier dresse une* ~ *pour excès de vitesse, trouver une* ~ *sur son pare-brise, payer une* ~.

contre 1. *prép.* Marque la proximité/le contact: *s'appuyer* ~ *qc, mettre sa bicyclette* ~ *le mur.* **2.** Marque l'opposition; Contr. pour: *nager* ~ *le courant, être en colère* ~ *qn, je n'ai rien* ~ *lui, être/voter pour ou* ~ *qn, par* ~ *(= au contraire).* **3.** *m.* *étudier/examiner le pour et le* ~. ⚠ Le –e de «contre» ne s'élide jamais: contre eux, contre la.

la **contrebande** Le fait d'importer clandestinement des marchandises (sans payer les droits de douane): *la* ~ *des stupéfiants/de drogues, passer de l'alcool en* ~, *faire de la* ~.

contredire *v.* (je contredis, il contredit, nous contredisons, vous contredisez, ils contredisent; il contredit; il a contredit) Dire le contraire de ce qu'un autre affirme, s'opposer; CONTR. approuver: ⌣ *qn, ne me contredisez pas toujours.* – se ⌣ (il s'est contredit). ⚠ Vous contre**disez**.

contrefaire *v.* (je contrefais, il contrefait, nous contrefaisons, vous contrefaites, ils contrefont; il contrefit; il a contrefait; il contrefera; qu'il contrefasse) Imiter pour tromper: ⌣ *la voix/les gestes de qn,* ⌣ *la signature de qn.*

le **contresens** [-sãs] Interprétation contraire au sens, l'erreur: *son explication est un* ⌣, *commettre/faire un* ⌣ *dans une version; prendre à* ⌣.

contribuer *v.* Aider à l'exécution de qc, coopérer: ⌣ *au succès d'une entreprise, le beau temps contribue à rendre nos vacances agréables.*

le **contrôle** Action de contrôler: *le* ⌣ *des billets de chemin de fer, perdre le* ⌣ *de sa voiture, à la frontière la police effectue un* ⌣ *des papiers.* ⚠ **Le** contrôle.

contrôler *v.* Examiner, vérifier: ⌣ *les passeports,* ⌣ *l'exactitude d'une traduction;* ⌣ *ses nerfs.*

le **contrôleur** *le* ⌣ *de métro/d'autobus.*

la **controverse** ‖ La polémique, le débat: *soulever/provoquer une* ⌣ *sur qc.*

convaincant, convaincante *adj.* Qui convainc: *une preuve* ⌣*e, un argument* ⌣. ⚠ Le participe présent de «convaincre» est: **convainquant**.

convaincre *v.* (je convaincs, il convainc, nous convainquons, ils convainquent; il convainquit; il a convaincu) Exposer de bonnes raisons pour que l'autre pense que l'on a raison, persuader: ⌣ *qn de qc, se laisser* ⌣, *il est convaincu de ne pas se tromper,* ⌣ *que* + ind., *ne pas* ⌣ *que* + subj.

convenable *adj.* Correct, acceptable; CONTR. inconvenant: *choisir le moment* ⌣, *recevoir un salaire* ⌣, *un repas* ⌣ *(= assez bon), ce n'est pas* ⌣ *de faire cela.* – *adv.* **convenablement.**

convenir *v.* (il convient, ils conviennent; il convint; il a convenu; il conviendra) **1.** Être agréable, plaire: ⌣ *à qn, ce studio*

me convient parfaitement, il convient de faire qc, il convient que + subj. **2.** Reconnaître la vérité, avouer, admettre: *il faut* ⌣ *qu'il a raison,* ⌣ *que* + ind.

la **convention** ‖ L'arrangement, le traité: *les* ⌣*s d'un contrat, les* ⌣*s diplomatiques/ commerciales.*

conventionnel, conventionnelle *adj.* ‖ Dont on a convenu, banal: *l'armement* ⌣ *(CONTR. atomique), des formules* ⌣*les de politesse.* – *adv.* **conventionnellement.**

la **conversation** ‖ Le fait que plusieurs personnes parlent ensemble, l'entretien: *avoir une* ⌣ *avec qn, faire la* ⌣ *avec qn, un sujet de* ⌣, *une* ⌣ *sur qc.*

convertir *v.* Amener qn à croire: ⌣ *un sceptique à la foi catholique.* – se ⌣ (il s'est converti) ‖ *se* ⌣ *à une religion.*

la **conviction** L'opinion ferme, la certitude; CONTR. le doute: *les* ⌣*s politiques/ religieuses, parler avec* ⌣, *agir selon ses* ⌣*s, j'en ai la* ⌣, *avoir la* ⌣ *que* + ind., *partager les* ⌣*s de qn.*

le **convoi** ‖ Groupe de véhicules/de navires: *former un* ⌣, *le* ⌣ *est passé devant chez nous.*

convoquer *v.* Appeler à se réunir, faire venir: ⌣ *les membres du Parlement, le directeur a convoqué un employé dans son bureau.*

la **coopération** ‖ Action de participer à une œuvre, l'aide: *apporter sa* ⌣ *à une entreprise, sa* ⌣ *est précieuse.*

la **coopérative** Association de producteurs: *une* ⌣ *de production/de vente.*

la **coordination** ‖ L'organisation: *la* ⌣ *des programmes/des recherches; la conjonction de* ⌣ *(par exemple: et).*

le **copain** Camarade de classe/de travail, l'ami: *un bon* ⌣, *une bande de* ⌣*s, «Salut les* ⌣*s.»*

la **copie 1.** ‖ Reproduction d'un écrit: *faire une* ⌣ *d'un texte, une* ⌣ *exacte/fidèle/avec des fautes.* **2.** ‖ *la* ⌣ *d'un tableau.*

copier *v.* ‖ Écrire d'après un modèle: ⌣ *un texte,* ⌣ *son devoir sur celui de son camarade.*

copieux, copieuse *adj.* Abondant; CONTR. petit, maigre: *un repas* ⌣. – *adv.* **copieusement.**

le **coq** [kɔk] Le mâle de la poule: *le* ⌣ *et les*

poules, le chant du ~, *manger un* ~ *au vin.*

coq

la **coque** 1. Enveloppe dure de certains fruits: *la* ~ *de noix/d'amande.* 2. *un œuf à la* ~ *(= cuit dans sa coquille).*
coquet, coquette *adj.* ‖ Se dit de qn qui veut plaire par son aspect extérieur: *être* ~, *une femme* ~*te.*
le **coquillage** Fruit de mer: *pêcher des* ~*s, manger des* ~*s, ramasser des* ~*s sur la plage.*

coquillages

le **corbeau** (**les corbeaux**) Oiseau noir: *le* ~ *croasse, noir comme un* ~.

corbeau

la **corbeille** Sorte de petit panier: *la* ~ *à pain/à papier, jeter une lettre dans la* ~.
la **corde** 1. Ficelle grosse et solide: *attacher le bateau par une* ~, *attacher qc avec une* ~, *la* ~ *à linge, une échelle de* ~, *la* ~ *à sauter.* 2. En musique: *les instruments à* ~*s.*

cordial, cordiale *adj.* (**cordiaux, cordiales**) Qui vient du cœur, affectueux, amical; Contr. froid, indifférent: *un accueil* ~, *un* ~*e poignée de main.* – *adv.* **cordialement.**
le **cordon** Petite corde: *attacher qc/nouer avec un* ~.
le **cordonnier** Personne qui répare les chaussures: *porter ses chaussures chez le* ~ *pour les faire réparer.*
la **corne** *les bêtes à* ~*s (les bœufs, les vaches, etc.), le taureau donne un coup de* ~ *à qn, les* ~*s d'un escargot.*

cornes

le **cornichon** Petit concombre conservé dans du vinaigre: *manger des* ~*s.*
corporel, corporelle *adj.* Qui concerne le corps: *les soins* ~*s, une punition* ~*le.*
le **corps** [kɔr] 1. Contr. l'esprit, l'âme: *le* ~ *humain, les parties du* ~ *(= les membres), le* ~ *est mortel, un* ~ *mort (= un cadavre), un* ~ *à* ~ *(= combat direct de personnes à pied).* 2. La partie principale: *le* ~ *du bâtiment; prendre* ~ *(= commencer à se réaliser).* 3. Le groupe: *le* ~ *diplomatique/électoral.*
corpulent, corpulente *adj.* ‖ Gros, gras; Contr. maigre, mince: *être* ~, *une femme* ~*e.*
correct, correcte *adj.* ‖ Conforme à la règle, sans fautes; Contr. faux, incorrect: *la phrase est grammaticalement* ~*e, ce raisonnement est* ~, *être en affaires* ~ *(= honnête).* – *adv.* **correctement.**
la **correction** 1. Action de corriger: *la* ~ *d'un texte, apporter des* ~*s à un manuscrit.* 2. Châtiment corporel: *recevoir une* ~.
la **correspondance** 1. Rapport logique,

l'analogie: *il y a une ⌣ d'idées entre ces deux personnes, la ⌣ de goûts.* **2.** ‖ Échange de lettres: *être en ⌣ avec qn, avoir/entretenir une ⌣ avec qn, lire la ⌣ de qn.* **3.** Descendre d'un train pour en prendre un autre pour continuer son voyage: *prendre la ⌣ pour Nice, manquer une ⌣.*

le **correspondant** ‖ Personne qui écrit des lettres: *avoir des ⌣s à l'étranger.*

correspondre *v.* **1.** Être conforme; CONTR. être différent: *⌣ à qc, ce récit ne correspond pas à la vérité.* **2.** ‖ Écrire des lettres: *⌣ avec qn.*

corriger *v.* (-ge- devant a et o: nous corrigeons; il corrigeait; corrigeant) ‖ Supprimer les fautes: *⌣ les fautes/les erreurs/ un travail, ⌣ les devoirs des élèves.*

corrompre *v.* (je corromps, il corrompt, nous corrompons, ils corrompent; il corrompit; il a corrompu) Rendre mauvais; CONTR. perfectionner, purifier: *la chaleur corrompt les aliments, ⌣ la jeunesse (moralement), ⌣ un témoin (= acheter).*

la **corruption 1.** Action de corrompre: *la ⌣ du jugement/du goût/des mœurs.* **2.** ‖ *la ⌣ électorale, accuser qn de tentative de ⌣ d'un fonctionnaire, résister à la ⌣.*

le **corsage** Vêtement féminin: *un ⌣ décolleté, un ⌣ à manches/sans manches.*

corsage

le **cortège** Suite de personnes qui accompagnent une autre, la procession: *se former en ⌣, marcher en ⌣, le ⌣ funèbre.*

la **corvée** Le travail imposé et non payé (au Moyen Âge), travail ennuyeux: *Quelle ⌣!*

cosmique *adj.* ‖ *des rayons ⌣s.*

le **cosmonaute** ‖ L'astronaute: *les ⌣s russes.*

le **cosmos** [-mos] ‖ *envoyer une fusée dans le ⌣.*

le **costume 1.** Vêtement d'homme composé d'une veste et d'un pantalon, le complet: *un ⌣ de confection/sur mesure, mettre/porter un ⌣.* **2.** ‖ *le ⌣ de carnaval, les ⌣s des acteurs.* ⚠ Ne pas confondre avec le **tailleur** (= jupe et veste pour dames).

la **côte 1.** *les douze paires de ⌣s, ⌣ à ⌣ (= l'un à côté de l'autre).* **2.** Le côté d'une colline: *monter la ⌣.* **3.** Le rivage de la mer, le littoral: *la ⌣ d'Azur, une ⌣ sablonneuse/rocheuse.*

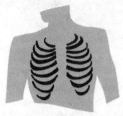

côtes

le **côté** La partie droite/gauche de qc/de qn: *le ⌣ de la maison, être de l'autre ⌣ de la rue, se placer/marcher à ⌣ de qn, il demeure à ⌣ (= très proche), d'un ⌣ . . . de l'autre ⌣, de tous (les) ⌣s (= partout), mettre qc de ⌣ (= épargner).* ⚠ Le coté; mais: **la côte.**

la **côtelette** *une ⌣ de porc/d'agneau.* ⚠ **La côtelette.**

le **coton** Matière textile venant d'une plante des pays tropicaux: *une robe de ⌣, un tissu de ⌣, le ⌣ à broder.*

côtoyer *v.* (je côtoie, il côtoie, nous côtoyons, ils côtoient; il côtoiera) Aller le long de: *⌣ la rivière.*

le **cou (les cous)** Partie du corps qui unit la tête au corps: *le long ⌣ de la girafe, mettre un foulard autour du ⌣, sauter/se jeter au ⌣ de qn, se rompre le ⌣.* ⚠ Le **col** d'une bouteille.

la **couche 1.** Substance étalée sur une surface: *une ⌣ de peinture, une épaisse ⌣ de neige.* **2.** Classe de la société: *les ⌣s sociales.*

coucher *v.* Mettre au lit: *⌣ un enfant, la chambre à ⌣, ⌣ chez ses amis/à l'hôtel.* – **se ⌣** (il s'est couché) Se mettre au lit: *je*

vais me ⌣, se ⌣ tôt/tard, comme on fait son lit on se couche, le soleil se couche.
le **coude** s'appuyer sur le ⌣, pousser qn du ⌣, donner un coup de ⌣ à qn, être ⌣ à ⌣, mettre les ⌣s sur la table.

coude

coudre v. (je couds, il coud, nous cousons, ils cousent; il cousit; il a cousu) Travailler avec du fil et une aiguille: ⌣ un bouton à un vêtement, ⌣ une robe, savoir ⌣, la machine à ⌣.

couler v. 1. Ce que fait l'eau qui est en mouvement: *l'eau coule, le sang coule d'une blessure, les larmes coulent.* 2. Tomber au fond de l'eau: *pendant la tempête le bateau a coulé.*

la **couleur** Le bleu, le blanc, le rouge sont des couleurs: *une ⌣ claire/foncée, la télévision en ⌣s, les ⌣s nationales, un homme de ⌣, changer de ⌣ (= devenir pâle).* △ **La** couleur. △ Liquide de couleur qui sert à peindre: **la peinture.**

la **coulisse** La partie de la scène (du théâtre) qui est cachée aux spectateurs: *l'électricien/le machiniste est dans les ⌣s; se tenir dans la ⌣ (= se tenir caché).* △ Ne pas confondre avec **les décors.**

le **couloir** Passage étroit et long: *le ⌣ d'un appartement/d'une voiture de chemin de fer.*

le **coup** 1. Choc violent de deux corps: *donner un ⌣ de poing/de pied à qn, se donner un ⌣ contre un meuble, un ⌣ de marteau.* 2. *jeter un ⌣ d'œil à qn/à qc (= un regard bref).* 3. *un ⌣ de téléphone/de fil; un ⌣ de fusil.* 4. *un ⌣ de vent/de foudre/de soleil.* 5. Action hasardeuse: *réussir/manquer son ⌣, un ⌣ de chance.* 6. *tout à ⌣*

(= subitement), tout d'un ⌣ (= en une seule fois).

coupable 1. *adj.* Qui a commis une faute; CONTR. innocent: *être ⌣ d'un délit/ d'une faute, se sentir ⌣, plaider non ⌣.* 2. *m. rechercher/trouver le ⌣ d'un crime, connaître le ⌣, le ⌣ a avoué son crime.*

couper v. 1. Diviser en deux parties avec un couteau/avec des ciseaux, etc.: *⌣ qc avec un couteau, ⌣ du bois, se faire ⌣ les cheveux; ⌣ la parole à qn (= l'interrompre).* – **se** ⌣ (il s'est coupé), *se ⌣ au doigt.* 2. Interrompre: *⌣ le courant/l'eau.*

le **couple** Un homme et une femme: *un ⌣ d'amoureux, former un beau ⌣, un ⌣ de danseurs.* △ Une **paire** de chaussures/de gants.

le **couplet** Strophe d'une chanson: *une chanson de trois ⌣s.*

la **coupure** 1. Blessure faite par un couteau etc.: *se faire une ⌣ (= se couper), avoir une ⌣ à la main.* 2. L'interruption: *une ⌣ de courant/de gaz.*

la **cour** 1. Espace libre au milieu de bâtiments: *la ⌣ d'une école/d'une ferme/d'un château, la fenêtre donne sur la ⌣, les enfants jouent/sont dans la ⌣.* 2. L'entourage d'un roi: *la ⌣ de Louis XIV, toute la ⌣ assistait à la cérémonie.* △ **La Cour** = les membres d'un tribunal.

le **courage** ‖ L'audace, l'héroïsme; CONTR. la peur: *avoir du ⌣, faire qc avec ⌣, prendre son ⌣ à deux mains, avoir le ⌣ de faire qc, perdre ⌣ (= se décourager), «Bon ⌣!»* △ **Le** courage.

courageux, courageuse *adj.* Brave, téméraire, hardi; CONTR. lâche, peureux, timide: *un homme ⌣ qui méprise le danger, une action ⌣se, un sauveteur ⌣.* – *adv.* **courageusement.**

le **courant** 1. Le mouvement de l'eau: *le ⌣ d'une rivière/d'un fleuve, le ⌣ est très fort; un ⌣ d'air.* 2. L'électricité: *le ⌣ électrique, le ⌣ alternatif/continu, couper le ⌣.* 3. *être au ⌣ (= bien informé), mettre/tenir qn au ⌣ de qc.* 4. *dans le ⌣ de (= au cours de, pendant), dans le ⌣ de l'après-midi.* 5. *adj.* Habituel: *cette voiture est d'un modèle ⌣, la langue courante (= employée par tout le monde).* – *adv.* **couramment.**

la **courbe** Une ligne qui change de direction: *tracer une* ⌣ *sur le papier, la* ⌣ *de la production* (= *graphique*). ⚠ **Le virage** d'une route.

courber *v.* Rendre courbe ce qui était droit: ⌣ *une branche,* ⌣ *la tête/le front.*

le **coureur** Celui qui court: *un* ⌣ *à pied, le* ⌣ *cycliste, un* ⌣ *de 1000 mètres.*

courir *v.* (je cours, il court, nous courons, ils courent; il courut; il a couru; il courra) **1.** Aller très vite: ⌣ *un cent mètres,* ⌣ *à toutes jambes,* ⌣ *après qn, les nuages courent;* ⌣ *un risque* (= *s'exposer au risque*). **2.** *le bruit court que* + ind. (= *on dit que*). ⚠ **Il a** couru.

la **couronne 1.** *la* ⌣ *du roi, une* ⌣ *de laurier, la* ⌣ *d'épines de Jésus.* **2.** *une* ⌣ *funéraire/mortuaire.*

couronne de laurier   couronne

le **couronnement** La cérémonie pendant laquelle on couronne un roi: *le* ⌣ *de Napoléon Ier.*

le **courrier** Les lettres: *le facteur apporte le* ⌣*, le* ⌣ *est arrivé, lire son* ⌣*.*

la **courroie** *la* ⌣ *de transmission, la* ⌣ *du ventilateur (d'une auto).*

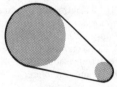

courroie

le **cours 1.** *un* ⌣ *d'eau* (= *fleuve, rivière, ruisseau*). **2.** *donner libre* ⌣ *à sa douleur/à sa joie* (= *montrer ouvertement*). **3.** Durée: *le* ⌣ *de la vie/des événements, au* ⌣ *de* (= *pendant*). **4.** Leçon: *un* ⌣ *de mathématiques/de français, ce matin j'ai un* ⌣ *de chimie.*

la **course 1.** Action de courir: *une* ⌣ *à pied/*

de chevaux/cycliste, le champ de ⌣*s, le cheval de* ⌣*.* **2.** (souvent au pluriel) Les achats: *faire ses* ⌣*s à l'épicerie/au supermarché.*

court, courte 1. *adj.* CONTR. long, durable: *des cheveux* ⌣*s, une robe* ⌣*e, prendre le chemin le plus* ⌣*, avoir la vue* ⌣*e* (= *ne pas voir de loin*). **2.** *adv.* *couper/tailler* ⌣*.* **3.** *m.* le terrain: *le* ⌣ *de tennis.*

le **courtisan** Personne qui vit à la cour d'un roi: *un* ⌣ *habile/rusé, le* ⌣ *qui flatte le roi.*

courtois, courtoise *adj.* Très poli, aimable; CONTR. grossier, impoli, impertinent, vulgaire: *un homme* ⌣ *avec/envers les femmes/à l'égard des femmes, un langage/un refus* ⌣*, un conducteur* ⌣*.*

le **cousin,** la **cousine** ‖ L'enfant de l'oncle et de la tante: *mon cher* ⌣*, des* ⌣*s éloignés.*

le **coussin** *les* ⌣*s d'un fauteuil/d'un canapé.*

coussins

le **couteau (les couteaux)** *la lame et le manche du* ⌣*, couper qc avec un* ⌣*, le* ⌣ *de poche/de table/à viande/à pain.*

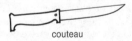

couteau

coûter *v.* Avoir un prix: *combien cela coûte-t-il?, ce livre coûte 30 F, ce livre m'a coûté cher, les efforts que ce travail coûte* (= *demande*), *coûte que coûte* (= *à tout prix*). ⚠ Les trois mille francs que ce meuble m'a coûté (= sens propre); les efforts que ce travail m'a coûtés (= sens figuré).

coûteux, coûteuse *adj.* Qui coûte cher; CONTR. économique, gratuit: *ce voyage est* ⌣*.*

la **coutume 1.** La tradition, l'usage: *une ancienne* ⌣*, chaque pays a ses* ⌣*s.*

2. L'habitude: *avoir ～ de faire qc, je me suis levé plus tard que de ～.*

la **couture 1.** Action de coudre: *apprendre la ～, travailler dans la ～, la haute ～ parisienne.* **2.** Suite de points faits à l'aiguille par lesquels deux morceaux d'étoffe sont assemblés: *les ～s d'un vêtement/d'une chaussure, des bas sans ～.*

le **couturier** Celui qui dirige une maison de haute couture et crée des modèles: *les grands ～s parisiens (Dior, Cardin, etc.), le ～ présente sa nouvelle collection.* ⚠ Celui qui coud des vêtements = **le tailleur.**

la **couturière** Femme qui coud, qui fait des vêtements: *l'atelier/la machine à coudre d'une ～.*

le **couvent** Maison où vivent les religieux: *un ～ de carmélites/de chartreux, entrer au ～.*

couver *v.* Ce que fait un oiseau qui se tient sur les œufs: *la poule couve ses œufs.*

le **couvercle** *le ～ d'une boîte/d'une valise, ouvrir/fermer le ～.*

couvercle

le **couvert** Ce que l'on met sur la table pour le repas (assiettes, fourchettes, etc.): *mettre le ～, une table de six ～s.* ⚠ On met une lettre sous/dans une **enveloppe.**

la **couverture 1.** Grande pièce d'étoffe pour se protéger du froid: *une ～ de laine, une ～ de lit.* **2.** Ce qui couvre un livre.

couvrir *v.* (je couvre, il couvre, nous couvrons, ils couvrent; il couvrit; il a couvert) Mettre/poser dessus: *～ une caisse avec un couvercle, la neige couvre le sommet de la montagne, être couvert de boue, le ciel est couvert (de nuages); ～ qn de caresses/de baisers. – se ～* (il s'est couvert) Mettre des vêtements chauds, mettre un chapeau: *couvrez-vous bien.*

le **crabe** *les pinces du ～, marcher en ～*

(= *de côté*). ⚠ **Le** crabe. ⚠ Ne pas confondre avec **la crevette.**

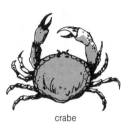

crabe

cracher *v.* Lancer en dehors de la bouche: *～ par terre, «Défense de ～.»*

la **craie** Sorte de pierre blanche qui sert à écrire: *la ～ blanche, un bâton de ～, écrire au tableau avec une ～.*

craindre *v.* (je crains, il craint, nous craignons, ils craignent; il craignit; il a craint) Avoir peur de, redouter; Contr. oser, mépriser: *～ qn/qc, ～ le danger/la mort, ne craignez rien, vous n'avez rien à ～, ～ de faire qc, ～ que + ne + subj., je crains qu'il ne vienne (= il viendra quand même), je crains qu'il ne vienne pas (= il ne viendra pas).* ⚠ Une forme pronominale (se ～) n'existe pas.

la **crainte** La peur, l'angoisse; Contr. le courage, l'audace: *la ～ de l'avenir/de la mort, parler sans ～, de ～ que + subj., nous emportons les parapluies de ～ qu'une averse ne nous surprenne.* ⚠ **La peur** est plus courant.

la **crampe** ‖ Contraction douloureuse et involontaire des muscles: *avoir une ～ à la jambe/au mollet, une ～ d'estomac (= de faim).* ⚠ **La** crampe.

le **crâne** *une fracture du ～.* ⚠ L'orthographe «crane» est tolérée depuis 1977.

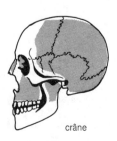

crâne

craquer *v.* Produire un bruit sec: *faire ∼ ses doigts, les branches craquent, la couture a craqué (= s'est déchirée).*

crasseux, crasseuse *adj.* Très sale: *un col de veston ∼, une chemise ∼se, un livre ∼.*

la **cravate** *mettre une ∼ de soie, nouer sa ∼, le nœud de ∼.*

le **crayon** *écrire/dessiner au ∼, un ∼ de couleurs, le ∼ à bille, la boîte de ∼s.*

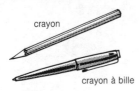

crayon

crayon à bille

le **créancier** Personne envers qui on a une dette; CONTR. le débiteur: *payer ses ∼s.*

le **créateur** Celui qui crée; CONTR. l'imitateur: *le C∼ du monde (= Dieu), le ∼ d'un produit, le ∼ d'un rôle (= le premier acteur qui a joué le rôle).*

la **création** L'action de faire qc qui n'existait pas encore, la réalisation: *la ∼ du monde, les dernières ∼s des grands couturiers.*

la **créature** ‖ Être humain: *une belle ∼ (= femme).*

la **crèche** **1.** Représentation de la naissance de Jésus-Christ: *à Noël on expose des ∼s dans les églises.* **2.** Établissement destiné à garder les tout petits enfants (quand la mère travaille): *la ∼ de la commune, confier son enfant à la ∼.* ⚠ Les bêtes mangent dans **la mangeoire.**

le **crédit** [-di] **1.** ‖ *faire ∼ à qn, consentir à qn un long ∼, acheter/vendre qc à ∼.* **2.** Banque: *le C∼ foncier, le C∼ Lyonnais.*

créer *v.* Faire qc qui n'existait pas encore: *Dieu créa le ciel et la terre, ∼ une science/une ville/des emplois.* ⚠ *La terre que Dieu a* **créée.**

la **crème** **1.** Matière grasse du lait: *la ∼ fraîche, la ∼ fouettée (= la ∼ Chantilly), boire un café ∼.* **2.** ‖ *la ∼ à raser, mettre de la ∼ avant de s'exposer au soleil.* ⚠ **La** crème.

la **crêpe** Fine galette faite d'une pâte li-

quide: *le marchand de ∼s, la ∼ à la confiture, manger des ∼s bretonnes.*

le **crépuscule** Lumière vague après le coucher du soleil; CONTR. l'aube: *l'heure du ∼, au ∼ (= à la tombée de la nuit).*

la **crête** *la ∼ du coq; la ∼ d'un toit, la ∼ des vagues.*

crête

creuser *v.* Faire un trou dans la terre: *∼ la terre/un trou/une fosse avec la pioche, le renard creuse son terrier.* **– se** ∼ (il s'est creusé), *se ∼ la tête/la cervelle (= réfléchir).*

creux, creuse *adj.* Qui est vide à l'intérieur; CONTR. plein, massif: *un arbre ∼, avoir le ventre/l'estomac ∼ (= avoir faim), une assiette ∼se, un chemin ∼; un discours ∼ (= sans intérêt).*

crever *v.* (il crève, ils crèvent; il crèvera) **1.** *le pneu de sa bicyclette/de sa voiture a crevé, ∼ un ballon; ∼ d'orgueil/de jalousie.* **2.** Mourir (en parlant d'un animal ou de plantes): *un cheval a crevé pendant le transport, trouver un chat crevé.*

la **crevette** *les ∼s roses/grises, éplucher manger des ∼s.*

crevette

le **cri** Forte exclamation: *jeter/pousser un ∼, un ∼ de surprise; la mode dernier ∼.* ⚠ Distinguez «le cri» et «il crie».

le **cric** [krik] Appareil à manivelle qui sert à soulever des poids très lourds: *le ~ d'automobile, utiliser le ~ pour changer une roue.*

crier *v.* Pousser des cris: *un enfant qui crie, ~ au secours/au scandale, ~ vengeance, ~ contre/après qn, ~ des ordres/ des injures à qn, ~ que + ind.*

le **crime** Faute grave contre la loi: *commettre un ~, un ~ affreux/horrible, l'auteur d'un ~ et ses complices, être coupable d'un ~, accuser qn d'un ~, la cour d'assises juge les ~s, punir un ~.*

le **criminel,** la **criminelle 1.** || Personne coupable d'un crime: *arrêter le ~ et ses complices.* **2.** *adj.* || *un acte ~, une intention ~le.* – *adv.* **criminellement.**

la **crise 1.** L'attaque brusque: *une ~ cardiaque/d'asthme/de nerfs.* **2.** || *une ~ économique/politique.*

le **cristal (les cristaux)** || *un verre de ~, le ~ de roche, pur comme du ~.*

la **critique 1.** || Jugement porté sur une œuvre littéraire etc.: *faire la ~ d'une pièce de théâtre, ne pas admettre/supporter la ~.* **2.** *m.* || Celui qui critique: *un ~ littéraire, le ~ a loué l'originalité de la pièce.* **3.** *adj.* || *un esprit ~, se trouver dans une situation ~ (= dangereuse).*

critiquer *v.* || **1.** Analyser pour montrer les qualités et les défauts de qc: *~ un roman.* **2.** Faire des reproches: *~ les actions de qn, ~ la politique du gouvernement, se faire ~.*

le **crochet** Pièce de métal courbée pour y accrocher qc: *fixer un ~, un jambon suspendu à un ~, des ~s de rideaux.*

le **crocodile** || *les ~s du Nil; verser des larmes de ~ (= hypocrites).*

croire *v.* (je crois, il croit, nous croyons, ils croient; il crut; il a cru) Penser que qc est vrai; CONTR. douter: *~ une nouvelle/ce que l'on entend, ~ qn sur parole, vous pouvez ~ cet homme, je vous crois, ~ aux promesses/à la liberté/en Dieu/en ses amis/ au diable, faire ~ qc à qn, ~ faire qc, ~ que + ind., ne pas ~ que + subj., je l'ai cru mort.* ⚠ Croire **qn.** ⚠ Crois tu? (toléré depuis 1977).

le **croisement** Endroit où se croisent deux routes/deux rues: *s'arrêter au ~, respecter*

la priorité au ~. ⚠ Ne pas confondre avec le carrefour.

croiser *v.* Disposer en forme de croix: *~ les jambes/les bras.* – *se ~* (ils se sont croisés), *les deux routes se croisent.*

la **croisière** Voyage touristique en bateau: *faire une ~ en Grèce/dans les fjords de Norvège.*

le **croissant 1.** Petite pâtisserie: *prendre un café au lait et deux ~s au petit déjeuner.* **2.** *un ~ de lune.*

croissant

croître *v.* (je croîs, il croît, nous croissons, ils croissent; il crût; il **a** crû, crue) Grandir, pousser; CONTR. diminuer: *l'herbe/l'enfant croît, la grande ville croît chaque année, ~ en nombre.* ⚠ Il **a** crû. ⚠ Je croîs.

la **croix 1.** *Jésus-Christ mourut sur la ~, faire le signe de ~, porter au cou une ~ d'or.* **2.** *la ~ de la Légion d'honneur, la C~-Rouge.* ⚠ La croix.

croix

croquer *v.* Casser avec ses dents en faisant un bruit sec: *~ des biscuits/une pomme, le chocolat à ~; la salade croque sous la dent.*

la **croquette** *des ~s de pomme de terre.*

le **croquis** L'esquisse, le dessin rapide: *faire un ~ des lieux de l'accident.*

la **croûte** La partie extérieure et dure du pain: *la ~ dure/croustillante/dorée/brûlée; casser la ~ (= manger); la ~ terrestre.*

la **croyance** La foi, la conviction; CONTR. le doute: *la ~ en Dieu, la ~ au progrès, la ~ en/dans qc.*

cru, crue *adj.* CONTR. cuit: *des légumes ~s, un bifteck presque ~.* – *adv.* **crûment.** ⚠ L'orthographe crument est tolérée depuis 1977.

la **cruauté** Tendance à faire souffrir, la méchanceté, le sadisme; CONTR. la pitié, la charité: *traiter qn avec ~, une ~ brutale, la ~ d'une raillerie.*

la **cruche** *une ~ à eau, tant va la ~ à l'eau qu'à la fin elle se casse (= proverbe).*

cruche

le **crucifix** [-fi] ‖ *un ~ de bois/de bronze, se mettre en prière devant un ~, baiser le ~.*

les **crudités** *f. (au pluriel)* Légumes et fruits consommés crus: *une assiette de ~, manger des ~ comme hors-d'œuvre.*

cruel, cruelle *adj.* Qui prend plaisir à faire souffrir, brutal; CONTR. bon, humain; *un homme/un tyran ~, être ~ envers les animaux; un froid ~.* – *adv.* **cruellement.**

le **crustacé** Animal qui vit dans la mer et qui a une peau très dure (crevette, crabe, langouste, homard, etc.): *manger des ~s comme hors-d'œuvre.*

le **cube 1.** *un mètre ~ (m³), deux mètres ~s.*

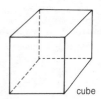
cube

2. Morceau de bois en forme de dé: *l'enfant joue aux ~s.*

cueillir *v.* (je cueille, il cueille, nous cueillons, ils cueillent; il cueillit; il a cueilli; il cueillera) Prendre un fruit/une fleur: *~ des fleurs pour en faire un bouquet, ~ un fruit sur l'arbre.*

la **cuillère** ou **cuiller** [-ɛr] *la ~ à soupe/à dessert/à café, la petite ~, manger la soupe avec une/à la ~.*

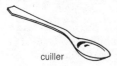
cuiller

le **cuir** Matière faite de la peau des animaux: *le ~ souple, des chaussures en ~, des bottes de ~, une ceinture de ~.*

cuire *v.* (je cuis, il cuit, nous cuisons, ils cuisent; il a cuit) Préparer un aliment par la chaleur: *faire ~ de la viande/des légumes/le pain, ~ au four, les pommes de terre cuisent dans la marmite, laisser ~ vingt minutes.* ⚠ **Faire** du café. ⚠ L'eau bout (→ **bouillir**) ⚠ **Préparer** le repas.

la **cuisine 1.** La pièce à la maison où l'on prépare les repas: *une ~ moderne, la table/la chaise de ~, les ustensiles de ~.* **2.** L'art de préparer des aliments: *faire la ~, la ~ française/chinoise.*

la **cuisinière 1.** Personne qui sait faire la cuisine: *elle est bonne ~.* **2.** Appareil qui sert à cuire les aliments: *une ~ électrique/ à gaz.*

la **cuisse** La partie de la jambe au-dessus du genou: *les muscles de la ~, manger une ~ de poulet.*

cuit, cuite *adj.* CONTR. cru: *des poires cuites, du filet de bœuf bien ~/~ à point* (CONTR. saignant).

le **cuivre 1.** Métal rouge: *une casserole en ~.* **2.** *les ~s (= les instruments à vent en cuivre).*

le **cul** [ky] *(vulgaire)* Le derrière humain: *donner/recevoir un coup de pied au ~, tomber sur le ~ (très familier).*

culminer *v.* Atteindre le point le plus haut: *le mont Blanc culmine à 4807 m; le point culminant de la crise.*

la **culotte** Vêtement: *porter une ⁓, une ⁓ de sport, la ceinture de la ⁓.* ⚠ Vêtement qui couvre toute la jambe: **le pantalon.**

culottes

la **culpabilité** État de celui qui est coupable; Contr. l'innocence: *avoir un sentiment de ⁓, nier sa ⁓.*

le **culte** Service religieux protestant: *assister au ⁓.*

cultiver *v.* Travailler la terre: *⁓ un champ, ⁓ la vigne, ⁓ du blé (= faire pousser).* – **se** ⁓ (il s'est cultivé) Cultiver son esprit.

la **culture** 1. Action de cultiver la terre: *la ⁓ d'un champ/de la vigne.* 2. Formation de l'esprit, ensemble des connaissances: *la ⁓ générale/philosophique, la ⁓ physique (= les sports à l'école).* ⚠ Ne pas confondre avec **la civilisation.**

la **cure** ‖ *faire une ⁓ (dans une station thermale), suivre une ⁓ de désintoxication.*

le **curé** Prêtre catholique (qui est à la tête d'une paroisse): *«Monsieur le ⁓», le ⁓ du village.*

curieux, curieuse *adj.* 1. Qui veut tout savoir; Contr. indifférent: *un esprit ⁓, être ⁓ de connaître qc/d'apprendre qc/ de savoir qc, je suis ⁓ de savoir si . . .* 2. Indiscret; Contr. discret, réservé: *cet enfant est ⁓ – il écoute aux portes.* 3. Singulier, extraordinaire; Contr. banal: *une chose ⁓se, il est ⁓ que* + subj.

la **curiosité** 1. Le désir d'apprendre des choses nouvelles; Contr. l'indifférence: *qc attire la ⁓, observer qc avec ⁓, contenter/satisfaire la ⁓ de qn, faire qc par ⁓.* 2. Désir d'apprendre les secrets de qn; Contr. la discrétion: *être puni de sa ⁓.*

3. Ce qui est intéressant à voir pour les touristes: *les ⁓s d'une région, visiter les ⁓s d'une ville.*

le **curriculum vitae** Indications sur l'état civil, les diplômes et les activités passées de celui qui demande un emploi: *établir son ⁓, joindre le ⁓ à sa demande.*

la **cuvée** La récolte de vin d'une vigne: *le vin de la première ⁓.*

la **cuvette** *une ⁓ en métal/en matière plastique.*

cuvette

le **cycle** ‖ Suite de phénomènes qui se reproduisent périodiquement: *le ⁓ des saisons.*

le **cycliste** Personne qui roule à bicyclette: *les ⁓s roulent vite.*

le **cyclone** En météorologie: zone de basse pression; Contr. l'anticyclone: *le centre du ⁓.* ⚠ **Le** cyclone.

le **cygne** Oiseau blanc: *le cou long du ⁓, le chant du ⁓.*

cygne

le **cylindre** ‖ *une boîte de conserve en forme de ⁓, une automobile à six ⁓s.* ⚠ **Le chapeau haut de forme.**

cynique *adj.* [si-] ‖ Contr. respectueux: *une attitude ⁓, donner une réponse ⁓.* – *adv.* **cyniquement.**

le **cynisme** [si-] ‖ Contr. lc respect: *le ⁓ de son langage, choquer par son ⁓.*

D

d'abord→ abord
d'accord→ accord
la **dactylo** Femme dont la profession est d'écrire des textes à la machine à écrire: *la ⁓ tape une lettre à la machine.*
daigner *v.* Consentir à faire qc (comme une faveur), avoir la bonté de; CONTR. refuser: *⁓ faire qc.*
d'ailleurs→ ailleurs
la **dalle** Plaque de pierre/de ciment/de plastique servant à couvrir le sol: *les ⁓s de l'église/de la cuisine/du trottoir.*
la **dame** *un coiffeur pour ⁓s, une vieille ⁓, qui est cette ⁓?* ⚠ Une jeune/belle/jolie **femme.** ⚠ Ma **femme** (= mon **épouse).**
le **dancing** [dãsiŋ] Endroit où l'on danse: *aller au ⁓.*
le **danger** CONTR. la sécurité: *avertir qn d'un ⁓, se rendre compte du ⁓, s'exposer à un ⁓, courir un ⁓, être en ⁓ de mort, être hors de ⁓, il n'y a pas de ⁓.*
dangereux, dangereuse *adj.* Qui présente un danger; CONTR. sûr: *une maladie ⁓se, un ⁓ criminel, une entreprise ⁓se, il est ⁓ de faire cela, ⁓ pour qn. – adv.* **dangereusement.**
dans *prép.* **1.** CONTR. hors de, à l'extérieur de: *être ⁓ la maison, monter ⁓ une voiture, ⁓ la rue, lire qc ⁓ un livre/le journal, boire ⁓ une tasse, manger ⁓ une assiette; tomber ⁓ la misère.* ⚠ **Dans** la rue, mais: **sur** la route. ⚠ Être **en** France/à Paris. **2.** Temps: *il arrive ⁓ quinze minutes, ⁓ un instant* (= bientôt).
la **danse** ‖ Mouvements du corps réglés au rythme de la musique: *des pas de ⁓, un orchestre/la piste de ⁓, les ⁓s modernes.* ⚠ **La** danse.
danser *v.* ‖ *apprendre à ⁓, aller ⁓ dans un dancing, ⁓ une valse/le rock, elle est invitée à ⁓.*
le **danseur,** la **danseuse** Personne qui danse: *des couples de ⁓s, une ⁓se de ballet.*
la **date** ‖ Indication du jour, du mois et de l'année: *noter une ⁓, la ⁓ de naissance, mettre la ⁓ sur une lettre* (= dater), *cette lettre porte la ⁓ du 18 mai, fixer la ⁓*

d'une réunion. ⚠ **La** date.
dater *v.* ‖ Mettre la date sur un écrit: *⁓ une lettre/un document.*
le **dauphin** Le fils aîné du roi de France: *Monseigneur le ⁓.*
davantage *adv.* Plus; CONTR. moins: *donner ⁓, en vouloir ⁓.* ⚠ «Davantage» s'emploie seulement avec un verbe.
de, du, des **1.** *prép. La ville ⁓ Paris, venir ⁓ Paris, sortir ⁓ chez soi, du 15 janvier au 15 mars, mourir ⁓ faim, citer ⁓ mémoire, un morceau ⁓ papier, un paquet ⁓ cigarettes, les comédies ⁓ Molière, se souvenir ⁓ qn, rien ⁓ nouveau.* **2.** Article partitif: *manger du pain, jouer de la musique, prendre des médicaments.* **3.** le *duc ⁓ Bourgogne* (= la particule de noblesse). ⚠ «De» se contracte avec l'article: de + le = **du,** de + les = **des.** ⚠ «De» s'élide en **d'** devant une voyelle ou un h muet.
déballer *v.* Sortir ce qui était dans une caisse/dans un paquet; CONTR. emballer: *⁓ un colis, ⁓ ses affaires.*
débarbouiller *v.* Laver le visage: *⁓ un enfant.*
débarquer *v.* Sortir d'un bateau: *les passagers débarquent sur le quai 5, ⁓ des marchandises.*
se débarrasser *v.* (il s'est débarrassé) Jeter des choses dont on ne veut plus: *se ⁓ de qc, se ⁓ d'un objet inutile.*
le **débat** ‖ Discussion organisée: *un ⁓ parlementaire/télévisé sur qc, soulever un ⁓.* ⚠ **Le** débat.
la **débauche** Excès dans la jouissance des plaisirs: *vivre dans la ⁓, mener une vie de ⁓.*
débile *adj.* Faible, idiot; CONTR. fort, vigoureux, robuste: *un enfant ⁓, un esprit ⁓* (= peu intelligent).
le **débit** [-bi] Endroit où l'on vend qc à boire: *le ⁓ de boissons.* ⚠ **Le bureau** de tabac.
déborder *v.* Passer par-dessus les bords: *le fleuve a débordé, un verre plein à ⁓; ⁓ de joie* (= être très joyeux), *⁓ d'énergie.*
déboucher *v.* Ôter le bouchon: *⁓ une bouteille avec un tire-bouchon.*

debout *adv.* CONTR. assis, couché: *se tenir* ⌣, *être* ⌣, *rester* ⌣, ⌣*! (= levez-vous!)*, *mettre qc* ⌣, *une place* ⌣ *(dans le train, dans le métro)*.

les **débris** [-bri] *m.* *(au pluriel)* Les restes d'un objet brisé: *des* ⌣ *de bouteille, ramasser les* ⌣ *d'un vase.*

se **débrouiller** *v.* (il s'est débrouillé) Se tirer habilement des difficultés: *apprendre à se* ⌣, *se* ⌣ *tout seul, savoir se* ⌣.

le **début** Le commencement; CONTR. la fin: *le* ⌣ *d'un livre, le* ⌣ *de la semaine, du* ⌣ *à la fin, au* ⌣, *dès le* ⌣.

débuter *v.* Commencer (une carrière); CONTR. finir: *la réunion a débuté à trois heures,* ⌣ *comme employé de bureau,* ⌣ *à trois mille francs par mois, un acteur qui débute.*

la **décadence** ‖ Le fait d'aller vers la ruine, l'affaiblissement, le déclin: *tomber en* ⌣, *la* ⌣ *d'un empire/d'une famille, la* ⌣ *du goût.*

décéder *v.* (il décède) Mourir en parlant d'une personne: *il est décédé depuis peu.*

décembre *m.* ‖ Le dernier mois de l'année: *le mois de* ⌣, *l'hiver commence le 21* ⌣, *le 25* ⌣ *c'est Noël, en* ⌣.

décent, décente *adj.* ‖ Convenable; CONTR. indécent: *une tenue* ⌣*e, une conduite peu* ⌣*e.* – *adv.* **décemment** [-amã]. ⚠ Une musique **discrète,** un parfum **discret.**

la **déception** Le sentiment que l'on éprouve après un échec, la désillusion; CONTR. la satisfaction, l'heureuse surprise: *éprouver une vive* ⌣, *c'est une* ⌣ *pour moi, causer une* ⌣ *à qn.*

le **décès** La mort d'une personne (terme officiel): *le magasin est fermé pour cause de* ⌣, *dresser un acte de* ⌣.

décevoir *v.* (je déçois, il déçoit, nous décevons, ils déçoivent; il déçut; il a déçu; il décevra) Rendre qn triste en ne lui donnant pas ce qu'il espérait: *son attitude me déçoit; c'est décevant.*

déchaîner *v.* Faire se manifester avec violence; CONTR. apaiser, calmer: ⌣ *les passions/la colère/la haine/la jalousie de qn,* ⌣ *l'opinion publique contre qn,* ⌣ *un conflit/une guerre.* – *se* ⌣ (il s'est déchaîné), *la tempête se déchaîne, les pas-*

sions se déchaînent.

décharger *v.* (-ge- devant a et o: nous déchargeons; il déchargeait; déchargeant) **1.** Enlever un chargement; CONTR. charger: ⌣ *un camion,* ⌣ *des marchandises.* **2.** ⌣ *qn d'un travail.*

déchausser *v.* Enlever les chaussures; CONTR. chausser: ⌣ *un enfant.* – **se** ⌣ (il s'est déchaussé).

déchiffrer *v.* Lire avec difficulté: ⌣ *une lettre, son écriture est difficile à* ⌣.

déchirer *v.* Mettre en morceaux: ⌣ *un papier/une lettre,* ⌣ *sa culotte à un clou; une chemise déchirée; un pays déchiré par la guerre civile;* ⌣ *le cœur de qn; pousser des cris déchirants.*

décider *v.* Prendre une décision, résoudre; CONTR. hésiter: *c'est le chef qui décide, j'en ai décidé ainsi,* ⌣ *de faire qc, il a décidé de partir bientôt, être décidé à faire qc,* ⌣ *qn à faire qc, décider que* + ind. (futur ou conditionnel). – **se** ⌣ (il s'est décidé), *il s'est décidé vite, se* ⌣ *à faire qc, se* ⌣ *pour qn/pour qc, se* ⌣ *librement.*

décimal, décimale *adj.* (**décimaux, décimales**) ‖ *un nombre/le système* ⌣.

décisif, décisive *adj.* Très important: *le moment* ⌣ *approche, une bataille* ⌣*ve, un argument* ⌣, *avoir une influence* ⌣*ve sur qn.*

la **décision** L'action de choisir entre plusieurs possibilités, la résolution; CONTR. l'hésitation, l'incertitude: *prendre la* ⌣ *de faire qc, ma* ⌣ *est prise, une* ⌣ *irréfléchie, obliger qn à prendre une* ⌣.

la **déclaration** Action de déclarer/de dire officiellement: *une* ⌣ *publique, faire une* ⌣ *d'amour à qn; faire sa* ⌣ *d'impôts/de revenus.* ⚠ **L'aveu** d'une faute.

déclarer *v.* **1.** Faire connaître, annoncer, proclamer: ⌣ *ses intentions,* ⌣ *la guerre à un pays,* ⌣ *qn coupable,* ⌣ *que* + ind. **2.** À la douane: *vous n'avez rien à* ⌣? – **se** ⌣ (il s'est déclaré), *la maladie s'est déclarée.* ⚠ **Expliquer** ce qui est difficile à comprendre.

déclencher *v.* Provoquer: ⌣ *une crise/une grève/une révolte,* ⌣ *les rires/les applaudissements.*

le **déclin** État de ce qui touche à sa fin: *le* ⌣ *du jour/de la vie, être à son* ⌣.

décoller *v.* **1.** Quitter le sol; CONTR. atterrir: *l'avion vient de ~.* △ Il a décollé. **2.** Enlever; CONTR. coller: *~ une étiquette/ une affiche.*

décolleté, décolletée 1. *adj.* ‖ *une robe ~e, une femme ~e.* **2.** *m.* *avoir un beau ~.*

déconcerter *v.* Troubler, embarrasser; CONTR. rassurer: *être déconcerté par des questions, se laisser facilement ~.*

le **décor 1.** Ce qui représente le lieu de l'action: *les ~s du théâtre, le changement de ~s.* **2.** Milieu où l'on vit: *vivre dans un ~ agréable.*

décoratif, décorative *adj.* ‖ *Ce vase est très ~.*

la **décoration** ‖ Action de décorer, les ornements: *la ~ d'une maison/d'un palais.*

décorer *v.* ‖ Rendre plus beau, orner: *~ un appartement avec des tableaux, les tableaux qui décorent le salon.*

découper *v.* **1.** Diviser en morceaux: *~ un poulet/un rôti/une tarte, le couteau à ~.* **2.** *~ un article de journal.*

décourager *v.* (-ge- devant a et o: nous décourageons; il décourageait; décourageant) Faire perdre le courage; CONTR. encourager: *~ qn, l'échec l'a découragé, se laisser ~, être découragé. – se ~* (il s'est découragé), *se ~ trop vite.*

la **découverte** L'action de trouver une chose inconnue: *une ~ scientifique, la ~ de l'Amérique en 1492, la ~ d'un secret.*

découvrir *v.* (je découvre, il découvre, nous découvrons, ils découvrent; il découvrit; il a découvert) **1.** Apercevoir: *~ un ami dans la foule.* **2.** Parvenir à connaître: *~ un secret, ~ la cause d'une maladie, Christophe Colomb a découvert l'Amérique. – se ~* (il s'est découvert) Ôter son chapeau.

décrire *v.* (je décris, il décrit, nous décrivons, ils décrivent; il décrivit, il a décrit) Écrire ou dire ce que l'on voit, faire une description, dépeindre: *~ un paysage, ~ qc en détail.*

décrocher *v.* CONTR. accrocher: *~ des rideaux/un tableau; ~ le téléphone.*

déçu, déçue *adj.* Qui a éprouvé une déception: *être ~ par qc/par qn, être ~ que + subj., je suis ~ que vous ayez refusé.*

dédaigner *v.* Ne pas attacher d'importance à: *~ les honneurs/une offre, cela n'est pas à ~, ~ de faire qc.*

le **dédain** Le mépris; CONTR. l'estime, le respect: *considérer qn avec ~, n'avoir que du ~ pour qn/pour qc, répondre avec ~.*

dedans *adv.* À l'intérieur; CONTR. dehors: *les photos sont ~ (= dans le tiroir), là-~.*

dédommager *v.* Réparer les dommages faits à qn, payer une idemnité à qn: *~ qn de qc, ~ qn d'une perte.*

la **déduction** ‖ Raisonnement d'un esprit logique: *arriver à la conclusion par une série de ~s.*

défaire *v.* (je défais, il défait, nous défaisons, vous défaites, ils défont; il défit; il a défait; qu'il défasse; il défera) CONTR. faire, nouer: *~ sa cravate, ~ son lit, ~ un paquet, ~ un mur mal fait. – se ~* (il s'est défait) Se débarrasser: *se ~ de qc.*

la **défaite** La perte d'une bataille; CONTR. la victoire: *une ~ complète, subir/essuyer une ~, la ~ de l'ennemi.*

le **défaut** L'imperfection; CONTR. la qualité: *un gros/petit ~, les ~s d'une étoffe, reprocher à qn ses ~s, le temps nous fait ~ (= nous n'avons pas assez de temps).*

défendre *v.* **1.** Protéger; CONTR. attaquer: *~ qn contre qn, ~ sa vie/la patrie, ~ une opinion. – se ~* (il s'est défendu), *se ~ contre qn/contre une accusation, se ~ comme un lion.* **2.** Interdire; CONTR. permettre: *~ à sa fille de sortir, il est défendu de fumer.* △ «Défendre que + subj.» est rare et littéraire.

la **défense 1.** L'action de défendre/protéger contre l'ennemi: *la ~ du pays contre les ennemis, la ~ nationale, prendre la ~ de qn.* **2.** L'interdiction; CONTR. la permission: *~ de fumer/d'afficher, ~ absolue de...*

défensif, défensive *adj.* ‖ Fait pour la défense; CONTR. offensif: *des armes ~ves, une guerre ~ve.*

le **défi** La provocation au combat/au duel: *lancer un ~ à qn, relever le ~.*

le **déficit** [-sit] ‖ CONTR. le bénéfice: *un ~ de deux millions, le budget est en ~, combler un ~.*

déficitaire *adj.* En déficit: *une entre-*

prise/un budget ⌣.

le **défilé** Des personnes/des soldats qui marchent ensemble: *un* ⌣ *militaire, la musique marche en tête du* ⌣, *assister au* ⌣ *du 14 juillet.* △ **La parade** dans ce sens n'existe plus.

définir *v.* **1.** ‖ Préciser le sens d'un mot: ⌣ *un mot/un concept,* ⌣ *clairement, un mot bien défini, qc est difficile à* ⌣. **2.** *adj.* En grammaire: *l'article défini (= le, la, les).*

définitif, définitive *adj.* ‖ CONTR. provisoire: *des résultats* ⌣*s, ma décision est* ⌣*ve.*

la **définition** ‖ Phrase qui explique le sens d'un mot: *une* ⌣ *exacte/juste/correcte/claire/obscure/imparfaite, chercher/trouver la* ⌣ *d'un mot dans le dictionnaire.*

le **défunt,** la **défunte** Personne morte (terme administratif, employé par respect): *dire une prière pour un* ⌣, *les enfants de la* ⌣*e, aller sur la tombe d'un* ⌣.

dégager *v.* (-ge- devant a et o: nous dégageons; il dégageait; dégageant) **1.** Libérer, débarrasser: ⌣ *un blessé,* ⌣ *la route après un accident.* **2.** Mettre en relief: ⌣ *l'idée principale d'un texte.* – **se** ⌣ (il s'est dégagé), *se* ⌣ *de qc, le ciel se dégage, une fumée épaisse se dégage du toit.*

les **dégâts** *m.* *(au pluriel)* Le dommage: *la tempête/l'incendie a causé des* ⌣, *des* ⌣ *graves/considérables, constater/payer les* ⌣.

dégonfler *v.* CONTR. gonfler: ⌣ *un ballon, un pneu dégonflé.*

le **dégoût** L'aversion, la répugnance; CONTR. le plaisir: *avoir/ressentir du* ⌣ *pour qc, faire une grimace de* ⌣.

dégoûtant, dégoûtante *adj.* Très sale, ignoble; CONTR. appétissant, propre, digne: *ton pantalon est* ⌣, *c'est* ⌣, *c'est un type* ⌣, *raconter des histoires* ⌣*es.*

le **degré 1.** Unité de mesure de la température: *le thermomètre marque 20* ⌣*s, il fait 20* ⌣*s à l'ombre (= 20°), il fait –30° en Alaska.* **2.** de l'alcool: *de l'alcool à 45* ⌣*s.* **3.** d'un angle: *un angle de 90* ⌣*s.* **4.** *par* ⌣*s (= progressivement).* △ Le **diplôme** de docteur, les **grades** militaires.

déguiser *v.* Changer qc pour tromper qn; CONTR. montrer ouvertement: ⌣ *son*

visage/sa voix/son écriture, ⌣ *ses pensées/ses intentions.* – **se** ⌣ (il s'est déguisé), *se* ⌣ *en Indien/pour le carnaval.*

déguster *v.* Boire ou manger (pour apprécier le goût): ⌣ *un bon vin, le gourmet déguste la sauce.*

dehors *adv.* [dəɔr] À l'extérieur; CONTR. dedans: *aller* ⌣, *être* ⌣, *rester* ⌣, *mettre qn* ⌣, *il vient du* ⌣. △ Orthographe: au-dehors; mais: en dehors.

déjà *adv.* 'Avant le moment où l'on parle; CONTR. pas encore: *il est* ⌣ *parti, il est* ⌣ *midi, je vous ai* ⌣ *dit que . . ., c'est* ⌣ *pas mal.*

déjeuner *v.* **1.** Prendre le repas du matin: ⌣ *d'un bol de café au lait et de deux croissants.* **2.** Prendre le repas de midi: ⌣ *au restaurant/chez soi.*

le **déjeuner 1.** Le repas de midi: *faire un bon* ⌣. **2.** *le petit* ⌣ *(= le repas du matin).*

delà *prép.* *au-*⌣ *de (= de l'autre côté), au-*⌣ *des Alpes/de la rivière.*

le **délai** Le temps que l'on donne à qn pour faire qc: *demander un* ⌣ *de deux jours, avoir un* ⌣ *de deux jours, sans* ⌣ *(= tout de suite).*

délaisser *v.* Laisser sans affection, abandonner: ⌣ *qn, une épouse délaissée, se sentir délaissé.*

la **délégation** ‖ Un groupe de délégués: *envoyer/recevoir une* ⌣, *faire partie d'une* ⌣.

le **délégué** Personne qui est chargée par un groupe d'agir en son nom: *nommer un* ⌣, *un* ⌣ *syndical, recevoir des* ⌣*s.*

délibérer *v.* (je délibère, il délibère, nous délibérons, ils délibèrent; il délibérera) Discuter avant de prendre une décision: *le jury/l'assemblée est en train de* ⌣, ⌣ *ensemble sur qc.*

délicat, délicate *adj.* **1.** Fragile, sensible: *avoir une peau* ⌣*e, être de santé* ⌣*e.* **2.** ‖ Fin: *le parfum* ⌣ *de la rose; une question* ⌣*e (= difficile).* – *adv.* **délicatement.**

la **délicatesse** ‖ La finesse, la sensibilité: *la* ⌣ *de la peau, la* ⌣ *du goût/du style, manquer de* ⌣.

délicieux, délicieuse *adj.* Très agréable au goût, exquis; *un repas* ⌣, *des fruits* ⌣, *une robe* ⌣*se (= charmante).* – *adv.* **délicieusement.**

délier *v.* CONTR. attacher, lier: ~ *les mains d'un prisonnier*, ~ *une corde* (= *dénouer*), *sans bourse* ~ (= *sans rien payer*).

la **délinquance** Ensemble des délits/des crimes, la criminalité: *l'augmentation de la* ~ *juvénile.*

le **délinquant** ‖ Personne qui a commis un délit: *des jeunes* ~*s.*

le **délire** ‖ Désordre de l'esprit: *être en proie au* ~*; une foule en* ~ (= *enthousiaste*).

le **délit** [-li] Acte défendu par la loi: *commettre un* ~, *être coupable d'un* ~, *prendre qn en flagrant* ~ (= *quand il est en train de commettre un délit*), *punir un* ~.

délivrer *v.* **1.** Libérer, mettre en liberté: ~ *un prisonnier*, ~ *qn d'un mal*, ~ *un pays occupé*, ~ *qn d'un rival/de ses inquiétudes.* **2.** Remettre qc à qn: ~ *un passeport à qn.* – **se** ~ (il s'est délivré), *se* ~ *de qc.*

le **déluge** *L'arche de Noé échappa au* ~, *après nous le* ~*; un* ~ *de paroles* (= *une grande quantité*). ⚠ **Le** déluge.

la **démagogie** [-ʒi] ‖ Politique qui flatte et excite les passions populaires pour gagner la faveur de l'opinion publique: *faire de la* ~.

demain *adv.* Le jour qui suit celui où l'on est: *hier – aujourd'hui –* ~, *je viendrai* ~, ~ *matin/après-midi/soir, à* ~ (= *au revoir*), *jusqu'à* ~, *à partir de* ~, *après-*~, *d'ici à* ~. ⚠ Dans le passé ou dans l'avenir on emploie **le lendemain, le jour suivant.**

la **demande** Action de demander: *adresser/ faire/présenter une* ~, *répondre à la* ~ *de qn, faire qc à/sur la* ~ *de qn, repousser une* ~, *une* ~ *d'emploi.*

demander *v.* **1.** Poser une question; CONTR. répondre: ~ *qc à qn,* «*Quelle heure est-il? demande-t-il.*», *je lui demande* . . . **2.** Dire ce que l'on désire: ~ *qc à qn, je lui demande un stylo,* ~ *l'addition/son chemin,* ~ *pardon à qn, il demande 100 000 francs de sa voiture,* ~ *à qn de faire qc, je leur demande de se dépêcher, je lui demande la permission de sortir,* ~ *que* + subj., *je demande que vous*

me répondiez. **3.** Nécessiter: *ce travail demande beaucoup de temps.* – **se** ~ (il s'est demandé) Ne pas être sûr, se poser une question à soi-même: *je me demande ce qui va se passer, je me demande si* + ind.

démaquiller *v.* Enlever le maquillage/le fard: ~ *son visage/ses yeux,* ~ *un acteur, le lait démaquillant.* – **se** ~ (il s'est démaquillé).

la **démarcation** ‖ La frontière: *la ligne de* ~.

la **démarche** Tentative pour obtenir qc (auprès de qn ou d'un service administratif): *faire une* ~ *auprès du ministre en faveur de qn/de qc.*

démarrer *v.* Commencer à rouler: *la voiture/la locomotive démarre.*

le **déménagement** Action de déménager: *une entreprise/un camion de* ~.

déménager *v.* (-ge- devant a et o: nous déménageons; il déménageait; déménageant) Changer de logement: *ils doivent* ~ *à la fin du mois.* ⚠ Il **a** déménagé.

le **démenti** Déclaration qui affirme l'inexactitude d'une nouvelle: *un* ~ *formel, opposer un* ~ *à une nouvelle, le gouvernement a fait publier un* ~.

démentir *v.* je démens, il dément, nous démentons, ils démentent; il démentit; il a démenti) Déclarer faux; CONTR. confirmer: ~ *une nouvelle,* ~ *formellement.*

demeurer *v.* **1.** (il **est** demeuré) Rester quelque temps: *ne pas* ~ *en place/en repos,* ~ *tranquille, il est demeuré silencieux un long moment.* **2.** (il **a** demeuré) Habiter: *il a demeuré à Paris/dans un village/à la campagne.*

demi, demie *adj./adv.* La moitié: *un* ~*cercle, une* ~*-heure, une heure et* ~*e, un mètre et* ~, *une bouteille* ~*-pleine, un travail à* ~ *terminé, à* ~ *mort, ouvrir la porte à* ~, *faire qc à* ~*; faire* ~*-tour* (= *retourner*); *boire un* ~ (= *un verre de bière*); *la* ~*-pension; le* ~*-tarif.* ⚠ S'arrêter à **mi**-chemin; parler à **mi**-voix; la **mi**-temps (football). ⚠ **La moitié** d'une pomme.

le **demi-frère**, la **demi-sœur** Le frère et la sœur qui n'ont que le père ou la mère en commun.

la **démission** CONTR. l'entrée en fonctions: *donner sa ⌣, accepter la ⌣ d'un ministre.*

la **démocratie** [-si] ‖ *la ⌣ libérale, la ⌣ populaire (= socialiste).*

démocratique *adj.* ‖ *un régime/un gouvernement ⌣, les institutions ⌣s.*

démodé, démodée *adj.* Qui n'est plus à la mode: *porter une robe ⌣e, avoir un prénom ⌣.*

démographique *adj.* ‖ Qui concerne l'étude statistique de la population: *une étude ⌣ sur les ouvriers.*

la **demoiselle** Femme qui n'est pas mariée (mot courtois ou ironique): *c'est une ⌣, une vieille ⌣; les ⌣s d'honneur.*

démolir *v.* ‖ Détruire, abattre; CONTR. construire: *⌣ un mur/une maison/un vieux quartier de la ville.*

le **démon** ‖ Un diable: *le ⌣ Lucifer, être possédé du ⌣.*

démonstratif, démonstrative *adj.* ‖ *l'adjectif/ le pronom ⌣.*

la **démonstration** Raisonnement montrant la vérité de qc: *une ⌣ mathématique.* ⚠ Beaucoup de gens dans la rue qui protestent: **la manifestation.**

démontrer *v.* Prouver par un raisonnement: *⌣ la vérité de qc, ⌣ l'existence de Dieu, je lui ai démontré qu'il avait tort.*

dénaturer *v.* Changer la nature, déformer: *⌣ les faits, ⌣ les paroles/la pensée de qn, des goûts dénaturés (= pervers); un fils dénaturé.*

dénicher *v.* Enlever du nid, faire sortir de sa cachette: *⌣ des oiseaux/un voleur.*

dénombrer *v.* Compter: *⌣ les habitants/ les bêtes.*

dénoncer *v.* (-ç- devant a et o: nous dénonçons; il dénonçait; dénonçant) ‖ Signaler un coupable: *⌣ qn à la police, ⌣ un suspect, ⌣ ses complices.*

le **dénouement** La fin de l'intrigue d'une pièce de théâtre: *attendre le ⌣ avec impatience, le ⌣ approche/arrive, un ⌣ inattendu/brusque/tragique/heureux.*

dense *adj.* Compact, épais: *un brouillard ⌣, une foule ⌣.*

la **dent** *l'homme a 32 ⌣s dans la bouche, les ⌣s de lait, les ⌣s du haut/du bas, les ⌣s de sagesse, se laver les ⌣s, avoir mal aux ⌣s, aller chez le dentiste se faire soigner/arra-*

cher une ⌣; les ⌣s d'un peigne/d'une fourche; avoir une ⌣ contre qn (= avoir de la rancune contre qn). ⚠ **La** dent.

dent

dentaire *adj.* Qui concerne les dents: *la chirurgie ⌣, une prothèse ⌣.* ⚠ D,t sont des consonnes **dentales.**

le **dentiste** ‖ Médecin qui soigne les dents: *aller chez le ⌣ quand on a mal aux dents, le cabinet du ⌣, le chirurgien-⌣.*

dénué, dénuée *adj.* Dépourvu de, sans: *être ⌣ de tout, un roman ⌣ d'intérêt.*

le **dépannage** La réparation: *le service de ⌣ est venu, le ⌣ d'une voiture/d'une machine.*

dépanner *v.* Réparer: *⌣ une voiture, le mécanicien est venu nous ⌣.*

le **départ** 1. Action de quitter un lieu; CONTR. l'arrivée: *l'heure du ⌣, le ⌣ en voyage, être sur le ⌣ (= prêt à partir).* 2. Dans le vocabulaire du sport: *la ligne de ⌣, le signal du ⌣.*

le **département** Division administrative de la France: *les 95 ⌣s français, le ⌣ est administré par un préfet, le ⌣ de la Seine, le chef-lieu du ⌣.*

dépasser *v.* 1. Passer devant qn après avoir été derrière lui, devancer: *une voiture de sport a dépassé le camion, ⌣ qn sur la route.* 2. Être plus grand: *⌣ son camarade de la tête; cela dépasse mes possibilités (= c'est trop cher), ⌣ les bornes (= exagérer).*

se **dépêcher** *v.* (il s'est dépêché) Faire vite, se hâter; CONTR. ralentir: *se ⌣ de faire qc, dépêchez-vous!*

la **dépendance** La situation de qn qui est sous l'autorité d'un autre; CONTR. l'indépendance: *être dans/sous la ⌣ de qn.*

dépendant, dépendante *adj.* CONTR. indépendant: *être ⌣ de qn.*

dépendre *v.* Être la conséquence de, tenir à; *⌣ de qc/de qn, cela dépend des cir-*

constances, *cela dépend (= peut-être), il dépend de vous de faire qc, il ne dépend pas de moi que* + subj.

dépens, aux ~ de. En causant du dommage à qn: *rire aux ~ de qn, vivre aux ~ de ses amis (= aux frais de).*

la **dépense** L'action de dépenser son argent; CONTR. les économies: *faire une ~, s'engager dans de grosses ~s, limiter ses ~s.*

dépenser v. Employer son argent pour acheter qc: *~ une somme d'argent, ~ 10 000 francs, avoir peu d'argent à ~; ~ son temps.*

le **dépit 1.** Le chagrin, la blessure d'amour-propre: *éprouver du ~, agir par ~.* **2.** *en ~ de (= malgré), en ~ du bon sens.*

déplacé, déplacée adj. Sans tact, vulgaire: *une remarque/une plaisanterie ~e.*

le **déplacement** Action de voyager pour son travail: *effectuer de nombreux ~s à l'étranger, les frais de ~.*

déplacer v. (-ç- devant a et o: nous déplaçons; il déplaçait; déplaçant) Changer de place: *~ un meuble.* – **se ~** (il s'est déplacé) Voyager, aller: *se ~ en voiture/en avion.*

déplaire v. (je déplais, il déplaît, nous déplaisons, ils déplaisent; il déplut; il a déplu) CONTR. plaire: *ce travail lui déplaît, ma réponse lui a déplu, elle lui déplaît, il me déplaît de faire cela, il me déplaît que* + subj. – **se ~** (ils se sont déplu).

le **déplaisir** Le mécontentement; CONTR. le plaisir: *apprendre une nouvelle avec ~.*

déplier v. Défaire ce qui est plié: *~ un mouchoir/une serviette/une carte routière.*

déplorable adj. Lamentable, regrettable; CONTR. heureux, parfait: *une situation/un incident ~, être dans un état ~, il est ~ que* + subj. – adv. **déplorablement.**

déployer v. (je déploie, il déploie, nous déployons, ils déploient; il déploiera) Étendre largement: *l'oiseau déploie ses ailes, ~ une carte/un éventail, rire à gorge déployée (= rire sans retenue).*

la **déportation** Séjour dans un camp de concentration: *les prisonniers morts en ~.*

déposer v. Poser: *~ une gerbe sur une*

tombe, *~ de l'argent à la banque (= mettre en dépôt), ~ ses bagages à la consigne, ~ son bilan (= faire faillite).*

le **dépôt** ‖ *le ~ de marchandises, l'autobus quitte le ~, les ~s bancaires.*

dépouiller v. *~ un animal (= ôter sa peau), ~ qn (= lui prendre ses biens), un style dépouillé (= très simple).*

dépourvu, dépourvue adj. Qui manque de qc, être sans rien; CONTR. riche: *être ~ d'argent/de ressources, un appartement ~ de chauffage central.*

la **dépression** ‖ *une ~ nerveuse, avoir des ~s.*

déprimé, déprimée adj. ‖ Découragé, démoralisé: *être ~ par un échec.*

depuis 1. prép. À partir de, dès; CONTR. jusqu'à: *~ le 18 mai, ~ le matin jusqu'au soir, ~ quand?, ~ dix minutes/longtemps/peu, ~ le jour où . . .* **2.** conj. *~ que* + ind., *~ qu'il est ici.*

le **député** Membre de l'Assemblée nationale: *l'élection des ~s, être ~.*

déraciner v. Arracher avec les racines: *l'orage a déraciné des arbres, ~ qn (= l'arracher à son milieu).*

dérailler v. Sortir des rails (en parlant d'un train): *le train a déraillé, faire ~ un train.* ⚠ Il **a** déraillé.

déraisonnable adj. CONTR. raisonnable: *une conduite ~, une décision ~.* – adv. **déraisonnablement.**

déranger v. (-ge- devant a et o: nous dérangeons; il dérangeait; dérangeant) **1.** Gêner qn dans son travail: *excusez-moi de vous ~.* **2.** Troubler, mettre en désordre: *ne dérangez pas mes affaires.* – **se ~** (il s'est dérangé), *ne vous dérangez pas pour moi.*

déraper v. Glisser (en parlant d'une voiture): *la voiture a dérapé sur la chaussée glissante.* ⚠ Il **a** dérapé.

la **dérision** Le fait de se moquer de qn avec mépris; *dire qc par ~, tourner qc en ~.*

dérisoire adj. Ridicule: *des arguments/des résultats ~s, un prix ~.*

dériver v. Venir de, avoir son origine: *un mot qui dérive du latin.*

dernier, dernière adj. CONTR. prochain, premier: *l'année ~ère, le mois ~, le ~ jour, la ~ère fois, le ~ mois de l'an-*

née, la ⌣ère édition, le ⌣-né, en ⌣
(= pour terminer). – adv. **dernièrement.**

dérober v. (mot littéraire) Voler, prendre: ⌣ un portefeuille/une montre, ⌣ qc à qn.

se dérouler v. (il s'est déroulé) Se passer, avoir lieu: ces événements se sont déroulés en 1945, la pièce se déroule en Espagne, la cérémonie s'est déroulée sans incident.

dérouter v. Faire changer de direction: ⌣ un navire/un avion; ⌣ un candidat par des questions inattendues (= rendre perplexe).

derrière 1. prép. De l'autre côté de; Contr. devant: ⌣ le mur/la fenêtre, se cacher ⌣ qc, marcher l'un ⌣ l'autre, sortir de ⌣ le mur. 2. adv. il est resté ⌣, attaquer qn par ⌣. 3. m. Les fesses; tomber sur le ⌣.

dès prép. À partir de, depuis: ⌣ sa jeunesse, ⌣ maintenant, ⌣ ce jour, ⌣ cette époque. – conj. ⌣ que + ind. (futur), ⌣ qu'il sera là.

désagréable adj. Qui déplaît; Contr. agréable: une odeur ⌣, qc est ⌣ à voir, une situation/une conséquence ⌣, il est ⌣ de faire cela. – adv. **désagréablement.**

désapprouver v. Trouver mauvais; Contr. approuver, être d'accord: ⌣ un projet, ⌣ la conduite de qn, ⌣ qc formellement/totalement, ⌣ que + subj.

le **désarmement** Action de diminuer ou supprimer les forces militaires: une conférence sur le ⌣, le ⌣ général.

désarmer v. Enlever les armes: ⌣ un malfaiteur.

le **désastre** La catastrophe, la ruine complète: un ⌣ complet/irréparable, un ⌣ financier, c'est un vrai ⌣, le ⌣ qui a frappé le pays.

le **désavantage** Contr. l'avantage: cette situation présente bien des ⌣s, les choses ont tourné à mon ⌣.

descendre v. Contr. monter 1. (il **est** descendu): ⌣ par l'escalier/en ascenseur, ⌣ à la cave/dans la rue, l'avion commence à ⌣, ⌣ du train/de voiture/de cheval, ⌣ à l'hôtel/dans un petit hôtel/chez des amis (= y loger). 2. (il **a** descendu qc): ⌣ une valise du grenier, il a descendu l'escalier

quatre à quatre.

la **descente** Action de descendre: une ⌣ rapide, la ⌣ en avion. ⚠ Le **saut** en parachute.

descriptif, descriptive adj. ‖ Qui décrit: un passage ⌣ dans un roman.

la **description** L'action de décrire en détail comment est qc/qn: faire la ⌣ d'un objet/d'un paysage, une ⌣ pittoresque/détaillée.

désert, déserte 1. adj. Se dit d'un lieu où il n'y a personne: à minuit les rues sont ⌣es. 2. m. le Sahara est un ⌣, un ⌣ de sable.

déserter v. ‖ un soldat qui a déserté, ⌣ son poste, ⌣ un parti. ⚠ Il **a** déserté.

désespéré, désespérée adj. Plein de désespoir, très triste; Contr. plein d'espoir/de confiance: il est ⌣ de la mort de sa mère, je suis ⌣ d'avoir fait cela, un regard ⌣, une situation ⌣e (= sans espoir), un cas ⌣, le malade est dans un état ⌣ (= il va mourir).

le **désespoir** Contr. l'espoir: une crise de ⌣, s'abandonner au ⌣, lutter contre le ⌣, être au ⌣, pousser qn au ⌣.

déshabiller v. Ôter les vêtements, mettre à nu: ⌣ un enfant. – se ⌣ (il s'est déshabillé), se ⌣ et se déchausser pour se coucher.

déshonorer v. Contr. honorer: ⌣ qn, ⌣ une jeune fille (= séduire), cette action lâche l'a déshonoré.

désigner v. 1. Montrer du doigt, indiquer: ⌣ du doigt, ⌣ une ville sur la carte, ⌣ qn/qc, ce mot désigne . . . (= veut dire). 2. ⌣ qn (= nommer), il a été désigné pour succéder au ministre.

la **désillusion** ‖ La perte des illusions: éprouver des ⌣s, quelle ⌣!

désinfecter v. ‖ ⌣ des instruments de chirurgie, ⌣ une plaie, ⌣ la chambre d'un malade.

désintéressé, désintéressée adj. Contr. intéressé, égoïste: être ⌣, donner un conseil ⌣.

désinvolte adj. Insolent; Contr. réservé: avoir une façon ⌣ de s'exprimer.

le **désir** Le fait de vouloir, le souhait, le vœu: exprimer un ⌣, le ⌣ de réussir, satisfaire les ⌣s de qn.

désirable adj. Que l'on désire: avoir

toutes les qualités ⁓*s pour un poste.*
désirer *v.* Vouloir posséder, vouloir avoir: ⁓ *qc, si vous le désirez, n'avoir plus rien à* ⁓, *laisser à* ⁓, ⁓ *faire qc,* ⁓ *que* + subj. ⚠«Désirer **à** faire qc» ne se dit plus. ⚠ «Se désirer» n'existe pas.
désobéir *v.* Contr. obéir: ⁓ *à ses parents*/*à son chef,* ⁓*à un ordre.*
désolé, désolée *adj.* Affligé, ennuyé; Contr. être ravi, heureux; *avoir l'air* ⁓, *je suis* ⁓ *de ne pas pouvoir vous être utile* (= *je regrette beaucoup), je suis* ⁓ *de votre départ, être* ⁓ *que* + subj.
le **désordre** Contr. l'ordre: *mettre qc en* ⁓, *sa chambre est en* ⁓, *quel* ⁓!
désormais *adv.* A partir du moment actuel, à l'avenir: *soyez* ⁓ *plus prudents.*
le **despote** [-ɔt] ‖ Le tyran: *un cruel* ⁓, *son mari est un vrai* ⁓.
despotique *adj.* ‖ *un gouvernement* ⁓.
le **despotisme** ‖ *se révolter contre le* ⁓, *combattre le* ⁓, *le* ⁓ *des parents.*
dessécher *v.* [deseʃe] (je dessèche, il dessèche, nous desséchons, ils dessèchent; il desséchera) Rendre sec: *le soleil dessèche la terre*/*la peau.*
le **dessert** ‖ Fruits/pâtisseries que l'on sert après le fromage: *prendre le café après le* ⁓, *comme* ⁓ *on mangera une orange, avoir des pommes au* ⁓.
desservir *v.* (il dessert, ils desservent; il a desservi) Passer par un lieu (moyen de transport): *le train dessert cette petite ville, un quartier bien desservi.*
le **dessin** L'image dessinée au crayon: *faire un* ⁓, *un* ⁓ *humoristique, le carton à* ⁓.
dessiner *v.* Représenter qc avec quelques traits de crayon sur une feuille de papier: ⁓ *au crayon,* ⁓ *une voiture; un vêtement qui dessine les formes du corps.*
dessous 1. *adv.* Plus bas; Contr. dessus: *le journal est* ⁓, *passer par-*⁓, *le chat s'est caché là-*⁓. **2.** *m.* le ⁓ *du pied, nos voisins du* ⁓ *sont absents.* **3.** *prép.* au-⁓ *de qc, il fait cinq degrés au-*⁓ *de zéro.*
dessus 1. *adv.* Plus haut; Contr. dessous: *saute par-*⁓. **2.** *m.* le ⁓ *de la main, nos voisins du* ⁓ *sont très gentils.* **3.** *prép.* au-⁓ *de qc, l'avion est au-*⁓ *des Alpes, par-*⁓, *saute par-*⁓ *le mur, marcher bras* ⁓ *bras dessous* (= *comme les amoureux).*

le **destin** / la **destinée** Les événements qui constituent la vie de qn: *avoir un* ⁓ *triste*/ *tragique, croire en son* ⁓.
le **destinataire** Celui à qui est adressée une lettre: *le* ⁓ *d'une lettre*/*d'un télégramme, écrire sur l'enveloppe le nom du* ⁓.
destiner *v.* Décider ce que doit devenir qn/qc: ⁓ *qn à un métier,* ⁓ *une somme d'argent à l'achat d'une voiture.*
destructif, destructive *adj.* Qui peut détruire; Contr. constructif: *le pouvoir* ⁓ *d'une bombe.*
la **destruction** Contr. La construction: *les* ⁓*s causées par la guerre.*
détacher *v.* Contr. attacher, fixer, lier: «*Jean, détache ton chien»,* ⁓ *les feuilles d'un cahier; avoir un regard détaché* (= *indifférent).* – *se* ⁓ (il s'est détaché), *se* ⁓ *de qc.*
le **détail** ‖ Un petit élément; Contr. l'ensemble, le tout: *je connais tous les* ⁓*s, raconter qc en* ⁓, *entrer dans les* ⁓*s, faire attention aux* ⁓*s, se rappeler tous les* ⁓*s d'un accident; le commerce de* ⁓, *vendre au* ⁓ (Contr. *en gros).*
détenir *v.* (je détiens, il détient, nous détenons, ils détiennent; il détint; il a détenu; il détiendra) Tenir en sa possession, garder: ⁓ *des lettres importantes,* ⁓ *le record du monde;* ⁓ *qn* (= *garder prisonnier).*
la **détention** Le fait de garder qn prisonnier: *la* ⁓ *d'un criminel, la* ⁓ *arbitraire*/ *illégale.*
le **détenu** Le prisonnier: *un* ⁓ *politique.*
détériorer *v.* Mettre en mauvais état; Contr. réparer: ⁓ *un appareil, l'humidité détériore les murs;* ⁓ *sa santé.*
déterminer *v.* Indiquer, préciser: ⁓ *les causes d'une panne.* – **se** ⁓ (il s'est déterminé) Se décider: *se* ⁓ *à faire qc.*
détestable *adj.* Très désagréable, très mauvais; Contr. agréable, bon: *quel temps* ⁓!, *un caractère* ⁓. – *adv.* **détestablement.**
détester *v.* Haïr; Contr. aimer, adorer: ⁓ *qn, je te déteste, ils se détestent,* ⁓ *le bruit, je déteste être dérangé,* ⁓ *que* + subj.
le **détour** Chemin qui n'est pas la route di-

recte: *la route fait un* ～, *faire un long* ～.

détourner *v.* Mettre dans une autre direction: ～ *qn de sa route,* ～ *un convoi,* ～ *la tête/les yeux,* ～ *l'attention de qn,* ～ *qn du devoir/d'une décision/d'un projet.* – **se** ～ (il s'est détourné), *se* ～ *pour ne pas voir qn.*

la **détresse** Sentiment de celui qui est abandonné dans le malheur: *secourir qn dans la* ～, *un navire en* ～ *(= en danger), le signal de* ～ *(= le S.O.S).*

détriment, au ～ **de** *prép.* Au désavantage de; CONTR. à l'avantage de: *aider un élève au* ～ *des autres.*

détromper *v.* Tirer qn de l'erreur; CONTR. tromper: ～ *qn.* – **se** ～ (il s'est détrompé), *si tu penses que c'est vrai, détrompe-toi.*

détrousser *v.* *(mot littéraire)* Voler, dévaliser: ～ *un voyageur.*

détruire *v.* (je détruis, il détruit, nous détruisons, ils détruisent; il détruisit; il a détruit) CONTR. bâtir, construire: ～ *un bâtiment/une ville/des documents, la grêle a détruit les récoltes.*

la **dette** Argent que l'on doit à un autre: *faire des* ～s, *avoir des* ～s *envers qn, payer ses* ～s.

le **deuil** Douleur que l'on éprouve de la mort de qn: *un jour de* ～, *un* ～ *national, porter le* ～ *de son père, les vêtements de* ～, *être en* ～*de qn.*

deux [dø] *numéral.* 2: *les* ～ *yeux, ils sont venus tous les* ～, *revenir dans* ～ *minutes,* ～ *hommes [døz],* ～ *ans [døz], habiter à* ～ *pas de l'église.*– **deuxième.** △S'il n'y a que deux choses, on emploie: **second** (le second Empire, la Seconde Guerre mondiale).

dévaliser *v.* Voler à qn tout ce qu'il a avec lui: ～ *un touriste, les cambrioleurs l'ont dévalisé.*

devant 1. *prép.* CONTR. derrière: ～ *la maison, attendre* ～ *la porte, tous les hommes sont égaux* ～ *la loi.* **2.** *m.* les *pattes de* ～, *prendre les* ～s *(= agir le premier.)* **3.** *prép. aller au-*～ *de qn.* **4.** *adv. marcher* ～. △Distinguez **devant** (= préposition de lieu) et **avant** (= préposition de temps).

dévaster *v.* Ruiner totalement: *la guerre a dévasté le pays.*

le **développement** Le progrès: *le* ～ *économique, le* ～ *intellectuel; le* ～ *d'un film.*

développer *v.* **1.** Enlever: ～ *un cadeau de son papier.* **2.** Donner des détails: ～ *une histoire/une pensée.* – **se** ～ (il s'est développé) Devenir plus grand, croître; CONTR. diminuer: *l'enfant se développe bien, un talent qui se développe.*

devenir *v.* (je deviens, il devient, nous devenons, ils deviennent; il devint; il est devenu; il deviendra; qu'il devînt) Passer d'un état à un autre: ～ *riche/célèbre,* ～ *médecin/ministre, elle devint sa femme.* △Il est **tombé** malade; il **commence à** faire jour; je **commence à** avoir froid; le soir **tombe;** le jour **se lève;** il **va être** 2 heures; il **se fait** tard.

la **déviation** Le détour: *la* ～ *de la circulation, prendre une* ～.

deviner *v.* Découvrir les pensées cachées de qn: ～ *un secret/les intentions de qn, je devine ce que vous pensez.*

la **devise 1.** *la* ～ *de la République française est: Liberté, Égalité, Fraternité.* **2.** Monnaie étrangère: *les* ～s *étrangères.*

dévoiler *v.* Faire connaître, révéler: ～ *ses intentions/un projet/un mystère.*

devoir *v.* (je dois, il doit, nous devons, ils doivent; il dut; il a dû, due; il devra) **1.** Avoir à payer: ～ *mille francs à qn, payer ce que l'on doit à qn;* ～ *la vie à qn,* ～ *le respect à qn.* **2.** Être obligé: ～ *faire qc, il doit terminer son travail.* **3.** *vous devez vous tromper (= vous vous trompez sans doute).*

le **devoir 1.** Obligation morale: *agir par* ～, *accomplir/remplir son* ～, *les droits et les* ～s. **2.** À l'école: *faire un* ～ *de mathématiques.* △Réciter/repasser sa **leçon** (oralement).

dévorer *v.* Manger vite en déchirant la nourriture avec les dents: *le lion dévore sa proie;* ～ *qc des yeux;* ～ *des romans (= lire vite).*

dévot, dévote 1. *adj.* ‖ Qui est très attaché à la religion; CONTR. indifférent: *des personnes* ～*es, une pratique* ～*e.* **2.** *m. un faux* ～.

la **dévotion** Attachement à la religion; CONTR. l'indifférence: *la* ～ *à un saint, des* *objets de ⌣, faire ses ⌣s à l'église.*

le **dévouement** L'action d'aider qn/de sacrifier sa vie à un idéal; CONTR. l'égoïsme: *soigner qn avec ⌣, le ⌣ d'un employé, le ⌣ à qc.*

se **dévouer** *v.* (il s'est dévoué) **1.** S'occuper beaucoup de qn/de qc: *se ⌣ à qn/à qc, se ⌣ pour faire qc.* **2.** être dévoué à qn (= le servir), son ami lui est tout dévoué.

le **diable** L'esprit du mal; CONTR. Dieu: *être méchant comme un ⌣, vendre son âme au ⌣, allez au ⌣!, ⌣!, il ne craint ni Dieu ni ⌣; c'est un pauvre ⌣ (= un homme malheureux).*

diabolique *adj.* Qui concerne le diable: *une ruse ⌣, une invention ⌣, un sourire ⌣.*

le **diagnostic** ‖ *un ⌣ sûr, une erreur de ⌣.* △ Le diagnostic.

le **dialogue** ‖ Entretien entre deux personnes: *un ⌣ s'engage entre eux, analyser les ⌣s d'une scène.*

le **diamant** [-mã] ‖ Pierre précieuse la plus dure: *un ⌣ taillé, une parure de ⌣s, une bague ornée de ⌣s.*

la **diapositive** Photo destinée à la projection: *projeter des ⌣s, des ⌣s en couleur, la diapo.* △ La diapositive.

la **dictature** ‖ *une ⌣ militaire, la ⌣ du prolétariat.*

la **dictée** Exercice scolaire (le maître lit un texte que les élèves écrivent): *faire faire une ⌣ aux élèves, corriger la ⌣, avoir cinq fautes dans sa ⌣.* △ La dictée.

dicter *v.* ‖ Lire un texte à haute voix pour qu'une autre personne l'écrive: *⌣ une lettre commerciale à une dactylo.*

le **dictionnaire** Livre qui contient tous les mots d'une langue avec des définitions, etc.: *un ⌣ de poche, chercher un mot dans le ⌣, consulter le ⌣, un ⌣ bilingue, un ⌣ français-allemand.*

didactique *adj.* ‖ Qui concerne l'enseignement: *un ouvrage ⌣, un terme ⌣ (= qui appartient à la langue des sciences et des techniques).*

le **diesel** [djezel] ‖ *un moteur ⌣, un camion ⌣.*

Dieu *m.* (les dieux) Le créateur du monde: *adresser une prière à ⌣, le fils de ⌣ (= Jésus), le bon ⌣, ⌣ merci!, mon ⌣!,*

les d⌣x et les déesses égyptiens.

diffamer *v.* Dire qc qui nuit à la réputation de qn, discréditer; CONTR. honorer, louer: *⌣ un adversaire, ⌣ un honnête homme.*

la **différence** ‖ CONTR. La ressemblance, l'identité: *il y a une petite ⌣ de taille entre eux, une légère/grande ⌣, une ⌣ de prix/de poids, faire la ⌣ entre deux choses.*

différent, différente *adj.* CONTR. identique, pareil, semblable: *avoir des opinions/des idées ⌣es, complètement ⌣.* △ **Différant** = participe présent de «différer». △ **Le différend** (= la différence d'opinions): *régler un ⌣ par la diplomatie.*

différer *v.* (je diffère, il diffère, nous différons, ils diffèrent; il différera) Être différent; CONTR. se ressembler: *ils diffèrent en un seul point, son opinion diffère de la mienne.*

difficile *adj.* CONTR. facile, simple: *un travail/un problème ⌣ pour qn, un texte ⌣ à comprendre, c'est ⌣ à faire, il (m')est ⌣ de faire cela, il est ⌣ que + subj. – adv.* **difficilement.**

la **difficulté** Chose difficile: *la ⌣ d'un travail/d'un problème, avoir des ⌣s à s'exprimer clairement, vaincre les ⌣s, être en ⌣ (= dans une situation difficile), faire des ⌣s, obtenir qc sans ⌣.*

diffuser *v.* Transmettre par la radio: *un discours/un concert diffusé en direct/en différé.*

la **diffusion** L'émission, la transmission: *la ⌣ d'un concert à la radio.*

digérer *v.* (je digère, il digère, nous digérons, ils digèrent; il digérera) Transformer la nourriture dans l'estomac et dans l'intestin: *l'estomac digère la nourriture, mal ⌣ le lait/la mayonnaise.*

digestif, digestive 1. *adj.* Qui sert à digérer: *les sucs ⌣s de l'estomac.* **2.** *m.* Un alcool, une liqueur: *prendre un ⌣.*

digital, digitale *adj.* Qui concerne les doigts: *une empreinte ⌣e.*

digne *adj.* Qui mérite qc; CONTR. indigne: *une personne ⌣ d'admiration/de mépris, un objet ⌣ d'intérêt, être ⌣ d'obtenir un prix, un homme ⌣, avoir un air très ⌣ (= respectable).*

la **diligence 1.** Ancienne voiture à chevaux: *le postillon conduit la* ﹏. **2.** La rapidité de travail: *féliciter qn pour sa* ﹏.

le **dimanche** Jour consacré à Dieu: *les magasins sont fermés le* ﹏, *assister à la messe du* ﹏, *passer le* ﹏*en famille/à la pêche, la promenade du* ﹏, *un conducteur du* ﹏ *(= sans expérience).*

la **dimension** ‖ *l'espace à trois* ﹏*s (= hauteur, largeur, longueur), les* ﹏*s d'une pièce/d'une armoire, prendre les* ﹏*s de qc (= mesurer).*

diminuer *v.* Rendre/devenir plus petit; CONTR. augmenter: ﹏ *la longueur d'une jupe,* ﹏ *les prix/les salaires, la chaleur a diminué.*

le **diminutif** *la «maisonnette» est le* ﹏ *de «maison».*

la **diminution** Action de diminuer; CONTR. l'augmentation: *obtenir du marchand une* ﹏ *de prix, la* ﹏ *des dépenses, la* ﹏ *du nombre des accidents, la* ﹏ *des forces/de l'énergie.*

la **dinde** *servir une* ﹏ *aux marrons, la* ﹏ *farcie aux truffes.* ⚠ Le mâle est le **dindon.**

dinde

dîner 1. *v.* Prendre le repas du soir: ﹏ *à huit heures, se mettre à table pour* ﹏, ﹏ *d'un poulet,* ﹏ *chez soi/au restaurant, inviter qn à* ﹏. **2.** *m.* *donner un* ﹏, *commencer le* ﹏ *par le potage.*

le **diocèse** ‖ *l'évêque administre son* ﹏. ⚠ Le diocèse.

le **diplomate** ‖ *un ambassadeur est un* ﹏; *il est très* ﹏.

diplomatique *adj.* ‖ *les relations* ﹏*s entre deux pays, une mission* ﹏, *le corps* ﹏; *ce n'est pas* ﹏ *(= habile).*

le **diplôme** ‖ Document qui atteste un titre après un examen: *le* ﹏ *de licencié/d'infirmière/d'études supérieures.*

dire *v.* (je dis, il dit, nous disons, vous dites, ils disent; il dit; il a dit) Exprimer par la parole: ﹏ *qc à qn, lui* ﹏ *la vérité/des bêtises,* ﹏ *du bien/du mal de qn, qu'avez-vous à* ﹏ *à cela?,* ﹏ *qc en peu de mots, il ne dit mot (= rien), je lui ai dit quand je reviendrai,* ﹏ *que +* ind., ﹏ *que +* subj. *(= commander), on dit qu'il est mort,* ﹏ *ce que l'on pense, à ce qu'il dit (= selon ses paroles), dis donc!, à vrai* ﹏ *(= véritablement), pour ainsi* ﹏, *cela va sans* ﹏ *(= c'est évident), à l'heure dite, autrement dit (= en d'autres termes), qu'est-ce que cela veut* ﹏ *(= signifier), c'est-à-*﹏. ⚠ Vous **dites** (comme: vous **faites,** vous **êtes**).

direct, directe *adj.* CONTR. indirect, courbe: *c'est le chemin* ﹏, *le train* ﹏, *une émission en* ﹏, *faire une allusion* ﹏*e à qc.* – *adv.* **directement.**

le **directeur,** la **directrice** ‖ CONTR. le subordonné: *le président-*﹏ *général, le* ﹏ *de théâtre/d'usine.* ⚠ **Le proviseur** d'un lycée.

la **direction 1.** L'action de diriger, les activités du chef: *être chargé de la* ﹏ *d'une entreprise.* **2.** L'orientation: *la* ﹏ *du nord, regarde dans cette* ﹏, *prendre la* ﹏ *de Paris, un train en* ﹏ *de Paris, changer de* ﹏.

diriger *v.* (-ge- devant a et o: nous dirigeons; il dirigeait; dirigeant) Conduire comme chef, être à la tête: ﹏ *une usine/des travaux,* ﹏ *une discussion.* – *se* ﹏ (il s'est dirigé) Aller dans une direction: *se* ﹏ *vers la porte.*

la **discipline** ‖ *une* ﹏ *sévère, maintenir/rétablir la* ﹏, *se conformer à la* ﹏, *la* ﹏ *militaire.*

le **discours** Paroles dites devant plusieurs personnes: *faire/prononcer un* ﹏.

discréditer *v.* Faire perdre l'estime dont qn jouit: ﹏ *un rival.*

discret [-kʀɛ], **discrète** *adj.* ‖ Réservé, CONTR. indiscret: *une personne* ﹏*ète, soyez* ﹏ *là-dessus; une allusion* ﹏*ète, une* *robe ⁓ète. – adv.* **discrètement.**

la **discrétion** ‖ Le tact, la réserve; CONTR. l'indiscrétion, le sans-gêne: *avoir de la ⁓, se retirer avec ⁓, ⁓ assurée, je compte sur votre ⁓.*

la **discussion** ‖ *la ⁓ d'un projet, avoir une longue ⁓ au sujet de qc avec qn, prendre part à une ⁓, pas de ⁓!*

discutable *adj.* Contestable; CONTR. incontestable, évident: *c'est fort ⁓, une affirmation/une théorie ⁓.*

discuter *v.* ‖ Parler avec d'autres pour examiner le pour et le contre: *⁓ un projet/ un prix, ⁓ sur qc/avec qn, ⁓ (de) politique.*

disparaître *v.* (je disparais, il disparaît, nous disparaissons, ils disparaissent; il disparut; il a disparu) **1.** Ne plus être visible; CONTR. apparaître: *⁓ derrière le mur, le soleil disparaît à l'horizon; ses illusions/ses soucis ont disparu, faire ⁓ un document.* **2.** Mourir: *beaucoup de marins disparaissent en mer.* ⚠ Il **a** disparu.

la **disparition** Action de devenir invisible; CONTR. l'apparition: *la ⁓ du soleil à l'horizon, la ⁓ d'une somme d'argent, la ⁓ du brouillard.*

le **dispensaire** Établissement médical où les malades ne restent pas la nuit: *se faire faire un pansement au ⁓.*

dispenser *v.* Libérer d'une obligation: *⁓ qn de qc, un soldat dispensé d'exercice.*

disperser *v.* Jeter çà et là: CONTR. rassembler: *la police a dispersé la foule, le vent disperse les feuilles de papier.*

disponible *adj.* Libre; CONTR. indisponible, occupé: *un appartement ⁓, avoir des places ⁓s.*

disposer *v.* **1.** Arranger dans un certain ordre; CONTR. déranger: *⁓ en ligne/en cercle; ⁓ qn à qc (= préparer psychologiquement), être bien/mal disposé.* **2.** Avoir à sa disposition: *⁓ d'une voiture, disposez de moi comme vous voudrez.*

la **disposition** **1.** Arrangement, l'ordre: *la ⁓ des pièces d'un appartement, prendre ses ⁓s pour partir en voyage (= ⁓mesures).* **2.** *avoir une voiture à sa ⁓ (= pouvoir se servir d'une voiture), être à la ⁓ de qn, mettre qc à la ⁓ de qn.*

la **dispute** ‖ Discussion peu amicale, la querelle: *avoir une ⁓ avec qn, une ⁓ qui s'élève entre plusieurs personnes, un sujet de ⁓.* ⚠ **La** dispute.

disputer *v.* Chercher à avoir qc en empêchant qu'un autre l'ait: *⁓ un poste à un rival; ⁓ un match.* – **se ⁓** (il s'est disputé), *se ⁓ avec un ami (= se quereller).*

le **disque** *un ⁓ microsillon, un ⁓ 45 tours, mettre un ⁓, écouter un ⁓; changer de ⁓.*

disque

dissimuler *v.* Ne pas laisser voir, cacher, taire; CONTR. montrer, confesser, avouer: *⁓ sa tristesse/ses projets/sa jalousie, ⁓ que + ind.*

dissiper *v.* Faire disparaître: *le soleil dissipe le brouillard; réussir à ⁓ un malentendu/les craintes/les soupçons.* – **se ⁓** (il s'est dissipé), *le brouillard se dissipe.*

la **dissonance** ‖ CONTR. l'harmonie: *les ⁓s dans un morceau de musique.*

dissoudre *v.* (je dissous, il dissout, nous dissolvons, ils dissolvent; il a dissous) **1.** Faire fondre dans un liquide: *⁓ du sel dans l'eau.* **2.** Mettre légalement fin à: *⁓ un parti/un mariage.*

la **distance** **1.** L'intervalle qui sépare deux points: *la ⁓ entre deux villes/de la Terre à la Lune, mesurer la ⁓, il y a une ⁓ de 10 km entre . . . et . . ., parcourir une longue ⁓.* **2.** *garder ses ⁓s, tenir qn à ⁓.*

distinct [-tɛ̃], **distincte** [-tɛ̃kt] *adj.* Précis, clair; CONTR. confus: *parler d'une voix ⁓e.* – *adv.* **distinctement.**

distinctif, distinctive *adj.* Qui permet de distinguer, caractéristique: *un signe/un trait ⁓.*

la **distinction** Action de séparer deux choses, la différence; CONTR. la confusion, l'identité: *faire la ⁓ entre deux choses, la ⁓ du bien et du mal.*

distingué, distinguée *adj.* Qui a de bonnes manières, élégant, bien élevé; Contr. vulgaire: *une dame ⁓e, avoir un air ⁓.*

distinguer *v.* **1.** Marquer une différence; Contr. confondre: *⁓ le vrai du faux.* **2.** Reconnaître: *⁓ qn au milieu de la foule.* – **se ⁓** (il s'est distingué), *se ⁓ par son courage.*

la **distraction 1.** Manque d'attention: *avoir des ⁓s, un moment de ⁓.* **2.** Ce qui amuse: *la promenade/la lecture est ma ⁓ préférée.*

distrait, distraite *adj.* Qui ne fait pas attention; Contr. attentif: *un élève ⁓, il m'a paru ⁓, écouter d'une oreille ⁓e.* – *adv.* **distraitement.**

distribuer *v.* Partager, donner qc à chacun: *⁓ des prospectus, le facteur distribue le courrier.*

le **distributeur** Appareil qui distribue: *un ⁓ automatique, un ⁓ de timbres.*

la **distribution** Action de distribuer: *la ⁓ des journaux, la ⁓ du courrier par le facteur, la ⁓ des prix (à la fin de l'année scolaire).*

diurne *adj.* Qui se montre le jour; Contr. nocturne: *les papillons ⁓s.*

le **divan** Canapé sans dossier: *se mettre/se coucher sur le ⁓, un ⁓ garni de coussins.*

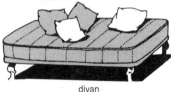

divan

la **divergence** Contr. la concordance, la ressemblance, l'analogie: *les ⁓s politiques entre deux amis, des ⁓s d'idées/ d'opinions.*

divers [-ɛr], **diverse** *adj.* ‖ Différent, varié; Contr. pareil, identique: *les ⁓ sens d'un mot, en ⁓es occasions, les faits ⁓ (= dans un journal: crimes, accidents, etc.).*

la **diversité** Contr. la monotonie, l'uniformité: *la ⁓ des opinions/des goûts.*

divertir *v.* Amuser; Contr. ennuyer: *ce film nous a bien diverti; un film divertissant.*

le **divertissement** L'amusement, la distraction: *son ⁓ favori est la pêche/la lecture.*

le **dividende** ‖ *toucher des ⁓s.* ⚠ **Le** dividende.

divin, divine *adj.* De Dieu: *la bonté/la justice ⁓e, le ⁓ enfant* [divin ɑ̃fɑ̃] *(= Jésus).* – *adv.* **divinement.**

diviser *v.* Séparer en plusieurs parties: *l'année est divisée en douze mois, ⁓ quatre par deux, ⁓ un livre en chapitres, leurs opinions différentes les divisent, l'assemblée est divisée sur ce problème.*

la **division 1.** Action de diviser: *la ⁓ de qc en plusieurs parties, la ⁓ de la population en classes, la ⁓ de 40 par 2 donne 20.* **2.** ‖ Grande unité militaire: *un général de ⁓, une ⁓ blindée.*

le **divorce** Rupture légale d'un mariage: *Paul demande le ⁓ d'avec Gisèle, prononcer un ⁓.*

divorcer *v.* (-ç- devant a et o: nous divorçons; ils divorçaient) Se séparer de son mari/de sa femme: *elle a divorcé d'avec Pierre, Pierre et Annette ont divorcé, il a épousé une divorcée.*

dix *numéral.* 10: *⁓* [di] *francs, ⁓* [diz] *ans, quatre-vingts-⁓* [dis]*, les ⁓ doigts, ils étaient ⁓, répéter ⁓ fois la même chose, la page ⁓, il est ⁓ heures, ⁓-sept, ⁓-huit* [diz]*, ⁓-neuf* [diz]*, le ⁓.* – **dixième.**

la **dizaine** A peu près égal à dix: *une ⁓ de livres, il y a une ⁓ d'années.*

docile *adj.* Obéissant; Contr. indiscipliné, rebelle: *un enfant/un élève ⁓, un caractère ⁓, un cheval ⁓.*

le **docteur 1.** ‖ Personne qui possède le plus haut grade universitaire: *un ⁓ ès lettres/en droit/en médecine.* **2.** Médecin: *il/ elle est ⁓, faire venir le ⁓, «Bonjour, ⁓.»*

la **doctrine** ‖ Le système, la théorie: *les ⁓s politiques/morales/philosophiques, être partisan d'une ⁓, rejeter une ⁓.*

le **document** ‖ Tout papier, photo, etc. servant de preuve ou de renseignement: *un ⁓ officiel/historique, consulter des ⁓s.*

le **documentaire** Film instructif qui montre la réalité: *un ⁓ sur la vie des animaux.*

documenter *v.* Fournir des documents, informer: ~ qn, *être bien documenté sur une question.* – **se** ~ (*il s'est documenté*), *se ~ sur un sujet.*
dogmatique *adj.* ‖ Relatif au dogme: *la théologie* ~; *un esprit* ~.
le **dogme** ‖ *le ~ de l'infaillibilité du pape, les ~s politiques/scientifiques.*
le **doigt** *les cinq ~s de la main, le petit* ~, *l'empreinte du* ~, *lever le* ~ (= *pour demander la parole*), *montrer qn/qc du* ~, *savoir/connaître qc sur le bout du* ~; *les ~s de pied.*

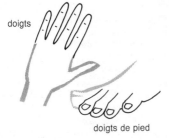

doigts

doigts de pied

le **domaine 1.** ‖ Grande propriété constituée de terres: *posséder un grand* ~, *exploiter un* ~. **2.** La matière, le sujet: *dans ce* ~, *dans le* ~ *de la politique/de l'art.* ⚠ **Le** domaine.
domestique *adj.* **1.** De la maison: *les travaux* ~s. **2.** Contr. sauvage (en parlant des animaux): *le chien est un animal* ~.
le **domicile** La maison où l'on habite ordinairement: *une personne sans* ~, *mon* ~ *est à Paris, travailler à* ~ (*chez soi*), *livrer à* ~ (= *chez le client*).
dominant, dominante *adj.* Principal; Contr. secondaire: *un trait* ~ *du caractère, occuper une position* ~e.
dominer *v.* ‖ Être plus haut/plus fort: *l'église domine la ville,* ~ *un adversaire, le rouge domine dans ce tableau;* ~ *sa colère/ses passions.*
le **dommage** Les dégâts: *les* ~s *de guerre, causer de grands* ~s; *c'est* ~ (= *c'est regrettable, fâcheux*), *il est* ~ *que* + subj.
dompter *v.* [dõte] Forcer un animal sauvage à obéir: ~ *des tigres/des lions;* ~ *ses passions.*

le **don 1.** Action de donner, le cadeau: *faire* ~ *de qc à qn, ce tableau est un* ~ *de . . .* **2.** Le talent: *avoir le* ~ *de la parole, avoir un* ~ *pour les langues/pour le dessin.*
donc [dõk] *conj.* **1.** Par conséquent: *il a refusé* ~ *inutile d'insister, il ne pleut plus nous pouvons* ~ *sortir.* **2.** Pour donner plus de force à ce qu'on dit: *dites* ~!, *répondez* ~!, *quoi* ~.
la **donnée** L'élément connu/fondamental: *les* ~s *d'un problème, les* ~s *statistiques.*
donner *v.* **1.** Mettre en la possession de qn: ~ *qc à qn,* ~ *de l'argent/un pourboire/cent francs à qn,* ~ *un baiser à qn,* ~ *sa parole d'honneur,* ~ *raison à qn,* ~ *un titre à un livre.* **2.** *la fenêtre donne sur la rue* (= *avoir vue*).
dont *pron. relatif: c'est le film* ~ *je vous ai parlé.*
doré, dorée *adj.* Recouvert d'or, couleur de l'or: *le cadre* ~ *d'un tableau; une lumière* ~e.
dormir *v.* (je dors, il dort, nous dormons, ils dorment; il dormit; il a dormi) Être dans le sommeil, se reposer en fermant les yeux: *avoir envie de* ~, *essayer de* ~ *un peu, avoir bien dormi,* ~ *tranquillement,* ~ *après le déjeuner, ne pas* ~ *à cause de la douleur, une eau dormante* (= *qui ne coule pas*).
le **dortoir** Grande salle dans laquelle des personnes dorment: *le* ~ *d'un internat.*
le **dos** [do] **1.** *un* ~ *large, se coucher sur le* ~, *tourner le* ~ *à qn.* **2.** *le* ~ *de la main* (= *le dessus*).

dos

la **dose** ‖ Quantité d'un médicament qu'on prend en une fois: *augmenter/diminuer la* ~.

le **dossier** 1. *ouvrir un* ⌣, *tirer plusieurs do-cuments d'un* ⌣. **2.** *le* ⌣ *d'un fauteuil/ d'une chaise.*

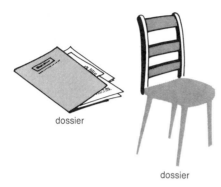

dossier

dossier

la **dot** [dɔt] Argent/bien que la femme ap-porte en se mariant: *donner une* ⌣ *à sa fille, épouser une femme pour sa* ⌣.

la **douane** Administration située à la fron-tière où l'on paie pour les marchandises importées et exportées: *passer à la* ⌣, *payer des droits de* ⌣.

le **douanier** Agent de la douane: *le* ⌣ *fouille une valise, les contrebandiers ont été arrêtés par les* ⌣*s.*

double *adj.* ‖ Formé de deux choses identiques: *des* ⌣*s fenêtres, taper un contrat en* ⌣ *exemplaire; jouer un* ⌣ *jeu, mener une* ⌣ *vie, un mot à* ⌣ *sens.* – *adv.* **doublement.**

doubler *v.* **1.** Augmenter, être multiplié par 2: *le prix du pain a doublé,* ⌣ *le pas (= aller deux fois plus vite).* **2.** Dépasser (circulation): *une voiture de sport qui double un camion, défense de* ⌣.

la **doublure** Étoffe qui couvre la surface intérieure d'un vêtement: *un manteau à* ⌣ *de soie.*

doucement *adv.* CONTR. fort, rapide-ment, brutalement, violemment, brus-quement: *frapper* ⌣ *à la porte, une voi-ture qui roule* ⌣ *(= lentement),* ⌣*!, parler* ⌣ *(= à voix basse).*

la **douceur** **1.** Qualité de ce qui est sucré; CONTR. l'acidité: *la* ⌣ *du miel/d'un fruit mûr; des* ⌣*s (= des sucreries).* **2.** Qualité de ce qui est doux (à toucher/à entendre):

la ⌣ *de la soie/d'une peau fine/de la voix; traiter qn avec* ⌣.

la **douche** *prendre une* ⌣ *froide/chaude, passer sous la* ⌣.

doué, douée *adj.* Qui a du talent, capa-ble: *être* ⌣ *pour la musique, un enfant très* ⌣ *(= intelligent), être* ⌣ *d'une bonne mé-moire.*

la **douleur** **1.** Ce qu'on sent quand on a mal, la souffrance physique: *sentir/ressen-tir une* ⌣ *dans la jambe, un cri de* ⌣, *une* ⌣ *insupportable, un médicament qui calme la* ⌣, *la* ⌣ *disparaît.* **2.** Le chagrin; CONTR. le bonheur: *il a eu la* ⌣ *de perdre un fils.*

douloureux, douloureuse *adj.* Péni-ble: *une maladie* ⌣*se, un souvenir* ⌣. – *adv.* **douloureusement.**

le **doute** **1.** CONTR. la certitude: *avoir des* ⌣*s sur qc, mettre qc en* ⌣ *(= douter), cela est hors de* ⌣, *nul* ⌣, *il n'y a pas de* ⌣ *que* + subj./+ ind. *(= réalité).* **2.** *sans* ⌣ *(= selon toutes les apparences, vrai-semblablement), sans* ⌣ *a-t-il raison, sans aucun* ⌣ *(= certainement).* △ **Le** doute.

douter *v.* Être incertain; CONTR. être convaincu, savoir: ⌣ *de qc, je doute de son succès,* ⌣ *de pouvoir faire qc,* ⌣ *que* + subj., *je doute qu'il ait reçu notre lettre, ne pas* ⌣ *que* + ind. – **se** ⌣ *(il s'est douté)* Supposer: *se* ⌣ *de qc, se* ⌣ *que* + ind. △«Douter si . . .» est très littéraire.

douteux, douteuse *adj.* Incertain; CONTR. certain, incontestable, sûr, évi-dent: *un fait* ⌣, *un personnage* ⌣ *(= dont il faut se méfier), il est* ⌣ *que* + subj.

doux, douce *adj.* **1.** Sucré; CONTR. amer, acide, salé: *des pommes* ⌣*ces, un vin* ⌣, *l'eau* ⌣*ce. (= CONTR. l'eau de mer).* **2.** Agréable à toucher/à sentir: *une peau* ⌣*ce, c'est* ⌣ *au toucher, une tempé-rature* ⌣*ce.* **3.** Agréable à l'esprit: *un* ⌣ *souvenir.* **4.** CONTR. violent: ⌣ *comme un agneau, être* ⌣ *avec qn (= gentil).*

la **douzaine** Quantité égale à 12: *une* ⌣ *d'œufs, une demi-*⌣.

douze *numéral.* 12: *les* ⌣ *mois de l'an-née, le* ⌣ *octobre, soixante-*⌣, *quatre-vingt-*⌣, *le* ⌣. – **douzième.**

le **doyen** Le chef d'une faculté (d'universi-té), le plus ancien membre d'un corps:

le ⁓ *de la faculté des lettres, le* ⁓ *de l'Académie française.*

dramatique *adj.* ‖ *l'art/la musique* ⁓*; la situation est* ⁓ *(= très grave, dangereuse).*

le **drame 1.** ‖ Pièce de théâtre avec des éléments tragiques et comiques: *le* ⁓ *romantique.* **2.** ‖ Suite d'événements terribles: *un* ⁓ *de famille.*

le **drap** [dra] Grand morceau de tissu de coton: *un* ⁓ *de lit, le* ⁓ *de dessus/de dessous, changer les* ⁓*s de son lit.*

le **drapeau** (**les drapeaux**) *le* ⁓ *tricolore, le* ⁓ *bleu blanc rouge de la France, hisser le* ⁓*, accrocher un* ⁓ *à la fenêtre.*

drapeau

dresser *v.* **1.** Faire tenir droit; Contr. baisser, plier, abattre: ⁓ *un monument/la tente, le chien dresse les oreilles.* **2.** Faire: ⁓ *une liste/un procès-verbal.* **3.** ‖ Apprendre à un animal à obéir: ⁓ *un chien à faire qc.* – se ⁓ (il s'est dressé), *se* ⁓ *sur la pointe des pieds.*

la **drogue** ‖ La cocaïne, le L.S.D.: *faire du trafic de* ⁓*, prendre de la* ⁓.

le **droit** Ce que chacun peut faire d'après la loi: *les* ⁓*s de l'homme, les* ⁓*s naturels/ civiques, avoir le* ⁓ *de faire qc, priver qn de ses* ⁓*s, défendre ses* ⁓*s devant la justice; étudier le* ⁓*, la faculté de* ⁓ *(à l'université).* △ Il a **raison** (= il ne se trompe pas).

droit, droite *adj.* **1.** Contr. courbe: *se tenir* ⁓*, une ligne* ⁓*e, la route est* ⁓*e.* **2.** Opposé à «gauche»: *le côté* ⁓*, la main* ⁓*e.* **3.** *adv. marcher* ⁓*, c'est tout* ⁓ *devant vous.*

la **droite** Le côté droit: *se diriger vers la* ⁓*, c'est à/sur votre* ⁓*, rouler à* ⁓.

drôle *adj.* Amusant; *une histoire* ⁓*, ce n'est pas* ⁓*, trouver qc/qn* ⁓*, un* ⁓ *de type (= suspect).*

du → de.

dû → devoir.

le **duc**, la **duchesse** Le plus haut titre de noblesse: *le* ⁓ *de Guise/d'Orléans.*

le **duel** ‖ *se battre en* ⁓.

dûment *adv.* Selon les formes, régulièrement: *un fait* ⁓ *constaté, être* ⁓ *informé de qc.*

la **dupe 1.** Personne que l'on peut facilement tromper: *c'est une* ⁓*, être la* ⁓ *de qn, prendre qn pour* ⁓. **2.** *adj. il n'est pas* ⁓ *de vos mensonges.*

dur, dure *adj.* **1.** Solide; Contr. mou, élastique, souple: *le fer/l'acier est* ⁓*, un œuf* ⁓*, une viande* ⁓*e.* **2.** Sévère: *une* ⁓*e punition, être* ⁓ *envers qn, la critique a été* ⁓*e.* **3.** *être* ⁓ *d'oreille (= entendre mal).* **4.** *adv. frapper* ⁓*, travailler* ⁓. – *adv.* **durement.**

duquel → lequel.

durable *adj.* Qui dure longtemps; Contr. bref, court, passager: *une paix* ⁓*, un amour* ⁓.

durant *prép.* Pendant, au cours de: ⁓ *la nuit,* ⁓ *toute la vie.*

la **durée** Espace de temps: *la* ⁓ *d'un voyage/des études, une* ⁓ *de quinze jours, une longue* ⁓.

durer *v.* Exister dans le temps: *cela a duré deux heures, le beau temps dure (= se prolonge).*

la **dureté** Qualité de ce qui est dur; Contr. la souplesse, la mollesse: *la* ⁓ *du diamant/ du marbre/de l'acier; la* ⁓ *du cœur.*

le **duvet** Petites plumes molles et légères: *le* ⁓ *des poussins.*

dynamique *adj.* ‖ Qui montre beaucoup d'énergie: *un collaborateur* ⁓.

la **dynamite** ‖ *faire sauter un rocher à la* ⁓. △ **La** dynamite.

la **dynastie** ‖ Famille de rois: *la* ⁓ *des Bourbons.*

E

une **eau** (les **eaux**) Liquide des mers, des rivières, des lacs, H_2O: *l'~ douce/salée, l'~ de pluie, l'~ coule, quand il fait chaud l'~ s'évapore, l'~ chaude/froide, boire de l'~, laver/rincer le linge à l'~, l'~ de Cologne/de lavande/de rose, l'~ minérale, l'~-de-vie, l'~ gazeuse* (CONTR. *plate), mon/ton/son* ~. ⚠ L'eau est féminin: l'eau chaude.

éblouir *v.* Troubler la vue par une lumière forte, aveugler: *les phares de la voiture m'éblouissent; être ébloui par sa beauté.*

ébranler *v.* Faire trembler, rendre moins sûr: *l'explosion qui ébranle les vitres; les émeutes qui ont ébranlé le régime, ~ la confiance/la conviction de qn.*

une **écaille** Les écailles recouvrent les poissons: *enlever les ~s, son ~.*

un **écart** *à l'~ de (*CONTR. *proche), se tenir/ rester à l'~, la maison est à l'~ de la route.*

écarter *v.* Séparer, éloigner; CONTR. rapprocher: *~ les jambes, ~ la table du mur, ~ les branches d'un arbre, ~ la foule (= éloigner).* – **s'~** (il s'est écarté) S'éloigner.

ecclésiastique 1. *adj.* Qui concerne l'Église; CONTR. laïque: *la vie ~.* **2.** *m.* le costume d'~, cet ~.

un **échafaud** Plate-forme destinée à l'exécution d'un condamné: *monter à/sur l'~, finir sur l'~, cet ~.*

un **échafaudage** Construction provisoire qui permet de bâtir une maison, etc.: *dresser un ~, le maçon est tombé de l'~, cet ~.*

un **échange** L'action d'échanger: *faire un ~ de timbres, les ~s internationaux, un ~ de lettres (= la correspondance), recevoir qc en ~ de qc, cet ~.* ⚠ **Change** = change de l'argent.

échanger *v.* (-ge- devant a et o: nous échangeons; ils échangeaient; échangeant) Donner et recevoir en retour; CONTR. conserver, garder: *~ qc contre qc, ~ des timbres/des lettres.*

un **échantillon** Petite quantité d'une marchandise pour montrer la qualité: *des ~s d'étoffe, cet ~.*

échapper *v.* **1.** Éviter en s'enfuyant: *~ à ses gardiens/à la police/à un danger/à un accident.* **2.** Ne pas remarquer: *ce détail m'a échappé, rien ne lui échappe, il ne m'a pas échappé que + ind.* **3.** *un mot lui a échappé (= il l'a dit involontairement).* – **s'~** (il s'est échappé), *le lion s'est échappé de sa cage.*

échauffer *v.* Rendre chaud; CONTR. refroidir: *le frottement échauffe le métal; des esprits échauffés.* – **s'~** (il s'est échauffé), *la discussion commence à s'~.*

une **échéance** La date à laquelle il faut payer: *l'~ d'un loyer/d'une dette, payer avant/à l'~, emprunter à longue ~, mon/ ton/son ~.*

un **échec** [eʃɛk] **1.** CONTR. le succès: *c'est un ~, subir un ~ à un examen, l'~ des négociations, cet ~.* **2.** *les ~s, jouer une partie d'~s.*

échecs

une **échelle 1.** *mettre/appuyer l'~ contre le mur, monter sur/à l'~, tomber d'une ~, descendre de l'~, une ~ de corde, mon/ ton/son ~.* **2.** *l'~ d'une carte géographique, une ~ au 1/100 000e.*

échelle

un **écho** [eko] ‖ Le son qui revient à l'oreille, la réponse: *entendre l'~; rester sans ~, une proposition qui ne trouve aucun ~, son ~.*

échouer *v.* Subir un échec; CONTR. réussir, remporter un succès: ⁓ *dans un projet/dans un métier/à l'examen,* ⁓ *devant un obstacle, faire* ⁓ *un plan, ses projets ont échoué.*

un **éclair** *regarder les* ⁓*s pendant l'orage, le ciel est sillonné d'*⁓*s, un* ⁓ *en zigzag, la rapidité de l'*⁓*, cet* ⁓*; une guerre* ⁓.

éclair

un **éclairage** La lumière artificielle, le moyen d'éclairer: *cet* ⁓ *est trop faible/ mauvais, l'*⁓ *électrique/indirect, un* ⁓ *insuffisant.*

éclaircir *v.* Rendre plus clair; CONTR. embrouiller, compliquer: ⁓ *une question/ une énigme/un malentendu;* ⁓ *sa voix. –* s'⁓ (il s'est éclairci), *le ciel s'éclaircit.*

éclairer *v.* Répandre/produire de la lumière: *la lampe éclaire la chambre, je vous éclaire avec ma lampe de poche, le Soleil éclaire la Terre.*

un **éclat 1.** Fragment d'un objet dur qui a éclaté: *un* ⁓ *de verre/d'obus, être blessé par un* ⁓ *de verre.* **2.** Bruit soudain: *un* ⁓ *de rire.* **3.** Lumière très vive: *l'*⁓ *du soleil/ de la neige; l'*⁓ *de son regard, cet* ⁓.

éclater *v.* Exploser, crever: *un obus a éclaté, le pneu a éclaté;* ⁓ *de rire,* ⁓ *en sanglots, la guerre a éclaté.*

une **éclipse** *l'*⁓ *de Lune/de Soleil, l'*⁓ *totale/ partielle.*

éclipse de soleil

une **écluse** Ouvrage pour faciliter la navigation sur un cours d'eau (quand le niveau de l'eau change): *les* ⁓*s d'un canal, ouvrir/fermer l'*⁓.

une **école** Établissement où vont les élèves: *aller à l'*⁓*, être à l'*⁓*, l'*⁓ *primaire/maternelle, les grandes* ⁓*s, l'*⁓ *normale supérieure, l'*⁓ *de danse, l'auto-*⁓*, mon/ton/ son* ⁓. △ La rentrée des **classes,** il n'y a pas **classe** demain.

un **écolier** Enfant qui va à l'école: *les* ⁓*s rentrent de la classe, cet* ⁓.

économe *adj.* Qualité de celui qui ne dépense pas trop d'argent: *être* ⁓*, une maîtresse de maison* ⁓*; être* ⁓ *de son temps.*

une **économie 1.** ‖ La vie économique en général: *l'*⁓ *française/libérale/dirigée, son* ⁓. **2.** Somme d'argent mise de côté: *faire/ avoir des* ⁓*s pour acheter une voiture.*

économique *adj* **1.** ‖ Qui concerne la production et la consommation: *la vie* ⁓ *et sociale, analyser la situation* ⁓*, une question* ⁓. **2.** Qui ne coûte pas trop cher, avantageux; CONTR. coûteux: *une voiture/ un chauffage* ⁓. – *adv.* **économiquement.** △ Distinguez **économe** (en parlant des personnes) et **économique** (en parlant des choses).

une **écorce** Ce qui entoure les arbres: *un morceau d'*⁓*, l'*⁓ *du bouleau est blanche, son* ⁓. △ **La coque** de noix, **la coquille** d'œuf, **la croûte** de pain, **la peau** de banane, **le pelure** de melon.

écorce de bouleau

s'écouler *v.* (il s'est écoulé) Couler hors de qc: *l'eau s'écoule du seau trop plein; les années s'écoulent* (= *se passent*).

écouter *v.* Faire attention à ce que l'on entend, entendre attentivement: ⁓ *la ra-*

dio, nous l'écoutons chanter/parler, les élèves écoutent le maître, vous n'avez pas écouté ce que j'ai dit, «Écoute!», «Écoutez-moi!» ⚠ **Suivre** un cours.
un **écran** *l'⌣ de projection (au cinéma), l'⌣ d'un récepteur de télévision, cet ⌣.*

écran

écraser *v.* Presser très fort sur qc et le rendre plat: *⌣ un ver, la voiture a écrasé un chien; être écrasé de travail (= accablé). – s'⌣ (il s'est écrasé), l'avion s'est écrasé au sol.*
une **écrevisse** *pêcher l'⌣, les pinces de l'⌣, marcher en ⌣ (= à reculons); rouge comme une ⌣.* ⚠ **Une** écrevisse.

écrevisse

s'écrier *v.* (il s'est écrié) Crier tout à coup: *il s'est écrié: «Assez!», s'⌣ que +* ind.
écrire *v.* (j'écris, il écrit, nous écrivons, ils écrivent; il écrivit; il a écrit) Tracer sur le papier des mots/des chiffres: *⌣ avec un stylo/un crayon, la machine à ⌣, ⌣ qc à la machine, ⌣ à la craie, ⌣ sur une feuille de papier/sur/dans un cahier, ⌣ une lettre, deux pages écrites, je lui écris que +* ind., *je lui ai écrit de venir chez nous, il m'a répondu par écrit, le mot «appeler» s'écrit avec deux p, savoir lire et ⌣, la langue écrite* (CONTR. *la langue parlée*).
une **écriture** Manière personnelle d'écrire: *avoir une belle ⌣, une ⌣ illisible, reconnaître l'⌣ de qn, mon/ton/son ⌣.*

un **écrivain** Personne qui écrit des livres/des romans, l'auteur: *les grands ⌣s, aimer les romans de cet ⌣.*
un **écrou** (les **écrous**) *serrer/déserrer l'⌣ à l'aide d'une clef, cet ⌣.*

écrou

s'écrouler *v.* (il s'est écroulé) Tomber de toute sa masse, s'effondrer: *la cheminée de l'usine s'est écroulée, les maisons se sont écroulées pendant le tremblement de terre.*
un **écu** Ancienne monnaie française: *cet ⌣.*
une **écume** Masse blanche et légère à la surface des liquides agités, la mousse: *l'⌣ de la vague, son ⌣.*
une **écurie** Bâtiment où logent les chevaux: *mettre un cheval à l'⌣, les chevaux rentrent à l'⌣, cette ⌣ est très propre, son ⌣.* ⚠ **Une** écurie.
un **édifice** Bâtiment très grand: *les ⌣s publics, la façade de l'⌣, un bel ⌣, l'hôtel de ville est un magnifique ⌣, cet ⌣.*
un **éditeur** Personne qui publie/édite des livres, etc.: *l'⌣ publie un ouvrage/un journal, le contrat entre l'auteur et l'⌣, cet ⌣.*
une **édition** **1.** Exemplaires d'un ouvrage publiés en une fois: *l'⌣ originale, la dernière ⌣, une ⌣ spéciale du journal, l'⌣ revue et corrigée, son ⌣.* **2.** *(au pluriel)* Entreprise qui publie des livres, des journaux.
un **éditorial** (les **éditoriaux**) Article de journal qui expose les opinions de la direction: *le journal consacre son ⌣ aux résultats des élections, lire l'⌣, cet ⌣.*
une **éducation** L'action de développer les facultés physiques/morales/intellectuelles chez l'enfant: *l'⌣ intellectuelle/physique/ sexuelle/civique, recevoir une bonne ⌣, le ministère de l'Éducation, il manque d'⌣ (= il a de mauvaises manières), mon/ton/son ⌣.*
effacer *v.* (-ç- devant a et o: nous effaçons, il effaçait; effaçant) Faire disparaî-

tre ce qui a été écrit ou dessiné: ~ *ce qui est écrit au tableau,* ~ *avec une gomme, le voleur a effacé ses empreintes.*

effarer *v.* Causer une grande surprise/ une frayeur: *cette nouvelle a effaré les auditeurs, un regard effaré.*

effectif, effective 1. *adj.* Positif, réel; CONTR. fictif, imaginaire: *apporter une aide* ~*ve, un avantage* ~. **2.** *m.* Nombre de personnes dans un groupe: *l'*~ *d'une compagnie/classe.* – *adv.* **effectivement** (= *réellement, vraiment*).

effectuer *v.* Faire, exécuter, réaliser: ~ *des réformes/une expérience/une dépense,* ~ *une visite/une promenade en mer.*

un **effet** [efɛ] **1.** ‖ La conséquence, le résultat; CONTR. la cause: *qc reste sans* ~*, un médicament qui n'a eu aucun* ~*, un* ~ *de contraste, faire de l'*~*, sa remarque a fait mauvais* ~*, cet* ~. **2.** en ~ (= *c'est vrai*).

efficace *adj.* Actif, qui produit un effet: *un remède/une méthode/une aide* ~.

s'effondrer *v.* (il s'est effondré) Tomber sous un grand poids; CONTR. résister, se dresser: *la voûte/le pont s'est effondré(e); les espérances/les projets s'effondrent.*

s'efforcer *v.* (-ç- devant a et o: nous nous efforçons; il s'efforçait; s'efforçant; il s'est efforcé) Employer toute sa force, tâcher; CONTR. renoncer: *s'*~ *de faire qc, s'*~ *de réussir, s'*~ *de convaincre qn, elles se sont efforcées de ne pas rire.*

un **effort** [efɔr] La peine qu'on se donne pour arriver à un résultat: *un* ~ *physique/ intellectuel, faire un* ~*/des* ~*s, faire qc avec/sans* ~*, un* ~ *de volonté, cet* ~.

effrayer *v.* (j'effraie, il effraie, nous effrayons, ils effraient; il effraiera) Faire peur à qn; CONTR. calmer, rassurer: ~ *un enfant/un cheval, l'orage l'a effrayé; des cris effrayants.* – **s'**~ (il s'est effrayé), *il s'est effrayé en entendant le bruit* (= *avoir peur*), *s'*~ *de qc, s'*~ *d'un rien/pour un rien.*

effronté, effrontée *adj.* Insolent; CONTR. modeste, réservé; craintif: *un menteur* ~*, faise une réponse* ~*e.*

effroyable *adj.* Qui cause une grande peur, terrible, horrible: *un bruit* ~*, une catastrophe* ~. – *adv.* **effroyablement.**

égal, égale *adj.* (**égaux, égales**) ‖ Identique; CONTR. différent: *diviser un tout en parties* ~*es, son salaire est* ~ *au mien, tous les citoyens sont égaux devant la loi; ça m'est bien* ~ (= *je m'en moque*). – *adv.* **également.**

une **égalité** Qualité de ce qui est égal; CONTR. l'inégalité: *l'*~ *politique/devant la loi, liberté* ~ *fraternité, son* ~.

un **égard** [egar] (*employé dans des locutions*): *à l'*~ *de* (= *en ce qui concerne, envers*), *il est généreux à l'*~ *de ses amis, à cet* ~ (= *de ce point de vue*).

s'égarer *v.* (il s'est égaré) Se perdre, quitter sans le vouloir le bon chemin: *s'*~ *dans la forêt/dans la montagne, la lettre/la discussion s'est égarée; un regard égaré* (= *fou*).

une **église 1.** *une* ~ *gothique, le clocher de l'*~*, aller à l'*~*, mon/ton/son* ~. ⚠ Pour le culte protestant on dit: **le temple. 2.** *l'É*~ *catholique/orthodoxe, un homme d'É*~*, muni des sacrements de l'É*~*, les relations entre l'É*~ *et l'État.*

église

un **égoïsme** ‖ Défaut de l'homme qui ne pense qu'à soi: *il a agi par* ~*, reprocher à qn son* ~*, cet* ~. ⚠ Ne pas confondre avec **l'amour-propre.**

un **égoïste 1.** ‖ *un grand* ~*, vivre en* ~*, se conduire en* ~*, cet* ~. **2.** *adj. un enfant* ~.

égorger *v.* (-ge- devant a et o: nous égorgeons; il égorgeait; égorgeant) Tuer en coupant la gorge: ~ *un cochon,* ~ *qn avec un rasoir.*

un **égout** [egu] Canal souterrain où s'écoulent les eaux sales d'une maison/d'une ville: *la bouche d'*~*, cet* ~.

eh bien *interjection.* «~, *il est enfin arrivé»*, «~ *c'est fini»* ⚠ **Eh** bien, et non pas **et.**

élaborer *v.* Préparer, former: ~ *un plan/ un ouvrage.*

un **élan** **1.** Mouvement progressif qui prépare un saut: *prendre son ~ pour sauter.* **2.** ‖ *un ~ de patriotisme/d'enthousiasme/ de passion, cet ~.*

s'élancer *v.* (-ç- devant a et o: nous nous élançons; il s'élançait; s'élançant; il s'est élancé) Partir en courant: *s'~ vers qn, s'~ au secours de qn, s'~ à la poursuite d'un voleur qui fuit.*

élargir *v.* Rendre plus large: ~ *une robe, ~ la route.*

élastique **1.** *adj.* ‖ Souple: *le caoutchouc est ~, des bretelles ~s.* **2.** *m.* Petit lien de caoutchouc.

un **électeur,** une **électrice** Personne qui a le droit de voter pour élire qn: *l'inscription des ~s sur la liste électorale, l'~ donne sa voix à un candidat/à un parti, cet ~.*

une **élection** Choix des représentants par un vote: *l'~ du président, les ~s ont lieu, prendre part aux ~s, les résultats des ~s, les ~s ont donné la majorité à un parti, son ~.*

électoral, électorale *adj.* Qui concerne les élections: *une réunion ~e, la liste ~e, la campagne ~e.*

un **électricien** ‖ Technicien spécialisé dans les installations électriques: *faire réparer la lampe par l'~, acheter une ampoule chez l'~, cet ~.*

une **électricité** ‖ *une panne d'~, payer sa note d'~, une machine qui marche à l'~.*

électrique *adj.* ‖ *l'énergie ~, le courant ~, l'éclairage ~, les appareils ~s, une cuisinière ~, un moteur ~.*

électronique *adj.* ‖ *un calculateur/un microscope ~.*

un **électrophone** Le tourne-disques: *acheter un ~, mettre un disque sur l'~, cet ~.*

électrophone

une **élégance** ‖ Le chic; CONTR. la négligence: *l'~ d'une robe/de la toilette (= de la robe/des bijoux, etc.), s'habiller avec ~, l'~ du style, mon/ton/son ~.*

élégant, élégante ‖ Chic, gracieux; CONTR. vulgaire: *une femme ~e, elle est ~e dans sa nouvelle robe, le mobilier ~, un restaurant ~, le style ~. – adv.* **élégamment.**

un **élément** ‖ *les ~s chimiques (= oxygène (O), hydrogène (H), etc.); apprendre les premiers ~s de l'histoire, cet ~.*

élémentaire *adj.* **1.** ‖ Qui concerne les premiers éléments d'une science: *la géométrie ~, les classes ~s du lycée.* **2.** ‖ Très simple, réduit au minimum: *négliger les précautions ~s, la politesse la plus ~.*

un **éléphant** [-fã] ‖ *les défenses/la trompe de l'~, la peau épaisse de l'~, cet ~.*

éléphant

un **élevage** L'action d'élever des animaux domestiques: *l'~ des vaches/des lapins/du bétail, cet ~.*

un **élève** *m./f.* Celui/celle qui va à l'école: *une classe de trente ~s, un bon/excellent/ mauvais ~, un ~ doué, cet ~.*

élever *v.* (j'élève, il élève, nous élevons, ils élèvent; il élèvera) **1.** Lever; CONTR. baisser: ~ *qc au moyen d'une grue, ~ une statue (= construire), ~ la voix (= parler plus fort), ~ le niveau de vie, le point le plus élevé, des prix élevés,* **2.** S'occuper des enfants et leur donner une bonne éducation: ~ *un enfant, un enfant bien/ mal élevé. – s'~* (il s'est élevé) Monter: *l'avion s'est élevé, la température s'élève, des cris s'élèvent (= se font entendre), s'~ contre (= protester).*

éliminer v. Faire disparaître, supprimer: ~ *les difficultés*, ~ *un adversaire.*

élire v. (j'élis, il élit, nous élisons, ils élisent; il élut; il a élu) Choisir en votant: *être élu député, le candidat est élu, il a été élu président à 100 voix contre 50,* ~ *qn pour quatre ans.*

une **élision** Exemple: «l'ami» (au lieu de «le ami»): *l'* ~ *du e devant une voyelle, l'apostrophe est le signe de l'* ~.

une **élite** ‖ Dans un groupe: personnes qui occupent le premier rang: *l'* ~ *de l'armée, l'* ~ *des savants, son* ~.

elle, elles pron. *personnel 3ᵉ personne (féminin):* ~ *arrive, c'est* ~, *ce sont* ~*s, je parle avec* ~, ~*-même, penser à* ~, *s'approcher d'* ~. ⚠ **elle** est là; je **la** connais.

un **éloge** Discours pour célébrer qn; CONTR. la critique, la satire: *faire l'* ~ *de qn, être comblé d'* ~*s, cet* ~.

éloigner v. CONTR. approcher: ~ *qn de qc,* ~ *la table de la fenêtre.* – *s'* ~ (il s'est éloigné) S'en aller: *s'* ~ *d'ici.*

une **éloquence** ‖ Facilité à bien s'exprimer: *l'* ~ *de l'orateur, employer toute son* ~ *pour convaincre qn, mon/ton/son* ~.

éloquent, éloquente adj. Qualité de celui qui parle avec facilité: *un avocat* ~*; un regard/un geste* ~ *(= expressif)* – adv. **éloquemment.**

une **émancipation** ‖ Action de se libérer d'une autorité/des préjugés traditionnels: *l'* ~ *de la femme/des colonies, mon/ton/ son* ~.

un **emballage** Le papier/le carton qui protège une marchandise: *le papier d'* ~, *brûler des* ~*s, cet* ~.

un **embarcadère** L'endroit (dans le port) d'où les passagers montent à bord: *attendre à l'* ~, *cet* ~.

s'embarquer v. (il s'est embarqué) Monter à bord d'un bateau/d'un avion: *s'* ~ *sur un bateau, s'* ~ *à Marseille pour Alger.*

un **embarras** La difficulté, l'incertitude, la confusion: *être dans l'* ~, *jeter qn dans l'* ~, *tirer qn d'* ~, *avoir l'* ~ *du choix, dissimuler son* ~, *cet* ~.

embarrasser v. Mettre dans une situation difficile, gêner; CONTR. faciliter: ~ *qn, cette question m'embarrasse, il était embarrassé (= il ne savait que dire), avoir un air embarrassé.* ⚠ Ne pas confondre avec **embrasser.**

embellir v. Rendre plus beau; CONTR. enlaidir: *un peintre qui embellit son modèle, cette coiffure l'embellit, l'imagination embellit la réalité.*

embêter v. *(mot familier)* Ennuyer fortement: ~ *qn avec ses histoires de guerre, un film embêtant.*

une **embouchure** Là où un fleuve se jette dans la mer: *l'* ~ *du Rhône, son* ~.

un **embouteillage** Arrêt de la circulation: *des* ~*s sur l'autoroute, un accident a créé un* ~, *être pris dans un* ~, *cet* ~.

embrasser v. Donner un baiser: ~ *qn sur la joue/sur la bouche, il l'a embrassée (l' = Jacqueline).* ⚠ **Baiser** la main de qn. ⚠ baiser qn (expression très vulgaire = coucher avec qn).

un **embrayage** Mécanisme qui permet d'interrompre le lien entre le moteur et les roues (pour le changement de vitesse): *la pédale d'* ~, *l'* ~ *automatique, cet* ~.

embrouiller v. Mettre en désordre: ~ *des fiches,* ~ *une question (= compliquer).* – *s'* ~ (il s'est embrouillé) Perdre le fil de ses idées: *s'* ~ *dans un récit/dans ses explications.*

s'émerveiller v. (il s'est émerveillé) Être rempli d'admiration: *s'* ~ *de la beauté du paysage/du tableau, s'* ~ *du talent d'un artiste.*

une **émeute** Soulèvement populaire: *la manifestation tourne en* ~, *déchaîner/réprimer une* ~, *son* ~.

un **émigrant** ‖ Personne qui quitte son pays natal: *les* ~*s pour l'Amérique, un navire d'* ~*s, cet* ~. ⚠ **L'émigré** (= personne qui a quitté son pays). ⚠ **Le réfugié** (= qui a dû quitter son pays pour des raisons politiques, religieuses ou économiques, avec l'espoir de retour).

émigrer v. Quitter son pays natal (pour s'installer dans un autre); CONTR. immigrer: ~ *aux États-Unis.*

une **émission** Ce que l'on entend à la radio/ ce que l'on voit à la télévision: *le programme des* ~*s, une* ~ *en direct/en différé, une* ~ *musicale/de variétés, une bon-*

ne ⌣, recevoir des ⌣s de radio, son ⌣.

emmener *v.* (j'emmène, il emmène, nous emmenons, ils emmènent; il emmènera) Prendre avec soi des personnes ou des animaux: *⌣ les enfants en voyage, ⌣ qn au cinéma.* ⚠ Pour les choses on dit **emporter:** *emporter sa valise.*

une **émotion** ‖ Vive réaction affective: CONTR. la froideur, l'indifférence: *causer une grande ⌣, éprouver une ⌣ forte, parler avec ⌣, trembler/s'évanouir d'⌣, l'⌣ l'étouffe, cacher/dissimuler son ⌣.*

émouvoir *v.* (j'émeus, il émeut, nous émouvons, ils émeuvent; il émut; il a ému) Provoquer une émotion, agiter, troubler; CONTR. apaiser, calmer: *⌣ qn, ⌣ le cœur de qn, cette lettre/cette nouvelle m'a beaucoup ému, être facile à ⌣, une cérémonie/une scène émouvante, un film émouvant.*

s'emparer *v.* (il s'est emparé) Prendre qc avec violence: *s' ⌣ d'un bien/d'un héritage, les rebelles se sont emparés d'un dépôt d'armes; l'émotion s'est emparée de lui.*

empêcher *v.* S'opposer à qc, faire obstacle: CONTR. permettre, consentir, autoriser: *⌣ qc, ⌣ un crime, ⌣ qn de faire qc, ⌣ qn de travailler, la pluie m'empêche de sortir, ⌣ que + subj., cela n'empêche pas que + ind. – s'⌣: il ne pouvait pas s'⌣ de rire.*

un **empereur,** une **impératrice** *Napoléon a été ⌣, l' ⌣ des Français/d'Allemagne/du Japon, cet ⌣.*

une **emphase** ‖ *parler avec ⌣ (= avec un ton solennel).*

un **empire** État qui a pour chef un empereur: *l'⌣ romain, le second Empire, l'⌣ allemand, cet ⌣.*

empirique *adj.* ‖ Qui repose sur l'expérience: *une méthode ⌣. – adv.* **empiriquement.**

un **emploi 1.** Action de se servir de qc: *faire un bon ⌣ de son temps/de son argent, l'⌣ d'un mot au sens figuré, l'⌣ correct d'un mot, lire le mode d'⌣ (d'une machine), l'⌣ du temps.* **2.** Place/poste qui permet de gagner de l'argent: *le plein-⌣, être sans ⌣, chercher un nouvel ⌣, les offres/les demandes d'⌣, accepter cet ⌣.*

un **employé,** une **employée** Personne qui travaille dans un bureau (par opposition à **ouvrier):** *un ⌣ de bureau/de banque/des postes/d'une administration, cet ⌣.*

employer *v.* (j'emploie, il emploie, nous employons, ils emploient; il emploiera) **1.** Se servir de qc, utiliser qc: *⌣ le béton pour la construction, ⌣ une somme d'argent à l'achat d'une voiture, ⌣ un mot.* **2.** Faire travailler en donnant un salaire: *le patron emploie cinquante ouvriers, ⌣ qn comme dactylo.*

empoigner *v.* Saisir et tenir fermement (avec la main); CONTR. lâcher: *⌣ le manche de la hache, ⌣ un malfaiteur, ⌣ qn par les cheveux.*

empoisonner *v.* Faire mourir par le poison: *⌣ un chien, ⌣ qn, une famille entière a été empoisonnée par des champignons. –* **s'⌣** (il s'est empoisonné), *elle a voulu s'⌣.*

emporter *v.* Prendre avec soi: *⌣ des valises. –* **s'⌣** (il s'est emporté) Se mettre en colère: *s'⌣ contre qn.*

une **empreinte** Marque/trace laissée par un contact: *les ⌣s des pas sur le sol, les ⌣s digitales, relever les ⌣s digitales, mon/ton/son ⌣.*

s'empresser *v.* (il s'est empressé) **1.** Faire tout pour plaire à qn: *s'⌣ auprès d'une jolie femme, s'⌣ à/de faire qc, s'⌣ à rendre service.* **2.** Se hâter: *s'⌣ de parler, s'⌣ d'avertir qn.*

emprisonner *v.* Mettre en prison: *⌣ qn, ⌣ le criminel, faire ⌣ qn.*

un **emprunt** Action d'obtenir une somme d'argent que l'on rendra plus tard: *faire un ⌣, un ⌣ public (= de l'État), souscrire à un ⌣ public, cet ⌣.*

emprunter *v.* **1.** Obtenir qc que l'on rendra plus tard; CONTR. prêter: *⌣ de l'argent à qn/un livre à qn, ⌣ à gros intérêts, rendre ce que l'on a emprunté.* **2.** *⌣ une route (= prendre).*

ému, émue *adj.* Plein d'émotion, bouleversé: *se sentir très ⌣, être/paraître ⌣.*

en 1. *prép.* Qui indique le lieu/le temps/l'état/la matière: *⌣ France, ⌣ automne, voyager ⌣ avion, une montre ⌣ or, se mettre ⌣ colère, ⌣ réalité, ⌣ attendant.* **2.** *pron.* j'⌣ suis désolé, j'⌣ ai beaucoup *entendu parler, je n'~ sais rien, la raison ~ est.*

encadrer *v.* **1.** Mettre dans un cadre: *faire ~ un tableau.* **2.** Entourer: *les cheveux qui encadrent son visage.*

encaisser *v.* Recevoir de l'argent; Contr. payer: *~ de l'argent; ~ des coups/ des injures (= recevoir).*

enceinte *adj.* Se dit d'une femme qui attend un bébé: *une femme ~, elle est ~ de trois mois.*

un **encens** [ãsã] Substance aromatique: *l'église sentait l'~.*

un **enchaînement** La suite, le rapport entre plusieurs éléments: *un ~ de circonstances, l'~ logique des idées dans un exposé, cet ~.*

enchanté, enchantée *adj.* Très content, ravi: *«~ de faire votre connaissance.»*

encombrant, encombrante *adj.* Qui fait obstacle, gênant: *des valises ~es, la présence ~e d'un visiteur.*

encore *adv.* **1.** Qui continue jusqu'à un moment donné: *dormir ~ à onze heures, travailler ~, hier ~, pas ~, il est ~ là?* **2.** Marque la répétition: *prendre ~ un verre, ~ une fois, non seulement . . . mais ~.* ⚠Après «encore» en début de phrase, on emploie l'inversion: *~ faut-il réussir* (comme après «aussi» et «ainsi»).

encourager *v.* (-ge- devant a et o: nous encourageons; il encourageait; encourageant) Donner du courage, favoriser; Contr. décourager: *~ qn à faire qc, ~ un talent/un projet/un bon élève.*

une **encre** Liquide de couleur qui sert à écrire: *remplir son stylo avec de l'~ bleue, écrire à l'~, sécher l'~, corriger les fautes à l'~ rouge, mon/ton/son ~.*

une **encyclopédie** ‖ Ouvrage illustré qui traite de plusieurs sujets: *une ~ en vingt volumes, mon/ton/son ~.*

endommager *v.* (-ge- devant a et o) Causer du dommage, abîmer; Contr. réparer: *le toit est endommagé par la tempête, la voiture a été abîmée/ endommagée dans la collision.*

s'endormir *v.* (il s'est endormi) Commencer à dormir: *s'~ de bonne heure/ tard.*

un **endroit** [-wa] Le lieu, la place: *montrer un ~ sur la carte, être dans un ~, trouver un ~ agréable pour camper, à quel ~?, par ~s (= ici et là), cet ~.*

endurer *v.* Supporter avec patience: *~ qc, ~ la faim/la soif/le froid/les peines, ~ qc avec patience/avec résignation, ~ des injures, ~ que + subj.*

une **énergie** ‖ travailler avec ~, se sentir plein d'~, l'~ électrique/nucléaire, mon/ton/ son ~.

énergique *adj.* ‖ Actif/résolu: *un homme ~, prendre des mesures ~s (= rigoureux), un remède ~. – adv.* **énergiquement**.

énerver *v.* Rendre nerveux, causer de la nervosité, agacer; Contr. apaiser, calmer: *le bruit m'énerve. – s'~* (il s'est énervé), *s'~ à attendre.*

une **enfance** Première période de la vie humaine (de la naissance à treize ans): *avoir une ~ heureuse, depuis l'~, des souvenirs d'~, mon/ton/son ~.*

un **enfant** *m./f.* **1.** Petit garçon ou petite fille: *un bel ~, une belle ~, un jeu d'~; être bon ~.* **2.** Fils ou fille: *elle attend un ~, elle a deux ~s, être mère de deux ~s, élever ses ~s, cet ~.*

un **enfantillage** Acte ou parole qui ne convient qu'à un enfant: *faire des ~s, c'est de l'~ (= ce n'est pas sérieux), cet ~.*

enfantin, enfantine *adj.* Qui concerne l'enfant: *le langage ~, dire des choses ~s, un problème ~ (= très facile à résoudre).* ⚠ Les maladies **infantiles**.

un **enfer** [-fɛr] Lieu où se trouve le diable; Contr. le paradis: *avoir peur de l'~, aller en ~, les flammes éternelles de l'~, cet ~.* ⚠ Les enfers (mythologie).

enfermer *v.* Mettre en un lieu d'où il est impossible de sortir; Contr. délivrer: *~ qn dans sa chambre. – s'~* (il s'est enfermé), *il s'est enfermé dans son bureau.*

enfiler *v.* **1.** Traverser par un fil: *~ une aiguille/des perles.* **2.** Mettre vite un vêtement: *~ sa veste.*

enfin *adv.* À la fin: *il est ~ venu, je l'ai ~ trouvé, ~ seul!*

enflammer *v.* Mettre en flamme, allumer; Contr. éteindre: *~ du bois sec/de la paille/de l'essence.*

enfoncer *v.* (-ç- devant a et o: nous enfonçons; il enfonçait; enfonçant) Pousser violemment dans: ⌣ *un clou dans le mur,* ⌣ *les mains dans les poches,* ⌣ *la porte (que l'on n'a pas pu ouvrir).*

s'enfuir *v.* (je m'enfuis, il s'enfuit, nous nous enfuyons, ils s'enfuient; il s'enfuit; il s'est enfui) S'éloigner très vite, s'échapper, se sauver: s'⌣ *de la prison,* s'⌣ devant un danger, s'⌣ à toute vitesse, réussir à s'⌣.

un **engagement 1.** L'action de promettre: *prendre l'*⌣ *de faire qc, remplir ses* ⌣*s, il n'a pas tenu son* ⌣*, cet* ⌣*.* **2.** ‖ *l'acteur qui a un* ⌣*.*

engager *v.* (-ge- devant a et o: nous engageons; il engageait; engageant) **1.** Prendre comme employé/comme ouvrier; CONTR. renvoyer: ⌣ *un employé,* ⌣ *une femme de ménage.* **2.** Pousser qn à faire qc, lier qn par une promesse: ⌣ *qn à faire qc, il ne veut rien dire qui puisse l'*⌣*, cela ne vous engage à rien.* – **s'**⌣ (il s'est engagé) **1.** Promettre: *s'*⌣ *à faire qc, vous ne savez pas à quoi vous vous engagez.* **2.** Se mettre au service de qn/de qc: *s'*⌣ *dans l'armée.* **3.** Entrer: *s'*⌣ *dans une rue/dans une impasse.*

un **engin** Projectile autopropulsé: *des* ⌣*s sol-sol/sol-air, cet* ⌣*.*

un **engrais** Produit que l'on met dans la terre pour mieux faire pousser les plantes: *les* ⌣ *végétaux/organiques/chimiques, employer de l'*⌣*, cet* ⌣*.*

engraisser *v.* **1.** Faire devenir gras; CONTR. faire maigrir: ⌣ *des cochons.* **2.** Devenir gras, grossir; CONTR. maigrir: *il a engraissé de 4 kg en 1 mois.*

une **énigme** [enigmə] Chose à deviner: *poser une* ⌣*, deviner l'*⌣*, la solution de l'*⌣*, parler par* ⌣*s, son* ⌣*.*

enivrer [ãni-] *v.* Rendre ivre: *le vin enivre vite.* – **s'**⌣ (il s'est enivré), *s'*⌣ *à la bière,* s'⌣ *de son succès.*

un **enjeu** Ce qu'on risque pour gagner (argent): *poser/doubler son* ⌣*, un* ⌣ *élevé, cet* ⌣*.*

enlever *v.* (j'enlève, il enlève, nous enlevons, ils enlèvent; il enlèvera) Ôter, faire disparaître; CONTR. mettre, ajouter: *enlève tes livres de la table,* ⌣ *son chapeau pour saluer,* ⌣ *une tache avec de l'eau,*

l'enfant a été enlevé (= kidnappé).

un **ennemi 1.** CONTR. ami: *avoir des* ⌣*s, se faire beaucoup d'*⌣*s, se défendre de ses* ⌣*s, un* ⌣ *mortel, cet* ⌣*.* **2.** *adj.* les troupes ⌣*es, être* ⌣ *de la démocratie.*

un **ennui 1.** Sentiment de celui qui ne prend d'intérêt/de plaisir à rien: *tomber dans un* ⌣ *profond, éprouver de l'*⌣*, bâiller d'*⌣*, chasser/vaincre l'*⌣*, cet* ⌣*.* **2.** Souci: *j'ai des* ⌣*s avec ma voiture, s'attirer des* ⌣*s, confier ses* ⌣*s à qn, épargner un* ⌣ *à qn.*

ennuyer *v.* (j'ennuie, il ennuie, nous ennuyons, ils ennuient; il ennuiera) Remplir d'ennui: ⌣ *qn avec ses paroles, le film m'a ennuyé, cela m'ennuie de faire ce travail.* – **s'**⌣ (il s'est ennuyé) Trouver le temps long, ne savoir que faire: *s'*⌣ *tout seul, je m'ennuie avec lui.*

ennuyeux, ennuyeuse *adj.* CONTR. intéressant, amusant: *un film* ⌣*, une conversation* ⌣*se, une soirée* ⌣*se, un conférencier* ⌣*, c'est* ⌣ *que* + subj.

énorme *adj.* ‖ Très grand, gigantesque, colossal; CONTR. normal, petit, insignifiant: *une différence* ⌣*, une* ⌣ *somme d'argent, une faute* ⌣*, remporter un succès* ⌣*.* – *adv.* **énormément.**

une **enquête** Recherche de la vérité faite en interrogeant des personnes: *ouvrir/faire une* ⌣ *sur qc, l'inspecteur conduit/dirige l'*⌣*, une commission d'*⌣*, mon/ton/son* ⌣*.*

enrager *v.* (-ge- devant a et o: nous enrageons; il enrageait; enrageant) *j'enrage d'avoir cassé ma montre, faire* ⌣ *qn (= irriter, taquiner), un joueur enragé (= passionné), un chien enragé (= qui a la rage).*

enregistrer *v.* **1.** Inscrire sur un registre: ⌣ *des adresses,* ⌣ *les naissances/les mariages,* ⌣ *ses bagages (= pour les faire envoyer par le train).* **2.** ⌣ *des sons,* ⌣ *une émission,* ⌣ *de la musique sur bande/sur disque.*

s'enrhumer *v.* (il s'est enrhumé) Attraper un rhume: *je me suis enrhumé dans cette pièce glaciale, être enrhumé.*

enrichir *v.* Rendre riche: *le commerce l'a enrichi, la lecture enrichit l'esprit.* – **s'**⌣ (il s'est enrichi), *s'*⌣ *dans le commerce/par son travail.*

ensanglanter *v.* Tacher de sang: *un*

*linge ensanglanté, un boxeur au visage en-
sanglanté.*

une **enseigne** Panneau portant le nom d'un
magasin/d'un hôtel: *l'~ au-dessus de la vitrine, l'~ lumineuse d'un magasin/d'un
café/d'un cinéma, son ~.*

un **enseignement** L'action d'enseigner: *l'~
primaire/secondaire, l'~ d'une langue vivante, cet ~.*

enseigner *v.* Transmettre des connaissances à un élève, apprendre qc à qn: ~
*qc à qn, le professeur enseigne une langue
étrangère aux élèves, ~ à qn à faire qc.*

ensemble 1. *adv.* L'un avec l'autre, à la
fois; CONTR. seul: *travailler/vivre ~, ils
viennent ~, nous sommes partis ~.*
⚠ **Ensemble** est un adverbe et s'écrit sans
-s: *ils travaillent ensemble.* **2.** *m. les détails
et l'~, voir l'~, l'~ des élèves, dans l'~,
une vue d'~, cet ~.*

ensoleiller *v.* Remplir de la lumière du
soleil: *un studio ensoleillé.*

ensuite *adv.* Après cela, plus tard, puis;
CONTR. d'abord: *~ il a dit: . . . , et ~?*

entamer *v.* Couper le premier morceau
de qc; commencer à faire qc; CONTR.
achever: *~ un camembert, ~ une discus-
sion/une partie de cartes/des négociations.*

entasser *v.* Mettre en tas; CONTR. disperser: *~ des pierres/des caisses/les livres.*

entendre *v.* On a les oreilles pour entendre: *~ bien/mal, ~ un cri/la voix de son
père, ~ ce qu'il dit, ~ parler d'une chose,
j'ai entendu dire que* + ind., *~ que* +
ind., *faire ~ qc à qn, c'est entendu
(= d'accord), bien entendu (= cela va de
soi).* **- s'~** (ils se sont entendus), *les deux
frères s'entendent bien, s'~ avec qn.*

une **entente** Le fait d'être d'accord avec qn:
*arriver/parvenir à une ~, la bonne ~
règne entre eux, son ~.*

un **enterrement** La cérémonie pendant laquelle on enterre un mort, les funérailles:
*l'~ a lieu au cimetière, assister à l'~ de
son ami, cet ~.*

enterrer *v.* Mettre le cadavre dans la
terre: *~ qn au cimetière; ~ un projet (= y
renoncer définitivement).*

s'entêter *v.* (il s'est entêté) Vouloir qc à
tout prix, s'acharner; CONTR. capituler,
céder: *s'~ dans qc, s'~ dans l'erreur/dans*

son refus, s'~ à faire qc.

un **enthousiasme** ‖ Grande joie, passion:
*déchaîner l'~ de la foule, applaudir avec
~, parler de qc avec ~, cet ~.*

entier, entière *adj.* Tout; CONTR. partiel, incomplet: *manger un pain ~, attendre une heure ~ère, la ville tout ~ère,
dans le monde ~. - adv.* **entièrement**
(= tout à fait).

un **entonnoir** Verser de l'huile dans une
bouteille avec un entonnoir, *cet ~.*

entonnoir

un **entourage** Personnes qui vivent habituellement auprès de qn: *il s'entend bien
avec son ~, cet ~.*

entourer *v.* **1.** Mettre autour de: *~ qn
de ses bras.* **2.** Être autour de: *la clôture
entoure le jardin, des curieux entourent la
voiture accidentée.*

un **entracte** Temps pendant lequel on interrompt un spectacle: *pendant l'~ j'ai quitté
ma place, l'~ d'une séance de cinéma,
cet ~.*

s'entraider *v.* (ils se sont entraidés)
S'aider l'un l'autre: *~ entre voisins.*

les **entrailles** [-traj] *f. (au pluriel)* Les organes intérieurs d'un animal (par exemple:
l'intestin, l'estomac): *les chiens de chasse
se jetèrent sur les ~ du cerf.*

un **entrain** La bonne humeur, l'ambiance:
*travailler avec ~, une fête/une personne
pleine d'~, cet ~.*

entraîner *v.* **1.** Préparer qn au sport: *~
un cheval/un athlète/une équipe.* **2.** Avoir
pour conséquence: *~ des ennuis. - s'~* (il
s'est entraîné), *s'~ pour le championnat,
s'~ à faire qc (= s'exercer).*

un **entraîneur** Personne qui entraîne les
sportifs/les chevaux: *l'~ d'un boxeur/
d'une équipe de football, cet ~.*

une **entrave** Lien que l'on met aux jambes
(des animaux) pour les empêcher de fuir:
*briser ses ~s, se libérer d'une ~; les ~s
morales, mon/ton/son ~.*

entre *prép.* Dans l'espace ou dans le temps qui sépare deux personnes/deux choses/deux dates, parmi: *la distance ⌣ deux points, ⌣ parenthèse(s), ⌣ 10 et 11 heures, choisir ⌣ plusieurs possibilités, une dispute éclata ⌣ eux, ⌣ nous, ⌣ autres.* ⚠ Distinguez **entre** et **parmi:** *il est parmi les blessés (= il fait partie des blessés).*

une **entrée** CONTR. La sortie: *l'⌣ de la maison/du port, la porte d'⌣, l'⌣ des visiteurs dans le salon, ⌣ interdite, mon/ton/son ⌣.* ⚠ **Une** entrée.

s'entremettre *v.* (je m'entremets, il s'entremet, nous nous entremettons, ils s'entremettent; il s'entremit; il s'est entremis) Intervenir entre deux adversaires pour les réconcilier, se mêler, s'interposer: *s'⌣ dans une querelle, s'⌣ pour faciliter un mariage, tenter de s'⌣.*

entreprendre *v.* (j'entreprends, il entreprend, nous entreprenons, ils entreprennent; il entreprit; il a entrepris) Se mettre à faire qc: *⌣ une affaire/ses études/des travaux, ⌣ de faire qc.*

une **entreprise** Établissement industriel ou commercial, exploitation: *une ⌣ industrielle/agricole/de transport, une ⌣ privée, une grosse ⌣, le chef/le directeur d'⌣, travailler dans une ⌣, mon/ton/son ⌣.*

entrer *v.* **1.** (il **est** entré) Passer du dehors au dedans; CONTR. sortir: *⌣ dans la voiture/dans la maison/sur la scène/en classe, «Entrez!», défense d'⌣, ⌣ dans un parti politique (= devenir membre), le doute est entré dans son esprit, un pays qui entre en guerre; ⌣ en fonctions, ⌣ dans les détails.* **2.** (il **a** entré qc) Faire entrer qc, introduire: *⌣ le piano dans la salle, ⌣ la voiture au garage.* ⚠ Entrer **dans** la maison; **sortir de** la maison.

entretenir *v.* (j'entretiens, il entretient, nous entretenons, ils entretiennent; il entretint; il a entretenu; il entretiendra) Maintenir en bon état: *⌣ bien sa maison/sa voiture/ses vêtements, les petits cadeaux entretiennent l'amitié, ⌣ de bonnes relations avec qn.* – **s'⌣** (ils se sont entretenus) Parler avec qn, avoir une conversation: *s'⌣ avec qn de qc, s'⌣ par téléphone.*

un **entretien** **1.** La conversation, la discussion: *demander un ⌣ à qn, avoir un ⌣ avec qn au sujet de qc, cet ⌣.* **2.** Les soins pour garder en bon état: *l'⌣ d'une voiture, des produits d'⌣ (pour la maison/l'auto).*

une **énumération** Action d'énumérer: *faire une longue ⌣, faire une ⌣ détaillée de qc, une ⌣ interminable, mon/ton/son ⌣.*

énumérer *v.* (j'énumère, il énumère, nous énumérons, ils énumèrent; il énumérera) Dire l'un après l'autre, énoncer successivement: *⌣ les stations d'une ligne de métro, ⌣ les dates/les noms, ⌣ les avantages/ses raisons.*

envahir *v.* Entrer avec force et occuper: *les armées ennemies envahissent un pays; un sentiment qui envahit qn.*

une **enveloppe** *mettre une lettre sous ⌣/dans l'⌣, coller un timbre sur l'⌣, écrire l'adresse sur l'⌣, tirer la lettre de l'⌣, mon/ton/son ⌣.*

enveloppe

envelopper *v.* Couvrir pour protéger; CONTR. développer, déballer: *⌣ qc dans un papier, la viande enveloppée dans du papier, les emballages enveloppent les marchandises.*

une **envergure** La distance entre les extrémités des ailes: *l'⌣ d'un oiseau, un avion de vingt mètres d'⌣; une réforme de grande ⌣ (= ampleur), son ⌣.*

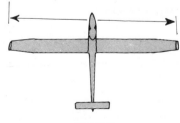

envergure

envers [-vɛr] **1.** *prép* À l'égard de, vis-à-vis de: *être poli ⁓ qn, il est très bon ⁓ ses parents, s'engager ⁓ qn.* **2.** *m.* Le dos, le verso; Contr. l'endroit: *mettre son pull à l'⁓, faire qc à l'⁓ (= mal).*

une **envie** Le désir, le besoin: *éprouver l'⁓ de faire qc, avoir ⁓ de voyager/boire/dormir, avoir grand ⁓ de faire qc, le beau temps me donne ⁓ de sortir, avoir ⁓ que +* subj., *mon/ton/son ⁓.*

envieux, envieuse *adj.* Qui éprouve de la haine contre ceux qui possèdent un bien, jaloux; Contr. désintéressé, indifférent: *être ⁓ du bonheur/des biens d'un autre, un regard ⁓.*

environ *adv.* À peu près; Contr. exactement, précisément: *elle a ⁓ trente ans, il y a deux ans ⁓, il possède ⁓ 500.000 francs, ⁓ deux kilomètres.*

les **environs** *m.* *(au pluriel)* Région autour d'une ville, d'un village: *les ⁓ d'une ville, habiter dans les ⁓ de Lille, aux ⁓ de Grenoble.* ⚠ **La banlieue** parisienne/de Lille.

envisager *v.* (-ge- devant a et o: nous envisageons; il envisageait; envisageant) Avoir l'idée de faire qc, projeter: *⁓ de faire qc, il envisage de construire une maison, ⁓ un voyage par mer (= projeter), ⁓ les conséquences (= y penser).*

un **envoi** Action d'envoyer: *l'⁓ d'une lettre/de fleurs, un ⁓ recommandé, cet ⁓.*

s'envoler *v.* (il s'est envolé) Partir en volant: *les oiseaux se sont envolés, son chapeau s'est envolé avec le vent; les illusions s'envolent.*

envoyer *v.* (j'envoie, il envoie, nous envoyons, ils envoient; il enverra) Faire aller, faire partir; Contr. recevoir: *⁓ un enfant à l'école/en classe/faire des courses, ⁓ chercher qn, ⁓ une lettre/un télégramme à qn, ⁓ la balle à qn (= lancer).*

épais, épaisse [epɛ, epɛs] *adj.* Contr. mince, fin: *un mur ⁓ d'un mètre, un livre ⁓, un ⁓ brouillard.*

une **épaisseur** La troisième dimension; Contr. la minceur: *l'⁓ d'un mur/d'un livre, avoir trois centimètres d'⁓, l'⁓ du brouillard/des feuillages, mon/ton/son ⁓.*

une **épargne** Le fait de dépenser moins que ce qu'on gagne, l'économie: *le gouvernement encourage l'⁓, la caisse d'⁓, mon/ton/son ⁓.* ⚠ **Une** épargne.

épargner *v.* Économiser, mettre de côté, garder en réserve: *⁓ une somme d'argent; ⁓ une peine à qn (= éviter), ⁓ qn (= ne pas traiter mal).*

épatant, épatante *adj.* *(mot familier)* Formidable, sensationnel, merveilleux: *il fait un temps ⁓ (= splendide), c'est un type ⁓, une histoire ⁓e.* – *adv.* **épatamment.**

une **épaule** *Avoir de larges ⁓s, hausser/lever les ⁓s, donner une tape amicale sur l'⁓, des cheveux qui tombent sur les ⁓s, la robe qui laisse les ⁓s nues, mon/ton/son ⁓.*

épaule

une **épée** Arme: *tirer l'⁓, se battre à l'⁓, un duel à l'⁓; c'est un coup d'⁓ dans l'eau (= une tentative inutile), mon/ton/son ⁓.*

épeler *v.* (j'épelle, il épelle, nous épelons, ils épellent; il épellera) Dire toutes les lettres d'un mot: *⁓ un mot/un nom, «Voulez-vous ⁓ votre nom?».*

éperdu, éperdue *adj.* Qui éprouve très vivement un sentiment: *être ⁓ de bonheur/de joie/de douleur, une fuite éperdue.* – *adv.* **éperdument.**

un **épi** *un ⁓ de blé/d'orge/de maïs, cet ⁓.*

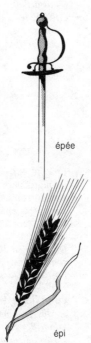

épée

épi

une **épicerie** Magasin d'alimentation: *acheter qc à l'⌣, son ⌣.*

un **épicier** Commerçant qui tient une épicerie: *aller chez l'⌣ acheter du sucre/du café/ des pâtes/des conserves, cet ⌣.*

une **épidémie** ‖ *une ⌣ de grippe/de typhus, il y a une ⌣ de grippe à l'école, prendre des mesures pour enrayer l'⌣, son ⌣.*

épier *v.* Observer attentivement et secrètement: *le lion épie sa proie, ⌣ un suspect/ des amoureux.* ⚠ Imparfait: nous épiions, vous épiiez.

un **épilogue** ‖ CONTR. le prologue: *l'⌣ d'une pièce de théâtre; l'⌣ d'une affaire judiciaire, cet ⌣.*

les **épinards** *m.* *(au pluriel)* Légume vert (dont on mange les feuilles cuites): *des ⌣ hachés, manger des ⌣ au jambon, des œufs aux ⌣.*

une **épine** Piquant d'une plante: *les ⌣s de la rose, se piquer à une ⌣, la couronne d'⌣s du Christ, son ⌣.*

épineux, épineuse *adj.* Plein d'épines: *la tige ⌣se de la rose; une question ⌣se (= difficile).*

une **épingle** *les ⌣s servent à attacher des morceaux de tissu, se piquer avec une ⌣, une ⌣ de sûreté, mon/ton/son ⌣.*

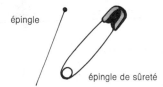

épingle

épingle de sûreté

épique *adj.* ‖ Qui raconte en vers une grande action: *un poème/un style ⌣.*

épiscopal, épiscopale *adj.* (**épiscopaux, épiscopales**) D'un évêque: *les ornements ⌣aux, la bénédiction ⌣e.*

un **épisode** ‖ *raconter un ⌣ de sa vie, un feuilleton en 10 ⌣s, un curieux ⌣, un ⌣ comique/tragique, cet ⌣.* ⚠ **Un** épisode.

une **épithète** *Dans «une belle femme» l'⌣ est «belle», une ⌣ bien choisie/banale, son ⌣.*

éplucher *v.* Enlever la peau ou l'écorce: *⌣ des pommes de terre/des radis/de la salade/des crevettes; ⌣ un texte (= le regarder en détail).* ⚠ On dit: **peler** une

pomme/une orange.

une **éponge** Objet léger et poreux qui peut absorber l'eau: *une ⌣ de toilette, presser l'⌣, nettoyer qc avec une ⌣, mon/ton/son ⌣.* ⚠ **Une** éponge.

une **époque** ‖ *l'⌣ d'Henri IV, à cette ⌣, l'⌣ des vacances, qc fait ⌣, mon/ton/son ⌣.*

épouser *v.* Se marier avec qn: *⌣ un homme/une femme, elle cherche à se faire ⌣; ⌣ les idées/les intérêts de qn (= adopter.)*

épouvantable *adj.* Effroyable, affreux, horrible; CONTR. agréable, rassurant, beau: *entendre des cris ⌣s, une colère ⌣, commettre un crime ⌣.*

un **épouvantail** (**les épouvantails**) Objet qui ressemble à un homme et que l'on met dans les champs pour effrayer les oiseaux: *un ⌣ à moineaux, cet ⌣.*

une **épouvante** Peur violente, frayeur: *un film d'⌣, être saisi d'⌣, mon/ton/son ⌣.*

un **époux**, une **épouse** Le mari, la femme mariée: *prendre qn pour époux/épouse, cet ⌣, mon/ton/son épouse.* ⚠ Plus courant: **le mari, la femme.** ⚠ **Homme** à la place de mari/époux appartient au langage populaire. ⚠ Les époux (= le couple marié).

une **épreuve 1.** Chacune des diverses parties d'un examen/d'une compétition sportive: *les ⌣s écrites/orales, les ⌣s d'un concours, les ⌣s des jeux Olympiques, son ⌣.* **2.** La souffrance, le malheur: *une vie pleine d'⌣s, subir des ⌣s.* **3.** *mettre qn/qc à l'⌣ (= vérifier la qualité), mettre la patience de qn à l'⌣.*

épris, éprise *adj.* Amoureux, pris de passion: *être très ⌣ d'une femme.*

éprouver *v.* Avoir un sentiment, sentir: *⌣ un désir/de la tendresse pour qn/une grande joie/une douleur, dire au médecin ce qu'on éprouve; la mort de sa mère l'a bien éprouvé (= faire souffrir).*

épuiser *v.* **1.** Consommer entièrement: *⌣ les réserves, un sujet (= tout dire).* **2.** Réduire les forces de qn: *cette maladie l'a épuisé, le long voyage nous a épuisés, un coureur épuisé.* – **s'**⌣ (il s'est épuisé), *s'⌣ à faire qc, s'⌣ en efforts inutiles.*

un **équateur** [-kwa-] ‖ *l'⌣ terrestre, le passage de l'⌣ par un navire.*

une **équerre** *une ∼ à dessiner, mon/ton/ son ∼.*

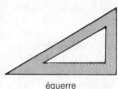

équerre

un **équilibre** Position verticale stable: *l'∼ du corps, mettre/être en ∼, se tenir en ∼, garder son ∼, perdre l'∼ (= tomber), rester en ∼ sur les skis, cet ∼.*

un **équipage** Les personnes qui sont en service à bord d'un bateau/d'un avion: *un homme d'∼, l'∼ d'un avion/d'un bateau, cet ∼.* △ Un équipage.

une **équipe** Groupe de personnes qui jouent ou travaillent ensemble: *travailler/jouer en ∼, faire partie d'une ∼, le chef d'∼, l'esprit d'∼, l'∼ de football se compose de onze joueurs, mon/ton/son ∼.*

un **équipement** Les objets nécessaires à qc: *l'∼ du soldat, l'∼ de chasse/de pêche/de ski/de camping, l'∼ d'une usine, cet ∼.*

équiper *v.* Donner les choses nécessaires à une activité: *∼ une armée/un navire de qc. – s'∼ (il s'est équipé), s'∼ pour la chasse/pour le camping.*

équivalent, équivalente *adj.* Égal; CONTR. différent: *deux sommes ∼es, deux expressions qui sont ∼es (= synonymes).*

équivoque *adj.* Qui n'est pas clair, que l'on peut comprendre de plusieurs manières; CONTR. clair, précis: *une réponse/ une phrase ∼, un regard ∼ (CONTR. franc).*

une **ère** ‖ L'époque, la période: *l'∼ chrétienne, l'∼ industrielle/atomique.*

érotique *adj.* ‖ *la poésie ∼, des désirs ∼s.*

errer *v.* Aller au hasard: *un vagabond qui erre sur les chemins, un chien errant; un regard errant (= vague).*

une **erreur** Action de se tromper, la faute: *faire une ∼ de calcul, commettre une ∼ (= se tromper), faire qc par ∼, c'est une ∼ de faire cela, reconnaître une ∼, corriger une ∼, mon/ton/son ∼.* △ Une erreur.

une **éruption** ‖ *un volcan en ∼; une ∼ de boutons (sur la figure), son ∼.*

escalader *v.* Monter sur/dessus, grimper: *∼ le mur du jardin, ∼ une montagne.*

un **escalier** *monter/descendre l'∼, les marches de l'∼, un ∼ de service, un ∼ mécanique/roulant, cet ∼.*

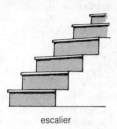

escalier

une **escalope** Tranche mince de viande: *une ∼ de veau, une ∼ panée, mon/ton/son ∼.*

un **escargot** [-go] *la coquille/les cornes de l'∼, ramasser/manger des ∼s, aller/avancer comme un ∼ (= très lentement), cet ∼.*

escargot

un **esclave** ‖ CONTR. l'homme libre: *le maître et ses ∼s, un ∼ affranchi; être (l')∼ de qn/de sa profession, cet ∼.*

une **escorte** ‖ *faire ∼ à qn, une ∼ de motocyclistes, conduire un prisonnier sous bonne ∼ (= garde), mon/ton/son ∼.*

un **escroc** [-kro] Qui trompe la confiance des gens: *être victime d'un ∼, arrêter un ∼, cet ∼.*

une **escroquerie** La tromperie, l'abus de confiance: *être victime d'une ∼, une tentative d'∼, son∼.*

un **espace** *envoyer une fusée dans l'∼ (= hors de l'atmosphère), ici on manque d'∼ (= de place), l'∼ entre deux maisons (= la distance), il a fini tous ses devoirs en l'∼ d'une heure (= l'intervalle), dans cette ville il y a beaucoup d'∼s verts (= parcs, jardins), cet ∼.* △ Un espace.

une **espèce 1.** La sorte, le genre: *plusieurs ∼s d'animaux, des verres de toute ∼ (= diffé-*

rents), il y a diverses ⁓s de sportifs, une ⁓ de . . . (= une sorte de . . .), de toute ⁓, son ⁓. **2.** *(au pluriel)* Argent liquide (CONTR. chèque): *payer en ⁓s.*

une **espérance** Sentiment d'une personne qui espère: *entretenir des ⁓s, contre toute ⁓, perdre l'⁓, fonder de grandes ⁓s sur qn/sur qc, mon/ton/son ⁓.* ⚠ **L'espoir** est plus courant.

espérer *v.* (j'espère, il espère, nous espérons, ils espèrent; il espérera) Vouloir que ce que l'on désire se réalise: *⁓ une récompense/un cadeau, je l'espère bien, ⁓ faire qc, il espère réussir, ⁓ que* + ind. (fut.). ⚠ «Espérer **de** faire qc» est incorrect.

espiègle *adj.* Vif et malicieux (sans méchanceté) en parlant d'un enfant, polisson: *un enfant ⁓; un regard ⁓, des yeux ⁓s.*

un **espionnage** Organisation secrète qui recueille et transmet des renseignements secrets: *les services d'⁓, un roman d'⁓, le contre-⁓, cet ⁓.* ⚠ **Un** espionnage.

un **espoir** Le sentiment qui porte à croire que ce que l'on désire se réalisera; CONTR. le désespoir, la résignation: *avoir l'⁓ de . . ., être plein d'⁓, j'ai le ferme ⁓ que* + fut., *je suis venu dans l'⁓ de le voir, cet ⁓.*

un **esprit** La faculté qui nous permet de penser et de comprendre: *l'⁓ humain, l'état d'⁓, l'⁓ logique, une idée qui me vient à l'⁓, se mettre qc dans l'⁓, la présence d'⁓ (= le sang-froid), perdre l'⁓ (= devenir fou), avoir de l'⁓ (= humour), cet ⁓.*

esquisser *v.* Dessiner qc en quelques traits: *⁓ un plan/un portrait/un paysage, ⁓ qc à grands traits.*

un **essai** Action d'essayer, l'expérience: *faire un ⁓, faire l'⁓ de qc, mettre qc à l'⁓, le premier ⁓, le pilote d'⁓, un tube à ⁓, une période d'⁓ de six mois, cet ⁓.*

un **essaim** Un groupe d'insectes: *un ⁓ d'abeilles, un ⁓ d'écoliers/de jeunes filles, cet ⁓.*

essayer *v.* (j'essaie, il essaie, nous essayons, ils essaient; il essaiera) **1.** Utiliser pour voir si cela convient: *⁓ une voiture/ une robe/une lessive.* **2.** Faire des efforts: *⁓ de faire qc, ⁓ de dormir.* ⚠ «Essayer à faire qc» ne se dit plus.

une **essence** Liquide tiré du pétrole qui fait marcher les moteurs: *le réservoir à ⁓, la pompe à ⁓, faire le plein (d'⁓), son ⁓.*

essentiel, essentielle 1. *adj.* Le plus important; CONTR. secondaire, inutile, superflu: *le point/le trait ⁓, la condition ⁓le, il est ⁓ de faire qc.* **2.** *m. l'⁓ est de réussir, c'est l'⁓, oublier l'⁓. – adv.* **essentiellement.**

essouffler *v.* Faire perdre le souffle: *la course m'a essoufflé, je suis essoufflé.*

un **essuie-glace** *les deux ⁓s de la voiture, mettre en marche les ⁓s parce qu'il pleut, cet ⁓.*

essuie-glace

essuyer *v.* (j'essuie, il essuie, nous essuyons, ils essuient; il essuiera) Sécher en frottant avec un linge; CONTR. humecter, mouiller: *laver et ⁓ la vaisselle, ⁓ les meubles avec un chiffon (pour enlever la poussière).* – **s'⁓** (il s'est essuyé), *s'⁓ la bouche/le front/les mains avec une serviette, s'⁓ les larmes.*

l' **est** [ɛst] *m.* La direction où le soleil se lève; CONTR. l'ouest: *le soleil se lève à l'⁓, être à l'⁓ de, les relations entre l'Est et l'Ouest, Berlin Est.*

esthétique 1. *adj.* ‖ Qui concerne la beauté: *un jugement ⁓, la chirurgie ⁓, ce n'est pas ⁓ tous ces cartons sur votre balcon.* **2.** *f. l'⁓ d'un visage.*

une **estime** La bonne opinion que l'on a de la valeur de qn; CONTR. le mépris: *avoir de l'⁓ pour qn, il monte/il baisse dans mon ⁓, mon/ton/son ⁓.*

estimer *v.* **1.** Avoir une bonne opinion de qn, apprécier: *⁓ un employé/un collègue/une opinion, être estimé de qn.* **2.** Penser, être d'avis, exprimer une opinion: *⁓ que* + ind., *⁓ faire qc, j'estime avoir fait mon devoir.*

estival, estivale *adj.* (estivaux, estivales) Qui concerne l'été: *les températures ⁓es.*

un **estomac** [-ma] Organe où passe la nourriture (venant de la bouche): *avoir l'⁓ vide/plein/chargé, se remplir l'⁓, avoir une maladie d'⁓, cet ⁓.*

et *conj.* de coordination: *toi ⁓ moi, deux ⁓ deux font quatre, vingt ⁓ un, une heure ⁓ demie, ⁓ puis* . . .

une **étable** Bâtiment où sont les vaches, les bœufs: *nettoyer l'⁓, ouvrir la porte de l'⁓, mon/ton/son ⁓.* ⚠ **Une** étable. ⚠ **L'écurie** abrite les chevaux, la **porcherie** les cochons.

établir *v.* Fonder, installer; CONTR. démolir, détruire, partir: *⁓ une usine, ⁓ une liste des candidats. – s'⁓* (il s'est établi), *un médecin s'est établi dans cette ville.*

un **établissement** L'entreprise, la maison de commerce: *un ⁓ commercial/industriel; un ⁓ public/scolaire, cet ⁓.*

un **étage** *un immeuble à/de trois ⁓s, habiter au premier/troisième ⁓, cet ⁓; une fusée à trois ⁓s.* ⚠ **Un** étage.

une **étagère** *une ⁓ couverte de livres, mon/ton/son ⁓.*

étagère

un **étalage** Exposition des marchandises à vendre: *les ⁓s d'un grand magasin, voir qc à l'⁓; faire ⁓ de ses qualités, cet ⁓.*

étaler *v.* Mettre (de façon à occuper beaucoup de place): *⁓ des objets sur la table, ⁓ un tapis dans le salon, ⁓ de la peinture.*

un **étang** Petit lac peu profond: *pêcher dans l'⁓, un ⁓ poissonneux, cet ⁓.*

une **étape** La halte, la distance entre deux haltes: *fixer les ⁓s d'un voyage, arriver à l'⁓, les ⁓s du Tour de France, une longue*

⁓, son ⁓.

un **état 1.** Manière d'être: *l'⁓ de santé, être en ⁓ de faire qc, l'⁓ d'esprit/d'âme, cette maison est en mauvais ⁓.* **2.** *l'⁓ civil* (= *liens familiaux, dates et faits principaux de la vie d'une personne), cet ⁓.*

un **État** La nation: *le chef d'⁓, un homme d'⁓, les affaires d'⁓, un coup d'⁓, l'⁓ fédéral, les ⁓-Unis, cet ⁓.*

etc. (= et cetera) Et le reste: *j'étais à Paris, Dijon, Lyon, Marseille, ⁓.*

un **été** La saison chaude qui suit le printemps: *le soleil d'⁓, un ⁓ chaud/pluvieux, les vacances d'⁓, en ⁓, cet ⁓.* ⚠ **Un** été.

éteindre *v.* (j'éteins, il éteint, nous éteignons, ils éteignent; il éteignit; il a éteint) Faire cesser de brûler; CONTR. allumer: *⁓ le feu/la lumière/l'électricité/la lampe, ⁓ un volcan éteint. – s'⁓* (il s'est éteint), *le feu s'éteint.*

étendre *v.* **1.** Ouvrir largement: *⁓ les bras, l'oiseau étend ses ailes.* **2.** Mettre à plat: *⁓ le tapis sur le parquet, ⁓ le blessé sur un lit.*

étendu, étendue *adj.* Large: *une vue ⁓e, des connaissances ⁓es.*

éternel, éternelle *adj.* Qui n'a ni commencement ni fin; CONTR. temporel, passager: *Dieu est ⁓, la vie ⁓le. – adv.* **éternellement.**

une **éternité** Durée qui n'a ni commencement ni fin: *l'⁓ de Dieu; il y a une ⁓ que je ne vous ai pas vu* (= *très longtemps).*

éternuer *v.* Laisser sortir l'air par le nez bruyamment et violemment: *⁓ quand on a un rhume, le poivre me fait ⁓.*

étinceler *v.* (il étincelle, ils étincellent; il étincellera) Briller, lancer des feux: *les diamants étincellent, la mer étincelle au soleil, des yeux étincelants.*

une **étincelle** Petit éclat de matière en feu: *une ⁓ électrique, les ⁓s jaillissent, jeter des ⁓s, son ⁓.*

une **étiquette** *mettre une ⁓ sur le sac, coller une ⁓ sur un livre de classe, mon/ton/son ⁓.* ⚠ **Une** étiquette.

une **étoffe** Matière textile dont on fait les vêtements, etc., le tissu: *une ⁓ de laine/de coton, une pièce d'⁓, acheter cette belle ⁓, une ⁓ solide, mon/ton/son ⁓.* ⚠ **Une** étoffe.

une **étoile** *les* ⌣*s brillent dans le ciel, l'*⌣ *po-
laire, passer la nuit à la belle* ⌣ *(= en plein
air); un général à trois* ⌣*s, un hôtel trois*
⌣*s, son* ⌣*.*

étoiles

étonnant, étonnante *adj.* Incroyable,
extraordinaire, qui frappe l'esprit;
CONTR. habituel, normal, ordinaire, banal: *une événement* ⌣*, apprendre une
chose* ⌣*e, je trouve* ⌣ *que* + subj., *il est* ⌣
que + subj. – *adv.* **étonnamment.**

un **étonnement** Surprise causée par qc
d'extraordinaire/d'inattendu; CONTR. l'indifférence: *causer de l'*⌣*, éprouver un
grand/profond* ⌣*, entendre qc avec/sans*
⌣*, à mon* ⌣*, cet* ⌣*.*

étonner *v.* Causer de la surprise: ⌣ *qn
par qc, cela m'a beaucoup étonné, un regard étonné, être étonné de qc, il m'étonne
que* + subj. – **s'**⌣ (il s'est étonné), *s'*⌣ *de
qc, je m'étonne que* + subj.

étouffer *v.* Respirer avec difficulté, empêcher de respirer: *j'étouffe de chaleur,
être mort étouffé; l'angoisse l'étouffe;* ⌣
l'opposition/l'opinion publique, ⌣ *un
scandale (= cacher).*

une **étourderie** L'inattention, la distraction:
l'⌣ *des enfants, agir avec* ⌣*, commettre
une* ⌣ *(= un acte irréfléchi), mon/ton/
son* ⌣*.*

étourdi, étourdie 1. *adj.* Qui agit sans
réflexion, distrait; CONTR. attentif, prudent: *un enfant* ⌣*, un réponse* ⌣*e.* **2.** *m./f.*
c'est une petite ⌣*e, parler en* ⌣*, agir
comme un* ⌣*, cet* ⌣*.*

étrange *adj.* Qui étonne/surprend, bizarre; CONTR. banal, ordinaire: *une* ⌣ *aventure, sa conduite est* ⌣*, entendre des bruits*
⌣*s.* – *adv.* **étrangement.** △ Ne pas confondre avec **étranger** (= d'une autre nation).

un **étranger,** une **étrangère 1.** Personne

d'une autre nationalité: *beaucoup d'*⌣*s
viennent en France, aimer/mépriser les* ⌣*s,
avoir des préjugés contre les* ⌣*s, épouser
une* ⌣*ère, cet* ⌣*.* **2.** *m.* Pays étranger:
voyager/vivre à l'⌣*.* **3.** *adj.* apprendre une
langue ⌣*ère, passer ses vacances dans des
pays* ⌣*s, les peuples* ⌣*s, les travailleurs*
⌣*s en France, la politique* ⌣*ère, les affaires* ⌣*ères.*

étrangler *v.* Serrer le cou, priver de respiration: ⌣ *qn de ses mains/avec un nœud
coulant; l'émotion l'étranglait.*

être *v.* (→ page 313) Avoir une réalité,
exister: *je suis à l'hôtel, il est midi, nous
sommes le 2 août, il est jeune,* ⌣ *bien/mal,
le livre est à moi,* ⌣ *aimé,* ⌣ *pour ou contre qn, ils sont partis, c'est-à-dire, c'est là/
ce sont là de beaux résultats, c'est/ce sont
ceux que nous attendons,* ⌣ *en train de
faire qc (= faire qc à ce moment).* △*il* **a**
été («être» se conjugue avec **avoir**).
△Est ce vrai? (toléré depuis 1977).

un **être** Tout ce qui vit; CONTR. la chose: *les*
⌣*s vivants, un* ⌣ *humain, désirer qc de
tout son* ⌣*, cet* ⌣*.*

les **étrennes** *f.* (au pluriel) Cadeau/gratifica-
tion à l'occasion du premier jour de l'année: *avoir de belles* ⌣*, donner des* ⌣ *à la
concierge/au facteur.*

étroit, étroite *adj.* CONTR. large: *une
rue* ⌣*e, des souliers trop* ⌣*s, garder des
relations* ⌣*es avec qn.* – *adv.* **étroitement.**

les **études** *f.* (au pluriel) Les activités pour
apprendre qc: *faire ses* ⌣*, les* ⌣ *scolaires,
une bourse d'*⌣*, un voyage d'*⌣*, finir/ter-
miner ses* ⌣*.* △La salle d'étude (sans -s).

un **étudiant,** une **étudiante** Personne qui
suit les cours d'une université: *être* ⌣*, l'*⌣
en médecine/en lettres, cet ⌣*.*

étudier *v.* **1.** Apprendre (en particulier):
à l'université): ⌣ *à l'université,* ⌣ *l'his-
toire/la médecine,* ⌣ *un texte.* **2.** Examiner
avec soin: ⌣ *un projet.*

un **étui** *l'*⌣ *à lunettes/à violon, les cigarettes
rangées dans l'*⌣*, cet* ⌣*.*

une **étymologie** ‖ L'origine d'un mot: *l'*⌣
*latine/germanique d'un mot français, cher-
cher/donner l'*⌣ *d'un mot, son* ⌣*.*

une **euphorie** [ø-] ‖ Sentiment de bien-être:
être en pleine ⌣*, une* ⌣ *passagère, plonger
qn dans un état d'*⌣*, mon/ton/son* ⌣*.*

l' **Europe** f. [ørɔp] ‖ l'~ centrale/occidentale/orientale, en ~, la carte d'~.

européen, européenne adj. ‖ De l'Europe: les peuples ~s, la civilisation ~ne, la Communauté économique ~ne (C.E.E.).

un **Européen** ‖ les ~s en Afrique, cet ~. **eux** → lui.

évacuer v. Faire partir (en particulier d'un lieu dangereux): faire ~ la salle/l'hôpital/la place, ~ les blessés, ~ les habitants d'une région sinistrée.

évaluer v. Porter un jugement sur la valeur/sur le prix de qc, estimer: faire ~ un tableau par un expert, ~ qc au-dessus/au-dessous de sa valeur, ~ un meuble à 2.000 F.

s'évanouir v. (il s'est évanoui) Perdre soudain connaissance: s'~ de douleur/de peur, j'ai cru que j'allais m'~, une femme évanouie.

s'évaporer v. (il s'est évaporé) Se transformer en vapeur: l'essence s'évapore facilement, l'eau s'est évaporée.

éveillé, éveillée adj. Qui a l'esprit vif: un enfant ~, un esprit ~, avoir l'œil ~.

un **événement** [evε-] Ce qui arrive, un fait important, l'incident: l'~ a lieu/se passe, un ~ heureux/malheureux/triste/imprévu, un ~ historique/politique, être témoin d'un ~, le cours des ~s, les ~s se déroulent/se précipitent, se laisser surprendre par les ~s, être au courant des ~s, cet ~. ⚠Évènement (orthographe tolérée depuis 1977).

une **éventualité** Caractère de ce qui est possible/éventuel; Contr. la nécessité, la réalité: envisager l'~ d'une nouvelle crise/guerre, examiner les ~s, son ~.

éventuel, éventuelle adj. Qui peut se produire ou non, possible; Contr. certain, inévitable: des profits ~s, un candidat ~. – adv. **éventuellement.**

un **évêque** Prêtre qui dans l'Église catholique conduit un diocèse: le pape a nommé un nouvel ~, cet ~.

évidemment adv. [-amã] Certainement, bien sûr: ~ il se trompe, vous avez ~ raison.

une **évidence** Caractère de ce qui est sûr/certain, la certitude; Contr. le doute, l'in-

certitude: c'est l'~ même, nier une chose contre toute ~, se rendre à l'~, de toute ~, son ~; en ~, mettre qc en ~ (= exposer).

évident, évidente adj. Certain, sûr, indiscutable, incontestable; Contr. contestable, douteux, incertain: une vérité/une preuve ~e, un avantage ~, il est ~ que + ind.

un **évier** un ~ de porcelaine/de métal, le robinet de l'~, rincer l'~ après avoir fait la vaisselle, cet ~.

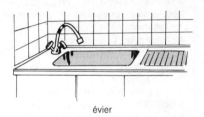

évier

éviter v. Essayer de ne pas rencontrer (ce qui est dangereux ou désagréable): ~ un coup/un choc/un obstacle/un danger/un accident/une catastrophe, ~ une faute, ~ qn/son regard, ~ de faire qc, ~ que . . . ne + subj.

évoluer v. Changer (en bien ou en mal), se développer; Contr. rester stable: cet enfant évolue, son cancer évolue.

une **évolution** Transformation lente, le changement: l'~ des choses/des idées, son ~.

évoquer v. Faire venir à l'esprit, rappeler à la mémoire: ~ le souvenir de qn/sa jeunesse, ~ un problème (= poser).

exact, exacte adj. **1.** ‖ Conforme à la réalité, correct, vrai, juste; Contr. inexact, faux, à peu près: c'est ~, une copie ~e du texte, le nombre ~, avez-vous l'heure ~e?, le compte est ~, se faire une idée ~e de qc. **2.** Qui arrive à l'heure, ponctuel: être ~ à un rendez-vous. – adv. **exactement.** ⚠ «Exact» se prononce [εgza] ou le plus souvent [εgzakt].

une **exactitude** Caractère de ce qui est exact, précis, correct; Contr. l'inexactitude, l'erreur: l'~ d'un récit/d'une traduction, vérifier l'~ de qc, son ~.

exagérer v. (j'exagère, il exagère, nous

exagérons, ils exagèrent; il exagérera) Parler de qc en le présentant plus grand/ plus important que dans la réalité; CONTR. atténuer, réduire: ~ *ses succès, il ne faut rien* ~, *sans* ~, *»Vous exagérez un peu.»*

un **examen** [ɛgzamɛ̃] **1.** L'action de considérer avec attention pour vérifier/contrôler: *faire un* ~ *détaillé/minutieux/superficiel de qc, un* ~ *médical, subir un* ~. **2.** ‖ *Le baccalauréat/la licence sont des* ~*s, se préparer à un* ~, *passer un* ~, *se présenter/ être reçu/échouer à un* ~, *cet* ~. ⚠ Distinguez «passer un examen» (= s'y soumettre) et «réussir à un examen».

examiner *v.* **1.** Regarder très attentivement, soumettre à un examen: ~ *les qualités/les défauts de qc, le médecin a examiné les blessures.* **2.** ‖ ~ *qn,* ~ *un étudiant/un candidat (= interroger).*

exaspérer *v.* (j'exaspère, il exaspère, nous exaspérons, ils exaspèrent; il exaspérera) Irriter fortement qn, énerver, impatienter; CONTR. calmer: *il m'exaspère avec ses plaintes, ses mensonges m'ont exaspéré, j'étais exaspéré de cette réponse.*

exaucer *v.* Accorder ce que qn demande, accomplir: *Dieu l'a exaucé,* ~ *une prière/une demande.*

excellent, excellente *adj.* ‖ Très bon, parfait; CONTR. mauvais: *c'est* ~ *pour la santé, le dîner a été* ~, *un* ~ *professeur, une* ~*e idée.* ⚠ Excellant = participe présent de «exceller».

exceller *v.* Être excellent: ~ *dans sa profession, cette actrice excelle dans la comédie, l'élève excelle en latin,* ~ *à faire qc.*

excepté *prép.* À l'exception de, sauf; CONTR. inclus: *tous les jours de la semaine* ~ *le lundi, tous sont là* ~ *Paul et Jean.* ⚠ «Excepté» est invariable.

excepter *v.* Ne pas comprendre dans, exclure; CONTR. inclure: ~ *qc, sans* ~ *personne.*

une **exception** Ce qui n'est pas conforme aux règles: *faire une* ~ *à qc, l'* ~ *confirme la règle, une* ~ *à la règle, par* ~, *sans* ~, *à l'* ~ *de, mon/ton/son* ~.

exceptionnel, exceptionnelle *adj.* Qui est très rare; CONTR. normal, ordinaire, régulier: *c'est une occasion* ~*le, dans des*

circonstances ~*les, recevoir un congé* ~. – *adv.* **exceptionnellement.**

un **excès** Trop grande quantité, ce qui dépasse la mesure, l'abus: *tomber d'un* ~ *dans l'autre, l'* ~ *de travail, une contravention pour* ~ *de vitesse, un* ~ *de précautions, il dépense avec* ~, *boire à l'* ~, *cet* ~.

excessif, excessive *adj.* Trop grand, énorme, extrême: *un prix* ~, *une chaleur* ~*ve.* – *adv.* **excessivement.**

exciter *v.* Causer, stimuler, provoquer; CONTR. apaiser, calmer: ~ *la curiosité/ l'envie/l'admiration/la passion/la colère de qn,* ~ *qn à la révolte,* ~ *qn à faire qc.*

une **exclamation** Un cri qui exprime une émotion: *pousser des* ~*s, une* ~ *de surprise, retenir une* ~, *le point d'* ~*(!), mon/ ton/son* ~.

exclure *v.* (j'exclus, il exclut, nous excluons, ils excluent; il exclut; il a exclu, il exclura) Refuser d'admettre; CONTR. garder, accueillir, admettre: ~ *qn d'une équipe,* ~ *que* + subj., *il n'est pas exclu que* + subj. (= *il est possible*).

exclusif, exclusive *adj.* ‖ Spécial: *un modèle* ~, *l'État se réserve le droit* ~ *de vendre le tabac.*

une **exclusivité** Le droit exclusif de vendre/ de publier: *un marchand a l'* ~ *d'une marque dans une région, un cinéma d'* ~*s, un film en* ~, *son* ~.

une **excursion** ‖ Longue promenade que fait un touriste: *une* ~ *en montagne/aux châteaux de la Loire, faire une* ~ *en autocar, mon/ton/son* ~.

excusable *adj.* Qui peut être excusé, pardonnable; CONTR. impardonnable: *une erreur* ~, *être* ~ *d'avoir fait qc, à son âge c'est* ~.

une **excuse** Raison que l'on donne pour ne pas être puni; CONTR. le reproche: *chercher des* ~*s, présenter/donner une* ~, *sa faute est sans* ~, *je vous fais toutes mes* ~*s, il a une bonne* ~ (= *prétexte*), *mon/ ton/son* ~.

excuser *v.* Pardonner, justifier; CONTR. accuser, reprocher, condamner: ~ *qc,* ~ *son retard, essayer d'* ~ *une erreur, «Pour cette fois, je vous excuse.»* – **s'** ~ (il s'est excusé) Demander pardon: *il s'est excusé* *mille fois, «Excusez-moi.», s'∼ auprès de qn, s'∼ d'avoir fait qc.*

exécuter *v.* **1.** Faire ce que l'on a projeté: *∼ un travail/un projet, un plan difficile à ∼, ∼ les ordres de qn, ∼ une symphonie (= la jouer).* **2.** *∼ qn (= faire mourir un condamné), ∼ un espion/un traître.*

exécutif, exécutive *adj.* ‖ *le pouvoir ∼ (= le gouvernement).*

une **exécution** **1.** La réalisation: *l'∼ d'un projet, l'∼ des travaux, son ∼.* **2.** ‖ La mise à mort d'un condamné: *le peloton d'∼.*

un **exemplaire** **1.** Un livre, un journal: *tirer un livre à dix mille ∼s, les ∼s d'un journal, cet ∼.* **2.** *adj.* ‖ Parfait: *une mère ∼, une punition ∼.*

un **exemple** Le modèle: *donner l'∼ à qn, servir d'∼ à qn, voici un ∼, par ∼, suivre l'∼ de qn, cet ∼.* ⚠ Orthographe: exemple.

exempt [ɛgzã], **exempte** *adj.* Qui n'est pas obligé de payer une taxe, etc.: *être ∼ de taxe/d'impôts.*

exercer *v.* (-ç- devant a et o: nous exerçons; il exerçait; exerçant) **1.** Soumettre à un entraînement, former: *∼ son esprit/sa mémoire, ∼ qn à qc, ∼ qn à faire qc, s'∼ à calculer.* **2.** Employer, pratiquer: *∼ un pouvoir/une influence/une pression sur qn, ∼ le métier d'architecte/de boulanger.*

un **exercice** Travail pour exercer/pour développer ses facultés: *les ∼s de grammaire, faire des ∼s, le professeur donne un ∼ aux élèves, l'∼ physique/de gymnastique, faire un peu d'∼, cet ∼.*

exiger *v.* (-ge- devant a et o: nous exigeons; il exigeait; exigeant) Demander avec force/comme un droit, réclamer: *∼ des excuses/des explications, ∼ l'exécution d'un contrat, ce travail exige beaucoup d'attention, ∼ de faire qc, ∼ que + subj., ∼ de qn que + subj.; être exigeant, un métier exigeant.*

exigu, exiguë *adj.* Trop étroit, trop petit: *un appartement ∼.*

un **exil** ‖ *envoyer qn en ∼, être en ∼, Napoléon fut en ∼ à Sainte-Hélène (= exilé), cet ∼.*

une **existence** **1.** ‖ Le fait d'avoir une réalité: *découvrir l'∼ de qc, prouver l'∼ de Dieu.*

2. La vie: *mener une ∼ misérable, les moyens d'∼ (= ce qu'on a pour vivre), mon/ton/son ∼.*

exister *v.* ‖ Avoir une réalité, être: *∼ depuis longtemps, les difficultés qui existent encore, cette loi existe depuis 1945, il existe . . . (= il y a).*

un **exode** Départ en masse, l'émigration: *l'∼ des Parisiens au début des vacances, cet ∼.*

exorbitant, exorbitante *adj.* Excessif, qui scandalise: *un prix ∼.*

exotique *adj.* ‖ Qui vient des pays lointains et chauds: *des produits/des plantes/des fruits ∼s, des danses ∼s, un plat ∼.*

une **expansion** ‖ *l'∼ d'un pays hors de ses frontières, la politique d'∼, l'∼ économique, son ∼.*

expédier *v.* Envoyer à un endroit précis: *∼ une lettre par la poste, ∼ une valise par le train.*

un **expéditeur** Contr. le destinataire: *l'∼ d'une lettre/d'un colis, cet ∼.*

une **expédition** ‖ Voyage dans un pays lointain: *une ∼ en Afrique/dans l'Himalaya, organiser une ∼, les membres de l'∼, prendre part à une ∼, mon/ton/son ∼.*

une **expérience** **1.** Connaissance qui résulte de la pratique; Contr. la théorie: *avoir l'∼ des hommes, avoir de l'∼ dans son métier, faire l'∼ de qc, connaître/savoir qc par ∼, il manque d'∼, mon/ton/son ∼.* **2.** L'essai: *une ∼ de physique/de chimie, les médecins font des ∼s sur les animaux.*

expérimenter *v.* *∼ un appareil/un remède, ∼ un vaccin sur les lapins.*

un **expert** **1.** ‖ Le spécialiste: *consulter un ∼, l'avis de l'∼, cet ∼.* **2.** *adj.* *un technicien ∼, être ∼ dans qc/en la matière.*

une **expertise** Examen technique fait par un expert: *soumettre qc à une ∼, un rapport d'∼, mon/ton/son ∼.*

expier *v.* Payer pour une peine/pour un crime: *∼ son crime/sa faute.*

expirer *v.* Expulser l'air des poumons; Contr. inspirer: *∼ lentement.*

explicatif, explicative *adj.* Qui explique: *une note ∼ve jointe au texte.*

une **explication** L'action d'expliquer, le commentaire: *demander des ∼s à qn sur qc, donner une ∼ de qc, une ∼ de texte,* *mon/ton/son* ⌣.

expliquer *v.* Faire comprendre qc à qn, rendre clair: ⌣ *ses projets/ses intentions à qn,* ⌣ *à qn la règle du jeu, comment* ⌣ *cela?,* ⌣ *un texte difficile/le fonctionnement de la machine,* ⌣ *que* + ind., *je ne sais pas si je me suis bien expliqué.* △ **Déclarer** qn coupable.

un **exploit** Une action remarquable: *un* ⌣ *sportif, réaliser un* ⌣, *cet* ⌣.

une **exploitation** L'entreprise (ferme, mine, etc.): *être propriétaire de l'* ⌣, *une* ⌣ *agricole/commerciale/industrielle, mon/ton/ son* ⌣.

exploiter *v.* Faire produire afin de tirer profit: ⌣ *une mine/une ferme/la situation; le patron qui exploite ses employés.*

explorer *v.* Parcourir pour étudier/pour examiner: *découvrir et* ⌣ *une île/un pays/ une région.*

exploser *v.* Faire explosion, détoner: *la bombe explose, le gaz qui explose au contact d'une flamme, faire* ⌣ *une charge de dynamite;* ⌣ *de colère/en reproches.*

explosif, explosive 1. *adj.* ‖ Qui peut exploser: *un mélange* ⌣, *il a un tempérament* ⌣ *(= coléreux).* **2.** *m.* Matériel explosif: *transporter des* ⌣*s, cet* ⌣.

une **explosion** ‖ *entendre le bruit d'une* ⌣, *faire* ⌣, *l'* ⌣ *d'une bombe, son* ⌣.

une **exportation** ‖ La vente des marchandises à l'étranger; Contr. l'importation: *l'* ⌣ *d'automobiles/de vin/d'oranges, son* ⌣.

exporter *v.* ‖ Vendre à l'étranger; Contr. importer: ⌣ *du vin/des matières premières.*

un **exposé** Ce que l'on écrit ou dit pour faire connaître des faits/des idées: *faire un* ⌣ *des faits/de la situation, un* ⌣ *chronologique, faire un* ⌣ *sur qc à l'oral d'un examen, cet* ⌣.

exposer *v.* Présenter; Contr. cacher: ⌣ *des marchandises dans une vitrine,* ⌣ *qc aux yeux de tout le monde;* ⌣ *ses idées.* – **s'** ⌣ *(il s'est exposé), s'* ⌣ *au soleil/à un danger/à la critique.*

une **exposition** La présentation d'œuvres/de produits, etc. au public: *visiter une* ⌣ *internationale, une* ⌣ *de peinture/industrielle, son* ⌣.

exprès 1. *adv.* [-prɛ] Avec intention, spécialement; Contr. malgré soi, involontairement: *je suis venu* ⌣ *pour parler de cette question, «Excusez-moi, je ne l'ai pas fait* ⌣*.»* **2.** *adj.* [-prɛs] *un colis/une lettre* ⌣.

un **express** [-prɛs] ˋTrain plus rapide que l'omnibus/moins rapide que le rapide: *un train* ⌣, *le trajet dure une heure par l'* ⌣, *prendre l'* ⌣ *de Paris, cet* ⌣.

expressément *adv.* Formellement, en termes clairs: *défendre qc* ⌣.

expressif, expressive *adj.* ‖ Qui exprime bien: *un terme* ⌣, *un geste* ⌣, *avoir un visage* ⌣, *un regard* ⌣ *(= éloquent).* – *adv.* **expressivement.**

une **expression 1.** Action d'exprimer: *«Veuillez agréer l'* ⌣ *de mes meilleurs sentiments.»* **2.** Groupe de mots, façon de parler: *une* ⌣ *argotique/toute faite, employer une* ⌣ *ironique, mon/ton/son* ⌣.

exprimer *v.* Faire connaître ses idées et ses sentiments par la parole, dire; Contr. cacher, taire: ⌣ *des idées par des paroles, s'* ⌣ *clairement/en français/par gestes;* ⌣ *sa joie/son mécontentement.*

exquis [-ki], **exquise** *adj.* D'une délicatesse recherchée; Contr. commun, ordinaire: *un dessert* ⌣, *une politesse* ⌣*e.*

une **extase** ‖ *être en* ⌣ *devant qc/une peinture, mon/ton/son* ⌣.

une **extension** L'action de donner une plus grande dimension: *l'* ⌣ *d'une épidémie, ce commerce a pris de l'* ⌣, *son* ⌣.

extérieur, extérieure 1. *adj.* Contr. intérieur: *la cour* ⌣*e, les murs* ⌣*s de la maison, l'aspect* ⌣ *de qc, la politique* ⌣*e, le commerce* ⌣. **2.** *m.* à *l'* ⌣ *(= en dehors), l'* ⌣ *d'une maison.* – *adv.* **extérieurement.**

un **externe** Élève qui ne vit pas à l'école/à l'internat/en pension; Contr. interne, pensionnaire: *être* ⌣, *cet* ⌣.

une **extinction** Action d'éteindre: *l'* ⌣ *du feu/ de l'incendie, cet* ⌣.

extraire *v.* Enlever; Contr. enfoncer: ⌣ *une balle de la plaie.*

un **extrait** Passage tiré d'une œuvre littéraire/musicale: *citer/lire un* ⌣ *du roman, cet* ⌣.

extraordinaire *adj.* Contr. ordinaire, banal: *un accident* ⌣, *un récit* ⌣, *une*

beauté ⌐, *prendre des mesures* ⌐*s, rien d'*⌐, *trouver qc* ⌐, *je trouve* ⌐ *que* + subj. ⚠ Emploi familier: c'est **extra**, un vin de qualité **extra**, un repas **extra**. – *adv.* **extraordinairement.**
extravagant, extravagante *adj.* ‖ Bizarre, déraisonnable; CONTR. raisonnable: *une idée* ⌐*e, un costume* ⌐.
extrême *adj.* ‖ *l'* ⌐ *pointe, un plaisir* ⌐, *l'* ⌐ *droite/gauche, l'Extrême-Orient.* – *adv.* **extrêmement.**

un **extrémiste 1.** ‖ *un parti d'* ⌐*s, cet* ⌐.
2. *adj.* CONTR. modéré: *une solution* ⌐, *des députés* ⌐*s.* ⚠ Prendre une mesure **radicale.**
une **extrémité 1.** Partie qui se trouve tout à fait au bout: *chacune des deux* ⌐*s du jardin, son* ⌐. **2.** ‖ Les mains et les pieds: *avoir froid aux* ⌐*s.*
exubérant, exubérante *adj.* Qui déborde d'humeur vive; CONTR. calme: *une personne* ⌐*e, un enfant* ⌐.

F

la **fable** ‖ *les* ⌐*s de La Fontaine, la* ⌐ *du «Corbeau et du Renard», apprendre par cœur/réciter une* ⌐, *la morale de la* ⌐.
le **fabricant** *un* ⌐ *de tissus/de chaussures/ de jouets/de meubles.* ⚠ **fabriquant** est le participe présent de «fabriquer».
la **fabrication** *la* ⌐ *industrielle, un produit de* ⌐ *française, un défaut de* ⌐.
la **fabrique** Petite usine (peu mécanisée): *une* ⌐ *de bas/de meubles.* ⚠ **L'usine** est beaucoup plus courant.
fabriquer v. Produire des marchandises: ⌐ *des tissus/des outils/de la porcelaine,* ⌐ *des objets en grande quantité et à bon marché, cette usine fabrique des automobiles.* ⚠ Participe présent: **fabriquant.**
la **façade** ‖ La partie d'un bâtiment où se trouve la porte d'entrée: *une belle* ⌐, *la* ⌐ *d'une église/d'un château.*
la **face** Le visage (mot employé en particulier dans des locutions): *une photo de* ⌐ (CONTR. *de profil), sauver la* ⌐ (= *garder son prestige), faire* ⌐ *à qn/à qc, faire* ⌐ *à son adversaire, l'hôtel fait* ⌐ *à l'église, la maison est située en* ⌐ *de la mairie* (= *vis-à-vis).*
fâché, fâchée *adj.* En colère: CONTR. content, satisfait: *être* ⌐ *contre qn/de qc, il est* ⌐ *contre moi, il est* ⌐ *avec moi* (= *brouillé).* ⚠ Ne pas confondre avec
· **fâcheux.**
fâcher v. Mettre en colère; CONTR. faire plaisir: *cela va* ⌐ *votre père, être fâché que* + subj. – **se** ⌐ (il s'est fâché), *il s'est fâché*

contre qn (= *se mettre en colère)/avec qn* (= *ne plus s'entendre).*
fâcheux, fâcheuse *adj.* Désagréable, embarrassant; CONTR. agréable, heureux: *tomber dans une* ⌐*se situation, une* ⌐*se nouvelle (pour qn), un événement* ⌐, *il est* ⌐ *de faire cela, il est* ⌐ *que* + subj. – *adv.* **fâcheusement.** ⚠ Ne pas confondre avec **fâché** (= *en colère).*
facile *adj.* Qui se fait sans peine, simple; CONTR. difficile: *un travail* ⌐ (*pour qn), très* ⌐, *un texte* ⌐ *à traduire, facile à contenter, c'est* ⌐ *à réaliser, il est* ⌐ *de faire cela.* – *adv.* **facilement.** ⚠ **Il** est facile **de** faire qc; **c'est** facile.
la **facilité** CONTR. la difficulté, la complication: *la* ⌐ *du travail, parvenir à qc avec* ⌐, *il a une grande* ⌐ *à s'exprimer, des* ⌐*s de paiement/de crédit.*
faciliter v. Rendre facile/moins difficile; CONTR. gêner, empêcher: ⌐ *qc,* ⌐ *le travail de qn, cela ne facilitera pas les choses.*
la **façon** La manière: *je n'aime pas sa* ⌐ *de se conduire/de s'habiller, ne réponds pas de cette* ⌐*!, c'est une* ⌐ *de parler, parler d'une* ⌐ *ironique, accepter sans* ⌐ (= *tout de suite), de toute* ⌐ (= *quoi qu'il en soit), de telle* ⌐ *que* + subj.; *(au pluriel) ses* ⌐*s me déplaisent, faire des* ⌐*s* (= *être trop poli).*
le **facteur** Employé des postes qui porte les lettres etc. chez les gens; *le* ⌐ *distribue le courrier, le* ⌐ *m'a apporté deux lettres/un colis.*

la **faction** La garde: *mettre un soldat de* ∼ *devant la porte, un soldat en* ∼.

la **facture** Feuille de papier que reçoit le client et où sont écrits la quantité et le prix des marchandises achetées: *demander la* ∼, *payer/régler la* ∼. ⚠ On paie **la note** à l'hôtel, **l'addition** au restaurant.

facultatif, facultative *adj.* CONTR. obligatoire: *un cours* ∼, *un arrêt* ∼.

la **faculté 1.** Capacité (intellectuelle): *les* ∼*s intellectuelles de l'homme, avoir la* ∼ *de faire qc, ce travail dépasse ses* ∼*s.* **2.** ‖ À l'université: *être professeur à la* ∼ *des lettres/de médecine/de droit.*

fade *adj.* Qui manque de goût; CONTR. épicé, savoureux: *un aliment/une boisson* ∼*; une couleur* ∼ *(= qui manque d'éclat), un compliment* ∼ *(= plat).*

faible *adj.* Qui manque de force; CONTR. fort, robuste: *se sentir* ∼, *la maladie l'a rendu* ∼, *le sexe* ∼*; être* ∼ *en maths; une* ∼ *lumière, parler d'une voix* ∼, *entendre un* ∼ *bruit.* – *adv.* **faiblement.**

la **faiblesse** CONTR. la force, l'énergie: *être dans un état de* ∼, *donner un signe de* ∼, *une* ∼ *physique/momentanée, avoir une* ∼ *(= s'évanouir); la* ∼ *d'une armée/d'un gouvernement.*

faiblir *v.* Devenir faible; CONTR. se renforcer: *son courage/son espoir/sa patience faiblit, le bruit a faibli.*

la **faïence** *de la vaisselle en* ∼ *(et non pas en porcelaine).*

faillir *v.* Être sur le point de faire qc: *il a failli tomber/se noyer; il a failli à sa parole (= manquer).* ⚠ «faillir» ne s'emploie qu'au passé simple et aux temps composés.

la **faillite** La situation d'un commerçant incapable de payer ses dettes, la banqueroute: *faire* ∼, *être en* ∼.

la **faim** [fɛ̃] Le désir de manger: *souffrir de la* ∼, *avoir* ∼, *avoir très* ∼, *avoir une* ∼ *de loup, manger à sa* ∼, *mourir de* ∼. ⚠ **La** faim.

fainéant, fainéante *adj.* Qui ne veut rien faire, paresseux; CONTR. travailleur, actif: *un élève* ∼, *elle est* ∼*e.*

faire *v.* (je fais, il fait, nous faisons, vous **faites,** ils font; il fit; il a fait; qu'il fasse; il fera) **1.** Fabriquer: ∼ *un gâteau, le tailleur*

fait des habits, l'explosion fait du bruit, ∼ *son lit (= arranger),* ∼ *la guerre/du ski/la chasse, rien à* ∼, *il ne fait que rire (= il n'arrête pas), dix divisé par deux fait/font cinq, il fait beau/mauvais (= le temps est beau/mauvais), il fait chaud/froid, il fait nuit, il est fait pour ce métier.* **2.** Prier qn de: ∼ *venir le médecin,* ∼ *entrer qn, je les ai fait chercher.* ⚠ Ne pas confondre avec **laisser** (= permettre). **3.** «*Oui, fit-il.*» *(= dit-il).* ⚠ Vous **faites** (comme: vous **êtes,** vous **dites**).

le **faire-part** (les **faire-part**) Lettre généralement imprimée qui annonce un mariage/une mort, etc.: *envoyer un* ∼, *un* ∼ *de naissance/de mariage/de décès, faire imprimer des* ∼. ⚠ Une **lettre de faire part** (sans trait d'union).

le **fait** [fɛ/fɛt] **1.** Ce qui est arrivé, ce qui a eu lieu; CONTR. l'idée: *c'est un* ∼ *(= il n'y a pas de doute), vous ne pouvez pas nier les* ∼*s, le* ∼ *d'être étudiant lui permet d'aller manger au restaurant universitaire.* **2.** *les* ∼*s divers (= nouvelles peu importantes d'un journal), lire les* ∼*s divers.* **3.** *tout à* ∼ *(= complètement), c'est tout à* ∼ *impossible.*

le **faîte** Le haut: *le* ∼ *du toit/d'un arbre.*

la **falaise** La côte élevée qui descend verticalement dans la mer: *les* ∼*s de Normandie.*

falloir *v.* impersonnel (il faut; il fallut; il a fallu; qu'il faille; il faudra) Être nécessaire: *il faut que* + subj., *il faut que je vous le dise, il me faut 20 000 francs, il faut faire qc, il faut attendre, il faut du courage; se conduire/s'exprimer comme il faut.*

falsifier *v.* Modifier pour tromper: ∼ *un vin,* ∼ *un document/des billets de banque,* ∼ *une date/une signature.* ⚠ L'imparfait: nous falsifiions, vous falsifiiez.

fameux, fameuse *adj.* ‖ Très connu; CONTR. inconnu, obscur: *une région* ∼*se pour son fromage; ce vin est* ∼ *(= excellent), ce n'est pas* ∼, *faire une* ∼*se gaffe (ironique = grande).*

familial, familiale *adj.* (**familiaux, familiales**) Qui concerne la famille: *la vie* ∼*e, une réunion* ∼*e, les allocations* ∼*es.* ⚠ Ne pas confondre avec **familier.**

se familiariser *v.* (il s'est familiarisé)
S'habituer: *se ~ avec le bruit.*

les **familiarités** *f.* *(au pluriel)* Des façons
trop libres/indiscrètes: *se permettre des ~*
avec qn.

familier, familière *adj.* **1.** Bien connu:
un visage ~. **2.** Qui ne se gêne pas avec
les gens; CONTR. respectueux, réservé:
être trop ~ avec qn, avoir des manières
~ières. **3.** *un mot ~, le style ~ (= em-*
ployé seulement dans la conversation cou-
rante). – *adv.* **familièrement.** ⚠ Ne pas
confondre avec **familial.**

la **famille** [-mij] ‖ *fonder une ~, le chef de*
~ (= le père), le nom de ~, une ~ nom-
breuse, une excellente mère de ~, la vie de
~, être en ~.

la **famine** Manque d'aliments par suite duquel la population souffre de la faim: *les*
~s du Sahel, une année de ~, un salaire
de ~ (= très insuffisant).

fanatique **1.** *adj.* ‖ CONTR. tolérant: *des*
opinions ~s, l'intolérance ~, le nationa-
lisme ~. **2.** *m.* ‖ *un ~ du football/du jazz.*
– *adv.* **fanatiquement.**

le **fanatisme** ‖ CONTR. la tolérance, l'indifférence: *le ~ religieux/politique.*

se faner *v.* (il s'est fané) Perdre sa fraîcheur, devenir sec: *les fleurs se fanent*
dans le vase, une beauté fanée, une
tapisserie fanée.

la **fanfare** **1.** ‖ Musique vive exécutée par
des trompettes: *jouer une ~.* **2.** L'orchestre de cuivres: *la ~ municipale, le chef de*
la ~.

la **fantaisie** Le désir/le goût passager pour
qc, le caprice: *les ~s d'un enfant, avoir*
la ~ de faire qc, vivre à sa ~ (= comme on
veut); avoir beaucoup de ~ (= d'ori-
ginalité). ⚠ Ne pas confondre avec **l'ima-**
gination.

fantastique *adj.* ‖ Formidable, sensationnel; CONTR. banal, ordinaire: *un suc-*
cès/un luxe ~, un film ~, c'est ~! – adv.
fantastiquement.

le **fantôme** ‖ Le revenant: *croire aux ~s,*
une maison hantée par des ~s.

la **farce** ‖ Petite pièce de théâtre comique,
la plaisanterie: *jouer une ~; faire une ~ à*
qn, une mauvaise ~.

le **fard** Produit de beauté que l'on met sur

le visage, le maquillage: *se mettre du ~,*
un pot/une boîte de ~, enlever le ~.

le **fardeau** (**les fardeaux**) Chose lourde à
transporter, chose pénible à supporter, la
charge: *un lourd ~, porter un ~ sur ses*
épaules; le ~ de ses responsabilités.

la **farine** Poudre blanche qui sert à la fabrication du pain: *la ~ de blé/de froment/de*
maïs, on fait le pain avec de la ~, acheter
un kilo de ~.

farouche *adj.* Rude, sauvage, tenace;
CONTR. doux, faible: *un air ~, un adver-*
saire ~, une haine ~, opposer une résis-
tance ~ à qn.

fasciner *v.* ‖ Captiver, charmer, séduire:
être fasciné par le spectacle, se laisser ~
par la personnalité de qn.

fatal, fatale *adj.* (**fatals, fatales**) ‖
CONTR. favorable, heureux: *c'est ~, une*
erreur ~e, une conséquence ~e, le mo-
ment ~, ~ à qn/à qc, il est ~ que + subj. –
adv. **fatalement.**

fatigant, fatigante *adj.* Qui fatigue,
épuisant, pénible; CONTR. reposant: *un*
travail ~, un exercice ~, une journée ~e,
une conversation ~e. ⚠ **Fatiguant** = participe présent de «fatiguer».

la **fatigue** État d'un homme qui est resté
longtemps sans repos: *éprouver une lé-*
gère/grande ~, les ~s d'un long voyage, je
suis mort de ~.

fatigué, fatiguée *adj.* À bout de forces,
las, épuisé; CONTR. frais, reposé: *être ~*
de qc, avoir l'air ~, être ~ par le voyage,
être ~ de répéter la même chose (= en
avoir assez).

fatiguer *v.* Causer de la fatigue, épuiser;
CONTR. reposer: *cette longue marche m'a*
fatigué, ~ qn par des demandes (= en-
nuyer). – **se ~** (il s'est fatigué), *se ~ en*
travaillant trop. ⚠ **Fatiguant** = participe
présent de «fatiguer»; fatigant = adjectif.

faucher *v.* Couper
avec une faux: ~
l'herbe/la prairie.

fausser *v.* Rendre
faux; CONTR. cor-
riger: *~ un ré-*
sultat, une erreur qui
fausse un cal-
cul.

faux

la **fausseté** Caractère de ce qui est faux; Contr. la justesse: *la ⁓ d'une accusation/ d'une nouvelle.*

faut → falloir.

la **faute 1.** Une mauvaise action, ce qui ne correspond pas à la règle: *faire/commettre une ⁓, avouer sa ⁓, c'est (de) ma ⁓; une ⁓ d'inattention, une ⁓ d'orthographe/de grammaire/de frappe/d'impression, une ⁓ de français, corriger une ⁓.* **2.** *⁓ de (= par manque de), ⁓ d'argent/de temps.* ⚠ **La** faute. ⚠ Une **erreur** de calcul.

le **fauteuil** Large siège: *s'asseoir dans le ⁓, le dossier et les bras du ⁓, un ⁓ roulant (pour malades), un ⁓ d'orchestre (dans une salle de théâtre).* ⚠ S'asseoir **dans** un fauteuil; mais: s'asseoir **sur** une chaise/un canapé.

fauteuil

faux, fausse 1. *adj.* Contr. vrai, correct, juste: *c'est ⁓!, le récit est ⁓, avoir des idées ⁓sses sur qc, le ⁓ témoin, il est ⁓ de dire que, il est ⁓ que + subj.; la ⁓sse monnaie, avoir de ⁓ papiers, porter une ⁓sse barbe.* **2.** *adv. chanter/jouer ⁓.* **3.** *m. discerner le vrai du ⁓. – adv.* **faussement.** ⚠ Prendre la **mauvaise** direction.

la **faveur** L'appui, la protection: *avoir la ⁓ d'un ministre, gagner/perdre la ⁓ de qn, un billet de ⁓ (= gratuit), combler qn de ⁓s (= bienfaits), faire qc en ⁓ de qn (= au profit de).*

favorable *adj.* Qui est bon pour qn/pour qc, bienveillant; Contr. défavorable, contraire: *être ⁓ à un projet/à un candidat, profiter des circonstances ⁓s, le moment est ⁓ pour parler, être dans une position ⁓. – adv.* **favorablement.**

favori, favorite 1. *adj.* ‖ Préféré: *La Fontaine est mon auteur ⁓, ma lecture*

⁓*te.* **2.** *m.* ‖ *les ⁓s et les outsiders, le ⁓ de la course.*

favoriser *v.* ‖ Agir en faveur de qn/de qc, aider, protéger, soutenir; Contr. empêcher: *⁓ un candidat/un parti/une entreprise; l'obscurité a favorisé sa fuite (= faciliter).*

fécond, féconde *adj.* Qui produit beaucoup, productif; Contr. stérile: *les lapins sont très ⁓s, une terre ⁓e; un écrivain ⁓, un travail ⁓.*

fédéral, fédérale *adj.* **(fédéraux, fédérales)** Se dit d'un État qui se compose de plusieurs États particuliers: *la république ⁓e, L'Allemagne ⁓e, la police ⁓e.*

la **fédération 1.** ‖ Union de plusieurs États: *la Suisse est une ⁓.* **2.** Association de plusieurs sociétés/syndicats, etc.: *une ⁓ sportive, la ⁓ française de football.*

la **fée** *une bonne ⁓, un conte de ⁓s.*

feindre *v.* (je feins, il feint, nous feignons, ils feignent; il feignit; il a feint) Donner pour réel un sentiment que l'on n'a pas, affecter, simuler: *⁓ l'émotion/ l'étonnement/la joie, ⁓ de faire qc, il feignait de ne rien comprendre (= faire semblant).*

les **félicitations** *f.* (au pluriel) Compliments que l'on adresse à qn: *faire des ⁓, envoyer ses ⁓ à un ami, «Toutes mes ⁓!», recevoir les ⁓ de qn.* ⚠ Mes meilleurs **vœux** pour ton anniversaire.

féliciter *v.* Faire savoir à qn que l'on est heureux de ce qu'il fait/de ce qui lui est arrivé: *⁓ un ami qui annonce son mariage, je te félicite de/pour ton succès, ⁓ qn de faire qc. – se ⁓* (il s'est félicité), *se ⁓ de qc/de faire qc.* ⚠ Féliciter **qn.** ⚠ **Souhaiter** la bonne année à qn.

la **femelle** Animal du sexe féminin; Contr. le mâle: *la chatte est la ⁓ du chat. – adj. une souris ⁓.* ⚠ Ne pas confondre avec **féminin.**

féminin, féminine *adj.* ‖ Qui est propre à la femme; Contr. masculin: *le sexe ⁓, elle est très ⁓e, des habits ⁓s, «table» est un mot ⁓.*

la **femme** [fam] **1.** Être humain du sexe féminin: *une jolie/belle ⁓, une jeune ⁓, l'émancipation des ⁓s, une ⁓ d'intérieur.* **2.** L'épouse: *c'est ma ⁓, prendre pour ⁓.*

3. *la* ⌣ *de ménage (= payée à l'heure).*
fendre *v.* Couper (en longueur): ⌣ *le bois avec une hache, il gèle à pierre* ⌣ *(= il fait très froid), cela lui fend le cœur (= lui fait du chagrin).*
la **fenêtre** Ouverture dans le mur pour laisser entrer la lumière et l'air: *ouvrir/fermer la* ⌣*, se mettre à la* ⌣*, regarder par la* ⌣*, la* ⌣ *donne sur la rue, la porte-*⌣*; jeter l'argent par les* ⌣*s.* ⚠ **La** fenêtre.

fenêtre

la **fente** Ouverture étroite et longue: *la* ⌣ *d'une boîte aux lettres.*
féodal, féodale *adj.* **(féodaux, féodales)** ‖ *L'époque* ⌣*e, la société* ⌣*e du Moyen Âge.*
le **fer** [fɛr] **1.** Métal gris: *le minerai de* ⌣*, une grille de* ⌣ *forgé, le* ⌣ *rouille; avoir une santé de* ⌣ *(= très robuste).* **2.** *le* ⌣ *à repasser, le* ⌣ *électrique.* **3.** *le* ⌣ *à cheval, trouver un* ⌣ *à cheval sur son chemin.*

fer à cheval

fer à repasser

fera → faire.
ferme *adj.* Dur; CONTR. mou: *ces poires sont encore* ⌣*s, la terre* ⌣ *(= le sol pour les marins), être* ⌣ *sur ses jambes; parler d'une voix* ⌣*, avoir la* ⌣ *intention de faire qc.* – *adv.* **fermement.**

la **ferme** ‖ Toute exploitation agricole: *une grande/petite* ⌣*, une* ⌣ *de deux cents hectares, une grande* ⌣ *américaine.*
la **fermentation** ‖ *la* ⌣ *alcoolique, la* ⌣ *du jus de raisin.*
fermer *v.* CONTR. ouvrir: ⌣ *la porte/la fenêtre/la valise,* ⌣ *qc à clef,* ⌣ *la bouche/ son parapluie/sa veste,* ⌣ *un livre/un cahier,* ⌣ *le gaz/la télévision, les magasins sont fermés le dimanche.*
la **fermeté** L'autorité, la résolution, le sang-froid; CONTR. la faiblesse: *montrer de la* ⌣*, répondre avec* ⌣*, envisager la mort avec* ⌣*.*
la **fermeture 1.** Ce qui sert à fermer: *une* ⌣ *solide, la* ⌣ *de la valise, une* ⌣ *à glissière.* **2.** Action de fermer; CONTR. l'ouverture: *la* ⌣ *des bureaux, les heures de* ⌣ *d'un magasin/d'un musée.*
le **fermier,** la **fermière** Personne qui exploite une ferme, l'agriculteur, le cultivateur: *un riche* ⌣*, le* ⌣ *emploie des ouvriers agricoles, le* ⌣ *travaille aux champs.*
féroce *adj.* Très méchant: *un animal/une bête* ⌣*, le tigre est* ⌣*.* – *adv.* **férocement.**
la **ferraille** Des objets de fer/de métal hors d'usage: *un tas de* ⌣*, jeter un vieil outil à la* ⌣*, le vendeur de* ⌣*.*
ferrer *v.* Garnir de fer: ⌣ *une roue/un cheval, la voie ferrée (= du chemin de fer).*
ferroviaire *adj.* Qui concerne les chemins de fer: *le réseau* ⌣*, le trafic* ⌣*.*
fertile *adj.* Qui produit beaucoup de végétation (sol, terre): *un champ* ⌣*, une terre* ⌣ *en blé.*
la **fesse** *les* ⌣*s (le derrière d'une personne), de grosses* ⌣*s, donner un coup de pied aux* ⌣*s.*
le **festin** Le repas excellent/abondant: *donner un* ⌣*, inviter qn à un* ⌣*.*
le **festival (les festivals)** ‖ Série de représentations artistiques: *le* ⌣ *de Cannes, le* ⌣ *de la chanson, le programme du* ⌣*.*
la **fête** Jour important où l'on organise des réjouissances: *un jour de* ⌣*, les* ⌣*s de Pâques, la* ⌣ *nationale du 14 juillet, la salle des* ⌣*s, organiser/célébrer une* ⌣*, une* ⌣ *de famille, inviter qn à une* ⌣*.* ⚠ **La** fête. ⚠ Ne pas confondre avec **la surprise-partie.**

le **feu** (les feux) **1.** *Le bois qui brûle produit du ⌣ et de la fumée, allumer/faire du ⌣, mettre le ⌣ à qc, la maison est en ⌣, qc prend ⌣, éteindre le ⌣, un ⌣ de paille, un ⌣ d'artifice, jouer avec le ⌣, il n'y a pas de fumée sans ⌣.* **2.** En parlant des armes: *un coup de ⌣, ouvrir le ⌣.* **3.** *le ⌣ rouge/vert/orange.*

feu rouge

le **feuillage** Ensemble des feuilles d'un arbre: *le ⌣ du chêne.*
la **feuille 1.** *une ⌣ verte, le vent fait tomber les ⌣s, la chute des ⌣s (en automne), des ⌣s mortes.* **2.** Morceau de papier: *une ⌣ de papier, une ⌣ blanche.*

feuille

feuilleter *v.* (je feuillette, il feuillette, nous feuilletons, ils feuillettent; il feuilletera) Tourner les pages (en les regardant rapidement): *⌣ un livre/un album de photos/un journal de modes/une revue.*
le **feuilleton 1.** Roman qui paraît dans un journal ou est diffusé à la radio/à la télévision régulièrement et par fragments: *lire le ⌣, le roman-⌣.* **2.** Chronique régulière (dans un journal): *un ⌣ critique.*
le **feutre** Étoffe épaisse (non tissée): *un chapeau de ⌣.*
février *m.* Le deuxième mois de l'année: *le mois de ⌣, en ⌣, le 28 ⌣.*

les **fiançailles** *f.* [-saj] *(au pluriel)* La promesse de mariage échangée entre les futurs époux: *la bague de ⌣.*
le **fiancé,** la **fiancée** Le futur époux, la future épouse: *les deux ⌣s, le ⌣ de Colette.*
se fiancer *v.* (il s'est fiancé) S'engager par une promesse de mariage: *se ⌣ avec/à qn.*
la **fibre** ‖ Élément de forme allongée qui constitue certains tissus: *les ⌣s du bois/de la viande, la ⌣ textile.*
la **ficelle** Corde mince: *un bout de ⌣, attacher un paquet avec une ⌣, nouer la ⌣, défaire/couper la ⌣; tirer les ⌣s (= diriger une affaire sans être vu ou connu), connaître les ⌣s du métier.*

ficelle

la **fiche** Feuille de papier/de carton mince: *remplir une ⌣, une ⌣ de bibliothèque, classer des ⌣s.*
fictif, fictive *adj.* ‖ Créé par l'imagination; CONTR. réel: *un personnage ⌣.*
fidèle *adj.* **1.** Qui fait ce qu'il a promis, qui ne trompe pas; CONTR. infidèle, traître: *être/rester ⌣ à qn/à sa promesse, un ami/un mari ⌣, un chien ⌣.* **2.** Conforme à la vérité: *faire un récit ⌣ de qc. – adv.* **fidèlement.** ⚠ «Fidèle» n'a pas le sens de **gai, joyeux.**
la **fidélité** Qualité d'une personne fidèle: CONTR. la trahison, l'infidélité: *la ⌣ à/envers qn, la ⌣ d'un ami/d'un chien, jurer ⌣, la ⌣ conjugale.*
se fier [fje] *v.* (il s'est fié) Avoir confiance: *se ⌣ à qn/à qc, vous pouvez vous ⌣ à lui.*
fier [fjɛr], **fière** *adj.* Qui montre qu'il a une haute idée de lui-même: *être ⌣, être ⌣ de qc/de qn, elle est fière de ses enfants, être ⌣ de faire qc, il est ⌣ que + subj. – adv.* **fièrement.**
la **fièvre** ‖ La température élevée d'un

malade: *avoir (de) la* ~. ⚠ **La** fièvre. ⚠ Prendre la **température** d'un malade.

le **figurant** Acteur qui a un petit rôle muet: *engager des* ~s, *une scène avec de nombreux* ~s.

la **figure 1.** Le visage, la face, la mine: *avoir une jolie* ~, *se laver la* ~, *avoir bonne* ~ (= *être en bonne santé*). **2.** ‖ *des* ~s *de géométrie, une* ~ *de danse, une* ~ *de style (exemple: l'antithèse).* ⚠ Avoir **la taille** svelte.

figuré, figurée *adj.* Abstrait: *le sens* ~ *d'un mot/d'une expression* (CONTR. *le sens propre*).

se figurer *v.* (il s'est figuré) Se représenter par l'imagination: *se* ~ *qc, tu ne peux pas te* ~ *comme il est bête, se* ~ *que* + ind.

le **fil** [fil] **1.** *un* ~ *de nylon, le* ~ *à coudre, une bobine de* ~, *le* ~ *de la canne à pêche, un* ~ *de fer, une clôture en* ~s *de fer barbelés, le* ~ *électrique; perdre le* ~ *de ses idées* (= *le cours*). **2.** Le téléphone: *donner/recevoir un coup de* ~, *«Qui est au bout du* ~?»

fil de fer

bobine de fil

la **file** Suite de personnes ou de choses (sur une seule ligne et l'une derrière l'autre): *une longue* ~ *de voitures, une* ~ *de personnes qui font la queue devant le cinéma, se mettre en* ~, *à la* ~.

filer *v.* **1.** Transformer une matière textile en fil: ~ *de la laine, l'araignée file sa toile.* **2.** Aller/partir vite: ~ *vers la sortie,* ~ *comme une flèche,* ~ *à l'anglaise* (= *partir sans dire au revoir et sans se faire voir*), *le temps file* (= *passe vite*). **3.** Suivre secrètement: ~ *qn,* ~ *un suspect.*

le **filet** ‖ Morceau de viande: *du* ~ *de bœuf grillé, un rôti de porc dans le* ~; *des* ~s *de harengs fumés.*

le **filet** *le* ~ *de pêche, jeter le* ~, *attraper des poissons avec un* ~; *un* ~ *à provisions* (= *sac où l'on met des légumes, des fruits, etc.*).

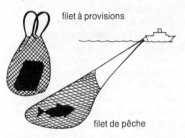

filet à provisions

filet de pêche

la **fille** [fij] **1.** Enfant de qn du sexe féminin; CONTR. le fils: *le père joue avec sa* ~, *se promener avec sa* ~, *une* ~ *adoptive.* **2.** CONTR. le garçon: *la petite* ~, *la jeune* ~, *une jolie* ~, *une école de* ~s.

la **fillette** Petite fille: *une* ~ *de treize ans, avoir l'air d'une* ~.

le **film** ‖ *tourner un* ~, *aller au cinéma pour voir un* ~, *un* ~ *policier, mettre un* ~ *dans l'appareil photo, enlever le* ~ *de l'appareil, un* ~ *en couleurs, un* ~ *en noir et blanc.*

le **fils** [fis] Enfant de qn du sexe masculin; CONTR. la fille: *c'est le* ~ *de M. Dubois, avoir un* ~, *le* ~ *aîné/cadet, la mère aime son* ~, *Dumas* ~ (= *le jeune*), *adopter un* ~, *un* ~ *naturel* (= *né hors du mariage*).

le **filtre** ‖ *le* ~ *d'une cigarette, préparer le café avec un* ~, *un café-*~.

la **fin** [fɛ̃] **1.** CONTR. le commencement, le début: *la* ~ *du mois/de la semaine/de la journée, du commencement à la* ~, *la* ~ *du film/du livre, prendre* ~ (= *se terminer*), *toucher à sa* ~, *mener une affaire à bonne* ~, *sans* ~, *mettre* ~ *à qc, à la* ~ (= *enfin*). **2.** Le but: *arriver à ses* ~s, *la* ~ *justifie les moyens.* ⚠ **La** fin. ⚠ Distinguez: **en fin** de journée; venir **enfin.**

fin, fine *adj.* [fɛ̃, fin] ‖ CONTR. gros, épais: *le sable* ~ *de la plage, une pluie* ~e, *du papier* ~, *une étoffe très* ~e; *un repas/un vin* ~; *les* ~es *herbes* (*pour la cuisine*). **2.** Subtil; CONTR. grossier: *faire une* ~e *remarque, une observation* ～*e, une plaisanterie* ～*e.* **3.** Malin, intelligent: *il se croit plus* ～ *que les autres. – adv.* **finement.**

final, finale 1. *adj.* **(finals, finales)** Qui est à la fin; Contr. initial: *mettre le point* ～ *à qc, la lettre* ～*e d'un mot.* **2.** *m.* ‖ *le* ～ *d'un opéra/d'un concerto.* ⚠ **Le final. 3.** *f.* ‖ *la* ～*e de la coupe de football.* ⚠ **La finale. – adv. finalement.**

la **finance** ‖ *le ministre des Finances, la haute* ～ *internationale, mes* ～*s me permettent d'acheter une auto.*

la **finesse** ‖ Qualité d'une chose fine; Contr. la grossièreté, l'épaisseur: *la* ～ *d'une poudre/d'une aiguille; connaître toutes les* ～*s de la langue.*

finir *v.* Mener à sa fin, terminer; Contr. commencer: ～ *un travail/un livre,* ～ *de faire qc,* ～ *de déjeuner, c'est presque fini,* ～ *ses jours à la campagne, il est temps de* ～*/que cela finisse,* «*Finissez!*», *le film finit,* ～ *bien/mal, la pièce finit par un mariage, il a fini par comprendre (= il a enfin compris), en* ～ *avec qc (= arriver à une solution).*

le **fisc** Les administrations qui s'occupent des impôts: *les employés du* ～*, tromper le* ～.

fit → faire.

fixe *adj.* Immobile, qui ne change pas; Contr. mobile, variable: *un point* ～*, être sans domicile* ～*, un regard* ～*, manger à heure* ～*, menu à prix* ～*, une idée* ～*. – adv.* **fixement.**

fixer *v.* Attacher; Contr. détacher: ～ *les volets avec des crochets;* ～ *son attention sur un objet,* ～ *les yeux/le regard sur qn,* ～ *le prix,* ～ *la date du mariage.*

le **flacon** Petite bouteille: *un* ～ *de parfum.*

le **flair 1.** L'odorat: *le* ～ *du chien.* **2.** Aptitude instinctive à prévoir: *avoir du* ～, *il a eu du* ～ *dans cette affaire, le* ～ *d'un détective.*

flambé, flambée *adj.* ‖ Arrosé d'alcool auquel on met

le feu: *des crêpes* ～*es.*

la **flamme** ‖ *une* ～ *rouge/jaune, le feu jette des* ～*s, être en* ～*s, la* ～ *d'un briquet/d'une bougie, les* ～*s de l'incendie.*

le **flanc** [flã] ‖ Le côté du corps/d'une chose: *se coucher sur le* ～*, le* ～ *d'une montagne.* ⚠ **Le flanc.**

la **flanelle** ‖ Tissu de laine doux: *un pantalon de* ～.

flâner *v.* Se promener sans hâte: ～ *dans les rues/le long des bouquinistes, aimer* ～. ⚠ Il **a** flané.

le **flash** [flaʃ] **(les flashes)** *un* ～ *électronique, prendre des photos au* ～.

flash

flatter *v.* Louer beaucoup pour plaire; Contr. blâmer, critiquer, blesser: ～ *qn dans l'espoir d'obtenir des avantages,* ～ *la vanité de qn, cela me flatte, sans vous* ～*, un portrait flatté. – se* ～ (il s'est flatté), *il se flatte d'être le premier en classe.*

la **flatterie** Action de flatter, louange fausse: *il est sensible à la* ～*, faire des* ～*s à qn, une basse* ～.

le **flatteur,** la **flatteuse 1.** Celui qui flatte: *il est* ～*, n'écoutez pas les* ～*s.* **2.** *adj.* une *comparaison* ～*se.*

la **flèche 1.** *lancer une* ～ *avec un arc, tirer une* ～*, filer comme une* ～*, les prix montent en* ～. **2.** *la* ～ *indique la direction, suivez la* ～.

flacon

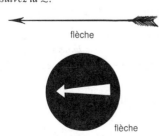

flèche

flèche

fléchir *v.* Plier, courber; CONTR. dresser: ⁓ *le corps en avant,* ⁓ *le genou, la planche fléchit dangereusement.*

flegmatique *adj.* ‖ CONTR. violent, passionné: *un garçon* ⁓, *une attitude* ⁓, *le caractère* ⁓ *des Anglais.*

flétrir *v.* Faner, sécher: *la chaleur a flétri les fleurs, un visage flétri (= ridé).*

la **fleur** *une* ⁓ *en bouton, une* ⁓ *qui s'ouvre/ qui se fane, l'odeur agréable d'une* ⁓, *un bouquet de* ⁓*s, mettre les* ⁓*s dans un vase, un pot de* ⁓*s, cultiver/arroser les* ⁓*s, un arbre en* ⁓*s.* ⚠ **La** fleur.

fleur

fleuri, fleurie *adj.* Couvert de fleurs: *un pré/un arbre* ⁓.

le **fleuve** *La Seine/la Loire/le Rhône sont des* ⁓*s, un grand* ⁓, *la source/le cours/les rives d'un* ⁓, *l'embouchure du* ⁓, *un barrage sur un* ⁓.* ⚠ **Le fleuve** se jette dans la mer, **la rivière** se jette dans un fleuve.

flexible *adj.* ‖ Élastique, souple; CONTR. dur, rigide: *la tige* ⁓ *d'une fleur; avoir un caractère* ⁓.

le **flic** [flik] *(mot familier)* L'agent de police: *«Attention, voilà les* ⁓*s!»*

le **flocon** ‖ Petite masse de neige/de laine, etc.: *la neige tombe à gros* ⁓*s, le* ⁓ *de laine.*

la **floraison** L'état de ce qui est en fleurs: *les arbres en pleine* ⁓.

florissant, florissante *adj.* En expansion, riche: *le commerce entre la France et l'Allemagne est* ⁓; *un teint* ⁓ *(= qui est signe de bonne santé).*

les **flots** [flo] *m. (au pluriel)* Les eaux en mouvement, les vagues: *les* ⁓ *de la mer/ d'un lac, disparaître dans les* ⁓, *il pleut à* ⁓ *(= beaucoup).*

la **flotte** [flɔt] *la* ⁓ *de guerre/de commerce.*

flotter *v.* Rester à la surface de l'eau; CONTR. couler: *un morceau de papier flotte sur l'eau; des cheveux flottants.* ⚠ Ne pas confondre avec **nager.**

flou, floue *adj.* **(flous, floues)** CONTR. net, distinct, précis: *une photo* ⁓*e, une idée* ⁓*e.*

fluide *adj.* Qui coule; CONTR. solide: *la pâte à crêpes doit être* ⁓, *la circulation est* ⁓ *(= il n'y a pas d'embouteillages); un style* ⁓.

la **flûte** ‖ *jouer de la* ⁓, *«La* ⁓ *enchantée» (= opéra de Mozart).*

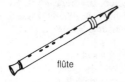

flûte

fluvial, fluviale *adj.* **(fluviaux, fluviales)** Qui concerne les fleuves/les rivières: *la pêche* ⁓*e, la navigation* ⁓*e.*

la **foi 1.** Le fait de croire en Dieu, de croire qn: *faire sa profession de* ⁓, *avoir* ⁓ *en qn (= confiance), un témoin digne de* ⁓, *ma* ⁓*! (= en effet), n'avoir ni* ⁓ *ni loi.* **2.** *la bonne* ⁓ *(= qualité de celui qui agit sans ruse), faire qc de bonne* ⁓, *un homme de bonne* ⁓.* ⚠ La «foi» s'écrit sans -s ni -e.

le **foie** Organe rouge brun qui sécrète la bile: *une maladie de* ⁓, *manger du* ⁓ *de veau, le pâté de* ⁓ *(de porc).* ⚠ **Le** foie; mais: **la** foi.

le **foin** Herbe coupée et séchée (pour la nourriture du bétail): *ramasser le* ⁓, *les vaches mangent du* ⁓.

la **foire** Grand marché public, grande exposition: *la* ⁓ *de Paris/de Leipzig, la* ⁓ *du livre à Francfort, la* ⁓ *aux bestiaux.*

la **fois** Marque la fréquence d'un fait, la répétition d'une action: *une* ⁓, *une seule* ⁓, *encore une* ⁓, *plusieurs* ⁓, *une* ⁓ *par mois, une* ⁓ *pour toutes, la première/la dernière* ⁓, *chaque* ⁓ *que + ind., la prochaine* ⁓, *tous parlaient à la* ⁓ *(= en même temps), il était une* ⁓ *(= au commencement des contes).* ⚠ En un mot: **autrefois, parfois, quelquefois, toutefois.**

folâtre adj. Contr. sérieux, grave, triste: être d'humeur ~, une gaieté ~, des jeux ~s.

la **folie** Maladie de l'esprit, manque de bon sens: un accès de ~, la ~ de la persécution, avoir la ~ de faire qc, dire/faire une ~ (= sottise).

folklorique adj. ‖ Qui appartient aux usages et à l'art populaire d'un pays: des chansons ~s, un costume ~, une manifestation ~, une danse ~.

foncé, foncée adj. Sombre (en parlant des couleurs); Contr. clair: un rouge ~, un bleu ~ presque noir.

foncier, foncière adj. 1. Essentiel, fondamental: la différence ~ière entre deux choses, une qualité ~ ière. 2. De terres: une propriété ~ière, le crédit/l'impôt ~ (= relatif à une propriété foncière).

la **fonction** 1. ‖ Exercice d'un emploi: la ~ de directeur, entrer en ~, être/rester en ~, remplir une ~, avoir beaucoup de ~s. 2. ‖ Le rôle d'un élément dans un ensemble: la ~ d'une roue dans une machine, la ~ du cœur dans le corps.

le **fonctionnaire** Personne qui occupe un emploi permanent dans une administration publique: nommer un ~, les hauts ~s, l'avancement d'un ~.

le **fonctionnement** La manière dont une chose fait ce qu'elle a à faire: le bon ~ du moteur, le ~ des organes.

fonctionner v. ‖ Marcher: un appareil/ un moteur qui fonctionne bien, ~ mal.

le **fond** 1. La partie la plus basse de qc: le ~ du verre/d'une poche/d'un sac/de l'eau/de la mer/de la vallée. 2. La base, l'essentiel: toucher au ~ du problème, étudier qc à ~, connaître son métier à ~ (= tout à fait), au ~ (= en réalité).

fondamental, fondamentale adj. (fondamentaux, fondamentales) ‖ Essentiel, très important; Contr. secondaire: le principe ~ de qc, une question ~e, un accord ~.- adv. **fondamentalement**.

les **fondations** f. (au pluriel) Ce qui assure à la base la stabilité d'une construction: creuser/faire les ~ d'une maison, les ~ de ce bâtiment sont en béton, des ~ solides.

les **fondements** m. (au pluriel) La base, le principe: les ~s d'une théorie/de l'État.

⚠Ne pas confondre avec **les fondations** (d'une maison).

fonder v. 1. Créer, instituer, être à l'origine; Contr. démolir, détruire: ~ un parti/une société/un magasin/une entreprise; ~ qc sur qc, je fonde de grands espoirs sur vous. 2. ‖ Donner des raisons: une opinion/une accusation bien/mal fondée, un reproche fondé.

fondre v. 1. Rendre liquide ce qui est solide, devenir liquide: ~ des métaux/le plomb, la neige a fondu, laisser ~ le sucre dans le thé; ~ en larmes (= commencer à pleurer beaucoup). 2. Fabriquer avec une matière fondue: ~ une cloche/une statue.

les **fonds** m. (au pluriel) Le capital, l'argent dont on dispose: posséder les ~ nécessaires à une entreprise, manquer de ~, avancer des ~ à qn, dépenser tous ses ~, être en ~, les dépôts de ~ à une banque.

la **fondue** Plat préparé avec du fromage fondu, avec du vin blanc dans lequel on trempe des morceaux de pain: faire une ~, manger une ~ bourguignonne (= morceaux de viande que l'on trempe dans de l'huile bouillante).

la **fontaine** la ~ publique, aller chercher de l'eau à la ~. ⚠Ne pas confondre avec le **jet d'eau**.

fontaine

le **football** [futbol] Sport d'équipe: une équipe de ~ est composée de onze joueurs (d'avants, de demis, d'arrières, de centres et d'un gardien de but), le terrain de ~, jouer au ~, un match de ~, le joueur de ~ (= le footballeur), un club de ~. ⚠Abréviation familière: le **foot**.

le **forçat** Condamné aux travaux forcés: travailler comme un ~ (= très dur).

la **force 1.** CONTR. la faiblesse, la fatigue: *la ~ physique, la ~ musculaire, ménager ses ~s, frapper avec ~, crier de toutes ses ~s, l'union fait la ~, s'opposer/résister à la ~.* **2.** *les ~s armées (= l'armée), les ~s navales, les ~s de l'ordre.*

forcément *adv.* Par la force des choses, de façon nécessaire, inévitable: *cela doit ~ se produire.*

forcer *v.* (-ç- devant a et o: nous forçons; il forçait; forçant) Ouvrir avec force, obliger: *~ une porte/une serrure, ~ qn à faire qc, ~ qn à qc, être forcé de faire qc; être condamné aux travaux forcés.* – **se** ~ (il s'est forcé), *se ~ à faire qc.*

forestier, forestière *adj.* Qui concerne la forêt: *le garde ~, une région ~ière.*

la **forêt** ‖ Grand terrain couvert d'arbres, le bois: *se promener dans la ~, chercher des champignons dans la ~, une ~ dense, la ~ vierge (en Afrique).* △ **La** forêt.

la **forge** Atelier où l'on travaille le fer/le métal: *travailler dans une ~, le marteau de ~.*

forger *v.* (-ge- devant a et o: nous forgeons; il forgeait; forgeant) Battre le fer/le métal: *~ des chaînes/un fer à cheval, le fer forgé.*

le **forgeron** Celui qui travaille le fer: *le ~ forge le métal.*

la **formalité** ‖ Opération prescrite par la loi: *les ~s de douanes, accomplir/remplir des ~s, ce n'est qu'une simple ~.*

le **format** [-ma] ‖ Dimensions d'une feuille de papier: *le ~ d'un livre/d'une photo, des livres de grand ~.*

la **formation** Éducation intellectuelle et morale: *la ~ du caractère/de l'esprit, recevoir une solide ~ professionnelle.*

la **forme** ‖ *la table est de ~ carrée, avoir une ~ régulière/symétrique/irrégulière, les ~s du corps, prendre ~, les différentes ~s de l'énergie, les ~s du verbe, être en pleine ~ pour courir un cent mètres.*

formel, formelle *adj.* **1.** Clair, précis, net; CONTR. douteux: *un refus ~, un démenti ~.* **2.** Qui ne considère que les formes: *une politesse ~le.* – *adv.* **formellement.**

former *v.* **1.** ‖ *le premier ministre forme son gouvernement, ~ une phrase, ~ un*

numéro de téléphone sur le cadran, *~ le goût/le caractère, ~ des professeurs.* **2.** Constituer: *les parties qui forment un tout.*

formidable *adj.* Sensationnel, très beau/grand: *une fille ~, un film ~, avoir une idée ~.* – *adv.* **formidablement.**

la **formule 1.** L'expression: *une ~ de politesse, une ~ diplomatique.* **2.** ‖ Expression symbolique: *une ~ mathématique/chimique (exemple:* H_2O*).* **3.** Façon de présenter qc: *une nouvelle ~ de spectacle/de restaurant.* **4.** La feuille de papier imprimée, le formulaire: *remplir une ~ de télégramme.*

formuler *v.* ‖ Exprimer: *~ une phrase, ~ des vœux/une plainte, ~ une demande en mariage.*

fort, forte *adj.* **1.** Qui a de la force physique; CONTR. faible: *un homme grand et ~, une femme ~e (= corpulente); des cigarettes ~es, du café ~.* **2.** Solide: *le papier ~, la colle ~e.* **3.** Grand: *une douleur ~e, faire une ~e impression sur qn, la plaisanterie était un peu ~e.* **4.** Savoir très bien: *l'élève est très ~ (= doué, capable), être ~ en mathématiques/en français.* **5.** *adv.* frapper ~ (= avec force), serrer très ~, le vent souffle ~, crier ~, j'en doute ~ (= beaucoup), un homme ~ occupé (= très), je le sais ~ bien, elle est ~ en colère.* – *adv.* **fortement.**

fortifier *v.* Rendre fort; CONTR. affaiblir: *la gymnastique fortifie le corps; ~ son âme; une ville fortifiée (= avec des fortifications).* △ Imparfait: nous fortifiions, vous fortifiiez.

fortuit, fortuite *adj.* Par hasard; CONTR. prévisible, attendu: *une découverte ~e.*

la **fortune** Richesses appartenant à qn: *une grande ~, posséder de la ~, se marier avec une femme sans ~, faire ~ dans le commerce (= devenir riche).*

le **fossé** Tranchée très longue dans le sol, petit canal: *la route est bordée de ~s, la voiture est tombée dans le ~.* △ **Le** fossé; mais: **la fosse.**

fou/fol, folle 1. *adj.* (**fous, folles**) Qui n'a pas sa raison; CONTR. normal, sain d'esprit: *devenir ~, rendre qn ~, être ~ de* *joie/de colère, un ~ rire, un fol espoir, une idée folle, un amour ~, un succès ~, avoir un travail ~.* **2.** *m. le ~ du roi.–* adv. **follement.**

la **foudre** Éclair suivi d'un coup de tonnerre: *la ~ tombe sur un arbre, être frappé par la ~; avoir le coup de ~ pour qn/qc (= aimer dès la première fois).* ⚠ **Le** foudre **de Jupiter** (= l'emblème).

foudroyer *v.* (il foudroie, ils foudroient; il foudroyait; il a foudroyé; il foudroiera) Tuer par la foudre: *être foudroyé par le courant électrique.*

le **fouet** [fwɛ] **1.** *le ~ du cocher/du dompteur, donner un coup de ~ au cheval.* **2.** Instrument qui sert à battre les sauces, etc.: *le ~ mécanique.*

fouet

fouetter *v.* **1.** Frapper avec un fouet: *~ un cheval.* **2.** Battre vivement: *~ des œufs en neige, la crème fouettée (= la crème Chantilly).*

fouiller *v.* **1.** Chercher en remuant tout: *le douanier qui fouille les bagages, ~ dans ses poches, ~ toute la chambre pour retrouver qc.* **2.** Creuser dans le sol: *un animal qui fouille pour chercher de la nourriture.*

le **foulard** *un ~ de soie/de laine, mettre un ~, avoir un ~ autour du cou, avoir un ~ sur la tête.*

foulard

la **foule** Un très grand nombre, des masses de personnes rassemblées: *une ~ de*

trente mille personnes, une ~ de (= un grand nombre de), une ~ de visiteurs/de clients; une ~ d'idées. ⚠ Une foule de personnes **est** venue.

le **four** *le ~ du boulanger, mettre le gâteau au/dans le ~, sortir le pain du ~.*

four

fourbe *adj.* Trompeur, hypocrite; Contr. sincère, honnête: *être ~ et menteur, avoir un air ~.*

la **fourche 1.** *une ~ à trois dents, ramasser le foin avec la ~.* **2.** *la ~ de bicyclette.*

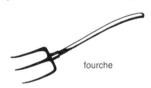

fourche

la **fourchette** *se servir d'une ~ pour manger, la ~ à dessert/à gâteaux, piquer sa ~ dans une pomme de terre.*

fourchette

la **fourmi** Petit insecte: *les ~s vivent dans la fourmilière, une société de ~s; un travail de ~.* ⚠ **La** fourmi.

fourmi

fourmiller *v.* [-je] Être en grand nombre (comme des fourmis): *un fromage où les vers fourmillent, les baigneurs fourmillent sur la plage, les erreurs fourmillent dans ce texte, ce texte fourmille d'inexactitudes.*

le **fourneau** (les fourneaux) *le ⌣ de cuisine (= la cuisinière), le ⌣ à gaz (= le réchaud), allumer le ⌣, le haut ⌣.*

fourneau

fournir *v.* Vendre, donner, mettre à la disposition: *⌣ qn en qc, le marchand nous fournit en œufs, il m'a fourni des renseignements.* – **se** **⌣** *(il s'est fourni), je me suis fourni en pain chez le boulanger.*

le **fourreau** (les fourreaux) *le ⌣ d'épée/de parapluie.*

fourreau

fourrer *v.* Faire entrer: *⌣ ses mains dans ses poches, ⌣ des objets dans un sac.*

la **fourrure** La peau des animaux couverte de poils: *un manteau/un col de ⌣, la ⌣ du chat.*

le **foyer** **1.** Maison où habite une famille: *fonder un ⌣, la femme au ⌣, quitter son ⌣.* **2.** ‖ La salle du théâtre où l'on fume et boit: *se retrouver au ⌣ pendant l'entracte.*

le **fracas** [-ka] Le bruit violent; *tomber/s'écrouler avec ⌣, le ⌣ d'une collision.*

la **fraction** Partie d'un tout: *une ⌣ du parti/ d'une organisation, une ⌣ de seconde.* ⚠ Ne pas confondre avec le **groupe parlementaire.**

la **fracture** Rupture d'un os: *une ⌣ du crâne/de la jambe, une ⌣ compliquée.*

fragile *adj.* Qui se casse facilement; Contr. solide, robuste: *le verre est ⌣, une porcelaine ⌣; avoir une santé ⌣, un estomac ⌣, un enfant ⌣.*

le **fragment** ‖ Morceau d'une chose qui a été cassée; Contr. l'ensemble, le tout: *les ⌣s d'une statue/d'une lettre.*

la **fraîcheur** Qualité de ce qui est nouvellement produit/qui est légèrement froid: *la ⌣ d'un œuf/d'un poisson; la ⌣ de l'air; la ⌣ du teint (= l'éclat).*

frais, fraîche *adj.* **1.** Légèrement froid: *un vent ⌣, boire de l'eau fraîche, respirer l'air ⌣, il fait ⌣ ce matin, servir ⌣, tenir qc au ⌣.* **2.** Qui est nouvellement produit: *du pain ⌣, des œufs ⌣, du poisson ⌣, «Attention! peinture fraîche!»* – *adv.* **fraîchement.**

les **frais** *m.* (au pluriel) Les dépenses: *faire des ⌣ considérables, aux ⌣ de qn, se mettre en ⌣ (= dépenser plus que d'habitude), les faux ⌣ (= ce que l'on dépense à côté de la somme principale).*

la **fraise** Fruit rouge: *la tarte aux ⌣s, manger des ⌣s avec du sucre, les ⌣s des bois.*

fraises

la **framboise** Fruit rouge: *la confiture de ⌣s, la liqueur de ⌣s.*

framboises

franc, franche *adj.* Sincère; Contr. faux, menteur, hypocrite: *aimer les gens*

⏤*s, soyez* ⏤, *avoir une franche explication avec qn; un coup* ⏤ *(au football).* – *adv.* **franchement.**

le **franc** Monnaie de la France: *ce livre coûte 20* ⏤*s, payer 3,50 F, un billet de cent* ⏤*s, un* ⏤ *belge/suisse.* ⚠ Payer deux francs.

français, française 1. *adj.* Qui appartient à la France: *la République* ⏤*e, la Révolution* ⏤*e, la langue* ⏤*e.* **2.** *m. parler (le)* ⏤*, comprendre le* ⏤*, savoir le* ⏤. ⚠ **Franco**-allemand. ⚠ la Suisse **romande.**

le **Français,** la **Française** Personne de nationalité française: *un bon* ⏤*, un jeune* ⏤*, un étranger favorable aux* ⏤*, le* ⏤ *moyen.*

la **France** État d'Europe occidentale: *la* ⏤ *a 53 millions d'habitants, vivre en* ⏤*, les vins de* ⏤*, l'ambassadeur de* ⏤*, l'histoire de la* ⏤*, «Vive la* ⏤*!»*

franchir *v.* Passer de l'autre côté, traverser: ⏤ *un obstacle/une barrière/une limite.*

la **franchise** Qualité de celui qui parle ouvertement sans arrière-pensée; CONTR. l'hypocrisie: *parler avec* ⏤*, avouer qc en toute* ⏤*, offenser qn par une* ⏤ *brutale.*

francophone 1. *adj.* Qui parle habituellement français: *les Africains* ⏤*s.* **2.** *m. les* ⏤*s du Canada.*

la **frappe** L'action de taper à la machine: *une faute de* ⏤.

frapper *v.* Donner des coups, taper, battre: ⏤ *qn avec le poing/avec un bâton,* ⏤ *à la porte; être frappé par qc (= être surpris), cela frappe les yeux.*

fraternel, fraternelle *adj.* Qui se rapporte à l'affection qu'on a pour un frère: *un baiser* ⏤*, l'amour* ⏤*, un sourire* ⏤*, se montrer très* ⏤ *avec qn.*

la **fraternité** Lien entre des personnes qui s'aiment comme des frères: *les liens de la* ⏤*, Liberté – égalité –* ⏤*, donner un bel exemple de* ⏤.

la **fraude** Tromperie punie par la loi: *commettre une* ⏤*, faire qc en* ⏤*, la* ⏤ *électorale/fiscale.*

la **frayeur** Peur très vive (peu justifiée); CONTR. le sang-froid: *être plein de* ⏤*, trembler de* ⏤*, se remettre de ses* ⏤*s.*

le **frein** Mécanisme qui sert à arrêter une voiture/un moteur, etc.: *le* ⏤ *à main/à tambour/à disque, la pédale de* ⏤ *d'une voiture, appuyer sur le* ⏤*, donner un coup de* ⏤*; ronger son* ⏤ *(= être impatient).* ⚠ **Le** frein.

freiner *v.* Ralentir: CONTR. accélérer: ⏤ *doucement/brusquement, le conducteur freine pour s'arrêter au feu rouge.*

frêle *adj.* Fragile; CONTR. solide: *une* ⏤ *jeune fille, un* ⏤ *roseau.*

frémir *v.* Trembler: *les feuilles frémissent au vent,* ⏤ *de peur/d'impatience, être frémissant d'espoir.*

fréquent, fréquente *adj.* Qui se produit souvent, nombreux; CONTR. rare: *les accidents sont* ⏤*s en ville, les averses sont* ⏤*es en avril; un mot* ⏤. – *adv.* **fréquemment** [-amã].

fréquenter *v.* Voir souvent qn, aller souvent dans un lieu: ⏤ *qn,* ⏤ *les bals/ses voisins, un café bien/mal fréquenté.* ⚠ **Aller au** lycée.

le **frère 1.** Personne du sexe masculin qui a le même père et la même mère: *le* ⏤ *aîné/cadet, mon grand/petit* ⏤*, avoir un* ⏤*, ressembler à qn comme un* ⏤. **2.** En religion: *F*⏤ *Jacques.*

friand, friande *adj.* Qui aime particulièrement une nourriture, avide: *être* ⏤ *de qc,* ⏤ *de sucreries, l'ours est* ⏤ *de miel.*

le **frigidaire** *mettre le lait/le fromage dans le/au* ⏤. ⚠ On dit aussi: **le frigo, le réfrigérateur.**

frigidaire

frileux, frileuse *adj.* Qui a vite froid: *un enfant* ⏤.

fripon, friponne *adj.* Éveillé, espiègle, qui aime les tours malicieux: *un air ∼; un petit ∼.*

frire *v.* (employé seulement à l'infinitif «je fais frire» et au participe passé «frit») Faire cuire dans l'huile: *faire ∼ du poisson, des légumes frits.*

friser *v.* Mettre les cheveux en boucles: *elle se fait ∼, des cheveux frisés, le fer à ∼.*

le **frisson** Le tremblement léger: *être pris de ∼s (à cause du froid/de la fièvre).*

les **frites** *f. (au pluriel)* ‖ Des pommes de terre frites: *un cornet de ∼, manger un bifteck ∼ (= accompagné de frites).*

la **friture** Huile/graisse fondue et bouillante (où l'on met des aliments): *jeter des poissons dans la ∼.*

frivole *adj.* [-ɔl] Léger, superficiel; CONTR. sérieux, grave: *une lecture/un spectacle ∼, un jeune homme ∼, un esprit ∼.* ⚠ Ne pas confondre avec **lascif** (= fortement incliné aux plaisirs amoureux): *une danse lascive, un regard lascif.*

froid, froide 1. *adj.* CONTR. chaud: *l'eau ∼e, une douche ∼e, le vent est ∼, avoir très ∼, manger de la viande ∼e; rester ∼ (= insensible), garder la tête ∼e, un style ∼. – adv.* **froidement. 2.** *m. il fait ∼ (= le temps est froid), avoir ∼, un ∼ vif.*

froisser *v.* **1.** Faire prendre de faux plis: *∼ sa robe/son manteau, un tissu qui ne se froisse pas* **2.** Offenser, choquer: *∼ qn par manque de tact.*

frôler *v.* Toucher légèrement en passant: *la voiture a frôlé le trottoir; ∼ la mort/le ridicule.*

le **fromage** *servir le ∼ avant le dessert, un plateau de ∼, manger du ∼, le ∼ frais/ blanc, le ∼ de chèvre.* ⚠ Le fromage de Gruyère; mais: du gruyère.

fromage

froncer *v.* (-ç- devant a et o: nous fronçons; il fronçait; fronçant) Rider: *∼ les sourcils/le nez.*

le **front 1.** Partie supérieure du visage: *le ∼ haut/large/fuyant, relever le ∼, s'essuyer le ∼.* **2.** ‖ La ligne entre deux armées ennemies: *partir pour le ∼, les combattants du ∼, mourir au ∼.* ⚠ Le front. **3.** *faire ∼ aux difficultés (= lutter contre elles avec courage).*

la **frontière 1.** La ligne qui sépare deux États: *la ∼ entre la France et la Belgique, le poste de police/de douane installé à la ∼, passer la ∼.* **2.** *adj. une région ∼, une ville ∼, les gardes ∼s.*

frotter *v.* Passer plusieurs fois la main ou un chiffon sur un objet: *∼ les meubles avec un chiffon (pour les nettoyer), ∼ le plancher/les carreaux/les cuivres, ∼ une allumette (= pour l'enflammer). – se ∼ (il s'est frotté), se ∼ les yeux.*

fructueux, fructueuse *adj.* Profitable, lucratif; CONTR. improductif: *un commerce ∼, une collaboration ∼se.*

frugal, frugale *adj.* **(frugaux, frugales)** Simple, peu recherché (en parlant d'un repas): *un repas ∼, une nourriture ∼e.*

le **fruit** ‖ La pomme, la poire, la fraise sont des fruits: *un ∼ vert/mûr, le jus de ∼; les ∼s de mer (= coquillages etc.); le ∼ défendu, le ∼ de son travail/de ses peines.* ⚠ Le fruit.

la **frustration** ‖ CONTR. la satisfaction: *éprouver un sentiment de ∼, supporter mal les ∼s.*

frustrer *v.* ‖ Priver d'une satisfaction: *l'échec l'a frustré, être frustré, se sentir frustré, ∼ un héritier de sa part.*

fugitif, fugitive 1. *adj.* Qui s'enfuit: *un prisonnier ∼, le bonheur est ∼, une crainte ∼ve.* **2.** *m. rattraper les ∼s.*

fuir *v.* (je fuis, il fuit, nous fuyons, ils fuient; il fuit; il a fui) **1.** S'en aller vite pour échapper à qn/à qc: *∼ de sa maison/ de chez ses parents, ∼ devant qc/le danger, ∼ à toutes jambes; ∼ les responsabilités.* **2.** *un tonneau/un vase qui fuit (d'où s'échappe l'eau).* ⚠ Il **a** fui; Imparfait: nous fuyions, vous fuyiez.

la **fuite** L'action de fuir: *être en ∼, prendre la ∼, mettre qn en ∼ (= faire fuir); une ∼ d'eau/de gaz (= qui s'échappe par un trou), le tuyau a une ∼.*

fulgurant, fulgurante *adj.* Très rapide, vif; Contr. lent, court: *une réponse ~e, un regard ~.*

la **fumée** *la ~ sort de la cheminée, une épaisse ~ noire, un nuage de ~, la ~ de cigarette.*

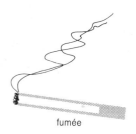

fumée

fumer *v.* 1. Produire de la fumée: *le poêle fume.* 2. *~ du lard/du poisson (= exposer à la fumée pour conserver), le saumon fumé.* 3. *~ une cigarette/un cigare, ~ de l'opium, défense de ~.*

le **fumeur** Personne qui fume: *il est grand ~, un compartiment «~s»/«non ~s», le cancer des ~s.*

le **fumier** Mélange de paille et de déjections des animaux (servant d'engrais): *le ~ de vache, mettre du ~ dans les champs.*

funèbre *adj.* Qui se rapporte à la mort et aux funérailles: *une cérémonie ~, le service des pompes ~s, la marche ~.* ⚠ Un monument/une couronne **funéraire.**

les **funérailles** *f. (au pluriel)* L'enterrement: *assister aux ~ de qn, des ~ nationales.*

funeste *adj.* Qui apporte le malheur; Contr. heureux, favorable: *une erreur ~, un conseil ~, avoir des suites ~s.*

la **fureur** Grande colère folle: *être en ~,*

mettre qn en ~, se battre avec ~, entrer dans une ~ noire.

furieux, furieuse *adj.* En proie à la fureur; Contr. calme, doux, paisible: *un lion/un taureau ~, devenir ~, un regard ~, être ~ contre qn, être ~ d'avoir fait qc, il est ~ que* + subj. – *adv.* **furieusement.**

la **fusée** Le projectile: *des ~s antichars, une ~ interplanétaire, envoyer une ~ sur la Lune, une ~ de feu d'artifice.*

le **fuselage** Le corps d'un avion (auquel sont fixées les ailes): *les ~ s'est brisé dans l'accident.*

le **fusil** [-zi] Arme à feu: *le ~ de guerre/chasse, charger le ~, un coup de ~, un ~ à deux canons.*

fusil de chasse

fusiller *v.* Tuer un condamné à mort avec des fusils: *~ qn, ~ un espion, être fusillé pour trahison.*

la **fusion** ‖ *la ~ d'entreprises/de deux partis politiques.*

futile *adj.* Contr. grave, sérieux, important: *une conversation ~, un esprit ~, une femme ~.*

futur, future 1. *adj.* De l'avenir: *les générations ~es, les siècles ~s, sa ~e épouse.* 2. *m.*‖ En grammaire: *le ~ du verbe «aller» (j'irai, tu iras . . .), le ~ immédiat (je vais aller . . .)* ⚠ Ne pas confondre avec l'**avenir.**

G

gâcher *v.* Gaspiller, perdre; Contr. profiter: *~ son temps/sa vie, ~ la nourriture; ~ le plaisir de qn (= troubler), la pluie a gâché nos vacances.*

la **gaffe** *(mot familier)* Action/parole maladroite, la bêtise, la sottise: *commettre/faire une ~.*

le **gage** Chose remise pour garantir le paiement d'une dette, la caution: *prêter qc sur ~, mettre qc en ~.* ⚠ **Le** gage. ⚠ **Le cachet** d'un acteur (pour un film).

gagner *v.* 1. Obtenir de l'argent en travaillant: *~ de l'argent/10 000 francs par mois, ~ sa vie (= vivre de son travail).*

2. Obtenir par le jeu/par le hasard: ~ *le gros lot,* ~ *au loto/à la loterie.* **3.** Être vainqueur: ~ *à la course/aux cartes,* ~ *la guerre/la bataille;* **4.** ~ *du temps (= économiser),* ~ *l'estime de qn,* ~ *du terrain.* ⚠ On dit: **remporter** un succès/la victoire.

gai, gaie *adj.* Qui aime rire, joyeux; CONTR. triste: *un visage* ~*, un caractère* ~*, une soirée* ~*e, les jeunes gens sont très* ~*s.* – *adv.* gaiement.

gaieté Caractère de celui/de ce qui est gai: *des enfants pleins de* ~*, la* ~ *d'une chanson.*

gaillard, gaillarde *adj.* **1.** Plein de vie/ de santé: *se sentir* ~*, avoir un air tout* ~*.* **2.** *m.* Homme fort/robuste: *un grand* ~*.*

le **gain** Le profit; CONTR. la perte: *s'enrichir en réalisant des* ~*s importants; un* ~ *de temps/de place (= économie).*

le **gala** ‖ Grande fête publique: *une soirée de* ~ *à l'opéra, un* ~ *à l'hôtel de ville, organiser un* ~*, un repas de* ~*.*

galant, galante *adj.* ‖ Poli envers les femmes: *il s'est montré* ~ *envers elle, faire un compliment* ~*, être en* ~*e compagnie.* – *adv.* galamment.

la **galerie** ‖ Long couloir: *la G*~ *des glaces (à Versailles); une* ~ *de tableaux (= collection).*

le **galet** Le caillou usé par l'eau: *une plage de* ~*s.*

la **galette** Gâteau plat: *une* ~ *des Rois, une* ~ *aux pommes de terre.*

le **gallicisme** Construction propre à la langue française: *employer des* ~*s.*

le **galon** Signe distinctif des grades militaires: *des* ~*s de lieutenant.*

le **galop** [-lo] ‖ Allure rapide d'un cheval: *le cheval part au* ~*.*

la **gambade** Saut qui marque la gaieté: *faire des* ~*s.*

le **gamin,** la **gamine** Enfant, gosse: *une* ~*e de onze ans, les* ~*s de Paris, une bande de* ~*s, se conduire comme un* ~*.*

la **gamme** **1.** En musique: série de notes d'une octave: *faire des* ~*s au piano.* **2.** La série: *une* ~ *de nuances/de produits.*

le **gang** [gãg] Bande organisée de gangsters: *le chef de* ~*.*

le **gant** [gã] *une paire de* ~*s, mettre/enlever/*

retirer ses ~*s, tenir ses* ~*s à la main, des* ~*s de boxe, cette robe lui va comme un* ~ *(= très bien).*

gants

le **garage 1.** ‖ *un* ~ *d'autos/d'autobus, rentrer sa voiture au* ~*, laisser sa voiture au* ~*, la sortie de* ~*.* **2.** Atelier où l'on répare les voitures: *conduire la voiture au* ~ *pour faire réviser les freins.* ⚠ **Le** garage.

le **garagiste** Homme qui tient un garage: *le* ~ *vend de l'essence/répare les voitures.*

la **garantie** ‖ *un bon de* ~ *est joint à la facture, vendre un objet avec* ~*, une* ~ *d'un an, ma voiture est encore sous* ~*.*

garantir *v.* ‖ ~ *qc, je peux vous* ~ *le fait,* ~ *que + ind. (= affirmer).*

le **garçon 1.** Enfant du sexe masculin; CONTR. la fille: *un petit* ~*, un grand* ~*, un* ~ *manqué (= fillette qui a l'air d'un garçon).* **2.** Homme non marié, le célibataire: *rester* ~*, un vieux* ~*.* **3.** Personne qui sert dans un restaurant/un café: *un* ~ *de café, donner un pourboire au* ~*.*

la **garde 1.** Action de surveiller/de protéger: *confier un enfant à la* ~ *de qn, le chien de* ~*, monter la* ~ *(en parlant d'un soldat), mettre/tenir qc sous bonne* ~ *(= garder).* **2.** *mettre qn en* ~ *contre qn/ qc, prendre* ~ *à qc, «Prenez* ~ *au chien!» (= faites attention), prendre* ~ *que + ne + subj.* **3.** ‖ Groupe de personnes qui gardent: *la* ~ *d'honneur, la* ~ *mobile, la* ~ *républicaine.*

le **garde** Personne qui surveille: *le* ~*-malade.*

garder *v.* **1.** Prendre soin, surveiller, protéger: ~ *les moutons,* ~ *les enfants,* ~ *un prisonnier,* ~ *la maison.* **2.** Conserver: ~ *son argent,* ~ *un livre,* ~ *le silence/son* *sérieux,* ⌣ *qn à dîner (= retenir).* **3.** Ne pas dire; CONTR. révéler: ⌣ *un secret, gardez cela pour vous.* **4.** ⌣ *la chambre (malade qui ne sort pas).* – **se** ⌣ (il s'est gardé), *se* ⌣ *de qc, se* ⌣ *de faire qc (= ne pas faire qc).*

la **garde-robe 1.** L'ensemble des vêtements d'une personne: *renouveler sa* ⌣. **2.** L'armoire de la chambre où l'on met les vêtements: *une* ⌣ *pleine à craquer.* △ Au théâtre on laisse son manteau au **vestiaire.** △ Aller voir l'actrice dans sa **loge.**

le **gardien** Celui qui garde qn/qc: *le* ⌣ *de la prison/d'un hôtel/du musée, le* ⌣ *de nuit dans une usine, le* ⌣ *de but (au football), le* ⌣ *de la paix (= l'agent de police à Paris).*

la **gare** Station de chemin de fer: *une* ⌣ *de voyageurs/de marchandises, la* ⌣ *terminus, la* ⌣ *Montparnasse (à Paris), le train entre en* ⌣, *le chef de* ⌣. △ *Le train entre* **en** *gare;* les personnes entrent **dans** la gare.

garer *v.* Mettre sa voiture en stationnement: ⌣ *sa voiture dans la rue/au bord du trottoir.* – **se** ⌣ (il s'est garé), *je me suis garé dans la rue voisine/dans le parking.*

garnir *v.* ‖ Décorer, orner: ⌣ *une robe de broderies,* ⌣ *un mur de tableaux, la table est garnie de fleurs, un plat de viande garni (= de légumes).*

le **gars** [ga] *(mot familier):* Le garçon: *un petit* ⌣, *c'est un drôle de* ⌣, *«Par ici, les* ⌣*!»*

gaspiller *v.* Dépenser inutilement; CONTR. conserver, économiser, épargner: ⌣ *son argent/son temps/ses forces.*

gastronomique *adj.* Ce qui concerne la bonne cuisine: *un restaurant* ⌣, *un repas/ un menu* ⌣.

le **gâteau (les gâteaux)** Pâtisserie faite avec de la farine, du beurre, des œufs et du sucre: *manger des* ⌣*x comme dessert, un* ⌣ *au chocolat/à la crème, des petits* ⌣*x.*

gâter *v.* **1.** Abîmer: *la viande est gâtée, des fruits gâtés (= pourris).* – **se** ⌣ (il s'est gâté), *le temps se gâte (= devient mauvais).* **2.** ⌣ *un enfant (= traiter avec une indulgence extrême), la grand-mère gâte son petit-fils, un enfant gâté.*

gauche 1. *adj.* CONTR. droit: *la main* ⌣, *le côté* ⌣, *la rive* ⌣ *de la Seine, la mairie est à* ⌣ *de l'église, se lever du pied* ⌣. **2.** Maladroit; CONTR. adroit: *être* ⌣ *dans ses mouvements, un enfant* ⌣, *un geste* ⌣. – *adv.* **gauchement. 3.** *f. s'asseoir à la* ⌣ *de qn.* **4.** *f. la* ⌣ *(= les socialistes, les communistes), un gouvernement/une politique/un journal de* ⌣, *l'extrême* ⌣.

gaulois, gauloise *adj.* De Gaule (la Gaule = nom donné à la France par les Romains): *le peuple* ⌣, *le coq* ⌣ *(= symbole de la France), l'esprit* ⌣ *(plein de gaieté franche et un peu vulgaire).* △ Charles de Gaulle.

le **gavroche** Gamin de Paris (spirituel et moqueur): *c'est un vrai* ⌣.

le **gaz** [gaz] ‖ *l'oxygène est un* ⌣, *le réchaud à* ⌣, *allumer/éteindre le* ⌣, *le* ⌣ *naturel, gonfler un ballon avec un* ⌣.

gazeux, gazeuse *adj.* Qui contient du gaz: *de l'eau* ⌣*se.*

le **gazon** Herbe courte et fine: *arroser/tondre le* ⌣, *s'asseoir sur le* ⌣, *le* ⌣ *d'une pelouse.*

le **géant 1.** Personne très grande; CONTR. le nain: *le* ⌣ *Goliath, avoir une force de* ⌣, *marcher à pas de* ⌣. **2.** *adj.* très grand: *un arbre* ⌣.

geindre *v.* (je geins, il geint, nous geignons, ils geignent; il geignit; il a geint) Faire entendre des plaintes faibles, gémir doucement: ⌣ *de douleur, passer son temps à* ⌣.

le **gel** Transformation de l'eau en glace: *le* ⌣ *a fait éclater les tuyaux d'eau, protéger les tuyaux contre le* ⌣.

la **gelée 1.** La température descend au-dessous de 0°: *la* ⌣ *matinale/nocturne, les premières* ⌣*s.* **2.** La confiture: *la* ⌣ *de groseille/de pomme.*

geler *v.* (il gèle, ils gèlent; il gèlera) Se transformer en glace; CONTR. fondre: *il fait si froid que l'eau gèle, il a gelé cette nuit, une rivière gelée; on gèle ici (= avoir froid), avoir les mains gelées.*

gémir *v.* Exprimer doucement sa douleur, se plaindre: *le malade gémit,* ⌣ *de douleur,* ⌣ *et pleurer; le vent gémit dans les arbres.*

le **gémissement** La plainte inarticulée:

pousser un ⌣, *un* ⌣ *de douleur; le* ⌣ *du vent*.

le **gendarme** Militaire qui est chargé de faire la police dans tout le pays sauf dans les grandes villes: *aller chercher les* ⌣*s, être arrêté pas les* ⌣*s*.

la **gendarmerie** Bâtiment où sont les gendarmes: *aller à la* ⌣ *pour signaler un accident*.

le **gendre** Le mari de la fille, le beau-fils: *la belle-mère aime son* ⌣.

la **gêne 1.** Trouble physique: *ressentir une* ⌣ *à respirer/à avaler*. **2.** L'ennui, l'embarras: *causer une* ⌣ *à qn, sa présence nous est devenue une* ⌣, *se trouver dans la* ⌣ *(= manque d'argent)*. **3.** *sans* ⌣ *(= qui prend ses aises sans s'occuper des autres), il est sans* ⌣.

gêner *v*. **1.** Embarrasser, incommoder; CONTR. mettre à l'aise, soulager: *le soleil me gêne, être gêné par qc/par qn, je crains de vous* ⌣, *ne vous gênez pas, c'est gênant*. **2.** En parlant des chaussures et des vêtements: *ce col étroit me gêne*.

général, générale *adj*. (généraux, générales) CONTR. individuel, particulier: *la grève* ⌣*e, l'opinion* ⌣*e, des observations* ⌣*es, d'une manière* ⌣*e, en règle* ⌣*e, l'Assemblée* ⌣*e, en* ⌣, *parler en* ⌣, *il arrive en* ⌣ *(= habituellement) à 8 heures au bureau*. – *adv*. **généralement**.

le **général** [ʒe-] (les généraux) ‖ *le* ⌣ *en chef, le* ⌣ *de division, le* ⌣ *commande l'armée*.

généraliser *v*. Rendre général: ⌣ *une méthode, avoir tendance à* ⌣, *vous généralisez trop (la réalité est plus complexe), une crise généralisée (= devenue générale)*.

les **généralités** *f*. (au pluriel) Idées trop générales: *commencer par des* ⌣, *se perdre dans de vagues* ⌣.

la **génération** [ʒe-] ‖ L'ensemble des hommes ayant à peu près le même âge: *la jeune* ⌣, *de* ⌣ *en* ⌣.

généreux, généreuse *adj*. Qui donne largement, bon, humain; CONTR. égoïste, avare: *un caractère* ⌣, *une action* ⌣*se, être* ⌣ *pour les pauvres, une offre* ⌣*se*. – *adv*. **généreusement**.

le **générosité** Caractère de celui ou de ce

qui est généreux: *donner avec* ⌣, *la* ⌣ *d'un pourboire, montrer de la* ⌣ *envers un ennemi vaincu*.

génial, géniale *adj*. (géniaux, géniales) CONTR. médiocre: *un artiste* ⌣, *une idée/ une invention* ⌣*e*.

le **génie 1.** ‖ *avoir du* ⌣, *Mozart était un homme de* ⌣, *un* ⌣ *poétique, un* ⌣ *méconnu*. **2.** *un soldat du* ⌣ *(= chargé du service technique)*.

génital, génitale *adj*. (génitaux, génitales) Sexuel: *les organes* ⌣*aux, les parties* ⌣*es*.

le **genou** (les genoux) *prendre un enfant sur ses* ⌣*x, se blesser le* ⌣ *en tombant, se mettre à* ⌣*x pour prier*.

le **genre 1.** La sorte, l'espèce: *le* ⌣ *humain, je n'aime pas ce* ⌣ *de vie; le* ⌣ *comique/dramatique/ épique*. **2.** *le mot «maison» est du* ⌣ *féminin*.

genou

les **gens** *m./f*. (au pluriel) Des personnes: *rencontrer beaucoup de* ⌣, *connaître beaucoup de* ⌣, *des* ⌣ *sympathiques, les jeunes* ⌣ *(= le pluriel de «jeune homme»), tous ces* ⌣*-là*. ⚠ *Ces* **vieilles** *gens sont* **ennuyeux**. (L'adjectif qui précède «gens» se met au féminin, l'adjectif qui suit se met au masculin.)

gentil [-ti], **gentille** *adj*. Qui plaît, agréable, aimable; CONTR. laid, méchant: *cette fillette est très* ⌣*le avec/pour moi, un* ⌣ *visage, une* ⌣*le lettre, «Vous êtes trop* ⌣.», *«C'est très* ⌣ *à vous (de faire cela).»* – *adv*. **gentiment**.

le **gentilhomme** (les gentilshommes) Homme noble: *les gentilshommes vivaient dans l'oisiveté, un* ⌣ *pauvre*.

la **géographie** [ʒeɔ-] ‖ *la* ⌣ *est la science qui étudie la surface de la Terre, la* ⌣ *de la France, une carte de* ⌣, *étudier la* ⌣.

la **géométrie** [ʒeɔ-] ‖ Partie des mathématiques: *la* ⌣ *plane/dans l'espace, une figure de* ⌣.

le **gérant** Personne qui dirige un commerce

(à la place du propriétaire): *le ⌣ d'une succursale/de l'hôtel, ce magasin est tenu par un ⌣, le propriétaire cherche un ⌣.*

la **gerbe 1.** *Autrefois, le blé était lié en ⌣s; une ⌣ d'eau (= un jet).* **2.** Très gros bouquet de fleurs (pour une cérémonie): *déposer une ⌣ devant le monument aux morts.*

gerbe

germanique *adj.* ‖ Allemand: *les langues ⌣s, le Saint Empire romain ⌣.*

le **germe 1.** Le microbe, la bactérie: *être porteur de ⌣s de la tuberculose, le ⌣ d'une maladie.* **2.** *les ⌣s des pommes de terre (= la plante qui commence à pousser), un ⌣ qui se développe (= germer).*

le **gérondif** Forme verbale (exemple: en mangeant): *employer le ⌣.*

le **geste** [ʒɛst] ‖ Mouvement des mains/de la tête: *faire un ⌣ de la main, s'exprimer par ⌣s, faire des ⌣s en parlant/pour appeler qn, faire un ⌣ de refus.* ⚠ **Le** geste.

le **gibier** Les animaux qu'on tue à la chasse pour les manger: *le ⌣ à plume/à poil, tuer beaucoup de ⌣ à la chasse, manger du ⌣.*

la **gifle** Coup donné avec la main sur la joue de qn, le soufflet: *donner une ⌣ à qn, une paire de ⌣s, recevoir une ⌣.*

gifler *v.* Donner une gifle: *⌣ un enfant.*

gigantesque *adj.* [ʒi-] ‖ Colossal, géant, monstrueux; CONTR. petit, minuscule: *un bâtiment/une statue/un arbre ⌣.*

le **gilet** [ʒilɛ] Vêtement court sans manches boutonné devant: *porter un ⌣, être en ⌣, le ⌣ de sauvetage.* ⚠ Ne pas confondre avec **la veste.**

gilet

la **girafe** [ʒiraf] ‖ *le long cou de la ⌣.*

girafe

le **gisement** Masse minérale dans la terre: *un ⌣ de fer/de houille, découvrir/exploiter un ⌣ de pétrole.*

le **gîte** Abri du lièvre: *trouver un bon ⌣ (= endroit où l'on peut coucher).* ⚠ **Le** gîte.

la **glace 1.** L'eau au-dessous de 0°: *Une épaisse couche de ⌣ s'est formée à la surface du lac, patiner sur la ⌣, mettre de la ⌣ dans une boisson.* **2.** La crème glacée: *la ⌣ à la vanille/au citron/au chocolat, manger une ⌣, sucer sa ⌣.* **3.** Le miroir: *se regarder dans la ⌣.* ⚠ **La** glace.

glacer *v.* (-ç- devant a et o: il glaçait; glaçant) Rendre très froid: *le froid glace les mains, avoir les mains glacées, boire de l'eau glacée.*

glacial, glaciale *adj.* (glacials, glaciales) Qui concerne la glace, très froid; CONTR. chaud: *un vent ⌣, une nuit ⌣e, l'océan G⌣; un accueil ⌣.*

le **glacier** Masse importante de glace en haute montagne: *les ⌣s des Alpes.*

le **glissement** Mouvement de qc qui glisse: *le ⌣ d'un traîneau sur la neige, un ⌣ de terrain.*

glisser *v.* Se déplacer d'un mouvement continu sur une surface lisse (volontairement ou non): *⌣ sur la rivière gelée/sur le parquet ciré/sur une peau de banane, la voiture glisse sur le verglas, ⌣ dans la boue, il a gelé et le sol est glissant.*

global, globale *adj.* (globaux, globales)

‖ Pris en bloc; CONTR. partiel: *la somme ~e*. – *adv.* **globalement.**

le **globe** ‖ Corps rond, la sphère: *le ~ terrestre/du Soleil/de la Lune, la surface du ~.*

la **gloire** Grande renommée, la célébrité; CONTR. l'obscurité: *la ~ de Napoléon, l'amour de la ~, se couvrir de ~, être au sommet de la ~, s'attribuer toute la ~ de la réussite.*

glorieux, glorieuse *adj.* Qui donne la gloire, célèbre; CONTR. honteux: *la vie/la mort ~se de qn, une action ~se.* – *adv.* **glorieusement.**

glouton, gloutonne *adj.* Qui mange avidement/excessivement: *un enfant ~, un appétit ~.* – *adv.* **gloutonnement.**

gober *v.* Manger/avaler vite (sans mâcher): *~ une huître/un œuf cru.*

le **golfe** ‖ Bassin formé par la mer: *le ~ du Mexique/de Gascogne.* ⚠ **Le golf** (= sport).

la **gomme** *frotter le papier avec une ~ pour effacer un mot* (= *gommer*). ⚠ **La gomme.** ⚠ Ne pas confondre avec le **caoutchouc.**

gomme

gonfler *v.* Rendre plus gros, remplir d'air; CONTR. dégonfler: *~ un pneu/un ballon; ~ l'importance de qc.*

la **gorge** 1. La partie antérieure du cou: *le chien a sauté à la ~ du voleur, couper la ~ à qn* (= *égorger*), *mettre à qn le couteau sous la ~; avoir mal à la ~.* 2. Vallée très étroite et profonde: *les ~s du Tarn* (= *rivière*).

le **gosse** *m./f.* (*mot familier*): Garçon ou fille: *un sale ~, les ~s font beaucoup de bruit, sa femme et ses ~s* (= *ses enfants*) *sont restés à la maison.*

gothique *adj.* ‖ Style d'architecture entre le XIIᵉ et le XVIᵉ siècle: *Une cathédrale ~, l'art ~.*

le **goudron** L'asphalte: *une chaussée revêtue de ~.*

le **gouffre** Grand trou très profond et naturel: *explorer un ~, descendre/tomber dans un ~, le ~ de l'enfer.*

gourmand, gourmande 1. *adj.* Qui aime manger beaucoup et des bonnes choses; CONTR. frugal: *un enfant ~, être ~ de gibier/de choses sucrées.* 2. *m.* Un *petit ~.* ⚠ Ne pas confondre avec le **gourmet.**

la **gourmandise** Le défaut de celui qui est (trop) gourmand; CONTR. la frugalité, la modération: *manger avec ~, satisfaire sa ~.*

le **gourmet** Personne qui apprécie les très bons vins et la cuisine fine: *apprécier un repas en ~, les ~s connaissent bien ce restaurant, un fin ~.*

le **goût** 1. La langue est l'organe du goût: *avoir le ~ très fin, le ~ amer/sucré/fade d'un aliment, cette viande est d'un ~ exquis, un arrière-~.* 2. La faculté de distinguer le beau: *le bon ~, avoir du ~, manquer de ~, arranger sa chambre avec ~, s'habiller avec ~, chacun à son ~, au ~ du jour* (= *à la mode*); *avoir le ~ du risque.*

goûter *v.* 1. Chercher à connaître le goût d'un aliment: *~ un vin/une sauce/un fromage, ~ à un poulet* (= *en manger un peu*). 2. Prendre un petit repas dans l'après-midi: *~ à 5 heures.* 3. *m.* Le petit repas dans l'après-midi: *en rentrant de l'école les enfants apprécient leur ~.*

la **goutte** Très petite quantité d'un liquide: *une ~ d'eau, suer à grosses ~s, il n'est pas tombé une ~ de pluie; se ressembler comme deux ~s d'eau.*

la **gouttière** *une ~ en zinc, les grosses pluies d'orage ont fait déborder les ~s, le chat de ~* (= *commun*).

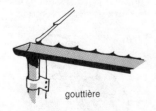

gouttière

le **gouvernail** [-naj] (**les gouvernails**) Instrument qui sert à régler la direction d'un navire/d'un avion: *prendre/tenir le* ⌣, *être au* ⌣.

le **gouvernement** Le premier ministre et les ministres: *un* ⌣ *démocratique, le chef/ les membres du* ⌣, *former le* ⌣, *le* ⌣ *central/français.*

gouvernemental, gouvernementale *adj.* (**gouvernementaux, gouvernementales**) Du gouvernement: *la politique* ⌣*e, le parti* ⌣.

gouverner *v.* Exercer le pouvoir politique, diriger les affaires de l'État: ⌣ *un peuple/un pays.*

la **grâce 1.** Le bienfait, la faveur; CONTR. la disgrâce: *demander/obtenir une* ⌣, *accorder une* ⌣ *à qn, trouver* ⌣ *aux yeux de qn, la* ⌣ *de Dieu, faire* ⌣ *à qn.* **2.** ⌣ *à (= avec l'aide de),* ⌣ *à son aide j'ai réussi, c'est* ⌣ *à vous que . . .* **3.** ‖ Le charme, l'élégance; CONTR. la lourdeur, la maladresse: *elle a de la* ⌣, *la* ⌣ *de ses mouvements/de ses gestes, danser avec* ⌣, *faire qc de bonne* ⌣ *(= volontiers).*

gracieux, gracieuse *adj.* Élégant, charmant; CONTR. lourd, disgracieux: *un corps svelte et* ⌣, *une jeune fille* ⌣*se.* – *adv.* **gracieusement.** ⚠ La **grâce** *(avec accent circonflexe),* mais: gracieux *(sans accent).*

le **grade** Rang d'un militaire: *le* ⌣ *d'un officier, avancer/monter en* ⌣.

le **gradin** Chacun des bancs disposés en étages dans un amphithéâtre: *les* ⌣*s d'un vélodrome, le public remplit les* ⌣*s.*

graduel, graduelle *adj.* ‖ Progressif; CONTR. brusque: *le réchauffement* ⌣, *l'aggravation* ⌣*le de la maladie.* – *adv.* **graduellement.**

le **grain 1.** *les* ⌣*s de café, un* ⌣ *de blé/de riz.* **2.** Corps très petit: *des* ⌣*s de sable/de sel/ de poussière.* ⚠ Semer des **graines.**

grains de café

la **graisse** Corps gras, matière grasse: *mettre de la* ⌣ *dans la poêle avant de faire cuire la viande, une tache de* ⌣.

graisser *v.* Mettre de la graisse: ⌣ *une machine/une voiture/le moteur.*

la **grammaire** ‖ *une règle de* ⌣, *une faute de* ⌣.

grammatical, grammaticale *adj.* (**grammaticaux, grammaticales**) ‖ *une règle* ⌣*e.* – *adv.* **grammaticalement.**

le **gramme** ‖ Unité de poids: *cette lettre pèse 20* ⌣*s.*

grand, grande *adj.* [grã, grãd] CONTR. petit: *un homme* ⌣ *et mince, les* ⌣*es personnes (= les adultes), je suis assez* ⌣ *pour savoir ce que j'ai à faire, marcher à* ⌣*s pas, une* ⌣*e ville, de* ⌣*s arbres, un* ⌣ *nombre, une* ⌣*e chaleur, un* ⌣ *bruit; la* ⌣*-rue, ce n'est pas* ⌣*-chose, la porte est* ⌣*e ouverte, à* ⌣*e vitesse.* ⚠ «Grand» se place avant le nom, mais: Alexandre le Grand. ⚠ Distinguez «un homme grand» *(= de haute taille)* et «un grand homme» *(= génial).*

la **grandeur** Caractère de ce qui est grand: *la* ⌣ *d'un État/de la France, admirer la* ⌣, *la* ⌣ *d'un sacrifice, la* ⌣ *d'âme.*

grandiose *adj.* ‖ Qui impressionne par sa grandeur: *un spectacle* ⌣, *un paysage* ⌣.

grandir *v.* **1.** Devenir plus grand: *l'enfant a beaucoup grandi, le mécontentement grandit, l'impatience grandissante.* **2.** Rendre plus grand: *ces chaussures le grandissent.* ⚠ Il **a** grandi.

la **grand-mère** La mère du père ou de la mère: *la* ⌣ *paternelle/maternelle, devenir* ⌣, *une bonne* ⌣. ⚠ La grand-mère, les grand-mères/les grands-mères.

le **grand-père** (**les grands-pères**) Le père du père ou de la mère: *un vieux* ⌣.

les **grands-parents** *m.* (au pluriel) Les parents des parents: *aller voir ses* ⌣ *à la campagne.*

la **grange** Bâtiment d'une exploitation agricole où l'on met la récolte: *mettre la paille dans la* ⌣.

le **graphique 1.** ‖ Courbe représentant les variations d'une grandeur: *le* ⌣ *de la température/d'un malade.* **2.** *adj.* ‖ *une œuvre* ⌣ *(= une gravure).* ⚠ **Le** graphique.

la **grappe** *manger une belle ⌣ de raisin.*

grappe

gras, grasse *adj.* Qui est formé ou contient de la graisse; Contr. maigre: *le beurre/l'huile est une matière ⌣se, des aliments ⌣, une viande ⌣se, je suis trop ⌣.*

la **gratification** *un employé qui reçoit une ⌣ en fin d'année.*

gratter *v.* Frotter avec qc de dur (par exemple avec les ongles): *la poule gratte la terre. – se ⌣ (il s'est gratté), se ⌣ la tête/ le front, une vache qui se gratte contre un arbre.*

gratuit, gratuite *adj.* Qui ne coûte rien, gratis; Contr. payant: *l'entrée est ⌣e, un échantillon ⌣; un acte ⌣ (= sans motif). – adv.* **gratuitement.**

grave *adj.* **1.** Sérieux, digne, important; Contr. comique, insignifiant: *avoir l'air ⌣, c'est une question ⌣, j'ai des choses ⌣s à vous dire, une maladie ⌣, un blessé ⌣, parler d'une voix ⌣ (= basse).* **2.** *l'accent ⌣ (`). – adv.* **gravement.** △ Être **grièvement** blessé.

graver *v.* Tracer qc sur une matière dure avec un instrument pointu: *faire ⌣ son nom sur une bague; cette image est restée gravée dans mon souvenir.*

la **gravité** Contr. la banalité: *la ⌣ d'un problème/d'une situation, la ⌣ d'un accident/d'un événement, la ⌣ d'une faute.*

le **gré** *(Dans des locutions:) de bon ⌣ (= avec bonne volonté), de mauvais ⌣ (= avec mauvaise volonté), à mon ⌣ (= selon mon goût), agissez à votre ⌣, bon ⌣ mal ⌣ (= volontairement ou de force).*

grec, grecque *adj.* De la Grèce: *la langue ⌣que.*

la **grêle** Pluie gelée qui tombe en grains: *il est tombé de la ⌣, la ⌣ a détruit les récoltes.*

grelotter *v.* Trembler très fort: *⌣ de froid/de fièvre.*

le **grenier** L'étage supérieur d'une maison sous le toit; Contr. la cave: *monter un vieux meuble au ⌣.*

la **grenouille** Petit animal sauteur: *la ⌣ saute, la ⌣ coasse, manger des cuisses de ⌣.*

grenouille

la **grève** Arrêt volontaire du travail: *se mettre en ⌣, le syndicat a lancé un ordre de ⌣, une ⌣ générale de vingt-quatre heures, la ⌣ des mineurs/des transports, faire (la) ⌣ pour réclamer une augmentation de salaire, la ⌣ de la faim.* △ Le **gré**viste *(= personne qui fait la grève).*

grièvement *adv.* Gravement: *être ⌣ blessé.* △ Être **gravement** malade.

la **griffe** **1.** Ongle du chat/du tigre, etc.: *le chat sort ses ⌣s, le chat donne un coup de ⌣, recevoir un coup de ⌣, le chat rentre ses ⌣s.* **2.** Signature d'un fabricant: *ce manteau porte la ⌣ d'un grand couturier.*

griffonner *v.* Écrire vite (peu lisiblement): *le médecin griffonne une ordonnance, ⌣ un nom sur un bout de papier.*

la **grille** [grij] *les ⌣s aux fenêtres d'une prison, la ⌣ d'un jardin public.*

grille

griller *v.* [grije] ‖ Faire cuire sur les flammes, faire cuire/rôtir sur le gril: *⌣ de la viande/du café, du pain grillé.*

la **grimace** ‖ *les ⌣s d'un clown, faire une ⌣, une ⌣ de dégoût/de douleur.*

grimper *v.* Monter en s'aidant des pieds et des mains: *~ sur un arbre, ~ à l'échelle, ~ comme un singe; la route grimpe fort (en montagne).* △ Il **a** grimpé.

grincer *v.* (-ç- devant a et o: il grinçait; grinçant) Produire un son désagréable: *la roue/la porte/la serrure grince, ~ des dents.*

la **grippe** Maladie contagieuse: *attraper/ avoir la ~, une épidémie de ~, la ~ espagnole/asiatique.*

gris, grise *adj.* **1.** La couleur entre le blanc et le noir: *avoir des cheveux ~, un manteau ~, le ciel est ~, il fait ~, une robe ~ clair.* **2.** Un peu ivre: *il était ~ en sortant du café.*

grogner *v.* **1.** Pousser son cri (en parlant du cochon): *le cochon grogne; le chien grogne quand il menace.* **2.** Manifester son mécontentement: *~ contre qn, obéir en grognant.*

gronder *v.* **1.** Produire un bruit sourd: *le canon gronde, le tonnerre gronde au lointain.* **2.** Dire des paroles dures à un enfant, lui adresser des reproches: *~ un enfant qui n'est pas sage, ~ qn pour avoir fait qc.*

gros, grosse *adj.* **1.** Volumineux; CONTR. petit: *une ~se pierre, un ~ chien, avoir un ~ ventre, un ~ nuage, une ~se valise, une ~se affaire, une ~se erreur, un ~ mangeur, gagner le ~ lot; avoir le cœur ~ (= avoir du chagrin).* **2.** Vulgaire: *une ~se plaisanterie.* **3.** En grande quantité: *la vente en ~ et au détail.*

la **groseille** *la gelée de ~, la confiture de ~s.*

groseille

la **grossesse** État d'une femme qui attend un bébé: *une ~ pénible/facile.*

la **grosseur** Qualité de ce qui est gros: *la ~*

d'un animal/d'un œuf; avoir une ~ à la jambe (= tumeur).

grossier, grossière *adj.* Qui manque d'éducation; CONTR. fin, distingué: *cet homme est ~, des plaisanteries ~ières, un mot ~, une erreur ~ière. – adv.* **grossièrement.**

grossir *v.* **1.** Devenir plus gros; CONTR. maigrir: *elle a beaucoup grossi, ~ de deux kilos.* **2.** Rendre plus gros: *Ce microscope grossit mille fois.* △ Elle **a** grossi.

grotesque *adj.* ‖ Ridicule et bizarre: *une histoire ~, se trouver dans une situation ~, un personnage ~.*

la **grotte** ‖ *une ~ naturelle/profonde/obscure, les ~s préhistoriques de Lascaux.*

le **groupe** ‖ *un ~ de gens/d'amis/de curieux, travailler en ~, un ~ d'arbres; le ~ sanguin.* △ **Le** groupe.

grouper *v.* ‖ Mettre ensemble: *~ des textes. – se ~* (ils se sont groupés), *se ~ autour du chef, groupez-vous par trois.*

la **grue** *la ~ soulève des objets très lourds, une ~ de chantier.*

grue

la **guêpe** Insecte: *être piqué par une ~, un nid de ~s; avoir une taille de ~ (= très fine).*

guêpe

guère *adv.* *ne . . . ~ (= pas beaucoup), il n'a ~ de courage, je ne le connais ~.*

guérir *v.* Rendre la santé: *~ qn, le médecin a guéri le malade, le remède l'a guéri* *de sa maladie, un médicament qui guérit la grippe.*

la **guerre** CONTR. la paix: *déclarer la ~ à un pays, faire la ~ à, aller à la ~, entrer/être en ~, en état de ~, les crimes de ~, les prisonniers de ~, gagner/perdre la ~, la Première/Seconde G~ mondiale, la ~ froide, la ~ atomique, la ~ civile.* ⚠ L'après-guerre **m.**, l'avant-guerre **m.**

guetter *v.* Observer secrètement pour surprendre qn: *le chat guette les oiseaux, ~ le gibier.*

la **gueule 1.** La bouche de certains animaux: *la ~ d'un chien/du loup, ouvrir la ~.* **2.** La bouche humaine *(mot populaire):* «*Tu vas fermer ta ~!*», «*Ta ~!*».

le **guichet** Ouverture par laquelle le public parle avec un employé: *le ~ du théâtre, se présenter au ~ de la poste, faire la queue au ~, les ~s sont fermés.*

le **guide** [gid] **1.** Personne qui montre le chemin/qui explique: *le ~ de montagne/de musée,* «*Suivez le ~.*», *servir de ~ à qn.* **2.** Livre avec des renseignements touristiques: *le ~ Michelin, un ~ illustré de la France.*

les **guillemets** *m. (au pluriel)* Signe « »: *mettre une citation entre ~, ouvrir/fermer les ~.*

la **guillotine** ‖ Instrument servant à trancher la tête d'un criminel: *envoyer qn à la ~.*

la **guitare** ‖ *jouer de la ~, une ~ électrique, chanter avec un accompagnement de ~.*

la **gymnastique** ‖ Exercices sportifs: *faire de la ~, la ~ médicale.*

H

habile *adj.* Adroit; CONTR. maladroit: *un ouvrier ~, être ~ dans son travail, être ~ à faire qc, être ~ de ses mains.– adv.* **habilement.**

habiller *v.* Mettre des vêtements; CONTR. déshabiller: *j'habille un enfant/un bébé, être bien/mal habillé, être habillé de noir, être habillé en Indien (= déguisé); des chaussures habillées (= élégantes). –* **s'~** (il s'est habillé), *s'~ à la dernière mode, s'~ de noir, s'~ en clown.* ⚠ **Mettre** ses vêtements.

un **habitant** Personne qui vit habituellement dans un lieu: *l'~, les ~s de Paris/ d'un grand immeuble, le nombre des ~s au kilomètre carré, cet ~.*

une **habitation** Le lieu où l'on habite: *la maison d'~, l'~ à loyer modéré (= H.L.M.), mon/ton/son ~.*

habiter *v.* Vivre dans un certain lieu, résider: *j'habite (à) la campagne/en ville, ~ un appartement de quatre pièces, ~ (à) Paris/sur la Côte d'Azur, ~ 2 Boulevard Saint-Germain.*

les **habits** [lez abi] *m. (au pluriel)* Les vêtements: *mettre/enlever ses ~, acheter des ~ neufs.*

une **habitude** Manière individuelle et répétée d'agir: *l'~, avoir une bonne/mauvaise ~, faire qc par ~, avoir l'~ de faire qc, il quitte d'~ son bureau à 5 heures, mon/ton/ son ~.*

habituel, habituelle *adj.* Que l'on fait d'habitude; CONTR. rare, extraordinaire: *lire son journal ~, des gestes ~s. – adv.* **habituellement.**

habituer *v.* Faire prendre une habitude: *~ qn à qc, ~ un enfant au travail, ~ qn à faire qc, être habitué à qc. –* **s'~** (il s'est habitué), *s'~ à qc, s'~ à faire qc.*

la **hache** *couper du bois avec une ~.* ⚠ **Un hachoir** à viande.

hache

hacher *v.* Couper en petits morceaux: *je hache, ~ du persil, un bifteck haché.*

la **haie** [ɛ] *tailler une ~, le jardin est entouré d'une ~.*

haie

les **haillons** [le ajõ] *m. (au pluriel)* Vêtements très déchirés: *un mendiant en ~.*

la **haine** Sentiment violent qui pousse à vouloir du mal à qn, l'aversion; CONTR. l'amour, l'amitié: *la ~ furieuse/mortelle, éprouver de la ~ pour/contre qn, avoir/ prendre qn en ~, agir par ~, s'attirer la ~ de qn.* ⚠ **La haine.**

haïr *v.* [air] (je hais, il hait, nous haïssons, ils haïssent; il haït; il a haï) Avoir qn en haine, détester; CONTR. aimer: *~ ses ennemis, je le hais de m'avoir ainsi trompé, se faire ~ de tout le monde.* ⚠Dans la langue courante, «haïr» est de plus en plus remplacé par **détester.**

haïssable *adj.* Qui mérite d'être haï, détestable, odieux; CONTR. aimable: *la guerre est ~.*

une **haleine** L'air qui sort de la bouche, le souffle: *une ~ fraîche, une mauvaise ~, courir à perdre ~, être hors d'~, tenir qn en ~ (= retenir son attention), mon/ton/ son ~.*

haletant, haletante *adj.* Qui respire vite: *être ~, la respiration ~e, un chien ~.*

la **halle** [al] Vaste salle où se tient le marché: *la ~ aux vins, acheter les légumes aux ~s.* ⚠ **Le hall** [ol] de gare/d'hôtel.

halte! CONTR. marche!: *faire ~, dire ~ à qn, «Section ~!»*

le **hameau** (**les hameaux**) Petit groupe de maisons à la campagne: *le ~ de Versailles.*

un **hameçon** *le poisson a mordu à l'~, retirer l'~ de la gueule du poisson, cet ~.*

hameçon

la **hanche** Partie du corps: *les ~s étroites/ larges, balancer les ~s.*

hanche

le **hangar** Grand bâtiment ouvert d'un côté où l'on met des machines etc., l'abri, la remise: *les ~s d'une ferme/d'un port/ d'un aéroport, mettre un avion au ~.*

hangar

hanter *v.* Obséder, poursuivre: *ce souvenir le hante, une maison hantée (par des esprits).*

hardi, hardie *adj.* Très courageux, audacieux; CONTR. timide, lâche: *un garçon ~, un projet ~.* – *adv.* **hardiment.**

le **hareng** [arã] ‖ Poisson de mer: *la pêche au ~, manger des filets de ~, acheter des ~s frais.*

hareng

le **haricot** [ariko] Légume: *manger des ~s verts, la côtelette de mouton aux ~s.* ⚠ Des haricots (avec liaison) est populaire mais incorrect.

haricots verts

une **harmonie** ‖ CONTR. le chaos, le désordre: *l'~ des vers d'un poème/du style, l'~*

141 hémisphère

des sentiments, être en ~, vivre en parfaite ~ avec qn, son ~.

harmonieux, harmonieuse *adj.* Plein d'harmonie, agréable; Contr. désagréable: *une voix ~se, un style ~, des formes ~ses.* – *adv.* **harmonieusement.**

harmoniser *v.* ‖ Mettre en harmonie, arranger; Contr. désaccorder: *~ les intérêts de plusieurs personnes/de plusieurs nations, ~ qc avec qc.*

le **hasard** Événement inattendu et inexplicable: *quel ~!, un heureux ~, un ~ malheureux, rencontrer qn par ~, comme par ~, marcher au ~ (= sans savoir où l'on va), à tout ~.*

la **hâte** La rapidité, la vitesse; Contr. la lenteur: *en toute ~, venir en ~, écrire une lettre à la ~, faire qc sans ~, il avait ~ de sortir.*

hâtif, hâtive *adj.* Qui se fait trop vite, rapide; Contr. lent, tardif: *un travail ~, le développement ~.*

la **hausse** L'augmentation; Contr. la baisse: *la ~ de la température, la ~ des prix/de la viande, être en ~.*

hausser *v.* Lever; Contr. baisser: *~ les épaules, ~ la voix.*

haut [o], **haute** [ot] **1.** *adj.* Contr. bas: *les ~es montagnes, le plus ~ point, des talons ~s, la H~e-Savoie, un mur ~ de trois mètres; parler à ~e voix, la ~e couture, avoir une ~e idée de soi-même (= grande).* **2.** *m.* *la tour Eiffel a trois cent vingt mètres de ~, tomber de ~.* **3.** *adv.* *monter/sauter/voler ~, parler plus ~, regarder de ~ en bas.* ⚠ Comme adverbe «haut» reste invariable: *ils parlent haut.*

la **hauteur** Dimension d'un objet (dans le sens vertical): *la ~ d'un mur/d'une tour, une ~ de 20 mètres.* ⚠ Ne pas confondre avec **l'altitude.**

le **haut-parleur** (des haut-parleurs) *les ~s d'un appareil de radio, installer des ~s à la gare.*

haut-parleur

hebdomadaire *adj.* Qui a lieu toutes les semaines: *une revue ~.*

un **hectare** Dix mille mètres carrés: *l'~, une ferme de trente ~s, cet ~.*

une **hégémonie** ‖ La domination d'un État sur les autres: *avoir l'~ en Europe, son ~.*

hein? *interjection* familière d'interrogation: *«~? Que dis-tu?», «Est-ce assez, ~?» (= n'est-ce pas?).*

hélas! [elas] *interjection* de plainte/de douleur/de regret: *«~ non!», «~! les beaux jours sont finis.»*

une **hélice** *l'~ d'un navire, les ~s d'un avion, l'~ tourne vite/s'arrête, son ~.*

hélice

un **hélicoptère** Sorte d'avion: *l'~ décolle à la verticale, un ~ s'est posé sur le sol, cet ~.*

hélicoptère

helvétique *adj.* Qui concerne la Suisse: *la Confédération ~.*

un **hémisphère** ‖ Moitié d'une sphère/du globe terrestre: *l'~ nord/sud, cet ~.* ⚠ **Un** hémisphère.

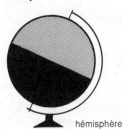
hémisphère

hennir *v.* Pousser des cris en parlant d'un cheval: *un cheval qui hennit, ~ d'impatience.*

une **herbe 1.** Petite plante verte: *l'~ des prairies/des prés/des pelouses, couper l'~, les vaches mangent l'~, déjeuner sur l'~, des brins d'~.* **2.** *la mauvaise ~, arracher les mauvaises ~s.* **3.** *les ~s aromatiques (= fines ~s), son ~.*

héréditaire *adj.* Hérité des parents: *le droit/la monarchie/la maladie ~.*

hérisser *v.* Dresser les cheveux/les poils/les plumes: *le chat hérisse ses poils, des plumes hérissées.*

le **hérisson** Animal: *le ~ se roule en boule, le ~ hérisse ses piquants.*

hérisson

un **héritage** Ce qu'on reçoit de qn après sa mort: *l'~, laisser/transmettre qc en ~, faire un ~, cet ~.*

hériter *v.* Recevoir un bien de qn après sa mort: *~ (d')une maison/(de) deux cent mille francs, ~ qc de son père/d'un oncle.*

un **héritier** Personne qui hérite: *l'~ d'une grande fortune, un riche ~, cet ~.*

héroïque *adj.* ‖ Qui est digne d'un héros: *une résistance ~, une décision ~.* – *adv.* **héroïquement.**

le **héros** [ero] Personne qui montre un courage extraordinaire: *se conduire/mourir en ~; le ~ d'un film/d'un roman (= personnage principal).* ⚠ Il n'y a pas de liaison: les héros, deux héros. ⚠ Le héros, mais: **l'**héroïne, **l'**héroïsme, **l'**héroïque résistance.

hésiter *v.* Être incertain, ne pas pouvoir prendre une décision; Contr. se décider, agir: *prendre une décision sans ~, j'hésite entre deux solutions, ~ devant un obstacle, ~ à faire qc, ~ à partir, j'hésite à lui confier mon secret.* ⚠ Hésiter si . . . est rare.

une **heure** 60 minutes: *l'~, les vingt-quatre ~s de la journée, une demi-~, attendre une ~, «Est-ce que vous avez l'~ exacte?», «Quelle ~ est-il?», il est trois ~s dix, six ~s et demie/et quart/moins le quart, la montre indique l'~, à trois ~s de l'après-midi, arriver à l'~ (= être exact), à deux ~s précises, tout à l'~ (= dans quelques instants/il y a peu), il est sorti tout à l'~ (= il y a quelques minutes), se lever de bonne ~ (= tôt), la voiture roule à 120 km à l'~, à l'~ àctuelle (= à notre époque), son ~.* ⚠ Il est deux heures. ⚠ 12 heures = **midi;** 0 heure = **minuit.** ⚠ *Langage familier:* **c'**est 8 heures.*

heureux, heureuse *adj.* Content; Contr. malheureux: *être ~ au jeu/en affaires, être ~ de faire qc, être ~ que + subj., s'estimer ~, une vie ~se, rendre qn ~, un ~ hasard/résultat.* – *adv.* **heureusement** *(que + ind).*

heurter *v.* Toucher rudement, cogner, donner un coup: *~ qc/qn, ~ un caillou, ~ qn du coude.* – **se ~** (il s'est heurté), *se ~ à/contre qn, se ~ à un obstacle.*

un **hiatus** [jatys] Rencontre de deux voyelles prononcées: *éviter l'~, un ~ désagréable à l'oreille, cet ~.*

le **hibou (les hiboux)** Oiseau nocturne: *le cri du ~, le ~ hue/ulule; vivre seul comme un ~.*

hibou

hideux, hideuse *adj.* Très laid, repoussant; Contr. beau: *un visage ~, un monstre ~, la méchanceté le rend ~.*

hier *adv.* [jɛr/ijɛr] Le jour avant le jour où l'on est: *~ – aujourd'hui – demain, il est arrivé ~ soir, avant-~* [avɑ̃tjɛr].

la **hiérarchie** ‖ Organisation sociale: *les*

échelons de la ⁓, être au sommet de la ⁓ (= le président, le directeur).

une **hilarité** Explosion de rires: déchaîner l'⁓ générale, son ⁓.

hippique adj. Qui a rapport au cheval: le sport ⁓, un concours ⁓.

un **hippodrome** Le champ de courses (de chevaux): l'⁓ de Longchamp/d'Auteuil, les tribunes d'un ⁓, cet ⁓.

une **hirondelle** Petit oiseau: le vol rapide des ⁓s, l'⁓ rase le sol avant l'orage, une ⁓ ne fait pas le printemps, son ⁓.

hirondelle

hisser v. Lever, faire monter par des cordes: ⁓ un mât, ⁓ le drapeau, je hisse les voiles.

une **histoire** 1. ‖ Les événements du passé: l'⁓ de France, l'⁓ politique/de la littérature, le professeur d'⁓. 2. Récit d'événements réels ou imaginaires (pour enfants): raconter une ⁓, une belle ⁓. 3. Fait désagréable: une ⁓ ennuyeuse m'est arrivée, elle va s'attirer des ⁓s (= ennuis), c'est toujours la même ⁓, mon/ton/son ⁓.

historique adj. ‖ un personnage ⁓, un événement ⁓.

un **hiver** [-ver] La plus froide des quatre saisons de l'année: l'⁓ est froid/rude/dur, en ⁓, les sports d'⁓, cet ⁓. ⚠ En hiver/été/automne, mais: au printemps.

hivernal, hivernale adj. (hivernaux, hivernales) Qui concerne l'hiver: le froid ⁓, le repos ⁓ de la nature.

hocher v. Secouer (la tête): ⁓ la tête.

le **homard** les pinces du ⁓, être rouge comme un ⁓, cet ⁓.

homard

un **homicide** Action de tuer un homme: l'⁓, commettre un ⁓ volontaire/involontaire, cet ⁓.

un **hommage** Le témoignage de respect, les compliments; Contr. la raillerie: rendre ⁓ à qn (= honorer), présenter ses ⁓s à qn, recevoir l'⁓ de ses admirateurs, cet ⁓.

un **homme** 1. Être humain: les droits de l'⁓, les différentes races d'⁓s. 2. Être humain du sexe masculin: un jeune/vieil ⁓, un ⁓ politique/d'affaires/de lettres, un ⁓ de génie/d'action, cet ⁓. ⚠ Une femme mariée parle de son **mari**.

homogène adj. Dont les éléments sont de même nature; Contr. divers: un mélange ⁓, un groupe/une équipe ⁓.

honnête adj. Conforme à l'honneur/à la morale, loyal; Contr. malhonnête, immoral: une ⁓ femme, mes intentions sont ⁓s, une vie ⁓; un prix/un repas ⁓ (= moyen). – adv. **honnêtement.**

un **honneur** La dignité morale, l'estime; Contr. la honte, l'infamie: défendre/sauver son ⁓, une affaire d'⁓, un homme d'⁓, donner sa parole d'⁓, faire ⁓ à qn, j'ai l'⁓ de vous souhaiter la bienvenue, mettre son ⁓ à faire qc, faire un tour d'⁓, la légion d'⁓, cet ⁓. ⚠ **Un** honneur.

honorable adj. Qui mérite d'être honoré: une famille ⁓, obtenir un résultat assez ⁓. – adv. **honorablement.**

honorer v. Traiter avec respect; Contr. mépriser: ⁓ son père et sa mère.

la **honte** Le sentiment de s'être mal conduit; Contr. l'honneur: c'est une ⁓, quelle ⁓!, rougir de ⁓, avoir ⁓ de qc, avoir ⁓ de faire qc, il fait ⁓ à son père, être la ⁓ de sa famille, c'est une ⁓ que + subj.

honteux, honteuse adj. Qui cause de la honte: une action ⁓se, être ⁓ de qc/de faire qc, il est ⁓ de faire qc, il est ⁓ que + subj. – adv. **honteusement.**

un **hôpital (les hôpitaux)** Établissement qui reçoit et traite les malades: un médecin d'⁓, le lit d'⁓, conduire le malade à l'⁓, soigner le malade à l'⁓, cet ⁓.

un **horaire** 1. Tableau donnant les heures de départ et d'arrivée: l'⁓ est affiché à la gare, consulter l'⁓ des chemins de fer, le train est en avance/en retard sur son ⁓, cet

~. **2.** *adj. la vitesse* ~ *(= à l'heure).*

un **horizon** [ɔrizõ] ‖ Ligne où le ciel et la terre paraissent se toucher: *le soleil se couche à l'* ~, *la ligne d'* ~, *apercevoir qc à l'* ~, *cet* ~.

horizontal, horizontale *adj.* (horizontaux, horizontales) ‖ Contr. vertical: *une ligne* ~*e, prendre la position* ~*e. – adv.* **horizontalement.**

une **horloge** *l'* ~ *de la gare/de la mairie, l'* ~ *électrique/de précision/à poids, mon/ton/ son* ~. ⚠ **Une** horloge.

horloge

un **horloger** Personne qui vend/répare des horloges/des montres, etc.: *l'* ~, *un* ~ *bijoutier, cet* ~.

hormis *prép.* Excepté, à l'exception de, sauf: ~ *Monique tous sont venus.*

une **hormone** ‖ *les* ~*s sexuelles/mâles/femelles, son* ~. ⚠ **Une** hormone.

un **horoscope** ‖ *l'* ~, *consulter son* ~, *un bon/mauvais* ~, *cet* ~.

une **horreur** Peur causée par qc d'affreux: *l'* ~ *d'un crime, les* ~*s de la guerre, être pâle d'* ~, *frémir d'* ~, *avoir* ~ *de qc/de faire qc, éprouver de l'* ~ *pour qn/pour qc, mon/ton/son* ~. ⚠ **Une** horreur.

horrible *adj.* Affreux, épouvantable; Contr. merveilleux: *un monstre* ~, *entendre des cris* ~*s, un temps* ~ *(= très mauvais). – adv.* **horriblement.**

hors *prép* [ɔr] Vers l'extérieur: *courir* ~ *de la maison, «* ~ *d'ici!»; être* ~ *de danger,* ~ *de doute, être* ~ *d'haleine, il est* ~ *de lui (= furieux).*

le **hors-d'œuvre** [ɔrdœvrə] Plat que l'on sert au commencement du repas; Contr. le dessert: *comme* ~ *je prends une salade*

de tomates. ⚠ Manger des hors-d'œuvre variés (invariable).

une **horticulture** Culture des jardins: *pratiquer l'* ~.

hospitaliser *v.* Faire entrer à l'hôpital: ~ *un malade, des malades hospitalisés.*

hostile *adj.* Qui est ennemi; Contr. favorable: *il est* ~ *à ce projet, prendre une attitude* ~, *un regard* ~, *être* ~ *envers qn.*

les **hostilités** [lez ɔstilite] *f. (au pluriel)* Les opérations de guerre: *engager les* ~, *cesser les* ~.

un **hôte,** une **hôtesse 1.** Personne qui reçoit qn d'autre chez elle: *remercier son* ~, *l'hôtesse de l'air.* **2.** Personne qui est reçue chez un autre, l'invité: *loger/nourrir un* ~, *cet* ~.

un **hôtel 1.** ‖ *l'* ~ *de tourisme/de luxe, le grand* ~, *l'* ~*-restaurant, la chambre d'* ~, *le maître d'* ~, *la réception d'un* ~, *chercher un* ~, *habiter à l'* ~, *descendre dans un* ~, *passer quinze jours à l'* ~, *cet* ~. **2.** *l'* ~ *de ville (= mairie dans une ville importante).*

la **houille** Le charbon (dans l'industrie): *une mine de* ~.

houleux, houleuse *adj.* Agité (en parlant de la mer): *une mer* ~*se; la séance fut* ~*se* (Contr. *paisible*).

une **huile** Liquide gras: *l'* ~ *d'olive/de table, l'* ~ *végétale, une tache d'* ~, *l'* ~ *lourde/de graissage, le moteur manque d'* ~, *changer l'* ~ *du moteur, la peinture à l'* ~, *mon/ton/ son* ~.

huit *numéral* 8: ~ *jours, le* ~ *juin, dix-* ~, *vingt-* ~. ⚠ Prononciation: ils étaient huit [ɥit], le huit [ɥi ou ɥit] décembre. – **huitième.**

une **huître** Fruit de mer qui contient parfois une perle: *l'* ~, *un banc d'* ~*s, manger une douzaine d'* ~*s, mon/ton/son* ~.

humain, humaine *adj.* **1.** De l'homme: *la vie* ~*e, la nature* ~*e, le corps* ~. **2.** Contr. inhumain: *se montrer* ~ *pendant la guerre, une réaction* ~*e.*

une **humanité** Les hommes en général, le genre humain: *l'histoire de l'* ~.

humble *adj.* Modeste; Contr. orgueilleux: *parler sur un ton* ~, *faire une* ~ *remarque.*

humecter *v.* Rendre humide, mouiller

un peu; CONTR. sécher: ～ *le linge avant de le repasser,* ～ *ses doigts.* – **s'**～ (il s'est humecté), s'～ *les lèvres.*

une **humeur** Le tempérament, l'état d'esprit: *être de bonne* ～, *la mauvaise* ～, *mon/ton/son* ～. ⚠ **La** bonne humeur.

humide *adj.* CONTR. sec: *une serviette/ une éponge* ～, *les murs* ～*s de la cave, des yeux* ～*s de larmes.*

une **humidité** Caractère de ce qui est humide; CONTR. la sécheresse: *l'* ～ *de l'air/ du sol, l'* ～ *d'une maison, le métal est rouillé à cause de l'* ～, *son* ～.

humoristique *adj.* ‖ *un dessin/un récit* ～.

un **humour** ‖ La manière de voir les choses avec ironie: *l'* ～ *noir, avoir de l'* ～, *agir/ parler avec* ～, *manquer d'* ～, *cet* ～.

hurler *v.* Pousser des cris violents: *le chien hurle, la foule hurle,* ～ *de douleur;* ～ *avec les loups.*

un **hydrogène** Corps chimique (symbole: H): *l'* ～ *est un gaz incolore et léger, la bombe à* ～ (= *la bombe H*), *cet* ～.

une **hygiène** [iʒjɛn] ‖ Les soins qui maintiennent le corps propre et en bonne santé: *l'* ～ *corporelle/alimentaire, les articles d'* ～, *manquer d'* ～, *mon/ton/son* ～.

hygiénique *adj.* ‖ *du papier* ～ (*de toilette*).

un **hymne** [imnə] ‖ *l'* ～ *national français* (= *la Marseillaise*), *cet* ～. ⚠ **Un** hymne, mais: **une** hymne sacrée (sens religieux).

une **hypnose** ‖ *tomber dans l'* ～, *être sous* ～, *son* ～.

un **hypocrite** **1.** Personne qui dissimule ses sentiments, qui trompe les gens: *faire l'* ～, *cet* ～. **2.** *adj.* CONTR. sincère, franc: *un homme* ～, *un flatteur* ～, *parler d'un air* ～, *un sourire/une promesse* ～.

une **hypothèse** ‖ Supposition que l'on fait et dont on tire des conséquences: *l'* ～, *formuler une* ～, *vérifier une* ～, *mon/ton/ son* ～.

hystérique *adj.* ‖ Se dit d'une personne qui ne peut pas se contrôler (qui crie, qui pleure): *une femme* ～, *des rires/des cris* ～*s.*

I

ici *adv.* Dans le lieu où se trouve celui qui parle; CONTR. là, là-bas: *rester* ～, *tout près d'* ～, *venez par* ～, *veuillez signer* ～ (= *à cet endroit*); *jusqu'* ～ (= *à ce moment*), *d'* ～ *à lundi.* ⚠ Ne pas confondre avec **voici**.

idéal, idéale *adj.* (**idéals/idéaux, idéales**) ‖ Absolument parfait; CONTR. imparfait: *un appartement* ～, *des vacances* ～*es, trouver une solution* ～*e, la beauté* ～*e, un mari* ～, *un temps* ～.

un **idéal** (**les idéaux**) ‖ Le modèle parfait: *chercher à réaliser son* ～, *l'* ～ *serait que* + subj., *cet* ～.

un **idéaliste** ‖ **1.** Le rêveur; CONTR. le réaliste, le matérialiste: *c'est un* ～, *cet* ～. **2.** *adj. un philosophe* ～, *avoir des vues* ～*s.*

une **idée** ‖ Conception de l'esprit, la pensée, l'opinion: *une* ～ *claire/juste/fausse/confuse, se faire une* ～ *sur qc, il me vient une*

～, *il eut l'* ～ *de nous rendre visite, mes* ～*s politiques, l'* ～ *maîtresse d'un livre* (= *le thème central*), *mon/ton/son* ～.

identifier *v.* ‖ Reconnaître: ～ *une personne/un criminel/un cadavre,* ～ *une plante.*

identique *adj.* ‖ Tout à fait pareil, semblable, analogue; CONTR. différent, contraire: *cet objet est* ～ *à un autre, des résultats* ～*s.*

une **identité** ‖ Ce qui permet de reconnaître une personne: *les papiers/la carte/la photo d'* ～, *vérifier l'* ～ *de qn, prouver son* ～, *mon/ton/son* ～.

une **idéologie** ‖ La doctrine: *des* ～*s politiques, l'* ～ *révolutionnaire, mon/ton/son* ～.

idiot, idiote [-jo, -jɔt] **1.** *adj.* ‖ Qui manque d'intelligence, bête, stupide: *il est complètement* ～, *ce qu'il dit est* ～, *poser une question* ～*e, un rire* ～. **2.** *m.* ‖ *faire* *l'~, quel ~!*, «*Me prenez-vous pour un ~?*», *cet ~.*

une **idole** [-ɔl] ‖ *faire de qn son ~, les ~s des jeunes, mon/ton/son ~.* ⚠ **Une** idole.

une **idylle 1.** ‖ *Petit poème amoureux.* **2.** *Aventure amoureuse naïve.*

ignoble *adj.* Moralement bas, infâme; CONTR. noble: *tenir des propos ~s, sa conduite est ~, un ~ individu.*

une **ignorance** ‖ Le fait de ne pas connaître; CONTR. la connaissance, le savoir: *être dans l'~ complète des projets de qn, reconnaître son ~ sur un sujet, combattre l'~, mon/ton/son ~.*

ignorant, ignorante 1. *adj.* ‖ Qui ne sait rien: *être ~ de qc, être ~ en mathématiques.* **2.** *m.* ‖ *faire l'~, cet ~.*

ignorer *v.* CONTR. savoir: *~ qc, ~ le nom de qn, ~ que* + ind. ou subj., *il ignore qui je suis, ~ comment/où/quand qc s'est passé, j'ignore s'il viendra, il n'ignore pas que* + ind. *(= il sait très bien).*

il 1. *pron.* personnel masculin de la troisième personne du singulier: *~ vient, ~s viennent.* ⚠ **lui**-même, **lui** seul. **2.** *pron.* neutre: *~ pleut, ~ semble, ~ faut.* ⚠ Distinguez: Oui, **c**'est vrai, mais: **il** est vrai **que** . . .

une **île** Terre entourée d'eau: *la Corse est une grande ~, l'~ de Sainte-Hélène, une ~ au milieu du lac/en haute mer, l'~ de la Cité (à Paris), vivre/habiter dans une ~, mon/ton/son ~.*

illégal, illégale *adj.* (**illégaux, illégales**) ‖ Qui est contraire à la loi; CONTR. légal: *prendre des mesures ~es, ce contrat est ~, il est ~ de faire cela.*

illisible *adj.* Qu'on ne peut pas lire; CONTR. lisible: *une signature ~, le médecin a écrit une ordonnance ~.*

illuminer *v.* ‖ Éclairer avec beaucoup de lumière: *~ le château/un monument public, les éclairs illuminent le ciel.*

une **illusion** ‖ L'opinion fausse, l'idée; CONTR. la déception: *se faire/avoir des ~s, c'est une ~ de croire que tous les hommes sont bons, mon/ton/son ~.*

illustre *adj.* Qui est très connu (à cause de ses qualités), célèbre, glorieux: *un personnage ~, les statues d'hommes ~s.*

illustrer *v.* ‖ Orner d'images: *un livre d'art illustré de magnifiques photos; un illustré (= une revue).*

il y a 1. Ici est/sont: *~ ici 30 personnes, qu'est-ce qu'~ dans la boîte?* **2.** Avant aujourd'hui: *j'ai lu ce livre ~ deux ans.*

une **image 1.** Reproduction de qc par la photographie/le dessin, etc.: *un livre d'~s, regarder son ~ dans la glace.* **2.** Le style figuré: *s'exprimer par ~s, mon/ton/son ~.* ⚠ **Une** image.

imaginaire *adj.* Qui n'existe que dans l'imagination; CONTR. réel: *vivre dans un monde ~, ses craintes sont ~s, un malade ~.*

une **imagination** Faculté de se représenter des images d'objets qu'on a vus ou pas, la faculté d'inventer/de créer: *avoir de l'~, manquer d'~, l'~ créatrice, l'~ d'un romancier, ce danger n'existe que dans votre ~, mon/ton/son ~.* ⚠ Ne pas confondre avec **la fantaisie.**

imaginer *v.* Se représenter qc dans l'esprit: *j'imagine bien sa surprise, vous ne pouvez pas ~ à quel point il a été déçu, ~ que* + ind. *(affirmatif)/* + subj. *(= supposer).* – **s'**~ (il s'est imaginé) Se figurer: *je me l'imaginais autrement, s'~ faire qc, s'~ que* + ind.

un **imbécile 1.** Personne sans intelligence, idiot: *c'est un ~, il me prend pour un ~, cet ~.* **2.** *adj. un rire/une réponse ~.*

une **imitation** ‖ La reproduction, la copie; CONTR. l'original: *une ~ fidèle/habile/réussie/plate/banale, l'~ du style de Voltaire, mon/ton/son ~.*

imiter *v.* ‖ Reproduire, copier: *~ qc/qn, ~ un peintre, ~ l'exemple de qn (= suivre), ~ admirablement les gestes de qn, ~ une signature.*

une **immatriculation** Le fait d'inscrire sur un registre public: *la plaque d'~ d'une voiture, relever le numéro d'~ d'une voiture, l'~ d'un étudiant (= l'inscription), mon/ton/son ~.*

222 QE 22

plaque d'immatriculation

immédiat, immédiate *adj.* Qui se produit tout de suite: *un départ ~, une réac-*

tion ⁓*e; dans l'* ⁓ *(= pour le moment).* – *adv.* **immédiatement** *(= tout de suite).*

immense *adj.* ‖ Très grand, énorme; CONTR. petit, minuscule: *l'* ⁓ *océan, une foule* ⁓*, un* ⁓ *succès.* – *adv.* **immensément.**

immérité, imméritée *adj.* Qui n'est pas mérité: *des reproches/des honneurs* ⁓*s.*

un **immeuble** Grande maison: *un* ⁓ *de six étages, habiter au 5ᵉ étage d'un* ⁓*, acheter/vendre/louer un* ⁓*, cet* ⁓*.*

immigrer *v.* ‖ Venir dans un pays étranger pour y habiter; CONTR. émigrer: ⁓ *aux États-Unis, les travailleurs immigrés.*

immobile *adj.* Qui reste sans bouger; CONTR. mobile: *rester/se tenir* ⁓*, l'eau* ⁓ *du lac.*

immoral, immorale *adj.* (**immoraux, immorales**) Contraire à la morale; CONTR. moral, honnête, vertueux: *une œuvre* ⁓*e, sa conduite est* ⁓*e.*

une **immortalité** État de celui qui ne meurt pas: *croire à l'* ⁓ *de l'âme, son* ⁓*.*

immortel, immortelle *adj.* Qui ne meurt pas; CONTR. mortel: *l'âme est* ⁓*le, un amour* ⁓*, un auteur* ⁓ *(= dont on se souviendra).*

une **immunité** ‖ *l'* ⁓ *à un virus; l'* ⁓ *parlementaire, mon/ton/son* ⁓*.*

impair, impaire *adj.* 1, 3, 5, 7 . . . sont impairs; CONTR. pair: *des nombres* ⁓*s, stationnement interdit les jours* ⁓*s.*

impardonnable *adj.* Qui ne peut pas être pardonné/excusé: *une faute/une erreur* ⁓*, il serait* ⁓ *de faire cela.*

un **imparfait** Temps d'un verbe: *l'* ⁓ *de l'indicatif (exemples: il dormait, il allait), l'* ⁓ *du subjonctif, cet* ⁓*.*

impartial, impartiale *adj.* (**impartiaux, impartiales**) Neutre, objectif, sans parti pris; CONTR. partial: *un juge/un critique* ⁓*, se montrer* ⁓*.*

une **impasse** Rue sans issue: *habiter (dans) une* ⁓*, une* ⁓ *obscure; être dans une* ⁓ *(= dans une situation sans issue), son* ⁓*.*

impassible *adj.* Sans émotion: *rester* ⁓ *devant le danger, un visage* ⁓*.*

une **impatience** CONTR. la patience: *attendre qc avec* ⁓*, regarder sa montre avec* ⁓*, manifester de l'* ⁓*, désirer qc avec* ⁓*, l'* ⁓

de la jeunesse, mon/ton/son ⁓*.*

impatient, impatiente *adj.* CONTR. patient: *être* ⁓ *de faire qc, un jeune homme/un malade* ⁓*.* – *adv.* **impatiemment** [-sjamã].

impeccable *adj.* Sans défaut, parfait; CONTR. incorrect, négligé: *une conduite/une attitude* ⁓*, une tenue* ⁓*.*

un **impératif** ‖ Mode du verbe (exemples: viens!, vas-y!): *les trois personnes de l'* ⁓*, employer l'* ⁓*, cet* ⁓*.*

imperceptible *adj.* Qui est difficile à remarquer/à saisir par l'esprit; CONTR. considérable, important: *des nuances* ⁓*s, un changement presque* ⁓*, une ironie fine presque* ⁓*.*

un **impérialisme** ‖ Politique d'un État qui a pour but de mettre les autres États sous sa domination politique et économique: *combattre l'* ⁓*, cet* ⁓*.*

impérialiste *adj.* ‖ *Les doctrines* ⁓*s.*

un **imperméable** Le manteau de pluie: *porter un* ⁓ *quand il pleut, mettre son* ⁓*, cet* ⁓*.*

impertinent, impertinente *adj.* ‖ Insolent, offensant: *donner une réponse* ⁓*e.*

imperturbable *adj.* Que rien ne peut troubler: *il est resté* ⁓*, un sang-froid* ⁓*, avoir une confiance* ⁓ *en qc/en qn, garder un sérieux* ⁓*.* – *adv.* **imperturbablement.**

impitoyable *adj.* Qui est sans pitié; CONTR. indulgent, charitable, compréhensif: *se montrer* ⁓ *envers qn, une critique* ⁓*, un ennemi* ⁓*.* – *adv.* **impitoyablement.**

implacable *adj.* Impitoyable, très dur, très sévère: *un juge* ⁓*, un ennemi* ⁓*.*

impliquer *v.* Supposer, demander: *l'amitié implique la sincérité,* ⁓ *que +* ind. *(= supposer)* / *+ subj. (= demander).*

implorer *v.* Supplier, demander avec beaucoup d'insistance: ⁓ *le pardon/l'indulgence de qn.*

impoli, impolie *adj.* Qui manque de politesse; CONTR. poli, bien élevé: *un jeune homme* ⁓*, être* ⁓ *envers qn, il est* ⁓ *d'arriver en retard.* – *adv.* **impoliment.**

impopulaire *adj.* Qui ne plaît pas au peuple; CONTR. populaire: *un ministre* ⁓*, prendre des mesures* ⁓*s.*

une **importance** Qualité de ce qui est important, le grand intérêt, la portée; Contr. la bagatelle: *l'~ d'un événement, attacher beaucoup d'~ à qc, avoir de l'~/peu d'~, être sans ~, cela n'a aucune ~, mon/ton/ son ~.*

important, importante *adj.* Qui a beaucoup d'intérêt/de grandes conséquences, considérable; Contr. insignifiant: *c'est très ~ pour moi, c'est ~ à savoir, une question ~e, jouer un rôle ~ dans une affaire, rien d'~ à signaler, il est ~ d'agir vite, il est ~ que + subj.*

une **importation** Contr. l'exportation: *l'~ de produits industriels, l'~ en France de produits allemands, augmenter les ~s, la balance des ~s et des exportations, son ~.*

importer *v.* ‖ Contr. exporter: *~ du pétrole/du café/des machines.*

importer *v.* (Seulement à l'infinitif et à la troisième personne) Intéresser, avoir de l'importance: *c'est la seule chose qui m'importe, il importe de faire qc, il importe que + subj.; qu'importe, peu importe, n'importe qui/quoi/où/quand, à n'importe quel prix.* △ Voilà **ce qu'il** importe de **faire** («ce qu'il» avec importe + infinitif), mais: **ce qui** importe, c'est . . .

imposer *v.* Obliger à accepter/à faire: *~ qc à qn, ~ sa volonté/ses conditions à qn, ~ le respect, en ~ à qn.* – **s'~** (il s'est imposé), *s'~ un effort, la solution qui s'impose.*

impossible 1. *adj.* Contr. possible, certain, facile: *la réalisation de ce projet est ~, rendre qc ~, devenir ~, c'est ~, une idée ~ à admettre, il est ~ de faire cela, il m'est ~ de faire cela, il est ~ que + subj., il semble ~ que + subj.* **2.** *m.* *vous demandez l'~, faire l'~.*

un **imposteur** Celui qui abuse de la confiance des autres (pour en tirer profit): *les mensonges d'un ~, l'~ qui veut se faire passer pour un homme de bien, démasquer l'~, cet ~.*

les **impôts** [-po] *m. (au pluriel)* L'argent que l'on doit payer à l'État: *les ~ directs/indirects, faire sa déclaration d'~, payer ses ~, les ~ sur le revenu.*

imprécis, imprécise *adj.* Vague, incertain; Contr. précis, net: *Ces renseignements sont ~, un souvenir ~.*

une **impression 1.** ‖ Effet produit sur l'esprit: *faire/produire une forte ~ sur qn, avoir l'~ d'entendre un cri, j'ai l'~ que +* ind. *(= il me semble), mon/ton/son ~.* **2.** L'action d'imprimer un livre, etc.: *l'~ des journaux, les fautes d'~.*

impressionner *v.* Produire une vive impression, frapper l'esprit: *~ qn, se laisser ~, cela m'a impressionné, un spectacle/un discours/un tableau qui impressionne.*

imprévu, imprévue *adj.* Inattendu; Contr. prévu: *un événement ~, un malheur/un obstacle ~.*

imprimer *v.* Reproduire mécaniquement un texte sur du papier: *~ un livre/un journal à dix mille exemplaires, ce livre est bien imprimé.*

une **imprimerie** Établissement où l'on imprime des livres, etc.: *travailler dans une ~, les caractères d'~, son ~.*

improviser *v.* ‖ Organiser/composer à la hâte et sans préparation; Contr. préparer: *~ un discours/un jeu/une fête, ~ une excuse.*

une **imprudence** Contr. la prudence: *son ~ l'expose aux dangers, commettre une ~, ne faites pas d'~, mon/ton/son ~.*

une **impuissance** La faiblesse, l'incapacité; Contr. la puissance, la capacité: *l'~ de mes efforts, avoir le sentiment de son ~, avouer/reconnaître son ~, l'~ à faire qc, mon/ton/son ~.*

impuissant, impuissante *adj.* Contr. puissant, capable: *être ~ à faire qc, rester ~ devant qc.*

impulsif, impulsive 1. *adj.* ‖ Qui agit spontanément/sans réflexion; Contr. réfléchi, calme: *avoir un caractère ~, un garçon ~.* **2.** *m.* *les vives réactions d'un ~.*

impunément *adv.* Sans être puni: *se moquer ~ de qn, braver ~ les autorités.*

impuni, impunie *adj.* Qui n'est pas puni: *un crime qui reste ~, une audace ~e.*

impur, impure *adj.* Contr. pur: *l'eau ~e, l'air ~; des sentiments ~s.*

inacceptable *adj.* Contr. acceptable: *une offre ~, vos propositions sont ~s.*

inaccessible *adj.* Impossible à atteindre: *un sommet ~, un cœur ~, être ~ à la pitié (= insensible).*

inachevé, inachevée *adj.* Contr. achevé, parfait, complet: *un travail* ⌣*, laisser un roman* ⌣*, la Symphonie* ⌣*e de Schubert.*

inactif, inactive *adj.* Oisif; CONTR. actif, entreprenant, occupé: *rester* ⌣*, une vie* ⌣*ve.*

inaperçu, inaperçue *adj.* Qui n'est pas aperçu/remarqué: *rester/demeurer/passer* ⌣*.*

inattendu, inattendue *adj.* Imprévu; CONTR. attendu, prévu, normal: *son arrivée était* ⌣*e, une visite* ⌣*e, une nouvelle* ⌣*e.*

inaugurer *v.* Livrer un nouveau monument au public (par une cérémonie): ⌣ *un monument/une statue/une autoroute.*

incalculable *adj.* Qui est difficile à apprécier: *avoir des conséquences* ⌣*s, des risques* ⌣*s.*

incapable 1. *adj.* CONTR. capable: *être* ⌣ *de qc/de faire qc, rendre qn* ⌣ *de faire qc.* **2.** *m. un* ⌣*.*

une **incapacité** L'incompétence; CONTR. la capacité: *être renvoyé pour* ⌣*, je suis dans l'* ⌣ *de vous aider/répondre, l'* ⌣ *totale, mon/ton/son* ⌣*.*

un **incendie** Grand feu: *l'* ⌣ *d'une forêt/ d'une maison, un* ⌣ *criminel/dû à l'imprudence, les pompiers combattent/ont maîtrisé l'* ⌣*, éteindre un* ⌣*, cet* ⌣*.* △ *Un* incendie.

incertain, incertaine *adj.* Douteux, éventuel; CONTR. certain, sûr: *avoir un avenir* ⌣*, le résultat est* ⌣*; rester* ⌣ *(= indécis), être* ⌣ *de qc.*

une **incertitude** CONTR. la certitude: *être dans l'* ⌣*, l'* ⌣ *d'un résultat/du succès, mon/ ton/son* ⌣*.*

incessant, incessante *adj.* Qui ne cesse pas, qui dure sans interruption, continuel: *une activité* ⌣*e, être dérangé par des coups de téléphone* ⌣*s. – adv.* **incessamment.**

un **incident** Petit événement imprévu (en général: désagréable): *un* ⌣ *sans importance, le voyage s'est passé sans* ⌣*, cet* ⌣*.*

une **incise** Exemples: dit-il, répondit-elle: *l'* ⌣ *indique quelle est la personne qui parle.*

inciter *v.* Pousser à, encourager: ⌣ *les clients à acheter.*

incliner *v.* Baisser, pencher: ⌣ *la tête.* – *s'* ⌣ (il s'est incliné), *s'* ⌣ *devant qn (= pour le saluer), s'* ⌣ *devant des arguments solides.*

inclure *v.* (j'inclus, il inclut, nous incluons, ils incluent; il a inclu) Compter parmi, comprendre: ⌣ *les frais de transport dans un prix, taxe incluse.*

une **incohérence** Manque de logique/d'unité, la contradiction: *l'* ⌣ *entre les parties d'une œuvre, l'* ⌣ *de son discours/de sa conduite, son* ⌣*.*

incommode *adj.* Qui n'est pas pratique; CONTR. commode: *des vêtements* ⌣*s, un appartement/un meuble* ⌣*.*

incommoder *v.* Gêner, déranger, fatiguer: ⌣ *qn en fumant, le bruit m'incommode, être incommodé par qc/par qn.*

incomparable *adj.* CONTR. comparable: *deux choses* ⌣*s, un talent* ⌣ *(= sans égal).*

incomplet, incomplète *adj.* CONTR. complet, entier: *une liste* ⌣*ète, un récit* ⌣*, des explications* ⌣*ètes.*

incompréhensible *adj.* Impossible/difficile à comprendre: *un texte/une phrase* ⌣*, un raisonnement* ⌣*, un mystère* ⌣*, son comportement est* ⌣*.* △ Ne pas confondre avec **incompréhensif** (= intolérant, qui manque de compréhension).

inconcevable *adj.* Difficile à croire/à imaginer, incroyable: *une beauté/une rapidité* ⌣*, agir avec une* ⌣ *légèreté, il est* ⌣ *que* + subj.

inconnu, inconnue 1. *adj.* Que l'on ne connaît pas; CONTR. connu: *être* ⌣ *de tous, mon nom lui est* ⌣*, l'auteur de ce crime est encore* ⌣*, rester* ⌣*, un écrivain/ un peintre* ⌣*.* △ Être inconnu à l'adresse indiquée. **2.** *m. Un* ⌣ *m'a arrêté dans la rue.* △ Une plainte contre **X.**

incontestable *adj.* Certain, indiscutable: *une vérité/un argument* ⌣*, ce sont des faits* ⌣*s, c'est* ⌣*, il est* ⌣ *que* + ind.

un **inconvénient** Conséquence fâcheuse, le désavantage; CONTR. l'avantage: *subir les* ⌣*s de qc, cela présente de sérieux* ⌣*s, ne pas voir d'* ⌣ *à faire qc, les avantages et les* ⌣*s d'un métier, cet* ⌣*.*

incorrect, incorrecte *adj.* CONTR. correct: *une expression* ⌣*e, parler de manière* ⌣*e, une tenue* ⌣*e. – adv.* **incorrectement.**

incroyable *adj.* Qui n'est pas croyable, invraisemblable, étonnant: *recevoir d'~s nouvelles, il est d'une bêtise ~, il est/semble ~ que* + subj. – *adv.* **incroyablement.**

inculpé, inculpée 1. *adj.* Qui est accusé officiellement d'un crime: *être ~ d'homicide.* **2.** *m.* L'accusé: *la détention provisoire d'un ~, interroger l'~.*

incurable *adj.* Qui ne peut pas être guéri: *une maladie ~.*

indécis, indécise *adj.* Qui ne peut pas se décider; CONTR. décidé: *un homme ~.*

indéfini, indéfinie *adj.* CONTR. défini, limité: *un nombre ~; l'article ~ (= un, une, des).* – *adv.* **indéfiniment.**

indemne *adj.* Sain et sauf; CONTR. blessé: *sortir ~ d'un accident.*

une **indépendance** L'état de celui qui ne doit obéir à personne, la liberté; CONTR. la dépendance, l'esclavage: *vivre dans l'~, vouloir conserver son ~, la guerre d'~, mon/ton/son ~.*

indépendant, indépendante *adj.* Libre, souverain; CONTR. dépendant, subordonné: *un État ~, un esprit ~ (= qui fait ce qu'il veut).* – *adv.* **indépendamment.**

un **index 1.** Le deuxième doigt: *montrer qc de l'~.* **2.** La liste des sujets: *Vous trouverez à la fin du livre l'~ des auteurs cités, cet ~.*

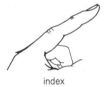

index

un **indicatif** ‖ Mode d'un verbe: *ce verbe est à l'~, le présent/l'imparfait de l'~.*

une **indication** Le renseignement: *donner des ~s à un voyageur, son ~.*

un **indice** Un signe qui indique qc: *des ~s vagues/intéressants, l'~ des prix/du coût de la vie, cet ~.*

une **indifférence** État de celui qui est indifférent à qn/à qc: *avoir de l'~ pour qn, apprendre qc avec ~, l'~ à l'égard de la mode/pour la politique, mon/ton/son ~.*

indifférent, indifférente *adj.* ‖ Sans intérêt; CONTR. intéressé: *parler de choses*

~es, cela lui est ~, être ~ à qn, elle m'est ~e, il m'est ~ de faire qc, il m'est ~ que + subj., *être ~ aux malheurs des autres, il semble ~ à tout.*

un **indigène 1.** Personne originaire du pays où elle vit, habitant d'une colonie: *les ~s de l'Australie/de l'Afrique, cet ~.* **2.** *adj.* la *population ~.*

indigne *adj.* CONTR. digne: *un fils ~, se rendre ~ de qc, il est ~ de ma confiance, c'est une action ~ (= méprisable).*

indiquer *v.* Montrer par un geste/par un signal, etc.: *la montre indique l'heure, pouvez-vous m'~ un bon hôtel?, ~ le chemin de la gare; arriver à l'heure indiquée (= fixée).*

indirect, indirecte *adj.* ‖ CONTR. direct: *agir par des moyens ~s, une critique ~e, une conséquence ~e, l'éclairage ~, le complément ~, le discours ~.* – *adv.* **indirectement.**

indiscret, indiscrète *adj.* ‖ Qui s'occupe de choses qui ne le concernent pas, qui ne sait pas garder un secret; CONTR. discret: *un visiteur ~, poser une question ~ète, être bavard et ~.* – *adv.* **indiscrètement.**

une **indiscrétion** ‖ Le fait de révéler un secret, le manque de réserve: *commettre une ~, compromettre la réputation de qn par des ~s; il a eu l'~ d'écouter notre conversation, mon/ton/son ~.*

indispensable *adj.* Absolument nécessaire; CONTR. inutile: *observer les précautions ~s, il se croit ~, une condition ~ pour réussir, être ~ à qn/à qc, il est ~ de faire cela, il est ~ que* + subj.

un **individu 1.** ‖ Un être humain: *l'~ et la société/l'État, les droits de l'~, le culte de l'~.* **2.** Personne (dont on parle avec mépris): *un ~ suspect, je n'aime pas cet ~.*

individuel, individuelle *adj.* ‖ Personnel; CONTR. commun, collectif: *la liberté ~le, la responsabilité ~le, la propriété ~le.*

indolent, indolente *adj.* Qui ne se donne aucune peine, paresseux, apathique; CONTR. actif, énergique: *un élève ~.*

une **indulgence** Facilité à pardonner, la bienveillance; CONTR. la sévérité, la dureté: *demander/réclamer l'~ de qn,* mériter l'~, avoir de l'~ pour les fautes de qn, l'~ du jury, mon/ton/son ~.

indulgent, indulgente adj. Qui excuse/ pardonne facilement, bon; CONTR. sévère: une mère ~e, être ~ pour/envers qn, être trop ~ pour les fautes de qn, se montrer ~.

industrialiser v. ‖ Installer des industries: ~ un pays du tiers monde, une région industrialisée.

une **industrie** ‖ CONTR. l'artisanat: l'~ française/allemande, l'~ automobile/métallurgique/textile, l'~ lourde, les ouvriers de l'~, son ~.

industriel, industrielle 1. adj. ‖ une région ~le, un centre ~, des produits ~s, la production ~le. **2.** m. Le propriétaire d'une usine: un gros ~, les ~s du textile, cet ~.

inégal, inégale adj. (inégaux, inégales) Différent; CONTR. égal, pareil: la cathédrale de Chartres a deux clochers de grandeur ~e, les conditions sociales sont ~es.

inerte adj. Qui ne bouge pas: un blessé ~ était étendu sur la route; rester ~ devant la douleur de qn (= indifférent).

inespéré, inespérée adj. Meilleur que ce qu'on espérait, inattendu: obtenir des résultats ~s, un succès ~, une victoire ~e.

inestimable adj. Dont la valeur ne peut pas être fixée: un tableau d'une valeur ~, rendre à qn un service ~, la santé est un bien ~.

inévitable adj. Certain; CONTR. évitable, éventuel: la mort est une chose ~, cette catastrophe était ~, il est ~ que + subj. – adv. **inévitablement.**

inexact, inexacte adj. **1.** Faux; CONTR. exact: un renseignement/un calcul ~, une traduction ~e, des détails ~s dans un récit. **2.** Qui manque de ponctualité: il est ~ à ses rendez-vous, un employé ~. – adv. **inexactement.**

une **inexactitude** L'erreur; CONTR. l'exactitude: l'~ d'un calcul/d'une nouvelle/d'un témoignage/d'une description, son ~.

une **inexpérience** Manque d'expérience: l'~ d'un débutant, l'~ des affaires/des choses de l'amour, mon/ton/son ~.

inexplicable adj. Impossible à expliquer, incompréhensible: sa conduite est

~, c'est ~.

infaillible adj. Dont le résultat est assuré (CONTR. douteux); qui ne peut pas se tromper: un moyen/un remède ~ (= sûr); se croire ~. – adv. **infailliblement.**

infâme adj. ‖ CONTR. noble, honorable: un crime ~, une ~ trahison.

une **infanterie** ‖ Troupes qui combattent à pied: une section/une division d'~, servir dans l'~, son ~.

infatigable adj. Qui ne se fatigue pas facilement: un travailleur ~. – adv. **infatigablement.**

une **infection** ‖ Invasion de microbes dangereux dans le corps: l'~ de la plaie, son ~.

inférieur, inférieure 1. adj. Plus bas; CONTR. supérieur: les étages ~s d'un immeuble, des marchandises d'une qualité ~e, être ~ à qn/à qc. **2.** m. CONTR. Le supérieur, le chef: il nous considère comme des ~s, cet ~.

infidèle adj. CONTR. fidèle: un mari/une femme ~, être ~ à qn/à qc, être ~ à sa parole.

infini, infinie adj. Qui n'a pas de fin, très grand; CONTR. limité: l'espace ~, un nombre ~, une patience ~e. – adv. **infiniment.**

un **infinitif 1.** ‖ Forme nominale du verbe: quel est l'~ de ce verbe?, cet ~. **2.** adj. une proposition infinitive.

infirme adj. Invalide: soigner un vieillard ~, demeurer ~ à la suite d'un accident, être ~ du bras gauche.

une **infirmière** Femme qui soigne les malades sous la direction d'un médecin: une ~ diplômée, l'~ soigne les malades, son ~.

inflammable adj. Qui s'enflamme facilement: des liquides/des matières ~s.

une **inflammation** La réaction de l'organisme contre une attaque de microbes, la rougeur: une ~ des bronches/de la gorge/ de la peau/de l'œil, des remèdes contre l'~, mon/ton/son ~.

une **inflation** ‖ Une politique qui mène à l'~, prendre des mesures contre l'~, lutter contre l'~, son ~.

inflexible adj. Qui résiste à toutes les influences, ferme, dur: une volonté ~, être d'une sévérité ~, rester ~. – adv. **inflexiblement.**

infliger *v.* (-ge- devant a et o: nous infligeons; il infligeait; infligeant) Donner une peine: ~ *une punition à qn, le tribunal lui a infligé dix mille francs d'amende,* ~ *une contravention pour excès de vitesse.*

une **influence** Action morale exercée par une personne sur une autre: *il a une bonne/mauvaise* ~ *sur qn, cet homme a beaucoup d'* ~, *l'* ~ *des États-Unis en Amérique du Sud, mon/ton/son* ~.

influencer *v.* (-ç- devant a et o: nous influençons; il influençait, influençant) Soumettre à son influence: ~ *le choix de qn, je ne veux pas vous* ~, *se laisser* ~ *par qn,* ~ *qn par son expérience.*

influent, influente *adj.* Qui a de l'influence/de l'autorité: *un personnage* ~. ⚠ Influant = le participe présent d'«influer».

une **information 1.** ‖ *communiquer une* ~ *à qn, recevoir des* ~*s sur qc, des* ~*s utiles, un journal d'* ~, *mon/ton/son* ~. **2.** *les* ~*s, écouter les* ~*s à la radio/les* ~*s politiques/ sportives (= les nouvelles du jour).*

informer *v.* ‖ Mettre au courant, renseigner: ~ *qn de qc,* ~ *qn de son arrivée, être bien/mal informé sur qc, il m'a informé que* + ind. – **s'** ~ (il s'est informé), *s'* ~ *de qc/sur qn, s'* ~ *si* + ind.

une **infraction** La faute, la contravention: *commettre une* ~ *au code de la route/à la loi, mon/ton/son* ~.

un **ingénieur** ‖ *un* ~ *électricien/chimiste, le pont est construit sous la direction d'un* ~, *cet* ~.

ingénieux, ingénieuse *adj.* Adroit, habile: *un garçon* ~, *une théorie/une explication* ~*se.* – *adv.* **ingénieusement.**

ingrat, ingrate *adj.* **1.** Qui n'a pas de reconnaissance; CONTR. reconnaissant: *un enfant* ~ *envers ses parents, se montrer* ~ *envers un bienfaiteur, l'âge* ~ *(= le début de l'adolescence)* **2.** CONTR. fertile: *une terre* ~*e.* **3.** *m. je ne suis pas un* ~.

inhabité, inhabitée *adj.* Sans habitants, désert: *une île* ~*e, une maison/une région* ~*e.*

inhumain, inhumaine *adj.* Cruel, barbare; CONTR. humain: *un tyran* ~.

ininterrompu, ininterrompue *adj.*

Qui n'est pas interrompu: *une file* ~*e de voitures, une suite* ~*e.*

initial, initiale *adj.* (initiaux, initiales) ‖ Au début: *la vitesse* ~*e, la cause* ~*e.*

une **initiation** Introduction à la connaissance de qc: *l'* ~ *à qc, l'* ~ *à une science, un cours d'* ~, *mon/ton/son* ~.

une **initiative 1.** ‖ *prendre l'* ~ *de qc/de faire qc, ce poste exige beaucoup d'* ~, *mon/ton/ son* ~. **2.** *le syndicat d'* ~ *(= bureau où les touristes peuvent obtenir des renseignements).*

initier *v.* Enseigner les éléments d'un art/ d'une science: ~ *qn à qc/à la philosophie/ à la peinture.* ⚠ Imparfait: nous initiions, vous initiiez.

une **injection** ‖ La piqûre: *faire une* ~ *intraveineuse, la seringue à* ~*s, son* ~.

une **injure** Parole offensante/qui blesse l'honneur: *adresser/dire/crier des* ~*s à qn, accabler qn d'* ~*s, se disputer en échangeant des* ~*s, faire à qn l'* ~ *de . . ., mon/ ton/son* ~.

injuste *adj.* Contraire à la justice; CONTR. juste: *être* ~ *envers/pour/avec qn, une punition* ~. – *adv.* **injustement.**

une **injustice** CONTR. la justice: *détester l'* ~, *se révolter contre l'* ~; *commettre une* ~ *(= acte injuste), être victime d'une* ~, *mon/ton/son* ~.

innocent, innocente 1. *adj.* Qui n'est pas coupable: ~ *comme un enfant qui vient de naître, être* ~ *du crime dont on est accusé, reconnaître que qn est* ~. **2.** *m. condamner un* ~. – *adv.* **innocemment.**

innombrable *adj.* Extrêmement nombreux: *une foule* ~, *des nuances* ~*s.*

inoffensif, inoffensive *adj.* Qui ne peut faire de mal à personne: *ce chien est* ~, *un médicament* ~, *une plaisanterie* ~*ve.*

une **inondation** L'eau qui déborde et recouvre la terre: *craindre une* ~, *les* ~*s ont causé de grands malheurs/de grands dégâts, son* ~.

inonder *v.* Couvrir d'eau: *le fleuve a inondé la plaine, les caves ont été inondées par la pluie; visage inondé de larmes/de sueur.*

inouï, inouïe *adj.* Qui est sans exemple, extraordinaire, incroyable; CONTR. commun, ordinaire: *une nouvelle ⌣e, des brutalités/des cruautés ⌣es.*

inquiet, inquiète *adj.* Plein de crainte/d'incertitude; Contr. calme, tranquille: *être ⌣ de qc, je suis ⌣ sur sa santé/de son retard, une attente ⌣ète, un regard ⌣.*

inquiéter *v.* (j'inquiète, il inquiète, nous inquiétons, ils inquiètent; il inquiétera) Remplir d'inquiétude, troubler, alarmer: *cette nouvelle m'a inquiété, vous m'inquiétez.* – **s'**⌣ (il s'est inquiété), *s'⌣ de qc, s'⌣ pour rien, s'⌣ que* + subj., *s'⌣ de ce que* + subj.

une **inquiétude** État de celui qui est inquiet; Contr. le calme, la tranquillité, la paix: *une forte/vive/terrible ⌣, causer de l'⌣ à qn, vivre dans l'⌣, apaiser l'⌣ de qn, mon/ton/son ⌣.*

une **inscription** Mots écrits sur la pierre/sur les murs, etc.: *la tombe porte une ⌣, le mur est couvert d'⌣s, son ⌣.*

inscrire *v.* (j'inscris, il inscrit, nous inscrivons, ils inscrivent; il inscrivit; il a inscrit) Écrire, noter: *⌣ la date sur son carnet, ⌣ un nom sur une liste, ⌣ son nom et son adresse sur la fiche d'hôtel.* – **s'**⌣ (il s'est inscrit), *s'⌣ à une association sportive/à un parti/à un examen, s'⌣ à l'université/à la faculté de médecine.*

un **insecte** ‖ *la mouche/l'abeille, etc. sont des ⌣s, les six pattes des ⌣s, écraser un ⌣, cet ⌣.*

insensé, insensée *adj.* Contraire au bon sens; Contr. raisonnable: *un projet ⌣, une passion ⌣e, il est ⌣ de faire cela.*

insensible *adj.* **1.** Qui est à peine sensible: *des nuances ⌣s, une pente ⌣.* **2.** Qui n'éprouve rien: *être ⌣ à la chaleur/au froid; rendre ⌣.* – *adv.* **insensiblement.**

inséparable *adj.* Que l'on ne peut pas séparer: *des amis ⌣s.*

insérer *v.* (j'insère, il insère, nous insérons, ils insèrent; il insérera) Faire entrer une chose dans une autre: *⌣ une annonce dans un journal, ⌣ une photo dans un cadre, ⌣ des exemples dans le texte.*

insignifiant, insignifiante *adj.* Qui ne présente aucun intérêt; Contr. important: *un détail ⌣, une chose ⌣e (= une bagatelle).*

insister *v.* Mettre l'accent sur, demander avec force pour obtenir qc: *il insiste sur un sujet qui lui tient à cœur, s'il refuse n'insistez pas, ⌣ pour que* + subj., *il a insisté pour que nous restions.*

une **insolence** Manque de respect, l'impertinence; Contr. la politesse, le respect, la modestie: *répondre avec ⌣ à qn, ne plus supporter les ⌣s de qn, mon/ton/son ⌣.*

insolent, insolente *adj.* Qui manque de respect, impoli, impertinent: *un enfant ⌣, faire une réponse ⌣e, répondre sur un ton ⌣, être ⌣ envers qn.*

insolite *adj.* Bizarre, étrange, inhabituel: *un bruit ⌣, visiter un endroit ⌣.*

une **insomnie** L'impossibilité de dormir: *avoir des nuits d'⌣, des ⌣s fréquentes, mon/ton/son ⌣.*

insouciant, insouciante *adj.* Qui ne se soucie pas, indifférent; Contr. inquiet: *être ⌣ du lendemain/du danger, une attitude ⌣e.*

un **inspecteur** ‖ Haut fonctionnaire: *un ⌣ du travail/de police, l'⌣ des finances, l'⌣ d'Académie, cet ⌣.*

une **inspiration** ‖ L'intuition: *l'⌣ poétique, suivre son ⌣, avoir de l'⌣, l'⌣ lui manque, avoir une heureuse ⌣, mon/ton/son ⌣.*

inspirer *v.* ‖ Donner l'inspiration: *⌣ qn, les événements qui ont inspiré l'artiste, ⌣ le respect/le dégoût, ⌣ qc à qn, ⌣ confiance à qn.* – **s'**⌣ (il s'est inspiré), *s'⌣ de qc/de qn.*

une **installation 1.** ‖ Action de mettre en place des meubles/des machines, etc.: *l'⌣ de l'électricité, son ⌣.* **2.** ‖ L'ensemble des appareils d'un appartement: *les ⌣s sanitaires de cet appartement sont modernes.*

installer *v.* ‖ Mettre en place: *⌣ le téléphone, ⌣ le malade dans son lit.* – **s'**⌣ (il s'est installé), *s'⌣ chez ses beaux-parents (= se loger).*

un **instant** Durée très courte, le moment: *attendre un ⌣, «Un ⌣!», dans un ⌣ (= bientôt), à l'⌣ (= tout de suite), pour l'⌣ (= pour le moment), par ⌣s, à tout ⌣ (= d'une minute à l'autre), dès l'⌣ où/que* + ind., *cet ⌣.*

instantanément *adv.* Aussitôt, tout de suite: *s'arrêter ⌣.*

un **instinct** [ɛ̃stɛ̃] ‖ *l'⌣ sexuel/maternel/de*

conservation, avoir l'∼ du commerce, l'∼ pousse l'oiseau à bâtir son nid, faire qc d'∼/par ∼, cet ∼.

instinctif, instinctive adj. ‖ un geste ∼, une aversion ∼ve. – adv. **instinctivement.**

un **institut** ‖ Nom donné à certains établissements de recherche scientifique ou d'enseignement: l'∼ de chimie, l'I∼ Pasteur (à Paris), cet ∼.

un **instituteur**, une **institutrice** Personne qui fait la classe dans une école primaire, le maître, la maîtresse: l'∼ apprend aux élèves à lire/à écrire/à calculer, cet ∼.

une **institution** ‖ Le groupement, l'organisme: les ∼s internationales, les ∼s politiques, mon/ton/son ∼.

instructif, instructive adj. ‖ Qui apporte des connaissances, qui instruit: un livre ∼, une conversation ∼ve.

une **instruction 1.** Action de former l'esprit des jeunes gens, l'enseignement, la culture: l'∼ publique est gratuite et obligatoire, avoir de l'∼, recevoir une bonne ∼, mon/ton/son ∼. ⚠ Le ministre de l'**Éducation. 2.** ‖ les ∼s (= les renseignements, les ordres) donner des ∼s à qn, recevoir des ∼s, se conformer aux ∼s.

instruire v. (j'instruis, il instruit, nous instruisons, ils instruisent; il instruisit; il a instruit) Donner un enseignement à un élève: ∼ les jeunes soldats, une personne instruite; ∼ qn de qc (= informer qn) – s'∼ (il s'est instruit), s'∼ de qc.

un **instrument 1.** ‖ les ∼s de chirurgie, un ∼ de précision, cet ∼. **2.** ‖ un ∼ de musique, jouer d'un ∼ de musique.

instrumental, instrumentale adj. **(instrumentaux, instrumentales)** ‖ CONTR. vocal: la musique ∼e.

insuffisant, insuffisante adj. Qui ne suffit pas; CONTR. suffisant: une lumière ∼e pour lire, une quantité ∼e, prendre des mesures ∼es. – adv. **insuffisamment.**

une **insulte** Parole ou acte qui blesse l'honneur, l'injure: dire/adresser des ∼s à qn, une ∼ grave, son ∼.

insulter v. Offenser (par des paroles injurieuses): ∼ qn, ∼ une femme, je ne me laisserai pas ∼.

insupportable adj. Qu'on ne peut pas supporter, intolérable: une douleur ∼, le

bruit devient ∼, ce gosse est ∼.

s'insurger v. (-ge- devant a et o: nous nous insurgeons; il s'insurgeait; s'insurgeant; il s'est insurgé) Se révolter: s'∼ contre la dictature/contre le gouvernement/ contre une autorité.

intact, intacte adj. ‖ Qui n'a subi aucun dommage (objets): rester ∼, conserver qc ∼, les nouveaux meubles sont arrivés ∼s.

intellectuel, intellectuelle 1. adj. ‖ un travail ∼, les travailleurs ∼s/manuels, les facultés ∼les de l'homme. **2.** m. être un ∼.

une **intelligence** ‖ Faculté de connaître/de comprendre; CONTR. la bêtise: cultiver son ∼, faire preuve d'une vive ∼, se conduire avec ∼, mon/ton/son ∼.

intelligent, intelligente adj. ‖ CONTR. stupide, sot: un élève ∼, donner une réponse ∼e, être ∼ en affaires, un acte ∼.

intense adj. Qui agit avec force, vif; CONTR. faible: une lumière ∼, une chaleur ∼, une émotion ∼, la circulation est ∼. – adv. **intensément.**

intensif, intensive adj. ‖ la culture ∼ve des légumes, une propagande ∼ve.

une **intensité** ‖ Haut degré d'énergie/de force: l'∼ du froid, l'∼ d'une émotion, son ∼.

une **intention** Le fait de se proposer un but: avoir l'∼ de faire qc, j'ai l'∼ d'acheter une nouvelle voiture, avoir de bonnes ∼s, faire qc sans mauvaise ∼, comprendre les ∼s de qn, mon/ton/son ∼.

une **interdiction** La défense; CONTR. la permission, l'autorisation: ∼ de fumer/de stationner, l'∼ d'un film, son ∼.

interdire v. (j'interdis, il interdit, nous interdisons, vous interdisez, ils interdisent; il interdit; il a interdit) Défendre; CONTR. permettre: ∼ qc à qn, ∼ formellement, ∼ à qn de faire qc, le médecin lui interdit l'alcool, son père lui a interdit de sortir, il est interdit de faire cela. ⚠ Vous inter**disez**, mais: vous **dites.**

intéressant, intéressante adj. ‖ CONTR. ennuyeux: un livre/un film/un conférencier ∼, il est ∼ de faire cela, chercher à se rendre ∼ (= à se faire remarquer).

intéresser v. ‖ ce livre m'a intéressé, cela ne m'intéresse pas, ∼ qn à qc, cette loi intéresse les ouvriers (= concerne). – s'∼

(il s'est intéressé), *s' ∼ à qc/à qn, s' ∼ à la littérature moderne, je m'intéresse à lui.* △ «S'intéresser **pour**» n'est pas correct.

un **intérêt 1.** ‖ Attention pour qn/qc: *qc présente de l' ∼, éveiller l' ∼ de qn, prendre ∼ à qc, montrer son ∼ pour qn/pour qc, lire/ écouter qc avec ∼, observer qc avec ∼; avoir ∼ à faire qc, faire qc dans l' ∼ de qn, cet ∼.* **2.** les *∼s (= ce que rapporte un capital prêté), prêter de l'argent à 6% d' ∼, de l'argent qui rapporte des ∼s.*

intérieur, intérieure 1. *adj.* Contr. extérieur, dehors: *la politique ∼e, la poche ∼e d'un vêtement.* **2.** *m. attendre à l' ∼ (= dans la maison), une femme d' ∼ (= qui s'occupe de sa maison), l' ∼ de l'église, avoir un bel ∼ (dans la maison), cet ∼.* – *adv.* **intérieurement.**

une **interjection** ‖ *«Ah!», «Oh!» sont des ∼s.*

intermédiaire 1. *adj.* Au milieu: *une solution ∼ (= de juste milieu), une époque ∼ (= de transition).* **2.** *m.* Personne neutre dans un conflit: *servir d' ∼ entre deux partis opposés.*

interminable *adj.* Qui semble sans fin; Contr. court, bref: *une conversation ∼, un cortège ∼.*

un **internat** *un ∼ de jeunes filles, cet ∼.*

international, internationale *adj.* (**internationaux, internationales**) ‖ *la politique/une conférence ∼e, le commerce ∼, les relations ∼es, un conflit ∼.*

interpeller *v.* Adresser la parole à qn d'une manière brusque: *∼ un ami dans la rue, le professeur interpelle un élève qui parle avec son voisin; être interpellé par la police (= arrêté).*

une **interprétation 1.** La manière dont une pièce/une œuvre musicale est jouée: *l' ∼ différente d'un concerto, un comédien qui donne une ∼ nouvelle d'un rôle.* **2.** L'explication: *donner une ∼ fausse de la conduite de qn, mon/ton/son ∼.* △ On dit: **une explication de texte.**

un **interprète 1.** Personne qui traduit les paroles dans une langue étrangère: *l' ∼ de l'ambassade, cet ∼.* **2.** ‖ Acteur ou musicien qui joue une œuvre: *c'est un des meilleurs ∼s de Mozart, un grand ∼ du rôle du Cid.*

interrogatif, interrogative *adj.* ‖ Qui exprime une question: *le pronom ∼, une proposition ∼ve.*

une **interrogation 1.** Question(s) que l'on pose aux élèves: *une ∼ écrite/orale, mon/ ton/son ∼.* **2.** *le point d' ∼ (?).*

un **interrogatoire** Questions posées à qn dans une affaire juridique: *procéder à l' ∼ d'un suspect, subir un ∼, cet ∼.* △ Ne pas confondre avec **l'interrogation.**

interroger *v.* (-ge- devant a et o: nous interrogeons; il interrogeait; interrogeant) Poser des questions: *∼ les témoins/ un candidat sur qc.* △ Distinguez: interroger **qn,** mais: demander qc **à qn.**

interrompre *v.* (j'interromps, il interrompt, nous interrompons, ils interrompent; il interrompit; il a interrompu) Arrêter pour un moment, empêcher de continuer; Contr. recommencer, continuer: *∼ le discours de qn, ∼ ses études/son voyage, ∼ qn dans son travail.* – **s'** ∼ (il s'est interrompu), *s' ∼ au milieu de la phrase.*

une **interruption** Action d'interrompre: *travailler huit heures sans ∼, son ∼.*

un **intervalle** ‖ Distance entre deux choses (dans le temps ou dans l'espace): *l' ∼ entre deux mots, par ∼s (= de temps en temps), cet ∼.*

intervenir *v.* (j'interviens, il intervient, nous intervenons, ils interviennent; il intervint; il est intervenu; il interviendra) Prendre part à une action qui se déroule; Contr. s'abstenir: *∼ dans une discussion/ dans les affaires de qn, ∼ pour demander qc, ∼ auprès de qn (en faveur de qn).* △ Il **est** intervenu.

une **intervention** ‖ Action d'intervenir: *la politique d'∼, l' ∼ de l'État, demander l' ∼ de la police pour rétablir l'ordre, mon/ton/ son ∼.*

une **interview** [ɛ̃tɛrvju] (**des interviews**) ‖ *donner une ∼ à la radio, publier l'∼, mon/ ton/son ∼.* △ **Une** interview.

un **intestin** Organe très long, dans le ventre et qui sert à la digestion: *le gros ∼, souffrir de l'∼.*

intime *adj.* ‖ *avoir des relations ∼s avec qn, être ∼ avec qn, un ami ∼, des confidences ∼s.* – *adv.* **intimement.**

intimider v. Remplir qn de peur/de timidité; CONTR. rassurer, encourager: *ne pas se laisser ~ par les menaces, avoir l'air intimidé.*

une **intolérance** ‖ CONTR. la tolérance: *l'~ religieuse/politique, mon/ton/son ~.*

une **intonation** ‖ *une ~ monotone/expressive, prendre une ~ douce, l'~ d'une phrase, mon/ton/son ~.*

une **intrigue** L'action d'une pièce de théâtre/ d'un roman, etc.: *l'~ se noue/se complique/aboutit à un dénouement inattendu, son ~.*

une **introduction** Ce qui est écrit en tête d'un ouvrage, la préface, l'avant-propos: *lire l'~, l'~ d'une dissertation, son ~.*

introduire v. (j'introduis, il introduit, nous introduisons, ils introduisent; il introduisit; il a introduit) Faire entrer; CONTR. éloigner, faire sortir: *~ qn dans le bureau du ministre, ~ la clef dans la serrure. – s'~* (il s'est introduit), *un voleur s'est introduit dans la maison.*

introuvable adj. Que l'on ne peut pas trouver: *un criminel ~, rester ~, ce disque est devenu ~.*

une **intuition** ‖ Connaissance directe de la vérité, non raisonnée: *saisir/découvrir/ prévoir qc par ~, avoir l' ~ d'un danger, mon/ton/son ~.*

inutile adj. Qui ne sert à rien; CONTR. utile: *une question ~, une précaution ~, il est ~ de faire cela, ~ d'insister!, il est ~ que ∹ subj., qc est ~ à qn/à qc. – adv.* **inutilement.**

invariable adj. Qui ne change jamais; CONTR. variable: *rester ~, les adverbes sont ~s. – adv.* **invariablement.**

une **invasion** ‖ Ce que fait l'armée qui entre avec force dans un pays étranger; CONTR. la retraite: *se défendre contre l'~, fuir devant l'~, son ~.*

inventer v. 1. Découvrir qc de nouveau: *Gutenberg a inventé l'imprimerie.* 2. Imaginer: *~ une histoire.*

une **invention** Action d'inventer; chose inventée: *l'~ d'une machine, une ~ géniale, prendre un brevet d'~, mon/ton/son ~.*

inverse adj. Contraire, qui vient dans un sens opposé: *en sens ~.*

invincible adj. Qu'on ne peut pas vaincre: *un ennemi ~, rendre ~.*

invisible adj. Que l'on ne peut pas voir: *le nuage qui rend la lune ~, rester ~.*

une **invitation** Action d'inviter: *une aimable ~ à une réunion, accepter/refuser une ~, remercier son ami de son ~ à dîner, mon/ ton/son ~.*

un **invité** Personne qu'on a invitée: *recevoir très bien ses ~s, cet ~.*

inviter v. Prier qn de venir chez soi ou de faire qc: *~ qn à dîner pour ce soir, ~ qn à faire qc.*

involontaire adj. CONTR. volontaire, voulu: *un geste ~, faire un mouvement ~.*

invraisemblable adj. Difficile à croire; CONTR. vraisemblable: *une histoire/un récit ~, il est ~ que + subj.*

ira → aller.

une **ironie** ‖ Manière de se moquer (en disant le contraire de ce qu'on veut exprimer): *dire qc avec/sans ~, comprendre l'~, une ~ fine/mordante/amère, mon/ton/son ~.*

ironique adj. ‖ CONTR. sérieux: *un sourire ~, une réponse ~. – adv.* **ironiquement.**

irréfléchi, irréfléchie adj. Qui se fait sans réflexion: *des actes ~s, une parole ~e, un garçon ~.*

irréfutable adj. Qui ne peut pas être réfuté; CONTR. discutable: *un argument/une objection ~.*

irrégulier, irrégulière adj. CONTR. régulier: *un verbe ~, un visage aux traits ~s, des soldats ~s.*

irréparable adj. ‖ Qui ne peut pas être réparé: *une perte/un malheur ~, une injure ~.*

une **irrigation** L'arrosement artificiel de la terre (dans des régions chaudes): *un canal d'~, son ~.*

irriter v. Mettre en colère: *~ qn par qc, être irrité contre qn/de qc, être irrité que + subj. – s'~* (il s'est irrité), *il s'est irrité de cette réponse insolente, s'~ de faire qc.*

l' **islam** m. ‖ La religion de Mahomet: *se convertir à l'~.*

islamique adj. ‖ musulman: *la religion ~.*

isolé, isolée adj. ‖ être ~ de qc, un arbre ~, une ferme ~e.*

un **israélite** 1. Personne qui appartient à la religion juive, le Juif: *cet* ~. ⚠ **Israélien** (= habitant d'Israël). 2. *adj. la religion* ~.

une **issue** Passage qui permet de sortir: *une rue sans* ~, *être dans une situation sans* ~; *à l'* ~ *de la conférence (= à la fin), son* ~. ⚠ **Une** issue.

un **itinéraire** Chemin à suivre pour arriver à un but: *fixer/établir un* ~, *notre* ~ *passera par Paris et Orléans, cet* ~.

ivre *adj.* État de celui qui a bu trop d'alcool: *il est complètement* ~, ~ *mort; être* ~ *de colère/de joie.*

un **ivrogne** Personne alcoolique: *c'est un* ~, *quel* ~*!, cet* ~.

J

jadis *adv.* [ʒadis] Autrefois, dans le passé, il y a longtemps; CONTR. aujourd'hui, dans l'avenir: *je l'ai connu* ~, ~ *dans mon enfance,* ~ *on ne pensait pas ainsi, au temps* ~.

jaillir *v.* Sortir avec force (en un jet puissant): *l'eau jaillit de la source, les flammes jaillissent de la fenêtre; un cri jaillit de toutes les poitrines.*

la **jalousie** Sentiment douloureux (on suppose que l'autre n'est pas fidèle): *les soupçons que la* ~ *fait naître, exciter la* ~, *éprouver de la* ~ *contre son mari, manifester de la* ~ *envers qn, les chagrins/les tortures de la* ~, *une* ~ *insupportable.*

jaloux, jalouse *adj.* Qui éprouve/souffre de la jalousie: *être* ~ *de qn/du succès de qn, un mari* ~, *un amour* ~ *(= exclusif), être* ~ *que* + subj.

jamais *adv.* 1. En aucun temps, pas une fois; CONTR. souvent, toujours: *on ne sait* ~, *poursuivre un idéal sans* ~ *l'atteindre,* ~ *je ne le permettrai, nous n'aurons plus* ~ *besoin de lui, à* ~. 2. À un moment quelconque (sens positif): *a-t-on* ~ *vu cela?, si* ~ *vous venez à Chartres visitez la cathédrale.*

la **jambe** 1. Membre: *avoir de grandes* ~*s, courir à toutes* ~*s (= très vite), croiser les* ~*s, ne plus se tenir sur ses* ~*s.* 2. *la* ~ *d'un pantalon.* ⚠ **La** jambe. ⚠ **La patte** du chien/de la girafe, etc.

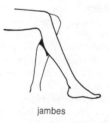

jambes

le **jambon** Cuisse de porc salée: *un* ~ *fumé/cuit, une tranche de* ~, *manger du* ~ *au déjeuner, une omelette au* ~, *acheter du* ~ *chez le charcutier.*

jambon

janvier *m.* ‖ Le premier mois de l'année: *le 1ᵉʳ* ~, *le mois de* ~, *en* ~.

le **jardin** 1. Terrain où l'on cultive des fleurs/des légumes, etc.: *une maison entourée d'un* ~, *cultiver son* ~, *les outils de* ~. 2. *le* ~ *public, le* ~ *botanique.* ⚠ On dit: **le parc** d'un château.

le **jardinier,** la **jardinière** Personne qui cultive le jardin: *le* ~ *arrose les plantes/ coupe les roses.*

jaune 1. *adj.* La couleur du citron/de la paille/de l'or: *des fleurs ⁓s, avoir des dents ⁓s, la race ⁓ (= les Chinois); rire ⁓ (= avoir un rire forcé).* **2.** *m. un ⁓ vif/ foncé, être habillé de ⁓; le ⁓ de l'œuf, un ⁓ d'œuf.*

jaunir *v.* Rendre jaune: *la sécheresse a jauni l'herbe, les feuilles qui jaunissent.*

le **jazz** [dʒaz] ‖ *la musique de ⁓, un orchestre de ⁓.*

je *pron.* personnel de la première personne du singulier: *⁓ parle, j'arrive, j'habite, où suis-⁓?* ⚠ **moi** aussi, **moi**-même, **moi** je sais. – ⚠ Est-ce que je mens?, Est-ce que je mange?, etc. (et non pas: mensje?, mangé-je?).

jeter *v.* *(je jette, il jette, nous jetons, ils jettent; il jettera)* **1.** Envoyer un objet loin de soi, lancer: *⁓ qc en l'air/par terre, ⁓ une balle/une pierre à qn, ⁓ l'ancre, ⁓ qc à la poubelle, ⁓ une lettre à la boîte, ⁓ l'argent par les fenêtres (= dépenser beaucoup).* **2.** *⁓ un coup d'œil sur qn/sur qc, ⁓ un cri.* **3.** Pousser avec force: *⁓ qn à la porte/dehors, ⁓ qn à terre.* – **se ⁓** (il s'est jeté), *se ⁓ dans les bras de qn, le fleuve se jette dans la mer.*

le **jeu (les jeux) 1.** Activité que l'on fait pour le plaisir et la distraction, le passetemps: *les ⁓x des enfants/d'adresse/de société, le ⁓ d'échecs, prendre part à un ⁓, les règles du ⁓, le ⁓ de cartes, les ⁓x Olympiques, gagner/perdre au ⁓, le ⁓ de l'acteur; l'honneur est en ⁓, mettre son avenir en ⁓.* ⚠ **Le match** de football/de tennis/de basket . . .

le **jeudi** Le cinquième jour de la semaine: *avoir congé le ⁓, j'irai te voir ⁓ prochain.*

à jeun *adv.* Sans avoir rien mangé: *être à ⁓, un remède qu'il faut prendre à ⁓, ne buvez pas trop d'alcool à ⁓, partir à ⁓.*

jeune 1. *adj.* Qui n'a pas encore vécu longtemps; CONTR. âgé, vieux: *un ⁓ homme, une ⁓ fille, les ⁓s gens, être encore trop ⁓ pour faire qc, un ⁓ chat.* **2.** *m. les ⁓s, un club de ⁓s.* **3.** *adv. s'habiller ⁓.*

le **jeûne** [ʒøn] Abstinence de nourriture pendant un certain temps: *pratiquer le ⁓, les jours de ⁓.*

la **jeunesse 1.** Partie de la vie entre l'en-

fance et l'âge mûr; CONTR. la vieillesse: *être encore dans sa première ⁓, un péché de ⁓.* **2.** Les jeunes gens: *une auberge de (la) ⁓, des distractions pour la ⁓.*

la **joie** Sentiment de vif plaisir; CONTR. la tristesse, le chagrin: *éprouver une ⁓ très vive, avoir la ⁓ de revoir qn, cela m'a causé une grande ⁓, apprendre qc avec ⁓, être au comble de la ⁓, fou de ⁓, pleurer de ⁓.*

joindre *v.* (je joins, il joint, nous joignons, ils joignent; il joignit; il a joint) Mettre ensemble; CONTR. séparer: *⁓ les mains pour prier, ⁓ les pieds, ⁓ l'utile à l'agréable, ⁓ les efforts, ⁓ une lettre au paquet; ⁓ qn par téléphone.* – **se ⁓** (il s'est joint), *se ⁓ à qn/à un groupe.*

joli, jolie *adj.* Qui est agréable à voir, gracieux; CONTR. laid: *une ⁓e fille, une ⁓e robe, avoir une ⁓e maison; c'est du ⁓! (= c'est très mal).* – *adv.* **joliment.**

la **joue** Partie du visage: *embrasser qn sur la ⁓, gifler qn sur la ⁓.*

joue

jouer *v.* **1.** Pratiquer un jeu: *⁓ avec qn, ⁓ avec sa poupée/aux cartes/au tennis/à la belote, aller ⁓ dehors, la mère joue avec ses enfants.* ⚠ Cette comédie **se passe** à Séville. **2.** Interpréter, exécuter: *⁓ d'un instrument/du piano/du violon/de la harpe, ⁓ du Mozart, l'acteur joue dans un film, ⁓ un rôle.* ⚠ **Sonner** de la trompette, **battre** du tambour, **pincer** de la guitare. **3.** *⁓ un mauvais tour à qn.*

le **jouet** Objet qui sert pour jouer: *la poupée/le ballon sont des ⁓s, des ⁓s mécaniques, des ⁓s pour garçons/pour filles.*

le **joueur** Personne qui joue: *le ⁓ de football/de tennis/de boule/de cartes, les ⁓s commencent la partie.*

jouir *v.* Avoir qc qui fait plaisir, profiter; CONTR. manquer: *⁓ d'une grande liberté/*

de popularité, ~ *d'une bonne santé,* ~ *d'un avantage.* △ Jouir **de** qc.

le **jour** Vingt-quatre heures; Contr. la nuit: *les sept* ~*s de la semaine, les* ~*s fériés/ouvrables, le* ~ *se lève (= le soleil se lève), il fait* ~ *(= il fait clair), venir dans deux* ~*s, le* ~ *de son arrivée, dans quinze* ~*s, un* ~ *(= un certain jour dans le passé ou à l'avenir), un beau* ~*, l'autre* ~*, chaque* ~*, tous les* ~*s, d'un* ~ *à l'autre, depuis ce* ~*, tout le* ~*, deux fois par* ~*, gagner 1000 francs par* ~*, quel* ~ *sommes-nous?, un* ~ *de pluie.*

le **journal** (les journaux) 1. «Le Figaro», «Le Monde» sont des journaux, le quotidien: *acheter un* ~*, s'abonner à un* ~*, le kiosque à journaux, lire qc dans le* ~*; le* ~ *télévisé.* 2. Récit de ce qu'on a fait chaque jour: *tenir un* ~*, un* ~ *intime.*

le **journaliste** ‖ Personne qui fait du journalisme: *un* ~ *de la radio, le ministre a été interrogé par les* ~*s.*

la **journée** L'espace de temps du lever au coucher du soleil: *travailler toute la* ~*, la radio marche toute la* ~*, pendant la* ~*.*

joyeux, joyeuse *adj.* Qui éprouve de la joie, gai; Contr. triste: *être/se sentir* ~*, une* ~*se nouvelle,* ~ *Noël! – adv.* **joyeusement.**

judiciaire *adj.* Qui concerne la justice (et son administration): *le pouvoir* ~*, la police* ~*, mener une enquête* ~*, une erreur* ~*.* △ Une critique **judicieuse** (=qui manifeste un bon jugement).

le **juge** Personne qui rend la justice (au tribunal): *le* ~ *d'instruction/de paix, la robe du* ~*, je vous prends pour* ~ *dans cette affaire.*

le **jugement** 1. Décision en justice: *prononcer le* ~*, un* ~ *sévère.* 2. L'opinion: *donner son* ~ *sur un livre, formuler un* ~ *flatteur.*

juger *v.* (-ge- devant a et o: nous jugeons; il jugeait; jugeant) 1. Dire son opinion comme juge: ~ *une affaire/un crime/ un accusé.* 2. Se faire une opinion: *c'est à vous de* ~*,* ~ *qn sur les apparences,* ~ *de qc, il a jugé bon de ne pas venir,* ~ *que +* ind.

juif, juive 1. *adj.* Qui est de religion israélite: *le peuple* ~*, la religion* ~*ve.*

2. *m. un* ~ *allemand.*

juillet *m.* Le septième mois de l'année: *le 14* ~ *(= la fête nationale française), le mois de* ~*, le soleil de* ~*, en* ~*.*

juin *m.* Le sixième mois de l'année: *le mois de* ~*, les longs soirs de* ~*, l'été commence le 21* ~*, en* ~*.*

jumeau, jumelle (jumeaux, jumelles) 1. *adj.* Se dit des personnes nées de la même mère le même jour: *des frères jumeaux, des sœurs jumelles.* 2. *m./f. les* ~*x/les jumelles se ressemblent beaucoup.*

la **jument** La femelle du cheval: *une jeune* ~*, la* ~ *et son poulain.*

junior *adj.* ‖ Se dit d'une catégorie de sportifs entre 16 et 21 ans: *une équipe* ~ *de football.*

la **jupe** Vêtement féminin: *une* ~ *longue/ courte, porter une* ~*.* △ **Le jupon** = la jupe de dessous.

jupe   jupon

jurer *v.* 1. Affirmer/promettre par un serment: ~ *fidélité à qn,* ~ *de faire qc, jure-moi que c'est vrai,* ~ *que +* ind.*,* ~ *par Dieu/sur la Bible. – se* ~ *(ils se sont juré), se* ~ *un amour éternel.* 2. Dire des insultes: *un homme grossier qui jure sans cesse.*

le **jury** [ʒyri] Commission qui juge des candidats: *le* ~ *du baccalauréat/d'un concours/d'un prix littéraire, les membres d'un* ~*, le* ~ *est sévère/indulgent pour un candidat.* △ **Le** jury.

le **jus** [ʒy] Liquide tiré des fruits/de la vian de: *boire un* ~ *de fruits/de pomme(s), le* ~ *de tomate(s)/de légumes, le* ~ *de viande.*

jusque 1. *prép.* Marque l'endroit ou le temps où qc s'arrête; Contr. à partir de: *aller jusqu'à Paris/jusqu'en France,* *jusqu'ici, du matin (jusqu')au soir, jusqu'alors, attendre jusqu'à six heures, jusqu'à quand?* **2.** *conj.* Jusqu'au moment où: *jusqu'à ce que* + subj., *jusqu'à ce qu'il revienne.* ⚠ Distinguez «jusqu'à» (= préposition) et «jusqu'à ce que» (= conjonction). ⚠ Jusqu'**à** aujourd'hui. **juste 1.** *adj.* Qui est conforme à la vérité/ à la justice; CONTR. injuste, faux: *votre remarque est très ⁓, chercher le mot ⁓, arriver à l'heure ⁓, être ⁓ pour/envers/à l'égard de qn, être sévère mais ⁓, il est ⁓ de faire qc, il est ⁓ que* + subj. **2.** *adv.* chanter ⁓, voir ⁓, elle ne savait pas au ⁓ pourquoi elle était jalouse (= exactement). – *adv.* **justement.** ⚠ Distinguez: **Correct** (= sans fautes); son **vrai** nom est Pierre et non Pierrot; choisir le **bon** moment.

la **justice 1.** Ce qui est conforme au droit/à la loi: *l'amour de la ⁓, rendre ⁓ à qn, obtenir ⁓, agir selon/contre la ⁓, se faire ⁓ (= se venger, se suicider).* **2.** le Palais de ⁓, passer en ⁓.
la **justification** Action de (se) justifier, la défense, l'explication: *demander une ⁓/ des ⁓s, dire qc pour sa ⁓.*
justifier *v.* Prouver que qc est juste; CONTR. accuser, condamner: *⁓ qn/qc, ⁓ sa conduite, une objection justifiée, les événements ont justifié nos espoirs.* – **se** ⁓ (il s'est justifié), *se ⁓ devant qn* (= prouver son innocence), *répondre à des reproches en se justifiant.*
juvénile *adj.* Se dit des qualités de la jeunesse, jeune; CONTR. vieux, sénile: *l'ardeur ⁓, la grâce ⁓.*

K

le **képi** Coiffure militaire: *les agents de police portent un ⁓.*

képi

le **kilogramme, kilo** ‖ Mille grammes: *la caisse pèse cinquante ⁓s.* ⚠ deux kilos de pommes.
le **kilomètre** ‖ Mille mètres: *la voiture fait 130 km à l'heure, il y a environ 1000 ⁓s de Paris à Berlin.* ⚠ Dix kilomètres.
le **kiosque** Le stand: *le ⁓ à journaux/à fleurs, un ⁓ sur un boulevard/dans la gare.*
klaxonner *v.* Faire marcher l'avertisseur: *défense de ⁓, ⁓ un cycliste.*

L

la → le.

là *adv.* CONTR. ici: ⌣-*bas*, ⌣-*dedans*, ⌣-*haut*, ⌣-*dessus*, *çà et* ⌣ (= *partout*), *passons par* ⌣, ⌣ *où* . . ., *ce jour-*⌣, *à ce moment-*⌣, *elle est* ⌣.

le **laboratoire** ‖ *faire des expériences dans un* ⌣, *le chef/le garçon de* ⌣.

labourer *v.* Retourner la terre (avec une charrue): ⌣ *un champ.*

le **lac** [lak] Étendue d'eau entourée de terre: *le* ⌣ *Léman/du Bourget, faire une promenade en bateau sur un* ⌣, *les bords d'un* ⌣.

le **lacet** [-sɛ] Cordon qui sert à attacher les chaussures: *serrer/nouer les* ⌣*s* (= *lacer*), *casser un* ⌣ *de soulier, défaire/dénouer les* ⌣*s.*

lâche 1. *adj.* Qui manque de courage, peureux; CONTR. courageux, hardi, audacieux: *ces soldats sont* ⌣*s* (= *ils reculent devant l'ennemi*), *il ne se défend pas parce qu'il est* ⌣. **2.** *m. c'est un* ⌣. – *adv.* **lâchement.**

lâcher *v.* Cesser de tenir; CONTR. serrer, retenir: ⌣ *un ballon, il a lâché le verre qui est tombé et s'est cassé, «lâche-moi, tu me fais mal», il a lâché sa place/sa femme/ses études* (= *abandonner*).

la **lacune** Le manque, l'insuffisance: *une mémoire qui a des* ⌣*s, un texte avec des* ⌣*s.*

laid, laide *adj.* Qui ne plaît pas; CONTR. beau: *un visage* ⌣, *être* ⌣ *de figure, une ville* ⌣*e et triste,* ⌣ *comme un pou.*

la **laideur** CONTR. la beauté: *la* ⌣ *d'un visage, la* ⌣ *d'un monument, être d'une* ⌣ *repoussante.*

le **lainage 1.** Étoffe de laine: *une robe de* ⌣, *un* ⌣ *épais.* **2.** Vêtements de laine tricotée: *mettre un gros* ⌣ *en hiver* (= *pullover*).

la **laine** Poil du mouton (dont on fait des fils et des étoffes): *couper la* ⌣ *des moutons, filer la* ⌣, *tricoter la* ⌣, *la* ⌣ *à tricoter, des vêtements en* ⌣. ⚠ **La toile** = tissu de coton, de lin, etc.

la **laisse** Lien avec lequel on attache un chien pour le mener: *une* ⌣ *de cuir, tenir/mener un chien en* ⌣, *le chien tire sur sa* ⌣.

laisser *v.* **1.** Ne pas empêcher, permettre: ⌣ *qn partir, laissez-moi faire,* ⌣ *qn travailler/en paix, cela me laisse indifférent,* ⌣ *à désirer* (= *être insuffisant*). ⚠ Ne pas confondre avec **faire** + infinitif (= donner un ordre, inviter). **2.** Ne pas prendre avec soi, abandonner: ⌣ *ses bagages à la consigne,* ⌣ *ses enfants chez leur grand-mère.* – **se** ⌣ (il s'est laissé), *se* ⌣ *mener par le bout du nez, se* ⌣ *aller, un vin qui se laisse boire.*

le **lait** Liquide blanc, la vache donne du lait: *une vache à* ⌣, *boire du* ⌣, *le café au* ⌣, *le petit-*⌣ (= *ce qui reste du lait quand on a fait le beurre*).

la **laitue** La salade à larges feuilles tendres: *des feuilles de* ⌣, *assaisonner une* ⌣.

la **lame** Acier qui sert à couper: *la* ⌣ *d'un couteau, une* ⌣ *de rasoir.*

lame de rasoir

lame de couteau

lamentable *adj.* Qui fait pitié, pitoyable; CONTR. excellent: *obtenir des résultats* ⌣*s, le sort des réfugiés est* ⌣. – *adv.* **lamentablement.**

la **lampe** ‖ *l'ampoule d'une* ⌣, *une* ⌣ *de bureau/de poche, allumer/éteindre la* ⌣, *la* ⌣ *éclaire bien/mal.*

lampe   lampe de poche

le **lancement** Action de lancer/de projeter: *le* ⌣ *d'une fusée, la rampe de* ⌣, *le* ⌣ *d'un navire* (= *la mise à eau*).

lancer 162

lancer v. (-ç- devant a et o: nous lançons; il lançait; lançant) Envoyer loin de soi, jeter: ~ *des pierres/des flèches*, ~ *qc vers/sur/à/dans qc*, ~ *le ballon en l'air, je lui lance le ballon.* – se ~ (il s'est lancé) s'engager: *se* ~ *dans les affaires/la politique.*

le **langage** Façon de s'exprimer (propre à un groupe): *le* ~ *littéraire/administratif/ technique, son* ~ *ne me plaît pas.*

la **langouste** *pêcher des* ~*s avec des casiers, manger une* ~*/une demi-* ~ *au champagne.*

langouste

la **langue 1.** Organe rouge placé dans la bouche: *avoir la* ~ *sèche/blanche, se brûler la* ~ *avec du café trop chaud, se mordre la* ~, *tirer la* ~. **2.** Façon de parler d'un pays: *la* ~ *française/allemande, la* ~ *maternelle, les* ~*s romanes/germaniques, les* ~*s vivantes/mortes, parler/savoir plusieurs* ~*s.*

languir v. *(mot littéraire)* Manquer d'activité/d'énergie: ~ *d'ennui,* ~ *d'amour, une conversation languissante.*

la **lanterne** ‖ *allumer/éteindre la* ~, *tenir une* ~ *à la main, accrocher la* ~. ⚠ Dans la rue il y a des **réverbères.**

laper v. Boire à coups de langue (en parlant d'un animal): *le chat lape le lait.*

le **lapin** *les grandes oreilles du* ~, *manger du* ~, *du pâté de* ~. ⚠ Ne pas confondre avec le **lièvre.**

lapin

le **lard** La graisse (qui se trouve sous la peau du porc): *le* ~ *fumé, manger du* ~, *un morceau de* ~.

large adj. Contr. étroit: *une* ~ *avenue,*

un fleuve ~ *de cent mètres, cette salle a cinq mètres de long et quatre mètres de* ~, *avoir des vêtements* ~*s, des portes* ~*s ouvertes.* – adv. **largement.**

la **largeur** Dimension opposée à «longueur»: *la* ~ *de la rue, la route est d'une* ~ *de douze mètres, la* ~ *des épaules; la* ~ *d'esprit.*

la **larme** Goutte d'eau qui coule des yeux quand on pleure: *avoir les* ~*s aux yeux, verser des* ~*s, être en* ~*s, pleurer à chaudes* ~*s, rire aux* ~*s.*

la **larve** ‖ *les* ~*s d'insectes, une* ~ *de papillon.*

las, lasse adj. Fatigué, faible; Contr. frais: *être* ~ *de qc/de qn, je suis* ~ *d'attendre, se sentir* ~.

lasser v. Fatiguer (en ennuyant), décourager; Contr. amuser, divertir, encourager: *l'orateur lasse ses auditeurs,* ~ *la patience de qn.* – se ~ (il s'est lassé) *se* ~ *d'attendre en vain, sans se* ~.

la **lassitude** La fatigue physique/morale, le découragement: *il finit par céder à son fils par* ~, *il faisait chaque jour le même travail sans* ~.

le **lauréat** Personne qui a remporté un prix: *les* ~*s du baccalauréat/du prix Nobel.*

le **laurier** Arbre à feuilles luisantes qui symbolisent la gloire: *une couronne de* ~, *se reposer sur ses* ~*s.*

couronne de laurier

le **lavabo** *le* ~ *d'une salle de bains, remplir le* ~ *d'eau chaude.*

lavabo

laver *v.* Nettoyer avec de l'eau; CONTR. salir, tacher: ~ *du linge/la vaisselle/le plancher, la machine à* ~, ~ *qn.* – **se** ~ (il s'est lavé), *se* ~ *les mains/le corps/les dents, nous nous sommes lavé les mains.*

le **lave-vaisselle** Machine à laver la vaisselle: *acheter un* ~.

le, la, les 1. *article défini. le garçon, la fillette, les parents, l'homme, la France, les Dupont.* ⚠ Le jeudi, le matin, le soir (= tous les jeudis, matins, soirs). **2.** *pron. personnel* complément direct de la troisième personne: *je le connais, je la vois, je l'entends, je veux le savoir.* ⚠ Distinguez: je **la** vois; elle est **là**.

lécher *v.* (je lèche, il lèche, nous léchons, ils lèchent; il léchera) Passer la langue sur qc: *le chien lèche le plat.* – **se** ~ (il s'est léché), *se* ~ *les doigts, le chat se lèche le museau.*

la **leçon** Ce qu'un élève doit apprendre: *apprendre/réciter une* ~, *donner des* ~*s particulières à un élève faible; que cela te serve de* ~*! (= d'avertissement).* ⚠ Ne pas confondre avec **le cours.**

le **lecteur** Personne qui lit: *les* ~*s d'un journal/d'un roman, le «Courrier des* ~*s» dans un journal.*

la **lecture** Action de lire: *la* ~ *d'un livre/ d'une lettre, une faute de* ~.

légal, légale *adj.* (légaux, légales) ‖ Qui est conforme à la loi: *employer des moyens* ~*aux, les formalités* ~*es.* – *adv.* **légalement.**

la **légende 1.** ‖ Récit populaire et fabuleux: *les* ~*s du Moyen Âge, la* ~ *du docteur Faust.* **2.** Texte qui accompagne une photo: *la* ~ *d'une photo.* **3.** Liste des signes employés: *la* ~ *d'un plan d'une ville.*

léger, légère *adj.* Qui ne pèse pas beaucoup; CONTR. lourd: ~ *comme une plume, l'aluminium est un métal* ~, *porter des vêtements* ~*s; un sommeil* ~, *une* ~*ère blessure, une musique* ~*ère, un style* ~. – *adv.* **légèrement.**

la **légèreté** CONTR. la lourdeur: *la* ~ *de l'aluminium/de l'air; la* ~ *d'un style.*

la **légion** ‖ Corps d'armée: *la L* ~ *étrangère, la L* ~ *d'honneur.*

législatif, législative *adj.* ‖ Qui fait des lois: *le pouvoir* ~, *une assemblée* ~*ve.*

légitime *adj.* ‖ Ce qui est conforme à la loi, justifié: *un enfant* ~ *(= du mariage), des revendications* ~*s, cette demande est* ~. – *adv.* **légitimement.**

le **légume** Les haricots, les tomates, le chou sont des légumes: *cultiver des* ~*s dans le jardin, des* ~*s verts/secs, un bouillon de* ~*s, un plat de viande garni de* ~*s, une conserve de* ~*s.* ⚠ **Le** légume.

le **lendemain** Le jour qui vient après un certain jour: *le* ~ *de son arrivée, se soucier du* ~, *il a changé d'opinion du jour au* ~ *(= tout à coup).* ⚠ L'année **suivante,** lundi **prochain,** aujourd'hui et **demain.**

lent, lente *adj.* CONTR. rapide: *marcher d'un pas* ~, *des mouvements* ~*s, être* ~ *à comprendre/à se décider, parler d'une voix* ~*e.* – *adv.* **lentement.**

la **lentille** *les* ~*s convexes/concaves, les* ~*s des instruments optiques.*

lentilles

lequel, laquelle 1. (lesquels, lesquelles) *pron. relatif* qui s'emploie quand l'antécédent est un nom de chose et quand une préposition précède: *j'ignore la raison pour laquelle il est venu, les jouets avec lesquels il joue.* **2.** *pron. interrogatif:* ~ *des deux? laquelle de ces maisons?* ⚠ Avec à: **auquel,** à laquelle, **auxquels, auxquelles;** avec de: **duquel,** de laquelle, **desquels, desquelles.**

la **lessive 1.** Poudre destinée à laver le linge: *acheter un paquet de* ~. **2.** Action de laver le linge: *faire la* ~, *le jour de la* ~. **3.** Le linge qui doit être lavé: *laver/ rincer la* ~.

la **léthargie** ‖ L'apathie: *tomber en* ~, *arracher qn à sa* ~, *sortir de sa* ~.

la **lettre 1.** Signe d'écriture (a, b, c, d, e . . .): *les 26* ~*s de l'alphabet français, la* ~ *majuscule (= A, B, C, D . . .).* **2.** Ce qu'on écrit à qn (la lettre est envoyée par la poste): *une ⌣ de félicitations/d'affaires/ de faire part, écrire/lire une ⌣, le papier à ⌣s, mettre une ⌣ dans une enveloppe, mettre une ⌣ à la poste, la distribution des ⌣s, recevoir une ⌣, une ⌣ recommandée.* ⚠ Le facteur distribue tous les jours **le courrier** (= les lettres, les cartes postales et les paquets).

leur 1. *pron. personnel* complément d'objet indirect (le pluriel de «lui»): *je ⌣ demande, je le ⌣ dis, je ne ⌣ ai pas répondu.* ⚠ Comme pronom personnel «leur» n'a jamais de -s. **2.** *adj. possessif: les élèves et ⌣ professeur, les parents et ⌣s enfants.* ⚠ **Leurs** (avec -s) quand il s'agit de plusieurs possesseurs et de plusieurs objets possédés.

lever 1. *v.* (je lève, il lève, nous levons, ils lèvent; il lèvera) CONTR. baisser, descendre qc: *⌣ son verre à la santé de qn, ⌣ la main pour prêter serment, ⌣ la tête/les yeux. – se ⌣* (il s'est levé), *se ⌣ de table, se ⌣ tôt (= sortir du lit), le soleil se lève, le vent se lève.* **2.** *m. le ⌣ du soleil.*

le **levier** Organe de commande d'une machine: *le ⌣ de changement de vitesse (d'une voiture); être aux ⌣s de commande (= occuper un poste important).*

la **lèvre** La partie rouge autour de la bouche: *des ⌣s minces/épaisses, la ⌣ supérieure/inférieure, avoir un sourire aux ⌣s, se mordre les ⌣s, se mettre du rouge à ⌣s.*

lèvres

la **liaison 1.** Exemple: les petits⌣enfants: *faire une ⌣ entre «les» et «enfants».* **2.** Le fait d'être lié avec qn: *avoir une ⌣ amoureuse, entrer/rester en ⌣ avec qn/avec qc.* **3.** *une ⌣ aérienne entre Paris et Bruxelles.*

libéral, libérale *adj.* **(libéraux, libérales)** **1.** ‖ Favorable aux libertés individuelles: *des idées ⌣es, un parti ⌣.* **2.** *les professions ⌣es* (= avocat, médecin, architecte, etc.)

la **libération** CONTR. l'occupation, l'arres-

tation: *la ⌣ de Paris en 1944, la ⌣ d'un prisonnier.*

libérer *v.* (je libére, il libère, nous libérons, ils libèrent; il libérera) Rendre libre, mettre en liberté; CONTR. arrêter, occuper: *⌣ un pays, ⌣ qn de qc, ⌣ qn de ses engagements, être libéré du service militaire, un prisonnier libéré. – se ⌣* (il s'est libéré), *se ⌣ de qc.*

la **liberté** État de celui qui n'a pas de maître; CONTR. la détention, la dépendance, l'esclavage, l'oppression: *rendre la ⌣ à qn, mettre qn en ⌣, agir en toute ⌣, parler en toute ⌣, la ⌣ politique, vive la ⌣!, la ⌣ d'opinion/de presse/religieuse, combattre pour la ⌣.*

le **libraire** Commerçant qui vend des livres: *aller chez le ⌣ pour acheter un dictionnaire.*

la **librairie** Magasin où l'on vend des livres: *la ⌣-papeterie, une ⌣ spécialisée en ouvrages d'art.*

libre *adj.* **1.** Qui peut faire ce qu'il veut; CONTR. dépendant, opprimé: *être ⌣ de faire qc, avoir du temps ⌣, êtes-vous ⌣ ce soir?, le monde ⌣, le ⌣ arbitre, donner ⌣ cours à sa colère, le ⌣-service (= magasin où les clients se servent eux-mêmes), entrée ⌣.* **2.** Qui n'est pas occupé: *une place/un appartement ⌣, la route est ⌣. – adv.* **librement.**

la **licence 1.** Grade universitaire: *la ⌣ en droit/ès lettres, obtenir sa ⌣.* **2.** ‖ Autorisation administrative: *la ⌣ d'exportation, ces moteurs sont fabriqués en France sous ⌣ étrangère, ce skieur est titulaire d'une ⌣ de ski.*

licencier *v.* Renvoyer; CONTR. engager, employer du personnel: *⌣ des ouvriers/ des employés, des ouvriers licenciés.*

le **lien** Ce qui unit: *les ⌣s d'amitié/de parenté, ces deux événements n'ont aucun ⌣ entre eux.*

lier *v.* **1.** Mettre ensemble, attacher; CONTR. délier: *⌣ des fleurs ensemble pour en faire un bouquet, ⌣ ses cheveux, avoir les mains liées.* **2.** Unir, relier; CONTR. rompre, séparer: *ils sont liés d'amitié, ⌣ connaissance avec qn, je suis un peu lié avec lui.*

le **lieu** **(les lieux) 1.** L'endroit, la place: *la*

date et le ⁓ de naissance, le ⁓ de travail, le ⁓ de l'accident, se rendre sur les ⁓x. **2.** avoir ⁓ (= se passer), le mariage a eu ⁓ hier, la cérémonie aura ⁓ dimanche prochain. **3.** au ⁓ de (= à la place de), rester au ⁓ de partir, se reposer au ⁓ de travailler. **4.** en premier ⁓ (= d'abord), en dernier ⁓ (= enfin). △ «Au lieu que» est archaïque; on dit: **tandis que, alors que.**

le **lieutenant** ‖ Officier: *«Mon ⁓.», le sous-⁓.*

le **lièvre** Animal sauvage: *chasser le ⁓, courir comme un ⁓ (= très vite), craintif comme un ⁓.* △ **Le** lièvre. △ La femelle du lièvre est **la hase.**

lièvre

la **ligne 1.** ‖ *tracer/tirer une ⁓, une ⁓ droite/ courbe, les ⁓s de chemin de fer/de métro/ d'autobus, une ⁓ aérienne.* **2.** Suite de mots (d'un côté à l'autre d'une page): *les dix premières ⁓s d'un texte, lire qc à la ⁓ 14.* **3.** Instrument de pêche: *la pêche à la ⁓.*

ligne

la **lime** Outil: *la ⁓ d'acier, se servir d'une ⁓ pour polir/couper, la ⁓ mord dans le mé-tal, la ⁓ à ongles.*

lime

la **limite 1.** Ligne qui sépare deux terrains: *les ⁓s d'une propriété/d'un champ, fixer les ⁓s d'un terrain, une rivière qui sert de ⁓.* △ Entre deux pays il y a **la frontière.** **2.** Point que l'on ne peut pas dépasser: *atteindre/dépasser les ⁓s, un pouvoir sans ⁓s, ma patience a des ⁓s, les ⁓s de la liberté.* △ On dit: **la limitation** de vitesse.

limiter *v.* Contr. agrandir, étendre: *⁓ ses dépenses, ⁓ le pouvoir de qn, un nom-bre limité.*

la **limonade** ‖ *boire de la ⁓, une bouteille de ⁓.*

limpide *adj.* Tout à fait clair, transpa-rent; Contr. obscur, trouble: *une eau de source ⁓, un regard ⁓, une explication ⁓.*

le **linge** Les sous-vêtements, les pièces de tissu employées dans une maison (draps, serviettes, etc.): *le ⁓ fin/blanc, le ⁓ sale, changer de ⁓, laver le ⁓, la corde à ⁓, ranger le ⁓ dans l'armoire, mettre du ⁓ propre.* △ **Le** linge.

le **lion** Animal sauvage, le roi des animaux: *la crinière/les griffes du ⁓, le ⁓ rugit, fort comme un ⁓, se battre comme un ⁓.*

lion

la **liqueur** ‖ Boisson sucrée à base d'alcool: *boire un petit verre de ⁓, une ⁓ digestive.* △ **La** liqueur.

le **liquide 1.** Tout ce qui coule: *l'eau/le vin/ l'huile est un ⁓, quel ⁓ y a-t-il dans cette bouteille?* **2.** *adj.* Contr. gazeux, solide: *des aliments ⁓s, une sauce trop ⁓; de l'ar-gent ⁓ (= immédiatement disponible).*

lire *v.* (je lis, il lit, nous lisons, ils lisent; il lut; il a lu) Comprendre ce qui est écrit: *savoir ⁓ et écrire, ⁓ le journal/un livre/une lettre, ⁓ qc dans un livre/dans un journal/*

sur une affiche, ‿ à haute voix, une écriture difficile à ‿, ‿ entre les lignes.

le **lis** ou **lys** [lis] Fleur blanche: *le ‿ est le symbole de la pureté, la fleur de ‿ (= emblème de la royauté en France).* ⚠ **Le** lis.

lis

lisible *adj.* Facile à lire; CONTR. illisible: *une écriture/une signature ‿. – adv.* **lisiblement.**

lisse *adj.* Très plat et très poli; CONTR. âpre: *une surface ‿, une peau ‿ (= douce), un rocher ‿.*

la **liste** ‖ *faire/dresser une ‿ de qc, une ‿ alphabétique, inscrire qn sur une ‿, figurer sur une ‿, ce nom n'est pas sur la ‿.*

le **lit 1.** Meuble dans lequel on dort: *mettre un enfant au ‿, aller au ‿, se mettre au ‿, dormir dans son ‿, coucher dans un grand ‿, faire son ‿, le malade garde le ‿, un ‿ d'hôpital, une chambre à deux ‿s.* **2.** *le fleuve qui sort de son ‿, le ‿ de la Loire.*

lit

le **litre** ‖ *deux litres (2 l), un ‿ de bière/de vin/de lait.* ⚠ Trois litres.

littéraire *adj.* Qui concerne la littérature: *les genres ‿s, la langue ‿, l'histoire/ le critique ‿.* ⚠ Une traduction **littérale** (= mot à mot).

la **littérature** ‖ *la ‿ française/allemande/ classique/moderne.* ⚠ Littérature s'écrit avec deux t.

littoral, littorale 1. *adj.* **(littoraux, littorales)** Qui concerne la zone de contact entre la mer et la terre: *les dunes ‿es.* **2.** *m. le ‿ breton/méditerranéen.*

la **livraison** L'action de transporter chez le client une marchandise qu'il a achetée: *la ‿ à domicile, une voiture de ‿.*

le **livre** *un ‿ relié/broché, un ‿ de poche, la couverture d'un ‿, acheter des ‿s chez le libraire, publier un ‿, écrire/lire un ‿, l'auteur d'un ‿.* ⚠ **Le livret** scolaire/de famille/de caisse d'épargne.

livre

la **livre** 500 grammes: *acheter une ‿ de sucre/de beurre, une demi-‿.* ⚠ Ne pas confondre avec **le livre.**

livrer *v.* Porter chez un client une marchandise qu'il a achetée: *‿ des meubles/ une machine à laver, ‿ à domicile, ‿ ce que le client a commandé. – se ‿* (il s'est livré), *il s'est livré à la police (= s'est remis entre ses mains).*

local, locale *adj.* **(locaux, locales)** ‖ Qui concerne une région: *un journal ‿, les traditions ‿es, des averses/des éclaircies ‿es. – adv.* **localement.**

localiser *v.* ‖ *‿ un bruit, ‿ la cause d'une maladie.*

le **locataire** Personne qui loue (= prend) un appartement: *cette maison est habitée par deux ‿s.*

la **location** L'action de louer (= prendre pour un certain temps): *la ‿ d'une voiture, le bureau de ‿.*

la **locomotive** ‖ *la ‿ électrique/(à moteur) Diesel, la ‿ roule vite, la ‿ tire un train de marchandises.*

locomotive électrique

la **locution** Un groupe de mots, une expression: *une ⁀ adverbiale, une ⁀ toute faite.*

la **loge 1.** Logement où habite le concierge: *la ⁀ du concierge.* **2.** Compartiment dans une salle de théâtre avec quelques sièges: *louer une ⁀ à l'opéra.* **3.** Petite pièce où les acteurs s'habillent: *l'actrice va dans sa ⁀ pour s'habiller, aller féliciter l'acteur dans sa ⁀.*

le **logement** L'appartement, le domicile: *un ⁀ de deux pièces, chercher/louer un ⁀, le loyer du ⁀, un ⁀ sur la rue/au troisième étage.*

loger *v.* (-ge- devant a et o: nous logeons; il logeait; logeant) Habiter: *à quel hôtel logez-vous?, ⁀ à l'hôtel, mes amis logent chez moi, ⁀ qn pour une nuit.*

logique 1. *adj.* ‖ Contr. absurde: *un raisonnement/une conclusion ⁀. – adv.* **logiquement. 2.** *f. la ⁀ d'un raisonnement, constater un manque de ⁀ dans une explication.*

la **loi** Texte qui règle les droits et les devoirs des personnes: *le Parlement vote les ⁀s, le Code civil est un recueil de ⁀s, observer les ⁀s, c'est conforme à la ⁀, la ⁀ ordonne/permet/défend/interdit de faire qc.*

loin *adv.* À une grande distance; Contr. près: *aller ⁀, voir ⁀, voir qc au ⁀/de ⁀, être ⁀ de Paris, trop ⁀.* ⚠ L'adjectif est **lointain.**

lointain, lointaine *adj.* Qui se trouve à une grande distance; Contr. proche: *faire un voyage dans des pays ⁀s, une époque ⁀e.*

le **loisir** Temps libre (où l'on peut faire ce que l'on veut): *avoir beaucoup de ⁀s, mon travail ne me laisse pas de ⁀, faire qc à ⁀ (= en prenant tout le temps nécessaire).*

long, longue *adj.* ‖ Contr. court, bref: *une ⁀ue rue, une jupe ⁀ue, une ⁀ue lettre, une ⁀ue phrase, le temps me semble ⁀, plus/moins ⁀, marcher le ⁀ de la rivière, cette façade a cinquante mètres de ⁀ (= de longueur). – adv.* **longuement.** ⚠ Orthographe: longue.

longtemps *adv.* Pendant un long espace de temps: *attendre ⁀, ⁀ après son départ, parler ⁀, rester aussi ⁀ que l'on veut, depuis/pour ⁀.*

la **longueur** Contr. la largeur, la hauteur: *la ⁀ de la route, le saut en ⁀, le cheval qui gagne d'une ⁀, la ⁀ d'une lettre, la ⁀ de la nuit.* ⚠ Orthographe: longueur.

lors *adv.* À ce moment-là: *⁀ de son mariage (= au moment de), dès ⁀, depuis ⁀.* ⚠ «Dès lors que» est vieilli.

lorsque *conj.* Au moment précis où, quand: *lorsqu'il pleut . . ., lorsqu'il est parti.* ⚠ «Lorsque» est plus littéraire que **quand.**

la **loterie** ‖ *acheter un billet de ⁀, gagner le gros lot à la ⁀, la ⁀ nationale.* ⚠ Orthographe: loterie (avec un -t-).

louche *adj.* Qui manque de franchise/de clarté, suspect: *c'est ⁀, un individu ⁀, des affaires ⁀s.*

louer *v.* Dire beaucoup de bien de qn, honorer; Contr. blâmer, critiquer: *⁀ la discipline des élèves, ⁀ qn de/pour son courage, Dieu soit loué!*

louer *v.* **1.** Donner qc pour un certain temps: *⁀ une chambre à un étudiant, ⁀ un appartement à une famille, studio à ⁀.* **2.** Prendre qc pour un certain temps: *⁀ un appartement/une bicyclette/une voiture/ un bateau.*

le **loup** Animal sauvage: *une bande de ⁀s, le ⁀ hurle, avoir une faim de ⁀.* ⚠ La femelle est **la louve.**

loup

la **loupe** *lire avec une ⁀, examiner un timbre à la ⁀; regarder qc à la ⁀ (= examiner soigneusement).*

loupe

lourd, lourde 1. *adj.* Qui pèse beaucoup; Contr. léger: *une valise ⌣e, l'industrie ⌣e; un esprit ⌣ (= qui manque de finesse), un style ⌣, une ⌣e responsabilité, un acte ⌣ de conséquences.* **2.** *adv. peser ⌣.* – *adv.* **lourdement.**

la **lourdeur** Manque de finesse/de délicatesse: *la ⌣ des formes, la ⌣ du style/d'esprit.* △ **Le poids** de la valise.

loyal, loyale *adj.* **(loyaux, loyales)** ‖ Qui obéit aux lois de l'honnêteté/l'honneur: *un ami/un ennemi ⌣, une attitude ⌣e, être ⌣ avec/envers qn.* – *adv.* **loyalement.**

le **loyer** L'argent que l'on paie quand on loue une maison/un appartement/un terrain, etc.: *un ⌣ élevé, payer le ⌣ de son appartement.*

lu → lire.

la **lucarne** Petite fenêtre (dans le toit): *la ⌣ d'un grenier.*

lucratif, lucrative *adj.* ‖ *un travail ⌣, un emploi ⌣.*

la **lueur** La clarté produite par une faible lumière: *les premières ⌣s du jour, se promener à la ⌣ du clair de lune, la ⌣ d'une lampe.*

lui 1. *pron. personnel* complément indirect: *je ⌣ montre des photos, je ⌣ demande.* △ Je **lui** demande (= au monsieur/à la dame). **2.** *pron. personnel:* «*il est venu, ⌣*», *il est venu ⌣-même, ⌣ seul est venu.* △ Il/Pierre travaille pour «lui». On/chacun (= nom indéterminé) travaille pour **soi.**

luire *v.* (il luit, ils luisent; il luisit; il a lui) Donner de la lumière, briller: *le soleil luit.*

luisant, luisante *adj.* Qui réfléchit la lumière, brillant: *des yeux ⌣s de fièvre, un astre ⌣ (= qui brille la nuit).*

la **lumière 1.** La clarté; Contr. l'obscurité, l'ombre: *la ⌣ du soleil, la ⌣ électrique, la ⌣ des phares, laisser entrer la ⌣ dans la chambre, faire de la ⌣.* **2.** *mettre qc en ⌣ (= en évidence).*

lumineux, lumineuse *adj.* Qui répand de la lumière: *voir un point ⌣ au loin, l'enseigne ⌣se d'un magasin.*

le **lundi** Jour de la semaine (qui vient après le dimanche): *⌣ on reprend le travail, certains magasins sont fermés le ⌣.*

la **lune** Satellite de la Terre: *le disque de la ⌣, la pleine ⌣, la nouvelle ⌣, le croissant de ⌣, le clair de ⌣; la ⌣ de miel (= les premiers temps du mariage).* △ **La** lune (et **le** soleil).

lune

les **lunettes** *f.* **1.** *(au pluriel)* mettre/porter *des ⌣, des ⌣ de soleil, j'ai deux paires de ⌣.* **2.** *(au singulier)* Instrument d'optique qui grossit des objets observés: *la lunette astronomique.*

lunettes

le **lustre** *un ⌣ de cristal, le ⌣ du salon.*

lustre

la **lutte** L'action de se battre, le combat, le conflit: *engager/abandonner la ⌣, les ⌣s politiques, la ⌣ d'un peuple pour son indépendance, la ⌣ des classes, la ⌣ pour la vie, la ⌣ contre l'alcoolisme/contre le cancer.*

lutter *v.* Se battre: *⌣ contre la mort, ⌣ pour l'indépendance/pour un avenir meilleur.*

le **luxe** ‖ *aimer le ⌣, vivre dans le ⌣, des articles de ⌣, une voiture de ⌣.*

Luxembourg ‖ *le grand-duché de ⌣.*

luxembourgeois, luxembourgeoise *adj. l'industrie ⌣e.* ⚠ Le Luxembourgeois (= habitant du Luxembourg).
luxueux, luxueuse *adj.* ‖ *un appartement ⌣, une villa ⌣se.* – *adv.* **luxueusement.**
le **lycée** École d'enseignement secondaire:

être élève dans un ⌣ (= le lycéen), aller au ⌣ de la ville, le ⌣ de garçons, le proviseur/ les professeurs d'un ⌣.
lyrique *adj.* ‖ Se dit de la poésie qui exprime des sentiments intimes: *la poésie/un poème ⌣, un drame ⌣, un poète ⌣.*
lys → lis.

M

m' → me
ma → mon
mâcher *v.* Écraser avec les dents: *⌣ la nourriture, ⌣ du pain/de la viande.*
le **machin** Mot familier qui désigne un objet dont on ignore le nom: *qu'est-ce que c'est que ce ⌣-là?*
machinal, machinale *adj.* (**machinaux, machinales**) Automatique, instinctif: *un geste ⌣, des réactions ⌣es.* – *adv.* **machinalement.**
la **machine** *une ⌣ électrique, mettre la ⌣ en marche, la ⌣ fonctionne, la ⌣ à coudre/ à laver/à écrire, coudre à la ⌣* ⚠ Un avion = **un appareil.**
la **mâchoire** Les deux os de la bouche en haut et en bas où sont plantées les dents: *la ⌣ supérieure/inférieure.*
le **maçon** Celui qui bâtit les maisons: *le maître ⌣, le ⌣ a fini le mur, le ⌣ répare le mur.*
madame *f.* (**mesdames**) ‖ Titre donné à une femme mariée: *«Bonjour, M⌣»,* je vais chez Mme Dupont, *«⌣ votre mère va bien?», «M⌣ est sortie».* ⚠ Abréviations: Madame = **Mme,** Mesdames = **Mmes.** ⚠ Dites «Bonjour, Madame» et non pas «Bonjour, Madame Duval.»
mademoiselle *f.* (**mesdemoiselles**) Titre donné aux jeunes femmes non mariées: *«Bonjour, M⌣.»* ⚠ Abréviations: Mademoiselle = **Mlle,** Mesdemoiselles = **Mlles.**
le **magasin** Établissement où l'on vend des

marchandises, la boutique: *un ⌣ d'alimentation, un grand ⌣, la vitrine d'un ⌣, faire ses achats dans un ⌣, les vendeuses servent les clients dans le ⌣.* ⚠ Ne pas confondre avec **magazine.** ⚠ **Le dépot:** lieu où sont garés les locomotives, autobus, etc.
le **magazine 1.** ‖ Publication périodique illustrée, la revue: *lire des ⌣s.* **2.** Émission périodique de radio/de télévision.
la **magie** [maʒi] ‖ L'art de produire des phénomènes inexplicables: *pratiquer la ⌣, la ⌣ noire, un démon évoqué par la ⌣.*
le **magistrat** Fonctionnaire de la justice: *les ⌣s de la Haute cour de justice, devenir ⌣.* ⚠ **La municipalité** = l'ensemble des personnes qui administrent la commune.
magnifique *adj.* Très beau, superbe: *un palais/tableau ⌣, un paysage ⌣, ce jardin est ⌣, il fait un temps ⌣.* – *adv.* **magnifiquement.**
mai *m.* ‖ *le mois de ⌣ est le 5e mois de l'année, le premier ⌣ (= la fête du travail), le 25 ⌣.*
maigre *adj.* **1.** CONTR. gras, gros, corpulent: *elle est ⌣, de la viande ⌣, des fromages ⌣s, un repas ⌣ (= sans viande).* **2.** Petit, de peu d'importance, insuffisant: *obtenir de ⌣s résultats, c'est un peu ⌣.*
maigrir *v.* Devenir maigre: *il a maigri, ⌣ pendant une maladie, vouloir ⌣, un régime pour ⌣ (= manger très peu pour ⌣).* ⚠ Il **a** maigri.

la **maille** *les ⌣s d'un tricot, les ⌣s d'un filet.*

maille

le **maillot** Vêtement léger et collant porté sur la peau: *un ⌣ de danseur, mettre un ⌣ de bain, le ⌣ jaune (= que porte le coureur cycliste qui est en tête du Tour de France).*

la **main** *la ⌣ droite/gauche, se laver les ⌣s, les cinq doigts de la ⌣, un sac à ⌣, tenir qc à la ⌣, battre des ⌣s, être en bonnes ⌣s, une voiture d'occasion de première ⌣, demander la ⌣ d'une jeune fille, faire qc en un tour de ⌣, prendre qc en ⌣, donner un coup de ⌣ (= aider), avoir qc bien en ⌣ (= tenir bien), «Haut les ⌣s!»* ⚠ Prendre qc à deux mains.

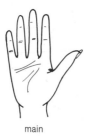

main

la **main-d'œuvre** L'ensemble des ouvriers: *la ⌣ agricole, la ⌣ féminine.*

maintenant *adv.* Au moment présent, dans le temps actuel: *⌣ je lis, «et ⌣, qu'est-ce que tu vas faire?», à partir de ⌣.* ⚠ À un moment dans le passé ou dans l'avenir: **alors.**

maintenir *v.* (je maintiens, il maintient, nous maintenons, ils maintiennent; il maintint; il maintiendra; il a maintenu) **1.** Faire durer; CONTR. changer: *⌣ la paix/l'ordre/une tradition.* **2.** Affirmer: *je maintiens que vous avez tort.*

le **maire** Le chef d'une ville: *Monsieur le ⌣, le ⌣ de la ville.*

la **mairie** Les bureaux du maire, l'hôtel de ville: *aller à la ⌣, la secrétaire de ⌣.*

mais *conj.* «Mais» introduit une idée contraire à celle qui a été exprimée: *il est riche ⌣ avare, ce n'est pas bleu ⌣ noir, non seulement . . . ⌣ encore.*

le **maïs** *cultiver du ⌣, un champ de ⌣, des épis de ⌣, la farine de ⌣.*

maïs

la **maison** Bâtiment fait pour être habité: *les murs/le toit d'une ⌣, une grande ⌣, habiter dans une ⌣ neuve, quitter la ⌣, rester à la ⌣, rentrer à la ⌣ (= chez soi), une ⌣ de santé/de retraite.*

le **maître,** la **maîtresse 1.** ‖ Personne qui dirige/commande, le chef: *le chien reconnaît son ⌣, les ⌣s du monde, être son ⌣, être ⌣ de la situation, le ⌣ d'hôtel.* **2.** *la ⌣sse de maison* (= qui dirige la maison). **3.** *le ⌣/la ⌣sse d'école* (= l'instituteur), *le ⌣ nageur.* **4.** Titre donné à un avocat, à un notaire. **5.** *adj. l'idée ⌣sse d'un texte.*

maîtriser *v.* Se rendre maître de qc/de qn: *⌣ un cheval, ⌣ un incendie, ⌣ sa colère/son émotion.*

la **majesté** ‖ Titre donné à un roi: *Votre ⌣.*

majeur, majeure *adj.* **1.** Plus grand; CONTR. mineur: *la ⌣e partie, l'intérêt ⌣.* **2.** Avoir plus de dix-huit ans: *être ⌣, une jeune fille ⌣e.*

la **majorité** CONTR. la minorité: *la ⌣ des voix/des membres, la ⌣ absolue, la ⌣ a voté contre.*

la **majuscule** Les noms propres s'écrivent avec une ⌣.

mal *adv.* **1.** CONTR. bien: *ça commence*

∼, *qc tourne* ∼, ∼ *comprendre, se sentir* ∼, *se trouver* ∼, *un enfant* ∼ *élevé, les affaires vont* ∼, *la machine fonctionne* ∼, *un emploi* ∼ *payé.* **2.** *pas* ∼, *ce n'est pas* ∼ *(= assez bien), j'ai appris pas* ∼ *de choses (= beaucoup de choses).* ⚠ L'adjectif est **mauvais.**

le **mal (les maux) 1.** Contr. le bien: *faire du* ∼ *à qn, dire du* ∼ *de qn, se donner du* ∼ *pour faire qc.* **2.** La douleur: *avoir* ∼ *aux dents/à la tête/à l'estomac, ma blessure me fait* ∼. **3.** *avoir le* ∼ *du pays.*

malade 1. *adj.* Dont la santé est mauvaise; Contr. sain, bien portant: *se sentir un peu* ∼, *tomber* ∼, *être gravement* ∼. **2.** *m./f.* Personne malade: *le* ∼ *garde le lit, le* ∼ *est à l'hôpital, soigner/guérir un* ∼, *le* ∼ *va mieux, un* ∼ *imaginaire (= personne qui se croit malade).* ⚠ **Le patient** = personne qui subit une opération chirurgicale/est l'objet d'un traitement médical.

la **maladie** Contr. la santé: *attraper/avoir une* ∼, *une* ∼ *grave/incurable/contagieuse/ professionnelle, une* ∼ *infantile, une assurance* ∼.

la **maladresse** Manque d'habileté ou de tact, la bêtise, la gaffe: *commettre une* ∼, *les* ∼*s d'un enfant.*

maladroit, maladroite *adj.* Contr. adroit, habile: *des gestes* ∼*s, une action* ∼*e, être* ∼ *de ses mains.* – *adv.* **maladroitement.**

le **malaise** Légère souffrance, vague inquiétude: *avoir/éprouver un* ∼, *le* ∼ *s'accroît/se dissipe.* ⚠ **Le** malaise.

le **mâle 1.** Individu masculin: *le* ∼ *et la femelle, le coq est le* ∼ *de la poule.* **2.** *adj.* Masculin: *un enfant* ∼.

le **malentendu** Erreur de celui qui a mal compris ce qu'on lui a dit: *leur querelle repose sur un* ∼, *dissiper un* ∼.

le **malfaiteur** Le bandit, le criminel: *un dangereux* ∼, *rechercher/arrêter un* ∼ *qui a volé.*

malgré *prép.* «Malgré» indique une opposition: *sortir* ∼ *le mauvais temps,* ∼ *que* + *subj. (= quoique).*

le **malheur** Contr. le bonheur: *un grand* ∼, *un* ∼ *est arrivé, avoir le* ∼ *de perdre son père, qc porte* ∼ *à qn, par* ∼ *(= malheureusement), quel* ∼ *que* + subj.

malheureux, malheureuse 1. *adj.* Contr. heureux: *avoir un regard* ∼, *être* ∼ *au jeu, un* ∼ *accident, une vie* ∼*se, une femme* ∼*se.* **2.** *m.* *aider/secourir les* ∼. – *adv.* **malheureusement.**

malhonnête *adj.* Qui n'est pas honnête: *un commerçant* ∼, *employer des moyens* ∼*s.* – *adv.* **malhonnêtement.**

malicieux, malicieuse *adj.* Qui s'amuse volontiers aux dépens d'autrui; Contr. bon, naïf: *avoir un esprit* ∼, *un sourire* ∼. – *adv.* **malicieusement.**

malin, maligne *adj.* Méchant; rusé: *éprouver une joie* ∼*gne à faire souffrir qn; c'est un garçon* ∼, *un air/un sourire* ∼.

la **malle** *faire ses* ∼*s, le couvercle d'une* ∼. ⚠ On porte **une valise** à la main.

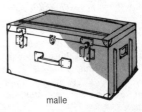

malle

malpropre *adj.* Sale; Contr. propre: *un enfant* ∼, *des vêtements* ∼*s, manger d'une manière* ∼.

maltraiter *v.* Traiter avec violence/dureté: ∼ *son chien/un enfant.*

la **maman** ‖ La mère: *appeler sa mère «*∼*», «*∼, *donne-moi du chocolat», «où est ta* ∼*?»*

la **mamelle** Les mamelles sont les organes des femelles qui donnent du lait: *les* ∼*s d'une chèvre/d'une tigresse.*

le **mammifère** Les animaux (et l'homme) dont les femelles donnent du lait: *la souris/le singe/la baleine sont des* ∼*s.*

la **manche 1.** Partie du vêtement qui entoure le bras: *des* ∼*s longues/courtes, relever ses* ∼*s.* **2.** la Manche (entre la France et l'Angleterre).

manche

le **manche** Partie d'un objet par laquelle on le tient: *un ⌣ de couteau/de cuiller/de pelle/à balai.*

manche

le **mandat 1.** ‖ Acte par lequel une personne donne à une autre le pouvoir de faire qc en son nom: *donner ⌣ à qn pour faire qc.* **2.** *le ⌣-poste* (= *pour payer une somme d'argent à qn*), *envoyer un ⌣-poste à qn.*

manger *v.* (-ge- devant a et o: nous mangeons; il mangeait; mangeant) Faire entrer des aliments dans la bouche: *⌣ du pain/des fruits/de la viande, ⌣ peu/beaucoup, donner à ⌣ à qn, ⌣ avec appétit/à sa faim, la salle à ⌣, ⌣ au restaurant, ⌣ à la carte.*

manier *v.* Avoir en mains, se servir de: *⌣ un couteau/un outil/une arme, ⌣ un appareil avec précaution.*

la **manière 1.** Façon de procéder: *la ⌣ de vivre/de parler/de marcher, de cette ⌣ vous n'y arriverez pas, faire qc à la ⌣ de qn, d'une ⌣ générale, de toute ⌣, en aucune ⌣, s'exprimer de ⌣ simple, de ⌣ à ce que* + subj. *(= conséquence éventuelle ou voulue)* / + ind. *(= conséquence réelle).* **2.** ‖ *les ⌣s* Le comportement d'une personne: *avoir de bonnes/mauvaises ⌣s.*

le **manifestant,** la **manifestante** Personne qui participe à une manifestation: *il y a beaucoup de ⌣s dans la rue, la police a arrêté quelques ⌣s.*

la **manifestation 1.** L'expression de la pensée: *une ⌣ de mécontentement.* **2.** Réunion publique pour manifester une volonté: *aller à une ⌣, la ⌣ a lieu dans la rue, une ⌣ interdite.* ⚠ **La démonstration** = l'action de montrer le fonctionnement de qc.

manifester *v.* Prendre part à une mani-

festation: *⌣ dans la rue, ⌣ pour/contre qc, les grévistes ont manifesté.* – **se ⌣** (il s'est manifesté) Se montrer: *l'angine se manifeste par de la fièvre.*

la **manivelle** *tourner la ⌣, la ⌣ d'un moulin à café/d'un rideau de fer.*

manivelle

le **mannequin 1.** *elle est ⌣ chez Cardin, le ⌣ pose pour un magazine de modes, avoir la taille ⌣.* **2.** Figure de bois ayant une forme humaine qui sert à présenter des vêtements dans les vitrines. ⚠ **Le** mannequin.

la **manœuvre 1.** ‖ Action de régler le mouvement d'un bateau/d'un véhicule/d'un appareil: *diriger la ⌣ d'un bateau, faire des ⌣s pour se garer.* **2.** ‖ Exercices militaires: *un champ de ⌣, les ⌣s de la flotte/de l'armée.*

le **manœuvre** Ouvrier sans connaissances professionnelles qui fait un travail simple mais souvent pénible; Contr. Ouvrier qualifié: *travailler comme ⌣ dans une usine.*

le **manque** L'absence, le défaut; Contr. l'abondance: *le ⌣ d'argent/de nourriture, le ⌣ de respect envers qn/de méthode/de goût.*

manquer *v.* **1.** Être absent: *⌣ à une réunion.* **2.** Ne pas avoir assez: *⌣ de qc, ⌣ d'argent/de patience, il me manque dix francs, le temps me manque, elle ne manque pas de travail.* **3.** Ne pas respecter, ne pas tenir: *⌣ à qc, ⌣ à son devoir/à sa parole.* **4.** ne pas réussir: *⌣ son coup/sa vie/une occasion.* **5.** *⌣ le train* (= il vient de partir). **6.** Presque faire qc: *il a manqué de tomber.* **7.** *ne pas ⌣ d'aller voir qn* (= aller sûrement le voir).

la **mansarde** ‖ Chambre sous le toit: *habiter dans une ⌣.*

le **manteau** (les **manteaux**) ‖ Vêtement

chaud à manches que l'on porte par-dessus les autres vêtements pour se protéger du froid: *porter un ⁓ long/de fourrure, mettre/ôter son ⁓.*

manuel, manuelle *adj.* ‖ Qui se fait avec la main; CONTR. intellectuel: *un travail ⁓, un métier ⁓. – adv.* **manuellement.**

le **manuel** Livre scolaire: *un ⁓ de littérature/d'histoire.*

la **manufacture** ‖ *la ⁓ de porcelaines de Sèvres.*

le **manuscrit** [-kri] ‖ Texte écrit à la main: *copier/imprimer un ⁓.*

se **maquiller** *v.* (elle s'est maquillée) Se farder, appliquer des produits colorés sur le visage: *elle s'est maquillée devant la glace, un acteur qui se maquille avant d'entrer en scène.*

le **maquis** Végétation formée de petits arbres et de buissons dans les régions méditerranéennes: *le ⁓ corse.*

le **marais** Terrain très humide où l'eau reste sans s'écouler: *une région de ⁓.*

le **marbre** Belle pierre blanche qui sert à faire des statues, des colonnes, etc.: *un escalier de ⁓, une cheminée de ⁓, blanc comme le ⁓.*

le **marchand,** la **marchande** Personne qui vend des marchandises, le commerçant, le vendeur: *le ⁓ de journaux/de chaussures/de poissons, la ⁓e de légumes, la boutique/le kiosque d'un ⁓.*

la **marchandise** Un article/un produit destiné à être vendu ou acheté: *exposer des ⁓s dans la vitrine d'un magasin, le transport des ⁓s, un train de ⁓s.*

la **marche 1.** *les ⁓s d'un escalier, les ⁓s de cet escalier sont hautes, «Attention à la ⁓!»* **2.** ‖ Action de marcher, la promenade: *faire une longue ⁓, une ⁓ rapide/lente, «En avant, ⁓!», l'auto fait ⁓ arrière (= recule), mettre le moteur en ⁓.* **3.** ‖ Musique: *une ⁓ militaire, une chanson de ⁓.* △ **La** marche.

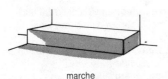

marche

le **marché 1.** Lieu où les marchands viennent vendre des légumes, des œufs, etc.: *la place du ⁓, le ⁓ aux fleurs/aux légumes, le ⁓ aux puces, les jours de ⁓, aller au ⁓, acheter des fruits au ⁓, donner qc par-dessus le ⁓ (= en plus), le Marché commun (= la Communauté économique européenne).* **2.** *bon ⁓ (= CONTR. cher), acheter/vendre (à) bon ⁓, un livre bon ⁓.* △ **Bon marché** est invariable: *des livres bon marché.*

marcher *v.* **1.** Aller à pied: *l'enfant apprend à ⁓, ⁓ à quatre pattes, ⁓ à grands pas, ⁓ pieds nus, «Défense de ⁓ sur les pelouses.»* **2.** Fonctionner: *le moteur marche bien, ma montre ne marche pas.* **3.** En parlant d'une affaire: *les affaires ne marchent pas, le magasin marche bien.* △ Il **a** marché.

le **mardi** Le 3ᵉ jour de la semaine: *⁓ matin, ⁓ dernier, venez ⁓, le ⁓ gras.*

le **maréchal** (les **maréchaux**) ‖ Officier: *un ⁓ de France, «Monsieur le ⁓.»*

la **marée** Les mouvements de la mer qui monte et descend deux fois par jour: *la ⁓ haute/basse, la ⁓ montante/descendante.*

la **marge** Espace blanc à gauche et à droite d'un texte: *laisser de grandes ⁓s, écrire une remarque dans la ⁓, noter qc en ⁓; vivre en ⁓ de la société.*

le **mari** Homme marié, l'époux: *le ⁓ de Mme Dubois, chercher/trouver un ⁓, c'est son second ⁓.*

le **mariage 1.** L'union légitime d'un homme et d'une femme: *demander qn en ⁓, son ⁓ avec Mlle Dubois, un ⁓ d'amour/d'intérêt, faire une promesse de ⁓, un contrat de ⁓.* **2.** La cérémonie du mariage: *aller/assister à un ⁓, fixer la date du ⁓, le ⁓ religieux/civil.* △ **Le** mariage.

marier *v.* Unir un homme et une femme par le mariage: *⁓ sa fille à un médecin, le maire les a mariés.* **- se** ⁓ (ils se sont mariés) Épouser: *il s'est marié avec elle.* △ Marier (avec un seul r). △ Distinguez **marier qn** et **se marier avec qn.**

marin, marine 1. *adj.* De la mer: *une carte ⁓e, les animaux ⁓s, le sel ⁓, bleu ⁓e.* **2.** *m.* Personne qui (par métier) voyage sur mer en bateau: *un costume de ⁓, un béret de ⁓.*

la **marine** *la ~ militaire/marchande, le Ministère de la ~.*
maritime *adj.* **1.** Qui est au bord de la mer: *une ville/un port ~, les Alpes ~s.* **2.** Qui concerne la marine: *les forces ~s.*
le **mark** ‖ Unité monétaire allemande: *une pièce de cinq ~.* ⚠ **Le** mark.
la **marmite** *faire cuire une ~ pleine de pommes de terre.*

marmite

la **marque** ‖ *les grandes ~s d'automobiles, des produits de ~.*
marquer *v.* **1.** Indiquer: *la montre marque l'heure, ~ la mesure.* **2.** Réussir: *~ un but (football).*
la **marraine** Femme qui tient un enfant au moment où on le baptise: *recevoir un cadeau de sa ~.*
le **marron 1.** Fruit: *vendre/acheter des ~s chauds.* **2.** *adj.* (invariable) De couleur brun foncé: *des robes ~.*

marron

mars *m.* [mars] ‖ *le mois de ~ est le 3ᵉ mois de l'année, le 25 ~, en ~.*
la **Marseillaise** L'hymne national français: *chanter la ~.*
le **marteau (les marteaux)** *frapper avec un ~, donner un coup de ~, enfoncer un clou avec un ~.*

marteau

martial, martiale *adj.* **(martiaux, martiales)** Qui concerne la guerre: *la loi ~e, un chant ~.*
le **martyr** ‖ *Saint Étienne fut le premier ~, les reliques d'un ~; être le ~ de la vérité.* ⚠ Le **martyre** (= les tourments et la mort d'un martyr).
le **masque** ‖ *le gangster portait un ~ pour ne pas être reconnu, mettre un ~, les ~s de carnaval, lever/jeter le ~.* ⚠ **Le** masque.
massacrer *v.* ‖ Tuer en masse: *~ des prisonniers.*
la **masse** ‖ Grande quantité: *une ~ de cailloux/de documents, ils sont arrivés en ~.*
masser *v.* Presser et frotter avec les mains: *~ qn, se faire ~ la jambe/le dos.*
massif, massive 1. *adj.* Plein, gros, lourd; Contr. léger, creux: *un bijou en or ~, une colonne ~ve.* **2.** *m.* ‖ *le ~ du Mont Blanc, le ~ central (en France).*
le **mât** *le grand ~, grimper au ~, un trois-~s.* ⚠ **Le poteau** télégraphique.

mât

le **match** [matʃ] **(les matchs/les matches)** Une compétition sportive: *un ~ de football/de boxe/de tennis, faire ~ nul (= il n'y a pas de vainqueur).*
le **matelas** [-la] Sorte de grand coussin posé sur le lit (sur lequel on se couche): *un ~ trop dur/trop mou, un ~ pneumatique.*
le **matelot** [-lo] Homme d'équipage qui travaille sur un bateau: *un jeune ~, le ~ de service, un chant de ~s.*
le **matérialisme** ‖ Contr. l'idéalisme: *le ~ dialectique/historique.*
les **matériaux** *m. (au pluriel)* Les matières

nécessaires à la construction: *les* ⌣ *de construction, déposer des* ⌣ *sur un chantier.*

matériel, matérielle *adj.* ‖ Physique; Contr. spirituel: *l'univers* ⌣, *les choses* ⌣*les, les besoins* ⌣*s, des difficultés* ⌣*les* (= *financières*). – *adv.* **matériellement.**

le **matériel** L'ensemble des outils/des instruments/des machines, opposé à «personnel»: *le* ⌣ *de guerre, le* ⌣ *de pêche/de camping.*

maternel, maternelle *adj.* Qui concerne la mère: *l'amour* ⌣, *mon grand-père* ⌣, *la langue* ⌣*le, l'école* ⌣*le.*

les **mathématiques** *f.* (*au pluriel*) ‖ *les* ⌣ *élémentaires/appliquées.* ⚠ Abréviation familière: **les math(s).**

la **matière 1.** ‖ *les trois états de la* ⌣: *solide, liquide, gazeux; la* ⌣ *plastique.* **2.** *les* ⌣*s premières* (= *substance non encore transformée par le travail*). **3.** Le contenu: *la* ⌣ *d'un roman, la table des* ⌣*s.* **4.** Objet d'études scolaires: *il est très fort dans cette* ⌣, *enseigner des* ⌣*s au lycée.*

le **matin** Le début du jour; Contr. le soir: *il est huit heures du* ⌣, *à 7 heures du* ⌣, *du* ⌣ *au soir, ce* ⌣ (= *aujourd'hui*), *demain* ⌣, *hier* ⌣, *chaque* ⌣, *tous les dimanches* ⌣, *un beau* ⌣. ⚠ **La matinée** marque une durée.

matinal, matinale *adj.* (**matinaux, matinales**) Du matin: *la gymnastique* ⌣*e, à une heure* ⌣*e, être* ⌣ (= *se lever tôt*).

la **matinée 1.** Le temps qui s'écoule entre le lever du soleil et midi: *dans la* ⌣, *le début/la fin de la* ⌣, *passer la* ⌣ *chez qn, une belle* ⌣. **2.** Spectacle qui a lieu l'après-midi: *donner le «Malade imaginaire» en* ⌣.

maudire *v.* (je maudis, il maudit, nous maudissons, vous maudissez, ils maudissent; il maudit; il maudira; qu'il maudisse; il a maudit). Appeler sur qn le malheur: ⌣ *un ennemi,* ⌣ *la guerre.* ⚠ Vous **maudissez.**

maussade *adj.* De mauvaise humeur, triste, terne: *être d'humeur* ⌣, *un temps* ⌣.

mauvais, mauvaise 1. *adj.* Contr. bon: *plutôt/très* ⌣, *un* ⌣ *livre/film, un produit de* ⌣*e qualité, avoir de* ⌣ *yeux, un* ⌣

élève, être ⌣ *en latin, prendre la* ⌣*e route/ direction, c'est un* ⌣ *signe, être de* ⌣*e humeur, donner le* ⌣ *exemple; il fait* ⌣ (= *le temps est mauvais*). **2.** *adv. le poisson sent* ⌣.

mauve *adj.* D'une couleur violet pâle: *des rubans* ⌣*s.*

maximal, maximale *adj.* (**maximaux, maximales**) ‖ Contr. minimal: *la température* ⌣*e.*

le **maximum** [-mɔm] (**les maximums/les maxima**) ‖ Contr. minimum: *c'est un* ⌣, *le* ⌣ *de vitesse/de force, atteindre le* ⌣, *payer cent francs au* ⌣; *un prix* ⌣.

la **mayonnaise** ‖ *des œufs* ⌣.

le **mécanicien 1.** ‖ Personne qui a pour métier d'entretenir et de réparer des machines/des moteurs: *les* ⌣*s réparent les voitures/les avions.* **2.** Personne qui conduit une locomotive: *le* ⌣ *a arrêté le train.*

mécanique 1. *adj.* ‖ *un escalier* ⌣, *des jouets* ⌣*s, l'industrie* ⌣. **2.** *f.* une ⌣ *compliquée.*

le **mécanisme** ‖ *le* ⌣ *d'une machine/d'une horloge/d'un fusil, expliquer le fonctionnement d'un* ⌣.

méchant, méchante *adj.* Qui cherche à faire le mal; Contr. bon, humain: *un homme* ⌣, ⌣ *comme un diable, un sourire* ⌣, *rendre qn* ⌣, *être* ⌣ *pour/avec qn; un chien* ⌣ (= *qui cherche à mordre*). – *adv.* **méchamment.**

la **mèche** Quelques cheveux: *des* ⌣*s lui tombent sur les yeux, des* ⌣*s bouclées.*

méconnaître *v.* (je méconnais, il méconnaît, nous méconnaissons, ils méconnaissent; il méconnut; il méconnaîtra; il a méconnu) Ne pas reconnaître la vraie valeur de qn: ⌣ *les mérites de qn; un génie/ un auteur méconnu.*

mécontent, mécontente *adj.* Contr. content, satisfait: *être* ⌣ *de qn/de qc, être* ⌣ *de faire qc, être* ⌣ *que* + subj.

la **médaille** ‖ *obtenir une* ⌣ *d'or/d'argent/de bronze, la* ⌣ *militaire, une* ⌣ *d'honneur.*

le **médecin** Personne qui exerce la médecine, le docteur: *le* ⌣ *généraliste/spécialiste, aller chez le* ⌣, *appeler le* ⌣, *le* ⌣ *soigne/guérit les malades.*

la **médecine** ‖ *la* ⌣ *est la science qui a pour objet de guérir les malades, étudier la* ⌣,

un docteur en ⌣. ⚠ Substance que prend le malade = **le médicament, le remède.**
⚠ Orthographe: la médecine.

médical, médicale *adj.* (médicaux, médicales) Qui concerne la médecine: *les soins* ⌣*aux, passer une visiste* ⌣*e.* – *adv.* **médicalement.**

le **médicament** ‖ *prescrire/ordonner un* ⌣ *à un malade, acheter un* ⌣ *chez le pharmacien, une boîte de* ⌣*s, prendre un* ⌣ *avant/après le repas.*

médiéval, médiévale *adj.* Du Moyen Âge: *une chanson* ⌣*e.*

médiocre *adj.* Au-dessous de la moyenne, insuffisant: *recevoir un salaire* ⌣*, un succès* ⌣*, un élève* ⌣ *en français.*

médire *v.* (je médis, il médit, nous médisons, vous médisez, ils médisent; il médit; il a médit; il médira) Raconter le mal que qn a fait pour nuire: ⌣ *de qn,* ⌣ *de ses voisins.* ⚠ Vous **médisez.**

la **méditation** ‖ Longue réflexion: *se livrer à de longues* ⌣*s sur qc, des* ⌣*s profondes.*

méditer *v.* Réfléchir longuement: ⌣ *sur le sens de la vie,* ⌣ *un projet,* ⌣ *de faire une surprise à qn.*

méditerranéen, méditerranéenne *adj.* Qui se rapporte à la Méditerranée: *le climat* ⌣*, la civilisation* ⌣*ne.*

la **méfiance** La crainte naturelle d'être trompé; Contr. la confiance: *éveiller la* ⌣ *de qn, avoir/éprouver de la* ⌣ *à l'égard de qn, dissiper la* ⌣ *de qn.*

se méfier *v.* (il s'est méfié) Se tenir en garde, ne pas avoir confiance: *se* ⌣ *de qc/ de qn, se* ⌣ *d'un concurrent, «Méfiez-vous de lui!»*

mégarde, par ⌣ *adv.* Sans le vouloir, par inattention: *faire qc par* ⌣*.*

meilleur, meilleure *adj.* Très bon: *le temps est* ⌣ *aujourd'hui, lutter pour un monde* ⌣*, bien* ⌣*, les* ⌣*s vins que j'ai bus sont des bordeaux rouges, c'est le* ⌣ *ami que j'aie.* ⚠ Distinguez: **mieux** est le comparatif de «bien» *(adv.).*

la **mélancolie** ‖ État de tristesse vague: *tomber dans la* ⌣*, une crise de* ⌣*, ressentir une profonde* ⌣*, la* ⌣ *d'un paysage.*

mélancolique *adj.* ‖ Triste; Contr. gai: *être* ⌣*, un jeune homme* ⌣*, un air* ⌣*, un sentiment* ⌣*.*

le **mélange** Action de mêler: *un* ⌣ *de couleurs/de vins, un* ⌣ *de races.*

mélanger *v.* (-ge- devant a et o: nous mélangeons; il mélangeait; mélangeant) Faire un mélange, mêler: ⌣ *une chose à/ avec une autre,* ⌣ *des vins.*

mêler *v.* Mettre ensemble en désordre: ⌣ *ses papiers/des fiches/les cartes,* ⌣ *le vrai avec le faux.* – **se** ⌣ (il s'est mêlé), *il s'est mêlé de mes affaires, se* ⌣ *à la conversation.*

la **mélodie** ‖ L'air: *une* ⌣ *espagnole, chanter une* ⌣*; la* ⌣ *d'un vers.*

le **melon** ‖ Grand fruit rond: *le* ⌣ *d'eau, cultiver/acheter des* ⌣*s, un chapeau* ⌣*.*
⚠ **Le** melon.

le **membre 1.** Chacun des bras et des jambes: *l'homme a quatre* ⌣*s.* **2.** Personne qui fait partie d'un groupe: *être* ⌣ *d'un parti, les* ⌣*s du gouvernement, les* ⌣*s de l'O.N.U.*

même 1. *adj.* Contr. autre, différent: *dire deux fois la* ⌣ *chose, en* ⌣ *temps, habiter la* ⌣ *ville qu'un autre, être du* ⌣ *avis, nous nous ferons nous-*⌣*s, moi-*⌣*, de* ⌣ *que (= comme).* **2.** *pron. ce n'est pas le* ⌣*.* **3.** *adv. je ne m'en souviens* ⌣ *plus, tout de* ⌣*, quand* ⌣ *(= malgré tout).*

la **mémoire 1.** La faculté de l'esprit de conserver des souvenirs: *avoir une bonne* ⌣*, qc est présent à la* ⌣ *de qn, chercher un nom dans sa* ⌣*, raconter qc de* ⌣*, je n'ai pas la* ⌣ *des chiffres, si j'ai bonne* ⌣*.* **2.** ⌣*s m.* (au pluriel) ‖ *écrire ses* ⌣*s, les «M*⌣*s de guerre» du général de Gaulle.*

la **menace** Parole ou action par laquelle on exprime son intention de faire mal (par exemple: «Prenez garde!» «Obéissez, sinon . . . !» «Je m'en souviendrai!» «Tu me le paieras!»): *des gestes/des paroles de* ⌣*, je n'ai pas peur de vos* ⌣*s, obtenir qc par la* ⌣*.*

menacer *v.* (-ç- devant a et o: nous menaçons; il menaçait; menaçant) Chercher à faire peur (par des menaces): ⌣ *un enfant d'une punition,* ⌣ *de faire qc; dire des paroles menaçantes.*

le **ménage** Les travaux de la maison: *faire le* ⌣ *(= nettoyer la maison), la femme de* ⌣*; un jeune* ⌣ *(= un jeune couple), des querelles de* ⌣*.*

ménager *v.* (-ge- devant a et o: nous ménageons; il ménageait; ménageant) Employer avec prudence et mesure: ⌣ *ses forces/son temps/ses paroles;* ⌣ *une rencontre (= préparer).*

ménager, ménagère *adj.* Ce qui concerne le ménage: *les appareils* ⌣*s, les travaux* ⌣*s.*

la **ménagère** Femme qui s'occupe des travaux de la maison: *c'est une bonne* ⌣. ⚠ **La femme de ménage** est payée pour faire le ménage.

le **mendiant,** la **mendiante** Personne qui demande aux passants de l'argent: *le* ⌣ *tend la main aux passants, donner qc à un* ⌣.

mendier *v.* Tendre la main pour demander de l'argent: ⌣ *dans les rues/dans le métro.*

mener *v.* (je mène, il mène, nous menons, ils mènent; il mènera) **1.** Faire aller avec soi, conduire: ⌣ *un enfant à l'école, ce chemin mène au village.* **2.** *se laisser* ⌣, ⌣ *qn par le bout du nez.* **3.** Faire marcher: ⌣ *une affaire à bonne fin,* ⌣ *une vie agréable.* **4.** *l'équipe anglaise mène par 3 (buts) à 2.*

le **mensonge** Paroles contraires à la vérité (dites pour tromper qn); *dire/raconter des* ⌣*s (= mentir), je ne crois plus vos* ⌣*s, un pieux* ⌣.

mensuel, mensuelle *adj.* Qui a lieu tous les mois: *le salaire* ⌣, *une revue* ⌣*le.* – *adv.* **mensuellement.**

mental, mentale *adj.* (**mentaux, mentales**) Qui se fait dans l'esprit; Contr. physique: *le calcul* ⌣, *une maladie* ⌣*e.* – *adv.* **mentalement.**

le **menteur,** la **menteuse 1.** Personne qui ment, qui ne dit pas la vérité: *c'est un grand* ⌣. **2.** *adj. une femme* ⌣*se.*

mentionner *v.* Citer, signaler, nommer: *le journal mentionne plusieurs accidents, n'oubliez pas de* ⌣ *votre adresse.*

mentir *v.* (je mens, il ment, nous mentons, ils mentent; il mentit; il a menti) Ne pas dire la vérité: ⌣ *à qn,* ⌣ *à son père,* ⌣ *et se contredire, sans* ⌣ *. . . (= en vérité).*

le **menton** Partie du visage: *avoir un double* ⌣.

menton

le **menu** ‖ La liste des plats qui composent un repas: *le* ⌣ *est affiché à la porte du restaurant, un* ⌣ *touristique, choisir un* ⌣.

le **menuisier** Artisan qui travaille le bois: *le* ⌣ *de bâtiment/d'art, le* ⌣ *scie le bois, commander une armoire au* ⌣.

le **mépris** Contr. l'estime, le respect: *le* ⌣ *des traditions/de la richesse/du danger, avoir du* ⌣ *pour qn, regarder qn/qc avec* ⌣, *un air plein de* ⌣, *un sourire de* ⌣.

mépriser *v.* Contr. estimer, respecter: ⌣ *le danger/la morale,* ⌣ *ceux qui ont une autre opinion.*

la **mer** L'océan: *la* ⌣ *du Nord, la* ⌣ *Rouge, l'eau de* ⌣ *est salée, prendre un bain de* ⌣, *passer ses vacances au bord de la* ⌣, *en pleine* ⌣, *avoir le mal de* ⌣. ⚠ **La mer.**

merci Terme de politesse pour remercier: *dire* ⌣, ⌣ *bien,* ⌣ *beaucoup, mille* ⌣*s,* ⌣ *pour/de votre lettre,* ⌣ *de m'avoir aidé, non* ⌣ *(= refuser poliment), Dieu* ⌣*!* ⚠ *Être à* **la** *merci de qn.*

le **mercredi** Le mercredi est le 4ᵉ jour de la semaine: *le* ⌣ *des Cendres.*

la **merde** *(mot vulgaire)* Matière fécale, excréments de l'homme et des animaux: *une* ⌣ *de chien, dire «*⌣*!»,* ⌣ *alors!, c'est de la* ⌣.

la **mère** Femme qui a un enfant, maman: *elle va être* ⌣, *une future* ⌣, *être* ⌣ *de deux enfants, Madame votre* ⌣, *la belle-* ⌣, *la grand-*⌣.

le **mérite** ‖ Qualités qui rendent une personne digne d'estime et d'admiration: *un homme de* ⌣, *estimer qn à son juste* ⌣, *avoir le* ⌣ *de faire qc.*

mériter *v.* Être digne d'obtenir qc: ⌣ *l'estime/la reconnaissance de qn, il mérite d'être puni,* ⌣ *que + subj.*

le **merle** Petit oiseau noir: *siffler comme un* ~. ⚠ **Le** merle.

merle

la **merveille** Chose qui provoque l'admiration par sa grandeur, sa beauté, etc.: *les sept* ~s *du monde, faire* ~, *il se porte à* ~ *(= très bien).* **merveilleux, merveilleuse** *adj.* Très beau, admirable; CONTR. horrible: *un tableau/jardin* ~, *un succès* ~. *– adv.* **merveilleusement.**

le **message** Information transmise: *transmettre/recevoir un* ~, *un* ~ *écrit.*

la **messe** ‖ Cérémonie dans la religion catholique: *célébrer la* ~, *le prêtre dit la* ~, *aller à la* ~, *assister à la* ~, *la grand-*~. ⚠ **La Foire** internationale du livre à Francfort.

la **mesure 1.** Le mètre, le kilogramme, etc. sont des unités de mesure: *la* ~ *de la vitesse/du poids/de la longueur/de la chaleur, prendre les* ~s *d'un meuble; dans la* ~ *du possible, au fur et à* ~ *(= peu à peu), dépasser la* ~ *(= exagérer), perdre toute* ~, *à* ~ *que + ind.* **2.** En musique: *cette danse se joue sur une* ~ *à trois temps, battre la* ~. **3.** Manière d'agir: *prendre des* ~s *pour empêcher qc, être en* ~ *de (= avoir la possibilité de).* **mesurer** *v.* La montre sert à mesurer le temps, le thermomètre à mesurer la température: ~ *une distance,* ~ *une table avec un mètre, cette table mesure deux mètres;* ~ *ses paroles.* – **se** ~ (ils se sont mesurés), *se* ~ *avec qn (= se battre), se* ~ *du regard.*

le **métal (les métaux)** ‖ *une plaque/une pièce de* ~, *des métaux précieux (= l'or, l'argent, le platine).*

la **métallurgie** L'industrie des métaux: *la* ~ *de l'est de la France.*

la **métaphore** ‖ Figure de style (exemples: la racine du mal, la source de la richesse): *parler par* ~s, *employer des* ~s *dans un poème.*

la **métaphysique 1.** ‖ Partie de la philosophie: *l'existence de Dieu, la nature de la matière, etc. sont des sujets de* ~. **2.** *adj. un problème* ~.

la **météorologie** ‖ Science: *les prévisions du temps par la* ~. ⚠Abréviation courante: **la météo,** *le bulletin de la météo.*

météorologique *adj.* Qui concerne la météorologie: *le bulletin* ~, *les observations/les prévisions* ~s.

la **méthode 1.** ‖ *la* ~ *analytique/expérimentale, une* ~ *de travail rationnelle, agir avec* ~. **2.** Livre scolaire: *une* ~ *de français/de violon.* **méthodique** *adj.* Avec méthode: *une démonstration* ~, *un esprit* ~. *– adv.* **méthodiquement.**

le **métier** Le travail que l'on fait pour gagner de l'argent, la profession: *un* ~ *manuel, choisir un* ~, *apprendre le* ~ *de mécanicien, connaître son* ~, *exercer un* ~, *être tailleur de son* ~.

le **mètre 1.** ‖ Unité de longueur, 100 centimètres: *il mesure 2 m, le* ~ *carré, le* ~ *cube.* **2.** Instrument de mesure: *prendre un* ~ *pour mesurer une table.*

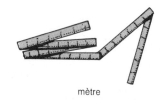

mètre

le **métro** Chemin de fer électrique souterrain: *une station de* ~, *une bouche de* ~, *prendre le* ~, *voyager/circuler en* ~. ⚠ **Le** métro.

le **metteur en scène** Réalisateur d'une pièce de théâtre/d'un film: *un bon* ~, *un* ~ *célèbre.*

mettre *v.* (je mets, il met, nous mettons, ils mettent; il mit, il a mis) Placer, faire passer dans un lieu, poser: ~ *qc sur la table,* ~ *qc à sa place,* ~ *qc debout,* ~ *son*

manteau (=s'habiller de son manteau), ~
au monde (= donner naissance à), ~ *la*
table, ~ *du soin à faire qc*, ~ *le moteur en*
marche, mettons que + subj. *(= suppo-*
sons que). – **se** ~ (il s'est mis), *se* ~ *à la*
fenêtre, se ~ *à table/au lit, se* ~ *qc en tête,*
se ~ *en colère, se* ~ *à faire qc (= com-*
mencer à faire qc).

le **meuble** *les chaises/les tables/les fauteuils*
sont des ~*s, des* ~*s modernes/anciens/rus-*
tiques, acheter des ~*s, un marchand de*
~*s.*

le **meunier,** la **meunière** Personne qui a
un moulin: *le* ~ *fabrique la farine, une*
truite (à la) ~*ière (= roulée dans la fa-*
rine).

le **meurtre** Action de tuer un homme, l'assassinat: *commettre un* ~*, ce roman poli-*
cier commence par un ~.

le **meurtrier,** la **meurtrière 1.** Personne
qui a tué un homme, l'assassin: *arrêter le*
~. **2.** *adj. un combat* ~.

miauler *v.* Crier (en parlant d'un chat):
le chat miaule.

le **microbe** ‖ Le bacille, le virus qui donne
des maladies: *examiner des* ~*s au micro-*
scope, une culture de ~*s.* ⚠ **Le** microbe.

le **microphone** ‖ *parler devant le* ~*, tenir le*
~ *en main.* ⚠ Abréviation courante: **le**
micro.

le **microscope** ‖ *un* ~ *électronique, le* ~
grossit les objets.

le **microsillon** Disque de longue durée (33
tours-minute): *acheter un* ~.

le **midi 1.** Le milieu du jour: *il est* ~*, il est*
~ *et demi, il est* ~ *précis, à* ~*, l'après-*~,
le repas de ~*, a sonné.* **2.** Le sud (de la
France): *l'accent du M*~*, dans le M*~.

le **miel** Substance jaune très sucrée faite
par les abeilles: *manger du* ~*, des bon-*
bons au ~*, doux comme le* ~*; la lune de*
~ *(= les premiers temps, les plus heureux,*
après le mariage).

mien, mienne *pron. possessif.* Ce qui
est à moi: *votre voiture et la* ~*ne, c'est*
votre opinion et non pas la ~*ne.*

la **miette** Très petit morceau de pain ou de
gâteau: *ramasse les* ~*s qui sont restées sur*
la table, donner des ~*s aux oiseaux.*

mieux 1. *adv.* Contr. plus mal: *il va* ~*, il*
vaut ~ *faire ceci que de faire cela, aimer* ~

(= préférer), ~ *que ça*, **2.** *m.* *les choses*
vont au ~*, faire de son* ~*, le* ~ *est que* +
subj. ⚠ Distinguez: **meilleur, meilleure**
est le comparatif de «bon» *(adj.)*.

mignon, mignonne *adj.* Charmant,
gracieux; Contr. laid: *une petite fille*
~*ne, ce bébé est très* ~*, un* ~ *petit nez.*

la **migraine** Mal de tête: *avoir la* ~.

mil → mille

le **milieu 1.** Le centre: *le* ~ *de la pièce, au*
~ *de la route/de la nuit.* **2.** ‖ Les hommes
et les choses avec lesquels on vit: *s'adap-*
ter à son ~.

le **militaire 1.** Le soldat; Contr. le civil: *un*
~ *en uniforme.* **2.** *adj.* ‖ *le service* ~*, une*
opération ~*, un gouvernement* ~. – *adv.*
militairement.

mille *numéral (invariable)* 1000: *cinq* ~,
~ *cinq cents, deux* ~ *francs,* ~ *neuf cent*
quatre-vingts/mil neuf cent quatre-vingts.
⚠ Jamais de **-s** final.

le **milliard** Mille millions: *deux* ~*s de*
francs.

le **millier** Quantité d'environ mille: *un* ~
de personnes, par ~*s.*

le **millimètre** ‖ *un centimètre est composé*
de dix ~*s, mesurer quelques* ~*s.*

le **million** ‖ *deux* ~*s d'habitants, posséder*
des ~*s, cette maison vaut deux* ~*s.* ⚠ **Le**
million.

mince *adj.* Fin; Contr. épais, fort, gros,
large: *une* ~ *tranche de jambon, avoir des*
jambes ~*s, une jeune femme* ~ *(= svelte);*
jouer un rôle très ~ *(= peu important).*

la **mine 1.** Aspect extérieur, la figure, la
physionomie: *juger les gens sur/d'après la*
~*, avoir bonne/mauvaise* ~. **2.** La mine
est creusée dans la terre, on l'exploite
pour avoir du charbon, des minerais,
etc.: *une* ~ *de charbon/de fer/d'uranium,*
travailler à la ~*, une région de* ~*s.* **3.** *la*
~ *du crayon.* **4.** ‖ Bombe placée dans la
terre: *poser une* ~*, passer sur une* ~ *qui*
explose.

le **minerai** Substance minérale (dont on
tire du métal): *le* ~ *de fer.*

minéral, minérale (minéraux, miné-
rales) *adj.* ‖ *boire de l'eau* ~*e.*

le **mineur** Ouvrier qui travaille à la mine:
les ~*s sont descendus dans la mine.*

mineur, mineure *adj.* **1.** D'importance

secondaire: *des problèmes/des soucis* ⌣*s*.
2. En musique: *une sonate en fa* ⌣. **3.** *m*. Jeune personne qui n'a pas encore 18 ans: *ce film est interdit aux* ⌣*s*.
minimal, minimale *adj.* **(minimaux, minimales)** CONTR. maximal: *des températures* ⌣*es, une dose* ⌣*e*.
minime *adj.* Très petit, très peu important: *des faits* ⌣*s, des dégâts relativement* ⌣*s*.
le **minimum** [-mɔm] **(les minimums/les minima)** ‖ *demander un* ⌣ *de mille francs, courir le* ⌣ *de risques, un* ⌣ *de dépenses, le* ⌣ *vital, les risques sont réduits au* ⌣.
le **ministère** ‖ *former un* ⌣, *le* ⌣ *des Affaires étrangères*.
ministériel, ministérielle *adj.* Qui concerne le ministère: *une décision/une déclaration* ⌣*le, une crise* ⌣*le*.
le **ministre** ‖ *nommer un* ⌣, *devenir* ⌣, *le Premier* ⌣, *le* ⌣ *de l'Éducation nationale/ des Finances, le conseil des* ⌣*s*.
la **minorité 1.** ‖ CONTR. la majorité: *une* ⌣ *des électeurs, être en* ⌣, *les droits des* ⌣*s*.
2. Le fait d'être mineur; CONTR. la majorité.
minuit *m*. Le milieu de la nuit: ⌣ *moins cinq, se réveiller à/vers* ⌣, *la messe de* ⌣, *jusqu'à* ⌣. ⚠ Minuit *(m.)*, mais: **la** nuit.
minuscule *adj.* Petit, très petit: *les microbes sont* ⌣*s, une lettre* ⌣ (CONTR. majuscule).
la **minute** ‖ *attendre dix* ⌣*s, je reviens dans cinq* ⌣*s, d'une* ⌣ *à l'autre, jusqu'à la dernière* ⌣, *vous n'avez pas une* ⌣ *à perdre*.
minutieux, minutieuse *adj.* Qui s'attache aux petits détails: *une inspection/ une observation* ⌣*se*. – *adv.* **minutieusement.**
la **mirabelle** Fruit jaune: *de la confiture de* ⌣*s*.
le **miracle** Action extraordinaire accomplie par Dieu: *les* ⌣*s de Lourdes, faire/ accomplir un* ⌣, *crier (au)* ⌣, *échapper à un danger par* ⌣.
miraculeux, miraculeuse *adj.* Surnaturel, qui est le résultat d'un miracle: *une apparition* ⌣*se, une guérison* ⌣*se*. – *adv.* **miraculeusement.**
le **miroir** La glace, la surface polie qui réfléchit la lumière: *se regarder dans un* ⌣, *le* ⌣ *de la salle de bains*.

miroir

mis → mettre.
le **misanthrope** Personne qui manifeste de l'aversion pour les hommes: *un vieux* ⌣, *devenir* ⌣.
la **mise** Action de mettre: *la* ⌣ *en place, la* ⌣ *en bouteilles du vin, la* ⌣ *en scène d'un film, une* ⌣ *en vente d'une maison*.
misérable 1. *adj.* ‖ Malheureux, pitoyable, très pauvre; CONTR. heureux, riche: *mener une existence* ⌣, *une maison* ⌣, *une situation* ⌣. **2.** *m.* *un* ⌣ *a tué cet homme*. – *adv.* **misérablement.**
la **misère** ‖ CONTR. la richesse, la vie heureuse: *tomber/être dans la* ⌣, *les* ⌣*s de la guerre*.
la **miséricorde** *(terme littéraire)* La pitié par laquelle on pardonne à un coupable: *demander/obtenir* ⌣, *la* ⌣ *divine*.
la **mission** ‖ *charger qn d'une* ⌣, *envoyer qn en* ⌣, *une* ⌣ *accomplie, une* ⌣ *diplomatique/délicate*.
le **mistral** Vent violent qui souffle du nord (dans la vallée du Rhône): *un coup de* ⌣.
la **mi-temps 1.** Le temps de repos au milieu d'un match: *les joueurs se reposent pendant la* ⌣. **2.** Chacune des deux moitiés d'un match: *la seconde* ⌣. ⚠ **La** mi-temps, mais: **le** temps.
mitonner *v*. Préparer un plat soigneusement et longtemps: *grand-mère nous mitonne toujours de bons petits plats*.
la **mitrailleuse** Arme automatique: *le feu violent des* ⌣*s*.

mitrailleuse

mixte *adj.* Combiné, mélangé: *une commission ⌣, un cargo ⌣, une école ⌣ (= de garçons et de filles), un mariage ⌣.*

mobile *adj.* *les pièces ⌣s d'une machine, la garde ⌣.*

le **mobile** Motif (affectif): *les ⌣s d'une action, chercher le ⌣ d'un crime.*

le **mobilier** Les meubles: *j'aime le ⌣ moderne de cet appartement, le ⌣ de bureau.*

mobiliser *v.* ‖ *⌣ des troupes, un soldat mobilisé, ⌣ les ouvriers en vue d'une grève, ⌣ tous ses amis pour faire qc.*

la **mode** *la nouvelle ⌣, suivre la ⌣, un journal de ⌣, ce n'est plus à la ⌣.* △ **Le** mode d'emploi. △ L'indicatif/le subjonctif est **un** mode.

le **modèle** ‖ *dessiner d'après un ⌣, elle est un ⌣ de fidélité, prendre qn pour ⌣, un nouveau ⌣ de voiture.*

modeler *v.* (je modèle, il modèle, nous modelons, ils modèlent; il modèlera) ‖ Donner une forme, façonner: *⌣ un vase/ une statue, la pâte à ⌣, ⌣ de la cire.*

la **modération** Mesure, la réserve; Contr. l'agressivité, la colère: *faire preuve de ⌣ dans sa conduite, la ⌣ dans les paroles/le ton.*

modéré, modérée *adj.* Contr. violent, agressif: *être ⌣ dans ses désirs, des prix ⌣s (= bas), il a en politique des opinions ⌣es.* – *adv.* **modérément.**

moderne *adj.* ‖ Contr. ancien, antique, passé: *un immeuble ⌣, des meubles ⌣s, la peinture ⌣e, les temps ⌣s, avoir des idées ⌣s sur qc, ultra-⌣.*

moderniser *v.* ‖ Rendre moderne: *⌣ une usine/la technique/un magasin/des méthodes de vente, ⌣ une maison.*

modeste *adj.* Humble, simple; Contr. orgueilleux, vaniteux: *un homme simple et ⌣, être d'un milieu ⌣, avoir des goûts ⌣s, une maison ⌣.* – *adv.* **modestement.**

la **modestie** Qualité de qn qui est modeste; Contr. l'arrogance, l'insolence, l'orgueil: *se taire par ⌣, la fausse ⌣.*

modifier *v.* Changer/transformer un peu; Contr. fixer, maintenir: *⌣ ses plans/ son style/sa conduite/un prix.* – **se ⌣** (il s'est modifié) *la région s'est modifiée depuis quelques années.*

les **mœurs** *f.* [mœrs] *(au pluriel)* Les habitudes: *avoir de bonnes/mauvaises ⌣, les ⌣ des peuples primitifs.*

moi 1. *pronom personnel tonique* Je: *regardez-⌣, c'est ⌣, ma femme et ⌣, ⌣-même, ⌣ aussi, ce livre est à ⌣.* **2.** *m.* *le vrai ⌣.*

moindre *adj.* Plus petit: *les ⌣s fautes, la ⌣ erreur, je n'ai pas la ⌣ idée de cela, le ⌣ effort.*

le **moine** Religieux qui vit à l'écart du monde en communauté: *les Capucins sont des ⌣s, les ⌣s bouddhistes.*

le **moineau** (les **moineaux**) Petit oiseau brun ou noir: *une volée de ⌣x, manger comme un ⌣ (= très peu).*

moineau

moins 1. *adv.* Comparatif de «peu»; Contr. plus: *cette maison est ⌣ belle que l'autre, le ⌣ possible, être beaucoup ⌣ joli qu'un autre, cent francs de/en ⌣, au ⌣ (= au minimum), à ⌣ que + subj. (= sauf si).* **2.** *prép.* *huit ⌣ deux font six.*

le **mois** Janvier, février, mars . . . sont des mois: *rester deux ⌣ à Paris, une période de six ⌣, au ⌣ de janvier, dans un ⌣, depuis un ⌣, payer 300 F par ⌣, le dernier jour du ⌣.*

la **moisson** Travail agricole qui consiste à récolter le blé, la récolte: *faire la ⌣, une belle ⌣.*

moissonner *v.* Couper et récolter le blé: *⌣ du blé/un champ, ⌣ avec la moissonneuse-batteuse.*

la **moitié** Chacune des deux parties égales d'un tout: *vingt est la ⌣ de quarante, couper en deux ⌣s, la première/la seconde ⌣, un verre à ⌣ plein, la ⌣ de la route, faire qc à ⌣.* △ S'arrêter à **mi**-chemin; une **demi**-bouteille.

le **mollet** Le muscle de la jambe: *avoir des ~s maigres, avoir froid aux ~s.*

mollet

le **moment** ‖ *un petit ~, un ~!, dans un ~, en ce ~ (= à présent), à ce ~-là (= dans le passé, à l'avenir), à un ~ donné, au ~ où, à tout ~, d'un ~ à l'autre (= bientôt), jusqu'au ~ où + ind., par ~s, au ~ de partir, choisir le bon ~.*
momentané, momentanée *adj.* Qui ne dure qu'un moment: *un arrêt ~, un effort ~. – adv.* **momentanément.**
mon, ma, mes *adj. possessif. c'est ~ opinion, ~ fils, ma fille, ~ père, ma mère, mes parents.* ⚠ **Une** idée – **mon** idée (ce mot féminin commence par une voyelle).
la **monarchie** [-ʃi] ‖ Le régime dans lequel le chef est un roi: *la ~ absolue/constitutionnelle, la ~ d'Angleterre.*
le **monastère** Établissement où vivent les religieux: *se retirer dans un ~, l'abbé dirige le ~.*
mondain, mondaine *adj.* Relatif à la haute société: *mener une vie ~e, donner une soirée ~e.*
le **monde 1.** La Terre et les étoiles, le cosmos: *la création du ~ par Dieu, venir au ~ (= naître), faire le tour du ~, dans le ~ entier, le champion du ~ de ski, le ~ capitaliste/communiste, l'autre ~ (= le ~ des morts), pour rien au ~.* **2.** *tout le ~ (= chacun), il y a beaucoup de ~ dans la rue.* ⚠ Tout le monde **est** venu (Singulier!).
mondial, mondiale *adj.* (**mondiaux, mondiales**) Relatif au monde/à la terre entière; CONTR. régional: *la population ~e, la Deuxième Guerre ~e. – adv.* **mondialement.**

le **moniteur,** la **monitrice** Personne qui enseigne certains sports: *le ~ de ski; les ~s des colonies de vacances (= surveillants).*
la **monnaie 1.** L'argent (terme abstrait): *le cours de la ~, la ~ d'or, la fausse ~.* **2.** *je dois payer 5 francs, je donne un billet de 10 francs et le commerçant me rend la ~.*
le **monologue** ‖ Scène où un personnage parle seul; CONTR. le dialogue: *le ~ du Cid, un ~ intérieur, réciter un ~.*
le **monopole** ‖ *l'État a le ~ des tabacs et des allumettes, les ~s industriels.*
monotone *adj.* ‖ CONTR. nuancé, varié: *une vie ~, un paysage ~, un chant ~, une voix ~.*
la **monotonie** ‖ CONTR. la variété, la diversité, le changement: *la ~ du travail, la ~ d'une conversation, rompre la ~.*
monseigneur *m.* (**messeigneurs**) Titre donné à un évêque/à un prince: *appeler qn ~.*
le **monsieur** [məsjø] (**les messieurs**) Titre donné aux hommes: *«Bonjour, M~», cher M~, ~ Dupont, «Bonjour Messieurs Dames.»* ⚠ Abréviation: **M.** (= monsieur), **MM.** (= messieurs). ⚠ Dites «Bonjour, Monsieur» et non pas «Bonjour, M. Dupont».
monstrueux, monstrueuse *adj.* ‖ Comme un monstre: *une laideur ~se, une ville ~se, un crime ~.*
le **mont** La montagne (dans certaines locutions): *le ~ Blanc, promettre ~s et merveilles.*
la **montagne** Les Alpes sont des montagnes: *une ~ de 4000 mètres d'altitude, une haute ~, une chaîne/un massif de ~s, le pied de la ~, passer ses vacances à la ~, un village de ~.*
le **montant** La somme: *le ~ d'une note d'hôtel/des frais/de l'impôt, le ~ des dettes de qn.*
monter *v.* **1.** CONTR. descendre: *~ par l'ascenseur, ~ au grenier/à une échelle, ~ dans une/en voiture, ~ à bicyclette/à cheval, les larmes lui montent aux yeux, les prix ne cessent de ~; un chemin montant.* **2.** Mettre en état de fonctionner: *~ une machine/une tente.* ⚠ il **est** monté; il **a** monté qc.

la **montre** *regarder sa* ~, *ma* ~ *retarde/ avance, mettre sa* ~ *à l'heure.*

montre

montrer *v.* Faire voir, mettre devant les yeux: ~ *qc à qn, je lui montre une photo,* ~ *qc du doigt,* ~ *à qn son chemin,* ~ *à qn comment faire qc,* ~ *son étonnement/son émotion,* ~ *que* + ind. – **se** ~ (il s'est montré), *se* ~ *courageux.*

le **monument 1.** Ouvrage d'architecture destiné à conserver le souvenir de qn: *le* ~ *aux morts de la guerre de 1870, un* ~ *historique.* **2.** Édifice remarquable: *visiter les* ~*s de Paris.*

se moquer *v.* (il s'est moqué) ‖ Tourner en ridicule, railler: *se* ~ *de qn/de qc, je m'en moque* (= *cela m'est égal*).

moral, morale *adj.* (moraux, morales) **1.** ‖ Contr. immoral: *les valeurs* ~*es, une obligation* ~*e, cette histoire est très* ~*e.* **2.** Contr. matériel: *la force* ~*e, les douleurs physiques et les douleurs* ~*es.* – *adv.* **moralement.**

la **morale** ‖ Science du bien et du mal: *la* ~ *chrétienne, conforme à la* ~, *faire la* ~ *à qn* (= *lui faire des reproches*); *la* ~ *d'une fable.*

le **morceau** (les morceaux) **1.** Partie séparée d'un tout: *un* ~ *de sucre/de pain/de gâteau, mettre en* ~*x, un bon/gros* ~. **2.** En musique: *un* ~ *de musique, un* ~ *de piano, jouer un* ~ *de Beethoven.*

mordant, mordante *adj.* Qui attaque avec une violence qui blesse: *une ironie* ~*e, une réponse* ~*e.*

mordre *v.* (il mord, ils mordent; il mordit; il a mordu) Serrer avec les dents pour blesser: *le chien l'a mordu, le chien l'a mordu à la main, être mordu par un serpent, le poisson mord à l'appât; se* ~ *les lèvres pour ne pas rire.*

morne *adj.* Triste, abattu; Contr. gai:

avoir un air ~, *un temps* ~, *un regard* ~, *la conversation reste* ~.

la **mort** La fin de la vie: *le moment de la* ~, *une* ~ *naturelle/subite/accidentelle, être blessé à* ~. △ Distinguez: **le** mort (= personne) et **la** mort.

le **mort** Un homme mort, le cadavre: *être pâle comme un* ~, *l'accident a fait un* ~ *et deux blessés, ensevelir/enterrer les* ~*s.*

mort, morte *adj.* Qui a cessé de vivre; Contr. vivant: *il est* ~ *depuis deux ans, des feuilles* ~*es, une langue* ~*e* (= *le latin*), *une nature* ~*e* (= *peinture*), *être ivre* ~ (= *très ivre*).

mortel, mortelle *adj.* **1.** Qui doit mourir un jour: *tous les hommes sont* ~*s.* **2.** Qui fait mourir: *une maladie* ~*le, une blessure* ~*le, un accident* ~; *un péché* ~. – *adv.* **mortellement.**

la **morue** Grand poisson des mers froides: *la* ~ *fraîche/séchée.*

morue

la **mosquée** ‖ Le temple de la religion musulmane: *le minaret d'une* ~.

le **mot 1.** «Je le connais» est une phrase composée de trois mots: *un* ~ *courant/ rare, dire un* ~, *chercher ses* ~*s, répéter qc* ~ *à* ~, *traduire* ~ *à* ~, *apprendre des* ~*s, avoir le dernier* ~, *écrire un* ~, *en un* ~ (= *bref*), *un bon* ~, *un jeu de* ~*s, un* ~ *d'esprit, le* ~*-clef.* **2.** *les* ~*s croisés.*

le **motel** ‖ Hôtel destiné aux automobilistes: *passer la nuit dans un* ~. △ Motel/ hôtel.

le **moteur** ‖ *un* ~ *à essence, un* ~ *à 4/6 cylindres, un* ~ *électrique, mettre le* ~ *en marche, arrêter le* ~, *une panne de* ~.

le **motif 1.** ‖ *le* ~ *d'une visite, chercher les* ~*s réels de ses actions, les* ~*s de sa conduite.* △ **Le motif** est d'ordre intellectuel, **le mobile** est d'ordre affectif. **2.** ‖ L'ornement: *un tissu avec de grands* ~*s de fleurs.*

la **motocyclette** Véhicule à deux roues à moteur de plus de 125 cm^3: *la ⌣ fait un bruit épouvantable, aller à/en ⌣.* ⚠ Abréviation courante: **la moto.**

motocyclette

mou (mol), molle *adj.* **(mous, molles)** CONTR. dur: *un matelas trop ⌣, un oreiller ⌣, avoir les jambes molles, une pâte molle.* – *adv.* **mollement.**

la **mouche** Petit insecte qui est souvent dans les maisons: *une ⌣ vole autour de la lampe, les ⌣s se posent sur la viande; prendre la ⌣ (= se mettre brusquement en colère), tomber comme des ⌣s, un poids ⌣.*

mouche

se moucher *v.* (il s'est mouché) Se vider le nez: *se ⌣ quand on est enrhumé.*

le **mouchoir** Petite pièce de linge qui sert à se moucher: *tirer un ⌣ de sa poche, un ⌣ de/en papier, s'essuyer le front avec un ⌣, agiter son ⌣ en signe d'adieu.*

moudre *v.* (je mouds, il moud, nous moulons, ils moulent; il moulut; il a moulu) Mettre en poudre avec un moulin: *⌣ du café/du poivre.*

mouiller *v.* Mettre en contact avec de l'eau: *se faire ⌣ par la pluie, être mouillé jusqu'aux os, du linge mouillé, avoir les yeux mouillés de larmes.*

le **moule** Objet creux qui sert à donner une forme à qc: *un ⌣ à pâtisserie, retirer le gâteau du ⌣.*

la **moule** Le coquillage dont la coque est noire: *manger des ⌣s.*

le **moulin** *le ⌣ à vent/à eau, le ⌣ à café/à poivre.*

moulin
moulin à café

mourir *v.* (je meurs, il meurt, nous mourons, ils meurent; il mourut; il mourra; il **est** mort) Cesser de vivre: *⌣ jeune, ⌣ à la guerre, ⌣ de faim/d'une maladie/de vieillesse.*

la **mousse** 1. *la ⌣ de la bière.* 2. Plante verte qui forme un tapis sur la terre: *une pierre couverte de ⌣.*

mousse

la **moustache** *porter une ⌣/des ⌣s, se faire couper la ⌣, les ⌣s du chat.*

moustache

le **moustique** Insecte (qui pique l'homme) plus petit que la mouche: *le ⌣ bourdonne, une piqûre de ⌣, j'ai été piqué par un ⌣, tuer un ⌣.*

la **moutarde** Sauce brune, épaisse et aromatique: *la ⌣ de Dijon, une ⌣ forte/extraforte, un pot de ⌣.* ⚠ **La** moutarde.

le **mouton** *un troupeau de ⌣s, le berger garde les ⌣s, la laine des ⌣s, une côtelette de ⌣.* ⚠ La femelle du mouton: **la brebis.** Un jeune mouton: **un agneau.**

mouton

le **mouvement 1.** CONTR. l'arrêt, l'immobilité: *un ~ lent/rapide, les ~s du corps/de la main/des jambes, être en ~, un ~ de gymnastique.* **2.** Action pour obtenir un changement: *un ~ de grève.*

mouvoir (je meus, il meut, nous mouvons, ils meuvent; il mut; il mouvra; il a mû; mue, mus, mues) Mettre en mouvement: *ce bateau est mû par un moteur.*

le **moyen 1.** Ce qui sert pour arriver à un résultat: *un ~ efficace, employer des ~s douteux, chercher le ~ de faire qc, je ne vois pas le ~ de vous aider, au ~ de, les ~s de transport.* **2.** vivre au-dessus de ses ~s (= *dépenser plus qu'on ne gagne*), *avoir les ~s de s'acheter une maison.*

moyen, moyenne *adj.* Qui tient le milieu entre deux choses: *être de taille ~ne* (= *pas trop grand, pas trop petit*), *le Français ~, la classe ~ne, une température ~ne, le Moyen Âge.*

la **moyenne** Le nombre qui est juste au milieu de deux autres: *rouler à une ~ de 70 km/h, il travaille en ~ 8 heures par jour.*

muet, muette *adj.* Qui ne peut pas parler: *être ~ de naissance, être sourd-~, des reproches ~s, un film ~.*

le **mulet** Animal issu d'un âne et d'une jument: *le ~ transporte de lourdes charges, un sentier de ~, têtu comme un ~.* △ **La mule.**

multiple *adj.* Divers, complexe; CONTR. unique: *des activités ~s, des aventures ~s.*

la **multiplication** ‖ *la ~ de 7 par 2 donne 14, (= 7 fois 2 font 14), une table de ~.*

multiplier *v.* **1.** Faire une multiplication: *7 multiplié par 9 (= 7 fois 9).* **2.** Augmenter: *~ les efforts/les essais/les difficultés, les attentats se sont multipliés.*

la **multitude** Très grande quantité: *une ~ de visiteurs, une ~ d'erreurs/d'événements.*

municipal, municipale *adj.* **municipaux, municipales**) Qui concerne l'administration d'une commune: *le conseil ~, les élections ~es, la piscine ~e, le stade ~.*

munir *v.* Donner à qn/à qc des choses qui lui sont utiles: *~ qn de qc, ~ son fils d'argent de poche, une caméra munie de deux objectifs.* – **se** ~ (il s'est muni) *se ~ d'un parapluie.*

les **munitions** *f. (au pluriel)* ‖ Projectiles et explosifs: *des ~ pour l'artillerie.*

le **mur** Ouvrage vertical de pierres/de briques/de béton: *bâtir un ~ épais, poser du papier peint sur les ~s, mettre des tableaux aux ~s, le ~ du jardin, le ~ autour de la vieille ville; le ~ du son.*

mûr, mûre *adj.* En état d'être récolté, bon à manger; CONTR. vert: *une pomme ~e, un fruit trop ~; un projet ~, l'âge ~, après ~e réflexion j'accepte.*

la **muraille** Le mur épais: *les hautes ~s, la grande ~ de Chine.*

mûrir *v.* **1.** Devenir mûr: *les fruits ont mûri, laisser ~ une idée.* **2.** Rendre mûr: *le soleil a mûri les fruits, ~ un projet.*

murmurer *v.* **1.** Parler très doucement: *~ qc à l'oreille de qn.* **2.** Protester doucement: *obéir sans ~.*

le **muscle** ‖ *contracter/gonfler un ~, avoir des ~s d'acier, les ~s du bras.* △ **Le muscle.**

musculaire *adj.* Qui concerne les muscles: *une force ~.*

le **museau (les museaux)** La partie antérieure de la face de certains animaux: *le ~ du chien.* △ «Museau» ne se dit pas du cheval.

le **musée** ‖ Bâtiment où l'on expose des objets beaux et rares: *le ~ du Louvre/de peinture, un gardien de ~.*

musical, musicale *adj.* (**musicaux, musicales**) ‖ Qui concerne la musique: *une émission/une soirée ~e, une comédie ~e, avoir une voix ~e* (= *harmonieuse*).

le **musicien**, la **musicienne 1.** Personne qui fait de la musique: *un grand ~, un ~ de jazz, le ~ joue d'un instrument/dans un orchestre.* **2.** *adj.* être ~, *avoir l'oreille ~ne.*

la **musique** ‖ *aimer la ~, faire de la ~, composer de la ~, la ~ instrumentale/vocale/classique/militaire, la ~ de film/de danse/de jazz/d'église.*

le **musulman 1.** Celui qui professe la religion de Mahomet: *Allah est le dieu des ~s.* **2.** *adj.* la religion ~e, les Arabes ~s, le pèlerin ~.*

mutiler *v.* Couper un membre: *avoir été mutilé à la guerre/dans un accident, il a été mutilé du bras droit.*

mutuel, mutuelle *adj.* Réciproque, partagé: *le rspect* ⌣ *qu'ils ont l'un pour l'autre, un amour* ⌣, *une affection* ⌣*le, se faire des concessions* ⌣*les.* – *adv.* **mutuellement.**

myope *adj.* Qui a la vue courte: *être* ⌣, *un regard* ⌣.

le **mystère** ‖ Ce que la raison ne peut pas expliquer: *le* ⌣ *de la Trinité, les* ⌣*s de la foi, chercher la solution d'un* ⌣.

mystérieux, mystérieuse *adj.* ‖ Incompréhensible; Contr. clair, évident: *une histoire* ⌣*se, un crime* ⌣, *qc reste* ⌣, *une maladie* ⌣*se.*

la **mythologie** ‖ Ensemble des légendes d'un peuple: *la* ⌣ *grecque.*

N

la **nage** Action de nager: *la* ⌣ *sur le dos, la* ⌣ *libre, traverser une rivière à la* ⌣.

nager *v.* (-ge- devant a et o: nous nageons; il nageait; nageant) Se tenir à la surface de l'eau: *savoir* ⌣, ⌣ *bien,* ⌣ *comme un poisson,* ⌣ *la brasse/le crawl;* ⌣ *dans le bonheur.* △ Un morceau de papier **flotte** sur l'eau.

le **nageur,** la **nageuse** Personne qui nage: *c'est un bon* ⌣, *le maître* ⌣.

naïf naïve *adj.* **1.** ‖ Plein de confiance, simple, facile à tromper; Contr. critique, habile: *une jeune fille* ⌣*ve, donner une réponse* ⌣*ve, il est* ⌣ *de s'imaginer que, je ne suis pas aussi* ⌣ *qu'il le croit.* **2.** ‖ *un peintre* ⌣.

le **nain** Personne très petite; Contr. le géant: *c'est un* ⌣, *les* ⌣*s d'un cirque.*

la **naissance** Le commencement de la vie: *la date et le lieu de* ⌣ *de qn, être aveugle de* ⌣.

naître *v.* (il naît, ils naissent; il naquit; il est né) Venir au monde: *ce bébé vient de* ⌣, *il est né le 18 mai, être né d'une mère française et d'un père allemand, Louis XIV naquit en 1638, Jeanne d'Arc naquit à Domrémy; le nouveau-né.*

la **nappe** Linge qui sert à couvrir une table: *mettre une* ⌣ *sur la table, une* ⌣ *blanche.*

le **narcisse** ‖ Fleur blanche: *une bouquet de* ⌣*s, cultiver/cueillir des* ⌣*s.* △ **Le** narcisse.

la **narine** Chacune des deux ouvertures du nez, les trous de nez: *la* ⌣ *gauche/droite.*

narratif, narrative *adj.* ‖ Qui concerne le récit; Contr. lyrique, descriptif: *le style* ⌣, *la poésie* ⌣*ve.*

nasal, nasale 1. *adj.* ‖ *les voyelles* ⌣*es, un son* ⌣. **2.** ‖ *f. une* ⌣*e.* △ Le pluriel «nasaux» est inusité. △ **La** nasale.

natal, natale *adj.* (natals, natales) Où l'on est né: *le pays* ⌣, *la ville/la maison* ⌣*e.*

la **natation** Le sport de la nage: *pratiquer la* ⌣, *les épreuves de* ⌣, *un champion de* ⌣.

la **nation** ‖ *la* ⌣ *française, l'Organisation des N* ⌣*s unies (O.N.U.).*

national, nationale *adj.* (nationaux, nationales) ‖ *le territoire* ⌣, *la fête* ⌣*e (= 14 juillet), l'Assemblée* ⌣*e, la route* ⌣*e n° 7 (= la N 7).*

le **nationalisme** ‖ Doctrine politique: *le* ⌣ *français/polonais/africain, le* ⌣ *économique.*

la **nationalité** ‖ État d'une personne qui est membre d'une nation: *avoir/posséder la* ⌣ *française, il est de* ⌣ *allemande, changer de* ⌣.

la **natte** Tresse de cheveux: *porter des* ⌣*s, se faire des* ⌣*s/ défaire ses* ⌣*s.*

le **naturalisme** ‖ Mouvement littéraire et artistique d'après lequel la nature était représentée d'une façon très réaliste: *le* ⌣ *s'opposa au romantisme, le* ⌣ *de Zola.*

nattes

la **nature 1.** ‖ *la* ⌣ *humaine, être d'une* ⌣ *douce, les lois de la* ⌣, *aimer/protéger la* ⌣, *dessiner d'après* ⌣. **2.** *une* ⌣ *morte*

(= peinture qui représente des objets).
3. *adj. (invariable)* Préparé simplement: *un café ⁓ (= sans lait), vous voulez votre entrecôte ⁓ ou avec une sauce?*
naturel, naturelle 1. *adj.* Relatif à la nature: *les sciences ⁓les, le gaz ⁓, la soie ⁓le, des fleurs ⁓les, des frontières ⁓les, sa bonté ⁓le, elle est tout à fait ⁓le* (CONTR. *affectée), c'est ⁓, il est ⁓ de faire qc, il est ⁓ que* + subj. **2.** *m.* Le caractère, la nature de l'homme: *être d'un ⁓ doux/méfiant.* – *adv.* **naturellement.**

le **naufrage** Perte d'un bateau en mer par suite d'un accident: *la tempête a causé le ⁓ du bateau, le bateau a fait ⁓, être sauvé d'un ⁓.*

la **nausée** L'envie de vomir, le dégoût: *cela me donne la ⁓, avoir des ⁓s.*

nautique *adj.* Qui appartient à la navigation de plaisance/aux sports de l'eau: *les sports ⁓s, faire du ski ⁓.*

naval, navale *adj.* (**navals, navales**) Qui concerne les navires/les bateaux: *une base ⁓e, des chantiers ⁓s, un combat ⁓.*

la **navigation** ‖ Le fait de se déplacer sur l'eau/dans l'air: *la ⁓ maritime/fluviale/ aérienne, une compagnie de ⁓.*

le **navire** Grand bateau: *un ⁓ de guerre/de commerce (= le cargo), le ⁓ quitte le port.*

navré, navrée *adj.* Qui a beaucoup de peine, désolé; CONTR. enchanté: *je suis ⁓ de vous déranger, être ⁓ de qc, être ⁓ que* + subj.

ne *adv.* de négation: *⁓ . . . pas, ⁓ . . . plus, ⁓ . . . guère, ⁓ . . . jamais, ⁓ . . . que, ⁓ . . . aucun, ⁓ . . . personne, ⁓ . . . rien, personne n'est venu, ⁓ dites pas cela, n'est-ce pas?, il ⁓ fait que se plaindre, se dépêcher pour ⁓ pas être en retard.* △ Distinguez **ne pas** et **non pas:** *c'est lui et non pas moi, il est paresseux et non pas bête.*

né → naître.

néanmoins *adv.* Cependant, pourtant, malgré tout: *il souffre beaucoup ⁓ il ne se plaint pas.*

le **néant** Ce qui n'existe pas; CONTR. l'être, l'existence: *l'idée du ⁓.*

nébuleux, nébuleuse *adj.* ‖ Difficile à comprendre, confus; CONTR. clair: *une théorie ⁓se, des idées ⁓ses, la pensée de*

ce philosophe est ⁓se.

nécessaire 1. *adj.* Dont on ne peut pas se passer, qu'il faut avoir/faire, indispensable; CONTR. inutile, superflu: *avoir l'argent ⁓ pour acheter une voiture, prendre les mesures ⁓s, il est ⁓ de prendre une décision, il est ⁓ que* + subj. **2.** *m.* manquer du ⁓, nous ferons le ⁓; un ⁓ de toilette. – adv. **nécessairement.**

la **nécessité** Caractère de ce qui est nécessaire: *se trouver dans la ⁓ de faire qc, la ⁓ de gagner de l'argent, c'est une ⁓ absolue, obéir par ⁓.*

la **nef** [nɛf] Dans une église la partie entre la porte et l'autel principal: *la ⁓ centrale/ principale, pendant la messe les gens se tiennent dans la ⁓.*

négatif, négative *adj.* ‖ CONTR. affirmatif, positif: *donner/recevoir une réponse ⁓ve, une réaction ⁓ve, un résultat ⁓.* – *adv.* **négativement.**

la **négation** ‖ Action de nier; CONTR. l'affirmation: *la ⁓ de la vérité/de Dieu, un adverbe de ⁓.*

négligent, négligente *adj.* Qui fait son travail avec peu de soin/avec peu d'attention; CONTR. appliqué, soigneux: *un employé ⁓, un élève qui est ⁓ dans ses devoirs.* – *adv.* **négligemment** [-amã]. △ Négligeant est le participe présent de «négliger».

négliger *v.* (-ge- devant a et o: nous négligeons; il négligeait; négligeant) Ne pas prendre soin, ne pas s'occuper assez: *⁓ qn/qc, ⁓ sa santé/ses affaires/ses devoirs/les bons conseils/ses amis, ⁓ de faire qc, cet avantage n'est pas à ⁓ (= important).*

le **négociant** Commerçant en gros: *un ⁓ en vins/en tissus.*

la **négociation** Série d'entretiens pour conclure une affaire: *des ⁓s internationales, l'ouverture/le succès/l'échec des ⁓s, engager des ⁓s pour l'achat d'une entreprise.*

négocier *v.* Discuter pour régler une affaire (politique, commerciale, financière, etc.) par un accord: *⁓ une affaire/un traité/la paix, un gouvernement qui négocie avec une puissance étrangère.* △ L'imparfait/le subjonctif: *nous négociions, vous négociiez.*

le **nègre,** la **négresse** Personne de race noire: *travailler comme un* ⌣. ⚠ «Nègre» est un mot péjoratif, on dit: **un Noir.**

la **neige** La pluie gelée qui tombe en flocons blancs (en hiver): *la* ⌣ *tombe, il tombe de la* ⌣, *une boule/un bonhomme de* ⌣, *la campagne est couverte de* ⌣, *la* ⌣ *fond (quand il fait moins froid).* ⚠ **La** neige.

neiger *v.* (-ge- devant a et o: il neigeait; neigeant) Tomber (en parlant de la neige): *il neige, il a neigé toute la journée, il neige sur toute la région.*

le **néologisme** ‖ Un mot nouveau; Contr. l'archaïsme: *les* ⌣*s de la langue française.*

le **nerf** [nɛr] ‖ *avoir les* ⌣*s tendus, cela me tape sur les* ⌣*s (= cela me met en colère), un paquet de* ⌣*s, avoir les* ⌣*s malades, une crise/une maladie de* ⌣*s.*

nerveux, nerveuse *adj.* **1.** Qui concerne les nerfs: *une cellule* ⌣*se, une maladie* ⌣*se.* **2.** ‖ Qui ne peut pas garder son calme: *cela me rend* ⌣, *je ne peux pas supporter le bruit parce que je suis trop* ⌣, *un tempérament* ⌣. *– adv.* **nerveusement.**

n'est-ce pas? *adv. interrogatif* (pour demander une confirmation): «*Ce roman est très intéressant,* ⌣*?*» «⌣ *que j'ai raison?*» «*Tu viens,* ⌣*?*»

net [nɛt], **nette** [nɛt] *adj.* **1.** Bien nettoyé, propre; Contr. sale: *du linge* ⌣, *avoir les mains* ⌣*tes; je veux en avoir le cœur* ⌣ (= *m'en assurer pour ne plus avoir de doutes).* **2.** Clair, précis: *donner une explication/une réponse* ⌣*te, une différence très* ⌣*te, avoir des idées* ⌣*tes.* **3.** Contr. brut: *le prix* ⌣, *le poids* ⌣, *le bénéfice* ⌣. **4.** *adv. s'arrêter* ⌣, *je lui ai dit tout* ⌣ *ce que je pensais. – adv.* **nettement.**

le **nettoyage** L'action de nettoyer ce qui est sale: *le* ⌣ *de la cuisine/du linge, entreprendre un* ⌣.

nettoyer *v.* (-i- devant e muet: je nettoie, il nettoie, nous nettoyons, ils nettoient; il nettoiera) Rendre propre; Contr. salir: ⌣ *la maison/l'appartement/ sa voiture/ses vêtements/ses chaussures.*

neuf [nœf] *numéral.* 9: *le chiffre* ⌣, ⌣ *hommes, avoir* ⌣ *ans* [nœvã], *vingt-*⌣, *le* ⌣ *de carreau* (= *carte).* **– neuvième.**

neuf, neuve *adj.* [nœf, nœv] Qui vient

d'être fait et qui n'a pas encore servi; Contr. usé, vieux: *une robe* ⌣*ve, des chaussures* ⌣*ves, acheter des livres* ⌣*s (et non pas des livres d'occasion), une idée* ⌣*ve, quoi de* ⌣*?, rien de* ⌣.

la **neutralité** ‖ État d'une nation/d'une personne qui reste neutre: *la* ⌣ *de la Suisse, garder la* ⌣ *dans un conflit.*

neutre *adj.* [nøtrə] Qui ne prend pas parti: *un pays* ⌣, *rester* ⌣ *dans une dispute.*

le **neveu** (**les neveux**) Le fils du frère/de la sœur: *avoir un* ⌣, *aimer ses* ⌣*x.*

le **nez** [ne] *un* ⌣ *long/droit/pointu/retroussé, le bout du* ⌣, *respirer par le* ⌣, *son* ⌣ *coule, se boucher le* ⌣, *saigner du* ⌣*; mettre son* ⌣ *partout, fermer la porte au* ⌣ *de qn, rire au* ⌣ *de qn, mener qn par le bout du* ⌣. ⚠ **Le** nez.

nez

ni *conj. négative* Et ne . . . pas: *il ne dit* ⌣ *oui* ⌣ *non, je n'ai pas de cigarettes* ⌣ *de feu,* ⌣ *l'un* ⌣ *l'autre,* ⌣ *vous* ⌣ *moi,* ⌣ *l'heure* ⌣ *la saison ne conviennent pour faire cette excursion, ce n'est* ⌣ *Pierre* ⌣ *son frère qui a cassé le vase.*

niais, niaise *adj.* Ignorant, trop naïf, bête: *elle est un peu* ⌣*e, un sourire* ⌣. *– adv.* **niaisement.**

la **niche** *le chien est à la* ⌣, *le chien sort de sa* ⌣, «À *la* ⌣*!*»

niche

le **nickel** ‖ Métal blanc brillant: *le* ⌣ *est utilisé pour la fabrication de la monnaie.*

le **nid** [ni] *l'oiseau fait son* ⌣, *un* ⌣ *d'alouette/d'hirondelle, un* ⌣ *de guêpes/ d'abeilles.*

nid

la **nièce** La fille du frère/de la sœur: *avoir une ⌣, offrir un cadeau à sa ⌣.*

nier *v.* Dire que qc n'est pas vrai; CONTR. affirmer, confirmer, maintenir: *⌣ un fait/ un événement, il nie (d')avoir vu le voleur, ⌣ que* + ind., *il nie qu'il est coupable, ⌣ formellement.* ⚠ L'imparfait/le subjonctif: *nous niions, vous niiez.*

n'importe *adj.* Indique une personne/ une chose/un lieu quelconque: *⌣ qui, ⌣ quoi, ⌣ quel livre, ⌣ où, ⌣ comment, ⌣ quand, à ⌣ quelle heure, demander son chemin à ⌣ qui, «Venez me voir ⌣ quand.»*

le **niveau** (les niveaux) Hauteur d'une chose par rapport à une autre: *le ⌣ de la mer/d'un fleuve, le passage à ⌣ (= endroit où la route et la voie ferrée se croisent), mettre au même ⌣; le ⌣ de vie.*

noble *adj.* **1.** ‖ Qui a de grandes qualités morales, bon, généreux: *avoir de ⌣s sentiments, un caractère ⌣, une action ⌣, se conduire de façon ⌣, son geste est très ⌣.* **2.** Qui appartient à la classe privilégiée: *être de sang ⌣, la particule «de» d'un nom ⌣. – adv.* **noblement.**

la **noblesse** **1.** La grandeur des qualités morales: *la ⌣ d'âme/de caractère/d'esprit; la ⌣ de ses traits.* **2.** La classe sociale privilégiée (dans un royaume): *un titre de ⌣, la haute ⌣, ⌣ oblige.*

les **noces** *f. (au pluriel)* Le mariage (dans des locutions): *la nuit de ⌣, le voyage de ⌣.*

nocturne *adj.* Qui a lieu/qui chasse pendant la nuit: *un tapage ⌣, un papillon ⌣.*

Noël *m.* Le 25 décembre (jour de la naissance du Christ): *la fête/la messe/l'arbre de ⌣, «Joyeux ⌣!», le père ⌣, passer un bon ⌣, les vacances de ⌣.*

le **nœud** [nø] *faire un ⌣, un ⌣ simple/double, un ⌣ coulant, réunir deux morceaux de ficelle par un ⌣, faire son ⌣ de cravate, faire un ⌣ à son mouchoir pour se souvenir de qc.*

nœud

noir, noire **1.** *adj.* CONTR. blanc: *la couleur ⌣e, un chat ⌣, un café ⌣, avoir les yeux/les cheveux ⌣s, mettre un costume ⌣, du pain ⌣, écrire au tableau ⌣, la Forêt Noire, il fait ⌣ (= il n'y a pas de lumière).* **2.** *m.* être habillé de ⌣, être tout en ⌣, un film en ⌣ et blanc. **3.** *m.* Un homme noir: *les N⌣s d'Afrique/d'Amérique.* ⚠ **Le nègre** est péjoratif.

noircir *v.* Rendre noir, colorer de noir; CONTR. blanchir: *la fumée a noirci les murs.*

la **noix** *une coquille de ⌣, la ⌣ de coco, casser des ⌣, un gâteau aux ⌣.*

noix

le **nom** [nõ] **1.** Mot qui désigne un individu: *le ⌣ de famille (par exemple: Dupont, Leroc), le ⌣ de jeune fille, avoir/porter un ⌣, agir au ⌣ d'un autre, se faire un ⌣, ⌣ de Dieu! (= quand on jure), les ⌣s de rues, appeler les choses par leur ⌣.* ⚠ Distinguez **le nom** et **le prénom** (Jean, André). **2.** Substantif: *le ⌣ masculin/féminin.*

le **nombre** ‖ *les ⌣s pairs/impairs, un ⌣ de 5 chiffres, le ⌣ d'habitants d'une ville, le ⌣ de fautes, un grand/petit ⌣ de soldats furent tués, un certain ⌣, sans ⌣, être au ⌣ de.* ⚠ **Le nombre.**

nombreux, nombreuse *adj.* Formé d'un grand nombre, en grand nombre; CONTR. petit, rare: *une famille ⌣se, les touristes sont ⌣ à Paris, de ⌣ses victimes, dans de ⌣ cas.*

le **nombril** [-bril] Point au milieu du ventre: *se regarder le ⌣ (= être égocentriste), se prendre pour le ⌣ du monde.*

nommer *v.* **1.** Désigner par un nom, appeler: *ses parents l'ont nommé Pierre.* **2.** Désigner qn pour occuper une fonction: *⌣ un directeur/des fonctionnaires, être nommé président. – se ⌣ (il s'est nommé), cette fille se nomme Brigitte.*

non *adv.* de négation; CONTR. oui: *répondre par ⌣, ⌣ merci, mais ⌣, je ne dis pas ⌣, attendre ⌣ sans inquiétude, c'est Anne et ⌣ pas Annette, moi ⌣ plus, ⌣ seulement . . . mais encore.*

nonchalant, nonchalante *adj.* Qui manque d'énergie, mou: CONTR. actif, vif: *un écolier ⌣, un pas ⌣.* – *adv.* **nonchalamment.**

le **nord** [nɔr] ‖ CONTR. le sud: *le ⌣-est, le ⌣ -ouest, les vents du ⌣, au ⌣ de Paris, la mer du Nord, l'Afrique/l'Amérique du Nord; le pôle Nord.*

normal, normale *adj.* **(normaux, normales)** ‖ CONTR. extraordinaire, spécial: *c'est ⌣, tout est ⌣, des résultats ⌣aux, la maladie suit son cours ⌣; l'école ⌣e (= qui forme les maîtres d'école).* – *adv.* **normalement.**

normaliser *v.* ‖ ⌣ *les relations commerciales avec un pays étranger.*

la **norme** ‖ La règle, le principe: *conforme aux ⌣s, s'écarter de la ⌣, revenir à la ⌣.*

nos → notre

la **nostalgie** ‖ Le désir de retrouver le passé, le regret mélancolique: *avoir la ⌣ de sa jeunesse, un regard plein de ⌣.*

le **notaire** ‖ *aller chez le ⌣, le cabinet du ⌣, un contrat fait devant le ⌣.*

notamment *adv.* Particulièrement, spécialement: *la nourriture est chère ⌣ la viande.*

la **note 1.** ‖ Signe de musique: *savoir lire les ⌣s, les ⌣s de la gamme, une fausse ⌣.* **2.** Remarque, indication: *prendre des ⌣s, des ⌣s en marge (= phrases pour expliquer un texte).* ⚠ **La notice** (= texte court qui donne des indications). **3.** *le carnet de ⌣s (du professeur), mettre une ⌣ à un devoir.* **4.** Ce qu'il faut payer à l'hôtel: *payer sa ⌣ d'hôtel.* ⚠ Au restaurant on demande **l'addition.**

noter *v.* Écrire, marquer, prendre une note: *⌣ une adresse/un numéro de téléphone/une date, ⌣ un détail, ⌣ que +* ind., *cet élève est bien noté (par son professeur), ⌣ des devoirs.*

la **notice** ‖ Texte court donnant des indications: *une ⌣ biographique, lisez la ⌣ avant de vous servir de l'appareil.*

notre, nos *adj. possessif* (correspondant à «nous»): *⌣ ville, nos enfants, Notre-Dame (= la Sainte Vierge Marie).*

nôtre, nôtres *pron. possessif: cette maison est la ⌣.*

nouer *v.* Attacher en faisant un nœud: *⌣*

sa cravate/ses lacets, ⌣ un bouquet; ⌣ une amitié, l'intrigue se noue au premier acte.

le **nougat** [-ga] *le ⌣ dur/mou.*

nourrir *v.* Donner à manger: *⌣ un enfant à la cuiller, ⌣ un malade, avoir trois personnes à ⌣; ⌣ un espoir/des illusions.* – **se ⌣** (il s'est nourri), *se ⌣ de viande/de fruits/de légumes.*

la **nourriture** Ce que l'on mange, les aliments: *la ⌣ solide/liquide, digérer la ⌣, se priver de ⌣ (= jeûner), la ⌣ des animaux.*

nous *pron. personnel* (première personne du pluriel): *⌣ sommes amis, il ⌣ regarde, c'est ⌣, ⌣ deux, chez ⌣, pour ⌣, ⌣-même(s), ⌣ autres, ⌣ tous, beaucoup d'entre ⌣, parlez-⌣ de votre voyage.*

nouveau/nouvel, nouvelle *adj.* **(nouveaux, nouvelles)** Qu'on voit pour la première fois, ce qui vient d'apparaître; CONTR. ancien, vieux: *la nouvelle mode, un nouvel habit, des pommes de terre nouvelles, du vin ⌣, un ⌣ modèle, quoi de ⌣?, un appareil tout à fait ⌣, une chose nouvelle, les ⌣x mariés, le ⌣-né, un nouvel amour, le Nouvel An, la nouvelle lune, le Nouveau Testament.* ⚠ **De** nouveau = une fois de plus; **à** nouveau = d'une façon différente. ⚠ Le **nouveau né** (orthographe tolérée depuis 1977). ⚠ Les **dernières** nouvelles.

la **nouveauté** Caractère de ce qui est nouveau, une chose nouvelle: *aimer la ⌣, le charme de la ⌣, c'est une ⌣, un magasin de ⌣s (= d'articles de mode).*

la **nouvelle 1.** Ce qu'on vient d'apprendre: *une bonne/mauvaise ⌣, annoncer/apprendre une ⌣, les ⌣s de dernière heure, avoir/recevoir des ⌣s de qn.* **2.** Court roman: *«Carmen» est une ⌣ de Mérimée, lire une ⌣.*

novembre *m.* ‖ *⌣ est le onzième mois de l'année, le 11 ⌣, en ⌣.*

le **noyau (les noyaux)** La partie dure au milieu de certains fruits: *les fruits à ⌣, des ⌣x de cerises/d'olives, retirer le ⌣; le ⌣ de l'atome.*

noyer *v.* (-i- devant e muet: je noie, il noie, nous noyons, ils noient; il noiera) Faire mourir en maintenant sous l'eau: *⌣ des petits chats; ⌣ son chagrin dans l'alcool.* – **se ⌣** (il s'est noyé), *un baigneur*

s'est noyé dans la rivière.
nu, nue *adj.* Qui est sans vêtements;
Contr. habillé, vêtu: *avoir les bras ⏜s,*
être ⏜-pieds, aller tête ⏜e, être tout ⏜; la
vérité toute ⏜e, mettre à ⏜.
⚠ Elle court «nus pieds» (orthographe
tolérée depuis 1977).
le **nuage** Masse de vapeur dans l'atmosphère: *des petits ⏜s blancs, un gros ⏜,*
les ⏜s obscurcissent le ciel, le soleil perce
les ⏜s, un ciel sans ⏜, un ⏜ de fumée/de
poussière; être dans les ⏜s (= rêver).
⚠ **Le** nuage.
nuageux, nuageuse *adj.* Couvert de
nuages; Contr. clair: *un ciel/un temps ⏜.*
la **nuance** *différentes ⏜s de bleu, les ⏜s*
d'un parfum, des ⏜s presque impercepti-
bles.
nucléaire *adj.* ‖ Atomique: *l'énergie ⏜,*
une centrale ⏜ (qui produit de l'électri-
cité), la guerre ⏜, l'armement ⏜.
nuire *v.* (je nuis, il nuit, nous nuisons, ils
nuisent; il nuisit; il a nui) Faire du mal à
qn, causer un dommage à qc; Contr. aider, servir: *⏜ à qn, ⏜ à la réputation de*
qn, avoir l'intention de ⏜; l'alcool nuit à
la santé, le gel nuit aux plantes.
nuisible *adj.* Qui nuit; Contr. favora-

ble, bienfaisant, utile: *c'est ⏜ à la santé,*
des animaux ⏜s, exercer une influence ⏜
sur qn.
la **nuit** [nɥi] Contr. le jour: *la ⏜ tombe, il*
fait ⏜, «Bonne ⏜!», toute la ⏜, la ⏜ de
noces, le gardien de ⏜, le travail de ⏜,
passer une ⏜ blanche (= sans dormir).
nul, nulle *adj. (langue soutenue)* **1.** Pas
un: *⏜ homme n'est immortel, sans ⏜*
doute, ⏜ autre (= aucun). **2.** *faire match*
⏜ (au football, etc.), il est ⏜ en maths
(= très mauvais). – adv. **nullement.**
nulle part *adv.* En aucun lieu: *on ne l'a*
trouvé ⏜.
le **numéro** ‖ Le nombre: *un ⏜ de télé-*
phone, le ⏜ d'une maison/d'immatricula-
tion d'une voiture, le ⏜ d'une revue/d'un
journal, quel ⏜?, un ⏜ de danse. ⚠ **Le**
numéro. ⚠ Abréviation: N° 38.
numéroter *v.* Donner un numéro:
toutes les pages du livre sont numérotées.
nuptial, nuptiale *adj.* **(nuptiaux, nup-**
tiales) Qui concerne le mariage: *la béné-*
diction ⏜e, l'anneau ⏜.
la **nuque** Partie postérieure du cou: *une ⏜*
épaisse. ⚠ **La** nuque.
le **nylon** [nilõ] ‖ *des bas de/en ⏜, une étoffe*
de ⏜.

O

o → oh.
obéir *v.* Faire ce qui est commandé;
Contr. résister, se révolter: *⏜ à qn/à ses*
parents/à son chef, il faut ⏜, «Obéissez!»,
être obéi, se faire ⏜.
obéissant, obéissante *adj.* Qui obéit
volontiers: *un enfant ⏜.*
objectif, objective **1.** *adj.* ‖ Contr.
subjectif: *un jugement ⏜, une information*
⏜ve, faire un compte rendu/récit ⏜ des
faits, ce journal est ⏜. – adv. **objective-**
ment. **2.** *m.* Le but à atteindre: *son ⏜*
c'est d'avoir un bonne situation/une pro-
fession intéressante. **3.** *m.* ‖ Système optique: *l'⏜ d'un appareil photographique,*
un ⏜ est constitué de plusieurs lentilles,
cet ⏜.

une **objection** Argument que l'on oppose à
une opinion (pour la réfuter): *faire une ⏜*
à qc, réfuter une ⏜, mon/ton/son ⏜.
une **objectivité** ‖ Contr. la subjectivité: *l'⏜*
de ce jugement est douteuse, son ⏜.
un **objet** [ɔbʒɛ] **1.** ‖ Chose matérielle: *le bu-*
reau des ⏜s trouvés, un ⏜ d'art, cet ⏜.
2. Le sujet, la matière: *l'⏜ de mes ré-*
flexions, l'⏜ d'une visite/démarche/discus-
sion, votre inquiétude est sans ⏜, cet ⏜.
3. ‖ Grammaire: *le complément d'⏜.*
une **obligation** Le devoir, la nécessité: *une*
⏜ morale, avoir l'⏜ de faire qc, remplir
ses ⏜s, vouloir s'acquitter d'une ⏜, man-
quer à ses ⏜s, mon/ton/son ⏜.
obligatoire *adj.* ‖ Ce que l'on doit absolument faire; Contr. facultatif, volon-

taire: *le service militaire est* ∼, *le permis de conduire est* ∼ *pour tous les conducteurs, l'instruction gratuite est* ∼. – *adv.* **obligatoirement.**

obliger *v.* (-ge- devant a et o: nous obligeons; il obligeait; obligeant) **1.** Forcer, contraindre; CONTR. dispenser: ∼ *qn à faire qc, être obligé de faire qc, rien ne vous oblige à faire cela.* **2.** Rendre service à qn: *je vous suis très obligé,* ∼ *qn.* ⚠«Obliger **de** faire qc» ne s'emploie plus.

oblique *adj.* CONTR. droit: *une ligne* ∼, *les rayons* ∼*s du soleil couchant.* – *adv.* **obliquement.**

obscène *adj.* ‖ Pornographique; CONTR.: décent, pudique: *un livre* ∼, *des images* ∼*s, un geste* ∼, *tenir des propos* ∼*s.*

obscur, obscure *adj.* **1.** Où il n'y a pas de lumière, noir, sombre; CONTR. clair, lumineux: *un trou* ∼, *une cave* ∼*e, une forêt* ∼*e, une rue* ∼*e, une nuit* ∼*e.* **2.** ‖ Qui est difficile à comprendre, incompréhensible: *une phrase* ∼*e, déchiffrer/expliquer un texte* ∼. – *adv.* **obscurément.**

une **obscurité 1.** L'absence de lumière; CONTR. la clarté, la lumière: *l'* ∼ *profonde/épaisse/totale, avoir peur de l'* ∼. **2.** Manque de clarté: *l'* ∼ *d'un poème, expliquer les* ∼*s d'un texte.*

les **obsèques** *f.* *(au pluriel)* La cérémonie de l'enterrement (dans le langage officiel): *des* ∼ *nationales, assister aux* ∼ *de qn.*

un **observateur** Personne qui observe: *être un* ∼ *attentif/indiscret, aller à une manifestation en* ∼, *cet* ∼.

une **observation 1.** Action d'observer (scientifiquement): *des* ∼*s météorologiques/astronomiques, une* ∼ *attentive/minutieuse de qc, être à l'hôpital en* ∼. **2.** Le fait de suivre un règlement: *la police veille à l'* ∼ *des règlements.* **3.** Remarque par laquelle on reproche à qn ses actes, la critique: *le maître lui a fait une* ∼, *faire des* ∼*s à qn (parce que son travail est mal fait), mon/ton/son* ∼.

un **observatoire** ‖ Établissement scientifique destiné aux observations astronomiques: *le télescope d'un* ∼, *cet* ∼.

observer *v.* **1.** Regarder avec attention, examiner: ∼ *qn/qc, faire* ∼ *qc à qn*

(= *faire remarquer*), ∼ *les faits et gestes de ses voisins, «Attention, on nous observe!»* – **s'**∼ (*il s'est observé*), *s'* ∼ *pour ne pas faire d'erreur* (= *se contrôler*). **2.** Faire ce que le règlement ordonne; CONTR. violer: ∼ *une loi/le code de la route,* ∼ *les coutumes d'une région.*

un **obstacle 1.** *une course d'* ∼*s, le cheval saute par-dessus l'* ∼; *heurter un* ∼. **2.** Ce qui s'oppose à l'action: *faire* ∼ *à qn/à qc, rencontrer des* ∼*s, le principal* ∼, *les* ∼*s à un mariage, cet* ∼. ⚠**Un** obstacle.

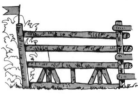

obstacle

s'obstiner *v.* (*il s'est obstiné*) Ne pas vouloir changer d'idée/de décision, s'entêter; CONTR. céder, capituler: *s'* ∼ *dans ses idées, s'* ∼ *à mentir.* – *adv.* **obstinément.**

obtenir *v.* (j'obtiens, il obtient, nous obtenons, ils obtiennent; il obtint; il a obtenu; il obtiendra) Recevoir, réussir à avoir ce qu'on a désiré: ∼ *qc de qn,* ∼ *un diplôme/une augmentation de salaire,* ∼ *la permission de faire qc,* ∼ *de faire qc,* ∼ *que* + subj. ⚠**Attraper** la grippe, **commencer à avoir** faim, l'enfant **fait** ses dents.

un **obus** [-by] Projectile d'artillerie (rempli d'explosif): *des* ∼ *explosaient un peu partout, être blessé par un éclat d'un* ∼, *cet* ∼.

obus

une **occasion** Un bon moment pour faire qc: *profiter de/saisir l'* ∼, *manquer une* ∼, *une* ∼ *inespérée, je viendrai à la première* ∼, *avoir l'* ∼ *de faire qc, c'est l'* ∼ *de faire qc,* à l'~ de . . .; des livres/des voitures d'~ (CONTR. neuf).

l' **occident** m. L'Europe de l'Ouest et les États-Unis: *la France est un pays d'O~.*

occidental, occidentale adj. **(occidentaux, occidentales)** Qui est à l'ouest: *l'Europe ~e, la culture ~e.*

une **occupation 1.** Activité à laquelle on emploie son temps: *avoir beaucoup d' ~s, chercher une ~ (= un travail), mon/ton/son ~.* **2.** ‖ L'action d'occuper: *l'~ d'un pays par l'ennemi, l'armée d'~.*

occuper v. **1.** Prendre possession d'un lieu: *~ un pays vaincu, ~ un appartement, un appartement libre/occupé.* **2. s'~** de (il s'est occupé) Penser, avoir souci, avoir qc en charge: *s'~ de qc/de qn, s'~ de politique, s'~ de faire qc, être occupé par qc/de faire qc.*

un **océan** ‖ *l'~ Atlantique/Pacifique, traverser l'~, cet ~.*

octobre m. ‖ Le dixième mois de l'année: *le mois d'~, en ~, la rentrée des classes a lieu au début d'~, le 6 ~.*

oculaire adj. De l'œil: *le globe ~, un témoin ~.*

un **oculiste** Médecin des yeux: *aller chez l'~ quand on a mal aux yeux, l'~ lui a ordonné de porter des lunettes, cet ~.*

une **ode** [ɔd] ‖ Poème lyrique: *l'~ est un poème qui célèbre un personnage illustre/un grand événement, son ~.*

une **odeur** Ce que l'on sent par le nez (sensation agréable ou désagréable): *des ~s de cuisine, avoir une bonne/mauvaise ~, mon/ton/son ~.* △**Une** odeur.

odieux, odieuse adj. Détestable, antipathique: CONTR. agréable, aimable: *un crime ~, se rendre ~ à qn. – adv.* **odieusement.**

un **odorat** [-ra] La nez est l'organe de l'odorat: *avoir l'~ fin, le chien a un très bon ~.*

un **œil** (**les yeux**): *avoir des yeux bleus/bruns/gris, avoir de bons yeux, ses yeux brillent, lever/baisser/fermer les yeux, voir qc de ses propres yeux, regarder qn dans les yeux, chercher qn des yeux, avoir les larmes aux yeux, jeter un coup*

œil

d'~ sur qc, avoir l'~ à tout (= surveiller tout), voir qn d'un bon/mauvais ~, ouvrir l'~ (= faire attention), cet ~.

un **œillet 1.** Petit trou: *les ~s d'une ceinture/d'une chaussure.* **2.** Fleur: *l'odeur/le parfum de l'~, un bouquet d'~s, porter un ~ à la boutonnière, cet ~.*

œillet

un **œuf** [œf] (**des œufs** [ø]): *les poules pondent des ~s, un ~ de pigeon, la coquille/le blanc/le jaune d'~, un ~ dur, des ~s brouillés/sur le plat, manger des ~s au petit déjeuner, cet ~.*

œuf

une **œuvre 1.** Travail (dans certaines locutions): *se mettre à l'~, faire son ~.* **2.** Le résultat d'un travail important, l'ouvrage: *l'~ d'un écrivain, des ~s choisies, une ~ d'art, composer une ~ musicale, mon/ton/son ~.* △ **Le chef-d'œuvre.** △ **Le gros œuvre:** *le gros œuvre de la maison est terminé.*

une **offense** Parole qui blesse l'honneur, l'affront, l'injure, l'insulte; CONTR. le compliment, la flatterie: *faire une ~ à qn, punir/rendre une ~, oublier/pardonner une ~, une ~ impardonnable, mon/ton/son ~.*

offenser v. Blesser l'honneur de qn; CONTR. flatter: *il m'a offensé, je ne voulais pas vous ~, ~ le bon goût, ~ Dieu.*

offensif, offensive adj. ‖ Qui attaque l'ennemi; CONTR. défensif: *une guerre ~ve, des armes ~ves.*

une **offensive** ‖ Action d'attaquer l'ennemi; Contr. la défensive: *préparer une* ⌢, *prendre l'*⌢*; une* ⌢ *diplomatique/publicitaire, son* ⌢.

un **office 1.** Fonction que l'on doit remplir: *faire* ⌢ *de secrétaire.* **2.** Le bureau, l'agence: *l'*⌢ *de tourisme, cet* ⌢.

officiel, officielle 1. *adj.* ‖ *la visite* ⌢*le du président, le porte-parole* ⌢ *du gouvernement, la nouvelle est* ⌢*le, des documents* ⌢*s.* **2.** *m. la tribune des* ⌢*s, recevoir des* ⌢*s. – adv.* **officiellement.**

un **officier** ‖ *les soldats doivent obéir à leurs* ⌢*s, l'*⌢ *de la Légion d'honneur, cet* ⌢.

une **offre** Action d'offrir, ce que l'on offre: *faire une* ⌢ *à qn, accepter/repousser une* ⌢*, une* ⌢ *d'emploi, l'*⌢ *d'un logement, une* ⌢ *avantageuse, la loi de l'*⌢ *et de la demande, mon/ton/son* ⌢. △ **Une** offre.

offrir *v.* (j'offre, il offre, nous offrons, ils offrent; il offrit; il a offert) **1.** Donner en cadeau: ⌢ *qc à qn,* ⌢ *des fleurs à qn pour son anniversaire,* ⌢ *une cigarette à qn,* ⌢ *à qn de faire qc,* ⌢ *à boire/à manger.* **2.** Proposer: *je lui offre 10.000 F pour ce tableau. –* **s'**⌢ (il s'est offert) S'accorder, se payer qc: *s'*⌢ *des vacances en Afrique.*

oh! *interjection* qui indique l'admiration ou la surprise: ⌢ *que c'est joli!,* ⌢ *quelle chance.* △ **O** ciel! **O** mon fils! **O** combien je t'aime.

une **oie** [wa] Gros oiseau blanc de ferme: *engraisser des* ⌢*s, le pâté de foie gras d'*⌢*; être bête comme une* ⌢*, c'est une vraie* ⌢*, une* ⌢ *blanche* (= *jeune fille très naïve*), *son* ⌢. △ Le mâle de l'oie est **le jars.**

oie

un **oignon** [ɔɲõ] *éplucher/hacher des* ⌢*s, la soupe à l'*⌢*, des* ⌢*s de tulipe, cet* ⌢.

oignon

un **oiseau** (**les oiseaux**) **1.** Animal à deux pattes et à deux ailes, capable de voler: *les plumes/les ailes de l'*⌢*, le bec de l'*⌢*, l'*⌢ *s'envole/vole/se pose sur une branche, cet* ⌢. **2.** *100 km à vol d'*⌢ (= *en ligne droite*).

oisif, oisive *adj.* **1.** Qui n'a pas d'occupation, inactif, inoccupé; Contr. actif, occupé: *mener une vie* ⌢*ve, un retraité* ⌢. **2.** *m. des riches* ⌢*s. – adv.* **oisivement.** △ Ne pas confondre avec **paresseux** (= qui ne veut rien faire).

une **oisiveté** L'inaction, l'état d'une personne inoccupée; Contr. le travail, l'occupation: *vivre dans l'*⌢*, l'*⌢ *est la mère de tous les vices, mon/ton/son* ⌢.

une **olive 1.** ‖ *des* ⌢*s vertes/noires, l'huile d'*⌢*, presser des* ⌢*s, mon/ton/son* ⌢. **2.** *adj. (invariable)* Vert: *un manteau/une jupe vert* ⌢.

un **olivier** Arbre (dont le fruit est l'olive): *des cultures d'*⌢*s, un rameau d'*⌢ (= *symbole de la paix*), *cet* ⌢.

olympique *adj.* ‖ *les Jeux* ⌢*s, un record/un champion* ⌢*, un stade/une piscine* ⌢.

ombrager *v.* (-ge- devant a et o: il ombrageait; ombrageant) Donner de l'ombre: *les arbres ombragent la terrasse, un jardin ombragé.*

une **ombre** Contr. la clarté, la lumière: *faire de l'*⌢*, être à l'*⌢*, s'asseoir à l'*⌢ *d'un arbre, il fait 30 degrés à l'*⌢*; vivre dans l'*⌢*, il n'y a pas l'*⌢ *d'un doute, mon/ton/son* ⌢. △ **Une** ombre («un ombre» est un poisson).

ombre

une **omelette** ‖ *casser des œufs pour faire une* ~, *une* ~ *aux champignons/au jambon/ aux fines herbes, mon/ton/son* ~.

omettre *v.* (j'omets, il omet, nous omettons, ils omettent; il omit; il a omis) Oublier, négliger: *n'*~ *aucun détail,* ~ *de faire qc,* ~ *l'essentiel,* ~ *une virgule,* ~ *qn dans une liste.*

une **omission** L'action d'omettre/d'oublier: *une* ~ *involontaire, sauf erreur ou* ~, *son* ~.

un **omnibus** [-bys] Train qui s'arrête à toutes les gares; CONTR. l'express, le rapide: *prendre un* ~, *cet* ~. ⚠ Ne pas confondre avec **l'autobus**.

on *pron. indéfini* Une personne quelconque: ~ *sonne,* ~ *le connaît, qu'est-ce qu'*~ *fait aujourd'hui (= nous faisons),* ~ *dit que* + ind., *un* ~*-dit*. ⚠ **L'on: l'** peut se placer devant «on» pour harmoniser la prononciation. ⚠ Distinguez «on» et «en».

une **onde** Mouvement alternatif et rythmique: *les* ~*s à la surface de l'eau, les* ~*s courtes.*

un **ongle** *Les* ~*s des doigts, se couper/(se) faire/se brosser les* ~*s, le vernis à* ~*s, cet* ~. ⚠ **Un** ongle.

onze *numéral* ‖: *un garçon de* ~ *ans, le* ~ *novembre, le chapitre* ~, *il n'y a que* ~ *pages, la messe de* ~ *heures,* ~ *cents (= mille cent), le* ~ *sort gagnant.* – **onzième**. ⚠ Louis XI = **Louis onze**. ⚠ **Le** onze, **de** onze (sans élision).

une **opale** ‖ Pierre précieuse: *une* ~ *montée en bague, mon/ton/son* ~. ⚠ **Une** opale.

un **opéra** ‖ *la musique/le livret d'un* ~, *aller à l'*~, *voir un* ~, *le grand* ~, *l'*~*-comique, cet* ~. ⚠ **Un** opéra.

une **opération** **1.** Une action militaire, policière: *une* ~ *de sauvetage, des* ~*s militaires, être en* ~. **2.** ‖ *une* ~ *chirurgicale, subir une* ~, *la salle/la table d'*~, *mon/ton/ son* ~. **3.** En mathématiques: *les* ~*s fondamentales (= addition, soustraction, multiplication, division).*

opérer *v.* (il opère, nous opérons, ils opèrent; il opérera) **1.** Faire, procéder: *les pompiers ont opéré un sauvetage,* ~ *avec méthode/prudence.* **2.** ‖ ~ *qn de l'appendicite/d'une tumeur.*

opiniâtre *adj.* Qui ne cède pas, obstiné: *une opposition* ~, *une toux* ~, *une jalousie* ~. – *adv.* **opiniâtrement**.

une **opinion** La manière de penser, l'avis, la conviction, le point de vue: *se faire une* ~ *sur qc/sur qn, avoir une* ~ *sur qc, mon* ~ *est que* + ind., *avoir la même* ~ *qu'un autre, partager l'*~ *d'un autre, exprimer/ défendre/soutenir son* ~, *la liberté d'*~, *avoir bonne/mauvaise* ~ *de qn, c'est une affaire d'*~, *des* ~*s toutes faites (= des préjugés), l'*~ *publique, le sondage d'*~, *mon/ton/son* ~.

un **opium** [-jɔm] ‖ *un fumeur d'*~.

opportun, opportune *adj.* ‖ Qui vient à propos, favorable: *choisir le moment* ~, *agir au moment* ~.

une **opportunité** Caractère de ce qui est opportun: *s'interroger sur l'*~ *d'une mesure, contester l'*~ *d'une décision, son* ~.

opposé, opposée **1.** *adj.* Qui est en face, qui est contraire; CONTR. analogue, identique: *du côté* ~, *ils ont des opinions* ~*es/des intérêts* ~*s,* «*ici*» *est* ~ *à* «*là*», *des mots de sens* ~. **2.** *m.* Le contraire: *soutenir l'*~ *d'une opinion, à l'*~ *de qc/de qn (= en face).*

opposer *v.* **1.** Mettre en face (pour faire obstacle): ~ *une résistance à qn/à qc, je n'ai rien à* ~ *à ce projet.* **2.** Objecter, répondre: *il n'a rien à* ~ *à cela,* ~ *un refus.* – **s'**~ (il s'est opposé) Être contre: *s'*~ *à qc/à qn, les parents s'opposent au mariage de leur fille, s'*~ *à ce que* + subj.

une **opposition** **1.** L'action de s'opposer/de vouloir empêcher; CONTR. l'harmonie, la coopération, le consentement: *entrer en* ~ *avec qn, faire de l'*~ *à qc/à qn, l'*~ *de deux adversaires/de deux principes, sa conduite est en* ~ *avec ses idées, mon/ton/ son* ~. **2.** ‖ En politique: *les partis de l'*~.

une **oppression** Abus d'autorité exercée avec violence: *l'*~ *d'un tyran, vivre en état d'*~, *son* ~.

opprimer *v.* Soumettre par des mesures de violence, tyranniser; CONTR. libérer: ~ *les consciences/l'opinion publique,* ~ *un peuple/les faibles, une population opprimée par qn.*

opter *v.* Choisir: ~ *pour la nationalité allemande,* ~ *pour le latin comme 2*ᵉ *lan-*

gue, j'opte pour cette solution.
un **opticien** ‖ *acheter des lunettes chez l'~, se faire faire des lunettes chez l'~, cet ~.*

optimal, optimale *adj.* (optimaux, optimales) ‖ *obtenir des résultats ~aux.*

un **optimisme** ‖ CONTR. le pessimisme: *envisager une situation avec ~, partager l'~ de qn, cet ~.*

un **optimiste 1.** ‖ CONTR. le pessimiste: *c'est un ~, cet ~.* **2.** *adj.* ‖ *tenir des propos ~s, il est ~ pour les résultats de son examen, le docteur n'est pas très ~.*

un **optimum** [-mɔm] ‖ Le meilleur résultat possible: *atteindre l'~, l'~ de la production, cet ~.*

une **option** La possibilité de choisir, le choix: *prendre une ~, avoir un droit d'~, une matière/un texte à ~ (= facultatif), mon/ton/son ~.*

une **optique 1.** ‖ *les appareils/les instruments d'~, l'~ d'une caméra, son ~.* **2.** *adj.* des *verres ~s; le nerf ~.*

opulent, opulente *adj.* ‖ Très riche, très gros: *une vie ~e, une poitrine ~e.*

un **or** Métal précieux jaune: *des bijoux en ~, avoir une dent en ~, l'~ en barre; l'~ noir (= le pétrole), cet ~.*

or *conj.* qui indique que l'on passe d'une idée à une autre, alors, eh bien: *«Je le voyais souvent, ~, un jour, je me suis adressé à lui.»*

un **orage** Pluie, éclairs, tonnerre et vent: *il va faire de l'~, l'~ menace/éclate, être surpris par un ~, un ~ terrible, l'~ a détruit les récoltes, cet ~.*

orageux, orageuse *adj.* Qui a les caractères de l'orage: *le temps est ~, une pluie ~se; une discussion ~se (= tumultueuse).*

une **oraison** Discours religieux: *une ~ funèbre, son ~.*

oral, orale 1. *adj.* (oraux, orales) CONTR. écrit: *des exercices ~aux, les épreuves ~es d'un examen, répondre à une question ~e.* **2.** *m.* *réussir/échouer à l'~. – adv.* **oralement.**

une **orange 1.** ‖ Fruit: *l'écorce/la peau de l'~, éplucher une ~, manger un quartier d'~, le jus d'~, mon/ton/son ~.* **2.** *adj. (invariable) des pull-overs ~.*

orange

un **orateur** Personne qui prononce un discours: *un très bon ~, cet avocat est un ~ remarquable, cet ~.*

une **orbite** Cercle décrit par un corps céleste: *le satellite est placé sur une ~, son ~.*

un **orchestre 1.** ‖ *un ~ symphonique/de jazz/de danse, le chef d'~, conduire un ~, un concerto pour violon et ~, la fosse d'~ (dans un théâtre devant la scène), cet ~.* **2.** Dans une salle de spectacle, les places les plus proches de la scène: *un fauteuil d'~.*

une **orchidée** [ɔrkide] ‖ Fleur: *offrir des ~s à qn, mon/ton/son ~.*

ordinaire 1. *adj.* Normal, usuel, banal; CONTR. extraordinaire, exceptionnel, étrange, rare: *un jour ~, du vin/une qualité ~, prendre de l'~ (= de l'essence ~).* ⚠ Ne pas confondre avec **vulgaire, trivial. 2.** *m. d'~, à l'~ (= le plus souvent).* **3.** *m. une intelligence au-dessus de l'~, ce menu change de l'~.* – *adv.* **ordinairement.**

une **ordonnance** Prescription d'un médecin: *le médecin fait/écrit une ~, ce médicament est délivré seulement sur ~, mon/ton/son ~.*

ordonner *v.* **1.** Donner un ordre, commander; CONTR. défendre: *~ qc à qn, je lui ai ordonné de se taire, ~ que + subj./+ ind. (= l'ordre vient d'une autorité absolue).* **2.** Par le médecin: *le médecin lui a ordonné du repos, le médicament m'a été ordonné pour mes maux de tête.*

un **ordre 1.** ‖ CONTR. le désordre, la confusion, l'anarchie: *l'~ chronologique/logique/alphabétique, mettre qc en ~, c'est dans l'~, rappeler qn à l'~, cet ~.* **2.** *l'~ du jour (= l'ordre des sujets traités), voter l'~ du jour.* **3.** La catégorie, le groupe: *des choses de même ~, être de premier ~.* **4.** ‖ Dans la religion catholique: *entrer dans un ~.* **5.** Manifestation de la volonté: *donner l'~ à qn de faire qc, un ~ formel, exécuter un ~, être sous les ~s de qn.*

les **ordures** *f. (au pluriel)* Choses que l'on jette parce qu'elles sont sales, usées, etc.: *les ~s ménagères, la boîte à ~s, jeter qc aux ~s, mettre les ~s dans la poubelle.*

une **oreille** *avoir l'~ fine/dure, tendre l'~, parler/dire qc à l'~ de qn, prêter l'~ à qn, n'écouter que d'une ~/d'une ~ distraite, cela lui entre par une ~ et lui sort par l'autre, tirer les ~s à un enfant (= pour le punir), mon/ton/son ~.*

oreille

un **oreiller** *poser sa tête sur l'~, un ~ dur/ mou, cet ~.*

oreiller

un **orfèvre** Fabricant d'objets en métaux précieux (en or): *un ~-bijoutier, cet ~.*

un **organe** 1. ‖ *l'~ de la vue (= l'œil)/de la respiration (= les poumons), les ~s sexuels, cet ~.* 2. ‖ *ce journal est l'~ du parti communiste.*
organique *adj.* 1. ‖ Qui a rapport aux organes: *un trouble ~* 2. CONTR. chimique: *l'engrais ~, la chimie ~.* – *adv.* **organiquement.**

une **organisation** 1. ‖ Action d'organiser, l'arrangement: *l'~ d'un grand magasin/ d'une société/de la production, avoir l'esprit d'~, le manque d'~, mon/ton/son ~.* 2. ‖ L'association, le groupement: *une ~ politique, l'O~ des Nations unies (O.N.U.).*
organiser *v.* ‖ Disposer, arranger: *~ un voyage/une fête/son temps/sa vie, un voyage organisé, un parti bien organisé.*

une **orge** *un champ d'~, l'~ sert à fabriquer la bière/à nourrir les animaux.*

orge

un **orgue** ‖ Grand instrument de musique avec des tuyaux: *monter aux ~s, les jeux d'~, l'~ électrique, cet ~.* △ Les grandes orgues de Notre-Dame (Le féminin du pluriel désigne l'ampleur de l'instrument.)

un **orgueil** L'arrogance; CONTR. la modestie, l'humilité: *avoir trop d'~, être gonflé d'~, son ~ est ridicule/insupportable, cet ~.*
orgueilleux, orgueilleuse *adj.* Qui montre de l'orgueil, arrogant, fier, vaniteux; CONTR. modeste, humble: *une personne ~se, être ~ de qc.* – *adv.* **orgueilleusement.**

l' **orient** *m.* ‖ Région située vers l'est: *le Proche-Orient, l'Extrême-Orient.*
oriental, orientale 1. *adj.* (orientaux, orientales) ‖ Qui est situé à l'est: *les Pyrénées ~es, les peuples ~aux, les langues ~es.* 2. *m.* les Orientaux.

une **orientation** 1. L'action de déterminer une direction: *avoir le sens de l'~, la boussole permet une ~ précise.* 2. *l'~ professionnelle; le ministre a donné une ~ nouvelle à la politique (= tendance) mon/ ton/son ~.*
orienter *v.* ‖ Disposer qc dans une direction: *un appartement orienté au sud.* – **s'~** (il s'est orienté), *s'~ dans une grande ville.*

originaire *adj.* Qui a son origine à . . ./ en . . .: *une famille ~ de France, des personnes ~s d'un pays étranger.* – *adv.* **originairement.**
original, originale *adj.* (originaux, originales) 1. ‖ *un texte ~, des documents ~aux, avoir des idées ~es, un artiste ~.* △ Le sens **originel** d'un mot, le **péché** originel. 2. *m.* (les originaux) ‖ CONTR. la copie, l'imitation: *la copie est conforme à l'~, l'~ de ce tableau est au Louvre, cet ~.*

une **originalité** ‖ La nouvauté; Contr. la banalité: *l'⌣ de la nouvelle mode, rechercher l'⌣, manquer d'⌣, l'⌣ d'une œuvre/ d'un artiste, mon/ton/son ⌣.*

une **origine** Le point de départ, le début, le commencement, la source: *être d'⌣ française, le pays d'⌣, l'⌣ d'un mot/d'un conflit/d'une maladie, l'⌣ du monde, à l'⌣ (= au début), mon/ton/son ⌣.*

un **ornement** ‖ Action d'orner, la décoration: *les ⌣s d'une façade/d'une église gothique/d'une cheminée, une robe sans ⌣, cet ⌣.*

ornemental, ornementale *adj.* (**ornementaux, ornementales**) Décoratif: *un style/un motif ⌣, des plantes ⌣es.*

orner *v.* Décorer, rendre plus beau: *⌣ sa chambre de tableaux, une table ornée de fleurs.*

une **ornière** Trace que les roues d'une voiture creusent dans un chemin de terre: *enfoncer dans les ⌣s; sortir de l'⌣ (= de la routine).*

un **orphelin,** une **orpheline 1.** Enfant qui a perdu son père et sa mère: *cet enfant est ⌣ de père, le tuteur d'un ⌣, la veuve et l'⌣, cet ⌣.* **2.** *adj. un enfant ⌣.*

orthodoxe *adj.* ‖ Conforme au dogme/à la doctrine: *un théologien ⌣; l'Église ⌣ grecque.*

une **orthographe** ‖ La manière correcte d'écrire un mot: *quelle est l'⌣ de ce mot?, chercher l'⌣ d'un mot dans le dictionnaire, faire une faute d'⌣, son ⌣.*

une **ortie** *une piqûre d'⌣.*

ortie

un **os** [ɔs] (**les os** [o]) Chacune des pièces du squelette: *se casser un ⌣, n'avoir que la peau sur les ⌣, être mouillé/trempé jus-*

qu'aux ⌣, la viande vendue avec ⌣/sans ⌣, le chien ronge un ⌣, cet ⌣.

osciller *v.* ‖ Avoir un mouvement alternatif assez rapide: *l'aiguille de la boussole oscille avant de s'arrêter; ⌣ entre deux positions (= hésiter).*

oser *v.* Risquer; Contr. craindre, hésiter: *⌣ faire qc, il n'ose plus rien dire, il a osé me faire des reproches, si j'ose dire . . ., une tentative osée, une plaisanterie osée (= qui risque de choquer).* ⚠ Il n'ose le faire, ou: il n'ose pas̱ le faire (les deux sont corrects).

osseux, osseuse *adj.* Propre aux os, dont les os sont visibles: *une maladie ⌣se, un visage ⌣, une main ⌣se.*

un **otage** Personne gardée comme garantie: *prendre qn en/comme ⌣, garder qn en ⌣, fusiller des ⌣s, échanger des ⌣s, cet ⌣.* ⚠ Un otage.

ôter *v.* Enlever, déplacer: *⌣ son chapeau/ses gants, ⌣ un enfant à sa mère; cela m'ôte un poids du cœur.* ⚠ **Enlever** est plus courant qu'«ôter».

ou *conj.* Qui marque l'alternative: *oui ⌣ non, tout ⌣ rien, celui-ci ⌣ celui-là, un groupe de six ⌣ sept hommes, ⌣ bien, ⌣ . . . ⌣, ⌣ bien c'est lui ⌣ bien c'est moi.* ⚠ Sans accent grave.

où 1. *adv.* de lieu: *⌣ est la gare?, d'⌣ vient-il?, par ⌣ est-il passé?, je ne sais pas ⌣ aller, n'importe ⌣.* **2.** Sens temporel: *au moment ⌣ il arriva.* **3.** *pron. relatif* qui marque le lieu ou le temps: *le pays ⌣ il est né, le jour ⌣ je l'ai rencontré.* ⚠ Avec «c'est là . . ., c'est à . . .» on emploie **que** et non «où».

un **oubli** Le fait d'oublier, le trou de mémoire; Contr. le souvenir: *l'⌣ d'un nom/ d'un numéro de téléphone/d'une date, c'est un ⌣, commettre/réparer un ⌣, tomber dans l'⌣, cet ⌣.*

oublier *v.* Ne pas avoir le souvenir de qc; Contr. garder le souvenir, se rappeler, se souvenir: *j'ai oublié son nom/le titre de ce livre/l'heure du rendez-vous, ⌣ tout, ⌣ de faire qc, ⌣ ses soucis/une promesse, ⌣ que + ind., ne pas ⌣ que + ind.* ⚠ L'imparfait/le subjonctif: nous oubliions, vous oubliiez. ⚠ «oublier **à** faire» est vieilli.

l' **ouest** *m.* L'occident; CONTR. l'est: *à l'~ de Paris, une chambre exposée à l'~, aller vers l'~, les rapports entre l'Est et l'Ouest (en politique).*

ouest

ouf! [uf] *interjection* qui exprime un soulagement: *«~! ça y est.»*

oui *adv.* CONTR. non: *«~, Monsieur.», «~, bien sûr.», «Mais ~.», «Ah ~?» (= vraiment?), je crois que ~, ne dire ni ~ ni non.* ⚠ *Tu ne l'as pas vu?* **Si!** (= réponse affirmative à une question négative.)

une **ouïe** [wi] Le sens qui permet d'entendre: *avoir l'~ fine.*

un **ouragan** Vent très violent, le cyclone, la tornade: *des arbres ont été arrachés par l'~, cet ~.*

un **ours** [urs] **1.** *un ~ brun/blanc.* **2.** Personne qui aime vivre seule: *quel ~!, c'est un vieil ~, cet ~.*

ours

un **outil** [uti] Objet que l'on tient à la main et dont on se sert pour travailler: *le marteau/la pelle/la pioche/le tournevis sont des ~s, une boîte à ~s, des ~s de maçon/de jardinier, cet ~.*

un **outrage** Offense/injure extrêmement grave: *faire ~ à qn, subir un ~, venger un ~, un ~ à magistrat, être condamné pour ~ à la pudeur, cet ~.* ⚠ **Un** outrage.

outre *prép.* Au-delà de, en plus de: *en ~ (= en plus), boire ~ mesure, les départements français d'outre-mer.*

outré, outrée *adj.* Poussé au-delà de la mesure, exagéré, excessif: *une flatterie ~e, être ~ de/par qc (= scandalisé).*

ouvert, ouverte *adj.* Que l'on vient d'ouvrir; CONTR. fermé: *laisser la porte/la fenêtre ~e, grand ~, le magasin/le musée est ~, la bouche ~e, les yeux ~s, le robinet est ~, la chasse/la pêche est ~e.* – *adv.* **ouvertement.**

une **ouverture 1.** L'action d'ouvrir/de commencer; CONTR. la fermeture: *l'~ des magasins, les jours/les heures d'~, l'~ d'un débat/d'une exposition, faire une ~ dans le mur, son ~.* **2.** ‖ Morceau de musique qui sert d'introduction à un opéra: *les ~s de Rossini.*

un **ouvrage 1.** Le travail: *se mettre à l'~.* **2.** Texte littéraire/scientifique: *un ~ sur l'histoire universelle, publier un ~, cet ~.*

une **ouvreuse** Femme chargée de placer les spectateurs dans une salle de spectacle: *les ~s de cinéma, donner un pourboire à l'~.*

un **ouvrier,** une **ouvrière 1.** Personne qui travaille de ses mains (pour gagner de l'argent): *l'~ d'usine/agricole, les ~s travaillent en équipe/à la chaîne, employer des ~s, le salaire d'un ~, les ~s font grève, les ~s syndiqués, l'~ sans travail (= le chômeur), les ~s étrangers, cet ~.* **2.** *adj. la classe ~ière.*

ouvrir *v.* (j'ouvre, il ouvre, nous ouvrons, ils ouvrent; il ouvrit; il a ouvert) CONTR. fermer: *~ la porte/la fenêtre/une armoire/une boîte de conserves, ~ un magasin, le musée ouvre à 10 heures, ~ les yeux/la bouche, ~ un robinet/un parapluie/ un livre, ~ une discussion, ~ un compte/ un crédit à qn.*

ovale *adj.* ‖ *un visage ~, un bassin ~.*

une **ovation** ‖ Les applaudissements, l'acclamation: *faire une ~ à qn.*

un **oxygène** Gaz de l'atmosphère qui est nécessaire à la vie: *étouffer par manque d'~, un malade placé sous une tente à ~.*

P

pacifique *adj.* Qui aime la paix, qui se passe dans la paix: *un esprit ~, la coexistence ~ entre deux États, l'utilisation ~ de l'énergie nucléaire.*

le **pacte** ‖ Traité signé par plusieurs nations: *conclure/signer un ~.*

la **page** *les ~s d'un livre, ce livre a 200 ~s, ouvrir le livre à la ~ 30, tourner la ~, en/ au bas de la ~, en haut de la ~; être à la ~ (= au courant).* ⚠ **Le** page = ‖ jeune noble.

page

le **paiement** Action de payer: *faire un ~, un ~ par chèque, effectuer un ~ par virement postal.* ⚠ On peut écrire **payement**.

païen, païenne 1. *adj.* Qui n'est pas chrétien: *les religions ~nes, les dieux ~s.* **2.** *m. les ~s.*

la **paille** *une botte de ~, un brin de ~, un feu de ~, boire une orangeade avec une ~, un chapeau de ~.*

paille

le **pain** *le boulanger fabrique le ~, manger du ~, du ~ frais, la croûte du ~, des miettes de ~.* ⚠ **La baguette** = pain long et mince, **le bâtard** = pain d'une livre, plus court et plus large que la baguette.

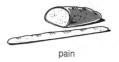

pain

pair, paire *adj.* **1.** Se dit d'un nombre divisible par deux (2, 4, 6, 8, 10 . . .); CONTR. impair: *un numéro ~, les jours ~s, défense de stationner les jours ~s.* **2.** *être au ~ (= travailler en échange de la*

nourriture et du logement), chercher une place au ~.

la **paire** Deux choses qui vont ensemble: *une ~ de chaussures/de gants, une ~ de ciseaux/de lunettes.* ⚠ **La** paire. ⚠ Un homme et une femme: **un couple.**

paisible *adj.* Qui aime la paix, calme; CONTR. agressif, agité: *un homme ~, une vie ~, avoir un sommeil ~.* – *adv.* **paisiblement.**

la **paix** CONTR. la guerre, le conflit, la dispute: *vivre en ~ avec qn, avoir la ~ chez soi, aimer la ~, laisser qn en ~, désirer la ~, faire la ~, un traité de ~, un gardien de la ~ (= un agent de police).*

le **palais** ‖ Le château: *le ~ du Louvre/de l'Élysée; le ~ de Justice.*

le **palais** Partie supérieure interne de la bouche: *je me suis brûlé le ~, un gourmet qui a le ~ fin (= le goût).*

pâle *adj.* Blanc (en parlant du visage/de la peau); CONTR. rose, rouge: *être très/un peu ~, devenir ~, être ~ de colère; des lueurs ~s (= de couleur claire), un bleu ~.*

la **palette** ‖ *le peintre mélange ses couleurs sur la ~.*

le **palier** *les portes donnent sur le ~, mes voisins de ~.*

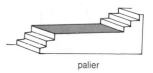

palier

pâlir *v.* Devenir pâle; CONTR. rougir: *~ de colère/de peur, il a pâli.*

le **palmarès** Liste des lauréats (d'une distribution de prix, etc.): *son nom figure au ~, le ~ des jeux Olympiques.*

le **palmier** *le ~ dattier, un cœur de ~.* ⚠ La feuille du palmier = **la palme.**

palmier

la **palpitation** Le battement rapide du cœur: *avoir des ⌣s.*

le **pamphlet** ‖ Court écrit satirique qui attaque qn/qc: *écrire/lancer un ⌣.*

le **panache** *porter un ⌣ à son casque; avoir du ⌣.*

panache

la **pancarte** Plaque de carton/de bois, etc. où sont inscrits des avis au public: *sur la porte du musée une ⌣ indique les heures d'ouverture, porter une ⌣ dans une manifestation politique.*

le **panier 1.** *elle avait un ⌣ suspendu à son bras, un ⌣ plein de fruits, un ⌣ à provisions; les ⌣s de basket-ball.* **2.** *le ⌣ à salade (mot familier, = le petit car de la police).*

panier

la **panique 1.** ‖ *l'incendie a provoqué la ⌣ parmi les spectateurs, la ⌣ s'empare de qn, être pris de ⌣.* **2.** *adj. une peur ⌣.*

la **panne** *avoir une ⌣ de voiture/de moteur, avoir une ⌣ d'essence, tomber en ⌣, le moteur est en ⌣, réparer une ⌣, une ⌣ d'électricité.*

le **panneau (les panneaux)** Plaque de bois ou de métal avec des inscriptions: *les ⌣x publicitaires/électoraux/de signalisation.*

le **panorama** ‖ *monter sur la tour Eiffel pour admirer le ⌣ de Paris; le ⌣ de la littérature contemporaine.*

le **pansement** Linges et médicaments placés sur une plaie/une blessure: *mettre/ changer un ⌣.*

panser *v.* **1.** Mettre des linges et des médicaments sur une plaie: *⌣ la main de qn/les blessures/un blessé, les blessés ont été pansés.* **2.** *⌣ un cheval (= le laver, le brosser, etc.)*

le **pantalon** *mettre/ enfiler son ⌣, porter un ⌣ bleu, les deux jambes d'un ⌣.* △ Le pantalon (long), **la culotte** (courte).

pantalon

le **pantin** Jouet d'enfant: *agiter les membres d'un ⌣ au moyen d'un fil, gesticuler/ marcher comme un ⌣.*

pantin

la **pantoufle** *mettre ses ⌣s, marcher en ⌣s.*

le **paon** [pã] Oiseau magnifique: *le ⌣ fait la roue; être fier comme un ⌣.*

paon

le **papa** *(terme affectueux)* ‖ Le père: *«Oui⌣.», «Où est ton ⌣?»*

le **pape** Le chef de l'Église catholique: *l'élection d'un ⌣, Sa Sainteté le ⌣.*

la **papeterie** Magasin où l'on vend du papier, des crayons, etc.: *une librairie-⌣, acheter des cahiers dans une ⌣.*

le **papier 1.** ‖ *une feuille de ⁓ blanc, le ⁓ à lettres/à dessin, le ⁓ à cigarettes, le ⁓ d'emballage, le ⁓ carbone/buvard/journal.* **2.** *le ⁓ peint (collé aux murs), un ⁓ peint à fleurs.* **3.** ‖ *les ⁓s (d'identité), le gendarme m'a demandé mes ⁓s, «Vos ⁓s!», avoir ses ⁓s en règle.*

le **papillon** Insecte: *le ⁓ vole de fleur en fleur, les ⁓s de nuit; le nœud ⁓ (servant de cravate).*

papillon

le **paprika** *une sauce au ⁓.*

le **paquebot** Grand bateau destiné au transport des passagers: *les ⁓s modernes traversent l'océan Atlantique, aller en Amérique sur un ⁓.*

paquebot

Pâques *f. (au pluriel)* Fête chrétienne célébrant la résurrection du Christ: *le dimanche de ⁓, la semaine de ⁓, les vacances de ⁓, souhaiter de joyeuses ⁓ à qn.* ⚠ La **pâque** (sans -s) = fête juive ou russe.

le **paquet** [-kɛ] *faire un ⁓, envoyer un ⁓ par la poste, un ⁓ de cigarettes/de café/de sucre/de lessive, un ⁓ de linge.*

par *prép.* **1.** À travers: *regarder ⁓ la fenêtre, passer ⁓ Lyon.* **2.** Indique le lieu: *être assis ⁓ terre, ⁓ ici, ⁓-dessus, ⁓-dessous.* **3.** Indique la répétition: *une fois ⁓ jour, gagner 10 000 F ⁓ mois.* **4.** Manière: *obtenir qc ⁓ la force, envoyer une lettre ⁓ la poste, un voyage ⁓ avion.* **5.** Locutions: *⁓ exemple, ⁓ conséquent, ⁓ ailleurs, ⁓ contre, ⁓ écrit, ⁓ avance.*

la **parabole** Récit allégorique de la Bible: *les ⁓s de l'Évangile; parler par ⁓s (= d'une façon pas claire).*

le **parachute** *un saut en ⁓, sauter en ⁓, le ⁓ s'ouvre.*

parachute

le **parachutiste** Soldat qui pratique le saut en parachute: *un commando de ⁓s, le béret de ⁓.* ⚠ Abréviation familière: **para.**

le **paradis** [-di] ‖ Contr. l'enfer: *Adam et Ève ont été chassés du ⁓, gagner le ⁓, aller au ⁓; la plage est un véritable ⁓ pour les enfants.*

le **paradoxe** ‖ *avancer/soutenir un ⁓.*

le **paragraphe** Division d'un texte en prose: *le premier/le dernier ⁓, cette page est divisée en trois ⁓s.* ⚠ **Les articles** d'une loi/d'un traité.

paraître *v.* (je parais, il paraît, nous paraissons, ils paraissent; il parut; il a paru) **1.** Devenir visible, se montrer; Contr. disparaître, se cacher: *le soleil paraît à l'horizon, laisser ⁓ ses sentiments, le livre vient de ⁓.* **2.** *il paraît satisfait (= avoir l'air), cela me paraît louche, sa santé paraît s'améliorer, il paraît que + ind. (= on dit que), il me paraît inutile d'insister/que vous insistiez.* ⚠ Il **a** paru.

la **parallèle 1.** ‖ *tracer deux ⁓s.* **2.** *m.* La comparaison: *établir/faire un ⁓ entre deux choses, mettre deux choses en ⁓.* ⚠ Distinguez **le/la** parallèle. **3.** *adj.* ‖ *une rue à une autre, ces deux lignes sont ⁓s.* *adv.* **parallèlement.**

paralyser *v.* ‖ Rendre impossible le mouvement des membres, etc.: *avoir les bras paralysés/les jambes paralysées; être paralysé par la peur, la grève paralyse le pays.*

le **parapet** [-pɛ] *s'accouder au ‿ d'un pont.*

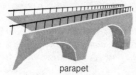

parapet

la **paraphrase** ‖ La reprise d'un texte sous une autre forme, le commentaire: *faire la ‿ d'un texte, une longue ‿.*

le **parapluie** *un ‿ d'homme/de femme, ouvrir/fermer son ‿.*

parapluie

le **parasite 1.** ‖ *la puce est un ‿ du chien.* **2.** *adj. une plante/un ver ‿.*

le **parasol** *un‿ de plage, le pied d'un ‿, une terrasse de café où l'on boit un thé à l'ombre des ‿s.*

parasol

le **paravent** *se déshabiller derrière un ‿, déplier un ‿, un ‿ peint/brodé.*

paravent

le **parc 1.** ‖ Grand jardin autour d'un château (entouré de murs): *le ‿ de Versailles, un beau ‿, la grille du ‿.* **2.** *le ‿ national.* **3.** *un ‿ de stationnement pour les voitures.* ⚠ Ne pas confondre avec le **jardin public.**

parce que *conj.* (+ ind.) Exprime la cause, répond à la question «pourquoi?», car, comme (placé en tête de phrase): *l'élève n'est pas allé à l'école parce qu'il est malade, je ne suis pas allé me promener parce qu'il a commencé à pleuvoir.* ⚠ Parce **qu'**il/elle/on/un/une. ⚠ Distinguez: **parce que** (en deux mots) et **puisque** (en un mot).

le **parchemin** Peau d'animal préparée pour l'écriture, document écrit sur un parchemin: *les ‿s du Moyen Âge, déchiffrer un vieux ‿.*

parcourir *v.* (je parcours, il parcourt, nous parcourons, ils parcourent; il parcourut; il **a** parcouru; il parcourra) **1.** Aller dans toutes les parties d'un lieu: *‿ toute une région.* **2.** Faire un trajet: *la distance à ‿.* **3.** Lire très vite: *‿ un livre/une lettre.*

le **parcours** [-kur] Le chemin suivi par qn/qc: *s'informer du ‿ de l'autobus, le ‿ d'un fleuve, établir le ‿ d'une course cycliste.*

le **pardessus** Manteau d'homme: *un ‿ d'hiver, mettre/ôter son ‿.*

le **pardon** ‖ *demander ‿ à qn, accorder son ‿ à qn,* «‿ Monsieur, pourriez-vous m'indiquer le chemin de la gare?», «‿!» (=excusez-moi de vous déranger), «‿?» (= voulez-vous répéter ce que vous avez dit).

pardonner *v.* Oublier une offense: *‿ un péché/une faute, ‿ qc à qn, ‿ à qn d'avoir fait qc, chercher à se faire ‿,* «Pardonnez-moi.», *je lui pardonne de m'avoir menti.* ⚠ Pardonnez-moi ma franchise.

pardonnable *adj.* Que l'on peut pardonner, excusable: *une erreur/une faute/une méprise ‿, il est ‿ d'avoir oublié ce nom.*

le **pare-brise** *(invariable)* Vitre avant d'une auto: *nettoyer le ‿.*

le **pare-chocs** *(invariable) le ‿ sert à protéger la carrosserie d'une voiture.*

pare-chocs

pareil, pareille adj. Qui ressemble tout à fait, identique, semblable; CONTR. différent, autre: *ces deux voitures sont ⁓les, votre sac est ⁓ au mien, ce n'est pas ⁓, à ⁓le heure, en ⁓ cas; une beauté sans ⁓le,* – adv. **pareillement.**

le **parent 1.** Une personne de la famille: *un proche ⁓, un ⁓ éloigné, passer ses vacances chez une parente.* **2.** *(au pluriel)* Le père et la mère: *l'enfant aime ses ⁓s, obéir à ses ⁓s.* **3.** adj. *ils sont ⁓s.*

la **parenthèse** Chacun des signes ( ): *ouvrir/fermer la ⁓, mettre qc entre ⁓s; faire une ⁓ (= une remarque).*

la **paresse** Le goût pour l'oisiveté, le défaut d'une personne qui n'aime pas le travail; CONTR. l'activité, le travail: *s'abandonner à la ⁓, sa ⁓ l'empêche de réussir, ne pas ranger ses affaires par ⁓, la ⁓ d'esprit.*

paresseux, paresseuse adj. Qui n'aime pas le travail; CONTR. actif: *un élève ⁓, être ⁓ à faire qc, être trop ⁓ pour faire qc.* – adv. **paresseusement.**

parfait, parfaite adj. Qui a toutes les qualités; CONTR. imparfait, relatif: *la beauté ⁓e, un travail ⁓, une ressemblance ⁓e, «⁓!», c'est loin d'être ⁓, aucun homme n'est ⁓, c'est un ⁓ imbécile! (= complet, total).* – adv. **parfaitement.**

parfois adv. De temps en temps, quelquefois; CONTR. toujours, jamais: *⁓ il rentre tard, elle souriait ⁓.*

le **parfum 1.** Odeur agréable: *le doux ⁓ de la rose, la fleur répand un ⁓ délicat, le ⁓ d'un savon/d'une pommade.* **2.** ‖ Liquide aromatique: *un flacon de ⁓, mettre quelques gouttes de ⁓ sur son mouchoir, acheter un ⁓ de luxe, ce ⁓ sent très fort.*

parfumer v. **1.** ‖ *la lavande qui parfume le linge, ⁓ son mouchoir, se ⁓ les cheveux.* **2.** Aromatiser: *une glace parfumée au café.*

la **parfumerie** La boutique d'un parfumeur: *acheter du shampooing/du rouge à lèvres dans une ⁓.*

le **pari** Convention entre deux ou plusieurs personnes qui s'engagent à donner de l'argent à celle qui aura raison: *faire un ⁓, gagner/perdre un ⁓, tenir un ⁓.*

parier v. Faire un pari: *je parie cent francs avec/contre toi que + ind., je parie*

tout ce que tu veux qu'il ne viendra pas, je l'aurais parié, ⁓ aux courses (de chevaux).

parisien, parisienne adj. De Paris: *la région/la banlieue ⁓ne, le bassin ⁓, la mode ⁓ne.* △ Le Parisien/la Parisienne = habitant de Paris.

le **parking** [-kiŋ] Le parc de stationnement pour voitures: *un grand ⁓, un ⁓ souterrain.*

le **Parlement** ‖ (en France, le Parlement comprend l'Assemblée nationale et le Sénat): *le ⁓ a le pouvoir législatif, le ⁓ a voté une loi.*

parler v. Faire entendre des mots, s'exprimer; CONTR. se taire, rester muet: *⁓ bas/haut/distinctement, ⁓ peu/beaucoup, ⁓ correctement le français, ⁓ à qn/avec qn de qc, ⁓ de ses projets/de la pluie et du beau temps, n'en parlons plus, ⁓ de faire qc, le français est parlé au Canada, ⁓ français comme une vache espagnole.* △ Il **dit que . . .** △ **dire** une prière, **prononcer** un jugement, **rendre** justice. △ «parler **sur** qc» n'est pas correct.

parmi prép. Entre plusieurs, au milieu de plusieurs: *je n'ai pas trouvé un seul roman intéressant ⁓ tous ces livres, les gens ⁓ lesquels j'ai vécu, c'est une solution possible ⁓ beaucoup d'autres.*

la **parodie** ‖ Imitation burlesque: *faire la ⁓ d'une tragédie.*

la **paroisse** Petit territoire dont un curé est chargé: *le curé d'une ⁓ de cinq mille habitants, l'église de la ⁓, donner de l'argent pour les pauvres de la ⁓.*

la **parole 1.** Élément du langage parlé, le mot: *dire des ⁓s aimables à qn, je demande la ⁓, prendre la ⁓, couper la ⁓ à qn, donner sa ⁓ (d'honneur), tenir sa ⁓, manquer à sa ⁓, croire qn sur ⁓.* **2.** Texte d'une chanson: *l'air et les ⁓s d'une chanson.* △ Ne pas confondre avec **le mot d'ordre.**

le **parquet** [-kɛ] ‖ *un ⁓ de chêne, frotter/nettoyer/cirer le ⁓, le ⁓ brille.* △ Ne pas confondre avec **le parterre** (au théâtre).

le **parrain** Celui qui, avec la marraine, présente un enfant au baptême: *être le ⁓ d'un enfant.*

la **part** Une partie (dans des locutions):

avoir ～ à qc (= participer), prendre ～ à qc (= jouer un rôle dans qc), pour ma ～ (= en ce qui me concerne), faire ～ de qc à qn (= faire connaître), faire ～ d'un mariage, le faire-～, de la ～ de, de toutes ～s (= de tous les côtés), d'une ～ . . . d'autre ～, d'autre ～ (= d'ailleurs), nulle ～ (= en aucun lieu), quelque ～ (= en un lieu ou en un autre), mettre/parler à ～ (= pas avec les autres), à ～ moi tout le monde est au courant, à ～ cela tout va bien (= excepté, sauf).

partager *v.* (-ge- devant a et o: nous partageons; il partageait; partageant) Diviser qc en plusieurs parts: *～ qc avec qn, ～ sa fortune entre ses héritiers, ces deux étudiants partagent la même chambre,～ l'opinion de qn, un amour partagé.*

le **partenaire** ‖ L'associé: *avoir qn comme ～, changer de ～, la France et ses ～s européens.*

le **parterre 1.** Partie d'un jardin où l'on a planté des fleurs de façon régulière: *un ～ de fleurs, les ～s d'un jardin à la française.* **2.** Partie d'une salle de spectacle derrière les fauteuils d'orchestre: *les places du ～, être au ～.* △ Jeter qc **par terre** (en deux mots). △ Habiter au **rez-de-chaussée.**

le **parti 1.** ‖ Organisation politique: *les ～s de droite/de gauche, s'inscrire à un ～, être membre d'un ～, le ～ communiste/républicain, le ～ socialiste a obtenu la majorité aux élections.* **2.** *prendre ～ pour/contre qn, le ～ pris (= le préjugé), tirer ～ de qc (= profit).* **3.** Jeune homme ou jeune fille que l'on veut marier: *c'est un beau ～.* △ **Le** parti.

partial, partiale *adj.* (**partiaux, partiales**) Qui prend parti pour ou contre qn/qc; CONTR. objectif, impartial: *une décision ～e, un arbitre ～.*

la **participation** Le fait de prendre part à une action: *la ～ à un crime/à un complot, compter sur la ～ de qn.*

le **participe** ‖ Forme adjective du verbe: *le ～ présent (par exemple: mangeant), le ～ passé (par exemple: mangé).*

participer *v.* Prendre part à qc; CONTR. s'abstenir: *～ à un jeu/à un travail/à une réunion.*

la **particule 1.** Très petite partie: *les ～s radioactives.* **2.** *la ～ nobiliaire («de»), avoir un nom à ～.*

particulier, particulière 1. *adj.* CONTR. général, universel, commun: *avoir un entretien ～ avec qn, une leçon ～ière, cette habitude lui est ～ière, en ～ (= spécialement).* **2.** *m.* Personne privée, le citoyen: *un simple ～. – adv.* **particulièrement.**

la **partie 1.** L'élément d'un ensemble, le morceau; CONTR. l'ensemble, le tout: *diviser qc en plusieurs ～s, les ～s d'un texte, une petite/grande ～ de . . . , en ～ (= non entièrement), la ville est en ～ détruite, faire ～ de qc (= compter parmi).* **2.** Durée d'un jeu: *faire une ～ de cartes/de tennis, gagner/perdre la ～, une ～ de chasse.* △ Elle a interprété **le rôle** de Carmen.

partiel, partielle *adj.* ‖ CONTR. complet, entier: *des informations ～les, obtenir un succès ～, une élection ～le. – adv.* **partiellement.**

partir *v.* (je pars, il part, nous partons, ils partent; il partit; il est parti) **1.** S'en aller, s'éloigner; CONTR. arriver: *～ de chez soi, ～ en vacances, ～ pour l'Italie/à Paris, ～ de Paris le soir, le train part dans 5 minutes, ～ faire qc; l'affaire part mal/bien (= commence).* **2.** *à ～ de, à ～ d'aujourd'hui, à ～ du 18 mai.* △ Il **est** parti.

le **partisan 1.** Personne qui prend parti; CONTR. l'adversaire: *les ～s d'une réforme/du féminisme.* **2.** ‖ *la guerre de ～s.* **3.** *adj.* *être ～ d'une méthode/de faire qc.*

partitif, partitive *adj.* En grammaire: *l'article ～ (exemple: «du» pain, «de la» viande).*

partout *adv.* En tout lieu; CONTR. nulle part: *～ en France, ～ dans la maison, je l'ai cherché ～, le chien me suit ～, ～ où il va.*

parvenir *v.* (je parviens, il parvient, nous parvenons, ils parviennent; il parvint; il est parvenu) Arriver où l'on voulait aller (après certains efforts): *après deux heures de marche nous sommes parvenus à la ferme, la lettre lui est parvenue, ～ à faire qc (= réussir), ～ à convaincre qn.* △ Il **est** parvenu.

pas *adv.* de négation: *ne . . .～, il ne par-*

le ⁓, être ou ne ⁓ être, il n'est ⁓ encore venu, ne . . . ⁓ du tout, absolument ⁓, pourquoi ⁓?, ⁓ un (= aucun), ⁓ mal de . . . (= beaucoup de), ne . . . ⁓ non plus. ⚠ Il n'a **pas d'**argent, mais: ce ne sont pas des amis (**être** est négatif). ⚠ C'est Jacqueline et **non pas** Annette. le **pas 1.** *faire un ⁓ en avant/en arrière, marcher à grands ⁓, s'approcher ⁓ à ⁓, à chaque ⁓, faire un faux ⁓, revenir sur ses ⁓ (= en arrière), c'est à deux ⁓ d'ici.* **2.** *le ⁓ de Calais.*

pas

passable *adj.* ‖ Qui est d'une qualité suffisante (sans être très bon ou très beau): *le déjeuner était ⁓, il a eu des notes ⁓s à son examen.* – *adv.* **passablement.**
le **passage 1.** Action de passer, lieu par où l'on passe: *mon oncle est de ⁓ à Paris, je l'ai vu au ⁓, le ⁓ des Alpes, un ⁓ à niveau/souterrain/clouté, ⁓ interdit.* **2.** ‖ Partie d'un texte: *lire quelques ⁓s d'un roman, citer un ⁓ d'un texte.* ⚠ **Le** passage.
passager, passagère 1. *adj.* Court; CONTR. durable: *une averse ⁓ère, un bonheur ⁓.* **2.** *m.* ‖ Personne transportée à bord d'un bateau/d'un avion, etc., le voyageur: *les ⁓s sont montés à bord, un ⁓ clandestin.*
le **passant** Le piéton: *il y a beaucoup de ⁓s dans la rue, quelques ⁓s s'arrêtent pour regarder la vitrine.*
le **passé 1.** CONTR. l'avenir, le futur: *penser au ⁓, les souvenirs du ⁓, vivre dans le ⁓, l'histoire étudie les faits du ⁓.* **2.** En grammaire: *le ⁓ simple/composé.*
le **passe-partout** *(invariable)* Clef servant à ouvrir toutes les serrures: *ouvrir une porte à l'aide d'un ⁓.*

le **passeport** Papier permettant à une personne d'aller à l'étranger: *le contrôle des ⁓s, «Votre ⁓, s'il vous plaît.», présenter son ⁓, faire renouveler son ⁓.* ⚠ Ne pas confondre avec **le col** (de montagne).
passer *v.* **1.** (il **est** passé) Se déplacer; CONTR. rester, s'arrêter: *le train va ⁓, laisser ⁓, ⁓ sur un pont/à travers bois, ⁓ par Lille, ⁓ une frontière, ⁓ d'une pièce dans une autre; ⁓ inaperçu, la douleur va ⁓.* **2.** (il **a** passé), ⁓ *ses vacances en Espagne, ⁓ la soirée chez qn, ⁓ un examen, ⁓ rapidement sur les détails.* **3.** Donner: *«Passez-moi le vin, s'il vous plaît.», «Passe-moi le téléphone».* **4.** ⁓ *pour (= être considéré comme), elle a passé pour coquette.* – **se** ⁓ (il s'est passé), *que se passe-t-il?, l'action de ce film se passe à Paris; se ⁓ de qc (= vivre sans), se ⁓ de sucre.*
la **passerelle** Pont étroit réservé aux piétons: *une ⁓ pour traverser les rails, la ⁓ d'un avion/d'un paquebot (pour permettre aux voyageurs de passer à bord).*
le **passe-temps** *(invariable)* Le divertissement: *chercher un ⁓, un agréable ⁓.*
passif, passive 1. *adj.* ‖ CONTR. actif: *rester ⁓ devant le danger, la résistance/la défense ⁓ve, une femme ⁓ve.* **2.** *m.* Grammaire: *mettre un verbe au ⁓.* – *adv.* **passivement.**
la **passion 1.** Un amour très fort, vive inclination: *aimer qn avec ⁓, avoir la ⁓ du jeu/des voyages, obéir/résister à ses ⁓s.* **2.** ‖ la souffrance du Christ: *la P⁓ du Christ.*
passionnant, passionnante *adj.* Qui provoque un vif intérêt, qui passionne, émouvant: *un roman/un film ⁓, le match de football a été ⁓.*
passionné, passionnée *adj.* Animé de passion, qui aime avec passion: *un amoureux ⁓, un lecteur ⁓ de romans, être ⁓ de/ par qc.* – *adv.* **passionnément.**
passionner *v.* Éveiller un vif intérêt: *ce roman passionne les enfants, ce film m'a passionné.* – **se** ⁓ (il s'est passionné), *se ⁓ pour qc.*
le **pastel** ‖ **1.** *des portraits au ⁓.* **2.** *adj. un ton ⁓.*
le **pasteur** Prêtre protestant: *un ⁓ de*

l'Église réformée de France, le Bon P⁓ (= le Christ).

la **pastille** Le bonbon rond et plat: *une ⁓ de menthe, sucer une ⁓.*

la **patate** *(mot familier)* La pomme de terre: *éplucher des ⁓s, un sac de ⁓s.*

la **pâte 1.** Mélange épais de farine et d'eau: *la ⁓ à pain, mettre du sel/du sucre dans la ⁓, travailler la ⁓, la ⁓ lève.* **2.** Les nouilles, les spaghettis: *les ⁓s alimentaires, acheter un paquet de ⁓s, manger des ⁓s à la sauce tomate.* **3.** *la ⁓ dentifrice (= pour nettoyer les dents).* **4.** *la ⁓ à modeler.*

le **pâté** Hachis de viande (cuit et consommé froid): *le ⁓ de foie gras/de lapin.*

paternel, paternelle *adj.* Du père; CONTR. maternel: *l'amour ⁓, l'autorité ⁓le, son oncle du côté ⁓. – adv.* **paternellement.**

pathétique *adj. lancer un appel ⁓, un film ⁓.*

la **patience** Qualité de celui qui sait attendre/qui ne se met pas en colère: *prendre ⁓, souffrir avec ⁓, perdre ⁓, ma ⁓ est à bout (= je suis énervé), ce jeu exige beaucoup de ⁓.*

patient, patiente 1. *adj.* Qui a de la patience; CONTR. impatient, vif, violent: *être ⁓ avec les enfants, soyez ⁓.* **2.** *m.* Personne qui subit une opération chirurgicale. – *adv.* **patiemment** (-amã] ⚠ On dit: **les clients** d'un médecin.

patiner *v.* Glisser sur la glace avec des patins: *apprendre à ⁓, l'auto patine sur le verglas.*

patiner

la **pâtisserie 1.** Le gâteau, desserts sucrés faits avec de la pâte: *manger des ⁓s au dessert, aimer les ⁓s.* **2.** Magasin où l'on vend des gâteaux: *une boulangerie-⁓, tenir une ⁓.*

le **pâtissier** Personne qui fait et vend des gâteaux: *un boulanger-⁓, acheter une tarte aux pommes chez le ⁓.*

le **patois** Le dialecte: *le ⁓ d'une région/ d'Auvergne, dans mon village les vieux paysans parlent encore le ⁓.*

la **patrie** Le pays où l'on est né: *l'amour de la ⁓, mourir pour la ⁓.*

patriotique *adj.* ‖ *avoir des sentiments ⁓s, un chant ⁓.* ⚠ On dit d'une personne qu'elle est très **patriote.**

le **patron** Le chef/le propriétaire d'une entreprise; CONTR. l'ouvrier, l'employé: *le ⁓ d'une usine/d'un restaurant, avoir la confiance de son ⁓, les rapports entre ⁓s et employés.*

patronal, patronale *adj.* (patronaux, patronales) Qui concerne le patron: *les intérêts ⁓aux.*

la **patrouille** ‖ Groupe de policiers/soldats chargés d'une mission: *des ⁓s de police, être envoyé en ⁓, aller en ⁓.*

la **patte** *le chien a quatre ⁓s, l'oiseau a deux ⁓s, les ⁓s d'une mouche, le chien donne la ⁓, marcher à quatre ⁓s.*

pattes

le **pâturage** Lieu couvert d'herbe, la prairie: *mener les vaches au ⁓.*

la **paume** L'intérieur de la main: *Jean s'est blessé à la ⁓ de la main, recevoir/lancer une balle avec la ⁓ de la main.*

la **paupière** Partie mobile de la peau qui protège l'œil: *fermer/ouvrir les ⁓s, battre des ⁓s.*

paupière

la **pause** [poz] ‖ *faire une ⁓ (= interrompre son travail), cinq minutes de ⁓, la ⁓ de* *midi, faire des ⁓s en parlant.* ⚠ Ne pas confondre avec **la récréation** (entre deux cours à l'école) et **l'entracte** (au théâtre).

pauvre *adj.* **1.** C*ONTR.* riche: *devenir/être ⁓, une famille ⁓, des gens ⁓s, un pays ⁓.* **2.** Malheureux, pitoyable («pauvre» se place alors devant le nom): *un ⁓ homme, un ⁓ aveugle, «Mon ⁓ ami», un ⁓ diable.* – *adv.* **pauvrement.**

la **pauvreté** C*ONTR.* la richesse, l'aisance: *être mort dans la ⁓, ⁓ n'est pas vice, la ⁓ du sol.*

le **pavé** Les pierres qui recouvrent une rue: *le ⁓ est glissant/humide, être sur le ⁓ (= sans domicile ou sans travail), arracher des ⁓s pour en faire une barricade.*

le **pavillon 1.** Petite maison dans un jardin, la villa: *habiter un ⁓ en banlieue/à la campagne, un ⁓ de chasse.* **2.** Le drapeau d'un bateau: *baisser ⁓.*

la **paye** ou **paie** L'action de payer, le salaire des ouvriers: *le jour de la ⁓, toucher sa ⁓, recevoir sa ⁓.*

payer *v.* (je paie/je paye, il paie/il paye, nous payons, ils paient/ils payent; il a payé; il paiera/il payera) Donner de l'argent pour un travail ou pour une marchandise: *⁓ un employé, être payé à l'heure, ⁓ avec un billet de mille francs/en argent suisse/par chèque/comptant, ⁓ à la caisse, ⁓ les consommations (au restaurant)/sa chambre d'hôtel/des impôts/ses dettes/le loyer/ce qu'on vient d'acheter.*

le **pays** [pei] Le territoire d'une nation, l'État: *un ⁓ industriel, la France est le ⁓ du vin, les ⁓ étrangers, le ⁓ d'origine d'un immigré, avoir le mal du ⁓.*

le **paysage** La vue d'ensemble d'une région que l'on a devant soi: *un ⁓ champêtre/de montagnes, un ⁓ méditerranéen, peindre un ⁓.*

le **paysan,** la **paysanne 1.** Personne qui vit à la campagne: *les ⁓s travaillent dans les champs.* **2.** *adj.* Rural: *la vie ⁓ne, les mœurs ⁓nes.*

le **péage** Ce qu'il faut payer pour prendre l'autoroute/pour traverser un pont, etc.: *une autoroute à ⁓, un pont à ⁓.*

la **peau (les peaux) 1.** Enveloppe extérieure du corps des animaux et de l'homme: *avoir la ⁓ blanche/brune/douce/délicate/*

ridée, je ne voudrais pas être dans sa ⁓ (= à sa place). **2.** En parlant des fruits: *certains raisins ont une ⁓ très épaisse, manger une pomme avec la ⁓.*

la **pêche** Fruit: *manger une ⁓, un noyau de ⁓, une compote de ⁓s; avoir une peau de ⁓ (rose et très douce).*

pêche

la **pêche** L'action de prendre des poissons: *aller à la ⁓, la ⁓ à la ligne, un filet/une barque de ⁓, la ⁓ à la truite/au brochet.*

le **péché** Faute contre les lois religieuses: *mentir/tuer est un ⁓, commettre un ⁓, confesser ses ⁓s au prêtre, l'absolution des ⁓s, un ⁓ mortel, le ⁓ originel (= commis par Adam et Ève).*

pécher *v.* (je pèche, il pèche, nous péchons, ils pèchent; il péchera) Commettre un péché: *⁓ par orgueil, ⁓ contre les règles de la politesse.*

pêcher *v.* Prendre un poisson: *⁓ la truite/ la carpe, ⁓ à la ligne/au filet, ⁓ en mer/en rivière.*

le **pêcheur** Personne qui commet de graves péchés: *Dieu punit les ⁓s.*

le **pêcheur** Personne qui prend des poissons: *le ⁓ a pris un poisson, le ⁓ pose un filet/retire le filet.*

la **pédagogie** [-ʒi] ‖ *les méthodes utilisées en ⁓, la ⁓ des langues vivantes.*

la **pédale** ‖ *les deux ⁓s d'une bicyclette, la ⁓ d'embrayage/de frein, appuyer sur la ⁓.*

le **peigne** *un ⁓ de poche, les dents du ⁓, se donner un coup de ⁓, sale comme un ⁓.*

peigne

peigner *v.* Mettre de l'ordre dans les cheveux: *⁓ qn, la mère peigne sa fille.* – **se**

~ (il s'est peigné), *se ~ rapidement.*

peindre *v.* (je peins, il peint, nous peignons, ils peignent; il peignit; il a peint) **1.** Mettre de la peinture, colorer: *~ le mur en bleu, faire ~ son appartement, du papier peint.* **2.** En art: *~ un tableau/un portrait, ~ à l'huile/d'après nature; Balzac a peint son époque.*

la **peine 1.** La punition: *infliger une ~ à qn, une ~ sévère/juste, la ~ de mort.* **2.** La douleur morale, la tristesse: *avoir de la ~, faire de la ~ à qn, je partage votre ~.* **3.** L'activité qui fatigue: *ce travail demande de la ~, avoir beaucoup de ~ à faire qc, cela vaut la ~, c'est ~ perdue, à grand-~, il a de la ~ à marcher (parce qu'il est blessé à la jambe).* **4.** *à ~ (= presque pas), il a à ~ commencé que . . ., à ~ était-il sorti que le téléphone sonna.*

le **peintre** Ouvrier/artiste qui fait de la peinture: *un ~ en bâtiment, une échelle de ~; un ~ portraitiste, le modèle pose pour le ~, les tableaux/l'atelier d'un ~, un ~ abstrait.*

la **peinture 1.** L'action de peindre, l'art de peindre: *la ~ à l'huile/à l'eau.* **2.** Tableau: *une exposition/une galerie de ~.* **3.** Matière colorante, liquide de couleur utilisé pour peindre: *acheter un pot/un tube de ~, «Attention ~ fraîche».* ⚠ Ne pas confondre «peinture» (= substance) et **couleur** (= impression visuelle).

péjoratif, péjorative *adj.* ‖ Mot ou expression qui comporte une idée défavorable: *employer un mot de manière ~ve, un adjectif ~.* – *adv.* **péjorativement.**

pêle-mêle *adv.* Dans un désordre complet: *jeter des objets ~ dans une armoire, les papiers sont ~ sur son bureau.*

peler *v.* (je pèle, il pèle, nous pelons, ils pèlent; il pèlera) Ôter la peau d'un fruit/d'un légume, éplucher: *~ une pêche/des oignons.*

le **pèlerinage** Le voyage que l'on fait à un lieu saint pour des motifs religieux: *faire un ~ à Lourdes, le ~ des musulmans à La Mecque.*

la **pelle** *le manche de bois de la ~, la ~ à charbon/à ordures, ramasser la poussière avec une ~.*

pelle à ordures

pelle

le **peloton** Groupe de coureurs/de chevaux/ de soldats: *le gros du ~, être dans le ~ de tête, sortir du ~, le champion prend la tête du ~, le ~ d'exécution.*

la **pelouse** Terrain couvert d'herbe courte: *les ~s du jardin, arroser/tondre la ~, les enfants jouent sur la ~.*

le **penchant** Inclination naturelle, le goût, la tendance; CONTR. l'aversion, l'antipathie: *avoir un ~ à la paresse/à la gourmandise/à se moquer des autres, suivre ses ~s, lutter contre ses mauvais ~s.*

pencher *v. ~ la tête (= incliner), la Tour penchée de Pise.* – *Se ~* (il s'est penché), *se ~ en avant/par la fenêtre, «Défense de se ~ au dehors.», se ~ sur un problème.*

pendant 1. *prép.* Indique un espace de temps, durant: *~ la journée/deux semaines/toute la vie/la guerre/la révolution.* **2.** *conj. ~ que: il est entré dans le bureau ~ que je travaillais, pendant qu'il achète du pain je vais chez le boucher.* ⚠ Ne pas confondre **pendant** (préposition) et **pendant que** (conjonction). ⚠ Distinguer **pendant que** (sens temporel) et **tandis que** (sens temporel et adversatif).

pendre *v.* Attacher qc/qn par le haut, être fixé par le haut (sans contact avec le sol): *~ le lustre au milieu du salon, le linge est pendu aux fenêtres, laisser ~ ses bras; ~ un condamné (par le cou).* – *se ~* (il s'est pendu), *le criminel s'est pendu dans sa cellule.*

la **pendule** Petite horloge: *regarder la ~ pour savoir l'heure, la ~ marque 10 heures, une ~ astronomique.* ⚠ Le pendule (au sens technique) = masse mobile suspendue à un point fixe. ⚠ **Le balancier** d'une pendule.

pendule

pénétrer *v.* (je pénètre, il pénètre, nous pénétrons, ils pénètrent; il pénétrera) Entrer, s'avancer à l'intérieur; CONTR. sortir, se retirer: *le voleur a pénétré dans la maison, le soleil pénètre dans la chambre, une pluie pénétrante et fine; un regard pénétrant;* ⌣ *les pensées/les intentions de qn* (= comprendre). △ Il a pénétré.

pénible *adj.* **1.** Qui se fait avec peine/qui fatigue; CONTR. agréable, aisé: *un travail* ⌣, *cela m'est* ⌣ *de rester debout longtemps.* **2.** Qui rend triste, qui ennuie; CONTR. joyeux: *cette nouvelle m'est* ⌣. – *adv.* **péniblement.**

la **péniche** Un bateau (à fond plat) qui transporte des marchandises sur les rivières: *une* ⌣ *à moteur, la* ⌣ *remonte la Seine.*

péniche

la **pénombre** Mélange de lumière et d'ombre à la fin de la journée: *dans cette* ⌣ *on ne distingue plus les objets.* △**La** pénombre.

la **pensée** La faculté de l'homme de combiner des idées, tout ce que qn pense/sent/veut: *l'expression de la* ⌣ *par la parole, rester absorbé dans ses* ⌣*s, déranger qn dans ses* ⌣*s, la* ⌣ *de Voltaire, se plonger dans ses* ⌣*s.*

la **pensée** *des* ⌣*s jaunes/violettes/blanches.*

pensée

penser *v.* Avoir dans l'esprit, avoir une opinion, réfléchir: ⌣ *à qc/à qn/à elle/à l'avenir/à tout,* ⌣ *à faire qc* (= ne pas oublier), *cela fait* ⌣ *à,* ⌣ *du bien/du mal de qn, je pense comme vous, voilà sa façon*

de ⌣, *dire ce que l'on pense,* ⌣ *que* + ind., *ne pas* ⌣ *que* + subj., ⌣ *partir demain* (= avoir l'intention de), *cela donne à* ⌣ (= à réfléchir), *tu penses!, penses-tu!* (= mais non!).

pensif, pensive *adj.* Qui est absorbé dans ses pensées: *un homme* ⌣, *avoir un air* ⌣.– *adv.* **pensivement.**

la **pension 1.** ‖ Argent versé régulièrement aux personnes âgées qui ne travaillent plus: *avoir droit à une* ⌣, *recevoir une* ⌣. △Ne pas confondre avec **la rente** (que l'on tire de son propre capital). **2.** Le fait d'être nourri et logé: *prendre* ⌣ *dans un hôtel, payer la* ⌣, *la demi-*⌣. **3.** Établissement où l'on prend pension: *une* ⌣ *de famille.* **4.** École où l'on dort et mange: *une* ⌣ *de jeunes filles, mettre son enfant en* ⌣.

la **pente** Surface inclinée: *la* ⌣ *douce/rapide d'un chemin/d'un terrain/d'une colline, une* ⌣ *de 5%, monter/descendre une* ⌣; *être sur la mauvaise* ⌣ (= se laisser aller à ses mauvais penchants).

la **Pentecôte** Fête chrétienne pour célébrer la descente du Saint-Esprit: *le dimanche de* ⌣, *le congé de* ⌣, *faire un voyage de la* ⌣.

perceptible *adj.* Qu'on peut voir/entendre; CONTR. imperceptible: *les microbes ne sont pas* ⌣*s à l'œil nu; des différences peu* ⌣*s* (= sensible).

percer *v.* (ç devant a et o: nous perçons; il perçait; perçant) Traverser en faisant un trou: ⌣ *un mur, un clou a percé le pneu,* ⌣ *un rocher pour faire un tunnel, le soleil perçait les nuages; un regard perçant, une voix perçante;* ⌣ *un mystère* (= comprendre).

se **percher** *v.* (il s'est perché) Se mettre sur une branche/sur un bâton (en parlant des oiseaux): *les oiseaux viennent souvent se* ⌣ *sur l'arbre devant la maison.*

perdre *v.* Ne plus avoir ce qu'on possédait auparavant; CONTR. garder, trouver: ⌣ *son parapluie/son porte-monnaie/sa place/son père/un ami/la vie,* ⌣ *qn de vue,* ⌣ *connaissance* (= s'évanouir), ⌣ *courage/patience,* ⌣ *une somme d'argent au jeu,* ⌣ *un pari,* ⌣ *un avantage/un procès/la partie, tout est perdu; se sentir perdu; tu* *n'as pas de temps à* ⌣. – **se** ⌣ (il s'est perdu), *les vieilles traditions se perdent aujourd'hui; se* ⌣ *dans des détails inutiles; se* ⌣ *dans une ville inconnue* (= *s'égarer*).

la **perdrix** [-dri] *chasser la* ⌣, *manger une* ⌣ *aux choux.*

perdrix

le **père 1.** Homme qui a un enfant: *devenir* ⌣, *être* ⌣ *de deux enfants, le* ⌣ *de Jacqueline, le* ⌣*de famille, le* ⌣*élève ses enfants.* **2.** «*mon* ⌣» (quand on parle à un curé/à un prêtre), le Saint-Père (= le pape).

la **perfection** ‖ Qualité de ce qui est parfait: *le désir de* ⌣, *atteindre (à) la* ⌣, *elle danse à la* ⌣, *la* ⌣ *dans le style.*

perfectionner *v.* Rendre meilleur/parfait: ⌣ *un moteur/une technique/son style/ sa connaissance de la langue française.* – **se** ⌣ (il s'est perfectionné), *se* ⌣ *en français.*

perforer *v.* ‖ Faire un ou plusieurs petits trous: ⌣ *un billet de métro.*

la **performance** Résultat obtenu, succès (dans un match, etc.): *réaliser une belle* ⌣.

le **péril** [-il] Grand danger: *s'exposer à un* ⌣, *courir de grands* ⌣s, *être en* ⌣, *être hors de* ⌣. ⚠Le mot **danger** est plus courant.

la **période** ‖ Espace de temps: *une longue/ courte* ⌣, *une* ⌣ *de deux ans, la* ⌣ *des vacances, une* ⌣ *de chômage.*

périodique *adj.* ‖ Qui paraît/se produit à des intervalles réguliers: *un journal/une revue* ⌣.– *adv.* **périodiquement.**

la **périphérie** ‖ CONTR. le centre: *la* ⌣ *d'un cercle, la* ⌣ *de Paris.* ⚠**Le périphérique** (= l'autoroute qui fait le tour de Paris).

la **périphrase** Forme d'expression où on emploie plusieurs mots au lieu d'un mot précis: *parler par* ⌣s, *une* ⌣ *obscure, user de* ⌣s *pour toucher à un sujet délicat.* ⚠ Ne pas confondre avec **paraphrase.**

périr *v.* (mot littéraire) Mourir, être tué: ⌣ *dans un accident/dans un incendie/*

dans une tempête, ⌣ *noyé.* ⚠Périr se conjugue avec «avoir»: il **a** péri.

la **perle** ‖ *un collier de* ⌣s, *enfiler des* ⌣s, *les* ⌣s *de culture.*

permanent, permanente *adj.* ‖ Qui dure sans être interrompu: *un cinéma* ⌣ *de 14 h à 24 h, trouver un emploi* ⌣, *le représentant* ⌣ *de la France à l'O.N.U.*

permettre *v.* (je permets, il permet, nous permettons, ils permettent; il permit; il a permis) Autoriser, tolérer; CONTR. interdire, défendre: ⌣ *qc à qn,* ⌣ *que* + *subj., mon père permet que nous sortions,* ⌣ *à qn de faire qc, permettez-moi de vous présenter M. Dubois.* – **se** ⌣ (il s'est permis), *se* ⌣ *de faire qc.*

le **permis** Document, autorisation officielle: *le* ⌣ *de conduire/de chasse.*

la **permission** Action de permettre, l'autorisation; CONTR. l'interdiction, la défense: *demander/obtenir la* ⌣ *de faire qc, avec votre* ⌣, *agir sans la* ⌣ *de son chef.*

perpétuel, perpétuelle *adj.* Qui dure toujours, continuel: CONTR. court, momentané, passager: *une inquiétude* ⌣*le, une* ⌣*le jeunesse, entretenir un feu* ⌣.– *adv.* **perpétuellement.**

perplexe *adj.* ‖ Qui ne sait pas comment se comporter dans une situation difficile, indécis; CONTR. assuré, décidé: *rendre qn* ⌣, *avoir un air* ⌣, *rester* ⌣ *devant une réponse inattendue.*

la **perquisition** Recherche méthodique (faite par la police au domicile de qn): *opérer une* ⌣, *une* ⌣ *a eu lieu.*

le **perroquet** Oiseau aux plumes colorées: *le* ⌣ *est perché sur son bâton, le* ⌣ *sait dire «bonjour», répéter qc comme un* ⌣.

perroquet

la **perruche** Oiseau: *avoir un couple de ~s en cage.*

perruche

persécuter *v.* Opprimer, tourmenter cruellement; CONTR. protéger: ~ *les Juifs, Jésus a été persécuté.*

la **persécution** L'action de persécuter: *les chrétiens étaient victimes de ~s, il se croit victime de ~s, la manie de la ~.*

persévérer *v.* (je persévère, il persévère, nous persévérons, ils persévèrent; il persévérera) Continuer de faire, poursuivre; CONTR. abandonner, cesser: ~ *dans l'effort/dans ses recherches/dans un travail/dans son erreur.*

le **persil** [-si] Plante potagère verte: *mettre quelques brins de ~ sur les pommes de terre.*

persil

persister *v.* Durer, ne pas changer; CONTR. changer: *le froid/le gel persiste, ~ dans son opinion/dans ses projets, ~ à faire qc.*

le **personnage 1.** Personne qui joue un rôle important: *un ~ influent/connu/historique, un grand ~ de l'État.* **2.** Personne qui figure dans une pièce de théâtre/dans un roman, etc.: *le ~ principal, le ~ du Cid, un acteur qui joue un ~, analyser les ~s d'un roman.*

la **personnalité** Ce qui distingue une personne de toutes les autres, le caractère original d'une personne: *la ~ de qn, développer sa ~, le culte de la ~, avoir une forte ~, manquer de ~.*

la **personne** ‖ Homme ou femme: *plusieurs ~s ont vu le voleur, rencontrer plusieurs ~s, deux ou trois ~s, une grande ~ (= adulte), le ministre en ~, venir en ~,*

faire qc en ~. ⚠ **Les personnages** d'une pièce de théâtre.

personne *pron.* indéfini. Aucun être humain: ~ *ne le connaît, je ne connais ~, «Qui est là? – ~!», ~ n'est venu.* ⚠ Je n'ai **vu personne,** mais: je n'ai **rien vu.**

personnel, personnelle *adj.* Qui se rapporte à une personne, individuel, privé; CONTR. commun, général: *une lettre ~le, les affaires ~les, avoir une opinion ~le, ne penser qu'à son intérêt ~, avoir des ennemis ~s, le pronom ~.*

le **personnel** ‖ Ensemble des personnes employées dans une entreprise: *le ~ d'une usine/d'un hôtel, le chef/le directeur du ~, la grève du ~.*

la **personnification** ‖ Le fait de représenter une idée abstraite sous les traits d'une personne, l'allégorie: *la ~ de la justice/de la mort.*

la **perspective 1.** ‖ *les lois de la ~, un dessin qui ne tient pas compte de la ~.* **2.** (Abstrait): *les ~s d'avenir, l'énergie atomique ouvre de larges ~s économiques.*

persuader *v.* Amener qn à croire qc, convaincre: ~ *qn de qc, ~ qn par des arguments, ~ qn de faire qc, il faut le ~ de venir, j'en suis persuadé, être persuadé de qc, être persuadé que + ind.* – *se ~* (il s'est persuadé) Croire faussement: *il s'est persuadé qu'on le trompait.*

la **perte** Le fait de perdre; CONTR. le profit: *cet industriel a subi de grosses ~s (= perdre beaucoup d'argent), vendre à ~, la ~ d'une bataille/d'un enfant (= qui est mort), courir à sa ~ (= ruine), à ~ de vue (= très loin).*

la **perturbation** Irrégularité dans le fonctionnement, le trouble, le désordre: *une ~ atmosphérique, mettre/jeter la ~ dans une réunion.*

perturber *v.* Mettre en désordre, empêcher de fonctionner normalement, bouleverser, troubler: *la grève perturbe les transports, ~ la circulation/une cérémonie; ~ le calme de qn.*

pervertir *v.* Rendre mauvais, corrompre; CONTR. améliorer, corriger: ~ *qn, l'esprit/le goût/les mœurs, les mauvais exemples pervertissent la jeunesse.*

pesant, pesante *adj.* Qui pèse lourd; Contr. léger: *une valise ⁓e, marcher d'un pas ⁓, dormir d'un sommeil ⁓ (= très profond).*

la **pesanteur** La force qui attire un objet vers la terre, le poids: *la ⁓ de l'air; la ⁓ d'esprit (= la lenteur).*

peser *v.* (je pèse, il pèse, nous pesons, ils pèsent; il pèsera) **1.** Mesurer le poids: *⁓ un objet avec une balance, ⁓ un colis/du pain; ⁓ le pour et le contre, ⁓ bien ses mots.* **2.** Avoir un poids: *ce morceau de viande pèse 2 kilos, ⁓ lourd; un remords qui pèse sur la conscience, l'accusation qui pèse sur lui.* – **se ⁓** (il s'est pesé), *elle se pèse tous les matins.*

le **pessimisme** ‖ Contr. l'optimisme: *partager le ⁓ de qn sur l'avenir.*

le **pessimiste 1.** ‖ Contr. l'optimiste: *le ⁓ voit la vie en noir.* **2.** *adj.* devenir/rester ⁓, *ses malheurs l'ont rendu ⁓, un esprit ⁓.*

la **peste** Maladie contagieuse: *le microbe de la ⁓, être atteint de la ⁓, une épidémie de ⁓, fuir/craindre qc/qn comme la ⁓.*

pester *v.* Manifester son mécontentement/sa colère, protester: *⁓ contre le mauvais temps/contre le gouvernement/contre l'augmentation des impôts.*

le **pétard** Petite charge d'explosif (pour provoquer du bruit): *les enfants font claquer des ⁓s, lancer un ⁓.*

petit, petite 1. *adj.* Contr. grand: *un ⁓ enfant (= jeune), une ⁓e fille (= une fillette), le ⁓ frère, une ⁓e maison, une ⁓e ville, une ⁓e somme d'argent, très ⁓, tout ⁓, rendre plus ⁓ (= rapetisser).* **2.** *adv.* ⁓ *à ⁓ (= peu à peu).* **3.** *m.* Animal qui est né depuis peu: *la chatte défend ses ⁓s.*

la **petite-fille** La fille du fils ou de la fille: *la grand-mère apprend à coudre à sa ⁓.*

la **petitesse** Caractère de ce qui est petit: *la ⁓ de ses mains, la ⁓ d'esprit.*

le **petit-fils** Le fils du fils ou de la fille: *le grand-père se promène avec son ⁓.*

les **petits-enfants** *m.* (au pluriel) Les enfants du fils ou de la fille: *les grands-parents et leurs ⁓.*

pétrifier *v.* Changer en pierre: *un fossile pétrifié; être pétrifié de terreur (= frappé de terreur).*

le **pétrole** L'huile minérale naturelle: *le*

puits de ⁓, le ⁓ brut, la raffinerie de ⁓.

pétrolier, pétrolière 1. *adj.* Qui concerne le pétrole: *l'industrie ⁓ère, des produits ⁓s.* **2.** *m.* Navire qui transporte le pétrole: *un ⁓ géant.*

pétrolier

peu *adv.* Indique une petite quantité; Contr. beaucoup: *assez/très/trop ⁓, un ⁓ de sel/de vin, j'ai dormi un ⁓, «Savez-vous jouer du piano? Oui, un ⁓», le ⁓ de cheveux qui lui reste, il a ⁓ parlé, en ⁓ de mots, cela a ⁓ d'importance, c'est ⁓ de chose, à ⁓ près (= environ), ⁓ importe, ⁓ à ⁓, en ⁓ de temps, depuis ⁓, avant ⁓, ⁓ souvent, c'est un ⁓ fort!, si ⁓ que + subj., ⁓ s'en faut que + subj.* △ Distinguez: un **peu,** mais: il **peut.**

le **peuple** L'ensemble des hommes vivant dans un pays: *le ⁓ français/allemand, les ⁓s de l'U.R.S.S., être un enfant du ⁓.*

peupler *v.* Habiter une région: *les hommes qui peuplent la terre, cette région est très/peu peuplée.*

le **peuplier** Arbre: *une route bordée de ⁓s.*

peuplier

la **peur** Émotion devant un danger, la crainte; Contr. le courage, l'audace: *faire ⁓ à qn, inspirer de la ⁓ à qn, avoir ⁓ de qn/de qc, avoir ⁓ d'un chien, être vert de ⁓, avoir très ⁓, avoir ⁓ de faire qc, il n'a pas ⁓, cacher sa ⁓, mourir de ⁓, avoir ⁓ que + subj., de ⁓ que + subj.*

peureux, peureuse *adj.* Qui a facilement peur: *un enfant ⁓.*

peut-être *adv.* Marque la possibilité/le doute; CONTR. certainement, sûrement: *je vais ⌣ le rencontrer, il a ⌣ raison, il s'est ⌣ trompé, ⌣ que* + ind. ⚠ Il faut l'inversion après «peut-être»: *⌣ **aurons-nous** de la chance.* ⚠ Il **peut être** reçu à son examen.

le **phare 1.** Haute tour: *la lumière d'un ⌣, le gardien du ⌣, il y a un ⌣ à l'entrée du port.* **2.** Projecteur placé à l'avant d'une auto: *allumer/éteindre les ⌣s, le ⌣ de recul.* ⚠ **Le** phare.

phare

phares

pharmaceutique *adj.* ‖ Qui concerne la pharmacie: *des produits ⌣s.*

la **pharmacie 1.** Boutique où l'on vend des médicaments: *les médicaments sont vendus en ⌣, aller à la ⌣ pour acheter un tube de pommade, la liste des ⌣s ouvertes le dimanche.* **2.** Science: *un étudiant en ⌣, étudier la ⌣.*

le **pharmacien** Personne qui tient une pharmacie: *aller chez le ⌣, porter l'ordonnance chez le ⌣, le ⌣ exécute l'ordonnance.*

la **phase** ‖ La période: *les ⌣s de la Lune, les ⌣s d'une maladie, les diverses ⌣s de la fabrication de qc.*

le **phénomène** ‖ *des ⌣s physiques/sociaux/ économiques, les ⌣s naturels.*

le **philatéliste** ‖ Collectionneur de timbres-poste: *être ⌣.*

philharmonique *adj.* ‖ *un orchestre ⌣, une société ⌣.*

la **philologie** ‖ Étude d'une langue d'après

des textes écrits: *la ⌣ romane/germanique.*

le **philosophe 1.** ‖ Le penseur, le sage: *le ⌣ Sartre, les spéculations des ⌣s, un ⌣ idéaliste/matérialiste.* **2.** *adj.* devenir/être ⌣ *(= calme).*

la **philosophie** ‖ *la ⌣ de Descartes/de Marx, la logique/la morale/l'esthétique sont des branches de la ⌣.*
philosophique *adj.* ‖ *la doctrine ⌣, les conceptions ⌣s de qn.* – *adv.* **philosophiquement.**

la **phonétique 1.** ‖ Étude des sons du langage: *la ⌣ descriptive.* **2.** *adj.* ‖ *l'alphabet ⌣ international, la transcription ⌣ d'un texte.* – *adv.* **phonétiquement.**

la **photo/photographie** ‖ *faire/prendre une ⌣ de qn/de qc, une ⌣ en couleurs, prendre une ⌣ avec un flash, un appareil (de) ⌣, regarder la ⌣ de sa femme, une ⌣ réussie/ manquée, un album de ⌣s.* ⚠ **La** photo.

le **photographe** ‖ *un ⌣ amateur/professionnel, un bon ⌣, le reporter ⌣ d'un journal.*
photographier *v.* ‖ *⌣ un paysage/une église/ses enfants, se faire ⌣.*
photographique *adj.* ‖ *un appareil/une épreuve ⌣.*

la **phrase 1.** Suite de mots qui expriment une idée: *la ⌣ contient un sujet et un verbe, une ⌣ interrogative/exclamative, la construction de la ⌣, l'ordre des mots dans la ⌣, lire/prononcer/écrire une ⌣.* **2.** *il fait des ⌣s, des ⌣s toutes faites.*

la **physiologie** ‖ *la ⌣ humaine/animale.*
physiologique *adj.* ‖ CONTR. psychique: *l'état ⌣ d'un malade.* – *adv.* **physiologiquement.**

la **physionomie 1.** ‖ L'aspect des traits d'un visage: *des jeux de ⌣, une ⌣ joyeuse/ énergique.* **2.** Aspect particulier d'une chose: *chaque région de la France a sa ⌣.*

la **physique 1.** ‖ Science: *la ⌣ expérimentale/atomique/nucléaire.* **2.** *m.* Ce qui est physique dans l'homme; CONTR. le moral: *elle a un ⌣ agréable.* **3.** *adj.* Qui concerne la matière: *la géographie ⌣, un phénomène ⌣.* **4.** *adj.* Qui concerne le corps humain; CONTR. moral: *la beauté ⌣, l'éducation ⌣, l'amour ⌣ (= sexuel), des souffrances ⌣s.* – *adv.* **physiquement.**

le **pianiste** ‖ *c'est un très bon* ⁓.

le **piano** ‖ Instrument de musique: *le* ⁓ *à queue/droit, les touches/les pédales du* ⁓, *se mettre au* ⁓, *jouer du* ⁓, *jouer un morceau de* ⁓ *(= morceau de musique), accorder un* ⁓.

le **pic** Montagne dont le sommet est une pointe: *le* ⁓ *du Midi, les* ⁓*s des Pyrénées, des rochers qui s'élèvent à* ⁓ *(= verticalement), le bateau a coulé à* ⁓*(= droit au fond de l'eau).*

la **pie** Oiseau: *la* ⁓ *jacasse, une femme bavarde comme une* ⁓.

pie

la **pièce 1.** Chaque élément d'un ensemble: *les* ⁓*s d'une collection, un costume trois* ⁓*s (= veste, pantalon, gilet), chose faite d'une seule* ⁓, *changer une* ⁓ *usée dans un moteur; une* ⁓ *d'eau (= grand bassin).* **2.** Chaque partie d'un appartement: *habiter un appartement de trois* ⁓*s.* **3.** *une* ⁓ *de théâtre, une* ⁓ *en cinq actes.* **4.** *une* ⁓ *de monnaie, une* ⁓ *de 5 francs.*

pièce de monnaie

le **pied** [pje] *les doigts de* ⁓, *aller/marcher à* ⁓, *être/aller* ⁓*s nus/nu-*⁓*s, marcher sur les* ⁓*s de qn, donner/recevoir un coup de* ⁓, *avoir mal au* ⁓, *se lever du* ⁓ *gauche, de la tête aux* ⁓*s; les* ⁓*s de veau/de mouton/ de porc (= vendus en boucherie); le* ⁓ *du mur, le* ⁓ *de l'arbre/de la montagne, un* ⁓ *de vigne, les quatre* ⁓*s de la table, un verre à* ⁓; *de* ⁓ *ferme (= énergiquement).* ⚠Tous les animaux qui possèdent des griffes ont des **pattes,** mais on dit: Les **pieds** du cheval/de la vache/du cochon, etc.

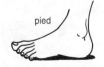

pied

le **piédestal** (les piédestaux) *le* ⁓ *d'une statue/d'une colonne; mettre qn sur un* ⁓ *(= l'admirer), tomber de son* ⁓ *(= perdre son prestige).*

piédestal

le **piège** Il sert pour prendre des animaux sauvages: *dresser/poser/tendre un* ⁓, *prendre un oiseau au* ⁓, *un renard pris au* ⁓; *tomber dans le* ⁓. ⚠**Le** piège.

la **pierre** Matière minérale solide, le caillou: *un bloc de* ⁓, *un tas de* ⁓*s, casser des* ⁓*s, ramasser/lancer/jeter des* ⁓*s, un escalier de* ⁓, *une* ⁓*tombale, une* ⁓ *précieuse (= diamant, rubis, saphir, etc.); avoir un cœur de* ⁓ *(= être impitoyable).* ⚠**La** pierre

la **piété** Grand attachement à servir Dieu: *une* ⁓ *fausse/hypocrite, des images de* ⁓; *la* ⁓ *envers les morts.*

piétiner *v.* Marcher sur place en frappant les pieds contre le sol, avancer lentement: *la foule piétinait devant le cinéma pour se réchauffer, le samedi dans les grands magasins on piétine; l'affaire piétine (= ne progresse pas).*

le **piéton** Personne qui marche à pied (dans la rue): *les* ⁓*s marchent sur le trottoir/traversent la rue au passage clouté.*

pieux, pieuse *adj.* Qui a l'amour de Dieu, dévot, religieux: *une femme* ⁓*se, de* ⁓*ses pensées, des images* ⁓*ses, un* ⁓ *mensonge.* – *adv.* **pieusement.**

le **pigeon** Oiseau (commun dans les grandes villes): *élever des* ⁓*s, manger des* ⁓*s rôtis, un* ⁓ *voyageur.*

pigeon

la **pile 1.** Tas (plus haut que large) d'objets mis les uns sur les autres: *une ~ d'assiettes/de livres/de torchons, mettre en ~*. **2.** *la ~ d'une lampe de poche, acheter des ~s pour un transistor*.

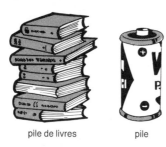

pile de livres   pile

piller *v.* Prendre de force les biens qu'on trouve dans une ville/dans un magasin, etc.: *les soldats ont pillé la ville, des magasins pillés au cours d'une émeute*.

le **pilote 1.** ‖ *le ~ de ligne/d'essai*. **2.** Marin spécialisé qui aide le capitaine d'un bateau et dirige la manœuvre dans les ports ou les passages difficiles: *le ~ est monté à bord, débarquer le ~*.

la **pilule** ‖ Médicament en forme de petite boule: *un tube de ~s, prendre/avaler une ~, elle prend la ~ (= anticonceptionnelle)*.

le **pin** Arbre: *une forêt de ~s, le bois du ~, les aiguilles/les pommes de ~, la résine extraite du ~*.

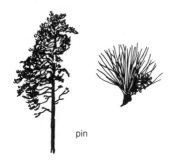

pin

la **pince** *les branches/les mâchoires d'une ~, une ~ à sucre/à cheveux, prendre/saisir/serrer qc avec une ~, une ~ à linge (= pour fixer du linge qui sèche sur une corde)*.

pince   pince à linge

le **pinceau** (**les pinceaux**) *le ~ du peintre, peindre à l'aide d'un ~, tremper le ~ dans la peinture, se servir d'un ~ pour appliquer de la colle, nettoyer le ~*.

pinceau

la **pincée** Petite quantité que l'on peut prendre entre deux doigts: *une ~ de sel/de poivre, une ~ de tabac (= la prise)*.

pincer *v.* (-ç- devant a et o: nous pinçons; il pinçait; pinçant) Serrer entre les doigts/avec une pince: *~ le bras/la joue/l'oreille de qn, ~ les cordes d'une guitare. – se ~* (il s'est pincé), *se ~ le doigt en fermant la porte*.

la **pioche** *le manche de la ~, creuser un fossé avec une ~, démolir un mur à coups de ~*.

pioche

piocher *v.* **1.** Creuser, remuer avec une pioche: *~ la terre*. **2.** (*familier*) Étudier avec ardeur: *~ son programme d'histoire/ses mathématiques*.

le **pionnier** ‖ Homme qui est le premier à faire qc: *les ~s américains, les ~s de l'aviation/du progrès*. ⚠ On dit: un soldat du **génie**.

la **pipe** ‖ *bourrer une ~ de tabac, fumer la ~*.

pipe

piquant, piquante *adj.* Ce qui pique: *le froid est ~, l'air est vif et ~, une sauce ~e (= au goût).*

le **pique** *l'as de ~.*

pique

piquer *v.* Faire une petite blessure avec qc de pointu: *l'abeille m'a piqué, être piqué par un insecte; la fumée pique les yeux; ~ la curiosité de qn (= éveiller, exciter).* – se ~ (*il s'est piqué), se ~ le doigt avec une aiguille.*

le **piquet** La tente est fixée au sol par des piquets: *planter un ~, attacher les cordes au ~, attacher une chèvre au ~ avec une corde.*

la **piqûre 1.** Petite blessure faite par qc qui pique: *une ~ d'épingle/de moustique, une ~ d'ortie/d'épine de rose.* **2.** Injection: *le médecin fait une ~ à un malade, une ~ intraveineuse.* △ Une piqûre est faite avec **une seringue.**

le **pirate 1.** ‖ *un navire pillé par des ~s, un ~ de l'air.* **2.** Individu sans scrupules: *cet homme est un vrai ~.*

pire 1. *adj.* plus mauvais; Contr. meilleur: *aujourd'hui le temps est encore ~ qu'hier, cette solution est ~ que l'autre.* **2.** *m. le ~ de tout, je m'attends au ~.*

pis [pi] *adv.* Plus mal (dans des locutions); Contr. mieux: *tant ~! (= exprime la résignation), tant ~ pour toi – tu n'iras pas au cinéma, aller de mal en ~ (de plus en plus mal), qui ~ est . . .*

la **piscine** Grand bassin de natation: *aller à la ~, une ~ publique/privée/en plein air/ couverte/olympique.*

pisser *v. (vulgaire)* ‖ Uriner, faire pipi: *avoir envie de ~, le chien lève la jambe et pisse, il pleut comme vache qui pisse.*

la **piste 1.** *la ~ d'un vélodrome, la ~ d'un cirque/de danse, la ~ d'envol (= pour les avions), une ~ cyclable (= pour vélos), une ~ de ski.* **2.** Trace laissée par un animal: *suivre la ~ d'un renard.*

le **pistolet 1.** ‖ Arme à feu, le revolver: *porter un ~, être blessé par un coup de ~, un ~ mitrailleur (P.M.).* **2.** *la peinture au ~.*

le **piston** *le ~ d'une pompe/d'une seringue/ d'un moteur.*

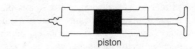

piston

la **pitié** Sentiment de compassion pour les souffrances d'un autre; Contr. la cruauté: *inspirer de la ~ à qn, exciter la ~ de qn, il lui fait ~, j'ai ~ de lui, éprouver un sentiment de ~ pour qn, sans ~, c'est ~ que + subj. (= c'est bien triste que).*

pitoyable *adj.* **1.** Digne de pitié, déplorable: *être dans un état/une situation ~.* **2.** Qui mérite une pitié méprisante, lamentable: *sa réponse a été ~, un style ~.* – *adv.* **pitoyablement.**

pittoresque *adj.* Qui attire l'attention par son originalité: *un quartier ~ d'une vieille ville, un village de montagne ~, faire un récit ~ de qc, des expressions/des détails ~s.*

la **pivoine** Fleur: *des ~s rouges/roses/ blanches, mettre des ~s dans un vase, elle est devenue rouge comme une ~ (= très rouge).*

pivoine

le **placard 1.** Armoire aménagée dans le mur: *mettre ses vêtements dans un ~, le ~ à balais.* **2.** Écrit qu'on affiche au mur, l'affiche: *un ~ publicitaire.*

la **place 1.** ‖ *la ~ publique/du marché, la ~ de la Bastille (à Paris), louer/réserver sa ~ dans le train, avoir une ~ assise, cet enfant ne reste/tient pas en ~, rester/aller s'asseoir à sa ~, prendre ~, faire ~ à qn/à qc, changer les meubles de ~, remettre qc en*

⁀/à sa ⁀, *se mettre à la* ⁀ *de qn, rester/se rendre sur* ⁀. **2.** L'emploi: *chercher une* ⁀ *d'employé de bureau, perdre sa* ⁀. ⚠ **La** place.

le **placement** L'action de placer son argent, l'investissement: *faire un bon* ⁀.

placer *v.* (-ç- devant a et o: nous plaçons; il plaçait; plaçant) Mettre à une place, installer; CONTR. déplacer, déranger: *l'ouvreuse de cinéma place les spectateurs,* ⁀ *des choses en ordre.* – **se** ⁀ (il s'est placé), *placez-vous en face de moi.*

le **plafond** La partie supérieure d'une salle/d'une pièce; CONTR. le plancher: *un* ⁀ *haut/bas, un lustre pend au* ⁀.

la **plage** Le bord de la mer couvert de sable: *une* ⁀ *de sable, une* ⁀ *publique/privée, aller à la* ⁀ *pour se baigner, être à la* ⁀, *se faire bronzer sur la* ⁀, *un parasol de* ⁀. ⚠ **La** plage.

plaider *v.* Défendre qn devant les juges: *l'avocat plaide pour son client,* ⁀ *la cause de qn,* ⁀ *coupable/non coupable.*

la **plaidoirie** Discours pour défendre les droits de qn devant un tribunal: *le juge écoute la* ⁀ *de l'avocat.* ⚠ **Le plaidoyer** = discours, écrit pour défendre une cause.

la **plaie** Blessure: *se faire une* ⁀ *au genou en tombant, une* ⁀ *profonde/béante, désinfecter/panser une* ⁀; *les* ⁀*s du cœur.*

plaindre *v.* (je plains, il plaint, nous plaignons, ils plaignent; il plaignit; il a plaint) montrer de la pitié/de la compassion envers qn: ⁀ *qn qui a beaucoup de malheurs, je vous plains de tout mon cœur, être à* ⁀. – **se** ⁀ (il s'est plaint) **1.** Exprimer sa souffrance: *il se plaint sans cesse, il ne se plaint jamais.* **2.** Manifester son mécontentement, protester: *se* ⁀ *de qn, le client est allé se* ⁀ *de cette vendeuse au patron, elle se plaint d'avoir trop à faire, se* ⁀ *de faire qc, se* ⁀ *que* + subj., *il se plaignait que la soupe ne fût pas salée.* ⚠ Il plaint, il a plaint.

la **plaine** Grand territoire plat; CONTR. la montagne: *la* ⁀ *du Rhône/du Pô (en Italie), un pays de* ⁀*s.*

la **plainte 1.** Expression de la douleur: *le malade/le blessé pousse des* ⁀*s, des* ⁀*s déchirantes, écouter les* ⁀*s de qn.* **2.** porter ⁀ *contre qn* (= *dénonciation en justice*), *porter* ⁀ *au commissariat de police, déposer une* ⁀ *contre qn.*

plaintif, plaintive *adj.* Qui a l'accent d'une plainte: *un ton* ⁀, *une voix* ⁀*ve.* – *adv.* **plaintivement.**

plaire *v.* (je plais, il plaît, nous plaisons, ils plaisent; il plut; il a plu) **1.** Charmer, être agréable à qn, séduire; CONTR. déplaire: ⁀ *à qn, chercher à* ⁀ *à qn, il ne me plaît pas du tout, cet appartement me plaît, ce spectacle m'a beaucoup plu, il me plaît de faire qc, fais ce qui te plaît.* **2.** *s'il vous plaît, s'il te plaît* (= *formule de politesse*). – **se** ⁀ (il s'est plu), *elle se plaît beaucoup ici* (= *se trouver bien*). ⚠ **Plaît-il?** – on dira plutôt: pardon! ⚠ «se plaire à faire qc» appartient à la langue littéraire. ⚠ **Comment** avez-vous **trouvé** ce film?

la **plaisance** *un bateau de* ⁀ (= *utilisé pour le plaisir*), *un port de* ⁀ (= *pour les bateaux de plaisance*).

plaisant, plaisante *adj.* Qui plaît, agréable; CONTR. déplaisant, désagréable: *un séjour* ⁀, *une anecdote* ⁀*e* (= *amusante*), *un enfant* ⁀. – *adv.* **plaisamment.**

plaisanter *v.* Dire des choses qui font rire: ⁀ *avec ses amis, je ne suis pas d'humeur à* ⁀, *ne plaisantez pas avec cela* (= *c'est une chose grave*), ⁀ *qn sur qc* (= *taquiner*).

la **plaisanterie** Paroles ou actes pour faire rire: *ses* ⁀*s m'amusent, dire qc par* ⁀, *faire des* ⁀*s, faire une* ⁀ *de mauvais goût, être victime d'une mauvaise* ⁀, *c'est une* ⁀*!*

le **plaisir** Sentiment agréable, le bien-être, le contentement; CONTR. le déplaisir, la douleur, le chagrin: *avoir/éprouver du* ⁀ *à faire qc, avoir le* ⁀ *de faire qc, c'est un* ⁀ *de faire cela, je vous souhaite bien du* ⁀*/ beaucoup de* ⁀, *boire un bon vin avec* ⁀, *faire* ⁀ *à qn, voulez-vous me faire le* ⁀ *de dîner avec moi?, avec* ⁀ (= *très volontiers*), *le* ⁀ *sexuel.*

plan, plane *adj.* Plat; CONTR. courbe: *une surface* ⁀*e.*

le **plan 1.** *le* ⁀ *d'un bâtiment, tracer/dessiner un* ⁀, *acheter un* ⁀ *de Paris.* **2.** ‖ Le projet détaillé: *avoir/exécuter un* ⁀, *un* ⁀

stratégique/économique. **3.** L'organisation des parties d'un texte: *rédiger/analyser le ~ d'une dissertation/d'un roman.* **4.** *au premier ~ (= à peu de distance), à l'arrière-~.*

la **planche 1.** Morceau de bois long et plat: *scier des ~s, faire un mur de ~s, une cabane en ~s; monter sur les ~s (= sur la scène d'un théâtre).* **2.** *faire la ~ (= nager sur le dos sans faire de mouvements).*

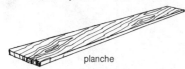
planche

le **plancher** Le sol d'une pièce, le parquet; Contr. le plafond: *un ~ de bois, nettoyer/ balayer le ~.*

planer *v.* Se soutenir en l'air, voler sans faire de mouvements: *l'aigle plane, l'avion fait un vol plané.*

planétaire *adj.* Qui concerne les planètes: *le système ~, le mouvement ~.*

la **planète** ‖ *Mercure, Vénus, la Terre, Mars, etc. sont des ~s, la trajectoire d'une ~.* ⚠ **La** planète.

la **plantation 1.** Action de planter: *la ~ d'un arbre, la saison des ~s.* **2.** Très grande exploitation agricole: *une ~ de coton/de bananes/de café/de tabac.*

la **plante** ‖ *la racine/la tige/les feuilles d'une ~, cultiver des ~s, les ~s d'appartement/ exotiques, l'étude des ~s (= la botanique).*

planter *v.* ‖ Mettre une plante en terre; Contr. arracher, déraciner: *~ des roses/ des haricots/des arbres.*

la **plaque** Feuille de métal, etc.: *une ~ de cuivre, la ~ d'immatriculation d'une voiture, à la porte il y a une ~ avec son nom.*

plastique 1. *adj.* ‖ *la matière ~, de la vaisselle en matière ~, un stylo en matière ~.* **2.** *m. un seau en ~.* ⚠ **Le plastic** = explosif.

plat [pla], **plate** *adj.* **1.** ‖ *un terrain ~, une assiette ~e, des talons ~s, avoir la poitrine ~e; un style ~; se coucher à ~ ventre, poser qc à ~, ce pneu est à ~ (= dégonflé).* **2.** *de l'eau ~e (= non gazeuse).*

le **plat 1.** ‖ Grande assiette: *un ~ de porcelaine, un ~ à poissons/à légumes.* **2.** Partie d'un repas: *un ~ garni (= de la viande avec des légumes), le ~ du jour, le ~ de résistance (= le plat principal).*

le **platane** Arbre: *une avenue de ~s, s'asseoir à la terrasse d'un café à l'ombre des ~s.* ⚠ **Le** platane.

le **plateau (les plateaux) 1.** *servir le petit déjeuner sur un ~, apporter des verres sur un ~.* ⚠ Ne pas confondre avec **la tablette.** **2.** ‖ Terrain plat dominant les environs: *le village est situé sur un ~, un ~ au milieu des montagnes.*

plateau

la **plate-forme** ‖ *la ~ d'un quai, la ~ d'un autobus/d'un camion.*

le **platine** ‖ Métal précieux blanc: *une bague/une montre en ~.* ⚠ **La** platine = plaque/support plat (optique, mécanique, horlogerie, serrurerie, etc.)

la **platitude** ‖ Ce qui manque d'originalité, la banalité; Contr. finesse: *dire/débiter des ~s, la ~ d'un livre/d'un style.*

platonique *adj.* ‖ Qui a un caractère purement idéal: *l'amour ~.* ⚠ **Platonicien** (= de la philosophie de Platon).

le **plâtre 1.** Poudre blanche, le gypse: *un sac de ~, des murs recouverts de ~, un ~ (= un objet en plâtre), un buste de ~.* **2.** En médecine: *mettre une jambe cassée dans le ~, on lui a enlevé son ~.*

plein, pleine 1. *adj.* Contr. vide, creux: *un verre ~, une valise ~e, la salle était ~e (de monde), l'autobus est ~ (= complet), parler la bouche ~e, ~ de, des yeux ~s de larmes, des rues ~es de monde; la ~e lune, un ~ succès (= total), le ~-emploi; avoir le cœur ~ (= avoir du chagrin); en ~e nuit, en ~ air.* **2.** *m. faire le ~ (= remplir totalement un réservoir).* **3.** *prép.* avoir de l'argent ~ les poches. – *adv.* **pleinement.**

la **plénitude** État de ce qui est complet, la totalité: *cet homme est dans la ~ de ses forces/de ses facultés.*

le **pléonasme** ‖ La redondance: «*monter en haut*», «*je vois de mes propres yeux*» sont des ⁓*s*.

pleurer *v.* Verser des larmes quand on est triste; CONTR. rire: *être triste à ⁓, avoir envie de ⁓, se mettre à ⁓, ⁓ à chaudes larmes, consoler celui qui pleure, ⁓ de joie, le bébé pleure, ⁓ en épluchant des oignons; ⁓ qn (qui est mort).*

pleuvoir *v.* (il pleut; il plut; il a plu) La pluie tombe: *il va ⁓, il pleut légèrement/ fort/à seaux/à torrents/sans arrêt.* ⚠ Ne pas confondre avec **pleurer** (*il pleut/il pleure*).

le **pli 1.** *une jupe à ⁓s, le ⁓ d'un pantalon, une veste trop large qui fait des ⁓s dans le dos.* **2.** *la mise en ⁓s (= ce que fait le coiffeur avec les cheveux mouillés pour qu'ils frisent), elle s'est fait une mise en ⁓s.*

plis

plier *v.* Mettre qc en double; CONTR. déplier: *⁓ sa serviette (après le repas)/un journal/une lettre, ⁓ une branche (= courber), un lit/un siège pliant, ⁓ le bras/la jambe.* – **se** *⁓* (il s'est plié) Se soumettre: *il faut se ⁓ aux circonstances.*

le **plomb** [plõ] Métal gris, très lourd: *lourd comme du ⁓, un tuyau de ⁓; un sommeil de ⁓ (= très profond).*

plomber *v.* *⁓ une dent (= faire un plombage), une dent plombée, ⁓ un wagon (= mettre un sceau de plomb).*

le **plombier** Artisan qui s'occupe des installations sanitaires: *appeler le ⁓, le ⁓ a réparé le robinet.*

plonger *v.* (-ge- devant a et o: nous plongeons; il plongeait; plongeant) Se jeter/s'enfoncer dans l'eau: *⁓ dans l'eau/ dans la rivière, ⁓ du haut du tremplin, le sous-marin a plongé, ⁓ sa main dans l'eau.* – **se** *⁓* (il s'est plongé), *se ⁓ dans son travail/dans son journal/dans un roman policier.*

plu → plaire, → pleuvoir.

la **pluie** L'eau qui tombe en gouttes des nuages: *la ⁓ tombe, des gouttes de ⁓, une ⁓ fine/diluvienne, un jour de ⁓; après la ⁓ le beau temps, parler de la ⁓ et du beau temps.*

la **plume** *l'oiseau lisse ses ⁓s, le gibier à ⁓, arracher les ⁓s d'un poulet, léger comme une ⁓; la ⁓ d'un stylo.*

plume

plumer *v.* Arracher les plumes d'un oiseau: *⁓ un poulet.*

la **plupart** La plus grande partie de; CONTR. aucun, peu: *la ⁓ du temps/des hommes, la ⁓ d'entre nous, la ⁓ des journaux ont publié l'interview.* ⚠ La plupart **sont** restés.

la **pluralité** Le fait d'exister en grand nombre: *la ⁓ des partis politiques.*

le **pluriel** ‖ CONTR. le singulier: *mettre un mot au ⁓, la première personne du ⁓ (= nous), quel est le ⁓ de «cheval»?*

plus *adv.* [ply/plys] **1.** CONTR. moins: *être ⁓ grand que son frère, ⁓ souvent, regarder de ⁓ près, aimer qn ⁓ que tout, demander encore ⁓, deux jours ⁓ tard/⁓ tôt, ⁓ ou moins, de ⁓ en ⁓, ⁓ de la moitié, la ⁓ grande partie, une fois de ⁓, ⁓ de sept fois, tout au ⁓ (= au maximum), ⁓ d'un de ces hommes m'était (étaient) connu(s), les gens les ⁓ riches.* **2.** Négation [ply]: *je ne dis ⁓ rien, je ne la vois ⁓, nous partirons quand il ne pleuvra ⁓, je ne le ferai ⁓ jamais, moi non ⁓.*

plusieurs *adj.* (invariable) Plus de deux, quelques, un certain nombre; CONTR. un, aucun: *⁓ fois, ⁓ jours, ⁓ personnes sont là, ⁓ d'entre nous, en ⁓ endroits.* ⚠ Pas de «de partitif» avec plusieurs.

le **plus-que-parfait** [plys-] En grammaire, temps du verbe: *employer le ⁓.*

plutôt *adv.* Marque ce qu'on aime mieux, de préférence: *préférer rester ⁓*

que de partir, venez ~ aujourd'hui que demain. ⚠ Ne pas confondre avec **plus tôt.**

pluvieux, pluvieuse adj. Où il pleut souvent: un été ~, un temps ~.

le **pneu** (les pneus) les ~s d'une auto, gonfler les ~s, un ~ a crevé, changer un ~, rouler avec des ~s usés.

pneu

pneumatique adj. un canot/un matelas ~ (= gonflé avec de l'air).

la **poche** Petit sac d'étoffe à l'intérieur d'un vêtement (pour y mettre un mouchoir, les clefs, etc.): les ~s d'une veste/d'un pantalon, mettre qc dans ses ~s, vider ses ~s, un livre/une lampe de ~, avoir de l'argent dans sa/en ~, ses parents lui donnent chaque jour un peu d'argent de poche.

le **poêle** [pwal] Appareil de chauffage: un ~ à charbon, allumer le ~, se chauffer avec un ~.

la **poêle** [pwal] une ~ à frire, faire cuire la viande dans la ~, la queue de la ~.

poêle

le **poème** Ouvrage de poésie, en vers: la ballade/le sonnet/la fable/l'élégie sont des ~s, les strophes/les rimes/les vers d'un ~, écrire un ~.

la **poésie 1.** ‖ Contr. la prose: la ~ lyrique, aimer la ~. **2.** Un poème: apprendre par cœur/réciter une ~.

le **poète** ‖ Écrivain qui fait de la poésie: un ~ romantique, le ~ fait des vers, un grand ~.

poétique adj. ‖ Propre à la poésie: l'art

~, un style/une langue ~, des œuvres ~s. – adv. **poétiquement.**

le **poids** [pwa] **1.** Ce que pèse qc: le gramme/le kilogramme, etc. sont des unités de ~, le ~ de ce sac est de 50 kilos, le ~ d'une charge; le ~ d'un argument. **2.** placer des ~ de cent grammes sur la balance.

poids

le **poids lourd** Gros camion: conduire un ~.

la **poignée 1.** Quantité que peut contenir une main fermée: une ~ de grains/de sel. **2.** la ~ d'une valise/d'une épée. **3.** donner une ~ de main à qn (= serrer la main de qn pour le saluer).

poignée

le **poignet** avoir le ~ souple, se casser le ~; les ~s d'une chemise.

poignet

le **poil** Ce qui couvre le corps de certains animaux: le gibier à ~ et à plume, le chat perd ses ~s, avoir du ~ sur le corps/sur les jambes. ⚠ Sur la tête, on a des **cheveux.**

le **poing** [pwẽ] Main fermée: avoir un revolver au ~, donner un coup de ~ à qn, montrer le ~ (= menacer).

le **point 1.** Le signe «.»: les ~s et les virgules, les deux-~s (:), le ~-virgule (;), le ~ d'exclamation (!), le ~ d'interrogation (?), mettre un ~ sur un «i». **2.** Endroit, le lieu: aller d'un ~ à un autre, le ~ de départ/d'arrivée, le ~ culminant. **3.** Au sport, au jeu: *compter les ⌣s*. **4.** *à ce ⌣ (= tellement), à quel ⌣ (= combien), sur ce ⌣ je suis d'accord avec vous, un ⌣ commun, mettre un appareil de photo au ⌣, la viande est cuite à ⌣ (= juste comme il faut), il est sur le ⌣ de partir (= prêt à partir), faire le ⌣ (= préciser la situation où l'on se trouve), à tel ⌣ que +* ind. *(= de sorte que).*

point *(mot littéraire) adv.* de négation: *ne . . . ⌣ (= pas du tout), je ne vous ai ⌣ vu depuis longtemps.*

le **point de vue 1.** Opinion particulière: *dire/exposer son ⌣, partager le ⌣ de qn, au ⌣ économique/de l'économie (= en ce qui concerne l'économie) cette région est sous-développée.* **2.** Endroit d'où l'on a une vue pittoresque: *avoir un beau ⌣ du haut de la tour.*

la **pointe 1.** Extrémité pointue d'un objet: *se piquer avec la ⌣ d'une aiguille; marcher sur la ⌣ des pieds (= le bout).* **2.** *la vitesse de ⌣ (= maximale), les heures de ⌣.* **3.** Parole ironique: *lancer des ⌣s.*

pointu, pointue *adj.* Qui se termine en pointe; Contr. arrondi: *un crayon/un clou/un clocher ⌣.*

la **pointure** Nombre qui indique la dimension des chaussures/des gants, etc.: *la ⌣ 42, quelle ⌣ chaussez-vous?, est-ce que cette ⌣ vous va?*

la **poire** Fruit: *manger une ⌣, une ⌣ sucrée/délicieuse/mûre, une tarte aux ⌣s, de la compote de ⌣s.*

poire

le **poireau** (les **poireaux**) Un légume: *la soupe aux ⌣x, acheter une botte de ⌣x.*

poireau

le **pois** [pwa] Plante grimpante: *cultiver des ⌣, des petits ⌣, des petits ⌣ de conserve.*

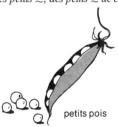

petits pois

le **poison** Substance dangereuse qui tue les êtres vivants: *certains champignons contiennent un ⌣.*

le **poisson** Animal qui vit toujours dans l'eau: *les ⌣s de rivière/de mer, pêcher/prendre des ⌣s, les arêtes du ⌣, le marchand de ⌣s, manger du ⌣ le vendredi; être heureux comme un ⌣ dans l'eau, un ⌣ d'avril.*

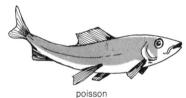

poisson

la **poissonnerie** Magasin où l'on vend du poisson, des coquillages: *acheter des huîtres à la ⌣.*

la **poitrine 1.** Partie du corps humain qui contient le cœur et les poumons: *avoir une large ⌣, respirer à pleine ⌣.* **2.** Les seins de femme: *elle a beaucoup de ⌣, une belle ⌣.*

le **poivre** Petits grains au goût très fort: *du ⌣ noir/blanc, un moulin à ⌣, un steak au ⌣, mettre du ⌣ dans la soupe/une sauce.*

polaire *adj.* || *l'étoile ⌣, une expédition ⌣, les régions ⌣s.*

le **pôle** || *le ⌣ Nord/Sud, le ⌣ positif/négatif; les deux ⌣s de l'opinion.*

la **polémique 1.** || Débat vif et agressif: *engager une ⌣ avec qn.* **2.** *adj. un style ⌣.*

poli, polie *adj.* Qui sait se conduire en société; Contr. impoli, grossier, impertinent, insolent: *être ⌣ avec/envers les dames, un enfant ⌣, un refus ⌣, il est ⌣*

de faire cela, il est plus ~ que vous alliez le voir. ~ – adv. **poliment.**

la **police** ‖ *l'agent de ~ règle la circulation, l'inspecteur de ~, le commissariat de ~, la ~ judiciaire (P.J.), dénoncer qn à la ~, se faire arrêter par la ~.*

le **policier** Personne qui appartient à la police: *un ~ en civil, les ~s ont arrêté un suspect.*

policier, policière *adj.* De la police: *des mesures ~ières, une enquête ~ière, un chien ~; un film/un roman ~ (= dont le sujet est une affaire criminelle).*

polir *v.* ‖ Rendre lisse, luisant: *~ le marbre. – se ~* (il s'est poli) *il s'est poli les ongles.*

la **politesse** Qualité de celui qui sait se conduire en société; CONTR. l'impolitesse, l'impertinence, l'insolence: *saluer avec ~, des formules de ~, échanger des ~s.*

la **politique** ‖ *la ~ intérieure/extérieure, une ~ conservatrice/libérale/de droite/de gauche, la ~ du gouvernement/d'un parti, faire de la ~, s'intéresser à la ~.*

politique *adj.* ‖ *le pouvoir ~, les institutions ~s, les partis ~s, un homme ~, une carrière ~.*

polluer *v.* Salir, rendre dangereux par des matières toxiques: *~ l'atmosphère/ l'eau, l'air pollué.*

la **pollution** L'action de polluer l'atmosphère/l'eau/la nature: *la ~ de l'atmosphère/de l'eau des rivières, lutter contre la ~.*

poltron, poltronne 1. *adj.* Qui a peur des petits dangers, lâche; CONTR. courageux, audacieux: *être ~, un jeune homme ~.* **2.** *m. s'enfuir comme un ~.*

polyglotte *adj.* Qui parle plusieurs langues: *un interprète/un guide ~.*

la **pommade** *un tube de ~, mettre une ~ sur une plaie, une ~ contre les brûlures.*

la **pomme 1.** Fruit: *manger une ~, une tarte aux ~s, le jus de ~s, des ~s à cidre; la ~ d'Adam.* **2.** *la ~ de pin.* △ **La** pomme.

pomme

la **pomme de terre** (les pommes de Un légume: *éplucher des ~s de terre, manger des ~s de terre, de la purée de ~s de terre, des ~s de terre frites.*

pommes de terre

la **pommette** *avoir les ~s rouges.*

pommette

la **pompe 1.** ‖ *aller chercher de l'eau à la ~, une ~ à incendie, une ~ à essence (d'une station-service), une ~ à bicyclette.* **2.** ‖ Cérémonie solennelle: *se marier en grande ~.* △ **La** pompe.

pompeux, pompeuse *adj.* ‖ Magnifique, majestueux; CONTR. simple: *un discours ~, un ton ~. – adv.* **pompeusement.**

le **pompier** Homme chargé d'éteindre les incendies: *les sapeurs-~s, appeler les ~s, une voiture de ~s, l'échelle des ~s.*

la **ponctuation** Le point, la virgule, le tiret sont des signes de ponctuation: *mettre la ~, une faute de ~.*

ponctuel, ponctuelle *adj.* Qui est toujours à l'heure, régulier; CONTR. inexact, négligent: *être ~ à un rendez-vous, un employé ~. – adv.* **ponctuellement.**

pondre *v.* Faire des œufs: *les oiseaux pondent, la poule a pondu huit œufs.*

le **pont 1.** *les ~s sur la Seine, le ~ du chemin de fer, franchir/passer/traverser un ~, l'eau coule sous le ~; un ~ aérien; faire le ~ (= avoir un jour de congé entre 2 jours où on ne travaille pas).* **2.** Les différents étages d'un bateau: *le ~ d'un navire/d'un bateau, se promener sur le ~.* △ **Le** pont.

pont

pont

pontificale *adj.* (pontifi-
icales) ‖ du pape: *le trône* ~,

___ *adj.* **1.** Du peuple: *des tradi-
n mot* ~, *la volonté* ~, *les dé-
mocraties* ~*s socialistes.* **2.** ‖ Qui plaît à
un très grand nombre de personnes: *un
président/un chanteur* ~, *le football est un
sport très* ~. – *adv.* **populairement.**

la **popularité** ‖ *la* ~ *d'un chef d'État, jouir
d'une certaine/grande* ~.

la **population** Toutes les personnes qui ha-
bitent. un pays, une ville: *la* ~ *de la
France/de Lyon, une région à* ~ *dense, la*
~ *active.*

le **porc** [pɔr] Le cochon: *un élevage de* ~*s,
un rôti de* ~, *la graisse de* ~, *le charcutier
vend du* ~.

porc

la **porcelaine** ‖ *des tasses/des assiettes/de la
vaisselle en/de* ~, *la* ~ *de Limoges/de
Saxe/de Chine.* △ **La** porcelaine.

pornographique *adj.* ‖ *un roman/un
film/une photo* ~.

le **port** [pɔr] Le Havre/Marseille sont des
ports français: *un* ~ *maritime/fluvial, un*
~ *de commerce/de pêche, le bateau entre
au* ~/*sort du* ~; *arriver à bon* ~.

portable *adj.* Qu'on peut porter, porta-
tif: *une machine à écrire/un téléviseur* ~.

le **portail** ‖ Grande porte: *le* ~ *du parc
d'un château, le* ~ *d'une cathédrale.*

portant, portante *adj.* être bien/mal ~
(= en bonne/en mauvaise santé).

la **porte 1.** *les* ~*s d'une maison, la* ~ *d'en-
trée/de sortie, ouvrir/fermer la* ~, *entrer/
sortir par la* ~, *le
seuil de la* ~, *frap-
per à la* ~ *avant
d'entrer, attendre à/
devant la* ~, *la clef
est sur la* ~; *mettre
qn à la* ~ (=*chas-
ser*). **2.** *les* ~*s d'une
vieille ville/de Paris,
la* ~ *de Pantin (à
Paris).*

porte

la **portée 1.** La distance: *un canon à longue*
~ (= *qui tire loin), à* ~ *de la main* (= *tout
près), être hors de* ~ *de la voix.* **2.** La
gravité, l'importance: *la* ~ *d'un argu-
ment/d'une faute, une décision sans* ~ *po-
litique/d'une grande* ~.

le **portefeuille** On y range des billets de
banque/des papiers: *un* ~ *de cuir, ouvrir/
fermer son* ~, *tirer un billet de mille francs
de son* ~, *avoir un* ~ *bien garni* (= *être
riche), se faire voler son* ~.

le **portemanteau** (**les portemanteaux**) Dis-
positif pour suspendre les vêtements: *ac-
crocher/mettre son pardessus au* ~, *les* ~*x
d'un vestiaire.*

le **porte-monnaie** *(invariable)* Petit sac
où l'on met l'argent de poche: *un* ~ *de
cuir, avoir de l'argent dans son* ~, *ouvrir/
fermer son* ~, *avoir le* ~ *bien garni
(= être riche).*

le **porte-parole** *(invariable)* Celui qui parle au nom d'un groupe/du gouvernement,
etc.: *le* ~ *du ministre/du président, ce
journal est le* ~ *de l'opposition.*

porter *v.* **1.** Avoir dans les mains/sur les
épaules, etc. qc qui est plus ou moins
lourd; CONTR. poser, déposer: ~ *une valise à la main,* ~ *un bébé dans ses bras,
l'arbre porte des fruits.* **2.** Avoir sur soi: ~
*des lunettes/une barbe/un costume rouge;
la lettre porte la date du 18 mai;* ~ *la responsabilité de qc,* ~ *un nom,* ~ *plainte
contre qn,* ~ *bonheur/malheur,* ~ *secours
à qn.* – **se** ~ (il s'est porté), *je me porte
mieux aujourd'hui.*

le **porteur** Homme qui porte les bagages
des voyageurs (dans une gare): *apieler un*
~, *faire porter ses valises par un* ~.

le **portier** *le* ~ *d'un hôtel.* △ Dans un
immeuble privé il y a un/une **concierge.**

la **portière** La porte d'une voiture/d'un
train: *ouvrir/fermer les* ~*s, baisser la vitre
de la* ~, *défense de se pencher à la* ~.

la **portion** ‖ Une part, un morceau: *une* ~
de gâteau/de viande/de frites.

le **portrait** ‖ *faire le* ~ *de qn, un* ~ *de face,
cet enfant est le* ~ *de son père* (= *il lui
ressemble beaucoup).*

la **pose 1.** Action de mettre en place: *la* ~
*de la première pierre de la nouvelle mairie
a eu lieu en grande pompe.* **2.** ‖ L'attitude

du corps: *prendre une* ⌣. **3.** L'exposition d'un film à la lumière: *le temps de* ⌣.

poser *v.* **1.** Mettre à une place; Contr. enlever: ⌣ *qc par terre,* ⌣ *la tête sur l'oreiller;* ⌣ *des rideaux à une fenêtre;* ⌣ *une question à qn, se* ⌣ *une question, cela pose un problème.* **2.** ‖ Servir de modèle à un peintre: ⌣ *pour un portrait.* – **se** ⌣ (il s'est posé), *l'oiseau se pose sur une branche.*

positif, positive *adj.* ‖ Contr. négatif: *donner une réponse* ⌣*ve, une réaction* ⌣*ve, une critique* ⌣*ve, obtenir un résultat* ⌣, *avoir des avantages* ⌣*s* (= concrets), *le pôle* ⌣ *(électricité).* – *adv.* **positivement.**

la **position** ‖ *la* ⌣ *horizontale/verticale, la* ⌣ *assise, le navire/l'avion allume ses feux de* ⌣*; la voiture n° 10 est maintenant en deuxième* ⌣, *occuper une* ⌣ *sociale, un homme dans sa* ⌣ *ne peut se permettre cela, la* ⌣ *politique de qn, prendre* ⌣ (= *dire son opinion), abandonner ses* ⌣*s.*

posséder *v.* (je possède, il possède, nous possédons, ils possèdent; il possédera) Être le propriétaire, avoir: ⌣ *une voiture/ une maison/de l'argent,* ⌣ *la vérité/une bonne mémoire.*

possessif, possessive *adj.* ‖ *les adjectifs* ⌣*s: mon, ton, son . . ., les pronoms* ⌣*s: mien, tien, sien . . .*

la **possession** Le fait de posséder: *la* ⌣ *d'une fortune, prendre* ⌣ *de qc, avoir qc en sa* ⌣, *être en* ⌣ *de qc.*

la **possibilité** Caractère de ce qui peut se réaliser, l'éventualité; Contr. l'impossibilité: *envisager toutes les* ⌣*s, avoir la* ⌣ *de faire qc, si j'en avais la* ⌣ *je voyagerais, il n'y a aucune* ⌣ *de faire cela.*

possible 1. *adj.* Qui peut avoir lieu, réalisable; Contr. impossible, invraisemblable: *est-ce* ⌣*?, venez à 8 heures si c'est* ⌣, *ce n'est pas* ⌣, *il est* ⌣ *de faire cela, il est* ⌣ *que* + subj., *le moins de fautes* ⌣. **2.** *m.* *faire tout son* ⌣.

postal, postale *adj.* (postaux, postales) Qui concerne la poste: *une carte* ⌣*e, un colis* ⌣, *les tarifs* ⌣*aux, le service* ⌣.

la **poste** ‖ *le bureau de* ⌣, *l'employé des* ⌣*s, aller à la* ⌣, *mettre une lettre à la* ⌣, *envoyer qc par la* ⌣. ⚠ Les lettres, les cartes postales, etc. = **le courrier.**

le **poste 1.** ‖ Lieu où des troupes se trouvent placées: *le* ⌣ *de commandement, être/rester à son* ⌣, *quitter son* ⌣*; le* ⌣ *de police.* **2.** Emploi auquel on est nommé: *le* ⌣ *de directeur est vacant, occuper/avoir un* ⌣ *très important.* **3.** Appareil de radio/ de télévision: *ouvrir le* ⌣ *de radio.*

postérieur, postérieure 1. *adj.* Qui vient après: *une date* ⌣*e, la partie* ⌣*e de la maison.* – *adv.* **postérieurement. 2.** *m.* *(mot familier)* Le derrière d'une personne, le cul: *tomber sur son* ⌣.

posthume *adj.* ‖ Qui est publié après la mort de l'auteur: *des œuvres* ⌣*s, une décoration* ⌣ (= *donnée à un mort).*

postiche 1. *adj.* Contr. naturel: *avoir des cheveux* ⌣*s, porter une barbe* ⌣, *des cils* ⌣*s.* **2.** *m.* *porter un* ⌣.

le **post-scriptum** [-ɔm] *(invariable)* ‖ Texte ajouté à une lettre après la signature: *mettre un* ⌣, *écrire qc en* ⌣. ⚠ Abréviation: P.-S.

le **pot** [po] Récipient de ménage: *un* ⌣ *à lait/à eau/de yaourt, un* ⌣ *de fleurs, un* ⌣ *de chambre, mettre un enfant sur le* ⌣*; tourner autour du* ⌣. ⚠ Ne pas confondre avec **la marmite** (qui sert à préparer un repas). ⚠ Distinguez: le pot **à** lait (pour y mettre du lait) et le pot **de** lait (où il y a du lait).

pot de fleurs

pot de chambre

potable *adj.* Bon à boire: *de l'eau (non)* ⌣.

le **potage** La soupe de viande ou de légumes: *un* ⌣ *aux légumes/aux pâtes, servir le* ⌣, *prendre du* ⌣. ⚠ **La soupe** est plus épaisse que le potage.

potager, potagère *adj.* Se dit des plantes qui servent à l'alimentation: *des plantes* ⌣*ères, un jardin* ⌣.

le **pot-au-feu** [pɔt-] *(invariable)* Plat composé de viande de bœuf et de légumes bouillis: *faire cuire le* ⌣ *pendant trois heures.*

le **poteau** (**les poteaux**) Longue pièce de bois/de métal, etc. dressée verticalement: *un ~ de bois/de béton, les ~x télégraphiques, le ~ d'exécution (= on y attache ceux qui seront fusillés), au ~!*

le **potentiel** ‖ La capacité de production: *le ~ économique d'un pays.*

la **poterie** La fabrication d'objets/de vaisselle de terre cuite, la céramique: *faire de la ~, des ~s anciennes, des fragments de ~s préhistoriques.*

le **potin** Les bavardages du village: *apprendre les derniers ~s chez le coiffeur.*

le **pou** (**les poux**) Petit insecte parasite: *un clochard couvert de ~x.*

pou

la **poubelle** Récipient destiné à recevoir les ordures ménagères: *jeter qc à la ~, les ~s sont vidées par les éboueurs.*

le **pouce** Le plus gros et le plus court des doigts: *le ~ droit/gauche, l'ongle du ~, sucer son ~; se tourner les ~s (= rester sans rien faire).*

pouces

la **poudre** **1.** ‖ *une ~ fine, du sucre/du lait en ~, se mettre de la ~ (= comme fard), jeter de la ~ aux yeux.* **2.** Mélange explosif: *la ~ à canon, mettre le feu aux ~s.* ⚠ **La poudre.**

le **poulailler** **1.** Abri où sont les poules: *les poules logent dans un ~, les perchoirs d'un ~.* **2.** Galerie supérieure d'un théâtre: *prendre une place au ~.*

le **poulain** Le petit du cheval (jusqu'à trente mois): *la jument et son ~.*

la **poularde** Jeune poule engraissée: *manger une ~.*

la **poule** La femelle du coq: *la ~ picore, la ~ pond/couve, un œuf de ~, manger une ~ au riz; avoir la chair de ~ (= avoir des frissons de peur ou de froid).*

poule

le **poulet** Le petit de la poule (de trois à dix mois): *manger du ~, un ~ rôti.*

la **pouliche** Jeune femelle du cheval (qui n'est pas encore adulte).

le **pouls** [pu] ‖ Battement des artères: *tâter le ~, prendre le ~ du malade.*

le **poumon** Organe de la respiration (dans la poitrine): *respirer l'air pur des montagnes à pleins ~s, les maladies du ~.*

la **poupée** ‖ Jouet de petites filles: *la petite fille joue à la ~.*

poupée

pour *prép.* **1.** Marque le but: *c'est ~ vous, c'est ~ votre bien, sa haine ~ lui, prier ~ qn, chacun ~ soi, c'est ~ cela que je suis venu, travailler ~ vivre.* **2.** En échange de: *vendre qc ~ mille francs, dix ~ cent (%).* **3.** Marque l'endroit où l'on veut aller: *partir ~ Paris, les voyageurs ~ Paris.* **4.** Marque le temps: *~ dix mois, le moment, ~ cette fois.* **5.** Contr. contre: *je suis ~ cette décision.* **6.** À cause de: *on l'admire ~ ses qualités, ~ cette raison.* **7.** *conj.* Afin que: *~ que + subj., ~ qu'il le sache.* **8.** *m.* discuter le ~ et le contre.

le **pourboire** Petite somme d'argent donnée à qn qui vous a bien servi: *donner un ~ au garçon/au chauffeur de taxi.*

le **pourcentage** Proportion pour cent (%):

calculer le ∼ de bénéfice, le ∼ des votes.

le **pourpre** ‖ Couleur: *une robe d'un beau ∼.*

pourquoi *adv. interrogatif et conj.* Pour quelle raison: «∼ *as-tu fait cela?*», «∼ *partez-vous si tôt?*», «∼ *le train s'arrête-t-il?*», *je ne comprends pas ∼ il part si tôt, je lui demande ∼ il n'est pas venu, expliquer ∼ on a fait qc, c'est ∼ je suis venu (= c'est pour cela),* «∼ *pas?*» ⚠ «Tu me donnes de l'argent? – **Pour quoi** faire?»

pourrir *v.* Se décomposer en parlant d'une matière organique: *des fruits pourris, de la viande pourrie, le bois pourrit à l'humidité.*

la **poursuite** Action de poursuivre: *la police s'est lancée à la ∼ d'un malfaiteur; la ∼ du travail* (CONTR. *l'arrêt*).

poursuivre *v.* (je poursuis, il poursuit, nous poursuivons, ils poursuivent; il poursuivit; il a poursuivi) **1.** Suivre pour atteindre; CONTR. fuir, éviter: ∼ *qn, ∼ un but, être poursuivi par qn; ∼ qn de sa colère.* **2.** Continuer: ∼ *son voyage/ses études.* ⚠ Il **a** poursuivi.

pourtant *adv.* Quand même, cependant, toutefois: *il faut ∼ l'avouer, c'est ∼ bien simple, elle avait de très bonnes notes et ∼ elle a raté son examen, il faut ∼ continuer.*

pourvoir *v.* (je pourvois, il pourvoit, nous pourvoyons, ils pourvoient; il pourvut; il a pourvu; il pourvoira) Donner à qn qc qui lui sera utile, munir, équiper: ∼ *qn de qc, ∼ un atelier de machines, la bicyclette est pourvue de garde-boue.*

pourvu que *conj.* (+ subj.) À condition que: *je veux bien te prêter ce disque ∼ que tu ne l'abîmes pas; ∼ qu'on arrive à temps!; ∼ qu'il fasse beau demain! (= indique un souhait).*

pousser *v.* **1.** CONTR. tirer: ∼ *un meuble/une brouette, ∼ qn du coude; ∼ qn à faire qc (= entraîner); ∼ ses recherches jusqu'au bout, ∼ qn à bout; ∼ un cri/des cris.* **2.** Grandir, croître: *l'herbe commence à ∼, beaucoup de fleurs poussent dans le jardin.*

la **poussière** Terre/saleté en poudre très fine: *la ∼ des routes, un nuage de ∼, les ∼s qui polluent l'atmosphère des villes, les*

∼*s radioactives, passer l'aspirateur sur le tapis pour ôter la ∼.*

le **poussin** Jeune poulet qui vient de sortir de l'œuf: *une poule entourée de ses ∼s.*

la **poutre** Grosse pièce de bois/de métal (servant de support): *dans cette vieille ferme tous les plafonds ont des ∼s apparentes.* ⚠ **La** poutre.

pouvoir *v.* (je peux, tu peux, il peut, nous pouvons, vous pouvez, ils peuvent, puis-je?; il put; il a pu; qu'il puisse; il pourra) **1.** Avoir la possibilité de: ∼ *faire qc, il ne peut pas chanter, venez si vous pouvez.* ⚠ Ne pas confondre avec **savoir** (= avoir appris). **2.** Indique que qc est possible: *des malheurs peuvent arriver, il se peut que* + subj. **3.** Avoir la permission, le droit: *il peut entrer.* **4.** *adv.* peut-être. ⚠ **Je puis** (= je peux) forme littéraire, mais dans la tournure interrogative on dit **puis-je** et non pas «peux-je».

le **pouvoir 1.** Le fait d'être capable de faire qc: *avoir le ∼ de faire qc.* **2.** L'autorité, la puissance: *le ∼ absolu/législatif/exécutif/judiciaire, la séparation des ∼s, arriver au ∼ (= au gouvernement).*

pragmatique *adj.* ‖ Orienté vers l'action/la vie pratique: *une politique ∼, un esprit ∼.*

la **prairie** Grand terrain couvert d'herbe: *les vaches sont dans la ∼, les vaches paissent dans la ∼.* ⚠ La prairie est plus grande que le **pré**.

praliné, pralinée *adj. du chocolat ∼, une crème/glace ∼e.* ⚠ On dit «une boîte de **chocolats**».

praticable *adj.* Où l'on peut passer sans difficulté: *un chemin ∼ pour les voitures, une route à peine ∼.*

la **pratique** ‖ La mise en action de principes; CONTR. la théorie: *mettre qc en ∼, avoir la ∼ d'un métier (= l'expérience); la vente à crédit est une ∼ courante (= façon d'agir).*

pratique *adj.* ‖ CONTR. incommode; théorique: *un appareil/un outil ∼, c'est ∼ (= commode); des exercices/des travaux ∼s; avoir le sens ∼ (= savoir se débrouiller).* – *adv.* **pratiquement** (= presque, à peu près), *son ouvrage est pratiquement terminé.*

pratiquer *v.* Exercer une activité, etc.:
~ *un sport/un métier/un art,* ~ *sa religion.* ⚠ Le docteur Dupont n'**exerce** plus
depuis deux mois.

le **pré** Terrain où pousse de l'herbe pour les
animaux, petite prairie: *mener les vaches
au* ~.

préalable *adj.* Qui se fait avant autre
chose: *prendre une décision après une enquête* ~, *demander l'accord* ~ *du propriétaire avant d'abattre un mur; il aurait dû se
renseigner au* ~. – *adv.* **préalablement**
(= d'abord).

précaire *adj.* Incertain, passager;
CONTR. sûr, stable: *une situation/un bonheur* ~.

la **précaution** Disposition que l'on prend
pour éviter un mal/un danger, la prudence: *prendre des* ~*s/ses* ~*s contre qc,
faire qc avec de grandes* ~*s, avec toutes les*
~*s nécessaires, parler/marcher avec* ~.

précédent, précédente *adj.* Qui a lieu
avant, qui vient avant; CONTR. suivant: *le
jour* ~ *(= la veille), lire encore une fois la
page* ~*e.*

précéder *v.* (je précède, il précède, nous
précédons, ils précèdent; il précédera)
Être avant (dans le temps ou dans l'espace); CONTR. suivre: *je vais vous* ~ *pour
vous montrer le chemin, il m'a précédé de
10 minutes, la préface qui précède le livre.*

prêcher *v.* Enseigner la parole de Dieu,
prononcer un sermon à l'église: *le prêtre
monte en chaire pour* ~, ~ *l'Évangile;* ~
la haine/la modestie (= conseiller).

précieux, précieuse *adj.* De grande valeur, de grand prix: *une pierre* ~*se, l'or
est un métal* ~; *votre aide m'est très* ~*se,
perdre un temps* ~, *une amitié* ~*se.* – *adv.*
précieusement.

le **précipice** Vallée très profonde aux
flancs à pic, le gouffre, l'abîme: *une route
au bord d'un* ~, *tomber dans le* ~.

précipitamment *adv.* En grande hâte,
très vite; CONTR. lentement: *s'enfuir* ~,
modifier ~ *ses projets.*

précipiter *v.* Faire aller plus vite: ~ *son
départ, il ne faut rien* ~. – **se** ~ (il s'est
précipité), *se* ~ *par la fenêtre (= sauter
dans le vide), le chien s'est précipité sur
qn, les battements de son cœur se précipi-

tent (= deviennent rapides).

précis, précise *adj.* ‖ Clair, net, exact;
CONTR. imprécis, vague, diffus, obscur:
avoir des idées ~*es sur qc, expliquer qc de
façon* ~*se, un calcul* ~, *à midi* ~, *à trois
heures et demie très* ~*es.* – *adv.* **précisément.**

le **précis** Petit manuel qui contient les
choses les plus importantes: *acheter un* ~
d'histoire.

préciser *v.* ‖ Faire connaître de façon
plus précise: ~ *sa pensée/une idée,* ~ *le
lieu et l'heure de l'accident,* ~ *que* + ind.

la **précision** ‖ CONTR. la confusion, l'inexactitude, l'incertitude: *la* ~ *d'un calcul/
d'un renseignement, une balance de* ~, *un
travail de* ~, *demander/apporter des* ~*s
sur un point.*

précoce *adj.* Qui est mûr/qui a lieu avant
le temps normal; CONTR. tardif: *planter
des fraisiers* ~*s, un automne* ~, *un mariage* ~.

le **prédécesseur** Personne qui avait une
fonction/un emploi avant une autre;
CONTR. le successeur: *mon* ~ *a occupé ce
poste pendant deux ans.*

prédire *v.* (je prédis, il prédit, nous pré-
disons, vous prédisez, ils prédisent; il prédit; il a prédit) Dire l'avenir: ~ *l'avenir,*
~ *une crise économique,* ~ *à qn que* +
ind. ⚠ Vous **prédisez.**

la **préface** Texte placé en tête d'un livre,
l'avertissement, l'introduction: *écrire/lire
la* ~ *d'un livre.*

la **préfecture 1.** Les services d'un préfet:
aller à la ~, *le secrétaire général de la* ~,
la ~ *de police (à Paris).* **2.** La ville où se
trouve une préfecture: *Lyon est la* ~ *du
Rhône.*

préférable *adj.* Ce qu'on préfère: *cette
solution me paraît* ~ *à . . ., je trouve* ~ *de
faire cela, il est* ~ *que* + subj., *il est* ~ *de
faire cela plutôt que de . . .*

la **préférence** Action de préférer: *donner
la* ~ *à qn/à qc, avoir une* ~ *pour la peinture impressionniste, je passe mes vacances de* ~ *en Suisse.*

préférer *v.* (je préfère, il préfère, nous
préférons, ils préfèrent; il préférera)
Considérer comme meilleur, aimer
mieux; CONTR. rejeter: ~ *qc à qc/qn à qn,*

~ une personne/une chose à une autre, si vous préférez je viendrai demain, je préfère lire plutôt que d'aller me promener, il préfère aller au cinéma que rester à la maison, ~ que + subj., je préfère qu'il parte plutôt que (de) le voir inquiet. ⚠ «Préférer **de** faire qc» est vieilli.

le **préfet** [-fɛ] Le chef d'un département: les ~s sont nommés par le gouvernement, le sous-~.

le **préjudice** Dommage, tort causé à qn: causer un ~ à qn, subir un ~, un ~ moral; au ~ de, le partage a été fait à son ~ (= contre son intérêt).

le **préjugé** Opinion personnelle, fausse (souvent imposée par le milieu), le parti pris: avoir des ~s contre qn/contre qc, les ~s contre les étrangers, être plein de ~s, se libérer de ses ~s, être sans ~s.

prématuré, prématurée adj. Ce qui se produit trop tôt: il serait ~ d'annoncer cette nouvelle, la mort ~e de qn, un enfant ~ (= né trop tôt). – adv. **prématurément.**

préméditer v. Réfléchir longuement avant l'exécution d'une action: l'assassin avait prémédité son crime, une action préméditée.

premier, première 1. adj. CONTR. dernier: le ~ jour du mois, la ~ière fois, la ~ière rue à droite, monter/habiter au ~ étage, une marchandise de ~ière qualité, jouer le ~ rôle, voyager en ~ière (classe), en ~ lieu (= d'abord), le ~ ministre; une matière ~ière (= charbon, pétrole, métaux). **2.** m. le ~ janvier, être/arriver le ~, parler le ~. – adv. **premièrement.** ⚠ Napoléon Iᵉʳ (= premier), Napoléon III (= trois), le 1ᵉʳ mai, la 1ʳᵉ leçon.

la **première** ‖ la ~ d'un film/d'une pièce de théâtre, une ~ mondiale.

prendre v. (je prends, il prend, nous prenons, ils prennent; il prit; il a pris; prenant) Mettre dans la main, se procurer; CONTR. donner, laisser, abandonner: ~ un livre/son parapluie, ~ qc dans une armoire/sur la table, ~ une affaire en main, ~ des mesures/une décision, ~ la parole, prenez garde!, ~ le parti de qn, ~ qn à témoin, ~ qn au sérieux, ~ une personne pour une autre, pour qui me prenez-vous?, ~ un café/une bière, ~ un

bain, ~ l'avion/le train/la voiture, ~ congé, ~ patience/peur/froid, ~ en pitié/en horreur, ~ feu (= commencer à brûler). – se ~ (il s'est pris), ce médicament se prend après le repas, se ~ pour un génie (= se considérer comme). – s'y ~ agir d'une certaine manière: comment faut-il s'y ~?, s'y ~ bien/mal (= agir comme il faut/maladroitement).

le **prénom** Nom particulier donné à qn à sa naissance; CONTR. le nom de famille: un ~ masculin/féminin, quel est ton ~?, appeler qn par son ~.

préoccuper v. Inquiéter fortement, occuper exclusivement l'esprit: ce problème me préoccupe depuis longtemps, cette idée me préoccupe. – se ~ (il s'est préoccupé), se ~ de qc, se ~ de sa santé, se ~ de faire qc.

la **préparation** Action de préparer, chose préparée: la ~ du repas/d'une fête/du voyage; des ~s pharmaceutiques.

préparatoire adj. Qui prépare: un travail ~, des cours ~s.

préparer v. ‖ Mettre en état d'être utilisé, rendre prêt: ~ un repas, ~ soigneusement un voyage/un cours, ~ qn à un examen, ~ une surprise à qn, ~ qn à faire qc. – se ~ (il s'est préparé), se ~ à un examen/pour le bal, se ~ à partir.

la **préposition** ‖ (En grammaire) mot invariable: «de, à, sur, devant» sont des ~s.

près adv. **1.** À une petite distance; CONTR. loin: tout ~ d'ici, rester ~ de la porte, regarder/examiner qc de ~, être tout ~ l'un de l'autre. **2.** à peu ~ (CONTR. exactement), payer à peu ~ 10.000 francs. ⚠ Ne pas confondre **près** et **prêt.**

prescrire v. (je prescris, il prescrit, nous prescrivons, ils prescrivent; il prescrivit; il a prescrit) Indiquer précisément ce qu'on exige: la loi prescrit que + ind., le médecin lui a prescrit un traitement/un médicament.

la **présence 1.** ‖ Le fait de se trouver là; CONTR. l'absence: la ~ du ministre à la cérémonie a été très remarquée, être en ~ de qn, éviter la ~ de qn. **2.** la ~ d'esprit (= qualité de qn qui réagit vite).

présent, présente adj. **1.** Qui est là; CONTR. absent: être ~ à une réunion, les *personnes ici ⌣es (langue administrative), avoir qc ⌣ à l'esprit/à la mémoire.* **2.** Actuel, de maintenant: *dans la situation ⌣e, à la minute ⌣e.*

le **présent 1.** CONTR. le passé, l'avenir: *vivre dans le ⌣, à ⌣, jusqu'à ⌣.* **2.** ‖ En grammaire: *le ⌣ du verbe «aller», conjuguer un verbe au ⌣.* **3.** Le cadeau: *faire un ⌣ à qn.*

la **présentation** Action de présenter: *la ⌣ des passeports au contrôle, la ⌣ des marchandises dans un magasin; faire les ⌣s (= dire les noms de personnes qui ne se connaissent pas).*

présenter *v.* ‖ Montrer, offrir: *⌣ son billet au contrôleur, ⌣ ses félicitations/des excuses à qn, ⌣ une émission, ⌣ une personne à une autre (= dire leurs noms), permettez-moi de vous ⌣ mon ami.* – **se** ⌣ (il s'est présenté), *se ⌣ à la direction, se ⌣ au baccalauréat/aux élections, profiter des occasions qui se présentent.*

préserver *v.* Mettre à l'abri, protéger: *⌣ qn des dangers/d'un malheur, le ciel m'en préserve!*

le **président** ‖ *le ⌣ de la République, le ⌣ de l'assemblée, le ⌣-directeur général d'une société (P.D.G.), le ⌣ d'un jury d'examen.*

présidentiel, présidentielle *adj.* Qui concerne le président: *les élections ⌣les, les fonctions ⌣les, le régime ⌣.*

présider *v.* Être le président, diriger: *une séance/une réunion/un comité.*

presque *adv.* À peu près; CONTR. exactement, tout à fait: *maintenant nous sommes ⌣ arrivés, ⌣ toujours, ⌣ pas, ⌣ rien, tout le monde ou ⌣, c'est ⌣ sûr, dans sa ⌣ totalité, ⌣ toute la ville, dans ⌣ tous les cas.* △ Le -e final s'élide seulement dans **presqu'île.**

la **presse 1.** ‖ *la ⌣ de Paris, la ⌣ de province, l'agence de ⌣, la liberté de la ⌣, une campagne de ⌣.* **2.** ‖ *la ⌣ d'imprimerie, le livre est sous ⌣.*

pressé, pressée *adj.* Plein de hâte, urgent: *être bien/très ⌣, être ⌣ de partir, un voyageur ⌣.*

le **pressentiment** La connaissance intuitive et vague de l'avenir: *avoir le ⌣ d'un danger, avoir le ⌣ que + ind.*

presser *v.* **1.** ‖ *⌣ un citron, ⌣ qn dans ses bras/contre sa poitrine, ⌣ sur le bouton pour appeler l'ascenseur (= appuyer).* **2.** Pousser vivement qn à faire qc: *⌣ qn d'agir, je suis très pressé, le temps presse, rien ne vous presse.* – **se** ⌣ (il s'est pressé) Se hâter: *se ⌣ de faire qc, sans se ⌣.*

la **pression** Action de presser: *la ⌣ de la vapeur/des gaz, la ⌣ atmosphérique, les hautes/basses ⌣s, la bière à la ⌣.*

le **prestige** ‖ Le fait d'être admiré/respecté: *le ⌣ du chef de l'État, jouir d'un grand ⌣, une politique de ⌣.*

présumer *v.* Supposer: *tout homme est présumé innocent s'il n'a pas été déclaré coupable; il ne faut pas trop ⌣ de ses forces.*

prêt, prête *adj.* Qui peut faire tout de suite qc, qui est en état de: *être ⌣ à partir, l'avion est ⌣ à décoller, être ⌣ à tout, le café est ⌣ (= préparé).* △ Ne pas confondre avec **près** (= proche).

le **prêt** Somme d'argent que l'on prête: *solliciter un ⌣ pour acheter qc, un ⌣ à long terme, consentir un ⌣ à qn, rembourser un ⌣ à qn.*

le **prêt-à-porter** (les **prêts-à-porter**) Les vêtements coupés suivant des mesures normalisées: *un magasin de ⌣.*

prétendre *v.* **1.** Avoir l'intention de, vouloir: *⌣ que + subj., que prétendez-vous faire?, il prétend faire le tour du monde en ballon.* **2.** Affirmer qc qui n'est pas sûr: *⌣ que + ind., l'accusé prétend le contraire, il prétend avoir raison, il prétend avoir perdu son portefeuille.*

prétentieux, prétentieuse *adj.* Qui se croit supérieur aux autres, orgueilleux, vaniteux; CONTR. modeste: *être ⌣, parler sur un ton ⌣.* – *adv.* **prétentieusement.**

la **prétention** Le désir ambitieux: *avoir la ⌣ de devenir chef de service, avoir des ⌣s sur un héritage, parler avec ⌣ (= vanité).*

prêter *v.* **1.** Donner pour un certain temps; CONTR. emprunter: *⌣ de l'argent/un livre à qn, ⌣ qc sur gage/pour quinze jours, rendre ce que l'on nous a prêté; ⌣ l'oreille à qn, ⌣ serment (= jurer).* **2.** Donner matière à: *ce livre prête à la critique.*

le **prétexte** Raison fausse donnée pour cacher le véritable motif: *un mauvais* ~, *chercher/trouver/donner un* ~, *donner qc comme/pour* ~, *ce n'était qu'un* ~, *son mal de tête lui a servi de* ~ *pour ne pas aller en classe, sous* ~ *de . . .*

le **prêtre** Membre du clergé catholique: *le* ~ *célèbre la messe, se faire* ~. ⚠ **Le pasteur** est protestant.

la **preuve 1.** Ce qui sert à montrer qu'une chose est vraie: *donner/fournir/apporter des* ~*s, c'est la* ~ *que, la* ~ *en est que, la* ~ *du contraire, recevoir une* ~ *d'amour.* **2.** *faire* ~ *de qc (= montrer).* ⚠ **La** preuve.

prévenir *v.* (je préviens, il prévient, nous prévenons, ils préviennent; il prévint, nous prévînmes, ils prévinrent; il a prévenu; il préviendra) Informer à l'avance, mettre au courant, avertir: ~ *qn de qc, on m'a prévenu de son arrivée, sortir sans* ~ *ses parents,* ~ *la police/le médecin,* ~ *qn que* + ind., *je l'ai prévenu que j'arriverai demain/que j'étais arrivé.* ⚠ **Il a** prévenu.

préventif, préventive *adj.* ‖ Ce qui a pour but d'empêcher un malheur de se produire: *prendre des mesures* ~*ves contre les accidents de la route/contre la grippe, la médecine* ~*ve.*

prévisible *adj.* Que l'on pouvait prévoir; CONTR. imprévisible: *la catastrophe/ l'échec était* ~.

la **prévision** Action de prévoir un événement futur: *les* ~*s météorologiques, les* ~*s économiques, se tromper dans ses* ~*s.*

prévoir *v.* (je prévois, il prévoit, nous prévoyons, ils prévoient; il prévit; il a prévu; il prévoira) **1.** Imaginer un événement futur, deviner à l'avance: ~ *un changement de temps/les conséquences de qc, on ne peut pas tout* ~, *il était facile de* ~ *que* + ind., *tout s'est passé comme prévu; être prévoyant.* **2.** Projeter: *l'État a prévu la construction de nouvelles autoroutes.* ⚠ **Il prévoira.**

prier *v.* **1.** S'adresser à Dieu: *aller à l'église pour* ~, ~ *Dieu qu'il nous aide,* ~ *pour les morts.* **2.** Demander (avec humilité): ~ *qn de faire qc, ferme la porte je te prie, «Merci. – Je vous en prie», vous êtes prié de faire cela,* ~ *que* + subj., *pour*

que + subj., *se faire* ~ *(= ne pas accepter tout de suite).* ⚠ Imparfait: nous priions, vous priiez.

la **prière 1.** Paroles adressées à Dieu: *être en* ~ *(= prier), faire/dire sa* ~. **2.** Action de prier qn, la demande: *céder à la* ~ *de qn,* ~ *de ne pas fumer.*

primaire *adj.* Du premier degré; CONTR. secondaire: *l'école* ~, *l'enseignement* ~.

la **prime** Somme que l'assuré doit payer à une compagnie d'assurance: *payer une* ~ *d'assurance; recevoir une* ~ *(en plus de son salaire).*

les **primeurs** *f.* *(au pluriel)* Les légumes et les fruits qui mûrissent avant la saison: *le marchand de* ~.

primitif, primitive *adj.* ‖ CONTR. moderne, original: *l'homme* ~, *son blue-jean a perdu sa couleur* ~*ve, l'art* ~. – *adv.* **primitivement.**

primordial, primordiale *adj.* Essentiel, capital; CONTR. secondaire: *jouer un rôle* ~ *sur la scène politique/internationale.*

le **prince,** la **princesse 1.** ‖ Fils/fille d'un roi: *le* ~ *héritier (= le Dauphin), être belle comme une princesse, le P*~ *Charmant (dans les contes de fées).* **2.** Souverain d'une principauté: *le* ~ *de Monaco.*

principal, principale 1. *adj.* **(principaux, principales)** Qui est le plus important, essentiel; CONTR. secondaire, complémentaire: *jouer un rôle* ~, *une voie* ~*e, la proposition* ~*e (en grammaire).* **2.** *m. le* ~ *est de réussir.*

le **principe** ‖ *avoir des* ~*s, j'ai toujours eu pour* ~ *de faire cela, il critique tout par* ~, *manquer à ses* ~*s, en* ~ *il est d'accord (= normalement).*

le **printemps** [prɛ̃tã] La première des quatre saisons de l'année (du 21 mars au 21 juin): *au* ~, *le* ~ *dernier; le* ~ *de la vie.* ⚠ On dit: **au** printemps, mais: **en** été, **en** automne, **en** hiver.

la **priorité** Le droit de passer le premier: *laisser la* ~ *à une voiture, respecter la* ~ *à droite; donner la* ~ *aux événements politiques.*

la **prise 1.** De «prendre»: *la* ~ *de position, la* ~ *de la Bastille (en 1789); être aux* ~*s avec qn (= lutter).* **2.** En photographie: *la*

$\sim$ *de vue; la* $\sim$ *de son.* **3.** En médecine: *la* $\sim$ *de sang.* **4.** *la* $\sim$ *de courant.*

prise de courant

la **prison** Maison où l'on enferme les criminels: *mettre qn en* $\sim$, *être en* $\sim$, *être condamné à cinq ans de* $\sim$/*à la* $\sim$ *à vie, faire deux ans de* $\sim$. △ **La** prison.

le **prisonnier 1.** Personne qui est en prison: *les* $\sim$*s sont dans les cellules.* **2.** Soldats pris par l'ennemi: *les* $\sim$*s de guerre.*

privé, privée *adj.* ‖ CONTR. public: *la vie* $\sim$*e, une propriété* $\sim$*e, une route* $\sim$*e, parler avec qn en* $\sim$, *des intérêts* $\sim$*s, le secteur* $\sim$ (CONTR. *nationalisé).* △ Une voiture **particulière,** une opinion **personnelle,** une idée **propre.**

priver *v.* Empêcher qn de jouir de qc, enlever qc à qn: $\sim$ *qn de ses droits,* $\sim$ *qn de sommeil/de nourriture.* – **se** $\sim$ (il s'est privé), *se* $\sim$ *de qc, se* $\sim$ *de tout.*

le **privilège** ‖ Avantage que les autres n'ont pas: *les* $\sim$*s de la noblesse et du clergé sous l'Ancien Régime, les* $\sim$*s de la fortune, avoir le* $\sim$ *de faire qc.*

privilégié, privilégiée *adj.* Qui a un privilège: *les classes* $\sim$*es, être* $\sim$ *par le sort* (= *favorisé).*

le **prix** [pri] **1.** La somme d'argent qu'une marchandise coûte: *payer le* $\sim$ *de qc, vendre à bas* $\sim$, *un* $\sim$ *élevé,* $\sim$ *fixe; je ne ferai cela à aucun* $\sim$, *à tout* $\sim$ (= *coûte que coûte).* **2.** *la distribution des* $\sim$ (*à l'école*), *le* $\sim$ *Nobel, le grand* $\sim$ *automobile.*

probable *adj.* Presque certain, vraisemblable; CONTR. invraisemblable: *son succès est* $\sim$, *une hypothèse* $\sim$, *il est* $\sim$ *que* + ind. (fut.) (= *très probable)*/ + subj. (= *peu probable), il n'est pas* $\sim$ *que* + subj. – *adv.* **probablement.**

le **problème 1.** ‖ *poser/résoudre un* $\sim$, *il n'y a pas de* $\sim$ (= *c'est très simple), les* $\sim$*s de la circulation.* **2.** En mathématiques: *un* $\sim$ *d'algèbre/de géométrie.*

le **procédé** La façon d'agir, la méthode: *des* $\sim$*s malhonnêtes, un* $\sim$ *technique/de fabrication, chercher/trouver un nouveau* $\sim$.

procéder *v.* (je procède, il procède, nous procédons, ils procèdent; il procédera) Agir d'une certaine manière: $\sim$ *avec méthode,* $\sim$ *à qc* (= *faire).*

le **procès** *intenter/faire un* $\sim$ *à qn (au tribunal), être en* $\sim$ *avec qn, gagner/perdre un* $\sim$. △ **Un processus** biologique, un **procédé** efficace.

la **procession** ‖ *la* $\sim$ *de la Fête-Dieu.*

le **procès-verbal** (**les procès-verbaux**) Acte/document officiel: *l'agent de police a dressé un* $\sim$ *à/contre un automobiliste, avoir un* $\sim$ *pour excès de vitesse* (= *une contravention), faire le* $\sim$ *d'une assemblée annuelle.* △ Abréviation courante: **P.-V.** △ Le **compte rendu** d'une discussion.

prochain, prochaine 1. *adj.* Qui vient tout de suite après celui-ci (vu du présent/ du moment où l'on parle): *la semaine* $\sim$*e, dimanche* $\sim$, *la* $\sim$*e fois, descendre à la* $\sim$*e station.* – *adv.* **prochainement. 2.** *m.* Autrui: *aimer son* $\sim$, *dire du mal de son* $\sim$. △ Ne pas confondre avec **suivant** (dans le passé ou le futur). △ **Le lendemain** (= le jour suivant); venir **d'un moment à l'autre.**

proche *adj.* Qui est près, à peu de distance; CONTR. lointain, éloigné: *être* $\sim$ *de qn/de qc, un hôtel* $\sim$ *de la gare, dans un* $\sim$ *avenir, le Proche-Orient; un* $\sim$ *parent.*

la **proclamation** ‖ *la* $\sim$ *de la République.*

proclamer *v.* ‖ Annoncer en public: $\sim$ *les résultats d'un examen,* $\sim$ *la République, l'accusé proclame son innocence,* $\sim$ *que* + ind.

procurer *v.* Donner qc à qn, faire avoir: $\sim$ *un emploi à qn.* – **se** $\sim$ (il s'est procuré), *se* $\sim$ *qc, se* $\sim$ *de l'argent.*

le **prodige** [-ʒ] **1.** Action extraordinaire: *faire des* $\sim$*s, des* $\sim$*s de courage.* **2.** *adj.* Mozart fut un pianiste $\sim$, *un enfant* $\sim$ (= *qui a des talents extraordinaires).*

prodigieux, prodigieuse *adj.* extraordinaire, considérable: *sa force est* $\sim$*se, avoir une mémoire* $\sim$*se, une quantité* $\sim$*se.* – *adv.* **prodigieusement.**

producteur, productrice 1. *adj.* Qui

produit: *un pays* ⌣ *de vin, une société* ⌣*rice de films.* **2.** *m. le* ⌣ *et le consommateur, les* ⌣*s de sucre.* ⚠ **Les constructeurs** d'automobiles.

la **production** ‖ *la* ⌣ *en série, la* ⌣ *annuelle d'une usine, les moyens de* ⌣*, la* ⌣ *d'un film.*

la **productivité** ‖ *augmenter la* ⌣ *du travail.*

produire *v.* (je produis, il produit, nous produisons, ils produisent; il produisit; il a produit) **1.** Causer, provoquer: *cette nouvelle produisit sur lui une vive impression.* **2.** Écrire: *l'écrivain produit beaucoup.* **3.** Fabriquer, fournir: *l'usine produit des vêtements/des automobiles, la France produit du fromage/du vin, cet arbre produit beaucoup de fruits;* ⌣ *un film.* – **se** ⌣ (il s'est produit) Avoir lieu: *un accident/un incendie s'est produit.*

le **produit** Un objet produit: *des* ⌣*s fabriqués/finis/semi-finis/pharmaceutiques/chimiques, vendre des* ⌣*s alimentaires.*

profane *adj.* ‖ CONTR. religieux, sacré: *l'art* ⌣*, la littérature* ⌣*.*

le **professeur** *le* ⌣ *de lycée/de collège/de faculté, être* ⌣ *de français/de dessin/de gymnastique, les élèves ont un bon* ⌣*.* ⚠ Abréviation familière: **le prof.** ⚠ L'orthographe: le professeur (avec un seul f).

la **profession** Le métier (qui a un certain prestige social): *quelle est votre* ⌣*?, la* ⌣ *d'avocat, les* ⌣*s libérales, exercer une* ⌣*, être sans* ⌣*, un chanteur de* ⌣*.*

professionnel, professionnelle *adj.* Qui concerne la profession/le métier: *l'école* ⌣*le, l'enseignement* ⌣*, le certificat d'aptitude* ⌣*le (C.A.P.), un sportif/un musicien* ⌣ (CONTR. amateur). – *adv.* **professionnellement.**

le **profil** ‖ *dessiner le* ⌣ *de qn, un portrait de* ⌣*, photographier qn de* ⌣*, le* ⌣ *d'une cathédrale.*

le **profit** [prɔfi] ‖ CONTR. la perte, le dommage, le préjudice: *chercher son* ⌣*, tirer* ⌣ *de qc, réaliser un gros* ⌣*, au* ⌣ *de (= à l'avantage de).*

profitable *adj.* Qui apporte un avantage/un profit: *cette leçon lui sera* ⌣*, une expérience* ⌣*.*

profiter *v.* ‖ Tirer profit/avantage de qc: ⌣ *d'une occasion,* ⌣ *du beau temps pour aller se promener,* ⌣ *de ce que* + ind.

profond, profonde *adj.* **1.** Très bas: *un puits* ⌣ *de 20 mètres, une rivière* ⌣*e, une voix* ⌣*e, un regard* ⌣*, un sommeil* ⌣*.* **2.** Qui va au fond des choses; CONTR. superficiel: *c'est un esprit* ⌣*, un penseur* ⌣*.* **3.** Très grand: *éprouver une joie/une douleur* ⌣*e.* – *adv.* **profondément.**

la **profondeur** Distance entre le fond et la surface: *à 5 mètres de* ⌣*, la* ⌣ *d'un lac; la* ⌣ *d'un sentiment.*

le **programme** **1.** ‖ *le* ⌣ *de télévision/des théâtres, le changement de* ⌣*, acheter un* ⌣*, le* ⌣ *d'un parti politique.* **2.** Les matières qui sont enseignées à l'école: *le* ⌣ *de sixième/de la licence.*

le **progrès** [-grɛ] Le changement en bien, l'amélioration (CONTR. le recul, la décadence); le changement en mal: *le* ⌣ *social/scientifique, croire au* ⌣*, l'élève a fait des* ⌣*; les* ⌣ *de la maladie/de la criminalité.*

progressif, progressive *adj.* ‖ *un développement* ⌣*, l'impôt* ⌣*.* – *adv.* **progressivement.** ⚠ On dit: un parti/une politique **progressiste** (CONTR. conservateur).

la **proie** Animal pris par un animal plus fort qui veut le manger: *le lion dévore sa* ⌣*, un oiseau de* ⌣*, emporter sa* ⌣*; être la* ⌣ *de qn/de qc, être en* ⌣ *au désespoir, la forêt fut la* ⌣ *des flammes.* ⚠ **Le butin** du voleur.

le **projecteur** ‖ *le* ⌣ *de film, les* ⌣*s de théâtre.*

le **projectile** Tout corps lancé (en particulier avec une arme): *les* ⌣*s d'artillerie, être blessé par un* ⌣*, retirer un* ⌣ *d'une blessure.*

le **projet** [prɔʒɛ] ‖ Le plan (encore vague), l'intention: *faire des* ⌣*s, réaliser un* ⌣*, quels sont vos* ⌣*s pour cet été?, faire des* ⌣*s de vacances, un* ⌣ *de loi.*

projeter *v.* (-tt- devant un e muet: je projette, il projette, nous projetons, ils projettent; il projettera) **1.** Former une idée de qc, faire un projet, avoir l'intention de: ⌣ *un voyage,* ⌣ *de faire qc* **2.** ‖ ⌣ *un film.*

le **prologue** ‖ Contr. l'épilogue: *le* ⌣ *d'une pièce de théâtre, dire/réciter un* ⌣.

le **prolongement** Action de prolonger/ d'augmenter la longueur de qc: *le* ⌣ *d'une autoroute.* ⚠ **La prolongation** des vacances/d'un match de football.

prolonger *v.* (-ge devant a et o: nous prolongeons; il prolongeait; prolongeant) **1.** Faire durer plus longtemps: ⌣ *son séjour à Paris/un débat.* **2.** Rendre plus long: *la route a été prolongée jusqu'à la plage.*

la **promenade** ‖ Action de se promener, le tour, l'excursion: *faire une* ⌣ *à pied/en voiture, une belle* ⌣ *au bord d'un lac, aller en* ⌣.

promener *v.* (je promène, il promène, nous promenons, ils promènent; il promènera) Faire faire une promenade à qn: *la grand-mère promène son petit-fils au jardin public,* ⌣ *son chien.* – **se** ⌣ (il s'est promené) Faire une promenade: *je vais me* ⌣ *un peu, il est allé se* ⌣, *se* ⌣ *dans la forêt, allons nous* ⌣.

la **promesse** Action de promettre: *faire des* ⌣*s, tenir une* ⌣, *manquer à sa* ⌣, *une* ⌣ *de mariage.*

promettre *v.* (je promets, il promet, nous promettons, ils promettent; il promit; il a promis) S'engager envers qn, lui dire qu'on fera certainement qc: ⌣ *qc à qn, il lui promet son aide,* ⌣ *à qn de faire qc,* ⌣ *que* + ind. (fut.), ⌣ *une récompense,* ⌣ *et tenir font deux.*

prompt, prompte *adj.* [prõ, prõt] ‖ Rapide; Contr. lent: *il est* ⌣ *à répondre/à se fâcher,* ⌣ *comme l'éclair.* – *adv.* **promptement.**

le **pronom** ‖ Mot grammatical (exemples: je, tu, il, celui, qui): *le* ⌣ *personnel/démonstratif/interrogatif/possessif/relatif.*

pronominal, pronominale *adj.* (**pronominaux, pronominales**) ‖ Relatif au pronom: *un verbe* ⌣ *(exemple: se promener).*

prononcer *v.* (-ç- devant a et o: nous prononçons; il prononçait; prononçant) **1.** Dire clairement un mot/une phrase, articuler: ⌣ *un mot,* ⌣ *correctement le français,* ⌣ *les «o» très ouverts, un mot difficile à* ⌣. **2.** Dire publiquement: *le président a prononcé un discours.* – **se** ⌣ (il s'est prononcé), *se* ⌣ *en faveur de qc/contre qc.*

la **prononciation** La manière dont un mot est prononcé: *avoir une bonne* ⌣, *les règles de* ⌣.

la **propagande** ‖ *la* ⌣ *électorale, la* ⌣ *d'un parti politique, faire beaucoup de* ⌣ *pour qn/pour qc.*

propager *v.* (-ge- devant a et o: nous propageons; il propageait; propageant) Faire connaître à de nombreuses personnes: ⌣ *une nouvelle/la nouvelle mode.* – **se** ⌣ (il s'est propagé) Se répandre: *une maladie/un incendie qui se propage.*

le **prophète** ‖ *les* ⌣*s de l'Ancien Testament, les faux* ⌣*s, un* ⌣ *de malheur, nul n'est* ⌣ *en son pays.*

la **proportion** ‖ *les belles* ⌣*s d'une façade, une statue aux* ⌣*s harmonieuses, en* ⌣ *de qc, payer qn en* ⌣ *des services rendus, l'incendie a pris des* ⌣*s considérables.*

proportionnel, proportionnelle *adj.* ‖ *la représentation* ⌣*le.* – *adv.* **proportionnellement.**

le **propos** [-po] **1.** (dans des expressions) *à* ⌣ (= à ce sujet), *je n'ai rien à dire à* ⌣ *cette affaire, il se met en colère à tout* ⌣ (= tout le temps), *cela tombe mal à* ⌣ (= au mauvais moment). **2.** *tenir des* ⌣ *grossiers* (= *dire des paroles grossières); avant-* ⌣ (= *la courte préface d'un livre).*

proposer *v.* Présenter qc à qn pour l'inviter à choisir: ⌣ *qc à qn,* ⌣ *une promenade/un projet à qn, quel menu me proposez-vous?,* ⌣ *à qn de faire qc, on l'a proposé pour ce poste.*

la **proposition 1.** Ce qu'on propose, l'offre, la possibilité de choix: *une* ⌣ *avantageuse, une* ⌣ *de paix, rejeter/repousser/ accepter une* ⌣, *cette* ⌣ *me convient.* **2.** L'unité syntaxique formant une phrase: *le sujet/le verbe d'une* ⌣, *une* ⌣ *principale/subordonnée.*

propre *adj.* Qui appartient à qn (d'une manière exclusive): *le nom* ⌣, *dans son* ⌣ *intérêt, ce sont ses* ⌣*s mots, voir qc de ses* ⌣*s yeux, le sens* ⌣ *d'un mot* (Contr. *le sens figuré).*

propre *adj.* Contr. sale, malpropre: *un mouchoir/du linge* ⌣, *avoir les mains* ⌣*s,* *un hôtel modeste mais* ⌣. – *adv.* **proprement.**

la **propreté** CONTR. la saleté: *la* ⌣ *d'une maison/de ses vêtements.*

le **propriétaire** Personne qui possède qc: *être le* ⌣ *de qc, le* ⌣ *de la maison/du chien, payer le loyer au* ⌣.

la **propriété** Ce qu'on possède: *c'est ma* ⌣, *la* ⌣ *privée/de l'État, l'amour de la* ⌣; *avoir une* ⌣ *à la campagne (= une maison).*

la **prose** ‖ CONTR. le vers, la poésie: *une pièce de théâtre en* ⌣, *écrire en vers ou en* ⌣.

le **prospectus** [-tys] ‖ La réclame: *le* ⌣ *d'un hôtel, un* ⌣ *richement illustré, prendre des* ⌣ *dans une agence de voyages, distribuer des* ⌣.

la **prospérité** État heureux (santé, fortune, succès): *je vous souhaite bonheur et* ⌣, *la* ⌣ *d'un pays, une industrie en pleine* ⌣.

la **protection 1.** Action de protéger/de défendre contre les dangers: *assurer la* ⌣ *de l'enfance/de la nature, la* ⌣ *contre l'incendie, placer qn sous la* ⌣ *de qn.* **2.** *obtenir une place par* ⌣.

protéger *v.* (je protège, il protège, nous protégeons, ils protègent; il protégeait; il protégera) Défendre contre un danger; CONTR. menacer, attaquer: ⌣ *qn de qc/ contre qc, l'imperméable me protège de la pluie,* ⌣ *les faibles, que Dieu vous protège!, Louis XIV a protégé les arts.*

protestant, protestante ‖ **1.** *adj. la religion* ⌣*e, le culte/le temple* ⌣. **2.** *m. un* ⌣, *une* ⌣*e.*

la **protestation** L'action de protester; CONTR. l'approbation: *une* ⌣ *énergique, élever une* ⌣, *la décision du gouvernement a soulevé de nombreuses* ⌣*s.* ⚠ **Le protêt** est un terme de commerce.

protester *v.* ‖ Déclarer avec force son opposition/qu'on n'est pas d'accord; CONTR. admettre, approuver, consentir: ⌣ *contre l'injustice,* ⌣ *vigoureusement, vous avez beau* ⌣ *(= c'est inutile de* ⌣*).*

prouver *v.* Donner des preuves, montrer que qc est vrai: ⌣ *son courage,* ⌣ *à qn sa reconnaissance, cela reste à* ⌣, *cela ne prouve rien,* ⌣ *que* + ind., *il a prouvé*

qu'il avait raison.

la **provenance** L'endroit d'où vient une chose: *un avion en* ⌣ *de Bruxelles* (CONTR. *à destination de Bruxelles*), *ignorer la* ⌣ *d'une lettre, le pays de* ⌣ *d'une marchandise.*

provençal, provençale 1. *adj.* (**provençaux, provençales**) Qui appartient à la Provence: *la campagne* ⌣*e, la bouillabaisse* ⌣*e (= soupe de poissons).* **2.** *m. le* ⌣ *(= la langue d'oc parlée en Provence).* ⚠ Ne pas confondre avec **provincial.**

provenir *v.* (je proviens, il provient, nous provenons, ils proviennent; il provint; il est provenu; il proviendra) Venir d'un endroit: *ces oranges proviennent du Midi, ce thé provient de Ceylan.*

le **proverbe** Une phrase exprimant une vérité d'expérience que tout le monde connaît: *il y a un* ⌣ *qui dit «Mieux vaut tard que jamais», parler par* ⌣*s.*

proverbial, proverbiale *adj.* (**proverbiaux, proverbiales**) Comme un proverbe, très connu: *une phrase/une locution* ⌣*e, sa bonté est* ⌣*e (= très connue).*

la **province** ‖ *la Bretagne, la Normandie, etc. sont des* ⌣*s françaises, une petite ville de* ⌣, *vivre en* ⌣.

provincial, provinciale 1. *adj.* (**provinciaux, provinciales**) ‖ *la vie* ⌣*e, avoir des manières* ⌣*es.* **2.** *m. les* ⌣*aux et les Parisiens.*

la **provision** L'ensemble de choses utiles, la réserve: *faire une* ⌣ *de bois/de charbon pour l'hiver; la ménagère fait des* ⌣*s (= elle achète la nourriture, etc.), un filet à* ⌣*s, ranger les* ⌣*s dans le buffet de la cuisine, avoir des* ⌣*s.*

provisoire *adj.* ‖ CONTR. définitif: *une solution* ⌣, *des installations* ⌣*s, un gouvernement* ⌣. – *adv.* **provisoirement.**

la **provocation** ‖ *c'est une véritable* ⌣, *ne pas répondre à une* ⌣.

provoquer *v.* **1.** ‖ CONTR. apaiser, calmer: ⌣ *qn en lui disant des injures,* ⌣ *qn en duel,* ⌣ *ses ennemis.* **2.** Être la cause: ⌣ *des rires,* ⌣ *une crise/la colère de qn, certains microbes provoquent des maladies, il a freiné brusquement provoquant un accident.* ⚠ L'adjectif est: **provocant.**

la **proximité** Situation d'une chose qui est

à peu de distance/proche (dans l'espace ou dans le temps); CONTR. l'éloignement: *la ⏝ du supermarché, trouver un poste d'essence à ⏝, l'hôtel est à ⏝ de la gare, la ⏝ des vacances.*

la **prudence** Qualité de celui qui prévoit et évite les dangers, la précaution; CONTR. l'insouciance, l'imprudence: *donner un conseil de ⏝, rouler avec ⏝, se faire vacciner par ⏝, manquer de ⏝.*

prudent, prudente adj. Qui montre de la prudence; CONTR. imprudent, audacieux, étourdi, insouciant: *soyez ⏝, il est trop ⏝ pour risquer qc, il est ⏝ de faire qc.* – adv. **prudemment** [-damã].

la **prune** Fruit violet: *la mirabelle et la quetsche sont des variétés de ⏝s, une tarte aux ⏝s; travailler pour des ⏝s (= pour rien).*

le **pseudonyme** [psødɔnim] ‖ *choisir un ⏝.*

la **psychanalyse** [psikanaliz] ‖ *la ⏝ soigne les troubles de l'esprit.*

le **psychiatre** [psikjatrə] ‖ *le ⏝ est un médecin spécialiste des maladies mentales.*

la **psychologie** [psikɔlɔʒi] ‖ *la ⏝ expérimentale, la ⏝ de l'enfant.*

psychologique adj. ‖ *l'analyse ⏝, un roman ⏝.* – adv. **psychologiquement.**

pu → pouvoir.

public, publique 1. adj. ‖ CONTR. privé, individuel, particulier: *la vie ⏝que, les affaires ⏝ques, l'intérêt ⏝, l'opinion ⏝que, le secteur ⏝, un jardin ⏝, le scandale est devenu ⏝.* – adv. **publiquement.** 2. m. *parler en ⏝, informer le ⏝ des décisions du gouvernement, un bâtiment interdit au ⏝, le film a plu au ⏝, le ⏝ applaudit.*

la **publication** ‖ *la ⏝ d'un roman, la ⏝ des résultats.*

publicitaire adj. Qui sert à la publicité: *une annonce ⏝, un film ⏝.*

la **publicité** Les moyens employés pour faire connaître un produit/un magasin, la réclame: *faire de la ⏝ pour lancer une nouvelle marque de lessive, ce magasin fait de la ⏝, la ⏝ à la télévision, des pages de ⏝ (dans un journal), l'agence de ⏝.*

publier v. Faire paraître (un livre, un journal): *⏝ un roman, ⏝ un article dans une revue, ⏝ une nouvelle.*

la **puce** Insecte sauteur qui se nourrit du sang de l'homme et des animaux: *être piqué/mordu par une ⏝, le chien a des ⏝s puisqu'il se gratte; le marché aux ⏝s; mettre la ⏝ à l'oreille de qn (= éveiller ses soupçons).*

la **pucelle** Jeune fille vierge: *la ⏝ d'Orléans (= Jeanne d'Arc).*

la **pudeur** Le sentiment de gêne devant les choses de nature sexuelle: *dire des mots qui blessent la ⏝, un attentat à la ⏝; cacher son chagrin par ⏝ (= discrétion).*

puer v. Sentir très mauvais: *un fromage qui pue, il pue l'alcool, ⏝ le phénol.*

puéril, puérile adj. Enfantin, qui ne convient qu'à un enfant, naïf; CONTR. adulte, sérieux: *un argument ⏝, être ⏝, des amusements ⏝s.* – adv. **puérilement.**

puis adv. [pɥi] Après cela, ensuite: *nous avons visité d'abord la cathédrale ⏝ le château, et ⏝?, et ⏝ quoi?*

puiser v. Prendre du liquide avec un récipient: *⏝ de l'eau à la source.*

puisque conj. (+ ind.) introduit une explication évidente, parce que: *il n'ira pas skier ce week-end puisqu'il est malade, ⏝ je te le dis.* ⚠ Le -e de «puisque» s'élide devant: il, elle, on, en, un(e).

la **puissance** Grand pouvoir, grande force; CONTR. l'impuissance, la faiblesse: *la ⏝ d'un parti/du gouvernement, la ⏝ d'un moteur; les grandes ⏝s (= U.R.S.S., États-Unis), les ⏝s européennes (= pays importants).*

puissant, puissante adj. Qui a de la puissance, très fort, influent; CONTR. impuissant, faible: *un personnage ⏝, un moteur ⏝, des freins ⏝s, un sentiment ⏝ (= intense), le Tout-P⏝ (= Dieu).* – adv. **puissamment.**

puisse → pouvoir.

le **puits** [pɥi] Trou profond creusé dans la terre pour obtenir de l'eau, etc.: *puiser/tirer de l'eau au ⏝, un ⏝ de pétrole.*

puits

le **pull-over** [-vɛr/-vœr] (les **pull-overs**) ‖ *un ⌣ d'homme/de femme, un ⌣ à col roulé/ décolleté en V, tricoter un ⌣.* △ Abréviation courante: **le pull.**

la **punaise 1.** Petit insecte: *dans ce vieux lit j'ai trouvé une ⌣, être piqué par une ⌣.* **2.** Petit clou à large tête: *fixer une feuille de papier avec des ⌣s.*

punir *v.* Donner une peine à celui qui a commis une faute/un crime; CONTR. récompenser: *⌣ une faute, il sera puni pour avoir menti, être puni de prison, la mère punit son enfant, être puni de sa curiosité.*

la **punition** Peine infligée à qn (quand il s'agit d'une simple faute et non pas d'un délit grave); CONTR. la récompense: *une ⌣ corporelle, il aura une ⌣, recevoir une ⌣ pour avoir menti.*

pur, pure *adj.* ‖ Qui n'est pas mélangé; CONTR. impur, souillé: *du vin ⌣, un tissu ⌣e laine, l'air ⌣ des montagnes; un cœur ⌣, ses intentions sont ⌣es; un ⌣ hasard.* – *adv.* **purement.**

la **purée** Légumes écrasés: *manger de la ⌣ de pommes de terre, une ⌣ de marrons.*

la **pureté** Qualité de ce qui est pur: *un diamant d'une grande ⌣, la ⌣ de l'air des montagnes; la ⌣ de ses intentions.*

le **pus** [py] Liquide jaune qui sort des plaies mal soignées: *un abcès qui laisse couler du ⌣, l'écoulement du ⌣.*

le **pyjama** [pi-] Vêtement de nuit: *une veste/un pantalon de ⌣, être en ⌣, mettre un ⌣ pour dormir.*

Q

le **quai 1.** ‖ Dans un port: *le ⌣ de débarquement/d'embarquement, le bateau est/arrive à ⌣, les ⌣s de la Seine (à Paris).* **2.** Plateforme dans une gare: *le ⌣ n° 2, les voyageurs attendent sur le ⌣, le ⌣ du métro.*

la **qualification** ‖ *la ⌣ professionnelle.*

qualifier *v.* **1.** Caractériser par un mot, désigner, appeler, nommer: *il m'a qualifié de menteur, comment ⌣ sa conduite?* **2.** ‖ Donner la qualité de faire qc: *un ouvrier qualifié, il est qualifié pour ce travail.* – *se ⌣* (il s'est qualifié) ‖ *cet athlète s'est qualifié pour la finale.*

la **qualité 1.** ‖ *une marchandise de bonne/ mauvaise ⌣, le vin est de première ⌣, un produit de ⌣.* **2.** Sens moral; CONTR. le défaut: *la bonté/le courage est une ⌣.* **3.** *en sa ⌣ de chef (= comme).*

quand 1. *adv.* d'interrogation sur le temps. À quel moment?: *⌣ partez-vous?, jusqu'à ⌣?, depuis ⌣?, c'est pour ⌣?* **2.** *conj.* À ce moment, lorsque: *j'étais là ⌣ il est venu, ⌣ il fait beau on se promène.* **3.** *adv.* ⌣ même (= pourtant, cependant): *il pleut mais je sors ⌣ même, je le ferai ⌣ même (= malgré les difficultés), c'est un peu risqué ⌣ même (= tout de même/malgré tout).*

quant à *prép.* En ce qui concerne, pour ce qui est de . . .: *⌣ à son projet on peut l'examiner, ⌣ à moi je suis d'accord, ⌣ à vous.*

la **quantité** ‖ *la ⌣ et la qualité, une grande/ petite ⌣ de marchandises, une ⌣ d'énergie, mesurer la ⌣.* △ Une grande quantité de livres **est** dans la librairie.

quarante *numéral* 40: *la semaine de ⌣ heures (de travail), ⌣ mille; à la page ⌣.*

le **quart** ¼ : *un ⌣ de beurre (= 250 g), un ⌣ de vin, un ⌣ d'heure (= 15 minutes), deux heures et ⌣, deux heures moins le ⌣, le dernier ⌣ d'heure, les trois ⌣s du temps.*

quart

le **quartier 1.** La portion d'environ un quart, le morceau: *un ⌣ de pomme/de fromage, un ⌣ de bœuf.* **2.** Une partie d'une ville: *les vieux ⌣s d'une ville, j'habite ce ⌣ depuis vingt ans, le Q⌣ latin (à Paris).*

quatorze *numéral* 14: *un garçon de ⌣ ans, ⌣ personnes sont à table; Louis XIV, le 14 juillet 1789 (= prise de la Bastille).*

quatre *numéral* 4: *les ⌣ saisons, manger comme ⌣ (= beaucoup), descendre l'escalier ⌣ à ⌣, marcher à ⌣ pattes, il lui a dit ses ⌣ vérités, à la page ⌣.* ⚠ «Quatre» ne prend pas de -s.

quatre-vingt(s) *numéral* 80: *être âgé de ⌣s ans, ⌣s francs, ⌣-deux ans, la page ⌣.* ⚠ Quatre-vingts, mais: quatre-vingt-**deux.**

quatre-vingt-dix *numéral* 90: *le livre a ⌣ pages, ⌣ ans, ⌣-neuf.*

quatrième *numéral* 4e: *le ⌣ étage, habiter au ⌣, mon fils est en ⌣ (= classe).*

que *conj.* **1.** Introduisant une subordonnée: *j'espère ⌣ tout ira bien, je crois ⌣ tu as raison, il faut qu'il parte tout de suite, sans ⌣, afin ⌣, à condition ⌣, à mesure ⌣.* **2.** Comparaison: *il est plus grand ⌣ moi.* **3.** *ne . . . . ⌣ (= seulement), je n'aime ⌣ toi.* **4.** *adv.* Exclamation: *⌣ c'est beau! (= comme), ⌣ de gens! (= combien), qu'il est bête!, qu'il vienne (= ordre).* **5.** *pron. relatif: le monsieur ⌣ je connais, le livre ⌣ je lis.* **6.** *pron. interrogatif: ⌣ fais-tu là?, ⌣ dit-il?, qu'est-ce ⌣ vous dites?* ⚠ Qu' devant un mot qui commence par une voyelle ou un h muet.

quel, quelle 1. *adj. interrogatif: ⌣ film avez-vous vu?, ⌣le heure est-il?, je ne savais pas ⌣le route prendre, ⌣ que soit son prix j'achète ce tableau.* **2.** *Exclamatif: ⌣le idée!*

quelconque *adj. indéfini* N'importe lequel, quel qu'il soit: *chercher un prétexte ⌣, il a pris un chemin ⌣; un type ⌣ (= médiocre), un film/un livre ⌣.*

quelque *adj. indéfini: depuis ⌣ temps, ⌣ part, chercher ⌣ chose, rencontrer ⌣s amis, ce livre a ⌣ cinquante pages (= environ).* ⚠ Quelque ne s'élide pas: quelque excès. ⚠ Il cherche **quelque chose;** négatif: il **ne** cherche **rien.** ⚠ Quelque temps (en deux mots), **quelquefois** (en un mot).

quelquefois *adv.* Plusieurs fois, parfois, de temps en temps; CONTR. toujours, jamais: *il est venu ⌣ ici, je l'ai rencontré ⌣, on va ⌣ au théâtre.*

quelqu'un *pron. indéfini* (**quelques-uns, quelques-unes**) Une personne: *⌣ est venu, y a-t-il ⌣ à la porte?; c'est ⌣ (= un personnage d'importance); quelques-uns des visiteurs, quelques-unes de ces émissions.* ⚠ Distinguez l'orthographe: **quelqu'un** et **chacun.** ⚠ Je vois quelqu'un; négatif: je **ne** vois **personne.**

la **querelle** La discussion vive, la dispute; CONTR. la paix, l'accord: *une ⌣ de famille, chercher ⌣ à qn, une ⌣ a éclaté entre les deux conducteurs.*

se **quereller** *v.* (ils se sont querellés) Avoir une querelle, se disputer, se battre: *se ⌣ avec qn, les frères se querellaient.*

la **question 1.** La demande; CONTR. la réponse: *poser une ⌣ à qn, répondre à une ⌣, les ⌣s de l'oral du bac étaient difficiles.* ⚠ «Demander une question» ne se dit pas. **2.** Le problème qu'il faut examiner: *étudier une ⌣ difficile, les ⌣s économiques et sociales, ce n'est pas la ⌣ (= il ne s'agit pas de cela), il est ⌣ de (= il s'agit de), la chose en ⌣, la personne en ⌣, la ⌣ est de savoir si . . ., remettre qc en ⌣.*

le **questionnaire** Série de questions: *remplir un ⌣, répondre à un ⌣.*

la **queue 1.** *la vache remue la ⌣, la ⌣ du chien/ du chat/de l'écureuil/du poisson, la ⌣ de la casserole, le piano à ⌣, la ⌣ d'un avion.* **2.** La file d'attente: *faire la ⌣ devant un magasin/devant un guichet, se mettre à la ⌣.*

queue

qui 1. *pron. relatif: le livre ⌣ est sur la table, celui ⌣ est le premier, moi ⌣ suis le maître, l'homme à ⌣ j'ai parlé, c'est ce ⌣ m'intéresse.* **2.** *pron. interrogatif* (désignant une personne): *⌣ est-ce?, ⌣ te l'a dit?, ⌣ sait?, ⌣ as-tu vu?, de ⌣ parlez-vous?, ⌣ que ce soit (= n'importe qui).* ⚠ Ne pas confondre **qui** et **qu'il.**

quiconque *pron. indéfini* Qui que ce soit, n'importe qui: *récompenser ⌣ a bien travaillé, vous le savez mieux que ⌣.*

la **quinzaine** Nombre de quinze environ, deux semaines: *une ⌣ d'élèves, une ⌣ de jours, revenez dans une ⌣.*

quinze *numéral* 15: *attendre ⌣ minutes, ⌣ jours, ⌣ cents francs, tous les ⌣ jours.*

la **quittance** Écrit qui confirme que l'on a payé une certaine somme, le reçu: *donner ⌣ à qn d'un paiement, une ⌣ de loyer.*

quitte *adj.* Libéré d'une obligation: *nous sommes ⌣s, être ⌣ envers qn.*

quitter *v.* Laisser qn/qc en s'éloignant; Contr. approcher, rester, revenir, arriver: *⌣ la chambre/la maison (Contr. entrer dans), ⌣ la ville/son pays, le train quitte la gare, il faut que je vous quitte maintenant, ils viennent de se ⌣ (= se séparer), ne pas ⌣ qn des yeux, ne quittez pas (= au téléphone: restez à l'appareil).* △ Distinguez: quitter **qn/qc**, mais: s'en aller.

quoi 1. *pron.* *relatif* (désignant une chose): *je ne sais pas de ⌣ vous parlez, il n'a pas de ⌣ vivre, après ⌣, sans ⌣.* **2.** *pron.* *interrogatif:* *à ⌣ pensez-vous?, ⌣ faire?, ⌣ de neuf?, ⌣ donc?, ⌣? (= Comment? pour demander à son interlocuteur de répéter).* **3.** *interjection:* *⌣! tu oses protester?* **4.** *⌣ qu'il arrive, ⌣ qu'il en soit.*

quoique *conj.* marquant la concession (+ subj.). Bien que: *il ne pleut pas ⌣ le ciel soit très nuageux, quoiqu'il soit malade il va à l'école.* △ **Quoiqu'**il/elle/un/une/on. △ **Quoi qu'**il ait dit . . . (= n'importe quoi).

quotidien, quotidienne 1. *adj.* De chaque jour: *le travail ⌣, le pain ⌣. – adv.* **quotidiennement. 2.** *m.* Le journal qui paraît tous les jours: *les ⌣s du matin/du soir, un grand ⌣ parisien.*

R

le **rabais** La réduction de prix (pour défaut de qualité), le solde: *faire un ⌣ sur une marchandise.*

rabaisser *v.* Diminuer; Contr. relever, vanter: *⌣ les talents/les mérites de qn, ⌣ l'orgueil de qn.*

rabattre *v.* (je rabats, il rabat, nous rabattons, ils rabattent; il rabattit; il a rabattu) Ramener plus bas; Contr. relever: *⌣ ses cheveux sur son front, ⌣ son chapeau sur ses yeux.*

le **rabbin** ‖ Chef religieux juif: *le grand ⌣.*

raccommoder *v.* Réparer du linge/des vêtements (qui sont déchirés): *⌣ des chaussettes/un pyjama.*

le **raccourci** Un chemin plus court que le chemin ordinaire; Contr. le détour: *prendre un ⌣ à travers (les) champs; une histoire en ⌣ (= en abrégé).*

raccourcir *v.* Rendre plus court; Contr. allonger, prolonger, augmenter: *⌣ une robe de cinq centimètres, une jupe raccourcie, ⌣ un texte, les jours commencent à ⌣ (en automne).*

raccrocher *v.* **1.** Accrocher de nouveau: *⌣ un tableau au mur, ⌣ un vêtement au*
porte-manteau, *⌣ les rideaux.* **2.** Reposer le téléphone: «*Zut alors, il a raccroché!*» **– se ⌣** (il s'est raccroché), *se ⌣ à qn/à qc (= pour se sauver), se ⌣ à la religion.*

la **race** ‖ *les ⌣s de chiens/de chats, un animal de ⌣ pure, la ⌣ blanche/noire/jaune, être de la même ⌣ (= groupe ethnique), être de ⌣ noble.*

la **racine** *les ⌣s d'une plante/d'un arbre, les ⌣s profondes, prendre ⌣, la ⌣ d'une dent; une ⌣ carrée (√), détruire le mal à sa ⌣.*

racine

raconter *v.* Dire ce qui s'est passé, faire un récit: *⌣ qc à qn, il lui a raconté une histoire, ⌣ ce qui s'est passé, ⌣ son voyage, ⌣ brièvement/fidèlement/en détail, on raconte que + ind.* △ **Parlez**-moi **de** votre voyage.

le **radar** ‖ *la vitesse des voitures sur route est contrôlée par un* ⁓ *(= appareil); un écran* ⁓*, une station* ⁓.

la **rade** Grand bassin naturel où viennent s'abriter les bateaux: *la* ⁓ *de Toulon/de Brest, la flotte est en* ⁓.

le **radeau** (**les radeaux**) Plate-forme faite de pièces de bois qui flotte sur l'eau: *traverser un fleuve sur un* ⁓*, les survivants du naufrage ont construit un* ⁓.

le **radiateur** *le* ⁓ *du chauffage central, un* ⁓ *électrique, installer des* ⁓*s, le* ⁓ *d'une auto.*

radiateur

radical, radicale 1. *adj.* (**radicaux, radicales**) ‖ *une méthode* ⁓*e, un changement* ⁓*, prendre des mesures* ⁓*es, le parti* ⁓. **2.** *m.* «*aim-*» *est le* ⁓ *du verbe* «*aimer*» («*-er*» *en est la terminaison*). – *adv.* **radicalement.** △ Distinguez: les radicaux de gauche (députés du parti radical) et **les extrémistes** de gauche/de droite.

radieux, radieuse *adj.* Qui rayonne, qui brille; Contr. pâle, sombre: *un soleil* ⁓*, une jeune femme* ⁓*se (= heureuse), un sourire* ⁓.

la **radio 1.** ‖ La radiodiffusion ou l'appareil: *écouter la* ⁓*, la* ⁓ *et la télé, le programme de la* ⁓*, écouter les informations à la* ⁓*, un poste de* ⁓. **2.** La radiographie: *passer à la* ⁓*, se faire faire une* ⁓*, le médecin examine la* ⁓. △ **La** radio.

radiographie

radioactif, radioactive *adj.* ‖ *un élément* ⁓*, des retombées* ⁓*ves.*

la **radiodiffusion** → radio 1.

le **radis** [radi] Petite plante dont les racines rouges sont comestibles: *une botte de* ⁓*, manger des* ⁓ *crus.*

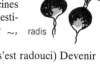

radis

se radoucir *v.* (il s'est radouci) Devenir plus doux: *la température s'est radoucie, son humeur s'est radoucie.*

la **rafale** Un coup de vent brutal: *le vent souffle par/en* ⁓*s, une* ⁓ *de pluie/de neige, des* ⁓*s de mitrailleuses.*

le **raffinement** ‖ La délicatesse: *les* ⁓*s de la technique moderne, elle s'habille avec* ⁓.

la **raffinerie** ‖ *une* ⁓ *de pétrole/de sucre.*

se rafraîchir *v.* (il s'est rafraîchi) **1.** Boire un rafraîchissement/une boisson glacée: *se* ⁓ *après une longue marche.* **2.** *le temps s'est rafraîchi (= refroidir).*

le **rafraîchissement 1.** Boisson fraîche: *prendre un* ⁓*, servir des* ⁓*s à ses invités.* **2.** Action de devenir plus frais: *le* ⁓ *de la température.*

la **rage 1.** ‖ Accès de colère: *un cri de* ⁓*, mettre qn en* ⁓*, être fou de* ⁓*, elle a déchiré la lettre de* ⁓. **2.** Maladie mortelle transmise par les chiens/les renards: *un vaccin contre la* ⁓. △ **La** rage.

le **ragoût** Plat de morceaux de viande et de légumes cuits ensemble: *un* ⁓ *de mouton/de veau.*

raide *adj.* Qui ne se laisse pas plier; Contr. souple, élastique, flexible: *avoir une jambe* ⁓*, avoir la nuque* ⁓*, se tenir* ⁓ *comme un piquet, une pente* ⁓*; tomber* ⁓ *mort (= soudainement).*

la **raie 1.** Ligne droite, la bande: *un tissu à* ⁓*s.* **2.** Ligne de séparation entre les cheveux: *porter la* ⁓ *au milieu/à gauche.*

le **rail** [raj] *le train roule sur les* ⁓*s/est sorti des* ⁓*s (= a déraillé), la concurrence entre le* ⁓ *et la route.*

rail

railler v. Tourner en ridicule, se moquer: ~ *qn, il n'aime pas qu'on le raille.* ⚠ **Se moquer** est plus courant.

la **raillerie** Le fait de railler, paroles ou écrits par lesquels on raille, des moqueries: *une ~ fine, un ton de ~, ne pas supporter les ~s.*

le **raisin** *(collectif)* Fruit de la vigne: *le ~ blanc/noir, cueillir du ~, manger du ~, le jus de ~; des ~s secs.*

raisin

la **raison 1.** L'esprit, l'intelligence, la pensée, le jugement; CONTR. l'instinct, la folie: *qc est conforme/contraire à la ~, perdre la ~ (= devenir fou), ramener qn à la ~, un mariage de ~* (CONTRA. *un mariage d'amour).* **2.** *avoir ~* (CONTR. *avoir tort, se tromper), prouver qu'on a ~, donner ~ à qn, avoir ~ de faire qc.* **3.** La cause, le motif: *demander/donner la ~ de qc, avoir ses ~s, avoir de bonnes ~s de faire qc, faire qc avec/sans ~, en ~ de (= à cause de), pour cette ~.*

raisonnable adj. Conforme à la raison; CONTR. insensé, fou: *soyez ~!, une opinion ~, un enfant ~, il est ~ de croire/de dire que* + ind., *un prix* (= acceptable). – adv. **raisonnablement.**

le **raisonnement 1.** L'activité de la raison; CONTR. l'intuition: *une opinion fondée sur le ~.* **2.** L'enchaînement/la suite des idées et des arguments, l'argumentation: *un ~ juste/faux/clair/obsur, la conclusion d'un ~.*

raisonner v. Penser, philosopher, chercher à prouver par des arguments: *~ sur des questions philosophiques, ~ juste/faux, ~ selon les règles de la logique, ~ avec qn.*

rajeunir v. Donner à qn un âge plus jeune, faire paraître plus jeune; CONTR. vieillir: *cette nouvelle coiffure la rajeunit, vous me rajeunissez de cinq ans, elle cherche à se ~; les cadres d'une entreprise (= les remplacer par des plus jeunes).*

rajuster v. Remettre en ordre (→ juste): *~ ses lunettes/sa cravate/sa coiffure.*

ralentir v. Aller plus lentement, rendre plus lent; CONTR. accélérer, hâter: *~ le pas, ~ au croisement (= freiner); les difficultés qui ralentissent la production.*

le **ralentissement** L'action de ralentir: *le ~ des travaux/de l'expansion/de la circulation.*

rallumer v. Allumer de nouveau (ce qui est éteint): *~ le feu/une cigarette éteinte; ~ les passions.*

le **rallye** [rali] ‖ *le ~ de Monte-Carlo.* ⚠ **Le** rallye.

ramasser v. Prendre ce qui est par terre; CONTR. jeter: *~ qc qui est tombé, ~ des champignons (dans les bois), ~ un caillou/son mouchoir, ~ les cartes (au jeu).*

la **rame 1.** *Un bateau à ~s, prendre les ~s.* **2.** File de wagons (du métro): *la dernière ~ vient de passer.*

rame

ramener v. (je ramène, il ramène, nous ramenons, ils ramènent; il ramènera) Faire revenir, reconduire: *~ qn chez lui/le cheval à l'écurie, ~ un noyé à la vie, ~ la paix.*

ramer v. Faire avancer un bateau avec des rames: *~ vers la côte.*

le **ramoneur** Personne qui nettoie les cheminées: *le ~ est tout noir.*

la **rampe** ‖ *une ~ de garage, une ~ de lancement de fusées, se tenir/s'accrocher à la ~.*

ramper v. Progresser, aller (en parlant des reptiles/des vers): *le ver/le serpent rampe sur la terre; ~ devant ses supérieurs (= s'abaisser, s'humilier).*

la **rançon** L'argent exigé pour libérer une personne captive: *les ravisseurs exigent une* ⁓, *payer une* ⁓. ⚠ **La** rançon.

la **rancune** Souvenir que l'on garde d'une offense/d'une injustice (avec le désir de vengeance): *avoir de la* ⁓ *contre qn, garder (de la)* ⁓ *à qn, sans* ⁓!

le **rang** [rã] ‖ *le premier/le dernier* ⁓, *marcher en* ⁓, *par* ⁓ *d'âge, un collier à deux* ⁓s *de perles, se mettre au deuxième* ⁓, *le* ⁓ *le plus bas/le plus haut dans la hiérarchie, le* ⁓ *social.* ⚠ **Le grade** de capitaine. ⚠ Le premier **balcon** au théâtre.

ranger *v.* (-ge- devant a et o: nous rangeons; il rangeait; rangeant) Mettre à sa place/en ordre; Contr. déranger, mettre en désordre: ⁓ *ses affaires/des papiers qui traînent sur la table,* ⁓ *sa chambre,* ⁓ *sa voiture (= garer).* – **se** ⁓ (il s'est rangé), *se* ⁓ *par deux, se* ⁓ *pour laisser passer qn; se* ⁓ *du côté de qn (= prendre son parti).* ⚠ Le train fait **la manœuvre.**

ranimer *v.* Rendre à la vie: ⁓ *un noyé,* ⁓ *le courage de qn (= exciter).*

râper *v.* Réduire en très petits morceaux: *des carottes râpées,* ⁓ *du fromage, du gruyère râpé.*

rapetisser *v.* Rendre/devenir/faire paraître plus petit; Contr. agrandir, élargir, grossir: *la distance rapetisse les objets,* ⁓ *un pantalon.*

rapide *adj.* **1.** ‖ Qui va vite; Contr. lent: *un train* ⁓, *une voiture* ⁓, ⁓ *comme une flèche, être* ⁓ *dans son travail, un esprit* ⁓, *espérer une réponse* ⁓, *une décision* ⁓. **2.** *m.* Train qui va très vite: *prendre un* ⁓. – *adv.* **rapidement** (= vite). ⚠ **Vite** est un adverbe: *aller vite.*

la **rapidité** Caractère de ce qui est rapide; Contr. la lenteur: *la* ⁓ *d'un coureur/d'un cheval/des chemins de fer, agir avec* ⁓ *(= avec promptitude), la* ⁓ *des mouvements.*

le **rappel 1.** Action de faire revenir: *le* ⁓ *à l'ordre/à la raison/à la réalité.* **2.** Action de rappeler à la mémoire: *le signal de* ⁓ *de limitation de vitesse.*

rappeler *v.* (-ll- devant un e muet: je rappelle, il rappelle, nous rappelons, ils rappellent; il rappellera) **1.** Appeler pour faire revenir: ⁓ *son chien en sifflant, rap-*pelle-le il a oublié ses clefs; Jean a demandé que tu le rappelles (= que tu lui retéléphones), ⁓ *qn à l'ordre.* **2.** Faire revenir à l'esprit/à la mémoire: ⁓ *qc à qn, je lui ai rappelé sa promesse,* ⁓ *à qn que* + ind. – **se** ⁓ (il s'est rappelé), *se* ⁓ *qc (= se souvenir de qc), se* ⁓ *le nom de qn, se* ⁓ *avoir fait qc, se* ⁓ *que* + ind., *ne pas se* ⁓ *que* + subj. ⚠ Se rappeler qc (sans **de**), mais: se souvenir **de** qc.

le **rapport 1.** ‖ Le compte rendu: *faire un* ⁓ *écrit/oral sur qc, un* ⁓ *de police, un* ⁓ *confidentiel/secret.* **2.** Le lien, l'analogie: *des* ⁓s *de parenté, entretenir de bons* ⁓s *avec qn, être en* ⁓ *avec qn/avec qc (= en relation), être sans* ⁓ *avec qc, établir un* ⁓ *entre deux choses, par* ⁓ *à, avoir* ⁓ *à/avec qc.* **3.** Le fait de rapporter de l'argent: *une maison de* ⁓.

rapporter *v.* **1.** Venir dire: ⁓ *un événement/une nouvelle, on m'a rapporté que* + ind. **2.** Remettre à sa place: ⁓ *ce qu'on a pris,* ⁓ *qc qu'on a emprunté.* **3.** Produire un bénéfice: *un métier qui rapporte beaucoup d'argent, de l'argent qui ne rapporte rien.* – **se** ⁓ (il s'est rapporté), *la réponse se rapporte à la question (= concerner), m'en rapporte à vous (= se fier).*

le **rapprochement** Établissement de relations cordiales: *travailler au* ⁓ *franco-allemand.*

rapprocher *v.* Mettre plus près (→ proche); Contr. éloigner, écarter, séparer: ⁓ *sa chaise de la table, l'avion rapproche les distances.* – **se** ⁓ (il s'est rapproché), *se* ⁓ *de qc/de qn, se* ⁓ *les uns des autres.* ⚠ Se rapprocher **de** qc.

la **raquette** *une* ⁓ *de tennis/de ping-pong.*

raquette

rare *adj.* ‖ Qui se rencontre peu souvent, peu nombreux; Contr. commun, courant, fréquent: *des timbres* ⁓s, *des plantes/des animaux* ⁓s, *ses visites sont*

~s, se faire ~, il est ~ de faire qc, il est ~ que + subj. – adv. **rarement.**

raser v. ‖ Couper la barbe: ~ qn/la barbe/la tête, la crème à ~, le coiffeur rase un client. – se ~ (il s'est rasé), se ~ la barbe, se couper en se rasant. ⚠ Le savon à **barbe.**

le **rasoir** un ~ électrique.

rasoir électrique

le **rassemblement** Réunion d'un grand nombre de personnes, le groupe: un ~ de grévistes, faire disperser un ~ par la police, un ~ de gauche (= réunion de partis politiques).

rassembler v. Faire venir ensemble, réunir; CONTR. disperser: la famille est rassemblée pour le repas, ~ son courage/ ses esprits. – se ~ (ils se sont rassemblés), la foule se rassemble sur la place.

rassurer v. Rendre la confiance, tranquilliser; CONTR. effrayer, inquiéter, alarmer: ~ qn qui a peur, ça me rassure, des nouvelles rassurantes. – se ~ (il s'est rassuré), rassurez-vous.

le **rat** ‖ Petit animal rongeur: un ~ d'égout, le chat a attrapé un ~, être mordu par un ~. ⚠ Le rat.

rat

la **rate** Organe situé à côté de l'estomac: se dilater la ~ (= rire).

le **râteau** (les râteaux) ramasser les feuilles avec un ~.

râteau

rater v. Échouer; CONTR. réussir: ~ une affaire/une bonne occasion, ~ son train, ~ l'examen, ~ sa vie.

la **ratification** ‖ la ~ d'un traité par l'Assemblée nationale.

ratifier v. ‖ ~ un traité.

la **ration** [rasjō] ‖ Une quantité assez petite (d'aliments): une ~ alimentaire, une maigre ~.

le **rationalisme** [-sjɔ-] ‖ En philosophie, la croyance en la raison: le ~ du XVIIIe siècle.

rationnel, rationnelle [-sjɔ-] ‖ De la raison, conforme à la raison, logique, raisonnable; CONTR. irrationnel: la philosophie ~le, une organisation ~le, suivre une méthode ~le. – adv. **rationnellement.**

rattacher v. Attacher de nouveau; CONTR. détacher: ~ un chien, ~ une province à un État (= réunir).

rattraper v. Attraper de nouveau, récupérer, regagner: ~ un prisonnier évadé, ~ un retard/le temps perdu.

la **rature** Le trait que l'on fait sur un mot/ sur une phrase pour l'annuler: le devoir de Pierre est plein de ~s.

le **ravage** Les dégâts, les dommages importants: les ~s de la guerre/d'un incendie/des inondations, la grêle a fait des ~s. ⚠ Le ravage.

ravager v. (-ge- devant a et o: nous ravageons; il ravageait; ravageant) Causer de grands dommages, démolir: la guerre a ravagé le pays, les bombardements ont ravagé la ville, l'orage a ravagé les récoltes.

ravi, ravie adj. Très content, enchanté; CONTR. navré, déçu, fâché: être ~ de qc, je suis ~ de mon séjour à Paris, être ~ de faire un voyage, je suis ~ de vous rencontrer, être ~ que + subj.

ravir v. 1. Provoquer l'admiration, charmer: une musique qui ravit. 2. Enlever par la force: ~ un enfant.

ravissant, ravissante adj. Qui plaît beaucoup, charmant, joli: cette jeune fille est ~e, elle est ~e dans cette robe.

ravitailler v. Apporter des choses nécessaires (aliments, énergie, etc.): ~ une ville en fruits et légumes, ~ l'armée/la population.

le **rayon** 1. Ligne/bande de lumière: les ~s

du soleil, un ⁓ de soleil entre par la fenêtre, les ⁓s infrarouges/ultraviolets, les
⁓s X. **2.** les ⁓s d'une roue. **3.** L'espace
autour d'un point: dans un ⁓ de 5 km.
4. Partie d'un grand magasin: le ⁓ de la
parfumerie/des chaussures/des jouets, le
chef de ⁓. **5.** Planche horizontale d'un
meuble: les ⁓s d'une étagère/d'une bibliothèque. ⚠ Une explosion atomique émet
des **radiations**.

rayons

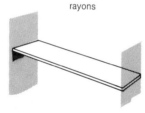

la **réaction 1.** ‖ je l'ai offensé et sa ⁓ a été
vive, avoir une ⁓ de peur, une ⁓ vive/
lente, provoquer une ⁓, la ⁓ de défense
de l'organisme contre un virus; un avion à
⁓ (= un jet), une ⁓ nucléaire/en chaîne.
2. ‖ La politique qui s'oppose au progrès:
les partisans de la ⁓, à bas la ⁓!
réactionnaire adj. ‖ Qui concerne la
politique de réaction, conservateur;
CONTR. progressiste: un parti ⁓, des opinions ⁓s, un écrivain ⁓.
  réagir v. ‖ Avoir une réaction: ⁓ à/sur/
contre qc/qn, l'organisme réagit contre la
maladie, ⁓ brutalement/violemment.
⚠ Avoir du **réflexe** (= réagir vite devant
un danger).
la **réalisation** Action de rendre réel/de réaliser: la ⁓ d'un film, la ⁓ d'un projet, ce
centre culturel est une belle ⁓.
  réaliser v. ‖ Faire exister, exécuter, accomplir: ⁓ un projet/un rêve/un souhait,
⁓ un film, ⁓ un capital (= transformer en
argent).
le **réalisme 1.** ‖ L'attitude de celui qui con-

naît la réalité: envisager les choses avec
⁓, le ⁓ politique. **2.** ‖ Dans l'art; CONTR.
le romantisme: le ⁓ littéraire, Balzac et
Flaubert sont des représentants du ⁓.
la **réalité** ‖ La vérité; CONTR. l'illusion, l'i-
magination, le rêve: la ⁓ d'un fait, confirmer la ⁓ de qc, douter de la ⁓, en ⁓
(= réellement).
  rebelle 1. adj. ‖ Qui se révolte: des
troupes ⁓s, être ⁓ à toute discipline; des
mèches de cheveux ⁓s. **2.** m. Négocier
avec des ⁓s. ⚠ La rébellion.
  rebondir v. Faire un ou plusieurs sauts
(en parlant d'un objet qui tombe): jouer
au ballon en le faisant ⁓ sur le sol; l'action
rebondit au troisième acte.
  rebuter v. Dégoûter, décourager: le travail me rebute, un travail rebutant, rien ne
le rebute.
  récent, récente adj. Qui existe depuis
peu de temps; CONTR. ancien, vieux: une
nouvelle toute ⁓e, des événements ⁓s. –
adv. **récemment** [resamã].
la **réception 1.** L'action de recevoir qn/qc;
CONTR. l'envoi, l'expédition: la ⁓ d'une
commande/d'une lettre/d'une livraison,
une ⁓ cordiale, une salle de ⁓, accuser ⁓
d'un paquet. **2.** Le bureau de réception:
la ⁓ d'un hôtel.
la **recette 1.** Le total d'argent reçu; CONTR.
la dépense: faire de belles ⁓s, la ⁓ jour-
nalière d'un magasin/d'un théâtre, les ⁓s
couvrent les dépenses. **2.** Indication détaillée pour préparer un plat: un livre de
⁓s, une ⁓ de cuisine, connaître de bonnes
⁓s. ⚠ **L'ordonnance** d'un médecin.
le **receveur** Employé chargé de recevoir de
l'argent: le ⁓ d'autobus, le ⁓ des postes
(= dirige un bureau de poste).
  recevoir v. (je reçois, il reçoit, nous re-
cevons, ils reçoivent; il reçut; il a reçu; il
recevra) **1.** Obtenir, prendre ce qui est
offert; CONTR. envoyer, donner: ⁓ qc de
qn, ⁓ une lettre/de l'argent/un cadeau/un
salaire, ⁓ un conseil/des excuses. **2.** Faire
entrer, accueillir qn dans sa maison: ⁓ un
ami à dîner, être bien/mal reçu chez qn, il
m'a très bien reçu. **3.** être reçu à un examen (= l'avoir réussi). ⚠ **Commencer à
avoir** faim, **attraper** la grippe, l'enfant
fait ses dents.

le **réchaud** *un ⁓ à gaz/électrique, un ⁓ de camping, chauffer du lait sur un ⁓.*

réchaud

réchauffer *v.* Chauffer ce qui s'est refroidi; CONTR. refroidir: *⁓ un potage, se ⁓ les doigts.*

la **recherche 1.** Action de chercher: *le voleur a échappé aux ⁓s de la police, être/se mettre à la ⁓ de qc/de qn, abandonner les ⁓s.* **2.** Action de chercher des connaissances nouvelles: *les ⁓s scientifiques, faire des ⁓s, la ⁓ de la vérité/de la gloire/du bonheur.*

rechercher *v.* Chercher à retrouver: *être recherché par la police, ⁓ les témoins d'un accident, ⁓ la cause de qc, un livre recherché (= rare); un style recherché* (CONTR. *naturel).*

la **récidive** Le fait de commettre un nouveau délit (après une condamnation): *en cas de ⁓ vous serez sévèrement puni.*

le **récipient** Tout ustensile creux où l'on peut mettre des liquides, etc. (terme très vague): *le seau/la bouteille/la tasse est un ⁓, remplir/vider un ⁓.*

réciproque *adj.* Qui désigne un échange entre deux personnes, de l'un à l'autre, mutuel: *un amour ⁓, des confidences ⁓s, se faire des concessions ⁓s. – adv.* **réciproquement.**

le **récit** Ce que l'on raconte, l'histoire: *faire un ⁓, un ⁓ d'aventures, le ⁓ d'un voyage, écouter un ⁓.*

réciter *v.* ‖ Dire à haute voix (ce que l'on sait par cœur): *⁓ un poème/sa prière, ⁓ sa leçon d'histoire.*

la **réclame 1.** La publicité: *la ⁓ pour une marque d'automobiles/de lessive, faire de la ⁓, la ⁓ lumineuse.* **2.** *ces articles sont en ⁓ (= en vente à prix réduits).*

réclamer *v.* Demander en insistant, exiger: *⁓ un droit/le silence, ⁓ une indemnité*

à une compagnie d'assurances, ⁓ que + subj.

la **récolte** Action de récolter des produits de la terre (qui sont mûrs): *faire la ⁓ des pommes, la ⁓ est bonne, l'abondance d'une ⁓.*

récolter *v.* Faire la récolte, recueillir; CONTR. semer: *⁓ des fruits/des pommes de terre.* ⚠ On dit aussi **moissonner** le blé.

recommander *v.* **1.** Demander l'appui/la protection de qn pour qn/qc: *⁓ un ami à un employeur, ⁓ qc à qn, ⁓ un produit.* **2.** Donner un conseil: *⁓ à qn de faire qc, ⁓ la discrétion à qn.* **3.** Payer une taxe supplémentaire (pour que le facteur remette une lettre etc. personnellement au destinataire): *⁓ une lettre/un paquet.*

recommencer *v.* (-ç- devant a et o: nous recommençons; il recommençait; recommençant) Commencer de nouveau; CONTR. cesser: *⁓ qc, ⁓ un travail, ⁓ à faire qc, il recommence à pleuvoir.*

la **récompense** Ce que l'on reçoit pour une bonne action/un service rendu: *promettre/donner une ⁓ à qn, recevoir une ⁓, recevoir qc en ⁓.*

récompenser *v.* Donner une récompense: *⁓ qn de/pour qc, ⁓ qn pour ce qu'il a fait, ⁓ le travail de qn.*

réconcilier *v.* Rétablir l'amitié entre deux ennemis: *⁓ une personne avec/et une autre, ⁓ deux ennemis. – se ⁓* (ils se sont réconciliés), *se ⁓ avec qn.*

réconforter *v.* Donner du courage/de l'énergie/des forces; CONTR. décourager: *⁓ un ami dans la misère (= consoler), son aide/sa gentillesse m'a réconforté, après le travail une tasse de café m'a réconforté.*

la **reconnaissance 1.** Action de reconnaître: *un signe de ⁓, la ⁓ d'un État, la ⁓ de dettes.* **2.** Souvenir d'un bienfait reçu; CONTR. l'ingratitude: *éprouver de la ⁓ envers qn, témoigner de la ⁓ à ses parents.*

reconnaissant, reconnaissante *adj.* obligé; CONTR. ingrat: *être ⁓ à qn de qc, se montrer ⁓ envers ses parents, je vous suis très ⁓ de m'avoir aidé.*

reconnaître *v.* (je reconnais, il reconnaît, nous reconnaissons, ils reconnaissent; il reconnut; il a reconnu) **1.** Identifier par la mémoire, se souvenir: *le chien reconnaît son maître,* ~ *qn qu'on avait perdu de vue,* ~ *un arbre à ses feuilles.* **2.** Accepter, avouer; CONTR. nier: ~ *ses torts/ses fautes,* ~ *la supériorité de qn,* ~ *que* + ind., *je reconnais que je me suis trompé.* – **se** ~ (il s'est reconnu), *se* ~ *coupable.*

reconstituer *v.* Former de nouveau, rétablir: ~ *des faits/un crime/le plan d'une ville.*

la **reconstruction** ‖ La construction nouvelle de ce qui a été détruit; CONTR. la démolition: *la* ~ *d'une église détruite.*

reconstruire *v.* (je reconstruis, il reconstruit, nous reconstruisons, ils reconstruisent; il reconstruisit; il a reconstruit) ~ *un pont détruit/un quartier.*

le **record** ‖ *le* ~ *d'Europe/du monde, établir/battre un* ~, *un temps* ~.

recourir *v.* (je recours, il recourt, nous recourons, ils recourent; il recourut; il a recouru; il recourra) **1.** Demander l'aide: ~ *à un ami,* ~ *à une agence pour louer un appartement.* **2.** Employer: ~ *à la violence/à la ruse/à la force.* ⚠ Il **a** recouru.

recouvrir *v.* (je recouvre, il recouvre, nous recouvrons, ils recouvrent; il recouvrit; il a recouvert) Couvrir de nouveau ou entièrement; CONTR. découvrir: ~ *un livre,* ~ *un fauteuil* (= *mettre un nouveau tissu), la neige recouvre les champs.*

la **récréation** Temps de liberté pour les élèves entre les cours: *la* ~ *a sonné, être en* ~, *aller en* ~, *la cour de* ~, *la grande* ~.

la **recrudescence** L'augmentation, l'aggravation: *la* ~ *de la fièvre/d'une épidémie/de la criminalité.*

recruter *v.* ‖ Engager des soldats/du personnel: ~ *une armée,* ~ *des collaborateurs.*

le **rectangle** *dessiner un* ~.

rectangle

rectifier *v.* Rendre exact, corriger: ~ *un texte/un calcul,* ~ *une erreur.*

le **reçu** Écrit où une personne reconnaît avoir reçu une somme d'argent, la quittance: *donner/remettre un* ~ *à qn, le* ~ *d'une somme d'argent.*

le **recueil** Réunion de textes, l'anthologie: *un* ~ *de morceaux choisis du XVIIIe siècle, un* ~ *de fables.*

le **recueillement** L'état d'esprit de celui qui s'isole du monde extérieur, la concentration: *écouter de la musique avec* ~, *être dans un profond* ~.

recueillir *v.* (je recueille, il recueille, nous recueillons, ils recueillent; il recueillit; il a recueilli; il recueillera) **1.** Prendre en ramassant: *les abeilles recueillent le nectar des fleurs pour faire le miel.* **2.** Recevoir, obtenir: ~ *des renseignements,* ~ *des voix aux élections.* – **se** ~ (il s'est recueilli) Se concentrer: *se* ~ *pour prier, se* ~ *sur la tombe de ses parents.*

le **recul** L'action de reculer; CONTR. le progrès, la progression: *un mouvement de* ~, *le* ~ *d'une arme à feu.*

reculer *v.* Aller en arrière; CONTR. avancer, progresser: ~ *d'un pas, une voiture qui recule,* ~ *un peu sa chaise* (= *repousser);* ~ *devant un danger,* ~ *la date d'un paiement* (= *retarder).*

reculons, à ~ *adv.* En arrière: *marcher à* ~.

récupérer *v.* (je récupère, il récupère, nous récupérons, ils récupèrent; il récupérera) Reprendre, retrouver: ~ *ses affaires/un livre prêté,* ~ *ses forces.*

le **rédacteur** Journaliste qui rédige des articles: *le* ~ *d'un article de journal, le* ~ *en chef.*

la **rédaction** **1.** Action de rédiger un texte: *la* ~ *d'un article/d'un contrat, la salle de* ~. **2.** Texte écrit par des élèves: *faire une* ~ *qui a pour sujet «Souvenirs de vacances».*

rédiger *v.* (-ge- devant a et o: nous rédigeons; il rédigeait; rédigeant) Écrire un texte (sous une forme définitive): ~ *un article de journal/un compte rendu d'une conférence,* ~ *son testament, une revue bien rédigée.*

redire *v.* (je redis, il redit, nous redisons, vous redites, ils redisent; il redit; il a redit) **1.** Dire de nouveau/plusieurs fois, répéter: ⁓ *toujours la même chose.* **2.** *avoir/trouver à* ⁓ *à qn (= critiquer, blâmer).* ⚠ Vous **redites.**

redonner *v.* Donner de nouveau, rendre: ⁓ *à qn ce qu'on lui avait pris,* ⁓ *du courage/de la confiance à qn.*

redoubler *v.* **1.** Montrer beaucoup de, augmenter: ⁓ *d'efforts,* ⁓ *de courage/ d'attention, la tempête redouble.* **2.** ⁓ *une classe (= rester deux ans de suite dans la même classe).*

redoutable *adj.* Qui est fort à craindre, dangereux; CONTR. inoffensif: *un adversaire* ⁓, *être* ⁓ *par sa force.*

redouter *v.* Craindre beaucoup, avoir peur; CONTR. mépriser: ⁓ *qn, qn est à* ⁓, ⁓ *l'hiver/la tempête,* ⁓ *l'avenir,* ⁓ *de faire qc,* ⁓ *que + ne +* subj.

redresser *v.* Remettre dans la position droite/verticale; CONTR. renverser: ⁓ *la tête/un poteau,* ⁓ *une échelle qui est tombée,* ⁓ *la situation économique (= l'améliorer).*

la **réduction** La diminution; CONTR. l'augmentation: *la* ⁓ *des dépenses/du personnel, faire une* ⁓ *de 20% (= baisser le prix).*

réduire *v.* (je réduis, il réduit, nous réduisons, ils réduisent; il réduisit; il a réduit) **1.** Amener qn à: ⁓ *au désespoir/ au silence, en être réduit à faire qc (= forcé).* **2.** Diminuer; CONTR. augmenter, élever: ⁓ *les heures de travail/ses dépenses/les impôts,* ⁓ *la vitesse.*

réel, réelle *adj.* ‖ Qui existe; CONTR. abstrait, irréel, imaginaire: *un fait* ⁓, *des besoins* ⁓s, *il trouve un* ⁓ *plaisir à taquiner ses sœurs. – adv.* **réellement.** ⚠ *Des prix* **honnêtes.**

refaire *v.* (je refais, il refait, nous refaisons, vous refaites, ils refont; il refit; il a refait; qu'il refasse; il refera) Faire de nouveau: ⁓ *un devoir/un voyage,* ⁓ *son maquillage,* ⁓ *les peintures d'une maison, c'est à* ⁓*!* ⚠ Vous **refaites.**

la **référence** **1.** L'indication de la page/ ligne d'un texte: *les* ⁓s *au bas des pages, la* ⁓ *d'une citation/d'un article (= son numéro).* **2.** *les* ⁓s *(= les renseignements donnés sur qn concernant son travail, sa moralité), avoir de sérieuses* ⁓s *quand on cherche un emploi.*

le **référendum** [-rɛ̃dɔm] **(des référendums)** Vote de tous les citoyens pour approuver ou rejeter une mesure proposée par le gouvernement, le plébiscite: *organiser un* ⁓, *voter »oui» au* ⁓.

se **référer** *v.* (je me réfère, il se réfère, nous nous référons, ils se réfèrent; il s'est référé; il se référera) Recourir à qn/à qc (comme à une autorité): *se* ⁓ *à qn, se* ⁓ *à l'avis de qn/à un texte.* ⚠ **Faire** un exposé/ un rapport.

réfléchir *v.* **1.** Penser, méditer longtemps: ⁓ *avant d'agir/avant de se décider, cela donne à* ⁓, ⁓ *sur un sujet/sur une question,* ⁓ *à une proposition,* ⁓ *à ce que qn vient de dire; tout bien réfléchi, une action/une décision réfléchie.* **2.** Refléter: ⁓ *la lumière, la glace réfléchit une image, la lune réfléchit la lumière du soleil; «se» est un pronom réfléchi.*

le **reflet** [rəflɛ] ‖ Lumière réfléchie par qc ou l'image réfléchie de qc: *des cheveux à* ⁓s *roux, le* ⁓ *des nuages dans l'eau du lac.*

refléter *v.* (il reflète, ils reflètent; il reflétera) Renvoyer une image: *le miroir reflète les objets, le lac reflète la silhouette des arbres/le ciel, la littérature reflète la société.*

le **réflexe** ‖ Réaction automatique: *un automobiliste qui a de bons* ⁓s. ⚠ Un appareil (de photo) **reflex.**

la **réflexion** **1.** ‖ La capacité de réfléchir, la pensée, la méditation: *qc donne matière à* ⁓, *agir sans* ⁓, *être plongé dans ses* ⁓s, ⁓ *faite je ne vais pas au cinéma ce soir.* **2.** *la* ⁓ *de la lumière par un miroir.*

la **réforme** **1.** ‖ *proposer/exiger des* ⁓s *sociales/politiques, apporter des* ⁓s *dans l'administration.* **2.** La Réforme (= mouvement religieux du XVIᵉ siècle).

réformer *v.* **1.** ‖ Changer en mieux: ⁓ *la constitution/une institution/une loi/un système.* **2.** Être reconnu incapable de servir dans l'armée: ⁓ *qn,* ⁓ *un soldat après un accident.*

le **refrain** ‖ *le* ⁓ *d'une chanson, reprendre un* ⁓ *en chœur.*

le **réfrigérateur** Le frigidaire, le frigo *(familier)*: *mettre les légumes dans le ~.*

réfrigérateur

refroidir *v.* Rendre moins chaud/plus froid; CONTR. réchauffer: *faire ~ une crème au caramel, laisser ~ qc, le gâteau refroidit.* – **se** ~ (il s'est refroidi), *le temps se refroidit, je me suis refroidi.*

le **refuge** Lieu où l'on se retire s'il y a un danger, l'abri: *chercher ~, demander ~ à qn, trouver un ~, trouver ~ chez qn.*

le **réfugié** Personne qui a dû quitter son pays, l'émigré: *des ~s politiques, l'aide aux ~s, recevoir des ~s, le droit d'asile accordé aux ~s politiques.*
se réfugier *v.* (nous nous réfugiions, vous vous réfugiiez; il s'est réfugié) Se retirer dans un endroit quand il y a un danger: *se ~ à l'étranger, se ~ sous un arbre quand il pleut.*

le **refus** [rəfy] Le fait de refuser; CONTR. l'accord, le consentement, l'approbation: *le ~ de priorité, opposer un ~ à qn, il a répondu à mon offre par un ~ catégorique; ce n'est pas de ~ (= j'accepte).*
refuser *v.* 1. Ne pas accepter une offre; CONTR. accepter, consentir, accorder: *~ qc à qn, ~ une permission à qn, ~ une invitation, ~ de faire qc, ~ d'obéir à qn.* 2. *~ un candidat, être refusé au baccalauréat (CONTR. reçu).*
réfuter *v.* Repousser un argument; CONTR. approuver, soutenir: *~ des objections, ~ une théorie, ~ qc par des arguments/preuves.*

regagner *v.* Revenir dans un endroit: *~ sa place/sa maison/son pays natal.*

le **regard** [-gar] Action de regarder: *un ~ étonné/doux/dur, jeter un ~ sur qc, suivre qn du ~, menacer du ~.*
regarder *v.* 1. Tourner les yeux sur qn/ sur qc, observer, voir: *~ qc attentivement/*

avec curiosité, mettre des lunettes pour *~, ~ par la fenêtre/partout, ~ sa montre/un tableau, y ~ de près, ~ du coin de l'œil, ~ le danger en face, ~ qn faire qc.* – **se** ~ (il s'est regardé), *se ~ dans la glace.* 2. *cela ne vous regarde pas (= ce n'est pas votre affaire).*

la **régie** Entreprise qui appartient à l'État: *la R~ française des tabacs, la R~ autonome des transports parisiens (= R.A.T.P.), la ~ Renault.* ⚠ Au théâtre: **une mise en scène.**

le **régime** 1. ‖ Forme de gouvernement: *un ~ parlementaire/totalitaire, l'Ancien Régime (avant 1789).* 2. Règle observée dans la manière de se nourrir: *suivre un ~ pour maigrir, se mettre/être au ~.* ⚠ Quand on ne mange rien du tout, on est à **la diète.**

le **régiment** ‖ Unité militaire: *un ~ d'infanterie.*

la **région** ‖ La province: *la ~ parisienne/de Lyon, une ~ agricole/industrielle.*
régional, régionale *adj.* (**régionaux, régionales**) ‖ *les coutumes ~es, la cuisine ~e, la presse ~e.*

le **registre** 1. ‖ Gros cahier: *inscrire qc sur un ~, le ~ de commerce/d'état civil.* 2. ‖ *les ~s d'un orgue.* ⚠ **L'index** alphabétique (des noms propres cités dans l'ouvrage).

la **règle** 1. *les ~s de la grammaire/de la politesse/du jeu, observer une ~, une exception à la ~, en ~ générale, être en ~, vos papiers sont en ~, il est de ~ de faire qc.* 2. *tracer une ligne avec une ~, une ~ à calcul.*

règle

le **règlement** 1. Action de régler une affaire: *le ~ d'un conflit.* 2. L'ensemble des règles d'un organisme: *le ~ de l'école, c'est le ~, se soumettre au ~, enfreindre le ~.* 3. L'action de payer, le paiement: *le ~ d'une dette, faire un ~ par chèque.*
régler *v.* (je règle, il règle, nous réglons, ils règlent; il réglera) 1. Mettre au point: *~ sa montre, ~ un moteur.* 2. Résoudre, terminer: *~ une affaire/un conflit/une*

question. **3.** Fixer: ~ *les détails d'une cérémonie.* **4.** Payer: ~ *un compte,* ~ *sa note d'hôtel.*

le **règne** Période pendant laquelle un roi est au pouvoir: *le* ~ *de Louis XIV, sous le* ~ *de Napoléon Ier; le* ~ *de l'argent.*

régner *v.* (il règne, ils règnent; il régnera) Exercer le pouvoir en tant que roi: ~ *(pendant) 10 ans; faire* ~ *la justice, diviser pour* ~.

le **regret** [-grɛ] Le mécontentement, le chagrin (d'avoir fait qc); CONTR. la satisfaction: *avoir du* ~, *le* ~ *d'avoir perdu son temps, j'ai le* ~ *de vous dire que . . ., faire qc avec* ~ (= *contre ses intentions*), *quitter sa famille avec* ~, *accepter qc à* ~.

regrettable *adj.* Qui est à regretter, déplorable, fâcheux; CONTR. désirable: *une erreur* ~, *des conséquences* ~s, *il est* ~ *que* + subj. (= *c'est dommage*).

regretter *v.* Être triste de ne plus avoir, être désolé; CONTR. se réjouir: ~ *le temps passé,* ~ *ses fautes/d'avoir commis une faute,* ~ *son imprudence/une mauvaise décision,* ~ *d'avoir fait qc, je regrette de vous avoir fait attendre, je ne regrette rien, je regrette* (= *pardon!*), ~ *que* + subj. ⚠ Ne pas confondre avec **plaindre** (= témoigner de la compassion).

la **régularité** Caractère régulier/uniforme; CONTR. l'irrégularité: *la* ~ *des battements du cœur, la* ~ *d'une montre, faire preuve de* ~ *dans son travail.*

régulier, régulière *adj.* Conforme aux règles, normal, uniforme; CONTR. irrégulier, anormal, bizarre, exceptionnel: *les verbes* ~s, *un rythme* ~, *à intervalles* ~s, *des visites/des inspections* ~ières, *un visage* ~, *les troupes* ~ières (= *contrôlées par le gouvernement*), *être* ~ *en affaires* (= *correct*). – *adv.* **régulièrement.**

rehausser *v.* [rəose] Augmenter la hauteur, mettre en valeur; CONTR. rabaisser: ~ *un mur,* ~ *le prestige de qn.*

le **rein** Les reins sont les organes qui sécrètent l'urine: *le* ~ *droit/gauche, avoir mal aux* ~s.

la **reine** L'épouse du roi: *le roi et la* ~, *la* ~ *mère, la* ~ *Élisabeth; une* ~ *de beauté* (= *Miss France, etc.*), *la* ~ *du bal/de la fête.*

rejeter *v.* (-tt- devant e muet: je rejette, il rejette, nous rejetons, ils rejettent; il rejettera) **1.** Jeter en sens inverse: ~ *un poisson trop petit à la rivière,* ~ *une responsabilité sur qn* (= *faire retomber*). **2.** Ne pas accepter qc, refuser qc; CONTR. accepter: ~ *les offres/les propositions de qn.*

rejoindre *v.* (je rejoins, il rejoint, nous rejoignons, ils rejoignent; il rejoignit; il a rejoint) Aller retrouver qn/qc: ~ *sa famille/ses amis à Paris, ce chemin rejoint la grande route.*

se **réjouir** *v.* (il s'est réjoui) Éprouver de la joie; CONTR. être triste: *se* ~ *à l'idée de revoir un ami, se* ~ *du succès de qn, se* ~ *que* + subj.

le **relâche** Fermeture momentanée d'une salle de spectacle: *faire* ~ *au mois d'août, le jour de* ~; *sans* ~ (= *sans interruption*).

relâcher *v.* Rendre moins serré/moins tendu/moins intense; CONTR. serrer, tendre: ~ *une corde,* ~ *son attention;* ~ *un prisonnier* (= *le remettre en liberté*). – **se** ~ (il s'est relâché). Devenir moins tendu/moins sévère: *les muscles se relâchent, la discipline s'est relâchée.*

relatif, relative *adj.* **1.** ‖ CONTR. absolu, idéal, parfait: *tout est* ~, *une valeur* ~ve, *des positions* ~ves, *une discussion* ~ve *à une question* (= *qui concerne*). **2.** ‖ En grammaire: *le pronom* ~, *la proposition* ~ve. – *adv.* **relativement.**

les **relations** *f.* (au pluriel) **1.** Rapports entre deux personnes: *les* ~ *d'amitié, entrer/se mettre en* ~ *avec qn, nouer/avoir des* ~ *avec qn, cesser/interrompre ses* ~. **2.** *ce n'est pas un ami intime c'est seulement une relation* (= *qn qu'on connaît superficiellement*). **3.** *les* ~ *internationales/diplomatiques/culturelles.*

la **relativité** ‖ *la* ~ *des lois morales, la théorie de la* ~ *(d'Einstein 1905).*

relever *v.* (je relève, il relève, nous relevons, ils relèvent; il relèvera) Remettre droit/debout; CONTR. renverser: ~ *une chaise qui est tombée,* ~ *la tête/le front* (= *redresser*), ~ *la vitre d'une portière,* ~ *son col/ses manches* (= *retrousser*); ~ *le niveau de vie/les salaires* (= *augmenter*). – **se** ~ (il s'est relevé), *aider qn qui est* *tombé à se ~; la porte du garage se relève automatiquement.*

le **relief 1.** ‖ *le ~ d'une médaille, le ~ du sol.* **2.** *mettre en ~ (= souligner, faire remarquer).*

relier *v.* **1.** Attacher ensemble, établir un lien; Contr. séparer: *~ une chose à une autre, une route qui relie deux villes.* **2.** *~ un livre (= coudre les feuilles ensemble et leur mettre une couverture rigide).*

religieux, religieuse 1. *adj.* ‖ Contr. athée, profane, païen: *la vie ~se, des cérémonies ~ses, le mariage ~, il est ~ (= il pratique), l'art ~, des articles ~.* **2.** *m./f.* Le moine, la sœur. – *adv.* **religieusement.**

la **religion** ‖ *la ~ chrétienne/musulmane, la ~ catholique/réformée, se convertir à une ~, pratiquer sa ~.* ⚠ La **religion catholique.**

relire *v.* (je relis, il relit, nous relisons, ils relisent; il relut; il a relu) Lire de nouveau: *~ un roman/un manuscrit, ~ un passage difficile pour bien le comprendre.*

remanier *v.* Modifier, changer: *~ un texte/une pièce de théâtre, ~ un ministère.*

remarquable *adj.* Qui mérite d'être remarqué, formidable; Contr. banal, insignifiant: *un homme ~, un ouvrage ~, un événement ~, il est ~ que + subj.* – *adv.* **remarquablement.**

la **remarque 1.** L'observation, la critique: *votre ~ est très juste, faire une ~ à qn sur qc, faire la ~ à qn que + ind.* **2.** Notes pour attirer l'attention sur qc: *le professeur a écrit quelques ~s en marge du devoir, as-tu lu la ~ au bas de la page?*

remarquer *v.* Apercevoir, noter: *~ qc du premier coup d'œil, ~ que + ind., j'ai remarqué qu'elle avait changé de coiffure, faire ~ à qn que + ind., se faire ~ par/pour qc (= attirer sur soi l'attention).*

rembourser *v.* Rendre à qn l'argent qu'il a prêté; Contr. emprunter: *~ qc à qn, ~ un créancier, on m'a remboursé mon voyage (= le prix du voyage).*

le **remède** Le médicament: *acheter un ~ efficace, prendre un ~ que le médecin a ordonné, un ~ de cheval (= brutal); le travail est un ~ contre/à l'ennui, sans ~.*

le **remerciement** Action de dire «merci»:

une lettre de ~, avec tous mes ~s, accepter les ~s de qn.

remercier *v.* (Présent: nous remercions, vous remerciez; Imparfait: nous remerciions, vous remerciiez) Dire «merci»: *~ qn de qc, je vous remercie de votre lettre, ~ un ami qui vous a rendu service, ~ qn pour/d'un cadeau, ~ qn d'un pourboire, je vous remercie de m'avoir aidé.* ⚠ «Remercier qn **pour** qc» est aujourd'hui correct.

remettre *v.* (je remets, il remet, nous remettons, ils remettent; il remit; il a remis) **1.** Mettre de nouveau à sa place: *~ qc dans sa poche, ~ une chaise à sa place.* **2.** *~ qc en question.* **3.** *~ à neuf (= rénover), ~ son appartement à neuf.* **4.** *~ un moteur en marche, ~ la pendule à l'heure.* **5.** Renvoyer à plus tard, vouloir faire plus tard: *~ une chose au lendemain, ~ qc de jour en jour, ~ sa visite. – se ~ (il s'est remis) Recommencer: se ~ à fumer, se ~ au travail; se ~ d'une maladie (= aller mieux).*

la **remise** Action de remettre: *la ~ en place/en marche/en ordre, la ~ en question.*

remonter *v.* **1.** (il **est** remonté) Monter de nouveau; Contr. redescendre: *~ l'escalier, ~ au deuxième étage, la route descend puis remonte, la fièvre/le baromètre remonte; des souvenirs qui remontent à la mémoire; ~ jusqu'à la source de qc (= aller vers).* **2.** (il **a** remonté qc) Porter de nouveau en haut: *il a remonté sa valise au grenier.*

le **remords** [rəmɔr] Sentiment douloureux (quand on a mal agi), le repentir, le regret: *les ~ de la conscience, avoir des ~, étouffer ses ~, un plaisir mêlé de ~.*

la **remorque** Véhicule sans moteur: *une ~ de camion, tirer une ~, prendre en ~ un bateau/une voiture en panne.* ⚠ **La** remorque.

remorque

le **rempart** Muraille autour d'une vieille ville/d'un château fort: *les ⁓s de Carcassonne, se promener sur les ⁓s.*

remplacer *v.* (-ç- devant a et o: nous remplaçons; il remplaçait; remplaçant) **1.** Mettre qc/qn à la place d'un autre: *⁓ une vitre qui est cassée, ⁓ le pied (cassé) d'un fauteuil, j'avais une bonne secrétaire qui sera difficile à ⁓.* **2.** Occuper la place d'une autre personne: *⁓ qn qui est en vacances, le sous-directeur remplace le directeur qui est absent.*

remplir *v.* **1.** Rendre plein (jusqu'aux bords): *⁓ un récipient/une tasse/un bol/un sac de pommes de terre, un bol rempli de lait, la salle de spectacle se remplit de spectateurs; ⁓ de joie/de chagrin/de douleur.* **2.** *⁓ une fonction (= exercer), ⁓ ses engagements (= tenir), ⁓ une fiche (= répondre aux questions d'un formulaire), ⁓ une formalité.*

remporter *v.* Gagner, obtenir: *⁓ un prix/un succès.*

remuer *v.* Faire des mouvements, bouger: *le chien remue la queue, un meuble lourd à ⁓ (= déplacer), ⁓ la salade (= la mélanger avec la sauce), il ne remue pas le petit doigt; ⁓ qn (= causer une émotion).* – **se ⁓** (il s'est remué), *avoir de la peine à se ⁓.*

rémunérer *v.* (je rémunère, il rémunère, nous rémunérons, ils rémunèrent; il rémunérera) Payer un travail, récompenser en argent: *⁓ qn/ses employés, ⁓ la collaboration de qn.*

renaître *v.* (il renaît, ils renaissent; il renaquit) Recommencer à vivre: *l'espoir renaît, je sens mon courage ⁓.* ⚠ «Renaître» s'emploie seulement aux temps simples.

le **renard** [-ar] *le ⁓ a tué une poule, les ⁓s vivent dans des terriers, un manteau à col de ⁓, être rusé comme un ⁓.*

renard

la **rencontre** Le fait de se rencontrer (par hasard): *une ⁓ inattendue, une mauvaise ⁓, faire une heureuse ⁓, aller à la ⁓ de*

qn. ⚠ **La** rencontre.

rencontrer *v.* Trouver qn sur son chemin, se trouver par hasard en présence de qn: *⁓ qn dans la rue/dans un grand magasin/dans un bal.* – **se ⁓** (ils se sont rencontrés), *se ⁓ dans la rue, leurs regards se sont rencontrés.*

le **rendement** La production de la terre, la productivité d'une usine: *le ⁓ à l'hectare, diminuer/augmenter le ⁓.*

le **rendez-vous** Rencontre convenue entre plusieurs personnes: *avoir (un) ⁓ avec qn/chez le médecin, donner ⁓ à qn, prendre ⁓ avec qn, venir à un ⁓, le médecin reçoit sur ⁓, un ⁓ d'affaires, un ⁓ amoureux, ce café est le ⁓ des étudiants.*

rendre *v.* (je rends, il rend, nous rendons, ils rendent; il rendit; il a rendu) **1.** Donner en retour; CONTR. prêter, emprunter, garder: *⁓ qc à qn, ⁓ à qn son argent/un livre emprunté, ⁓ la monnaie sur un billet, ⁓ ce qu'on a volé (= restituer), ⁓ à qn sa liberté, ⁓ visite à qn, ⁓ service à qn.* **2.** Rejeter de l'estomac par la bouche, vomir: *⁓ son déjeuner.* **3.** Faire devenir: *⁓ une femme heureuse, il me rend fou.* – **se ⁓** (il s'est rendu) **1.** Se soumettre: *se ⁓ à l'avis de qn, se ⁓ sans conditions (= renoncer à se battre).* **2.** Aller: *se ⁓ à Paris/à l'étranger.* **3.** *se ⁓ compte de qc (= comprendre).*

renfermer *v.* Contenir: *ce coffre renferme des papiers importants, ce rapport renferme de nombreuses inexactitudes.*

renforcer *v.* (-ç- devant a et o: nous renforçons; il renforçait; renforçant) Rendre plus fort/plus résistant, consolider; CONTR. affaiblir, détruire: *⁓ un mur, ⁓ une équipe, cela renforce mes soupçons, ⁓ qn dans son opinion.*

renier *v.* (Présent: nous renions, vous reniez; Imparfait: nous reniions, vous reniiez) Ne plus reconnaître comme sien: *⁓ ses opinions/sa foi/sa religion/ses engagements, ⁓ sa famille.*

la **renommée** ‖ La réputation, la célébrité, la gloire: *jouir d'une grande ⁓, avoir une bonne ⁓, un savant de ⁓ internationale.* ⚠ **La** renommée.

renoncer *v.* (-ç- devant a et o: nous renonçons; il renonçait; renonçant) Abandonner; CONTR. continuer, s'efforcer: ⏜ *à un projet/à un voyage,* ⏜ *au vin/au tabac,* ⏜ *à comprendre, finir par* ⏜.

renouveler *v.* (-ll- devant un e muet: je renouvelle, il renouvelle, nous renouvelons, ils renouvellent; il renouvellera) **1.** Répéter: ⏜ *sa demande,* ⏜ *une promesse/une offre.* **2.** Remplacer par une chose nouvelle; CONTR. garder, maintenir: ⏜ *du matériel/le personnel d'une entreprise,* ⏜ *l'eau de la piscine,* ⏜ *son passeport/un pansement.*

rénover *v.* Remettre à neuf: ⏜ *une maison.*

le **renseignement** L'information: *chercher des* ⏜*s sur qc/sur qn, donner/fournir des* ⏜*s sur qn/sur qc, le bureau de* ⏜*s (dans une gare, etc.).*

renseigner *v.* Informer, instruire: ⏜ *qn sur qc,* ⏜ *un passant qui ne sait pas où est la gare, être bien/mal renseigné.* – **se** ⏜ (il s'est renseigné) S'informer: *se* ⏜ *auprès de qn sur qc/sur qn, se* ⏜ *si le train de Lyon arrive à 9 heures.*

la **rente** Somme fixe que reçoit régulièrement celui qui a placé de l'argent: *avoir des* ⏜*s, vivre de ses* ⏜*s, avoir 30 000 francs de* ⏜. △ Ne pas confondre avec **la pension, la retraite.**

le **rentier** Celui qui vit de ses capitaux: *mener une vie de* ⏜. △ Ne pas confondre avec **le retraité.**

la **rentrée** Le fait de rentrer, l'action de reprendre son travail/ses fonctions après les vacances; CONTR. la sortie: *la* ⏜ *des vacanciers à Paris, la* ⏜ *des classes (après les vacances).*

rentrer *v.* **1.** (il **est** rentré) Entrer de nouveau, revenir chez soi; CONTR. sortir: *il est sorti puis rentré,* ⏜ *à la maison,* ⏜ *tard,* ⏜ *de promenade; la voiture est rentrée dans un arbre;* ⏜ *en fonctions.* **2.** (il **a** rentré qc) Ne pas laisser dehors: ⏜ *la voiture dans le garage, le fermier rentre le foin.*

renverser *v.* Faire tomber; CONTR. redresser, relever: ⏜ *un seau/un verre/une bouteille,* ⏜ *du vin sur la nappe, un piéton renversé par une voiture.*

renvoyer *v.* (je renvoie, il renvoie, nous renvoyons, ils renvoient; il a renvoyé; il

renverra) **1.** Envoyer une chose à celui qui l'a envoyée; CONTR. garder: ⏜ *un ballon/une lettre à qn; des notes qui renvoient à un autre passage d'un texte.* **2.** Ne pas garder dans son service; CONTR. employer, engager: ⏜ *un employé; il est renvoyé du lycée.* **3.** Remettre à plus tard: *la réunion est renvoyée au 18 mai* (= ajourner). △ Il **renverra** (= futur).

répandre *v.* **1.** Verser un liquide; faire couler sur une surface; CONTR. ramasser: ⏜ *du vin sur la nappe,* ⏜ *des larmes;* ⏜ *de la joie.* **2.** Faire connaître partout: ⏜ *une nouvelle/des idées.* – **se** ⏜ (il s'est répandu), *l'odeur de frites s'est répandue dans toute la maison, cet usage se répand peu à peu* (= se propager.)

la **réparation 1.** ‖ *la* ⏜ *d'une voiture/d'une montre, l'ascenseur est en* ⏜, *la* ⏜ *a coûté cher.* **2.** Action de réparer une faute: *demander/obtenir* ⏜ *d'une offense.*

réparer *v.* ‖ Remettre en état de servir; CONTR. casser, détruire: ⏜ *une voiture/un poste de radio;* ⏜ *sa faute/ses torts.*

repartir *v.* (je repars, il repart, nous repartons, ils repartent; il repartit; il est reparti) **1.** Partir de nouveau: *il s'est arrêté un moment puis est reparti.* △ Il **est** reparti. **2.** (il a reparti qc = littéraire). Répondre immédiatement, répliquer: *«Et moi aussi, repartit-il.»*

répartir *v.* Partager, distribuer entre plusieurs personnes: ⏜ *de l'argent/des biens,* ⏜ *un travail entre plusieurs personnes,* ⏜ *les rôles d'une pièce de théâtre.*

le **repas** [-pa] Nourriture que l'on prend à des heures fixes: *le* ⏜ *du matin* (= *le petit déjeuner)/de midi* (= *le déjeuner)/du soir* (= *le dîner), faire/préparer/servir un* ⏜, *prendre un* ⏜, *un* ⏜ *copieux/léger.*

repasser *v.* **1.** (il **est** repassé) Passer encore une fois: ⏜ *par Paris.* **2.** (il **a** repassé qc) Donner encore une fois: *repassez-moi le pain; Jean nous a repassé un disque d'Édith Piaf.* **3.** *le fer à* ⏜, ⏜ *une chemise, elle a repassé le linge.*

fer à repasser

se repentir *v.* (il s'est repenti) Regretter une faute et vouloir la réparer: *se ~ de qc, se ~ d'une faute/d'un péché, se ~ d'avoir commis une faute, il s'en repentira!, ils se sont repentis.*

le **repentir** Vif regret (devant Dieu) d'une faute; le remords: *un ~ sincère, avoir un grand ~ de ses fautes/d'une offense, pleurer par ~.*

le **répertoire** ‖ L'inventaire, la liste, le catalogue: *un ~ d'adresses, le ~ de la Comédie-Française, le ~ d'un artiste.*

répéter *v.* (je répète, il répète, nous répétons, ils répètent; il répétera) **1.** Dire de nouveau, redire: *~ son nom au téléphone, ~ la même chose/le même mot, ~ ce qu'on a entendu, ~ qc mot pour mot, ~ que* + ind. △ **Repasser** son vocabulaire de latin. **2.** Recommencer une action: *~ une expérience.* △ **Redoubler** une classe. **3.** Essayer, jouer une pièce de théâtre sans public: *~ une pièce, les acteurs répètent, ils répètent leurs rôles.*

la **répétition 1.** L'action de répéter, l'action de dire de nouveau: *des ~s inutiles, éviter des ~s.* **2.** *la ~ d'une pièce de théâtre, la ~ d'un rôle, la ~ générale.*

replier *v.* Plier de nouveau; Contr. déplier: *~ un journal, ~ le plan d'une ville, l'oiseau replie ses ailes.*

la **réplique** Réponse vive et brève: *une ~ habile/spirituelle, avoir la ~ facile, obéir sans ~, un argument sans ~.*

répliquer *v.* Répondre avec vivacité par une réplique, objecter: *~ qc à qn, ~ à une critique, je n'ai rien à ~.*

répondre *v.* **1.** Parler à qn qui a posé une question, donner une réponse; Contr. demander, interroger: *~ par oui/ par non, ~ qc à qn, ~ à une question/à une lettre/à des objections/à un salut, ~ que* + ind. **2.** Être d'accord/conforme: *cette proposition répond à mes désirs.* **3.** S'engager, garantir: *je réponds de lui, je ne réponds de rien.*

la **réponse** L'action de répondre; Contr. la question: *une ~ affirmative (= oui)/négative (= non), donner une ~ à qn, obtenir/ recevoir une ~ à une question/à une lettre, les ~s d'un élève.*

le **reportage** *faire un ~, un ~ télévisé,*

lire un ~ sur qc. △ **Le** reportage.

reporter *v.* Ajourner, différer: *~ un match à cause du mauvais temps, ~ à plus tard. – se ~* (il s'est reporté), *se ~ à qc, se ~ à un texte/à un décret ministériel.*

le **reporter** [-ter] ‖ Le correspondant, le journaliste: *un ~ de la radio/d'un journal, ce journal a envoyé un ~ à Londres.*

le **repos** [-po] L'état de qn qui ne travaille pas; Contr. le travail, l'effort, la fatigue: *un jour/une maison de ~, prendre du ~, rester au ~, un travail de tout ~ (= pas fatigant).*

reposer *v.* **1.** Appuyer, mettre: *~ sa tête sur un oreiller.* **2.** Poser de nouveau: *~ son verre sur la table.* **3.** Être enterré: *le cimetière où repose mon oncle, ici repose . . . – se ~* (il s'est reposé) Cesser de travailler quand on est fatigué, prendre du repos: *laisse-moi un peu me ~, se ~ un jour après un long voyage.*

repoussant, repoussante *adj.* Dégoûtant, désagréable, très laid, horrible: *une saleté ~e, une odeur ~e.*

repousser *v.* **1.** Pousser de nouveau: *ses cheveux repoussent, laisser ~ sa barbe.* **2.** Faire reculer en poussant: *~ les attaques de l'ennemi/l'ennemi, ~ qn.* **3.** Refuser d'accepter/d'accueillir: *~ les offres/les propositions de qn.* **4.** *~ la date/l'heure d'une réunion.*

reprendre *v.* (je reprends, il reprend, nous reprenons, ils reprennent; il reprit; il a repris) **1.** Prendre de nouveau, prendre encore une fois: *~ du pain/de la viande; ~ sa route, ~ ses esprits (= revenir à soi), ~ haleine/des forces, ~ le dessus.* **2.** Recommencer: *~ un travail, le feu a repris, le froid a brusquement repris. – se ~* (il s'est repris) Corriger ce qu'on vient de dire: *se ~ après avoir dit une bêtise.*

les **représailles** *f. (au pluriel)* ‖ Mesures de violence/de vengeance: *exercer des ~ à l'égard de qn.*

le **représentant** ‖ *le ~ de commerce (qui va chez les clients), le ~ d'un syndicat, le ~ de la France à l'O.N.U.*

représentatif, représentative *adj.* ‖ Considéré comme modèle, typique: *un étudiant ~ de la jeune génération.*

la **représentation** Le fait de jouer une pièce de théâtre, le spectacle: *donner des* ⌣*s, la première* ⌣.

représenter *v.* **1.** Montrer: *ce tableau représente un beau paysage, la photo représente une vue générale de Chamonix;* ⌣ *«L'Avare» au théâtre (= jouer).* **2.** Exercer les fonctions de qn en son absence: *le ministre s'était fait* ⌣. – **se** ⌣ (il s'est représenté) S'imaginer: *se* ⌣ *qc, représentez-vous ma surprise, se* ⌣ *la vie à la campagne.*

réprimer *v.* Empêcher qc par la force, étouffer, retenir: ⌣ *une révolte,* ⌣ *ses mauvaises habitudes,* ⌣ *un sentiment/sa colère/ses passions.*

la **reprise** Action de reprendre ce qui a été interrompu: *la* ⌣ *du travail/d'une activité, la* ⌣ *d'une pièce de théâtre; à deux/plusieurs* ⌣*s.*

le **reproche** Ce que l'on dit à qn quand on est mécontent de ses paroles/de ses actions, le blâme, l'observation; CONTR. le compliment: *faire des* ⌣*s à qn, de nombreux* ⌣*s, accabler qn de ses* ⌣*s, un homme sans* ⌣ *(= irréprochable).* ⚠ **Le** reproche.

reprocher *v.* Dire à qn qu'on est mécontent de ce qu'il a fait ou dit, montrer à qn ses fautes, blâmer, accuser; CONTR. féliciter, excuser: ⌣ *à qn ses fautes,* ⌣ *à qn de faire qc,* ⌣ *à un élève d'être paresseux, je ne vous reproche rien,* ⌣ *à qn que* + ind. – **se** ⌣ (il s'est reproché), *il n'a rien à se* ⌣*, se* ⌣ *d'avoir fait qc.*

la **reproduction** ‖ La copie: *la* ⌣ *d'un tableau/d'une photo, «*⌣ *interdite».*

reproduire *v.* (je reproduis, il reproduit, nous reproduisons, ils reproduisent; il reproduisait; il a reproduit) Rendre fidèlement, copier, imiter: ⌣ *un tableau/un dessin, l'électrophone reproduit des sons.*

le **reptile** ‖ *les serpents/les lézards/les crocodiles sont des* ⌣*s.*

républicain, républicaine ‖ **1.** adj. *un journal* ⌣*, la constitution* ⌣*e, un gouvernement* ⌣*, le parti* ⌣. **2.** m. *un bon* ⌣.

la **république** ‖ *la République française, la V*ᵉ *République, une* ⌣ *démocratique/populaire/socialiste, la République fédérale d'Allemagne (R.F.A), la République dé-*mocratique allemande (R.D.A), l'Union des ⌣s socialistes soviétiques (U.R.S.S.).

la **répugnance** Vif sentiment de dégoût; CONTR. l'appétit, l'envie, la sympathie: *avoir une grande* ⌣ *pour le mensonge, éprouver de la* ⌣ *à faire qc, faire qc avec* ⌣.

la **réputation** ‖ La renommée: *avoir bonne/mauvaise* ⌣*, soutenir sa* ⌣*, nuire à la* ⌣ *de qn, la* ⌣ *d'une femme.*

le **requin** Grand poisson de mer: *les dents pointues du* ⌣*; les* ⌣*s de la finance.*

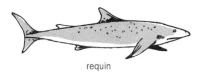

requin

requis, requise adj. Exigé comme nécessaire: *satisfaire aux conditions* ⌣*es, avoir tout juste l'âge* ⌣.

le **réseau** (les réseaux) L'ensemble des routes/des lignes téléphoniques, etc.: *le* ⌣ *routier/ferroviaire/téléphonique; un* ⌣ *d'espionnage/de résistance (= groupement clandestin).* ⚠ On pêche avec **un filet,** on met ses provisions dans **un filet.**

la **réservation** Le fait de réserver qc: *la* ⌣ *d'une place/d'une chambre d'hôtel.* ⚠ **La** location implique toujours un paiement.

la **réserve 1.** ‖ *des* ⌣*s de vivres/d'argent, les* ⌣*s de pétrole, avoir/mettre/garder qc en* ⌣. ⚠ **La roue de secours. 2.** La restriction: *faire des* ⌣*s sur qc (= donner son accord en partie), une information donnée sous toutes* ⌣*s (= sans garantie), accepter qc sous* ⌣ *de vérification, une admiration sans* ⌣ *(= totale).*

réserver *v.* ‖ ⌣ *sa place dans le train, cette table est réservée.* – **se** ⌣ (il s'est réservé), *se* ⌣ *qc, se* ⌣ *le droit/la possibilité de faire qc, se faire* ⌣ *une chambre d'hôtel.*

le **réservoir** Récipient destiné à garder qc en réserve, la citerne: *un* ⌣ *d'eau, le* ⌣ *d'essence (d'une voiture).*

la **résidence** Lieu où habite une personne, le domicile: *la* ⌣ *principale, une* ⌣ *secondaire (= une maison à la campagne, une villa au bord de la mer, etc.), changer de* ⌣.

résidentiel, résidentielle *adj.* Se dit des quartiers uniquement d'habitations; CONTR. industriel: *un quartier* ⌣.

la **résignation** ‖ CONTR. la révolte, la protestation: *supporter qc avec* ⌣, *la* ⌣ *à l'injustice.*

se **résigner** *v.* (il s'est résigné) ‖ Accepter sans protester, se soumettre; CONTR. s'opposer, se révolter: *se* ⌣ *à qc, se* ⌣ *à l'inévitable/à son sort, se* ⌣ *à faire qc.*

la **résistance 1.** Le fait de résister/d'opposer une force à qc: *la* ⌣ *des matériaux/de l'air, la* ⌣ *à l'oppression, la* ⌣ *passive, la Résistance (pendant la Seconde Guerre mondiale).* **2.** *le plat de* ⌣ *(= le plat principal d'un repas).*

résister *v.* Lutter contre; CONTR. céder, capituler, laisser faire: ⌣ *à la fatigue/à la maladie,* ⌣ *à l'oppression,* ⌣ *à une tentation, oser* ⌣ *qn.*

résolu, résolue *adj.* Décidé et ferme; CONTR. hésitant, incertain, indécis: *être* ⌣ *à faire qc, parler d'une voix* ⌣*e. – adv.* **résolument.**

la **résolution** ‖ Décision prise par qn: CONTR. l'hésitation, l'incertitude, le doute, la crainte: *prendre la (ferme)* ⌣ *de faire qc, ma* ⌣ *est prise, prendre de bonnes* ⌣*s.*

la **résonance** ‖ *une caisse de* ⌣, *la* ⌣ *de la voix/du cristal; une œuvre qui éveille en qn une* ⌣ *profonde.* ⚠ Résonner s'écrit avec deux n.

résonner *v.* Produire un son long, retentir: *la cloche résonne.*

résoudre *v.* (je résous, il résout, nous résolvons, ils résolvent; il a résolu) **1.** Trouver la solution, arriver à un résultat: ⌣ *un problème/une énigme.* **2.** Décider: ⌣ *de faire qc,* ⌣ *de partir, être résolu à faire qc. –* **se** ⌣ (il s'est résolu), *se* ⌣ *à faire qc.* ⚠ **Décider** est plus courant.

le **respect** [ʀɛspɛ] ‖ CONTR. l'insolence, la moquerie, le mépris: *devoir le* ⌣ *à qn, inspirer le* ⌣, *témoigner du* ⌣ *à qn, avoir beaucoup de* ⌣ *pour qn, manquer de* ⌣ *à qn, présentez mes* ⌣*s à Madame votre mère.*

respectable *adj.* ‖ Que l'on doit respecter; CONTR. méprisable: *un homme* ⌣, *les raisons de votre refus sont parfaitement*

⌣*s, une somme* ⌣ *(= assez importante).*

respecter *v.* [-kte] ‖ Avoir du respect, honorer qn, obéir aux règles de qc; CONTR. insulter, mépriser: ⌣ *ses parents/son chef, se faire* ⌣, ⌣ *le code de la route/les convenances.*

respectif, respective *adj.* Qui concerne qn/qc (parmi d'autres): *les droits* ⌣*s de chacun, la position* ⌣*ve des astres, ils parlent de leur métier* ⌣. – *adv.* **respectivement.** ⚠ Deux enfants âgés **respectivement** de cinq **et** six ans.

respectueux, respectueuse *adj.* Qui éprouve ou témoigne du respect: *être* ⌣ *à l'égard de/envers qn, parler d'un ton* ⌣, *veuillez agréer mes sentiments* ⌣ *(= formule de politesse à la fin d'une lettre). – adv.* **respectueusement.**

la **respiration** Le fait d'absorber l'air qui est nécessaire à la vie et de le rejeter: *les poumons sont les organes de la* ⌣, *avoir la* ⌣ *haletante/difficile/courte, la* ⌣ *artificielle.*

respirer *v.* Faire entrer l'air dans les poumons: ⌣ *par le nez/par la bouche,* ⌣ *régulièrement/avec difficulté,* ⌣ *le grand air.*

la **responsabilité** Obligation morale de réparer une faute éventuelle/de remplir un devoir: *prendre la* ⌣ *de qc, accepter une* ⌣, *avoir de lourdes* ⌣*s, rejeter la* ⌣ *de qc sur qn.*

responsable *adj.* Qui a la responsabilité, qui est garant de qc: *être* ⌣ *de qc/de qn, rendre qn* ⌣ *de qc, être* ⌣ *d'un accident (= avoir causé).*

la **ressemblance** CONTR. la différence, le contraste: *la* ⌣ *de/entre deux objets, la* ⌣ *d'un objet avec un autre, il y a une* ⌣ *frappante entre . . . et . . ., la* ⌣ *d'un portrait.*

ressembler *v.* Être presque pareil: *le fils ressemble à son père, chercher à* ⌣ *à qn; cette photo est très ressemblante. –* **se** ⌣ (elles se sont ressemblé), *se* ⌣ *comme deux gouttes d'eau.*

le **ressentiment** Souvenir que l'on garde d'une injustice/d'une injure, etc. (avec le désir de vengeance), la rancune: *éprouver/garder du* ⌣ *de qc, éprouver du* ⌣ *à l'égard de qn.*

ressentir *v.* (je ressens, il ressent, nous

ressentons, ils ressentent; il ressentit; il a ressenti) Éprouver, sentir: ⌣ *une douleur,* ⌣ *une déception,* ⌣ *de la sympathie/ de la colère pour qn.*
le **ressort** *tendre un* ⌣, *le* ⌣ *d'une montre/ d'un jouet mécanique, casser un* ⌣.

ressort

le **ressortissant** Personne qui vit à l'étranger: *les* ⌣ *s français/vietnamiens.*
les **ressources** *f. (au pluriel)* Les produits, les moyens financiers dont on dispose: *les* ⌣ *d'un pays, augmenter les* ⌣ *de qn, être sans* ⌣.
ressusciter *v.* Ramener qn de la mort à la vie, être de nouveau vivant: *le Christ ressuscité; ce remède l'a ressuscité (= guéri).*
le **restaurant** ‖ *chercher un bon* ⌣, *aller au* ⌣, *déjeuner au/dans un* ⌣, *un* ⌣ *self-service.* ⚠ **Le restoroute; la brasserie** (= le café-restaurant); **la cantine** (d'usine/d'école).
restaurer *v.* ‖ Remettre en bon état: ⌣ *une cathédrale/un tableau/un vieux château.*
le **reste** ‖ *les* ⌣*s d'un repas, le* ⌣ *du temps/ de sa vie, laissez-moi faire le* ⌣, *les* ⌣*s d'une vieille cité, au/du* ⌣ *(= d'ailleurs).*
rester *v.* (il **est** resté) Demeurer; Contr. partir, s'en aller, quitter, fuir: ⌣ *à la maison/chez soi/au lit,* ⌣ *auprès de qn,* ⌣ *debout/en place/immobile,* ⌣ *(à) dîner, la voiture est restée au garage, il reste des légumes du déjeuner, cela doit* ⌣ *entre nous (= c'est un secret), le magasin reste ouvert à midi, il reste beaucoup à faire.*
restreindre *v.* (je restreins, il restreint, nous restreignons, ils restreignent; il restreignit; il a restreint) Rendre plus petit, diminuer, réduire; Contr. augmenter, élargir: ⌣ *ses dépenses/ses activités,* ⌣ *la liberté d'une personne.* – **se** ⌣ (il s'est restreint), *après l'achat de la maison il a fallu nous* ⌣.

la **restriction** Contr. l'augmentation: *faire des* ⌣*s (= faire des réserves), admirer qc sans* ⌣ *(= sans réserve), pendant la guerre il y a eu des* ⌣*s.*
le **résultat** [-ta] ‖ *arriver à un* ⌣, *obtenir un bon* ⌣, *un* ⌣ *positif/satisfaisant/négatif, le* ⌣ *d'une addition, les* ⌣*s des matches de tennis/des courses/des élections.*
résulter *v.* Être la conséquence/le résultat: *le retard dans les livraisons résulte d'une mauvaise organisation, il résulte de ceci que* + ind., *ce qui en résulte c'est . . .*
le **résumé** Texte qui contient l'essentiel d'un discours/d'un chapitre, etc.: *faire un* ⌣ *de qc, le* ⌣ *d'une leçon, en* ⌣ *(= en bref).*
résumer *v.* Répéter en quelques mots (ce qui a été dit ou écrit plus longuement), abréger; Contr. développer: ⌣ *un texte/un discours,* ⌣ *les idées essentielles, je vous résume mes propositions.*
rétablir *v.* **1.** Faire exister/fonctionner de nouveau; Contr. détruire, interrompre: ⌣ *l'ordre/les communications/le courant, le silence se rétablit.* **2.** Remettre en bonne santé, guérir: *ce traitement le rétablira vite.* – **se** ⌣ (il s'est rétabli), *se* ⌣ *d'une longue maladie.*
le **retard** Le fait d'arriver trop tard; Contr. l'avance: *le* ⌣ *de l'autobus/du train, avoir du* ⌣, *arriver/être en* ⌣ *à un rendez-vous, dix minutes/une heure de* ⌣, *mettre qn en* ⌣, *sans* ⌣.
retarder *v.* Mettre/faire arriver en retard, remettre à plus tard: *je ne veux pas vous* ⌣, *le brouillard a retardé le départ de l'avion,* ⌣ *le départ de qn, ma montre retarde de cinq minutes (= aller trop lentement).*
retenir *v.* (je retiens, il retient, nous retenons, ils retiennent; il retint; il a retenu; il retiendra) **1.** Conserver, garder, empêcher de partir: ⌣ *qn à dîner,* ⌣ *qn par le bras, je ne vous retiens pas (= vous pouvez partir), il m'a retenu plus de dix minutes,* ⌣ *l'attention de qn,* ⌣ *un cri,* ⌣ *un cheval.* **2.** Conserver dans sa mémoire; Contr. oublier: ⌣ *un numéro de téléphone,* ⌣ *sa leçon, retenez bien ce que je vous dis.* **3.** Réserver: ⌣ *une table au restaurant.*

retentir *v.* Résonner: *une cloche retentit au loin, sa voix retentissait dans toute la maison.*

retirer *v.* Enlever, ne pas laisser; CONTR. mettre, donner: ~ *qc à qn,* ~ *la clef de la serrure, on lui a retiré son permis de conduire,* ~ *ses gants (= ôter),* ~ *de l'argent de la banque,* ~ *sa candidature.* – se ~ (il s'est retiré) Partir, s'en aller, s'éloigner; CONTR. entrer, rester: *il est temps de se* ~, *se* ~ *dans sa chambre, se* ~ *des affaires/de la politique.*

retomber *v.* (il **est** retombé) Tomber de nouveau: ~ *malade,* ~ *dans la même erreur, le chat est retombé sur ses pattes, ses longs cheveux lui retombent sur les épaules.*

retoucher *v.* ‖ Corriger, remanier: ~ *une photo/un tableau/un texte.*

le **retour** Le fait de revenir; CONTR. le départ: *être sur le chemin du* ~, *prendre un billet aller* ~, *songer à son* ~, *à son* ~ *il vous rendra visite, être de* ~ *(= revenu), le match* ~, *le* ~ *au calme/de la paix.*

retourner *v.* **1.** (il **est** retourné) Aller au lieu d'où on est venu, rentrer, revenir; CONTR. partir, s'en aller: ~ *en Amérique,* ~ *chez soi/chez le médecin,* ~ *à son poste.* **2.** (il **a** retourné qc) ~ *un matelas,* ~ *un disque,* ~ *ses poches.* – se ~ (il s'est retourné), *se* ~ *sur le dos, il est parti sans se* ~ *(= sans tourner la tête).*

retracer *v.* (-ç- devant a et o: nous retraçons; il retraçait; retraçant) Raconter dans tous les détails: ~ *la vie d'un grand homme/les événements d'une période.*

la **retraite** **1.** Recul d'une armée; CONTR. l'avance: *battre en* ~, *la* ~ *de Russie (de Napoléon).* **2.** Action de se retirer de la vie active: *avoir l'âge de la mise à la* ~, *prendre sa* ~, *être à la/en* ~ *à soixante-cinq ans.* **3.** L'argent que reçoit régulièrement une personne qui est à la retraite: *toucher une* ~, *avoir une bonne/petite* ~.

le **retraité** Personne qui a pris sa retraite: *les* ~*s de la Sécurité sociale, la situation financière des* ~*s.*

retrancher *v.* Enlever qc d'un tout; CONTR. ajouter, compléter: ~ *une somme d'une autre,* ~ *certains détails d'un texte.*

retrousser *v.* Relever: ~ *ses manches (pour travailler),* ~ *son pantalon pour traverser un ruisseau.*

retrouver *v.* Trouver qc qu'on avait perdu; CONTR. perdre: ~ *ses lunettes/une voiture volée,* ~ *le sommeil.* – se ~ (il s'est retrouvé), *se* ~ *devant les mêmes difficultés, se* ~ *seul.*

le **rétroviseur** Petit miroir qui permet au conducteur de voir derrière lui: *le* ~ *extérieur, le* ~ *d'une voiture/d'une moto.* ⚠ Abréviation courante: **le rétro.**

la **réunion** Le fait de réunir des personnes: *une* ~ *politique/syndicale/de famille/électorale, organiser une* ~, *nous avons une* ~, *participer à une* ~, *au cours de la dernière* ~ *on a voté . . .*

réunir *v.* Mettre ensemble; CONTR. séparer: ~ *des amis chez soi, les autoroutes réunissent les grandes villes,* ~ *qc à qc.* – se ~ (ils se sont réunis), *se* ~ *une fois par semaine, se* ~ *chez un ami, se* ~ *entre amis, l'assemblée va se* ~.

réussir *v.* Avoir du succès, avoir un bon résultat; CONTR. échouer, rater: ~ *dans une entreprise/à un examen,* ~ *à faire qc, il a réussi à me convaincre, l'affaire a réussi, une photo/une soirée réussie.*

la **réussite** Le bon résultat, le succès; CONTR. l'échec: *souhaiter la* ~ *d'une affaire, la* ~ *aux examens, cette fête est une* ~.

la **revanche** ‖ *prendre sa* ~ *sur qn, en* ~ *(= par contre).*

le **rêve** Images que l'on voit quand on dort, grand désir: *faire un beau* ~, *un mauvais* ~; *caresser un* ~ *(= un projet), la femme de ses* ~*s, le* ~ *et la réalité, réaliser son* ~. ⚠ **Le rêve.**

le **réveil** **1.** Le moment où l'on cesse de dormir, la fin du sommeil: *c'est l'heure du* ~, *un* ~ *brusque, au* ~, *sonner le* ~ *(à la caserne), le* ~ *de la nature (au printemps).* **2.** Montre, pendule qui réveille: *mettre le* ~ *à six heures, il a fait sonner son* ~ *à six heures.*

réveil

réveiller *v.* Tirer du sommeil; CONTR. endormir: ∾ *qn à six heures.* – **se** ∾ (il s'est réveillé) Sortir du sommeil: *se* ∾ *à six heures/de bonne heure, réveille-toi.*

révélateur, révélatrice *adj.* Qui révèle qc, significatif, caractéristique: *un trait/un symptôme* ∾.

révéler *v.* (je révèle, il révèle, nous révélons, ils révèlent; il révélera) Faire connaître (ce qui est secret); CONTR. cacher, taire, garder le secret: ∾ *un secret,* ∾ *les véritables intentions de qn.*

le **revenant** L'âme d'un mort qui revient la nuit dans sa maison: *croire aux* ∾*s.*

la **revendication** Action de réclamer avec force: *les* ∾*s des syndicats, céder aux* ∾*s des ouvriers.*

revendiquer *v.* Demander avec force: *les syndicats revendiquent une augmentation de salaire.*

revenir *v.* (je reviens, il revient, nous revenons, ils reviennent; il revint; il **est** revenu; il reviendra) **1.** Venir de nouveau; CONTR. partir, quitter, s'en aller: ∾ *chez soi/à la maison/de Paris, je reviens dans une minute, les élèves reviennent de l'école; son nom m'est revenu à l'esprit,* ∾ *de sa surprise.* **2.** Changer d'avis: ∾ *sur sa décision.* **3.** Coûter: *cette maison me revient à un million, cela revient cher.*

le **revenu** L'argent que rapporte chaque année une maison/un commerce/un capital, l'argent que l'on gagne; CONTR. la dépense: *avoir de gros* ∾*s, payer l'impôt sur le* ∾*, le* ∾ *national.*

rêver *v.* Voir des images en dormant, faire des rêves: ∾ *la nuit,* ∾ *de qn/de qc;* ∾ *aux vacances (= penser),* ∾ *de faire qc,* ∾ *que + ind., on croit* ∾*, la maison dont je rêve.*

le **réverbère** *des* ∾*s électriques/à gaz.*

réverbère

la **rêverie** L'imagination, les illusions: *se laisser aller à la* ∾*, être perdu dans ses* ∾*s.*

le **revers** [-vɛr] Côté opposé au côté que l'on voit: *le* ∾ *d'une médaille, le* ∾ *de la main (= le dos de la main).*

revêtir *v.* Mettre un vêtement particulier: ∾ *l'uniforme/des vêtements de deuil, un acteur revêtu de son costume.*

rêveur, rêveuse 1. *adj.* Qui se laisse aller à la rêverie: *avoir un air* ∾*, une jeune fille* ∾*se.* **2.** *m.* *c'est un* ∾ *(= utopiste).*

la **révision** L'action d'examiner en détail (ou de nouveau): *la* ∾ *d'une machine/d'une voiture, la* ∾ *d'un procès/d'un jugement; la* ∾ *du vocabulaire/de la grammaire.*

revoir *v.* (je revois, il revoit, nous revoyons, ils revoient; il revit; il a revu; il reverra) **1.** Voir de nouveau: ∾ *un ami/sa patrie, voilà un film que j'aimerais* ∾*, une édition revue et corrigée.* **2.** *au* ∾ *(= se dit quand on se quitte), dire au* ∾*, «Au* ∾*, Monsieur.»* △ **il reverra.**

la **révolte** ‖ La rébellion, la révolution; CONTR. la soumission, l'obéissance, la résignation: *l'esprit de* ∾*, pousser qn à la* ∾*, apaiser/réprimer une* ∾*.*

se révolter *v.* (il s'est révolté) Lutter contre l'autorité (CONTR. obéir), être irrité: *un enfant qui se révolte contre ses parents, se* ∾ *contre la discipline, se* ∾ *contre l'injustice.*

la **révolution** ‖ *la Révolution française de 1789, la* ∾ *russe en 1917, la* ∾ *industrielle, la victoire de la* ∾*.*

révolutionnaire *adj.* ‖ *un mouvement* ∾*, le chant* ∾*, un gouvernement* ∾*; une théorie* ∾ *(= tout à fait nouvelle).*

le **revolver** [revɔlvɛr] ‖ Le pistolet: *tirer un coup de* ∾ *sur qn.*

revolver

la **revue 1.** Publication périodique, le magazine: *une* ∾ *scientifique/littéraire, s'abonner à une* ∾*.* **2.** Cérémonie militaire:

la ⌣ du 14 Juillet, le général passe le régiment en ⌣. **3.** L'action d'examiner en détail: *passer en ⌣ divers problèmes; la ⌣ de
la presse.*

le **rez-de-chaussée** [redʃose] **(les rez-de-
chaussée)** La partie d'une maison au niveau de la rue: *habiter au ⌣.* ⚠ **Un parterre** de fleurs.

le **rhum** [rɔm] ‖ Eau-de-vie: *un verre/une
bouteille de ⌣, un grog au ⌣, des crêpes
flambées au ⌣.*

le **rhumatisme** ‖ *souffrir de ⌣s, un ⌣
chronique.*

le **rhume** [rym] Maladie où l'on tousse, inflammation du nez: *attraper/avoir un ⌣,
soigner son ⌣, le ⌣ des foins.* ⚠ **Le**
rhume.

riant, riante *adj.* Gai; Contr. triste: *un
visage ⌣, une campagne ⌣e.*

riche 1. *adj.* Qui a beaucoup d'argent/de
biens; Contr. pauvre: *être ⌣, des gens
⌣s, faire un mariage ⌣, devenir ⌣; un
aliment ⌣ en vitamines.* – *adv.* **richement.**
2. *m.* *un nouveau ⌣, on ne prête qu'aux
⌣s.*

la **richesse** Contr. la pauvreté, la misère:
*vivre dans la ⌣, accumuler des ⌣s, la ⌣
de ce pays est le pétrole, la ⌣ ne fait pas le
bonheur.*

la **ride** Petit pli de la peau: *avoir des ⌣s
sous les yeux/au front, un visage couvert
de ⌣s.*

le **rideau (les rideaux) 1.** *les ⌣x de fenêtres,
ouvrir/fermer les ⌣x.* **2.** Au théâtre: *lever/
baisser le ⌣, le ⌣ de fer.*

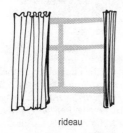
rideau

ridicule 1. *adj.* Qui fait rire, qui donne
envie de se moquer: *se rendre ⌣, c'est ⌣!
(= absurde), il est ⌣ de faire cela.* **2.** *m.
sentir tout le ⌣ d'une situation, c'est le*

comble du ⌣, avoir peur du ⌣.* – *adv.*
ridiculement.

rien *pron. indéfini.* Aucune chose;
Contr. tout: *je n'ai ⌣ vu/entendu/com-
pris, qui ne risque ⌣ n'a ⌣, ⌣ de plus/
d'autre/de mieux, ⌣ ne va plus, ce n'est ⌣
du tout, tout ou ⌣, ⌣ à faire, rester sans ⌣
dire, se déranger pour ⌣, cela ne sert à ⌣,
«Je vous remercie. – De ⌣.»* ⚠ Rien à
dire. ⚠ Je n'ai rien vu, mais: je n'ai vu
personne. ⚠ Sans rien dire («sans dire
qc» n'est pas correct).

rigide *adj.* [riʒid] **1.** Qui ne se déforme
pas, raide; Contr. souple, élastique,
flexible: *un livre à couverture ⌣.* **2.** Qui
refuse tout compromis: *un moraliste ⌣,
les structures ⌣s de la société.*

rigoler *v. (expression familière)* S'amuser, rire: *on a bien rigolé, il ne faut pas ⌣
avec ça.*

rigoureux, rigoureuse *adj.* ‖ Très sévère, rude: *un homme ⌣, une neutralité
morale ⌣se, un hiver ⌣.* – *adv.* **rigoureu-
sement.**

la **rigueur** [rigœr] **1.** Exactitude logique:
*la ⌣ d'un raisonnement, son exposé man-
que de ⌣; à la ⌣ (= en cas de nécessité
absolue).* **2.** La sévérité: *la ⌣ d'une condamnation, traiter qn avec ⌣.* ⚠ Orthographe: rigueur.

la **rime** ‖ Par exemple: chanté – été: *une ⌣
riche/pauvre, une ⌣ féminine/masculine.*
⚠ **La** rime.

rincer *v.* (-ç- devant a et o: nous rinçons;
il rinçait; rinçant) Nettoyer à l'eau pure,
passer à l'eau: *laver le linge et le ⌣ après,
⌣ la vaisselle.* – *se ⌣* (il s'est rincé), *se ⌣
la bouche après s'être lavé les dents.*

rire 1. *v.* (je ris, il rit, nous rions, ils
rient; il rit; il a ri) Montrer qu'on est gai;
Contr. pleurer: *se mettre à ⌣, se tordre/
éclater de ⌣, ⌣ aux larmes, ⌣ de qn/de qc,
⌣ d'une plaisanterie, il m'a fait ⌣, c'est
pour ⌣ que j'ai dit cela (= pour plaisanter).* ⚠ Imparfait: nous **riions**, vous **riiez.**
2. *m.* *un éclat de ⌣, un gros ⌣, avoir le
fou ⌣ (= ne plus pouvoir s'arrêter de
rire).*

la **risée** Moquerie collective envers une
personne: *être un objet de ⌣, s'exposer à
la ⌣ du public, être la ⌣ de tous.*

le **risque** ‖ Danger éventuel: *un projet plein de ~s, prendre des ~s, courir le ~ de faire qc, éviter un ~, au ~ de tomber, avoir le goût du ~.*

risquer *v.* ‖ Mettre en danger, exposer à un risque: *~ sa vie pour sauver qn, «fais attention! tu risques de tomber», qui ne risque rien n'a rien, ~ que + subj., une plaisanterie risquée (= osée).*

rituel, rituelle *adj.* ‖ Qui se rapporte aux rites: *des chants ~s, faire sa promenade ~le (= habituelle).* – *adv.* **rituellement.**

le **rivage** Partie de la terre qui borde la mer, la côte, la plage: *un ~ de sable, s'éloigner du ~ avec un/en bateau.*

le **rival,** la **rivale** (les **rivaux,** les **rivales**) **1.** ‖ CONTR. le camarade, le partenaire: *n'avoir pas de ~, être sans ~.* **2.** *adj. des nations ~es.*

rivaliser *v.* ‖ Être le rival de qn: *il rivalise avec son frère, ~ d'esprit/de talent/de générosité avec qn.*

la **rivalité** ‖ *provoquer une ~ entre deux personnes, une ~ politique/amoureuse.*

la **rive** Partie de la terre qui borde une rivière/un fleuve/un lac: *la ~ droite/gauche, les ~s de la Seine, habiter rive gauche (à Paris).*

la **rivière** Cours d'eau naturel (moins important que le fleuve): *une ~ navigable, se baigner dans une ~, construire un pont sur une ~, les poissons de ~.*

le **riz** [ri] ‖ *les Chinois mangent du ~, le ~ au curry/au lait, manger une poule au ~.*

la **robe 1.** Vêtement féminin: *porter une ~ longue/courte, une ~ d'après-midi/du soir/de bal, une ~ de mariée.* **2.** ‖ *une ~ d'avocat/de magistrat.* **3.** *une ~ de chambre.*

robe

le **robinet** *ouvrir/fermer un ~, un ~ d'eau froide/d'eau chaude, le ~ du gaz, le ~ d'un tonneau.*

robinet

le **robot** [rɔbo] ‖ Machine qui peut faire le travail d'un homme: *employer des ~s dans l'exploration spatiale.*

robuste *adj.* ‖ Fort, résistant, solide; CONTR. faible, fragile: *un homme ~, un moteur ~, avoir une santé ~.*

le **rocher** Grande masse de pierre (synonyme littéraire: la roche): *les ~s de la côte.*

rôder *v.* ‖ Aller avec des intentions suspectes, vagabonder: *un voyou qui rôde dans les rues.*

rogner *v.* ‖ Couper sur les bords, diminuer un peu: *~ les griffes à un chat, l'État rogne les bénéfices (par les impôts), ~ sur la nourriture/l'habillement (quand on a peu d'argent).*

le **roi** Louis XIV était un roi: *le ~ de France, le lion est le ~ des animaux, les R~s mages (qui sont venus adorer le Christ), échec au ~, le ~ de carreau.*

roi de carreau

le **rôle** ‖ Partie d'une pièce de théâtre/d'un film dite par un acteur: *un ~ tragique/comique, jouer/interpréter un ~ important; cet homme joue un grand ~ dans sa ville.* △ **Le rôle.** △ Ne pas confondre avec **le rouleau.**

romain, romaine *adj.* Relatif à la Rome antique/moderne: *l'histoire/une statue ~e, l'Église catholique apostolique et ~e.* △ **Roman, romane:** *les langues ro-*

manes; l'art roman (= style du Moyen Âge auquel a succédé le style gothique).

le **roman** *un ⌣ d'aventures/d'amour/policier, un ⌣-feuilleton (des ⌣s-feuilletons), lire un ⌣ avec intérêt.*

le **romancier** Auteur de romans: *Balzac fut un ⌣ célèbre.*

romanesque *adj.* Qui évoque un roman ou un personnage de roman: *une passion ⌣, une jeune fille ⌣.*

romantique *adj.* ‖ Qui appartient au romantisme: *la poésie ⌣, un paysage ⌣.*

le **romantisme** Mouvement littéraire de la première moitié du XIXe siècle; C<small>ONTR.</small> le classicisme, le réalisme: *le ⌣ allemand/français, le ⌣ de Lamartine.*

rompre *v.* (je romps, il rompt, nous rompons, ils rompent; il rompit; il a rompu) Casser, annuler: *les esclaves ont rompu leurs chaînes, ⌣ un traité/les relations diplomatiques, ⌣ avec les traditions/avec une amie, ⌣ le silence (= troubler).*

rond, ronde *adj.* ‖ C<small>ONTR.</small> carré: *la Terre est ⌣e, une table ⌣e; le moteur tourne ⌣ (= marche bien), ça fait dix mille francs en chiffres ⌣s, un ⌣-point (= carrefour).*

ronfler *v.* Respirer avec bruit quand on dort: *ne pas pouvoir dormir quand son voisin de chambre ronfle; faire ⌣ le moteur de sa voiture.*

ronger *v.* (-ge- devant a et o: il rongeait; rongeant) Couper avec les dents (par petits morceaux): *les souris rongent du pain, le chien ronge un os, se ⌣ les ongles, la rouille ronge le fer (= attaquer).*

la **rose** ‖ **1.** Fleur: *des ⌣s rouges/blanches/jaunes, un bouton de ⌣, offrir un bouquet de ⌣s à qn, pas de ⌣s sans épines.* **2.** *adj.* Rouge très pâle: *avoir le teint ⌣/les joues ⌣s, son visage devient ⌣, voir la vie en ⌣.*

rose

rosé, rosée *adj.* Rouge clair: *du vin ⌣, du ⌣ d'Anjou.*

le **roseau (les roseaux)** *les ⌣x poussent au bord des rivières/des lacs.*

roseau

la **rosée** Les fines gouttes d'eau qui, le matin, sont sur les plantes: *l'herbe est humide de ⌣, la fraîcheur de la ⌣.*

le **rossignol** Oiseau: *le chant des ⌣s.*

rossignol

le **rôti** [roti/rɔti] Morceau de viande cuit à feu vif: *un ⌣ de bœuf/de veau.*

rôtir *v.* Faire cuire de la viande à feu vif: *mettre la viande à ⌣, une viande rôtie, un poulet rôti; se ⌣ au soleil (= pour devenir bronzé).*

la **roue** *un véhicule à deux/à quatre ⌣s, les ⌣s avant/arrière, la ⌣ de secours, les ⌣s tournent; être la cinquième ⌣ du carrosse; le paon fait la ⌣.*

roue

rouge 1. *adj.* La couleur du sang, etc.: *la couleur ⌣, une rose ⌣, le vin ⌣, le drapeau ⌣, devenir ⌣ de colère, la mer Rouge.* **2.** *m.* le ⌣ à lèvres, les ⌣s (= les communistes).

rougir *v.* Devenir rouge; CONTR. pâlir: ~ *de colère/de honte, ~ jusqu'aux oreilles, le ciel rougit quand le soleil se couche.*

la **rouille** [ruj] Couche brun rouge sur la surface d'objets en fer: *la ~ ronge le fer, un morceau de fer couvert de ~, une tache de ~.*

le **rouleau** (les rouleaux) Objet qui a la forme d'un cylindre: *un ~ de papier peint, le ~ d'une machine à écrire.*

rouleau

rouler *v.* **1.** Avancer (en parlant d'un objet rond): *faire ~ un tonneau, la voiture roule à 100 à l'heure.* **2.** Mettre en rond: *~ une cigarette.* **3.** *~ qn* (= *le tromper*).

la **roulette** **1.** Petite roue: *une table à ~s, des patins à ~s; cela marche comme sur des ~s* (= *va très bien*). **2.** ‖ Jeu de hasard: *jouer à la ~.*

la **route** Voie de communication entre des villes: *une bonne/mauvaise ~, une ~ nationale, les accidents de la ~, se mettre en ~* (= *partir*), *bonne ~!, une auto~.* △ **L'itinéraire** = le chemin que l'on suit pour aller d'un lieu à un autre. △ **La chaussée** = la partie de la route où circulent les voitures (par opposition aux trottoirs).

routier, routière **1.** *adj.* Qui concerne les routes: *une carte ~ière, les transports ~s.* **2.** *m.* Le conducteur de poids lourds: *un restaurant de ~s.*

la **routine** ‖ *son travail est devenu une ~, être esclave de la ~.*

rouvrir *v.* (je rouvre, il rouvre, nous rouvrons, ils rouvrent; il rouvrit; il a rouvert) Ouvrir de nouveau; CONTR. refermer: *~ un magasin, ~ les yeux, ~ un débat.*

roux, rousse *adj.* D'une couleur entre le rouge et l'orange: *avoir des cheveux ~, une femme ~sse.*

royal, royale *adj.* (royaux, royales) Qui concerne le roi: *la famille/la couronne ~e.* – *adv.* **royalement.**

le **royaume** Pays gouverné par un roi: *le Royaume-Uni* (= *La Grande-Bretagne); le ~ des cieux* (= *le paradis*).

le **ruban** Étroite bande de tissu: *retenir ses cheveux par un ~, le ~ d'un chapeau, un ~ de machine à écrire, le ~ de la Légion d'honneur.*

le **rubis** [rybi] Pierre précieuse rouge: *une bague avec un ~, un collier de ~.*

la **rubrique** *la ~ des spectacles/des sports/ des faits divers dans un journal.*

la **ruche** Abri pour un essaim d'abeilles: *une ~ de paille/de bois, les abeilles entrent dans la ~/sortent de la ~.*

ruche

rude *adj.* ‖ Simple (CONTR. raffiné), difficile: *un homme ~, un travail ~; un ~ adversaire* (= *redoutable), un hiver très ~* (= *rigoureux*). – *adv.* **rudement.**

la **rue** Grand chemin dans la ville: *la ~ St-Honoré (à Paris), se promener/jouer dans la ~, traverser la ~, cette fenêtre donne sur la ~, dans quelle ~ habitez-vous?, l'homme de la ~.* △ **La route** nationale.

le **rugby** [rygbi] ‖ Sport d'équipe: *une équipe de ~, le ballon/le terrain de ~.*

rugir *v.* Pousser des cris (en parlant d'un lion): *le lion/le tigre rugit; ~ de rage/de fureur.*

la **ruine** ‖ *des ~s gallo-romaines, les ~s d'un ancien château, cette maison tombe en ~; être au bord de la ~.*

ruiner *v.* ‖ *~ le crédit de qn, ~ un concurrent, ~ sa santé.*

le **ruisseau** (les ruisseaux) Petit cours d'eau: *le ~ coule, les eaux de pluie coulent dans le ~* (= *le long des trottoirs); des ~x de larmes/de sang.*

ruisseler *v.* (il ruisselle, ils ruissellent; il ruissellera) Couler sans arrêt (en formant des ruisseaux): *la pluie ruisselle, les larmes ruissellent le long de ses joues, son* *visage ruisselle de sueur.*

la **rumeur** Bruit confus de voix, le murmure: *des ⌣s s'élevèrent dans le public.*

ruminer *v.* Mâcher de nouveau (en parlant d'une vache, etc.): *les vaches ruminent l'herbe; ⌣ sa vengeance/un projet.*

la **rupture** Action de (se) rompre: *la ⌣ d'un câble, la ⌣ des relations diplomatiques, la ⌣ des fiançailles.*

rural, rurale *adj.* (ruraux, rurales) Qui concerne la vie à la campagne; Contr.

urbain: *la vie ⌣e, une commune ⌣e.*
△ Des meubles **rustiques.**

la **ruse** Ce qu'on dit ou fait pour tromper habilement: *recourir à la ⌣, obtenir qc par ⌣, la ⌣ du renard.*

rusé, rusée *adj.* Qui a de la ruse: *cet homme est ⌣, être ⌣ comme un vieux renard.*

le **rythme** ‖ *le ⌣ du cœur est lent/rapide, des ⌣s de jazz, le ⌣ de la phrase.* △ Orthographe: **rythme.**

S

sa → son.

le **sable** Une grande quantité de grains de quartz: *le grain de ⌣, une plage de ⌣ fin, un désert de ⌣, bâtir sur le ⌣.* △ Le sable.

sablonneux, sablonneuse *adj.* Couvert de sable, riche en sable: *un terrain ⌣.*

le **sabot** [sabo] **1.** *porter des ⌣s.* **2.** *les ⌣s du cheval/du bœuf, etc.*

sabot

le **sabotage** ‖ *un accident d'avion dû à un ⌣, le ⌣ d'une voie ferrée.* △ Le sabotage.

le **sabre** Arme: *un ⌣ turc, un ⌣ de cavalerie, la poignée et la lame d'un ⌣.*

sabre

le **sac** ‖ *un ⌣ de toile/en papier, un ⌣ à main (que portent les dames), le ⌣ à provisions, un ⌣ de voyage, un ⌣ de couchage (= pour y dormir), un ⌣ à dos.*

sacs

sachant, sache → savoir.

sacré, sacrée *adj.* Saint; Contr. pro-

fane: *les livres ⌣s, les objets ⌣s utilisés pendant la messe, le Sacré-Cœur.*

le **sacrement** ‖ *les sept ⌣s, les derniers ⌣s.*

le **sacrifice** Don fait à Dieu, le fait de renoncer à qc par amour ou pour servir une grande idée: *faire un ⌣, faire le ⌣ de sa vie à la patrie, c'est pour moi un gros ⌣.*

sacrifier *v.* Abandonner qc pour un idéal: *⌣ son amour à son devoir, ⌣ sa fortune à l'intérêt public. – se ⌣* (il s'est sacrifié), *elle se sacrifie à sa famille/à ses enfants, se ⌣ pour sauver qn.*

le **sadisme** ‖ Le plaisir de faire souffrir les autres: *le ⌣ est une perversion.*

sage 1. *adj.* Prudent, raisonnable, juste; Contr. fou, insensé, déraisonnable: *un homme ⌣, donner un ⌣ conseil, prendre une ⌣ décision, il est ⌣ de faire cela; un enfant ⌣ (= calme et obéissant).* △ **Brave** = courageux. **2.** *m. le ⌣ (= le philosophe). – adv.* **sagement.**

la **sagesse** Qualité de celui qui est sage, le bon sens; Contr. la folie, l'indiscipline: *parler avec ⌣, la ⌣ d'une réponse/d'un conseil; ces enfants sont d'une grande ⌣.*

saigner *v.* Perdre du sang: *⌣ du nez, la plaie saigne, voulez-vous votre bifteck saignant ou cuit à point?, ⌣ un porc/un poulet (= vider de son sang).*

sain, saine *adj.* Contr. malade: *une dent ⌣e, ils sont arrivés ⌣s et saufs (= sans accident); climat ⌣ (= bon pour la santé), une nourriture ⌣e. – adv.* **sainement.**

le **saint**, la **sainte 1.** *Jeanne d'Arc est une*

⁀e, un grand ⁀; cette femme est une ⁀e
(= elle est bonne et généreuse). **2.** _adj. la_
S⁀e Vierge, la S⁀e Famille, l'Évangile se-
lon ⁀ Jean, la Saint-Sylvestre, le vendre-
_di ⁀._

saisir _v._ **1.** Prendre avec les mains;
CONTR. lâcher: _⁀ un ballon, ⁀ qn par le_
bras; ⁀ une occasion. **2.** Bien comprendre: _⁀ une explication, vous saisissez?_
(= vous comprenez?). **3.** Prendre les
biens de qn par une décision de la justice:
on a saisi ses meubles parce qu'il ne payait
plus son loyer, ce journal a été saisi (= les
exemplaires n'ont pu être vendus).

la **saison 1.** Chacune des quatre parties de
l'année: _les ⁀s sont le printemps/l'été/_
l'automne/l'hiver, la belle ⁀, la ⁀ des
pluies (en Afrique), en cette ⁀. **2.** ‖ _la ⁀_
théâtrale.

la **salade** ‖ _nettoyer/laver la ⁀, préparer la_
sauce de la ⁀, une ⁀ de tomates/d'endives/
de pommes de terre/de laitue/de chicorée;
une ⁀ de fruits. △ **La** salade.

le **salaire** L'argent que reçoit chaque mois
un ouvrier/un employé: _payer le ⁀ des ou-_
vriers, recevoir un ⁀, le bulletin de ⁀, une
augmentation de ⁀, un ⁀ de famine
(= très bas). △ Les fonctionnaires touchent un **traitement,** les militaires reçoivent une **solde,** les médecins et les avocats
touchent des **honoraires.**

le **salarié** Personne qui reçoit un salaire:
CONTR. le patron: _employer des ⁀s._

sale _adj._ CONTR. propre, net: _du linge ⁀,_
avoir les mains ⁀s, mes chaussures sont
⁀s, ce chien est ⁀ (= malpropre); un ⁀
caractère (= mauvais). – adv. **salement.**

saler _v._ Mettre du sel dans un aliment: _⁀_
la viande/la soupe, trop ⁀.

la **saleté** État de ce qui est sale, chose sale
ou qui salit; CONTR. la propreté: _vivre_
dans la ⁀, faire des ⁀s, enlever une ⁀, il y
a des ⁀s dans cette eau.

salir _v._ Rendre sale; CONTR. nettoyer, laver: _⁀ sa veste/ses manches/sa robe; ⁀ la_
réputation de qn. – se ⁀ (il s'est sali), _se ⁀_
en tombant.

salissant, salissante _adj._ Qui se salit
facilement: _les robes blanches sont très_
_⁀es._

la **salive** Liquide naturel dans la bouche:

j'ai mal à la gorge quand j'avale ma ⁀.

la **salle** Grande pièce (dans un appartement ou ailleurs): _la ⁀ à manger, la ⁀ de_
bain(s), la ⁀ de séjour, la ⁀ de classe/de
conférences, la ⁀ d'attente (à la gare/chez
un médecin), la ⁀ de spectacle (= le
cinéma)/de théâtre. △ **La** salle.

le **salon** _un ⁀ Louis XV, recevoir un visi-_
teur au ⁀, faire entrer ses amis au ⁀, un ⁀
de coiffure, un ⁀ de thé (= pâtisserie où
l'on sert du thé/des boissons), le Salon de
l'Automobile (= exposition annuelle).

saluer _v._ Dire «bonjour» ou «au revoir»:
⁀ un ami de la main, ⁀ qn de loin, ⁀ le
drapeau.

le **salut** Action de saluer: _répondre au ⁀ de_
qn, faire un ⁀ militaire; «⁀, les copains!»
△ Tirer **une salve d'honneur.**

le **samedi** Le septième jour de la semaine
(qui précède le dimanche): _chaque ⁀,_
_le ⁀._

la **sanction** ‖ Punition (fixée par la loi ou
une autorité): _des ⁀s pénales, des me-_
naces de ⁀s, des ⁀s militaires/économi-
ques, prendre des ⁀s contre qn.

la **sandale** ‖ _chausser des ⁀s, marcher en ⁀s._

le **sandwich** **(les sandwichs/sandwiches)**
Deux tranches de pain entre lesquelles on
met du jambon, du saucisson, etc.: _ache-_
ter/manger un ⁀ au buffet de la gare.

le **sang** [sã] Liquide rouge dans le corps: _la_
circulation du ⁀, une transfusion de ⁀, un
donneur de ⁀, le ⁀ coule de la blessure,
perdre du ⁀, verser du ⁀ (= tuer), suer
et eau, avoir le ⁀ chaud, être de ⁀ noble.

le **sang-froid** La présence d'esprit dans
une situation dangereuse; CONTR. l'émotion: _garder/perdre son ⁀, montrer du ⁀,_
faire qc avec ⁀.

sanglant, sanglante _adj._ Qui saigne,
couvert de sang: _une blessure ⁀e, une_
épée ⁀e, un mouchoir ⁀; une bataille ⁀e
(= qui a fait beaucoup de morts). △ Les
groupes **sanguins.**

le **sanglier** _le chasseur a tué un ⁀._

sanglier

le **sanglot** [sɑ̃glo] Respiration brusque quand on pleure: *éclater en ⁓s, parler avec des ⁓s dans la voix.*

sanitaire *adj.* ‖ *les installations/les appareils ⁓s.*

sans [sɑ̃] **1.** *prép.* Contr. avec: *être ⁓ argent/espoir, ⁓ reproche, ⁓ importance, ⁓ exception, ⁓ réserve, ⁓ doute (= c'est probable), ⁓ cesse (= toujours), ⁓ retard, ⁓ pareil, ⁓ dire un mot, cela va ⁓ dire, réussir non ⁓ difficulté.* **2.** *⁓ que +* subj. *il criait ⁓ que personne l'eût entendu.*

le **sans-abri** (**les sans-abri**) Personne qui n'a pas de logement: *le bombardement a fait de nombreux ⁓.*

la **santé** Contr. la maladie: *être en bonne/mauvaise ⁓, être plein de ⁓, jouir d'une excellente ⁓, conserver sa ⁓, un verre de vin est bon pour la ⁓, à ta ⁓!, une maison de ⁓ (pour les maladies nerveuses/mentales).*

le **sapin** Arbre: *un ⁓ de Noël, du bois de ⁓, une forêt de ⁓s.*

sapin

sarcastique *adj.* ‖ Moqueur et méchant: *un sourire ⁓, un écrivain ⁓.*

la **sardine** ‖ Petit poisson: *une boîte de ⁓s à l'huile.*

sardines

le **satellite** ‖ *la Lune est le ⁓ de la Terre, un ⁓ artificiel, lancer un ⁓; un pays ⁓.*

la **satire** ‖ Texte qui tourne qn en ridicule, le pamphlet; Contr. l'éloge: *faire la ⁓ de qn, une ⁓ contre les médecins.*

la **satisfaction** Action de satisfaire, sentiment agréable (quand on a obtenu ce qu'on voulait); Contr. l'ennui, le mécontentement: *donner ⁓ à qn, je constate avec ⁓ que + ind., obtenir ⁓, les ⁓s d'amour-propre.*

satisfaire *v.* (je satisfais, il satisfait, nous satisfaisons, vous **satisfaites**, ils satisfont; il satisfit; il a satisfait; qu'il satisfasse; il satisfera) Contenter un besoin ou qn en faisant ce qu'il désire: *⁓ ses désirs/sa curiosité, sa réponse m'a satisfait; ⁓ à ses engagements (= remplir).*

satisfaisant, satisfaisante *adj.* Conforme à ce qu'on attendait, acceptable: *une réponse ⁓e, des résultats ⁓s.*

satisfait, satisfaite *adj.* Qui a ce qu'il veut: *être ⁓ de son sort, ma curiosité est ⁓e, un désir ⁓.*

la **sauce** ‖ *une ⁓ tomate/blanche, une viande en ⁓.*

la **saucisse** *des ⁓s de Francfort/de Strasbourg, manger des ⁓s grillées.*

saucisses

le **saucisson** *couper un ⁓ en rondelles, une rondelle de ⁓.*

saucisson

sauf, sauve *adj.* Qui a échappé à un grand danger; Contr. tué, blessé: *être sain et ⁓, laisser la vie ⁓ve à un ennemi.*

sauf *prép.* À l'exception de, excepté: *tous ⁓ un/lui, ⁓ erreur, il pense à tout ⁓ à l'essentiel, ⁓ que + ind.*

le **saumon** Gros poisson à chair rose: *du ⁓ fumé, du ⁓ en conserve.*

saura → savoir.

le **saut** [so] Mouvement par lequel on se lance dans l'air, l'action de sauter: *faire un ⁓ en hauteur/en longueur/à la perche, le ⁓ à la corde, un ⁓ à skis, un ⁓ en parachute.*

sauter *v.* **1.** S'élever pour un instant au-dessus du sol, faire un saut: *⁓ dans*

*l'eau/du lit/par la fenêtre/au cou de qn, le
cheval a bien sauté l'obstacle/le fossé, cela
saute aux yeux* (= *c'est évident*). **2.** *l'auteur saute d'un sujet à l'autre* (= *passe rapidement*); ⁓ *une page/une ligne* (= *omettre, oublier*). **3.** Exploser: *faire* ⁓ *un pont/
un navire ennemi.* ⚠ Il **a** sauté.

sauvage 1. *adj.* Qui pousse/vit en liberté
dans la nature: *des plantes* ⁓*s, un canard
⁓, apprivoiser un animal* ⁓*; une grève* ⁓.
2. *m. se conduire comme un* ⁓. – *adv.*
sauvagement.

sauver *v.* Tirer qn d'un danger: ⁓ *un
enfant qui se noie, il m'a sauvé la vie, être
sauvé d'un danger, sauve qui peut!,* ⁓ *son
âme.* – **se** ⁓ (il s'est sauvé) s'enfuir quand
il y a un danger: *se* ⁓ *d'un lieu dangereux,
se* ⁓ *à toutes jambes.*

le **sauvetage** Action de sauver qn/qc d'un
danger: *organiser le* ⁓ *de qn, une ceinture
de* ⁓*, un bateau/un canot de* ⁓.

savant, savante 1. *adj.* Qui a beaucoup
de connaissances: *un professeur très* ⁓,
être très ⁓ *en littérature/en chimie/en la
matière.* – *adv.* **savamment. 2.** *m. Pasteur
était un grand* ⁓*, un congrès de* ⁓*s.*

savoir *v.* (je sais, il sait, nous savons,
vous savez, ils savent; il sut; il a su; que je
sache; il saura; sachant) **1.** Avoir présent
à l'esprit/être capable de pratiquer ce
qu'on a appris; CONTR. ignorer: ⁓ *l'anglais,* ⁓ *un texte par cœur,* ⁓ *un nom,* ⁓
son rôle, ⁓ *nager,* ⁓ *conduire une voiture, je n'en sais rien,* ⁓ *que* + ind, ⁓ *si* +
ind., *il ne sait plus ce qu'il dit, que
sais-je?, faire* ⁓ *qc à qn* (= *informer*), *ne
⁓ que/quoi faire.* ⚠ **Pouvoir** = être physiquement capable. ⚠ Que je **sache; sachant. 2.** *le* ⁓*-faire, le* ⁓*-vivre.*

le **savon** Produit qui sert à nettoyer: *un* ⁓
de toilette, le ⁓ *à barbe, un morceau de* ⁓,
se laver avec du ⁓, *la mousse de* ⁓.

savon

savoureux, savoureuse *adj.* Délicieux, très bon: *un plat* ⁓, *des fruits* ⁓.

le **scandale** ‖ *faire du* ⁓, *causer un* ⁓, *un
livre qui fait* ⁓, *un* ⁓ *financier, c'est un* ⁓.
scandaleux, scandaleuse *adj.* ‖ *reprocher à qn sa conduite* ⁓*se, un histoire
⁓se.* – *adv.* **scandaleusement.**

le **sceau** [so] (**les sceaux**) *mettre/apposer son
⁓ sur un document, confier/dire qc à qn
sous le* ⁓ *du secret.*

sceau

la **scène 1.** La partie du théâtre où les acteurs jouent: *la* ⁓ *représente une rue à
Séville, la* ⁓ *change au troisième acte, entrer en* ⁓, *mettre en* ⁓, *le metteur en* ⁓,
adapter un roman à la ⁓, *les vedettes de la
⁓ et de l'écran.* **2.** ‖ Partie d'un acte: *la* ⁓
II du IIIe acte, une grande ⁓ *d'amour, une
⁓ comique/dramatique/tragique.* **3.** ‖ La
dispute, la querelle: *une* ⁓ *de ménage,
faire des* ⁓*s à qn.*

sceptique *adj.* ‖ Qui doute; CONTR. sûr,
convaincu: *un esprit* ⁓, *rester* ⁓ *sur qc,
un sourire* ⁓.

schématique *adj.* [ʃema-] ‖ *un plan/une
figure* ⁓. – *adv.* **schématiquement.**

la **scie** [si] *une* ⁓ *à bois/à métaux, une lame
de* ⁓, *une* ⁓ *circulaire.*

scie

la **science** [sjãs] La psychologie, la chimie,
la médecine, etc. sont des sciences: *les* ⁓*s
naturelles/expérimentales/humaines, la faculté des* ⁓*s, la* ⁓ *a fait de grands progrès.*
scientifique *adj.* Qui concerne les
sciences: *les travaux* ⁓*s, avoir des connaissances* ⁓*s, la recherche* ⁓, *écrire un
ouvrage* ⁓ *sur un sujet.* – *adv.* **scientifiquement.**

scier *v.* [sje] Couper avec une scie: ~ *du bois/une planche/du marbre.*

scolaire *adj.* Qui concerne l'école: *l'année ~, l'âge ~, un livre ~.*

le **scrupule** ‖ *avoir des ~s, être sans ~s (= ne pas se poser de problèmes moraux), se faire un ~ de faire qc.* ⚠ **Le** scrupule.

scrupuleux, scrupuleuse *adj.* Qui montre une grande rigueur en ce qui concerne l'honnêteté/la morale, qui respecte strictement les règles: *un employé/un élève ~, un juge ~, une exactitude ~se (= parfaite).* – *adv.* **scrupuleusement.**

le **scrutin** Vote dans lequel les bulletins sont déposés dans une urne et comptés ensuite: *être élu par voie de ~, le deuxième tour de ~ aura lieu dimanche, ouvrir/fermer le ~, faire connaître les résultats d'un ~.*

sculpter *v.* [skylte] Tailler du bois/de la pierre en lui donnant la forme de qn/qc: ~ *une statue de Vénus dans le marbre, ~ un bas-relief.*

le **sculpteur** [skyltœr] Personne qui pratique l'art de la sculpture: *le ~ fait des statues.*

la **sculpture** [skyltyr] **1.** L'art de sculpter: *la ~ grecque/gothique.* **2.** Objet sculpté: *regarder les ~s qui encadrent la grande porte de la cathédrale.*

se *pron. réfléchi.* il ~ *lave, il s'est lavé, ~ regarder dans la glace.* ⚠ Distinguez **se** et **ce.**

la **séance** **1.** Réunion de travail des membres d'une assemblée: *une ~ de travail, être en ~, ouvrir/lever la ~.* **2.** Au cinéma: *la 1re ~/la 2e ~.*

le **seau** [so] **(les seaux)** *remplir/vider un ~, puiser de l'eau avec un ~, un ~ à glace (pour le champagne), il pleut à ~x (= très fort).*

seau

sec, sèche *adj.* **1.** Où il n'y a pas d'eau; CONTR. humide, mouillé: *du bois ~, un*

été ~, *une saison sèche, un froid ~.* **2.** *un vin ~ (= très peu sucré).* **3.** Dur: *répondre d'un ton ~, un refus ~.* – *adv.* **sèchement.**

sécher *v.* (je sèche, il sèche, nous séchons, ils sèchent; il séchera) Rendre/devenir sec; CONTR. mouiller, arroser, inonder: *faire ~ le linge, le linge a séché, du poisson séché, ~ les larmes de qn.* – **se** ~ (il s'est séché), *se ~ avec une serviette (= s'essuyer).*

la **sécheresse** **1.** L'état de ce qui est sec, le temps sec; CONTR. l'humidité: *la ~ du sol, la ~ est la cause de mauvaises récoltes.* **2.** Manque de douceur, d'amabilité: *la ~ de cœur, répondre avec ~ à qn.*

second [-gõ], **seconde** [-gõd] *adj.* Qui vient après le premier (en particulier s'il n'y en a que deux), deuxième: *habiter au ~ (étage), un billet de ~e (classe), acheter qc de ~e main, passer la ~e vitesse, le Second Empire, la Seconde Guerre mondiale.*

secondaire [-gõ-] *adj.* **1.** ‖ Peu important; CONTR. très important, essentiel, principal: *jouer un rôle ~, un personnage ~.* **2.** CONTR. primaire: *l'enseignement ~ (= de la 6e au bac).*

la **seconde** [-gõd] ‖ Une minute dure soixante secondes: *revenir dans une ~, une ~! (= attendez un petit moment!), sans attendre une ~ (= aussitôt).*

secouer *v.* Remuer avec force et plusieurs fois, agiter: ~ *un flacon, ~ un arbre pour faire tomber les pommes; ~ la tête (pour dire non), ~ la neige de son manteau.*

secourir *v.* Aider qn qui est en danger/dans la misère: ~ *rapidement les victimes d'un accident, ~ les faibles/les pauvres.*

le **secours** [səkur] Ce que l'on fait pour sortir qn d'un danger: *demander du ~, crier au ~, au ~!, porter ~ à qn, venir au ~ de qn, les premiers ~, la sortie de ~, la roue de ~.* ⚠ Ne pas confondre avec **l'aide** (qui ne fait pas penser au danger).

la **secousse** Mouvement brusque, le choc: *une violente ~, les ~s provoquées par un tremblement de terre.*

secret, secrète *adj.* Qui n'est connu que de très peu de personnes; CONTR. public: *garder/tenir une chose ~ète, des docu-*

ments ⌣s, une entrevue ⌣ète; mes pensées ⌣ètes. – adv. **secrètement.**

le **secret** Chose que l'on ne doit dire à personne, une information que très peu de personnes possèdent: *garder un ⌣, confier à qn un ⌣, c'est un ⌣, je lui ai parlé en ⌣ de cette affaire, être dans le ⌣ de ce qui se passe, se rencontrer en ⌣, un ⌣ d'État, un ⌣ de fabrication, le ⌣ professionnel.*

le **secrétaire 1.** *m./f.* ‖ *la ⌣ de direction, employer une ⌣, dicter une lettre à sa ⌣; le ⌣ général d'un syndicat, le ⌣ d'ambassade/d'État.* **2.** Meuble servant de table pour écrire: *acheter un ⌣ ancien.*

secrétaire

le **secrétariat** *ma sœur travaille au ⌣ de cette entreprise, s'adresser au ⌣, le ⌣ de l'O.N.U.*

le **secteur 1.** La subdivision d'une administration: *une panne de ⌣ dans une ville (= il n'y a pas d'électricité dans un quartier).* **2.** *Le ⌣ public (= l'ensemble des entreprises qui dépendent de l'État, comme la poste, etc.), le ⌣ privé.*

la **section** Partie d'un groupe: *la ⌣ locale d'un parti, une ⌣ d'infanterie (= subdivision d'une compagnie); les ⌣s d'une ligne d'autobus.*

séculaire *adj.* Qui existe depuis au moins un siècle: *une tradition ⌣.*

la **sécurité 1.** CONTR. le danger: *être en ⌣, rechercher la ⌣ matérielle, dormir en toute ⌣, une ceinture de ⌣, des mesures de ⌣, une glissière de ⌣ (sur le côté des routes), le Conseil de ⌣ (à l'O.N.U.).* **2.** *la Sécurité sociale (= caisse d'assurance nationale).* △ Ne pas confondre avec **sûreté**: *une épingle/serrure de **sûreté.***

séduire *v.* Charmer, attirer qn (en em-

ployant tous les moyens de plaire): *⌣ une fille/une femme, se laisser ⌣ par qn, une femme très séduisante (= charmante).*

le **seigle** [sɛɡlə] *du pain de ⌣.*

seigle

le **seigneur 1.** Titre donné aux grands personnages de l'Ancien Régime: *vivre en grand ⌣.* **2.** Nom donné à Dieu/à Jésus: *Notre-S⌣ Jésus-Christ, le jour du S⌣ (= le dimanche).*

le **sein** La poitrine: *serrer qn sur/contre son ⌣, donner le ⌣ à un bébé; au ⌣ de (= dans), au ⌣ de l'Église.*

seize [sɛz] *numéral* 16: *la page ⌣, elle a ⌣ ans.*

le **séjour** Temps pendant lequel on reste dans une ville, etc.: *notre ⌣ à Paris/à la campagne, prolonger son ⌣, faire un long ⌣ sur la Côte d'Azur; la salle de ⌣ (ou: le ⌣ = le salon).* △ Faire **une courte halte.**

séjourner *v.* Rester assez lontemps dans une ville, etc.: *⌣ dans un hôtel/chez des amis/à Lyon.* △ Il **a** séjourné.

le **sel** Substance blanche d'un goût piquant: *on met du sucre dans le café et on assaisonne la viande avec du ⌣ et du poivre, mettre du ⌣ dans le potage, du ⌣ fin, une pincée de ⌣, du ⌣ marin (= de mer).*

la **sélection** Action de choisir qc/qn: *faire une ⌣, une épreuve sportive de ⌣, une ⌣ de disques/de films (= le choix des meilleurs).*

le **self-service** (les self-services) Restaurant où l'on se sert soi-même: *aller déjeuner au ⌣.* △ **Libre-service** = magasin.

la **selle** *une ⌣ de bicyclette/de moto, monter un cheval sans ⌣, se mettre/sauter en ⌣.* △ **La selle.**

selle

selon *prép.* Conformément, d'après, suivant: *faire qc ~ les règles, ~ moi il ne dit pas la vérité, ~ toute vraisemblance, ~ que* + ind.

les **semailles** *f. (au pluriel)* L'action de semer: *c'est le temps des ~.*

la **semaine** Sept jours (à partir du dimanche ou du lundi): *rester une ~ à Paris, la ~ prochaine, dans une ~, deux fois par ~, ce train ne circule qu'en ~, à la fin de la ~ prochaine, la ~ sainte.*

la **sémantique 1.** ‖ Étude du sens des mots: *un traité de ~.* **2.** *adj.* ‖ *une analyse ~.*

semblable *adj.* Qui ressemble à, analogue, pareil; Contr. différent, autre, contraire: *une maison ~ à beaucoup d'autres, tout à fait ~ (= identique), que faire dans un cas ~? (= dans un tel cas).*

sembler *v.* **1.** Avoir l'air, paraître: *cette femme semble heureuse, vous me semblez fatigué, ~ faire qc, il me semble inutile de revenir là-dessus, il semble que* + ind. *(= certitude)* / + subj. *(= doute), il ne semble pas que* + subj., *il me semble que* + ind. **2.** *faire semblant (= faire comme si, se donner l'apparence de), il fait semblant d'avoir tout oublié, ne faire semblant de rien.*

la **semelle** La partie inférieure de la chaussure: *une ~ de cuir/de caoutchouc.*

semer *v.* (je sème, il sème, nous semons, ils sèment; il sèmera) Mettre des graines dans la terre (pour faire pousser des plantes): *~ des fleurs/du blé; ~ la terreur.*

le **semestre** *s'abonner à une revue pour un ~.*

le **Sénat** Assemblée législative: *être membre du ~, le ~ a voté une loi.*

sénile *adj.* ‖ Propre à la vieillesse; Contr. enfantin: *une voix ~.*

le **sens** [sãs] **1.** Les cinq sens sont: la vue, l'ouïe, l'odorat, le goût, le toucher: *les organes des ~.* **2.** *le bon ~ (= la raison), un homme de bon ~.* **3.** Ce que veut dire un mot/un texte: *le ~ propre/figuré d'un mot, ce mot a plusieurs ~, des paroles à double ~, comprendre le ~ d'une fable (= la morale).* **4.** La direction: *une rue à ~ unique.* △ Un **faux sens** (s'écrit en deux mots), un **contresens** (en un mot).

la **sensation 1.** Impression reçue par les sens: *une ~ de froid/de faim/de fatigue/de bien-être, éprouver une ~ agréable/douloureuse.* **2.** ‖ *la presse à ~, faire ~.*

sensationnel, sensationnelle *adj.* ‖ *un événement ~, une nouvelle ~le.*

la **sensibilité** Faculté d'un organe/d'une personne à éprouver des sensations; Contr. l'insensibilité: *la ~ de l'oreille/de l'œil, avoir une vive ~, manquer de ~.*

sensible *adj.* **1.** Contr. insensible, dur: *un enfant très ~, être ~ au froid/à la douleur; être ~ aux compliments; un film ultra-~.* **2.** Qui peut être remarqué facilement: *une baisse ~ des prix, faire des progrès ~s. – adv.* **sensiblement.**

sensuel, sensuelle *adj.* Érotique: *un homme/un tempérament ~, des lèvres ~les.*

la **sentence** La maxime: *s'exprimer/parler par ~s, un discours rempli de ~s.*

sentencieux, sentencieuse *adj.* Solennel, affecté: *parler d'un ton ~. – adv.* **sentencieusement.**

le **sentier** Chemin étroit (en montagne, en forêt): *monter aux ruines d'un château par un ~ étroit, ce ~ conduit directement à la rivière.*

le **sentiment** L'amour, la joie, la tristesse, etc. sont des sentiments: *éprouver un ~ de tendresse/de pitié, exprimer/manifester ses ~s, avoir le ~ que* + ind., *un ~ religieux, «Veuillez agréer l'expression de mes meilleurs ~s» (= formule à la fin d'une lettre).*

sentimental, sentimentale *adj.* (**sentimentaux, sentimentales**) Qui concerne l'affection/l'amour: *la vie ~e, un roman ~. – adv.* **sentimentalement.**

la **sentinelle** Soldat qui monte la garde: *être en ~, la ~ va et vient devant la porte de la caserne.*

sentir *v.* (je sens, il sent, nous sentons, ils sentent; il sentit; il a senti) **1.** Recevoir une impression par les sens (le nez/le toucher): *~ le froid/une résistance, ~ un courant d'air/une odeur désagréable, ~ que* + ind.; *ne pas pouvoir ~ qn (= détester).* **2.** Répandre une odeur: *~ bon/mauvais, la rose sent bon, le fromage sent fort. – se ~ (il s'est senti)* Avoir un sentiment: *se ~*

gai/heureux/malheureux/triste, se ⌣ *bien/ mal, se* ⌣ *capable de faire qc.*

la **séparation** Le fait de (se) séparer; Contr. la réunion, le contact: *une violente discussion a provoqué la* ⌣ *des deux amis, la* ⌣ *est difficile à supporter, la* ⌣ *de biens, la* ⌣ *de l'Église et de l'État.*

séparément *adv.* Contr. ensemble: *recevoir des visiteurs* ⌣, *interroger des témoins* ⌣.

séparer *v.* Mettre loin l'un de l'autre; Contr. unir, lier, combiner: ⌣ *des combattants, leurs opinions totalement opposées les séparent,* ⌣ *théorie et pratique, des époux séparés.* – se ⌣ (ils se sont séparés), *elle ne voulait pas se* ⌣ *de ses enfants, ils se sont séparés d'un commun accord.*

sept [sɛt] *numéral.* 7: *les* ⌣ *jours de la semaine, la page/le chapitre* ⌣, *les* ⌣ *sacrements, Charles VII (=* ⌣*).* – **septième.**

septembre *m.* ‖ Le neuvième mois de l'année: *l'automne commence le 23* ⌣.

le **sergent** Le grade le plus bas des sous-officiers: *le* ⌣*-chef, le* ⌣*-major.*

la **série** ‖ *une* ⌣ *de timbres, poser une* ⌣ *de questions, une* ⌣ *de catastrophes, la production en* ⌣, *un modèle/une voiture de* ⌣, *un modèle est hors* ⌣ *(= absolument différent).* ⚠ Une série de malheurs **a/ont** frappé cette famille.

sérieux, sérieuse **1.** *adj.* Contr. gai, amusant, rieur: *un visage* ⌣, *un élève* ⌣ *et appliqué, un travail* ⌣ *(= bien fait), cette maladie est* ⌣*se (= assez grave), la situation est* ⌣*se (= inquiétante).* **2.** *m. conserver son* ⌣; *manquer de* ⌣ *dans son travail (= de conscience); prendre qc/qn au* ⌣. – *adv.* **sérieusement.**

la **seringue** [-g] *faire une piqûre avec une* ⌣.

seringue

le **serment** L'action de jurer, la promesse solennelle: *prêter* ⌣ *devant un tribunal, témoigner sous* ⌣, *faire le* ⌣ *de dire la vérité, le* ⌣ *professionnel, faire un faux* ⌣.

le **sermon** Discours prononcé à l'église par un prêtre: *prononcer/faire un* ⌣. ⚠ Un

pasteur protestant prononce **un prêche.**

le **serpent** Reptile très allongé: *le* ⌣ *rampe sur le sol, la morsure de certains* ⌣*s est venimeuse (= tue), le charmeur de* ⌣ *(aux Indes).* ⚠ Faire **la queue** devant un guichet.

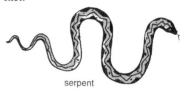
serpent

serrer *v.* Tenir fermement et presser, comprimer; Contr. relâcher: ⌣ *la main à qn,* ⌣ *qn dans ses bras,* ⌣ *les dents/les lèvres,* ⌣ *sa ceinture, ces chaussures me serrent le pied, serrez à droite/à gauche (= rapprocher sa voiture de la droite/de la gauche), cela me serre le cœur (= j'en ai de la peine).*

la **serrure** *la clef est dans la* ⌣, *retirer la clef de la* ⌣, *poser une* ⌣ *sur la porte d'entrée, une* ⌣ *de sécurité, regarder par le trou de la* ⌣.

serrure

le **serrurier** Artisan qui pose les serrures et fait les clefs: *faire venir le* ⌣.

la **serveuse** Femme chargée du service de la table au restaurant/au café: *la* ⌣ *apporte la carte/les boissons, la* ⌣ *reçoit un pourboire.* ⚠ Au masculin on dit plutôt: **le garçon.**

le **service** **1.** Le travail d'une personne dans un bureau/dans un magasin, etc.: *le fonctionnaire commence/termine son* ⌣, *être de* ⌣; *le repas coûte 50 francs* ⌣ *compris; mettre en* ⌣ *(= mettre en état de fonctionner), le magasin libre-*⌣. **2.** Ce qu'on fait pour aider qn: *demander un* ⌣ *à qn, je suis à votre* ⌣, *rendre* ⌣ *à qn.* **3.** *le* ⌣ *militaire, faire son* ⌣ *militaire.* **4.** *les* ⌣*s* administratifs, le chef de ~, le ~ des passeports. **5.** ‖ un ~ de porcelaine.

la **serviette 1.**   une ~ de table (pour s'essuyer la bouche), une ~ de toilette (pour s'essuyer le corps). **2.** Le sac de cuir plat: porter une ~, mettre ses cahiers dans la ~, ranger ses livres dans sa ~.

serviette

servir v. (je sers, il sert, nous servons, ils servent; il servit; il a servi) **1.** Apporter à qn à boire/à manger: ~ un client, ~ qn à table, ~ des rafraîchissements/le potage à qn, ~ à manger; ~ la messe (= aider le prêtre pendant la messe). **2.** Être utile: à quoi sert cet instrument?, cela ne sert à rien (= c'est inutile), cet outil sert à sculpter le bois. – **se ~** (il s'est servi), servez-vous en/de légumes, se ~ de qc (= employer, utiliser).

le **seuil 1.** Partie du sol sous une porte: se tenir sur le ~. **2.** (littéraire) Le début: être au ~ de la nouvelle année/de l'hiver/de la vieillesse.

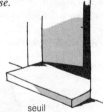

seuil

seul, seule adj. **1.** Séparé des autres, sans compagnie; Contr. ensemble, plusieurs: elle est toute ~e, faire qc ~, être ~ avec qn, parler tout ~; cela ira tout ~, ~ le conducteur fut sauvé (= seulement lui). **2.** Unique: c'est le ~ avantage, c'est la ~e chose qu'il ait comprise. ⚠ Un **homme seul** (= qui vit dans la solitude), le **seul homme** (= il est unique).

seulement adv. Sans rien d'autre, uniquement, ne . . . que: prendre ~ une tasse de café, l'homme ne vit pas ~ de

pain, non ~ . . . mais encore/mais aussi.

la **sève** Liquide dans les plantes qui monte des racines: la montée de la ~ au printemps.

sévère adj. Dur, autoritaire; Contr. indulgent, compréhensif, doux: des parents ~s, une critique ~, être ~ pour/envers/ avec qn, le maître est ~ avec les élèves, prendre des mesures ~s (= rigoureuses), la lutte était ~. – adv. **sévèrement.**

le **sexe** ‖ un enfant du ~ masculin/féminin, le ~ fort, le ~ faible, le beau ~. ⚠ L'adjectif s'accorde en **genre** et en nombre avec son substantif.

sexuel, sexuelle adj. ‖ l'instinct ~, les organes ~s, les relations ~les, l'acte ~. – adv. **sexuellement.**

si conj. **1.** Introduit une condition: ~ tu veux, ~ j'avais su cela je ne serais pas venu, s'il avait été plus prudent!, ~ j'étais vous (= à votre place), il se conduit comme s'il était fou, ~ possible. **2.** Introduit une interrogative indirecte: il me demanda s'il pouvait entrer, tu me diras ~ c'est lui. **3.** si bien que (= de sorte que), il y a eu du brouillard toute la semaine ~ bien que beaucoup de vols ont été annulés. **4.** adv. À un tel degré, tellement: elle est ~ belle, il est ~ bête. **5.** Marque la comparaison (dans une phrase négative, interrogative): il n'est pas ~ fort que les autres. **6.** S'emploie pour contredire une idée négative: tu n'iras pas voir ta grand-mère? – ~!, mais ~! ⚠ S' seulement devant «il». ⚠ «si on» ou: «si l'on».

le **siècle** Période de cent ans: ce château a été construit au XIXe ~, le XVIIe ~ (= le grand ~), le XVIIIe ~ (= le ~ des lumières), les écrivains du XXe ~, depuis des ~s. ⚠ On emploie toujours des chiffres romains.

le **siège 1.** La chaise, le fauteuil, etc. sont des sièges: offrir un ~ à qn, le ~ avant/ arrière d'une voiture. **2.** Les opérations militaires pour prendre une place forte: faire le ~ d'une ville, lever le ~, l'état de ~.

sien, sienne pron. possessif: ma voiture est plus vieille que la sienne, les ~s (= sa famille). ⚠ Sien est toujours précédé de l'article défini.

siffler *v.* Faire entendre un son aigu (avec la bouche ou avec un sifflet): *~ son chien, l'arbitre a sifflé une faute, le vent siffle, ~ une pièce* (CONTR. *applaudir*).

le **sifflet** Instrument qui sert à siffler: *le ~ de l'arbitre, donner/entendre un coup de ~.*

sifflet

le **signal** (les signaux) ‖ *donner un ~, le ~ du départ, le ~ d'alarme, les ~aux de chemin de fer, le ~ est au rouge, respecter le ~.*

signaler *v.* **1.** Annoncer par un signal: *~ l'arrivée d'un train, ~ un changement de direction.* **2.** Faire remarquer: *rien à ~, ~ un espion à la police* (= *dénoncer*).

la **signature** Le nom d'une personne écrit par elle-même à la fin d'un document/ d'une lettre, etc.: *donner sa ~, mettre sa ~ au bas d'un chèque, une ~ illisible.* ⚠ A la bibliothèque chaque livre est marqué d'une **cote.**

le **signe** ‖ Le geste, la marque, l'indice, le symbole: *un ~ de tête affirmatif/négatif, c'est un bon/mauvais ~, donner ~ de vie, faire le ~ de la croix.*

signer *v.* Mettre sa signature: *~ un traité/ un contrat/une lettre, ~ de sa propre main.* – **se ~** (il s'est signé) Faire le signe de la croix. ⚠ Je ne peux pas **souscrire** à cette opinion.

la **signification** Ce que signifie une chose, le sens: *la ~ d'un symbole, expliquer la ~ d'un mot.*

signifier *v.* **1.** Avoir un sens, être le signe de: *que signifie ce mot?, qu'est-ce que cela signifie?* **2.** Faire connaître: *~ ses intentions à qn.*

le **silence** Le fait de ne pas parler, l'absence de bruit: *garder le ~* (= *se taire*), *une minute de ~, le ~ profond de la nuit, passer qc sous ~* (= *ne pas en parler*). ⚠ **Le** silence.

silencieux, silencieuse *adj.* Où règne le silence; CONTR. bruyant: *rester ~, une maison ~se, un moteur ~.* – *adv.* **silencieusement.**

la **silhouette** ‖ *la ~ d'un arbre se dessine sur le ciel, la ~ élégante d'une femme.*

le **sillon** [sijõ] La charrue trace des sillons dans la terre: *faire/creuser un ~, les ~s d'un disque.*

similaire *adj.* Analogue; CONTR. différent: *j'ai trouvé dans ce magasin un article ~ et moins cher.*

simple *adj.* Qui n'est pas double, facile: *un nœud ~; poser une question ~, c'est bien ~; des gens ~s, une robe ~ mais élégante; une ~ formalité; les temps ~s d'un verbe* (CONTR. *composés*); *être ~ d'esprit* (= *pas intelligent*). – *adv.* **simplement.**

la **simplicité** Caractère de ce qui est facile à comprendre; CONTR. la complication, la difficulté: *la ~ d'un problème/d'un mécanisme; la ~ de sa toilette* (= *sans ornements superflus*); *la ~ de cette personne* (= *la modestie*).

simplifier *v.* Rendre plus facile; CONTR. compliquer: *cela simplifie la question.*

simuler *v.* ‖ Faire paraître comme réel: *~ une maladie/l'ivresse/un départ, une indifférence simulée.*

sincère *adj.* Franc, réel; CONTR. faux, hypocrite, trompeur, menteur, feint: *un admirateur ~, un repentir ~, être ~ avec qn, je vous adresse mes ~s félicitations à l'occasion de votre mariage.* – *adv.* **sincèrement.**

la **sincérité** Caractère de celui qui est sincère; CONTR. l'hypocrisie, le mensonge: *croire à la ~ des promesses de qn, douter de la ~ de qn.*

le **singe** Le chimpanzé, le gorille, l'orang-outan sont des singes: *être laid/malin comme un ~, faire le ~* (= *faire des grimaces, des choses comiques pour amuser les autres*).

singe

singulier, singulière 1. *adj.* Étrange, bizarre, étonnant; CONTR. banal, ordinaire: *sa réaction a été tout à fait ~ère, c'est une ~ère façon de voir les choses.* **2.** *m.* CONTR. le pluriel: *ce nom est au ~, la 1re personne du ~ du présent du verbe*

«*aimer*» *est* «*j'aime*». – *adv.* **singulière-
ment.**

le **sinistre** La catastrophe: *l'incendie/
l'inondation/le tremblement de terre est un
~, le ~ a fait beaucoup de victimes.*

le **sinistré 1.** Victime d'un sinistre: *les ~s
sont aidés par la Croix-Rouge.* **2.** *adj. une
région ~e.*

sinon *conj.* Dans le cas contraire: «*Si j'ai
le temps je viendrai aujourd'hui, ~ je
viendrai demain*», *que faire ~ attendre?, il
a travaillé ~ parfaitement du moins de son
mieux.*

sinueux, sinueuse *adj.* Qui présente
des courbes irrégulières; CONTR. droit:
*une rue ~se, un sentier ~, le cours ~
d'une rivière, une côte ~se.*

la **sirène** ‖ *la ~ d'alarme, la ~ d'une usine.*

le **sirop** [siro] ‖ *le ~ de fraise(s), le ~ contre
la toux.*

le **site** Beau paysage pittoresque: *un ~
agréable/magnifique/historique.* ⚠ **Le
site.**

sitôt *adv.* Aussitôt, aussi rapidement: «*~
dit, ~ fait.*», *~ entré il se dirigea vers le
téléphone.* ⚠ Se lever **si tôt.**

la **situation 1.** ‖ *la ~ actuelle, la ~ financière de qn, la ~ économique de la
France, se trouver dans une ~ délicate, la
~ est grave, une ~ comique.* **2.** *avoir une
belle ~, perdre sa ~ (= sa place).*

situer *v.* Placer en un lieu/à une époque:
*l'auteur a situé l'action de la comédie à
Séville, cette maison est située au bord de
la mer.*

six [sis] *numéral.* 6: *la page/le chapitre ~,
se lever à ~ heures, ~ personnes, le ~
mai, nous étions ~.* – **sixième.** ⚠ [si] devant consonne; [siz] devant voyelle; [sis]
dans les autres cas.

le **ski** [ski] ‖ *mettre ses ~s, faire du ~, aller
à ~s, la station de ~, un saut en ~s, le ~
nautique.*

le **slip** [slip] Culotte que l'on porte comme
sous-vêtement ou comme culotte de bain:
un ~ d'homme/de femme.

le **slogan** [slogã] ‖ *lancer/répéter un ~, un ~
publicitaire/politique.*

sobre *adj.* Qui ne boit (presque) pas d'alcool, qui mange avec modération;
CONTR. gourmand, ivrogne: *un homme*

~, *être ~ comme un chameau, mener une
vie ~.*

social, sociale *adj.* (sociaux, sociales)
1. ‖ *les classes ~es, l'ordre ~, les rapports
~aux, des conflits ~aux.* **2.** *la Sécurité ~e
(= caisse d'assurance nationale).*

le **socialisme** ‖ *le ~ démocratique/libéral, le
~ de Marx, le ~ allemand/anglais.*

socialiste ‖ **1.** *adj. le parti ~, un député
~, le gouvernement ~.* **2.** *m.* Personne
qui appartient à un parti socialiste.

la **société 1.** La communauté humaine: *la
haute ~, la ~ moderne, la ~ de consommation, des animaux qui vivent en ~, rechercher la ~ de qn.* **2.** *une ~ commerciale (= une entreprise), fonder une ~,
une ~ anonyme (S.A.).* ⚠ être en **compagnie** de qn.

la **sœur 1.** Fille du même père et de la
même mère que le frère: *avoir une ~, la
~ aînée/cadette, la demi-~, la belle-~.*
2. La religieuse: *~ Geneviève, les Petites
S~s des pauvres.*

soi *pron. pers.* **1.** *avoir confiance en ~,
cela va de ~, aimer son prochain comme
~-même.* **2.** *~-disant (= à ce qu'on prétend), un ~-disant ami.* ⚠ **Chacun** pour
soi (soi = indéfini), mais: **Pierre** parle de
lui.

la **soie** Matière textile légère, souple et brillante: *une robe/un chemisier en ~, le ver à
~ (= ver qui produit la soie), la ~ artificielle.*

la **soif** [swaf] Le besoin de boire: *avoir ~,
avoir grand-~, avoir très ~, apaiser sa ~,
boire à sa ~ (= autant qu'on veut); la ~
de l'argent/de la gloire/du pouvoir (= le
désir violent).* ⚠ **La** soif.

soigner *v.* S'occuper du bien-être/de la
santé de qn; CONTR. maltraiter, négliger:
*~ un enfant/son chien/son jardin, le méde-
cin soigne les malades, se faire ~ à l'hôpital; un travail soigné (= bien fait).* – **se ~**
(il s'est soigné), *soigne-toi bien sinon tu
ne pourras pas aller skier dimanche.*

soigneux, soigneuse *adj.* Qui fait tout
avec soin, consciencieux, appliqué;
CONTR. négligent: *une femme de ménage
très ~se, un ouvrier ~ dans son travail.* –
adv. **soigneusement.**

le **soin 1.** Attention que l'on apporte à ce

qu'on fait, l'application; CONTR. la négligence: *travailler avec* ﹏, *prendre* ﹏ *de faire qc, avoir/prendre* ﹏ *de qn/de qc, avoir/prendre* ﹏ *que* + subj., *être habillé avec* ﹏ (= *avec recherche*). **2.** *(au pluriel)* Ce que l'on fait pour soigner qn: *l'enfant a besoin des* ﹏*s de sa mère, le blessé a reçu les premiers* ﹏*s, les* ﹏*s du ménage* (= *les travaux*).

le **soir** La fin du jour; CONTR. le matin: *le* ﹏ *tombe, du matin au* ﹏, *à dix heures du* ﹏, *hier* ﹏, *demain* ﹏, *jeudi* ﹏, *une robe du* ﹏, *sortir le* ﹏, *ce* ﹏ (= *aujourd'hui*), *le* ﹏ (= *tous les soirs*). ⚠ Orthographe: **bonsoir.**

la **soirée** La durée du soir, la fête qui a lieu le soir: CONTR. la matinée: *passer la* ﹏ *chez des amis, toute la* ﹏, *donner une* ﹏, *être invité à une* ﹏.

soit . . . soit 1. *conj.* [swa] Marque l'alternative, ou bien . . . ou bien: ﹏ *l'un* ﹏ *l'autre,* ﹏ *avant* ﹏ *après les vacances.* **2.** *soit!* [swat] (= *bon! admettons!*), eh bien ﹏*!* **3.** → être.

soixante *numéral.* 60: ﹏ *et un* (= *61*), ﹏*deux,* ﹏*-dix* (= *70*), ﹏ *et onze,* ﹏*-douze, la page* ﹏, *la guerre de* ﹏*-dix* (= *de 1870*). – **soixantième.**

le **sol** La surface de la Terre, le terrain: *un* ﹏ *humide/sec, un* ﹏ *riche/pauvre, creuser le* ﹏.

solaire *adj.* Qui concerne le Soleil: *la lumière* ﹏, *le système* ﹏, *l'énergie* ﹏.

le **soldat** [sɔlda] ‖ *un simple* ﹏, *un* ﹏ *d'élite, la tombe du S*﹏ *inconnu* (*sous l'Arc de Triomphe à Paris*).

la **solde** Ce que l'on paie chaque mois aux militaires: *une* ﹏ *de capitaine, toucher sa* ﹏, *être à la* ﹏ *de l'étranger.* ⚠ **La** solde.

le **solde** Marchandises vendues à un prix plus bas que le prix habituel: *un article mis en* ﹏, *trouver des* ﹏*s avantageux/intéressants, la vente de* ﹏*s.*

la **sole** [sɔl] Poisson plat et ovale: *des filets de* ﹏, *une* ﹏ *frite, une* ﹏ *meunière.*

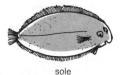

sole

le **soleil** L'astre qui donne la lumière et la chaleur à la Terre: *le lever/le coucher du* ﹏, *le* ﹏ *brille, les rayons du* ﹏, *il fait du* ﹏, *des lunettes de* ﹏, *se mettre au* ﹏, *prendre un bain de* ﹏, *avoir un coup de* ﹏ (= *brûlure de la peau*). ⚠ **Le** soleil.

solennel, solennelle *adj.* [sɔla-] Qui est célébré avec pompe; CONTR. privé, familier: *une fête* ﹏*le, les obsèques* ﹏*les d'un grand homme, un serment* ﹏, *parler d'un ton* ﹏. – *adv.* **solennellement.**

solidaire *adj.* ‖ Qui est lié par la solidarité: *se déclarer* ﹏ *des ouvriers en grève, être* ﹏ *de qn.* – *adv.* **solidairement.**

la **solidarité** ‖ *un sentiment de* ﹏, *la* ﹏ *de classe/professionnelle, faire qc par* ﹏ *avec un autre.*

solide *adj.* ‖ Résistant, robuste; CONTR. fragile: *un mur/un tissu* ﹏, *une voiture/une échelle* ﹏, *avoir un estomac* ﹏*; une amitié* ﹏ (= *durable*), *un raisonnement/un argument* ﹏*; des aliments* ﹏*s* (CONTR. liquides). – *adv.* **solidement.**

la **solidité** Caractère de ce qui est solide; CONTR. la fragilité: *la* ﹏ *d'un mur/d'une amitié/d'un régime politique.*

solitaire *adj.* Qui est seul, qui aime la solitude: *un promeneur* ﹏, *une enfance* ﹏. – *adv.* **solitairement.**

la **solitude** Situation d'une personne qui est seule; CONTR. la compagnie, la société: *aimer la* ﹏, *troubler la* ﹏ *de qn, vivre dans la* ﹏.

solliciter *v.* Demander (qc qu'on veut obtenir d'une autorité): ﹏ *un poste,* ﹏ *l'aide de qn,* ﹏ *qn de faire qc.*

la **solution** Ce qui résout un problème: *chercher/trouver la* ﹏ *d'un problème, la* ﹏ *d'une crise/d'une énigme.*

sombre *adj.* **1.** Qui reçoit peu de lumière, obscur; CONTR. clair: *une pièce* ﹏, *il fait* ﹏*; une couleur* ﹏ (= *foncée*). **2.** Plein de tristesse; CONTR. gai, joyeux: *il a l'air* ﹏, *un regard* ﹏, *de* ﹏*s réflexions, son avenir est bien* ﹏.

sommaire *adj.* Qui est résumé brièvement, court; CONTR. détaillé, long: *une description* ﹏ *de qc, donner une réponse* ﹏, *un exposé* ﹏ (= *un* ﹏). – *adv.* **sommairement.**

la **somme** ‖ Le résultat d'une addition,

quantité d'argent: *30 est la* ⌣ *de 10 + 20, faire la* ⌣ *de deux nombres; une* ⌣ *d'argent, dépenser une grosse* ⌣*; en* ⌣ *(= tout bien considéré),* ⌣ *toute.*

le **sommeil** L'état d'une personne qui dort: *un* ⌣ *profond/léger/lourd, avoir* ⌣ *(= éprouver le besoin de dormir); le* ⌣ *de la nature (en hiver).*

le **sommet** Le point le plus élevé: *le* ⌣ *de la tour Eiffel/d'un clocher, monter au* ⌣ *d'une montagne; la conférence au* ⌣ *(= qui réunit les chefs d'État).*

le **somnifère** Médicament qui procure le sommeil: *prendre des* ⌣*s (pour dormir).*

somptueux, somptueuse *adj.* Luxueux, magnifique, splendide, superbe; CONTR. simple, pauvre: *des vêtements* ⌣*, un palais* ⌣*, un* ⌣ *cadeau.* – *adv.* **somptueusement.**

son, sa, ses [se] *adj. possessif,* 3ᵉ personne du singulier: *son père, sa mère, ses parents, elle parle de son mari/de ses enfants.* △ Distinguez **ses** et **ces.** △ → **leur.**

le **son** Ce qui frappe l'oreille, le bruit: *entendre un* ⌣*, des* ⌣*s musicaux, le* ⌣ *de la voix/d'une cloche, la hauteur du* ⌣*, la vitesse du* ⌣*, le mur du* ⌣*.*

le **sondage** L'enquête: *le* ⌣ *d'opinion (= l'interrogation d'un petit nombre de personnes considérées comme représentatives de la population).*

songer *v.* (-ge- devant a et o: nous songeons; il songeait; songeant) Penser, réfléchir, s'imaginer: ⌣ *à qn/à qc,* ⌣ *à son avenir,* ⌣ *à faire qc,* ⌣ *à se marier,* ⌣ *à acheter une maison à la campagne, ne* ⌣ *qu'à gagner de l'argent.*

sonner *v.* Produire un son, signaler qc par une sonnerie: *le téléphone sonne, les cloches sonnent, on sonne (à la porte),* ⌣ *l'alarme, dix heures sonnent à la cathédrale.*

la **sonnerie** Mécanisme qui sonne: *la* ⌣ *du téléphone, entendre la* ⌣ *du réveil.*

le **sonnet** ‖ Petit poème qui se compose de deux quatrains et de deux tercets: *lire/réciter un* ⌣*.*

la **sonnette** **1.** Petite cloche: *agiter la* ⌣*, la* ⌣ *du président.* **2.** Sonnerie électrique: *appuyer sur la* ⌣*, donner deux coups de* ⌣*, la* ⌣ *d'alarme.*

sonnettes

sonore *adj.* ‖ Qui résonne fort; CONTR. sourd: *une salle* ⌣*, parler avec une voix* ⌣*; un film* ⌣*.*

le **sorcier,** la **sorcière** Personne qu'on disait être en contact avec le diable: *un apprenti* ⌣*, au Moyen Âge on brûlait les* ⌣*ières; la chasse aux* ⌣*ières.*

le **sort** [sɔr] **1.** Le destin, le hasard, ce qui arrive à qn dans la vie: *les coups/les caprices du* ⌣*, se plaindre de son* ⌣*, être content de son* ⌣*, avoir un triste* ⌣*, améliorer le* ⌣ *du prolétariat (= la situation matérielle et sociale).* **2.** *tirer au* ⌣ *(= se rapporter au hasard pour décider), tirer au* ⌣ *un numéro/les épreuves d'un concours.*

la **sorte** ‖ L'espèce, le genre: *on vend ici toutes* ⌣*s de jouets/de livres/de marchandises/de fleurs, cette* ⌣ *de gens, de la* ⌣ *(= de cette façon), en quelque* ⌣ *(= d'une certaine manière), de* ⌣ *que* + ind. *(conséquence réelle)/* + subj. *(but, intention), faire en* ⌣ *que* + subj.

la **sortie** CONTR. l'entrée: *attendre qn à la* ⌣ *de la gare/du métro, la* ⌣ *de secours, la* ⌣ *du théâtre/de l'école (= le moment où l'on sort), les* ⌣*s de Paris (= les routes pour en sortir), la* ⌣ *d'un nouveau modèle de voiture, la* ⌣ *d'un roman (= la publication).*

sortir *v.* (je sors, il sort, nous sortons, ils sortent; il sortit; il **est** sorti) **1.** Aller dehors; CONTR. entrer: ⌣ *de la maison/de la chambre, les gens sortent du cinéma, il sort de chez lui, la rivière est sortie de son lit.* △ Sortir **de** qc. **2.** Se promener, aller au théâtre/chez des amis: ⌣ *avec son ami,* ⌣ *beaucoup.* **3.** ⌣ *qc* (il **a** sorti qc) Mettre dehors: *il a sorti la voiture du garage,* ⌣ *du linge de l'armoire,* ⌣ *un enfant.*

sot, sotte **1.** *adj.* Idiot, bête, stupide; CONTR. intelligent: *donner une réponse* ⌣*te, un enfant* ⌣*, je ne suis pas assez* ⌣

pour croire ce que vous dites. **2.** *m. un jeune* ~. – *adv.* **sottement.**

la **sottise** Manque d'intelligence, la bêtise, paroles sottes: *être d'une grande* ~, *commettre une* ~, *dire/répondre des* ~*s.*

le **sou (les sous)** Autrefois, pièce de cinq centimes: *compter ses* ~*s, dépenser tout jusqu'au dernier* ~, *être sans le* ~ *(= sans argent).*

le **souci** Les dangers/les difficultés qui inquiètent l'esprit: *être accablé/rongé de* ~*s, se faire du* ~*/beaucoup de* ~, *avoir des* ~*s financiers/familiaux, cela vous épargnerait bien des* ~*s, avoir d'autres* ~*s, donner du* ~*/bien des* ~*s à qn.* ⚠ **Le** souci.

se **soucier** *v.* (il s'est soucié) S'inquiéter, se mettre en peine pour qn/pour qc: *se* ~ *de qn/de qc, se* ~ *peu de qc.* ⚠ Imparfait: *nous nous souciions, vous vous souciiez.*

la **soucoupe** Petite assiette qui se place sous la tasse: *renverser son café dans la* ~*; une* ~ *volante.*

soudain, soudaine *adj.* Qui arrive tout à coup, brusque, subit; CONTR. lent: *une douleur* ~*e, la mort* ~*e de qn.* – *adv.* **soudain, soudainement.**

le **souffle 1.** L'air qui sort de la bouche, la respiration: *retenir son* ~, *être à bout de* ~, *avoir le* ~ *court, un coureur qui a du* ~ *(= qui ne s'essouffle pas facilement).* **2.** Le vent léger: *le* ~ *léger de la brise.*

souffler *v.* **1.** Faire sortir l'air par la bouche: ~ *une bougie,* ~ *sur le feu.* **2.** Produire un courant d'air: *le vent souffle fort/en rafales/en tempête/du nord.* **3.** Dire à voix basse: ~ *un mot à qn,* ~ *qc à l'oreille de qn.*

le **souffleur,** la **souffleuse** Personne qui aide les acteurs quand ils ont oublié leur texte: *le trou du* ~.

la **souffrance** La douleur physique ou morale: *endurer des* ~*s, mourir dans de grandes* ~*s.*

souffrir *v.* (je souffre, il souffre, nous souffrons, ils souffrent; il souffrit; il a souffert) Éprouver des douleurs, avoir mal: ~ *d'une maladie/de l'estomac/du froid/d'être seul; ne pas* ~ *que* + subj. *(= ne pas permettre), ne pas pouvoir* ~ *qn (= détester qn).* ⚠ Les deux années qu'il a souffert (les deux années = complé-

ment circonstanciel de temps).

le **souhait** [-ε] Le désir d'obtenir qc: *exprimer/former un* ~, *mon* ~ *s'est réalisé, les* ~*s de bonne année/de bonheur (= vœux), tout marche à* ~ *(= très bien).*

souhaiter *v.* Désirer qc pour un autre (ou pour soi-même); CONTR. craindre: ~ *qc à qn, je vous souhaite bonne chance,* ~ *que* + subj., *je souhaite que tout aille bien/qu'il réussisse.* ⚠ Distinguez: Souhaiter **à qn de** faire qc: *je* **vous** *souhaite* **d'être** *heureux* et: souhaiter faire qc: *je souhaite le revoir.*

le **soulagement** Sentiment agréable que l'on éprouve quand une souffrance physique/morale a diminué ou cessé: *éprouver du* ~, *pousser un soupir de* ~, *j'avais mal à la tête mais un comprimé m'a procuré du* ~.

soulager *v.* (-ge- devant a et o: nous soulageons; il soulageait; soulageant) Diminuer ou faire cesser la souffrance physique/morale de qn; CONTR. aggraver: *ce remède a soulagé le malade,* ~ *la douleur de qn, (racontez-moi vos ennuis) cela vous soulagera, être soulagé d'avoir fait qc, être soulagé que* + subj.

soulever *v.* (je soulève, il soulève, nous soulevons, ils soulèvent; il soulèvera): Lever un peu; CONTR. abaisser: ~ *le couvercle d'une casserole,* ~ *le rideau pour regarder par la fenêtre, je ne peux pas* ~ *ce sac (qui est trop lourd); le vent soulève la poussière de la route.* – **se** ~ (il s'est soulevé) Se révolter: *se* ~ *contre la dictature.*

le **soulier** La chaussure qui couvre le pied (mais non pas la jambe): *mettre ses* ~*s, des* ~*s plats/à talons hauts, ces* ~*s sont trop petits/trop grands pour moi, une paire de* ~*s, mettre ses* ~*s avec un chausse-pied, lacer/délacer ses* ~*s.* ⚠ **La chaussure** est plus courant.

soulier

souligner *v.* **1.** Tirer une ligne sous un mot: ~ *un mot/une phrase,* ~ *en rouge.*

2. Faire remarquer, mettre en valeur: ⁓ *l'importance d'un événement,* ⁓ *un détail important,* ⁓ *l'intérêt/les avantages de qc.*

soumettre *v.* (je soumets, il soumet, nous soumettons, ils soumettent; il soumit; il a soumis) **1.** Faire obéir: ⁓ *des rebelles.* **2.** Présenter un projet, etc. à qn qui peut accepter ou refuser: ⁓ *un projet/ un texte à qn,* ⁓ *un problème à un spécialiste.* – **se** ⁓ (il s'est soumis) CONTR. résister, désobéir, se révolter: *se* ⁓ *à la loi/aux ordres de qn/à des formalités.*

le **soupçon** Opinion défavorable que l'on a de qn (on suppose qu'il a fait qc de mal ou qu'il a de mauvaises intentions): *un* ⁓ *vague/juste/injuste/mal fondé, avoir des* ⁓*s, dissiper les* ⁓*s, être au-dessus de tout* ⁓.

soupçonner *v.* Penser que qn a fait qc de mal ou qu'il a de mauvaises intentions (mais sans en être sûr): ⁓ *qn de qc, on le soupçonne de vol/d'avoir volé,* ⁓ *qn de mensonge/de trahison, être soupçonné d'avoir fait qc,* ⁓ *que* + ind.

la **soupe** ‖ Un potage épais: *une* ⁓ *à l'oignon/aux légumes/au lait.*

le **souper 1.** Le repas que l'on prend tard dans la nuit: *un* ⁓ *aux chandelles, faire un* ⁓ *après le spectacle.* **2.** *v.* aller ⁓ *dans un cabaret, inviter qn à* ⁓, *rester* ⁓ *chez qn.* ⚠ **Le dîner** est le repas du soir, pris à une heure normale.

le **soupir** La respiration bruyante de qn qui est gêné/ému: *pousser un* ⁓, *un profond* ⁓, *un* ⁓ *de soulagement, rendre le dernier* ⁓ (= *mourir*).

soupirer *v.* Pousser un soupir: *pleurer et* ⁓, ⁓ *de regret/d'ennui, dire qc en soupirant.*

souple *adj.* Qui se plie facilement, flexible; CONTR. raide: *des chaussures en cuir* ⁓, *une branche* ⁓ *(qui ne casse pas), les danseuses doivent être* ⁓*s; Marie a un caractère très* ⁓.

la **source 1.** L'eau qui sort de la terre: *l'eau claire de la* ⁓, *la* ⁓ *d'un fleuve/d'une rivière.* **2.** L'origine: *la* ⁓ *du mal, savoir qc de bonne* ⁓, *remonter aux* ⁓*s.*

le **sourcil** [sursi] *avoir de gros* ⁓*s, froncer les* ⁓*s (en signe de mécontentement), lever les* ⁓*s (en signe d'étonnement).*

sourcil

sourd, sourde 1. *adj.* Qui ne peut rien entendre: *un homme* ⁓, *devenir* ⁓, *être* ⁓ *d'une oreille; faire la* ⁓*e oreille* (= *faire semblant de ne pas entendre), rester* ⁓ *aux prières de qn.* **2.** Étouffé; CONTR. retentissant, sonore, clair: *faire un bruit* ⁓, *parler d'une voix* ⁓*e.* **3.** *m.* *crier comme un* ⁓, *un* ⁓*-muet.* – *adv.* **sourdement.**

sourire *v.* (je souris, il sourit, nous sourions, ils sourient; il sourit; il a souri) Rire un peu: *ne pouvoir s'empêcher de* ⁓, ⁓ *de la maladresse de qn,* ⁓ *ironiquement, dire qc/répondre en souriant,* ⁓ *à qn, cela me fait* ⁓; *la chance me sourit* (= *me favorise*). ⚠ Imparfait: nous souriions, vous souriiez.

le **sourire** Action de sourire: *un* ⁓ *aimable/ gracieux/moqueur, avoir un* ⁓ *sur les lèvres.*

la **souris** [suri] *un trou de* ⁓, *le chat attrape les* ⁓, *mettre des pièges pour attraper les* ⁓, *une* ⁓ *blanche.* ⚠ **La** souris.

souris

sournois, sournoise *adj.* Qui ne montre pas ses mauvaises intentions; CONTR. franc: *un enfant* ⁓, *un regard* ⁓, *une méchanceté* ⁓*e.* – *adv.* **sournoisement.**

sous [su] *prép.* CONTR. sur: *mettre un oreiller* ⁓ *sa tête, mettre une lettre* ⁓ *enveloppe, dormir* ⁓ *la tente, nager* ⁓ *l'eau, se promener* ⁓ *la pluie, se mettre* ⁓ *la protection de qn, il a vécu* ⁓ *Louis XV,* ⁓ *prétexte que . . .* ⚠ Sous un arbre [suz-].

le **sous-entendu** [suz-] Ce que l'on fait comprendre sans le dire directement, l'allusion: *parler par* ⁓*s, une lettre spirituelle pleine de* ⁓*s.*

sous-marin, sous-marine 1. *adj.* Qui est sous la surface de la mer: *la pêche ~e.* **2.** *m.* Bateau qui peut plonger: *un ~ atomique, le ~ plonge/refait surface.*

sous-marin

le **sous-officier** [suz-] *le ~ commande les soldats.* ⚠ Abréviation familière: **le sous-off.**

le **sous-préfet** Fonctionnaire qui représente le pouvoir central dans un arrondissement: *le ~ réside dans la sous-préfecture.*

le **sous-sol** Partie de la maison au-dessous du rez-de-chaussée: *un garage en ~, habiter au ~, l'ascenseur descend au ~.*

la **soustraction** CONTR. l'addition: *3 – 2 = 1 est une ~, faire une ~, le résultat d'une ~.*

soustraire *v.* **1.** Faire une soustraction; CONTR. additionner: *~ 5 de 10.* **2.** Enlever par le ruse: *~ de l'argent à qn.* – **se ~** (il s'est soustrait), *se ~ aux questions des journalistes* (= échapper).

la **soutane** Longue robe d'un prêtre: *la ~ noire d'un prêtre, être en ~.*

soutenir *v.* (je soutiens, il soutient, nous soutenons, ils soutiennent; il soutint; il a soutenu; il soutiendra) **1.** Tenir par-dessous, aider: *le mur soutient le toit, ~ un blessé, faire une piqûre à un malade pour ~ le cœur, ~ un candidat; ~ le regard de qn* (= ne pas baisser les yeux). **2.** Exposer et défendre qc, dire avec force: *~ un point de vue/une these/un projet de loi, je soutiens que + ind.* (= j'affirme que).

souterrain, souterraine *adj.* Qui est sous terre: *un passage ~, une explosion atomique ~e.*

le **soutien 1.** L'aide, l'appui: *apporter son ~ au gouvernement, le ~ de famille* (= terme juridique). **2.** *le ~-gorge* (= sous-vêtement féminin destiné à soutenir la poitrine), *des ~s-gorge.*

se souvenir *v.* (je me souviens, il se souvient, nous nous souvenons, ils se souviennent; il se souvint; il s'est souvenu; il se souviendra) Retrouver dans la mémoire, se rappeler; CONTR. oublier: *se ~ de qc/de qn, se ~ d'avoir fait qc, je me souviens de lui/de l'avoir rencontré, se ~ que + ind., ne pas se ~ que + subj., je m'en souviendrai* (= se dit pour menacer). ⚠ Se souvenir **de** qc, mais: se rappeler qc.

le **souvenir 1.** Ce que la mémoire conserve, ce qui revient à l'esprit: *garder/conserver/perdre le ~ de qc/de qn, éveiller en qn des ~s, raconter ses ~s d'enfance.* **2.** ‖ *les touristes achètent des ~s, une boutique de ~s, la marchande de ~s.*

souvent *adv.* [suvã] Plusieurs fois en peu de temps, fréquemment; CONTR. jamais, rarement: *penser ~ à qn, sortir ~ avec qn, le plus ~* (= dans la plupart des cas.)

souverain, souveraine ‖ **1.** *adj.* dans une république le peuple est ~, un État ~, le ~ pontife* (= le pape). **2.** *m.* Le chef d'État monarchique, le roi. – *adv.* **souverainement.**

spacieux, spacieuse *adj.* Vaste, étendu; CONTR. petit: *un appartement ~.*

le **speaker** [spikœr], la **speakerine** Personne qui annonce les programmes/les nouvelles (à la radio/à la télévision): *les ~ines de la télévision sont en général sympathiques.*

spécial, spéciale *adj.* (**spéciaux, spéciales**) ‖ CONTR. général, ordinaire, commun: *le train/l'avion ~, demander une autorisation ~e, je n'ai rien de ~ à vous dire, c'est un cas ~.* – *adv.* **spécialement.**

le **spécialiste** ‖ CONTR. l'amateur: *un ~ de la physique nucléaire/de l'électronique, aller consulter un ~* (= un médecin qui ne soigne que certaines maladies).

la **spécialité** ‖ *c'est ma ~, le champagne est une ~ de Reims, les ~s d'un restaurant.*

le **spectacle** La représentation au théâtre/ au cinéma: *aller au ~, le ~ a duré deux heures, la salle de ~.*

spectaculaire *adj.* ‖ Exceptionnel, extraordinaire: *un accident ~, des résultats ~s.*

le **spectateur,** la **spectatrice** Personne qui assiste à un spectacle (théâtre, film, match, etc.); Contr. l'acteur: *les ⌣s d'un match de football, le film a plu aux ⌣s, les applaudissements des ⌣s.*

la **spéculation** ‖ *la ⌣ sur les terrains à bâtir.*

la **sphère 1.** *le centre d'une ⌣, le volume d'une ⌣, la ⌣ céleste, un ballon de football a la forme d'une ⌣.* **2.** ‖ Le domaine, la zone: *la ⌣ d'influence, les hautes ⌣s de la finance.*

sphère

spirituel, spirituelle *adj.* **1.** Qui concerne l'esprit/l'âme; Contr. matériel, corporel: *la vie ⌣le, le pouvoir ⌣ (= l'Église), les valeurs ⌣les d'une civilisation.* **2.** Plein d'esprit; Contr. plat, banal, lourd: *une plaisanterie/une réponse ⌣le, trouver qn ⌣.* – *adv.* **spirituellement.**

splendide *adj.* Très beau, magnifique; Contr. affreux: *il fait un temps ⌣, une fête ⌣.*

spontané, spontanée *adj.* Ce qui se fait de soi-même, instinctif; Contr. forcé, prémédité: *une réaction ⌣e, un mouvement/un geste ⌣.* – *adv.* **spontanément.**

le **sport** [spɔr] ‖ *faire du ⌣, un terrain de ⌣, les ⌣s d'équipe/individuels, des chaussures de ⌣, les ⌣s d'hiver, le costume (de) ⌣, une voiture de ⌣.*

sportif, sportive 1. *adj.* Qui concerne le sport, qui aime le sport: *être ⌣, des épreuves ⌣ves, une association ⌣e.* **2.** *m.* Qui pratique le sport: *un grand ⌣.*

le **squelette** ‖ L'ensemble des os d'un être vivant: *le ⌣ de l'homme.* △ Le squelette.

stable *adj.* Solide, durable; Contr. instable, fragile: *une échelle ⌣; un gouvernement ⌣, un régime ⌣, une paix ⌣, une monnaie ⌣, des prix ⌣s.*

le **stade** Le terrain de sport entouré de tribunes: *aller au ⌣, un ⌣ olympique.*

le **stage** La période des études où l'on apprend la pratique: *un ⌣ de formation professionnelle, faire un ⌣.*

standard *adj.* *(invariable)* ‖ *acheter un modèle ⌣, des pièces ⌣.*

le **standing** [-diŋ] La situation sociale: *avoir un ⌣ élevé; un immeuble de grand/ haut ⌣ (= luxueux).*

la **station 1.** La gare: *une ⌣ de métro/de taxi, une ⌣ de chemin de fer (= petite gare), descendre du métro à la troisième ⌣.* △ On dit l'**arrêt** d'autobus, **la gare** de l'Est. **2.** Ville de tourisme: *une ⌣ thermale/balnéaire/de sports d'hiver.* △ Dans quel **service** le malade est-il hospitalisé?

le **stationnement** Action de stationner (en parlant des automobiles): *le ⌣ est interdit/ autorisé, le panneau de ⌣, un parc de ⌣ (= le parking).*

stationnement interdit

stationner *v.* S'arrêter momentanément; Contr. circuler: *il est interdit aux voitures de ⌣ sur les trottoirs.*

la **station-service** (les stations-service) Poste de distribution d'essence avec des installations pour l'entretien des automobiles: *s'arrêter à une ⌣, prendre du super à la ⌣.*

la **statistique** ‖ **1.** *une ⌣ économique/sociologique, d'après les ⌣s.* **2.** *adj. les méthodes ⌣s.*

la **statue** [-ty] ‖ Ouvrage de sculpture: *la Vénus de Milo est une ⌣ célèbre, les ⌣s de saints.*

la **sténographie** ‖ *prendre le texte d'une conférence en ⌣.* △ Abréviation courante: **la sténo.**

stérile *adj.* Qui ne produit rien; Contr. fécond, utile: *une terre ⌣, des théories ⌣s, une discussion ⌣.*

stimuler *v.* Augmenter l'activité, encourager: *le succès l'a stimulé, ⌣ les exportations, une boisson qui stimule l'appétit.*

stop! [stɔp] **1.** *interjection.* ‖ Commandement d'arrêt. **2.** *m. respecter le ⌣ (= le panneau indiquant qu'il faut s'arrêter), faire du ⌣ (= de l'auto-⌣).*

le **store** Rideau de lamelles qui peut se lever ou s'abaisser devant une fenêtre: *baisser le ⌣ parce que le soleil est trop chaud.*

store

le **strapontin** Siège qui se replie (dans une voiture/dans une salle de spectacle): *un ⌣ peu confortable.*

strapontin

la **stratégie** [-ʒi] ‖ *la ⌣ d'un parti, la ⌣ électorale, la ⌣ de l'ennemi.*

strict [strikt], **stricte** *adj.* ‖ Conforme à une règle, qui ne laisse pas de liberté: *des principes ⌣s, une obligation ⌣e, la ⌣e exécution d'une consigne, le sens ⌣ d'un mot, la ⌣e vérité.* – *adv.* **strictement.**

la **strophe** *un poème composé de trois ⌣s, la première ⌣ d'un poème.* △ Les **couplets** d'une chanson.

la **structure** ‖ *la ⌣ de l'atome, la ⌣ d'un État, la ⌣ de la société moderne.*

studieux, studieuse *adj.* Qui aime l'étude; CONTR. paresseux, oisif: *un élève ⌣.*

le **studio 1.** ‖ Atelier d'un artiste, etc.: *tourner un film en ⌣.* **2.** Logement formé d'une seule pièce principale: *des ⌣s à louer.* △ **L'appartement** a plusieurs pièces en plus d'une cuisine et d'une salle de bains.

stupéfait, stupéfaite *adj.* Très étonné, très surpris (et ne plus pouvoir réagir):

rester ⌣, je suis ⌣ de sa réponse.

stupide *adj.* Idiot, bête; CONTR. intelligent: *une réponse/une objection ⌣, il est ⌣ de faire cela, ce garçon est tout à fait ⌣.* – *adv.* **stupidement.**

le **style 1.** ‖ La façon de s'exprimer par le langage écrit: *un ⌣ familier/simple/original/naturel/soigné/élégant/noble/obscur, manquer de ⌣ (= avoir un ⌣ plat).* **2.** ‖ *le ⌣ gothique, le ⌣ Louis XV.* **3.** ‖ *Ce sauteur a un très bon ⌣.*

stylistique *adj.* ‖ *une analyse ⌣ d'un texte.*

le **stylo** *écrire avec un ⌣, remplir son ⌣ d'encre, le ⌣ (à) bille.*

stylo

su → savoir.

subdiviser *v.* Diviser une partie encore une fois: *⌣ le chapitre d'un roman.*

subir *v.* Supporter qc qu'on n'a pas voulu: *⌣ un long interrogatoire, ⌣ une grave défaite, ⌣ une opération chirurgicale.*

subit [-bi], **subite** *adj.* Ce qui se produit tout à coup, brusque, soudain; CONTR. progressif, lent: *un changement ⌣, une mort ⌣e.* – *adv.* **subitement.**

subjectif, subjective *adj.* ‖ CONTR. objectif: *une vision ⌣ve du monde, c'est une opinion toute ⌣ve, un jugement ⌣, une critique ⌣ve.* – *adv.* **subjectivement.**

le **subjonctif** Mode personnel du verbe: *le ⌣ présent (par exemple: que je vienne), le passé du ⌣.*

sublime *adj.* Qui est très haut dans le domaine des valeurs, admirable, magnifique; CONTR. vulgaire, bas: *une musique ⌣, un homme ⌣ de dévouement.*

submerger *v.* (-ge- devant a et o: nous submergeons; il submergeait; submergeant) Recouvrir complètement: *le fleuve a submergé la plaine (= inondé); être submergé de travail (= en avoir trop).*

subordonné, subordonnée 1. *adj. une proposition ⌣e* (CONTR. *une proposition principale).* **2.** *m.* CONTR. le supérieur, le chef: *le chef sait se faire obéir de ses ⌣s.*

la **substance** ‖ *une* ⌣ *solide/liquide/ga-zeuse, une* ⌣ *grasse/alimentaire/toxique; voici en* ⌣ *ce qu'il a dit (= voici l'essen-tiel).*

substantiel, substantielle *adj.* Impor-tant: *un avantage/un bénéfice* ⌣*; un repas* ⌣ *(= nourrissant).*

le **substantif** ‖ Le nom: *le mot «livre» est un* ⌣, *employer un* ⌣.

subtil, subtile *adj.* ‖ Qui a de la finesse; Contr. grossier, évident: *un critique* ⌣, *une argumentation* ⌣*e, une réponse* ⌣*e, une différence/une nuance* ⌣*e (= difficile à voir).* – *adv.* **subtilement.**

la **subvention** ‖ L'aide financière de l'État: *une* ⌣ *de deux millions de francs, accor-der une* ⌣ *à qn, voter une* ⌣.

subventionner *v.* Donner une aide fi-nancière: ⌣ *un journal, les théâtres sub-ventionnés.*

subversif, subversive *adj.* ‖ Qui me-nace de renverser l'ordre moral/politique: *un livre* ⌣, *avoir des opinions* ⌣*ves.*

succéder *v.* (je succède, il succède, nous succédons, ils succèdent; il succédera) Venir après: *le beau temps a succédé à la pluie,* ⌣ *à qn, le fils a succédé à son père à la direction de l'entreprise.* △ Il **a** suc-cédé.

le **succès** [syksɛ] Heureux résultat, le fait de réussir; Contr. l'échec, le désastre: *obtenir/remporter un* ⌣, *faire qc avec* ⌣, *le* ⌣ *d'une pièce de théâtre, son* ⌣ *dû à la chance, des* ⌣ *sportifs/scolaires; avoir du* ⌣ *(= plaire à beaucoup de gens), avoir beaucoup de* ⌣.

le **successeur** Personne qui succède à une autre/prend les fonctions d'une autre; Contr. le prédécesseur: *désigner/nommer son* ⌣, *être le* ⌣ *de qn, Élisabeth II fut le* ⌣ *de Georges VI.*

successif, successive *adj.* Qui viennent l'un après l'autre: *être découragé par des échecs* ⌣*s.* – *adv.* **successivement.**

la **succursale** Magasin qui dépend d'un au-tre: *les* ⌣*s d'une banque, un grand maga-sin qui a des* ⌣*s en province.*

sucer *v.* (-ç- devant a et o: nous suçons; il suçait; suçant) Presser qc avec les lèvres (pour en tirer un liquide): ⌣ *le citron, le bébé suçait son pouce;* ⌣ *des pastilles/un*

bonbon (= faire fondre dans la bouche).

le **sucre** ‖ Substance blanche au goût très doux: *un morceau de* ⌣, *le* ⌣ *en poudre, mettre du* ⌣ *dans le thé/dans le café.*

sucrer *v.* Ajouter du sucre: ⌣ *son thé/son café, des oranges très sucrées (= qui ont le goût du sucre).*

le **sud** ‖ Contr. le nord: *le* ⌣*-est, le* ⌣*-ouest, le pôle Sud, aller vers le* ⌣, *au* ⌣ *de Grenoble, l'Amérique du Sud.* △ Passer ses vacances dans le **Midi** (= le Sud de la France).

suer *v.* Transpirer (quand il fait chaud): ⌣ *à grosses gouttes,* ⌣ *sur un devoir de maths (= avoir du mal à le faire); faire* ⌣ *qn (= l'ennuyer).*

la **sueur** L'eau qui se forme à la surface de la peau quand on a chaud: *la* ⌣ *coule sur son front, être couvert de* ⌣, *ruisseler de* ⌣, *il essuya son visage trempé de* ⌣. △ **La** sueur.

suffire *v.* (je suffis, il suffit, nous suffi-sons, ils suffisent; il suffit; il a suffi) Être en assez grande quantité: ⌣ *à qn, ce stu-dio me suffit, cela suffit,* ⌣ *à qc, votre parole lui suffit, il suffit de faire cela, il suffit que* + subj.

suffisant, suffisante *adj.* Qui suffit: *une quantité/une réserve* ⌣*e, avoir le temps* ⌣ *pour terminer un travail.* – *adv.* **suffisamment.**

la **suggestion** Une idée que l'on propose, la proposition: *c'est une simple* ⌣ *qu'il a faite.*

le **suicide** L'action de se tuer soi-même: *une tentative de* ⌣.

se suicider *v.* (il s'est suicidé) Se tuer volontairement: *se* ⌣ *de désespoir, se* ⌣ *d'une balle dans la tête/en se jetant dans la Seine.*

la **Suisse 1.** *la* ⌣ *est un État neutre, la* ⌣ *alpine, la* ⌣ *romande.* **2.** *m. J'ai fait la connaissance d'un* ⌣ *très sympathique pendant mes vacances; un petit suisse (= fromage blanc).*

suisse *adj.* De la Suisse: *une montre* ⌣, *le Jura* ⌣.

la **suite 1.** Série de choses qui se suivent: *une* ⌣ *d'événements, une* ⌣ *de guerres, à la* ⌣ *d'un accident, et ainsi de* ⌣, *par* ⌣ *de (= en conséquence de).* **2.** *tout de* ⌣

(= *sans plus attendre*), *je reviens tout de* ⌢, *venez tout de* ⌢, *répondre tout de* ⌢, *tout de* ⌢ *après*. **3.** Ce qui vient après: *la* ⌢ *de l'histoire/d'une énumération, attendre la* ⌢, *la* ⌢ *au prochain numéro*.

suivant, suivante 1. *adj.* Qui vient tout de suite après: *la page* ⌢*e*, *l'exemple* ⌢, *les jours* ⌢*s, la semaine* ⌢*e*. △ Ne pas confondre avec **prochain.** △ Le jour suivant = le **lendemain. 2.** *prép.* Conformément à, selon: *agir* ⌢ *les conseils de qn, le point de vue change* ⌢ *qu'on est d'un parti ou de l'autre*. △ **Selon** lui/vous.

suivre *v.* (je suis, il suit, nous suivons, ils suivent; il suivit; il a suivi) **1.** Aller derrière; CONTR. précéder, quitter: ⌢ *qn, suivez le guide, si vous voulez bien me* ⌢ *par ici,* ⌢ *qn des yeux/du regard,* ⌢ *ce chemin/cette rue* (= *aller le long de ce chemin*), *faire* ⌢ *une lettre,* ⌢ *un match avec passion,* ⌢ *un conseil,* ⌢ *un traitement, à* ⌢ (= *la suite vient plus tard*). **2.** Assister à: ⌢ *un cours de sténo/de littérature*. △ Suivre **qn.** △ Il **a** suivi. △ La forme interrogative est: «Dois-je suivre?» et non pas: «Suis-je?»

le **sujet 1.** Ce dont il s'agit dans un texte/dans une discussion, etc., la matière, la question: *quel est le* ⌢ *de la dissertation?, un* ⌢ *difficile à traiter, aborder un* ⌢, *revenir à son* ⌢, *passer d'un* ⌢ *à l'autre, le* ⌢ *d'un roman/d'une conversation*. **2.** *au* ⌢ *de* (= *en ce qui concerne*). **3.** ‖ *le* ⌢ *du verbe dans une phrase*.

le **super** [sypɛʀ] ‖ L'essence: *prendre du* ⌢ *à la station-service* (CONTR. *de l'ordinaire*).

superbe *adj.* Très beau, magnifique, splendide; CONTR. affreux, laid: *un cheval* ⌢, *de la tour Eiffel la vue sur Paris est* ⌢, *avoir une situation* ⌢.

superficiel, superficielle *adj.* **1.** De la surface: *sa blessure est très* ⌢*le.* **2.** CONTR. profond: *une critique* ⌢*le, avoir des connaissances* ⌢*les, un travail* ⌢. – *adv.* **superficiellement.**

superflu, superflue *adj.* CONTR. nécessaire, indispensable: *des détails* ⌢*s*, *faire une dépense* ⌢*e, il est* ⌢ *d'insister*.

supérieur, supérieure 1. *adj.* Qui est plus haut; CONTR. inférieur: *la lèvre* ⌢*e*,

les étages ⌢*s d'une maison, le cours* ⌢ *du Rhône, des intérêts* ⌢*s, un produit de qualité* ⌢*e, une note* ⌢*e à la moyenne, les classes* ⌢*es, être* ⌢ *à son adversaire*. **2.** *m.* Le chef; CONTR. le subordonné: *consulter son* ⌢, *obéir à ses* ⌢*s*. – *adv.* **supérieurement.**

le **superlatif** ‖ Le superlatif exprime le degré le plus haut ou le plus bas (par exemple: la plus jolie, le moins grand): *employer un* ⌢, *le* ⌢ *absolu*.

le **supermarché** Grand magasin libre-service: *aller au* ⌢.

supersonique *adj.* Qui va plus vite que le son: *un avion* ⌢.

la **superstition** Croyance contraire à la raison: *avoir peur de passer sous une échelle/de renverser du sel est une* ⌢, *c'est une* ⌢ *de croire que l'araignée du matin porte chagrin, les* ⌢*s populaires*.

le **supplément 1.** Ce qui vient en plus de ce qui est prévu: *attendre un* ⌢ *d'informations, un* ⌢ *de nourriture; le* ⌢ *d'un dictionnaire/du journal* (= *ajouté à un livre*). **2.** Somme d'argent payée en plus du tarif normal: *pour prendre le rapide il faut payer un* ⌢.

supplémentaire *adj.* Qui est ajouté, qui est en plus: *des heures (de travail)* ⌢*s, demander un crédit* ⌢, *un train* ⌢.

le **supplice** Peine corporelle grave (même mortelle) infligée par la justice, la torture: *les anciens instruments de* ⌢, *mener qn au* ⌢*; être au* ⌢ (= *dans une situation très pénible*), *le* ⌢ *de la jalousie/de la gourmandise*.

supplier *v.* Demander avec insistance et humilité, prier: ⌢ *qn de faire qc, je vous supplie de vous taire,* ⌢ *que* + subj.

supporter *v.* **1.** Soutenir un poids, porter: *les murs supportent le toit*. **2.** Tolérer: *il supporte mal les critiques,* ⌢ *tout de qn, je ne peux pas le* ⌢ (= *je le déteste*), ⌢ *que* + subj., *je ne supporte pas qu'on me mente*.

supposer *v.* Penser que qc est vrai sans en être sûr, admettre comme probable: ⌢ *que* + ind. (= *estimer comme vrai*), ⌢ *que* + subj. (= *poser comme hypothèse*), *je suppose que vous êtes d'accord avec moi, supposez que vous ayez un accident,* *je supposais que vous étiez au courant.*

la **supposition** Ce que l'on suppose, l'hypothèse; CONTR. le fait: *c'est une simple ⌣, faire une ⌣, une ⌣ gratuite/fausse.*

la **suppression** Le fait de supprimer, d'enlever: *la ⌣ de la liberté de la presse.*

supprimer *v.* Faire cesser d'être, faire disparaître: *⌣ un mot dans un texte, le remède supprime la douleur, ⌣ la liberté de la presse, ⌣ qn (= le tuer).*

suprême *adj.* Qui est au-dessus de tout: *l'autorité ⌣, le bonheur/un plaisir ⌣.* – *adv.* **suprêmement.**

sur *prép.* CONTR. sous: *mettre la nappe ⌣ la table, recevoir un coup ⌣ la tête, appuyer ⌣ un bouton, la clef est ⌣ la porte (= dans la serrure), les fenêtres donnent ⌣ la rue, passer ses vacances ⌣ la côte d'Azur, Paris est situé ⌣ la Seine, discuter ⌣ un point, être d'accord ⌣ qc.* ⚠ Se promener **dans** la rue/**sur** la place.

sûr, sûre *adj.* **1.** En qui on peut avoir confiance, certain; CONTR. douteux: *un ami ⌣, être ⌣ de qn, être ⌣ de réussir, j'en suis ⌣, je suis ⌣ que vous vous trompez, ne pas être ⌣ que* + subj. **2.** CONTR. dangereux: *chercher un abri ⌣, mettre de l'argent en lieu ⌣, le plus ⌣ est de verrouiller la porte, c'est plus ⌣.* **3.** *bien ⌣ (= cela va de soi, naturellement), bien ⌣ que* + ind., *bien ⌣ qu'il acceptera.* – *adv.* **sûrement.** ⚠ Distinguez **sûr** et **sur.**

la **sûreté** La sécurité; CONTR. le danger, le risque: *être en ⌣, mettre qc en ⌣, la ⌣ de l'État; une épingle/une serrure de ⌣.* ⚠ **Sécurité** est plus courant.

la **surface 1.** La partie extérieure d'un corps: *la ⌣ de la Terre/de l'eau, le sous-marin fait ⌣; une grande ⌣ (= un grand magasin libre-service).* **2.** CONTR. le fond: *rester à la ⌣ des choses (= ne pas les approfondir).*

surgir *v.* Apparaître en s'élevant/en sortant (d'une manière inattendue): *l'avion surgit des nuages, une voiture surgit tout à coup.*

le **surmenage** La fatigue causée par trop de travail: *le ⌣ n'est pas bon pour la santé.*

surmonter *v.* Vaincre un obstacle (par un effort); CONTR. échouer: *⌣ qc, ⌣*

toutes les difficultés/des obstacles, ⌣ sa répugnance/son chagrin. ⚠ Il **a** surmonté qc.

surnaturel, surnaturelle *adj.* Que l'on ne peut pas expliquer, magique; CONTR. naturel: *une apparition ⌣le, la croyance au pouvoir ⌣ des sorciers.*

surprendre *v.* (je surprends, il surprend, nous surprenons, ils surprennent; il surprit; il a surpris; il surprendra) Prendre qn dans une situation où il ne croyait pas être vu; arriver sans qu'on s'y attende: *⌣ un voleur dans la maison, se laisser ⌣ par qc, la pluie nous a surpris pendant la promenade, je suis surpris (= étonné) de vous voir ici, être surpris que* + subj., *un résultat surprenant, il est surprenant que* + subj.

la **surprise** Émotion provoquée par qc d'inattendu, l'étonnement; événement/objet inattendu: *avoir une ⌣, pousser une exclamation de ⌣, à ma grande ⌣, une bonne/mauvaise ⌣, faire une ⌣ à qn pour son anniversaire.*

la **surprise-partie** (les surprises-parties) Réunion privée où l'on danse: *être invité à une ⌣.*

le **sursaut** Un mouvement brusque causé par la surprise: *se réveiller en ⌣, il a eu un ⌣ de frayeur.*

le **sursis** [-si] **1.** Suspension d'une peine: *trois mois de prison avec ⌣.* **2.** La remise à une date postérieure: *le ⌣ d'incorporation (à l'armée), demander/obtenir un ⌣.*

surtout *adv.* Avant tout, principalement: *j'aime ⌣ la musique classique, ⌣ ne dites rien!; ⌣ que* + ind. (= *d'autant plus que*).

la **surveillance** Le fait de surveiller, le contrôle: *être sous la ⌣ de qn, on lui a confié la ⌣ des travaux, la ⌣ de la route (par les gendarmes), la ⌣ médicale.*

le **surveillant** Celui qui surveille, le garde: *le ⌣ d'internat (= qui fait respecter la discipline).* ⚠ Argot scolaire: **le pion.**

surveiller *v.* Garder, observer attentivement: *⌣ un malade/les élèves/un prisonnier.*

le **survivant** Personne qui a échappé à la mort: *il n'y a aucun ⌣ parmi les passagers de l'avion, retrouver les ⌣s d'un naufrage.*

survivre *v.* (je survis, il survit, nous survivons, ils survivent; il survit; il a survécu) Demeurer en vie, échapper à la mort: *~ à une catastrophe/à un accident/à un conflit, l'œuvre d'art survit à son auteur.*

survoler *v.* Voler au-dessus: *l'avion survole la ville, nous avons survolé les Alpes/ l'Atlantique.* ⚠ Il **a** survolé.

susceptible *adj.* Capable de: *des propositions ~s de vous intéresser, ce cheval est ~ de gagner.*

susciter *v.* Faire naître, éveiller: *~ l'intérêt/l'admiration/les passions.*

suspect [-ε], **suspecte 1.** *adj.* Qui éveille les soupçons: *un témoignage ~ (= douteux), arrêter un individu ~, se rendre ~, cela me paraît ~.* **2.** *m.* *quatre ~s ont été arrêtés.*

suspendre *v.* (je suspends, il suspend, nous suspendons, ils suspendent; il suspendit; il a suspendu) **1.** Faire pendre; CONTR. décrocher: *~ du linge, ~ un tableau.* **2.** Interrompre pour quelque temps; CONTR. continuer: *~ la séance/les hostilités, ~ les travaux pendant les vacances.*

svelte *adj.* Qui a un corps mince: *une jeune fille ~, une taille ~.*

la **syllabe** Le mot «Pa-ris» a deux syllabes: *un mot composé de trois ~s.* ⚠ Les **pieds** d'un vers.

le **symbole** ‖ *la balance est le ~ de la justice, la colombe est le ~ de la paix.*

symbolique *adj.* ‖ *des figures ~s, une peinture ~, un geste ~.* – *adv.* **symboliquement.**

la **symétrie** ‖ Correspondance régulière entre différentes parties: *la ~ des fenêtres sur la façade d'un château.*

la **sympathie** ‖ CONTR. l'antipathie: *éprouver une grande ~ pour qn, avoir de la ~ pour qn, montrer de la ~ à qn, la ~ qui existe entre eux.*

sympathique *adj.* *trouver qn ~, il m'est très ~, un jeune homme ~.*

la **symphonie** ‖ *les ~s de Beethoven.* ⚠ un **concert symphonique.**

le **symptôme** [-o-] ‖ *les ~s d'une maladie, les ~s de la tuberculose; les ~s d'une crise économique.* ⚠ Symptomatique [-ɔ-].

syndical, syndicale *adj.* (**syndicaux, syndicales**) Qui concerne un syndicat: *une conférence/une réunion ~e, les délégués ~aux, les organisations ~es.*

le **syndicat** [-ka] **1.** Association de personnes (pour défendre leurs intérêts communs): *le ~ ouvrier, le ~ patronal.* **2.** *le ~ d'initiative (pour le tourisme).*

le **synonyme** ‖ Mot qui a presque le même sens qu'un autre; CONTR. l'antonyme, le contraire: *«avoir peur» et «craindre» sont des ~s, chercher un ~ à un mot, employer un ~, un dictionnaire de ~s.*

la **syntaxe** ‖ Étude des règles qui concernent la construction des phrases: *étudier la ~ d'une phrase, une faute de ~.*

la **synthèse** ‖ *faire la ~ de deux théories.*

systématique *adj.* ‖ Méthodique: *faire une étude ~ des faits, un classement ~, une opposition ~ (= obstinée).* – *adv.* **systématiquement.**

le **système** ‖ *le ~ solaire, le ~ philosophique de Descartes, un ~ politique/économique/social, le ~ nerveux.*

T

ta → ton.

le **tabac** [-ba] ‖ *la Régie française des ~s, le bureau de ~, acheter un paquet de ~ pour sa pipe, fumer du ~, le ~ à priser; un ~ (= un bureau de tabac).*

la **table 1.** *une ~ ronde/rectangulaire/basse, une ~ de nuit, la ~ d'opérations/de jeu, mettre la ~ (= mettre la vaisselle sur la table), à ~!, se mettre/être à ~.* **2.** *la ~ des* matières (= à la fin d'un livre: la liste des chapitres), consulter la ~ des matières.

table

le **tableau** (**les tableaux**) **1.** Ouvrage de peinture: *un ~ abstrait, exposer des ~x, accrocher un ~.* **2.** *le ~ des départs/des arrivées.* **3.** *le ~ (dans la salle de classe), écrire une phrase au ~.*

le **tablier** *mettre un ~ pour travailler à la cuisine, la cuisinière porte un ~, un ~ blanc.*

tablier

le **tabouret** *le ~ de piano/de cuisine/de bar.*

tabouret

la **tache** [taʃ] Une marque sale: *une ~ d'huile/de graisse sur un pantalon, faire une ~ à son vêtement, enlever les ~s d'un vêtement, un chien blanc avec des ~s noires, des ~s de rousseur sur la peau.*

la **tâche** [taʃ] Travail que l'on doit faire: *accomplir sa ~ quotidienne, avoir une ~ difficile, faciliter la ~ de qn.*

tacher *v.* Salir en faisant des taches: *~ ses vêtements, ce maladroit a taché la nappe, un pantalon taché.* ⚠ Une vache blanche **tachetée** de noir.

tâcher *v.* Faire des efforts, s'efforcer de, essayer de; CONTR. éviter: *~ de faire qc, ~ de comprendre, ~ que + subj.* ⚠ Tâcher **à** faire qc (= vieilli, langue littéraire).

le **tact** [takt] ‖ Savoir ce qu'il convient de dire ou de faire, la délicatesse: *avoir du ~, dire qc/agir avec ~, n'avoir aucun ~.* ⚠ Battre **la mesure** (en musique). ⚠ Un moteur à quatre **temps**.

la **tactique** ‖ *ta ~ est mauvaise, changer de ~.*

la **taille** **1.** Hauteur du corps humain: *un homme de grande/petite ~, avoir une ~ de 1,80 m, ~ 40 (= type standard de confection), quelle taille faites-vous?* ⚠ **La pointure** des chaussures. **2.** La partie la plus resserrée du corps: *avoir une ~ fine/épaisse/de guêpe, le tour de ~ (= la dimension de la ~).*

tailler *v.* **1.** Couper qc avec un couteau, etc. pour lui donner une forme: *~ un morceau de bois/la pierre/un diamant, ~ un crayon, ~ des arbres.* **2.** Découper dans un tissu les morceaux d'un vêtement: *~ une robe.*

le **tailleur** **1.** Homme qui fait des vêtements (sur mesure): *le ~ prend les mesures d'un client pour lui faire un costume.* ⚠ Femme qui fait des vêtements: **la couturière.** ⚠ Homme qui fait la mode: **le couturier.** **2.** Costume de femme (veste et jupe du même tissu): *un ~ sport/habillé/de tricot.*

se taire *v.* (je me tais, il se tait, nous nous taisons, ils se taisent; il se tut; il s'est tu) Rester sans parler; CONTR. parler, dire, confesser: *finir par/savoir se ~, je préfère me ~ sur ce point, tais-toi, taisez-vous, elles se sont tues.* ⚠ Il se tait (pas d'accent circonflexe).

le **talent** ‖ *avoir du ~ pour la musique, un peintre de ~.*

le **talon** **1.** *se blesser au ~, le ~ d'Achille, marcher/être sur les ~s de qn; avoir l'estomac dans les ~s.* **2.** Partie de la chaussure: *des ~s hauts/plats, faire réparer le ~ de sa chaussure.*

talon

le **tambour** **1.** Instrument de musique: *battre le/du ~, un roulement de ~; des freins à ~s.* **2.** Celui qui bat le tambour: *le ~ du régiment.*

tambour

le **tampon 1.** *nettoyer une blessure avec un* ⌣ *d'ouate.* **2.** *les wagons de chemin de fer sont munis à l'avant et à l'arrière de* ⌣*s; le* ⌣ *de la Préfecture de police sur un passeport.*

tampon

tandis que *conj.* [-di] Pendant le temps que, alors qu'au contraire: *voyagez* ⌣ *vous êtes encore jeune, Marie est petite et brune* ⌣ *son frère est grand et blond.*

la **tanière** Le trou/la caverne d'une bête sauvage: *le renard est au fond de sa* ⌣, *il quitte sa* ⌣.

tant *adv.* [tã] **1.** Tellement (s'emploie avec un verbe): *il vous aime* ⌣, *il souffre* ⌣ *qu'il ne peut plus marcher.* **2.** Une si grande quantité: *ne mange pas* ⌣ *de bonbons,* ⌣ *de fois.* **3.** Comparaison (dans une phrase négative ou interrogative): *je ne l'aime pas* ⌣ *que vous (mais: je l'aime* **autant** *que vous), il ne gagne pas* ⌣*que moi.* **4.** ⌣ *mieux,* ⌣ *pis,* ⌣ *bien que mal, en* ⌣ *que (= comme).* **5.** ⌣ **que** *conj.* Aussi longtemps que, pendant que: ⌣ *que tu seras malade je resterai près de toi.* ⚠ Devant un adjectif on emploie **si**: il est si triste.

la **tante** *la* ⌣ *paternelle/maternelle, passer ses vacances chez son oncle et sa* ⌣.

tantôt *adv.* [tãto] **1.** Cet après-midi: *à* ⌣*!, venez* ⌣. **2.** Parfois: *elle se porte* ⌣ *bien* ⌣ *mal,* ⌣ *il est gai* ⌣ *triste.* ⚠ Tantôt au sens de «bientôt» est vieilli.

le **tapage** Bruit violent produit par des personnes, le vacarme; Contr. le silence: *la police l'a arrêté pour* ⌣ *nocturne, «On ne peut pas causer, arrêtez ce* ⌣*!», son suicide a fait beaucoup de* ⌣. ⚠ **Le spectacle** = représentation théâtrale.

taper *v.* **1.** Frapper: ⌣ *un enfant,* ⌣ *sur la table, tu me tapes sur les nerfs! (= tu m'énerves).* **2.** Écrire à la machine à écrire: ⌣ *une lettre, la dactylo tape vite.*

le **tapis** [-pi] *le* ⌣ *de Perse, passer l'aspirateur sur le* ⌣, *secouer un* ⌣; *le* ⌣ *roulant (= qui sert au transport).*

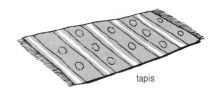

tapis

tapisser *v.* Couvrir de tissu/de papiers peints, etc.: ⌣ *un mur/une chambre.*

la **tapisserie** Ouvrage de décoration: *une* ⌣ *des Gobelins, le mur est recouvert d'une* ⌣ *(= d'un papier peint/d'un tissu).*

taquiner *v.* Faire enrager qn (sans y mettre de méchanceté): ⌣ *qn, le petit garçon taquine sa sœur.*

tard [tar] *adv.* Contr. tôt: *se coucher/se lever* ⌣, *un peu/trop* ⌣, *plus* ⌣ *(= dans l'avenir), quelques heures plus* ⌣, ⌣ *dans la soirée, mieux vaut* ⌣ *que jamais, il se fait* ⌣.

tarder *v.* Être lent, mettre beaucoup de temps avant de commencer; Contr. se hâter: *ne tardez pas, venez sans* ⌣ *(= tout de suite),* ⌣ *à faire qc, j'ai beaucoup tardé à répondre à sa lettre; il me tarde de partir à Londres (= je suis impatient), il lui tarde que + subj.*

tardif, tardive *adj.* Qui a lieu tard: *rentrer à une heure* ⌣*ve, des fruits* ⌣*s, des remords* ⌣*s.* – *adv.* **tardivement**.

le **tarif** [-if] ‖ *les* ⌣*s postaux, payer demi-*⌣*/plein* ⌣, *acheter un billet à* ⌣ *réduit.*

tarir *v.* Cesser de couler: *une source est tarie, ses larmes ne tarissent pas.*

la **tarte** ‖ Pâtisserie formée d'une croûte de pâte et garnie de fruits: *une* ⌣ *aux abricots/aux pommes, avoir de la* ⌣ *au dessert.*

la **tartine** Tranche de pain avec du beurre, de la confiture, etc.: *faire des* ⌣*s, des* ⌣*s grillées, manger une* ⌣ *de beurre.*

le **tas** [ta] *un* ⌣ *de pierres/de sable, mettre qc en* ⌣, *s'intéresser à des* ⌣ *de choses.*

tas de pierres

la **tasse** *une ⁓ de porcelaine, prendre une ⁓ de café, boire une ⁓ de thé, boire dans une ⁓, prendre la ⁓ par l'anse.* △ Une grande tasse sans anse: **le bol.**

tasser *v.* Presser (pour diminuer le volume: *⁓ de la terre dans un pot, les voyageurs étaient tassés dans le métro.*

tâter *v.* Toucher avec la main: *⁓ le pouls d'un malade, ⁓ une étoffe (pour l'examiner), ⁓ un fruit.*

à **tâtons** *adv.* En tâtant le sol et les murs: *marcher ⁓ dans l'obscurité.*

le **taureau** (**les taureaux**) Le mâle de la vache: *le ⁓ beugle, mener une vache au ⁓, un ⁓ de combat, une course de ⁓x; être fort comme un ⁓.*

taureau

le **taux** [to] Montant de l'intérêt, le pourcentage: *prêter de l'argent au ⁓ de 10%, le ⁓ du change.*

la **taxe 1.** Prix officiellement fixé: *la ⁓ téléphonique.* **2.** Nom de certains impôts: *la ⁓ sur la valeur ajoutée (T.V.A.), la ⁓ sur l'essence/sur les appareils de télévision, les ⁓s municipales, payer la ⁓.*

le **taxi** ‖ *prendre un ⁓, appeler un ⁓, une station de ⁓s, un chauffeur de ⁓.* △ **Le** taxi.

te *pron. personnel* (2ᵉ personne) employé comme complément: *je ⁓ connais, je t'ai compris, je ⁓ le donne.* △ «Te» s'élide en **t'** devant une voyelle et un h muet.

le **technicien** [tɛk-] Personne spécialisée dans une technique: *un ⁓ de la radio, faire réparer la télé par un ⁓.* △ **Le mécanicien** dentiste.

la **technique** [tɛk-] ‖ **1.** *les progrès de la ⁓, la ⁓ du cinéma.* **2.** *adj. un mot ⁓, des difficultés ⁓s, un incident ⁓.*

teindre *v.* (je teins, il teint, nous teignons, ils teignent; il teignit; il a teint) Donner de la couleur, changer la couleur d'un objet: *elle a teint ses cheveux, ⁓ une robe.* △ **Teinter** = colorer légèrement.

le **teint** La couleur naturelle du visage: *avoir le ⁓ frais/pâle/rose/bronzé, le fond de ⁓ (pour le maquillage).*

la **teinturerie** Magasin de nettoyage des vêtements: *donner un manteau à la ⁓.*

tel, telle 1. *adj.* Pareil, semblable: *⁓le est ma décision, ⁓ père ⁓ fils, rien de ⁓, ⁓ quel (= dans l'état actuel), ⁓ ou ⁓ candidat.* **2.** Exprimant l'intensité: *j'ai eu une ⁓le peur que . . ., à ⁓ point (= tellement), ⁓ que + ind.* **3.** *un tel (= remplace un nom propre), Monsieur un ⁓, la famille Untel.* – *adv.* **tellement.**

le **télégramme** ‖ *envoyer un ⁓ à qn pour annoncer qc, recevoir un ⁓.*

télégraphier *v.* ‖ *⁓ une nouvelle à qn.*

le **téléphone** [-fɔn] ‖ *le ⁓ est sur le bureau, le numéro de ⁓, appeler qn au ⁓, recevoir un coup de ⁓ de qn, les abonnés du ⁓, un ⁓ public, installer le ⁓ dans une maison.*

téléphoner *v.* ‖ *⁓ à qn, téléphonez-moi demain, je vous téléphonerai.* △ Téléphoner à qn.

téléphonique *adj.* *une cabine ⁓, un appel ⁓, une conversation ⁓.*

le **téléspectateur** Personne qui regarde la télévision: *certaines émissions ont un pourcentage élevé de ⁓s.*

le **téléviseur** Poste récepteur de télévision: *acheter un ⁓.* △ «Télévision» est plus courant.

la **télévision** *les programmes/les émissions de ⁓, regarder la ⁓, le poste/l'appareil de ⁓.* △ Abréviation courante: **la télé.**

télévision

tellement *adv.* À un si haut degré, aussi, si: *je l'aime ⁓, pas ⁓ (= pas beaucoup), j'ai ⁓ de soucis (= tant), ⁓ que + ind., j'ai ⁓ froid/faim/soif que . . ., il était ⁓ fatigué qu'il s'endormit à table, ce serait ⁓ plus agréable si . . .*

téméraire *adj.* Très hardi (avec imprudence), audacieux; Contr. raisonnable:
*une entreprise/un projet ~; un jugement
~, être ~.*

le **témoignage** Rapport de ce qu'on a vu
ou entendu (pour trouver la vérité): *selon
son ~ l'accident s'est passé ainsi: . . ., un
faux ~, recevoir/donner des ~s d'amitié.*

témoigner *v.* Dire officiellement ce
qu'on a vu ou entendu (pour trouver la
vérité): *~ dans une affaire, ~ en faveur
de qn/contre qn, ~ que* + ind., *~ avoir vu
qc, cela témoigne d'une grande connaissance (= être le signe de), ~ beaucoup
d'admiration à qn.*

le **témoin 1.** Personne qui a vu ou entendu
qc et qui le dit: *être le ~ de qc, je suis ~
que* + ind., *un ~ impartial, prendre qn à
~, parlons sans ~s.* **2.** *les ~s du marié/des
mariés.*

la **tempe** Le côté du visage/de la tête: *une
boucle de cheveux ramenée sur les ~s.*

le **tempérament** ‖ La nature d'une personne, le caractère: *avoir un ~ gai/vif/
calme/délicat/nerveux.* ⚠ **Avoir du ~**
(=être porté sur les plaisirs de l'amour
physique).

la **température 1.** ‖ *la ~ est en hausse/en
baisse, la ~ baisse.* **2.** ‖ *avoir de la ~
(quand on est malade), prendre sa ~
(avec un thermomètre).*

la **tempête** Violent trouble atmosphérique
avec un vent fort qui souffle en rafales: *la
~ se lève, le bateau a fait naufrage au
cours d'une ~, une ~ de neige; une ~
dans un verre d'eau, déchaîner une ~ de
protestations.*

le **temple 1.** ‖ *les ~s grecs/romains.*
2. Église protestante: *aller au ~.*

temporaire *adj.* Qui ne dure qu'un
temps limité, momentané, passager, provisoire; Contr. définitif: *des mesures ~s,
la fermeture ~ d'un magasin, chercher un
emploi ~.* – *adv.* **temporairement.**

temporel, temporelle *adj.* Contr. spirituel: *les biens ~s, le pouvoir ~ de l'É-
glise.* – *adv.* **temporellement.**

le **temps** [tã] **1.** La durée, le moment, l'é-
poque: *avoir le ~ de faire qc, avoir du ~,
passer son ~ à la chasse, perdre du/son ~,
manquer de ~, trouver le ~ long, arriver*
*juste à ~, attendre quelque ~, il est ~ de
faire qc, il est ~ que* + subj., *en peu de ~,
pendant ce ~, depuis quelque ~, quelque
~ après, de ~ en ~, tout le ~; les ~ modernes, le bon vieux ~, de notre ~, du ~
de mon père.* **2.** En grammaire: *les ~ du
verbe.* **3.** L'état de l'atmosphère (température, ciel, vent, etc.): *il fait beau/mau-
vais ~, un ~ chaud/pluvieux/froid.*
⚠ Quelque temps, mais: **longtemps** (en
un mot).

tenace *adj.* Durable: *des préjugés ~s,
une douleur ~; un homme ~.*

les **tenailles** *f. (au pluriel)* Outil: *arracher
un clou avec des ~.*

tenailles

la **tendance** ‖ *la ~ politique d'un journal,
les prix ont ~ à monter, avoir ~ à exagé-
rer/grossir.* ⚠ On dit: une pièce **à thèse.**

tendre *v.* (je tends, il tend, nous ten-
dons, ils tendent; il tendit; il a tendu)
1. Tirer sur une chose souple pour la rendre droite: *~ une corde, ~ un arc, ~ ses
muscles; avoir des rapports tendus avec
qn.* **2.** Tapisser, décorer de tentures: *~
un mur de papier peint, une chambre ten-
due de jaune.* **3.** Présenter en avançant:
*~ la main à qn, ~ l'oreille (pour mieux
écouter).* **4.** Avoir tendance: *la situation
tend à s'améliorer, voici des mesures ten-
dant à ralentir la hausse des prix.*

tendre *adj.* gentil; Contr. dur: *la mère
est ~ avec ses enfants, avoir un cœur ~,
un mot/un regard ~; une viande/une salade ~; depuis sa plus ~ enfance (= depuis qu'il est tout petit).* – *adv.* **tendrement.**

la **tendresse** Sentiment tendre/doux, l'affection, l'amour; Contr. la dureté, la
froideur: *la ~ maternelle, aimer qn avec
~, avoir de la ~ pour qn, parler à qn avec
beaucoup de ~.*

les **ténèbres** *f. (au pluriel, langue littéraire)*
L'obscurité profonde: *marcher à tâtons
dans les ~.*

tenir *v.* (je tiens, il tient, nous tenons, ils tiennent; il tint; il a tenu; il tiendra) **1.** Avoir dans la main; Contr. lâcher: ~ *un journal à la main,* ~ *un bébé dans ses bras.* **2.** Faire rester, garder: ~ *qn en respect;* ~ *en échec; des vêtements qui tiennent chaud.* **3.** S'occuper de: ~ *un hôtel/la caisse.* **4.** ~ *compte de qc, il n'a pas tenu compte de mes conseils (= il les a ignorés).* **5.** Faire ce qu'on a promis: ~ *(sa) parole/sa promesse.* **6.** *Tiens! tu es déjà là? (marque la surprise), tenez! (= prenez).* **7.** ~ *à un ami/à un tableau/à sa réputation, j'y tiens beaucoup,* ~ *à faire qc (= désirer beaucoup).* – **se** ~ (il s'est tenu), *se* ~ *debout, se* ~ *tranquille.*

le **tennis** [-is] ‖ *une partie de* ~*, un court de* ~*, jouer au* ~*, les joueurs de* ~.

la **tension 1.** Action de tendre; Contr. la détente: *la* ~ *d'un muscle; la* ~ *des relations entre deux pays, la* ~ *internationale/diplomatique.* **2.** En électricité: *la* ~ *de deux cent vingt volts, la haute/basse* ~. **3.** En médecine: *la* ~ *artérielle (= la pression du sang), avoir de la* ~*, prendre sa* ~.

la **tentative** L'essai, l'effort: *arriver au sommet d'une montagne après plusieurs* ~*s, une* ~ *de fuite/de meurtre, sa* ~ *pour battre le record a échoué.*

la **tente** *monter/dresser une* ~ *dans un terrain de camping, coucher sous la* ~.

tente

tenter *v.* **1.** Essayer de faire une chose difficile: *il a tout tenté pour obtenir une place,* ~ *de faire qc,* ~ *de se suicider,* ~ *sa chance.* **2.** Faire envie: *ce voyage me tente.*

la **tenue 1.** Manière dont une personne est habillée, la mise, le costume: *une* ~ *de*

soirée, la ~ *de combat des militaires, avoir une* ~ *soignée.* **2.** *la* ~ *de route (d'une auto).*

le **terme 1.** Le mot qui exprime une idée: *chercher un* ~ *exact, employer des* ~*s techniques, en d'autres* ~*s.* **2.** être en bons/mauvais ~*s avec qn (= avoir des bonnes/mauvaises relations).* **3.** La fin: *la mort est le* ~ *de la vie, le* ~ *d'un voyage; à court/long* ~ *(= pour une courte/longue durée).*

la **terminaison** Le dernier élément d'un mot, le suffixe (exemple: cherch-er, beau-té): *les* ~*s des verbes, la* ~ *de l'infinitif.*

terminer *v.* Achever, finir; Contr. commencer, entreprendre: ~ *un travail/ses études,* ~ *la soirée au restaurant, le dessert termine le repas, c'est terminé.*

le **terminus** [-ys] La dernière gare ou station: *arriver au* ~*, aller jusqu'au* ~*, «*~*! tout le monde descend.»* ⚠ Ne pas confondre avec le **terme technique.**

terne *adj.* Qui manque d'éclat, inexpressif; Contr. brillant, éclatant, luisant: *des couleurs* ~*s, des yeux* ~*s, avoir une existence* ~ *(= monotone).*

le **terrain** Espace de terre: *acheter/vendre un* ~*, un* ~ *à bâtir, un* ~ *de sport/de camping.*

la **terrasse 1.** ‖ *un appartement avec* ~*, un jardin en* ~*s.* **2.** Partie du trottoir devant un café: *s'asseoir à la* ~ *d'un café* (Contr. *à l'intérieur).*

la **terre** La planète habitée par l'homme, le sol: *un tremblement de* ~*, tomber par/à* ~*, ramasser qc par* ~*, avoir les pieds sur* ~ *(= être réaliste); cultiver la* ~*, retourner la* ~ *avec une bêche.* ⚠ *la* Terre *(= la planète).*

terrestre *adj.* De la planète Terre: *le globe* ~*, l'atmosphère* ~.

la **terreur** ‖ La peur extrême ou collective: *une* ~ *panique, inspirer de la* ~ *à qn, être glacé de* ~*, vivre dans la* ~*, un régime de* ~. ⚠ **La** terreur.

terrible *adj.* Qui fait peur, effroyable: *une catastrophe* ~*, pousser un cri* ~*; il fait un froid/une chaleur* ~*, c'est* ~ *de ne plus pouvoir marcher.* – *adv.* **terriblement.**

la **terrine** Récipient en terre pour cuire et conserver les pâtés: *une* ~ *de pâté de foie,*

. *la* ⌣ *du chef* (= *pâté à la façon du chef du restaurant*). ⚠ Ne pas confondre avec la **soupière.**

terrine

le **territoire** ‖ *le* ⌣ *national français, le* ⌣ *d'une commune, la défense/la sécurité du* ⌣.

le **terrorisme** ‖ *des actes de* ⌣*, les victimes du* ⌣*, lutter contre le* ⌣.

le **terroriste** ‖ **1.** *arrêter des* ⌣*s.* **2.** *adj. un groupe* ⌣*, un attentat* ⌣.

le **test** [tɛst] ‖ *une série de* ⌣*s, un* ⌣ *d'orientation professionnelle, soumettre qn à un* ⌣ *psychologique/pédagogique, faire passer un* ⌣ *à qn.*

le **testament** [-mã] **1.** ‖ *faire son* ⌣*, mettre/ coucher qn sur son* ⌣. **2.** ‖ *l'Ancien et le Nouveau Testament (de la Bible).*

la **tête 1.** *la* ⌣ *d'un homme/d'un oiseau/d'un poisson, regarder qn de la* ⌣ *aux pieds, être* ⌣ *nue, avoir un chapeau sur la* ⌣*, avoir mal à la* ⌣*, se gratter la* ⌣*, faire un signe de* ⌣*, se mettre une idée dans la* ⌣*, garder la* ⌣ *froide, perdre la* ⌣*, risquer/ sauver sa* ⌣*; en* ⌣ *à* ⌣ (= *seul à seul*)*, un repas en* ⌣ *à* ⌣*, causer/dîner en* ⌣ *à* ⌣ *avec qn.* **2.** *être à la* ⌣ *d'une usine* (= *en être le directeur*)*.* **3.** *la* ⌣ *d'un lit/d'un clou/ d'un cortège/d'un train, le wagon de* ⌣.

tête

têtu, têtue *adj.* Entêté, obstiné; Contr. obéissant: *un enfant* ⌣*, être* ⌣ *comme un âne.*

le **texte** ‖ *lire/écrire un* ⌣*, corriger/commenter/traduire un* ⌣*, une explication de* ⌣*, le* ⌣ *d'une loi.* ⚠ **Les paroles** d'une chanson; **le livret** d'un opéra.

textile 1. *adj.* ‖ *des matières* ⌣*s, l'industrie* ⌣. **2.** *m.* Matière pour en faire des tissus: *la laine et le coton sont des* ⌣*s naturels, des* ⌣*s synthétiques.*

textuel, textuelle *adj.* Conforme au texte, mot à mot: *une citation* ⌣*le, une traduction* ⌣*le.* – *adv.* **textuellement.**

le **thé** ‖ Boisson: *boire du* ⌣*, une tasse de* ⌣*, le* ⌣ *de Chine/de Ceylan, un salon de* ⌣ (= *la confiserie-pâtisserie où l'on peut boire du thé*). ⚠ **L'infusion** de menthe/de tilleul; **la tisane** à la menthe, au tilleul.

théâtral, théâtrale *adj.* (théâtraux, théâtrales) Du théâtre: *la saison* ⌣*e, une représentation* ⌣*e, une œuvre* ⌣*e, prendre une attitude* ⌣*e.*

le **théâtre** ‖ *une salle de* ⌣*, la scène d'un* ⌣*, aller au* ⌣*, une pièce de* ⌣*, le* ⌣ *de Corneille* (= *les pièces de théâtre de Corneille*)*; un coup de* ⌣ (= *événement inattendu*).

le **thème 1.** Le sujet d'un ouvrage, l'idée générale: *les grands* ⌣*s de la comédie, le* ⌣ *d'un discours/d'un roman.* **2.** Traduction de la langue maternelle dans une langue étrangère; Contr. la version: *faire un* ⌣ *latin, être fort en* ⌣. **3.** ‖ La mélodie, le motif: *faire des variations sur un* ⌣.

la **théologie** ‖ *la* ⌣ *catholique, la faculté de* ⌣*, les études de* ⌣.

la **théorie** ‖ La doctrine: *les* ⌣*s politiques, bâtir une* ⌣*, appliquer une* ⌣*, connaître la* ⌣ *d'un métier* (Contr. *la pratique*)*, en* ⌣.

théorique *adj.* ‖ Contr. pratique: *des connaissances* ⌣*s, une pensée* ⌣. – *adv.* **théoriquement.**

thermal, thermale *adj.* (thermaux, thermales) ‖ Se dit d'une eau qui peut guérir certaines maladies: *une eau* ⌣*e, une source* ⌣*e, une cure* ⌣*e, une station* ⌣*e.*

le **thermomètre** ‖ *le* ⌣ *mesure/indique la température, le* ⌣ *monte/descend, le* ⌣ *marque 30 degrés.*

le **thermos** [-mos] ‖ La bouteille thermos: *emporter du café dans un* ⌣.

la **thèse 1.** ‖ L'opinion, la théorie: *avancer/ soutenir une* ⌣*, réfuter une* ⌣*, un roman à* ⌣. **2.** Ouvrage présenté pour obtenir le doctorat: *la* ⌣ *de doctorat, préparer une* ⌣*, écrire une* ⌣ *sur un sujet.*

le **thon** Grand poisson de mer: *du ～ en boîte, une escalope de ～, du ～ à l'huile/au naturel, la pêche au ～.*

le **tic** ‖ Un mouvement nerveux: *avoir des ～s, c'est devenu un ～.*

le **ticket** [tikɛ] Le billet: *un ～ de métro/ d'autobus, acheter un carnet de ～s.* ⚠ On dit: **un billet** de chemin de fer/de théâtre/ de concert.

tiède *adj.* Ni chaud ni froid: *de l'eau/du café ～, un vent ～; des relations ～s, une foi ～.*

tien, tienne *pron. possessif: c'est le ～, mes affaires et les ～nes, les ～s (= tes parents, tes amis).*

le **tiercé** Pari sur les trois premiers chevaux dans une course: *jouer/gagner au ～.*

le **tiers** [tjɛr] La troisième partie d'un tout: *les deux ～, le ～ monde (nations qui n'appartiennent ni au monde capitaliste ni au camp socialiste), le ～ état (sous l'Ancien Régime).*

la **tige** *la sève monte dans la ～, des roses avec de longues ～s.*

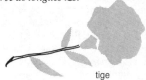

tige

le **tigre**, la **tigresse** ‖ *les griffes du ～, aller à la chasse au ～, le dompteur dresse les ～s.*

le **tilde** Le signe «～»: *mettre un ～.* ⚠ **Le** tilde.

le **tilleul** [tijœl] Grand arbre: *une allée de ～s, respirer le parfum des ～s; acheter un paquet de ～, boire une tasse de ～.*

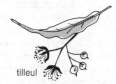

tilleul

le **timbre** Le timbre-poste (**les timbres-poste**): *un ～ de 50 centimes, acheter des ～s au bureau de tabac/à la poste, mettre/ coller un ～ sur l'enveloppe, une collection de ～s, un ～ fiscal.* ⚠ **Le** timbre.

timbre

timide *adj.* Qui manque de confiance en soi/d'assurance; CONTR. audacieux, hardi: *un enfant ～ qui n'ose pas parler, un jeune homme ～, un amoureux ～, parler d'une voix ～.* – *adv.* **timidement.**

la **timidité** Manque d'assurance avec les autres/en société; CONTR. le courage, l'audace: *surmonter/vaincre sa ～.*

le **tir** Le fait de lancer des flèches ou des projectiles: *le ～ à l'arc/au fusil, faire des exercices de ～, le ～ au but (au football).*

la **tirade** Dans une pièce de théâtre: long passage dit par un personnage: *l'actrice récite sa ～.*

le **tirage** 1. Les exemplaires d'un journal/ d'un livre imprimés en une fois: *un journal à grand ～, un ～ de 10 000 exemplaires, le premier/second ～.* 2. *le ～ de la loterie.*

le **tire-bouchon** (**les tire-bouchons**) *ouvrir une bouteille avec un ～.*

tire-bouchon

tirer *v.* 1. CONTR. pousser: *la locomotive tire un long train de marchandises, ～ son mouchoir de sa poche; ～ sur sa cigarette, ～ qn d'une situation dangereuse, ～ qn d'affaire/d'embarras; ～ parti de qc (≈ utiliser).* 2. Envoyer une flèche/un projectile par une arme: *～ un coup de feu/un coup de revolver, ～ sur qn/sur qc, ～ un feu d'artifice.* – **se** *～ (il s'est tiré), se ～ d'affaire.*

le **tiret** Signe «–»: *mettre un ～.*

le **tiroir** *les ～s d'une commode/d'un bureau, ouvrir/fermer le ～, mettre qc dans un ～, le ～-caisse.*

tiroir

la **tisane** Boisson préparée avec des plantes médicinales: *une ⌣ à la camomille/à la menthe, boire une ⌣.*

tisser *v.* Fabriquer un tissu/une étoffe: *⌣ de la laine/du coton, un métier à ⌣ (= instrument mécanique qui sert à fabriquer un tissu), l'araignée tisse sa toile; ⌣ des intrigues.*

le **tissu** L'étoffe: *un ⌣ de coton/de laine, un ⌣ pour robes, un ⌣ imprimé/à fleurs/à rayures; un ⌣ de mensonges/de contradictions.*

le **titre 1.** ‖ *les ⌣s de noblesse, le ⌣ de directeur/de champion du monde, les ⌣s universitaires (par exemple: agrégé, docteur), à ⌣ de (= en tant que, comme).* **2.** ‖ Nom donné à un livre: *le ⌣ d'un livre/d'un article/d'un film, les gros ⌣s d'un journal.* ⚠ La fable **du** «Corbeau et du renard».

titulaire *adj.* Qui a une fonction à laquelle il a été nommé: *un professeur ⌣, les personnes ⌣s du permis de conduire (= qui possèdent le permis de conduire).*

le **toast** [tost] **1.** ‖ On lève son verre et on dit quelques paroles: *porter un ⌣ à qn.* **2.** ‖ Tranche de pain grillé: *des ⌣s beurrés.*

toi *pron. personnel* (2ᵉ personne du singulier): *dépêche-⌣, tes parents et ⌣, si j'étais ⌣, je suis content de ⌣, ⌣ qui le connais, ⌣-même, ⌣ seul.* ⚠ «Toi» s'élide en **t'** devant en et y: *Garde-**t'**en bien, mets-**t'**y.*

la **toile 1.** Tissu épais et solide (de coton): *un sac en ⌣, une robe de ⌣, de la ⌣ de tente, une peinture sur ⌣.* **2.** *une ⌣ d'araignée, l'araignée tisse sa ⌣.*

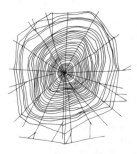

toile d'araignée

la **toilette 1.** Action de se laver, se peigner, se maquiller: *faire sa ⌣ dans la salle de bain(s), une serviette de ⌣.* **2.** Les vêtements d'une femme: *une ⌣ élégante/de bal/de mariée.* **3.** ‖ *les ⌣s (= les W.-C. d'un restaurant/d'un café, etc.), les ⌣s sont au sous-sol.*

le **toit** *le ⌣ d'une maison/d'une voiture, un ⌣ de tuiles/d'ardoises, un ⌣ en pente/plat, monter sur le ⌣, habiter sous le même ⌣ que qn.*

toit

la **tôle** Feuille de fer ou d'acier: *un toit en ⌣, la ⌣ ondulée.*

la **tolérance** ‖ Contr. l'intolérance: *la ⌣ religieuse/politique, faire preuve de ⌣ à l'égard de qn/de qc.*

tolérant, tolérante *adj.* ‖ *ses parents sont ⌣s, un mari ⌣.*

tolérer *v.* (je tolère, il tolère, nous tolérons, ils tolèrent; il tolérera) ‖ Permettre, supporter; Contr. interdire, défendre: *ne pas ⌣ un retard, ⌣ les défauts de qn, ⌣ que + subj.*

la **tomate** ‖ Fruit rouge: *une salade de ⌣s, une sauce ⌣, être rouge comme une ⌣.*

la **tombe** Le trou où l'on met un mort, la pierre tombale: *les ⌣s d'un cimetière, déposer des fleurs sur la ⌣, être au bord de la ⌣.*

le **tombeau** (les tombeaux) *(langue littéraire)* Monument où l'on met un mort: *un ⌣ de marbre.*

tomber *v.* Contr. monter, se relever: *la pluie tombe, laisser ⌣ qc, perdre l'équilibre et ⌣, ⌣ par terre/dans l'eau, ⌣ à la renverse, ⌣ dans les bras de qn, ⌣ de fatigue, la nuit tombe, ⌣ sur qn (= le rencontrer), la voiture est tombée en panne, ⌣ malade/amoureux (= devenir), cela tombe mal/bien.* ⚠ Il **est** tombé.

ton, ta, tes *adj. possessif,* 2ᵉ personne du singulier: *ton père, ta mère, tes parents, ton ami, ton amie.* ⚠ Devant un mot féminin commençant par une voyelle ou un h muet on emploie **ton** au lieu de **ta:** *une erreur* → **ton** *erreur* [tõn].

le **ton** ‖ **1.** *le* ⁓ *de la voix, hausser/baisser le* ⁓*, changer de* ⁓*, parler d'un* ⁓ *familier/ sérieux; le* ⁓ *amical d'une lettre.* **2.** En musique: *donner le* ⁓. △ **Le son** des cloches; l'ingénieur du **son.**

tondre *v.* (je tonds, il tond, nous tondons, ils tondent; il tondit; il a tondu) Couper les cheveux/les poils/l'herbe: ⁓ *un mouton,* ⁓ *le gazon.*

le **tonnage** ‖ Capacité de transport: *le* ⁓ *d'un bateau de commerce, un navire de fort* ⁓.

la **tonne** ‖ 1000 kilogrammes: *un camion de sept* ⁓*s, 100.000* ⁓*s d'acier/de charbon.* △ Ne pas confondre avec le **tonneau.**

le **tonneau (les tonneaux)** ‖ **1.** *mettre du/le vin à* ⁓*, un* ⁓ *de vin, rouler un* ⁓. **2.** Unité de volume pour mesurer la capacité des bateaux de commerce (= 2,83 mètres cubes): *un bateau de 1.400* ⁓*x.*

tonneau

tonner *v.* Faire un bruit de tonnerre (pendant l'orage): *on entend* ⁓ *au loin, il tonne, les canons tonnent;* ⁓ *contre l'injustice* (= *crier de colère*).

le **tonnerre** [-ɛr] Le bruit de la foudre: *les roulements du* ⁓*, un coup de* ⁓*, le* ⁓ *gronde, entendre le* ⁓ *au loin, avoir peur du* ⁓*; un* ⁓ *d'applaudissements.*

la **topaze** ‖ Pierre précieuse jaune: *un collier de* ⁓*s.*

la **torche** Bâton qui brûle, le flambeau grossier: *on dansa sur la place du village à la lueur des* ⁓*s, une* ⁓ *électrique* (= *lampe de poche*).

torche

le **torchon** Morceau de toile qui sert à essuyer la vaisselle: *prendre un* ⁓ *pour essuyer les verres, donner un coup de* ⁓ *sur la table.* △ Pour les meubles, on emploie **un chiffon.**

tordre *v.* (je tords, il tord, nous tordons, ils tordent; il tordit; il a tordu) Tourner en serrant: ⁓ *le linge,* ⁓ *le cou à un poulet/à qn* (= *le tuer*), ⁓ *une barre de fer* (= *la plier*). – **se** ⁓ (il s'est tordu), *se* ⁓ *rire, se* ⁓ *de douleur, se* ⁓ *la cheville* (= *plier brutalement*).

le **torrent** Petit cours d'eau très rapide (dans les montagnes): *un chemin qui suit le* ⁓*, le* ⁓ *descend de la montagne; il pleut à* ⁓*s, verser des* ⁓*s de larmes, être accueilli par un* ⁓ *d'injures.*

le **tort** [tɔr] *avoir* ⁓ (CONTR. *avoir raison*), *avoir* ⁓ *de faire qc, donner* ⁓ *à qn, soupçonner qn à* ⁓*, punir qn à* ⁓.

la **tortue** Reptile: *la* ⁓ *porte une carapace, lent comme une* ⁓*, avancer comme une* ⁓.

tortue

tortueux, tortueuse *adj.* Qui tourne tout le temps, sinueux; CONTR. droit: *des rues* ⁓*ses, un sentier* ⁓*, une rivière* ⁓*se.* – *adv.* **tortueusement.**

la **torture** Souffrances cruelles infligées à qn pour lui faire avouer ce qu'il ne veut pas dire: *des instruments de* ⁓*, subir des* ⁓*s; mettre qn à la* ⁓ (= *mettre dans l'embarras*), *les* ⁓*s de la jalousie.*

torturer *v.* Faire beaucoup souffrir: ⁓ *qn,* ⁓ *un prisonnier; être torturé par la jalousie, une question me torture.*

tôt *adv.* CONTR. tard: *se lever* ⁓*, il est arrivé trop* ⁓*, dans quinze jours ou plus* ⁓*, revenir plus* ⁓ *que prévu, il est trop* ⁓ *pour commencer.* △ Distinguez **plus tôt** et **plutôt.**

total, totale *adj.* **(totaux, totales) 1.** ‖ complet, absolu; CONTR. partiel: *le nombre* ⁓ *des élèves de ce lycée est de 980, la*

somme ~e, *l'obscurité* ~e, *avoir une confiance* ~e *en qn.* **2.** *m. le* ~ *de la population, cela fait mille francs au* ~. – *adv.* **totalement.**

totalitaire *adj.* ‖ *un régime* ~ *(qui n'admet aucune opposition), un État* ~.

la **totalité** CONTR. *la partie: la* ~ *du personnel a fait grève, il a perdu la* ~ *de ses biens.*

toucher *v.* **1.** Entrer en contact avec qn/qc (en particulier en avançant la main): ~ *à qc, ne touchez pas à ce vase;* ~ *à un sujet délicat (= aborder),* ~au *but (= parvenir), cette affaire ne la touche pas (= concerner).* **2.** Émouvoir: *ce reproche l'a touché, ses larmes m'ont touché, être touché que +* subj. *(= être ému).* **3.** recevoir de l'argent: ~ *un salaire/une retraite.* **4.** *m.* Un des cinq sens: *le velours est doux au* ~.

la **touffe** Assemblage naturel de plantes/de poils: *une* ~ *d'herbes/d'arbres/de cheveux.*

toujours *adv.* [-ʒur] Pendant tout le temps; CONTR. jamais, parfois: *penser* ~ *à qn, c'est* ~ *la même chose, on ne peut pas* ~ *réussir, presque* ~, *comme* ~, *depuis* ~, *pour* ~, *je l'aime* ~ *(= encore).*

la **tour** *la* ~ *Eiffel, la* ~ *penchée de Pise, la* ~ *de contrôle (dans un aéroport), les* ~s *d'un château/d'une cathédrale, monter sur une* ~. ⚠ Ne pas confondre avec l'**excursion.**

tour

le **tour 1.** ‖ Mouvement en rond: *fermer la porte à double* ~, *faire demi-*~, *le* ~ *de France, faire le* ~ *du monde.* **2.** *jouer un mauvais* ~ *à qn (= une farce).* **3.** *c'est mon* ~ *maintenant, chacun parlera à son* ~, *faire qc* ~ *à* ~ *(= l'un après l'autre).* ⚠ **Le** tour (Distinguez **le** tour et **la** tour).

le **tourbillon** Masse d'air ou d'eau qui tourne rapidement: *un* ~ *de vent, des* ~s *de neige, en se baignant dans la rivière elle a été prise dans un* ~.

le **tourisme** ‖ *faire du* ~, *un avion de* ~, *l'office du* ~ *(= le syndicat d'initiative).*

le **touriste** ‖ *l'été les touristes envahissent la Côte d'Azur, un groupe de* ~s *visite le château.*

touristique *adj.* ‖ *une ville* ~, *un guide* ~, *un menu* ~. ⚠ La classe **touriste** (dans un avion).

tourmenter *v.* Causer des souffrances physiques et morales: ~ *qn; mener une vie tourmentée (= agitée).* – **se** ~ (il s'est tourmenté), *ne vous tourmentez pas pour si peu (= ne vous inquiétez pas).*

la **tournée** *le représentant fait sa* ~, *une* ~ *théâtrale.*

tourner *v.* Faire un mouvement circulaire, faire aller en rond: *la Terre tourne autour du Soleil,* ~ *la manivelle, le moteur tourne rond,* ~ *la clef dans la serrure,* ~ *les pages d'un livre,* ~ *à droite/à gauche,* ~ *son regard vers qn,* ~ *le dos à qn,* ~ *un film, ça va mal,* ~ *le vin lui tourne la tête,* ~ *qn/qc en dérison (= ridiculiser).* – **se** ~ (il s'est tourné), *se* ~ *vers qn, il se tourne et retourne dans son lit.*

le **tournevis** [-vis] *serrer/desserrer une vis avec un* ~.

tournevis

le **tournoi** Compétition sportive composée de plusieurs matches: *un* ~ *de tennis/d'échecs.*

la **tournure** La façon dont une phrase est écrite: *une* ~ *élégante/lourde.*

la **Toussaint** Fête catholique en l'honneur de tous les saints (1er novembre): *aller au cimetière à la* ~.

tousser *v.* Faire sortir l'air de la bouche (avec bruit) quand on a pris froid: *il a toussé toute la nuit,* ~ *et cracher,* ~ *discrètement pour avertir qn.*

tout, toute (tous, toutes) *adj.* indéfini **1.** Entier: ~ *le jour,* ~e *la nuit,* ~ *le temps,* ~ *le monde, à* ~e *vitesse, en* ~e *liberté, le Tout-Paris (= les personnalités de Paris).* **2.** N'importe qui/quel: ~ *homme,* ~e *personne, de tous côtés, en* ~ *cas, de* ~e *façon, à* ~ *moment.* **3.** *pron.* indéfini: ~ *va bien, c'est* ~, *savoir* ~ *d'une affaire; tous ensemble, tous (les)* *deux.* ⚠ tous **ceux** qui/que . . ., toutes **celles** qui/que . . ., tout **ce** qui/que . . . ⚠ Ne pas confondre **tous** et **tout ce.** **4.** *adv.* Complètement, entièrement: *il est ∼ content, ∼ ému, ∼ entier, c'est une ∼ autre affaire, ∼ à coup, ∼ de suite, ∼ à l'heure, ∼ à fait, ∼ de même.* ⚠ Elle est tout étonnée/toute étonnée (toléré depuis 1977). **5.** *m. diviser le ∼; pas du ∼.*

toutefois *adv.* Cependant, pourtant, mais: *ce n'est pas grave ∼ il faut appeler le médecin.*

tout-puissant, toute-puissante *adj.* Qui a une puissance absolue: *Dieu est ∼.*

toxique *adj.* Qui contient du poison: *un produit ∼, des gaz ∼s.*

la **trace** Marque que l'on laisse sur le sol quand on marche: *les ∼s des pas sur la neige, suivre un animal à la ∼, perdre la ∼ de qn, disparaître sans laisser de ∼; trouver des ∼s de sang/de poison.*

tracer *v.* (-ç- devant a et o: nous traçons; il traçait; traçant) Faire un trait, dessiner: *∼ une ligne droite/un cercle, ∼ le plan d'une maison/une route . . .*

le **tracteur** ‖ *le ∼ tire des machines agricoles.*

tracteur

la **tradition** ‖ *être/rester fidèle à la ∼, les ∼s populaires, une ∼ de famille.*

traditionnel, traditionnelle *adj.* ‖ Habituel: *le défilé ∼ du 14 Juillet, la morale ∼le. – adv.* **traditionnellement.**

la **traduction** Texte traduit: *faire une ∼, une ∼ fidèle/libre, une ∼ excellente.*

traduire *v.* (je traduis, il traduit, nous traduisons, ils traduisent; il traduisit; il a traduit) Faire passer un texte d'une langue dans une autre: *∼ un texte allemand en français, l'interprète traduit le discours; les mots qui traduisent les pensées.*

le **trafic** [-ik] **1.** Circulation des trains/des voitures/des avions/des bateaux: *le ∼ routier/aérien/maritime, un ∼ intense.* **2.** Commerce illégal: *un ∼ d'armes.*

la **tragédie** ‖ CONTR. la comédie: *les ∼s de Corneille/de Racine, jouer une ∼, aller voir une ∼.*

tragique *adj.* ‖ De la tragédie; CONTR. comique: *une situation/une mort/une erreur/un accident ∼, ce n'est pas ∼ (= ce n'est pas grave), prendre qc au ∼, qc tourne au ∼. – adv.* **tragiquement.**

trahir *v.* Cesser d'être fidèle, tromper: *∼ un ami/ses complices/sa patrie, ∼ la confiance de qn, ∼ un secret (= faire connaître); ∼ ses sentiments (= les montrer sans le vouloir).*

la **trahison** Crime d'une personne qui trahit: *commettre une ∼, la haute ∼.*

le **train 1.** La locomotive et les wagons: *prendre le ∼, le ∼ de Paris, un ∼ de voyageurs/de marchandises.* **2.** *le ∼ d'atterrissage (d'un avion).* **3.** *être en ∼ de faire qc (= marque l'action en cours), il est en ∼ de travailler.*

traîner *v.* Tirer derrière soi; CONTR. pousser: *∼ qc après soi, ∼ la jambe (= marcher avec difficulté), faire ∼ les choses en longueur, tes vêtements traînent sur les chaises (= sont en désordre).*

traire *v.* (je trais, il trait, nous trayons, ils traient; il a trait) Tirer le lait d'une vache: *∼ les vaches matin et soir.*

le **trait 1.** Ligne que l'on trace: *tirer/tracer un ∼, le ∼ d'union (-); esquisser/raconter qc à grands ∼.* **2.** un élément caractéristique: *un ∼ de caractère, les ∼s du visage.* **3.** *un ∼ d'esprit (= mot qui fait rire).* **4.** *boire un verre d'eau d'un ∼ (= sans s'arrêter).*

le **traité 1.** Le pacte, le contrat, la convention: *conclure/ratifier un ∼ commercial, un ∼ de paix.* **2.** Livre scientifique: *un ∼ de grammaire/d'économie politique.*

le **traitement 1.** Manière de soigner un malade: *le médecin a ordonné un ∼, suivre un ∼, le ∼ a réussi.* **2.** Ce qu'un fonctionnaire gagne: *toucher un ∼ (= recevoir).*

traiter *v.* **1.** Se conduire envers qn de telle ou telle manière: *bien ∼ qn, ∼ qn durement/gentiment, ∼ qn de maladroit (= insulter).* **2.** Examiner: *∼ un sujet/une question, ce livre traite de l'art gothique.*

⚠ Orthographe: traiter (sans accent circonflexe).

le **traître 1.** Personne qui se rend coupable d'une trahison: *se méfier d'un* ~, *le* ~ *livre ses amis.* **2.** *adj.* CONTR. fidèle, loyal: *être* ~ *à sa patrie.*

le **trajet** Le chemin exact à parcourir, le parcours: *faire le* ~ *de sa maison au bureau en voiture, il a une demi-heure de* ~ *pour aller au bureau, le* ~ *Paris-Lille.*

le **tramway** [tramwɛ] *une ligne de* ~, *l'arrêt du* ~ *(= la station).* ⚠ Abréviation: **le tram.**

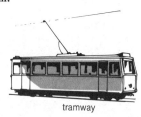

tramway

la **tranche 1.** Morceau coupé assez mince: *une* ~ *de jambon/de viande.* **2.** Série: *une* ~ *d'émission de la loterie.*

la **tranchée** Fossé dans le sol: *creuser une* ~ *pour poser les câbles du téléphone, la guerre des* ~*s (de 1915 à 1918).*

trancher *v.* Couper (en séparant d'un seul coup): *le boucher tranche la tête et les pattes du lapin, le couteau/les ciseaux sont des instruments tranchants;* ~ *une difficulté/une question (= résoudre).* ⚠ **Découper** un canard rôti.

tranquille *adj.* [-kil] Calme, silencieux, paisible; CONTR. inquiet, bruyant: *un sommeil* ~, *un enfant* ~, *une rue* ~, *être/ rester* ~, *sois* ~ *(ne t'inquiète pas), laisse-moi* ~; *avoir la conscience* ~. – *adv.* **tranquillement.**

la **tranquillité** [-ilite] Le calme, le repos: *la* ~ *de la rue, faire qc en toute* ~, *la* ~ *d'esprit.*

la **transformation** Le changement; CONTR. la permanence, le maintien: *la* ~ *des matières premières, l'industrie de* ~, *il a fait des* ~*s dans son appartement.*

transformer *v.* Donner un autre aspect: *nous avons complètement transformé notre cuisine,* ~ *une école en hôpital provisoire.* – **se** ~ (il s'est transformé) Devenir

autre: *depuis 10 ans cette petite ville s'est beaucoup transformée.*

la **transfusion** ‖ *une* ~ *de sang.*

le **transistor**‖ *emporter son* ~ *en promenade.*

transistor

le **transit** [-zit] ‖ *des marchandises en* ~, *un port de* ~, *la salle de* ~ *d'un aéroport.*

transitif, transitive *adj.* ‖ Se dit d'un verbe qui demande un complément d'objet direct; CONTR. intransitif: *«voir» est un verbe* ~.

la **transition 1.** Passage/phrase pour passer d'une idée à une autre: *entre les deux parties de votre discours il faut une* ~, *une habile* ~, *passer sans* ~ *d'une idée à une autre.* **2.** Passage d'un état à un autre: *la* ~ *entre le froid et la chaleur, un gouvernement de* ~.

transmettre *v.* (je transmets, il transmet, nous transmettons, ils transmettent; il transmit; il a transmis) Faire passer d'une personne à l'autre: ~ *qc à qn,* ~ *un dossier/une nouvelle/une information/ses amitiés à qn.* – **se** ~ (elle s'est transmise) *certaines maladies se transmettent facilement, une tradition qui s'est transmise de père en fils.*

la **transmission** Action de transmettre: *la* ~ *d'une maladie (par microbes), la* ~ *d'un message/d'une décision, la* ~ *d'un match de football, la* ~ *en direct d'un concert par la radio.*

transparent, transparente *adj.* ‖ *le verre est* ~, *l'eau est* ~*e; une allusion* ~*e.*

la **transpiration** *être en* ~.

transpirer *v.* Produire de la sueur: ~ *à grosses gouttes,* ~ *des mains.*

le **transport 1.** ‖ *le* ~ *des marchandises/des voyageurs, les moyens de* ~, *le* ~ *d'un malade en ambulance.* **2.** Le sentiment très fort: *des* ~*s d'enthousiasme/de colère/ de joie.*

transporter *v.* ‖ ~ *des marchandises/des*

voyageurs, le camion transporte du ciment.

le **travail (les travaux)** Activité pour produire ce qui est utile et pour gagner de l'argent: *le ~ manuel/intellectuel, aller au ~, entreprendre/accomplir/faire un ~, les heures de ~, être surchargé de ~, les ~aux des champs/ménagers, l'arrêt de ~ (= petite grève ou courte maladie), être sans ~.* ⚠ Orthographe: le trava**il**, les trava**ux**.

travailler *v.* **1.** Être actif, faire ce qui est utile/qui fait gagner de l'argent: *~ dur/ beaucoup, ~ quarante heures par semaine, ~ chez Renault, ~ en atelier/en usine/à domicile, ~ pour qn, cet élève travaille bien, ~ à un roman.* **2.** Faire qc avec une matière: *~ le bois.*

le **travailleur** Personne qui travaille, l'ouvrier: *un grand ~, défendre les intérêts des ~s; être très/peu ~ (= qui aime beaucoup/ peu le travail).*

à travers *adv.* aller à *~ champs, une promenade à ~ la forêt.*

traverser *v.* Passer à travers/d'un côté à l'autre, parcourir: *~ une rue/une rivière, les routes qui traversent la région, ~ un pont (= passer par); une idée m'a traversé l'esprit.*

le **traversin** Long coussin rond qui occupe toute la largeur du lit, sorte d'oreiller: *un ~ de plumes.*

trébucher *v.* Faire un faux pas: *~ sur/ contre un caillou, ~ comme un homme ivre.*

le **trèfle 1.** *chercher un ~ à quatre feuilles.* **2.** Aux cartes: *le roi de ~, jouer ~.*

trèfle

treize [trɛz] *numéral.* 13: *il a ~ ans, une fille de ~ ans, vendredi ~ (porte malheur), Louis XIII (= treize), il est ~ heures.* – **treizième**.

le **tréma** Le signe «¨» (exemple: naïf).

le **tremblement** Action de trembler: *un ~ de terre, le ~ des feuilles dans le vent; le ~ de la voix (dû à l'émotion).*

trembler *v.* Être agité de petits mouvements répétés: *l'explosion a fait ~ les vitres, ~ de froid/de fièvre/de peur, une voix tremblante, ~ que + ne + subj.*

tremper *v.* Mouiller, mettre dans l'eau: *la pluie a trempé ses vêtements, être trempé de sueur, ~ son pain dans le lait.*

trente *numéral.* 30: *~ jours, le numéro ~, la guerre de Trente ans.*

très *adv.* [trɛ] À un haut degré, fort, bien; Contr. peu, pas: *aller ~ vite, faire qc ~ bien, il est ~ gentil, je te trouve ~ en forme, il fait ~ chaud, j'ai ~ faim/soif.* ⚠ **Beaucoup** s'emploie avec un verbe (elle a beaucoup ri, il aime beaucoup le vin). ⚠ «Très beaucoup» est faux.

le **trésor** Choses précieuses: *découvrir un ~.* ⚠ Ne pas confondre avec **coffre-fort**.

la **trêve** Interruption provisoire des combats, le cessez-le-feu: *demander/observer une ~, une ~ politique; travailler sans ~ (= sans arrêt), ~ de plaisanteries! (= assez de).*

le **triangle** *les trois côtés et les trois angles d'un ~, le ~ rectangle.*

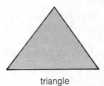

triangle

la **tribu** Le groupe, l'ensemble de familles (chez les peuples primitifs): *des ~s nomades.*

le **tribunal (les tribunaux)** L'institution qui rend la justice: *porter une affaire devant les ~aux, comparaître devant le ~, se rendre au ~, une séance du ~.*

la **tribune** ‖ *l'orateur monte à la ~, la ~ de la presse.*

tricher *v.* Ne pas observer les règles du jeu (pour gagner), tromper au jeu: *~ au jeu, chercher à ~, soupçonner qn d'avoir triché, ~ à un examen, ~ sur le prix/sur la qualité d'une marchandise.*

tricolore *adj.* Des trois couleurs du drapeau français (bleu, blanc, rouge): *le drapeau* ⌣*, une cocarde* ⌣*, une écharpe* ⌣.

le **tricot** [-ko] Action de tricoter, un vêtement tricoté (pull, chandail): *faire du* ⌣*, mettre un* ⌣ *chaud quand il fait froid.* ⚠ Ne pas confondre avec **le maillot.**

tricoter *v. des aiguilles à* ⌣*,* ⌣ *un pullover/des chaussettes.*

tricoter

trier *v.* Choisir parmi d'autres: ⌣ *les lettres (suivant leur destination),* ⌣ *ses papiers.*

le **trimestre** Période de trois mois (division de l'année scolaire en France): *les compositions scolaires ont lieu tous les* ⌣*s.*

trimestriel, trimestrielle *adj.* Qui a lieu tous les trois mois: *le bulletin* ⌣*, une revue* ⌣*le.*

trinquer *v.* Boire avec qn (après avoir choqué les verres): ⌣ *avec des amis,* ⌣ *à la santé de qn.*

le **triomphe** ‖ *l'Arc de* ⌣ *(à Paris), remporter un* ⌣ *sur son adversaire, porter qn en* ⌣.

triompher *v.* Remporter une grande victoire: ⌣ *de ses adversaires,* ⌣ *de ses passions.*

triple 1. *adj.* Trois fois: *un* ⌣ *menton, le* ⌣ *saut, un contrat en* ⌣ *exemplaire.* **2.** *m.* *faire payer le* ⌣ *du prix habituel.*

triste *adj.* CONTR. gai, joyeux, rieur: *un visage* ⌣ *où coulent les larmes, être* ⌣ *depuis la mort de son père, être* ⌣ *d'avoir perdu son père, avoir l'air* ⌣*, regarder qn d'un air* ⌣*, le ciel est* ⌣*, des couleurs* ⌣*s, une* ⌣ *nouvelle, un film* ⌣*, être* ⌣ *que* + subj., *il est* ⌣ *que* + subj. – *adv.* **tristement.**

la **tristesse** CONTR. la gaieté, la joie: *éprouver de la* ⌣*, une profonde* ⌣*, sourire avec* ⌣*, dissiper sa* ⌣*, la* ⌣ *de la campagne en hiver.*

trivial, triviale *adj.* (triviaux, triviales) vulgaire; CONTR. noble, distingué: *faire des plaisanteries* ⌣*es.* ⚠ Dire des phrases **banales, des platitudes.**

le **trognon** Ce qui reste quand on a enlevé ce qui est bon à manger d'un fruit/d'un légume: *un* ⌣ *de pomme/de chou.*

trois *numéral.* 3: *avoir* ⌣ *enfants, trente-*⌣*,* ⌣ *cents, un restaurant* ⌣ *étoiles (= très bon), frapper les* ⌣ *coups (au théâtre), la page* ⌣. – **troisième.**

tromper *v.* Faire croire à qn des choses qui ne sont pas vraies, mentir: ⌣ *qn par des promesses, le vendeur a essayé de me* ⌣*,* ⌣ *qn sur une chose,* ⌣ *sa femme/son mari (= être infidèle).* – se ⌣ (il s'est trompé) Faire une erreur: *se* ⌣ *de cent francs dans une somme, se* ⌣ *de route/de jour, je me suis trompé sur ses intentions, si je ne me trompe (= sauf erreur).*

la **trompette** ‖ Instrument de musique: *la* ⌣ *de jazz, jouer de la* ⌣*, une sonnerie de* ⌣*s.*

trompeur, trompeuse *adj.* Qui trompe; CONTR. vrai: *des apparences sont* ⌣*ses, des promesses* ⌣*ses, un espoir* ⌣.

le **tronc 1.** *un* ⌣ *d'arbre, appuyer une échelle contre le* ⌣ *d'un arbre.* **2.** Le corps humain (sans tête ni membres).

tronc

le **trône** ‖ Le siège du roi: *mettre qn/monter sur le* ⌣*, dans les cérémonies officielles le roi est assis sur le* ⌣.

trop [tro] *adv.* Plus qu'il ne faut; CONTR. pas assez: *c'est* ⌣ *cher,* ⌣ *tard,* ⌣ *peu, il fait* ⌣ *chaud, vous êtes* ⌣ *aimable, être de* ⌣ *(= inutile), faire* ⌣ *de bruit.* ⚠ Trop épais [trɔpɛpɛ]

tropical, tropicale *adj.* (tropicaux, tropicales) Qui concerne les tropiques: *un climat* ⌣*, la végétation* ⌣*e.*

les **tropiques** *m. (au pluriel)* ‖ *vivre sous les ~.*

le **trot** [tro] *le cheval est parti au ~, aller au ~, une course de ~.*

trotter *v.* [trɔte] Aller au trot: *le cheval trotte.*

le **trottoir** Partie des deux côtés d'une rue réservée aux piétons: *défense de garer sa voiture sur le ~.*

le **trou** (**les trous**) Ouverture dans un corps, sur une surface: *le ~ d'une aiguille/d'une serrure, les ~s de nez, un ~ de souris, faire un ~ dans qc, tomber dans un ~; avoir un ~ de mémoire.*

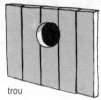

trou

trouble 1. *adj.* Contr. clair, transparent: *de l'eau ~, une image ~* (Contr. *nette); une affaire ~ (= louche), pêcher en eau ~.* 2. *m. il ne peut cacher son ~.* 3. *m. (au pluriel)* Le désordre, le soulèvement populaire: *des ~s ont éclaté dans tout le pays, des ~s sociaux/politiques, réprimer les ~s.*

troubler *v.* Provoquer un désordre, bouleverser, déranger; Contr. calmer, apaiser: *~ l'eau (= la rendre trouble), ~ l'ordre public, ~ le repos de qn, la réunion électorale a été troublée par les adversaires politiques, avoir l'esprit troublé par qc. – se ~* (il s'est troublé) Perdre son sang-froid, être ému: *un orateur/un candidat qui se trouble.*

trouer *v.* Faire un trou: *~ son pantalon, des chaussettes trouées.*

la **troupe** ‖ Groupe de soldats, l'ensemble des soldats: *repousser l'offensive des ~s ennemies, le moral de la ~ n'est pas bon, une ~ de théâtre/de comédiens.* ⚠ Distinguez **la** troupe/**le** groupe.

le **troupeau** (**les troupeaux**) Un groupe d'animaux: *le berger garde un ~ de moutons, un ~ d'éléphants.*

la **trousse** Étui: *la ~ d'écolier/de médecin/ de toilette.*

la **trouvaille** La découverte heureuse, une chose trouvée: *faire une ~ à la foire des antiquaires.*

trouver *v.* Voir/découvrir ce qu'on croyait perdu; Contr. chercher: *~ ce qu'on a perdu, ~ un appartement/une situation/un emploi, ~ un prétexte/une solution, ~ du plaisir à faire qc, ~ qn sympathique, ~ le temps long, ~ que + ind., trouves-tu que + subj.?, ne pas ~ que + subj., ~ bon/mauvais que + subj. – se ~* (il s'est trouvé), *la poste se trouve en face de l'église, se ~ bien/mal, il se trouve que + ind.*

le **truc** [tryk] Chose quelconque, le machin (remplace le nom exact d'un objet que l'on ne sait pas): *qu'est-ce que c'est que ce ~-là?, comment s'appelle ce ~-là?*

la **truite** Poisson à chair très estimée: *pêcher la ~, un élevage de ~s, la ~ meunière/au bleu.*

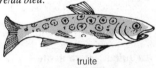

truite

le **trust** [trœst] Très grande entreprise: *les grands ~s internationaux.*

tu *pron. personnel,* 2ᵉ personne du singulier: *~ es, ~ as raison, dire «~» à qn (= le tutoyer).* ⚠ **Toi** seul, **toi**-même.

tu → taire.

le **tube** ‖ *un ~ de dentifrice/de colle/d'aspirine, des ~s de peinture, un ~ au néon.* ⚠ **Le** tube.

la **tuberculose** ‖ Maladie infectieuse: *être atteint de ~.*

tuer *v.* Faire mourir: *~ qn, dix soldats ont été tués, ~ des perdrix (à la chasse); ~ le temps. – se ~* (il s'est tué), *se ~ dans un accident de voiture; se ~ au travail/à répéter la même chose.* ⚠ Imparfait/subjonctif: *nous* **tuions,** *vous* **tuiez.**

la **tuile** *un toit de ~s, des maisons couvertes de ~s rouges, une ~ est tombée du toit.*

tuile

la **tulipe** Fleur du printemps: *un bouquet de ⌒s, un champ de ⌒s (en Hollande).*

tulipe

la **tumeur** ‖ *une ⌒ maligne, avoir une ⌒ au cerveau.* △ **La** tumeur.

le **tumulte** ‖ *le ⌒ de la rue, la manifestation s'est terminée dans le ⌒, tout à coup il y eut un grand ⌒.*

tumultueux, tumultueuse *adj.* Avec tumulte: *une assemblée ⌒se, des scènes ⌒ses.* – *adv.* **tumultueusement.**

le **tunnel** ‖ *percer/creuser un ⌒, le ⌒ sous le mont Blanc, entrer dans un ⌒, sortir d'un ⌒, les ⌒s du métro.*

la **turbine** ‖ *les ⌒s d'une centrale/d'un bateau/d'un avion à réaction.*

turbulent, turbulente *adj.* ‖ Contr. paisible, silencieux, sage: *un enfant ⌒,*

des élèves ⌒s.

tutoyer *v.* (je tutoie, il tutoie, nous tutoyons, ils tutoient; il tutoiera) Dire «tu» à qn; Contr. vouvoyer: *⌒ ses enfants/ses amis.*

le **tuyau** [tɥijo] **(les tuyaux)** *un ⌒ de métal/ de matière plastique, un ⌒ de cheminée, le ⌒ d'échappement d'une voiture.*

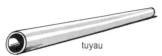

tuyau

le **type 1.** ‖ Chose ou personne qui représente une idée, le modèle, le symbole: *les ⌒s humains, un ⌒ slave, ce n'est pas mon ⌒ de femme, un nouveau ⌒ de voiture.* **2.** Un individu quelconque *(familier): un drôle de ⌒, un sale ⌒, un chic ⌒.*

typique *adj.* ‖ Caractéristique: *un personnage ⌒, un cas/un exemple ⌒.* – *adv.* **typiquement.**

le **tyran** [tirã] ‖ Le despote: *Néron fut un ⌒, sa femme est un vrai ⌒.*

la **tyrannie** ‖ Le despotisme: *lutter contre la ⌒, se libérer de la ⌒ de qn, la ⌒ de la mode.*

U

ultérieur, ultérieure *adj.* Qui sera plus tard, futur; Contr. antérieur: *les générations ⌒es.* – *adv.* **ultérieurement.**

un **ultimatum** [-tɔm] **(les ultimatums)** ‖ *adresser/envoyer un ⌒ à qn, l'⌒ expire à minuit, repousser un ⌒, cet ⌒.*

ultime *adj.* Dernier, final: *faire une ⌒ tentative, ce sont mes ⌒s propositions.*

ultramoderne *adj.* ‖ *une architecture ⌒, une installation ⌒.*

un, une 1. *numéral* l: *⌒ et ⌒ font deux, ⌒ . . . deux . . . trois . . . partez!, le chapitre ⌒/premier, un pain d'⌒ kilo, pas ⌒ (= aucun), pas ⌒e faute, les contes des Mille et ⌒e nuits, ⌒ de mes amis.* **2.** Article indéfini: *⌒ jour, ⌒e fois, ⌒ de ces jours, ⌒ peu, ⌒ de vous, l'⌒ et l'autre se*

taisait/se taisaient, ni l'⌒ ni l'autre. △ À la page un, la note un (la page quarante et **une** n'est pas faux); mais on dit: trois heures vingt et une (= une minute).

une **unanimité** Conformité/accord des opinions: *être élu à l'⌒, il y a ⌒ dans cette assemblée.*

uni, unie *adj.* **1.** Qui s'entendent bien: *des cœurs ⌒s (par l'amour); les États-Unis d'Amérique, les Nations Unies, le Royaume-Uni.* **2.** *une robe ⌒e (= d'une seule couleur).*

unifier *v.* Rendre unique, faire l'unité: *⌒ un parti/des tarifs/des programmes scolaires.* △ Imparfait/subjonctif: nous unifiions, vous unifiiez.

un **uniforme 1.** ‖ *un ⌒ d'officier, être en ⌒*

(Contr. *en civil*), *l'⁓ d'hôtesse de l'air,
cet ⁓.* ⚠ **Un** uniforme. **2.** *adj.* Qui est
toujours pareil, monotone; Contr. inégal, irrégulier, divers: *un ciel ⁓ et gris,
des maisons ⁓s, une vie ⁓* (= *monotone*).
– *adv.* **uniformément.**

une **union** ‖ Contr. la discorde, l'opposition:
*l'⁓ des cœurs/des âmes, l'⁓ entre les par-
tis, une ⁓ heureuse, l'⁓ fait la force, une
⁓ de syndicats/de consommateurs, une ⁓
économique.*

  unique *adj.* Qui est un seul; Contr. plusieurs, multiple: *c'est son fils ⁓, une rue à
  sens ⁓, c'est un cas ⁓, être ⁓ en son genre, son ⁓ espoir.* – *adv.* **uniquement.**

  unir *v.* Mettre ensemble; Contr. séparer, diviser: *⁓ les provinces d'un pays,
  une ligne aérienne qui unit deux pays, l'affection qui unit deux personnes, ⁓ la force
  à la douceur.* – **s'⁓** (*il s'est uni*), *s'⁓ avec
  des amis pour faire qc, s'⁓ contre un ennemi.*

une **unité 1.** La conformité, l'identité;
  Contr. la pluralité, la diversité, la discorde: *l'⁓ d'action, un parti politique qui
  a conservé son ⁓, faire/maintenir/briser/
  rompre l'⁓, l'⁓ de vues* (= *l'accord*), *ce
  texte manque d'⁓, son ⁓.* **2.** L'élément:
  *les ⁓s de mesure (par exemple: le mètre, le
  kilo, le litre), une ⁓ monétaire, le département est une ⁓ administrative, une ⁓ d'infanterie.*

un **univers** [-ver] ‖ Les planètes et les
  étoiles: *les structures de l'⁓ (étudiées par
  l'astronomie), l'origine de l'⁓, cet ⁓.*

  universel, universelle *adj.* ‖ Contr.
  individuel, particulier: *un esprit ⁓, l'histoire ⁓le, un remède ⁓, le suffrage ⁓*
  (= *le droit de vote pour tous sans restriction*). – *adv.* **universellement.**

  universitaire *adj.* Qui concerne l'université: *un diplôme ⁓, les examens ⁓s, la
  bibliothèque ⁓ (la B.U.).*

une **université** ‖ *l'⁓ de Paris/de Lille/de
  Montpellier, faire ses études à l'⁓ pour
  devenir professeur, mon/ton/son ⁓.*

  urbain, urbaine *adj.* Qui concerne la
  ville; Contr. rural: *les populations ⁓es,
  les transports ⁓s, le centre ⁓.*

une **urgence** Nécessité d'agir vite: *l'⁓ d'un
  travail, en cas d'⁓, venez d'⁓, le service*

des ⁓s à l'hôpital, son ⁓.

urgent, urgente *adj.* Qui est pressé,
dont on doit s'occuper sans retard: *des
travaux ⁓s, c'est ⁓, rien de très ⁓.*

une **urine** ‖ *le médecin prescrit une analyse
d'⁓, faire faire une analyse d'⁓, mon/ton/
son ⁓.* ⚠ **Une** urine.

une **urne 1.** ‖ *une ⁓ funéraire, son ⁓.* **2.**
Boîte où les électeurs déposent leur bulletin de vote: *aller aux ⁓s.*

un **usage** L'emploi de qc: *l'⁓ d'un outil/d'un
instrument, faire un bon/un mauvais ⁓ de
son argent, l'⁓ de la force, être en ⁓, être
hors d'⁓, les livres en ⁓ à l'école, ce mot
est consacré par l'⁓, cet ⁓.* ⚠ **Un** usage.

usé, usée *adj.* Qui ne peut plus servir,
abîmé après un long emploi; Contr.
neuf: *des vêtements ⁓s, des chaussures
⁓es, les pneus de sa voiture sont ⁓s; une
comparaison ⁓e* (= *banale*), *un homme
⁓* (= *affaibli par l'âge, le travail*).

user *v.* **1.** (*langue soutenue*) Se servir de,
utiliser: *⁓ d'un droit.* ⚠ Plus courant:
employer. 2. Détruire par un long ou
mauvais usage: *⁓ ses vêtements, ⁓ sa
santé/ses forces.*

une **usine** Établissement de grande industrie:
*les cheminées/les ateliers d'une ⁓, une ⁓
textile/d'automobiles, travailler dans une/
en ⁓, les ouvriers d'⁓, les ⁓s Michelin,
mon/ton/son ⁓.* ⚠ **La fabrique** est beaucoup moins importante qu'une usine: une
fabrique de chaussures/de boutons.

un **ustensile** Objet (servant à la vie courante): *les ⁓s de cuisine/de toilette/de ménage, cet ⁓.* ⚠ Orthographe: l'ustensile.
⚠ **Les articles** de bureau/de dessin.

usuel, usuelle *adj.* Qui est utilisé habituellement: *un objet ⁓, la langue ⁓le, une
expression ⁓le.*

une **usure** Le fait de prendre des intérêts ex-
cessifs: *prêter à ⁓.*

utile 1. *adj.* Dont l'usage est avantageux,
qui rend service, profitable, nécessaire;
Contr. inutile, nuisible, superflu: *des
animaux ⁓s à l'homme, ce livre lui est ⁓,
chercher à se rendre ⁓, il est ⁓ de faire
cela, il est ⁓ que* + subj. **2.** *m.* joindre l'⁓
à l'agréable.

une **utilisation** L'emploi: *l'⁓ du pétrole dans
l'industrie chimique, son ⁓.*

utiliser *v.* Employer utilement, se servir de: *~ une ficelle pour lier un sac, ~ un instrument/un mot.*

une **utilité** Caractère de ce qui est utile, qui satisfait: *l'~ d'un instrument/d'une mé-* thode, être d'une grande *~ à qn, son ~.*

une **utopie** ‖ L'idéal: *c'est une ~ (= un rêve), une ~ politique, mon/ton/son ~.*

utopique *adj.* ‖ Qui est une utopie: *avoir des idées ~s, il est ~ de penser cela.*

V

va → aller.

les **vacances** *f. (au pluriel)* Période pendant laquelle les élèves ne vont pas à l'école et les employés ne vont pas au travail: *les ~ scolaires, les grandes ~, les ~ de Pâques/ de Noël, prendre ses ~ en juillet, passer ses ~ au bord de la mer, la colonie de ~ (= pour les enfants).*

le **vacarme** Grand bruit, le tapage, le tumulte; CONTR. le silence: *il y a du ~ dans la rue, faire du ~.*

le **vaccin** [vaksɛ̃] Substance qui donne l'immunité contre une maladie microbienne: *faire/inoculer un ~ à qn, l'injection d'un ~, le ~ a pris.*

vacciner *v.* [vaksine] Immuniser par un vaccin: *~ qn contre la fièvre typhoïde, être vacciné contre le tétanos, les enfants ont été vaccinés.*

la **vache** *la ~ donne du lait, une ~ laitière, traire une ~, les ~s ruminent, un troupeau de ~s; parler français comme une ~ espagnole (= très mal).*

vache

vaciller *v.* [-je] Trembler: *~ sur ses jambes, la flamme/la bougie vacille; une lumière vacillante.*

vagabonder *v.* ‖ Marcher sans but: *~ sur les chemins/à travers la France.*

la **vague** Inégalité à la surface de la mer (quand le vent souffle): *de grosses ~s, les* ~s se brisent contre les rochers; une ~ d'enthousiasme, une ~ de chaleur.

vague **1.** *adj.* ‖ Imprécis, incertain; CONTR. précis, distinct, défini: *une idée ~, donner des indications ~s, s'exprimer en termes ~s, avoir un ~ souvenir de qc, qc qui reste très ~.* **2.** *m.* regarder dans le *~ (sans fixer).* – *adv.* **vaguement.**

vaillant, vaillante *adj.* Plein de courage; CONTR. lâche: *un ~ soldat.* – *adv.* **vaillamment.**

vain, vaine *adj.* Qui n'a pas de base sérieuse, inutile; CONTR. efficace, utile: *un espoir ~, faire de ~s efforts, en ~ (= inutilement, sans résultat), protester en ~, chercher qc en ~.* – *adv.* **vainement.**

vaincre *v.* (je vaincs, il vainc, nous vainquons, ils vainquent; il vainquit; il a vaincu; vainquant) Remporter une victoire: *~ l'ennemi, le champion a vaincu ses adversaires; ~ sa paresse/la peur/une difficulté, s'avouer vaincu.*

le **vainqueur** Celui qui a remporté la victoire: *le ~ d'une épreuve sportive, sortir ~ d'une épreuve/d'une discussion.*

le **vaisseau** (les **vaisseaux**) Assez grand bateau: *un capitaine de ~, le ~ entre dans le port, un ~ spatial/cosmique (= un satellite artificiel).*

la **vaisselle** L'ensemble des assiettes, des tasses, etc.: *la ~ de porcelaine/de faïence, un service de ~ (= des pièces de vaisselle), faire la ~ (= laver).*

le **val** (les **vals**) La vallée (dans certaines expressions): *le ~ de Loire.* △ On dit: par monts et par **vaux** (= en voyage); les **Vaux**-de-Cernay (nom propre).

valable *adj.* Qui est accepté par les autorités: *un contrat ~, ma carte d'identité est*

~ (= *en règle*), *donner un motif* ~ (= *sérieux*), *chercher une solution* ~ (= *bonne*), *un argument* ~. – *adv.* **valablement.**

le **valet** Le domestique: *le* ~ *de chambre, le* ~ *de ferme.*

la **valeur** Ce que vaut qc, le prix: *un objet de* ~*/sans* ~, *les* ~*s morales/sociales/esthétiques, l'échelle des* ~*s, un jugement de* ~, *attacher beaucoup de* ~ *à qc, mettre en* ~ (= *souligner*). ⚠ **La** valeur.

la **valise** *faire sa* ~, *la poignée de la* ~, *porter deux* ~*s.* ⚠ **Le coffre** = la partie de la voiture où l'on met les valises.

valise

la **vallée** L'espace entre deux montagnes: *la* ~ *du Rhône/de Chamonix, une* ~ *étroite, un village situé au fond de la* ~.

valoir *v.* (il vaut, ils valent; il valut; il a valu; il vaudra; qu'il vaille, que nous valions) **1.** Avoir une valeur/un prix, coûter: ~ *peu/beaucoup, ce tableau vaut un million, cela ne vaut pas grand-chose, cela n'en vaut pas la peine; faire* ~ *qc, faire* ~ *ses droits.* **2.** ~ *mieux* (= *être préférable*), *il vaut mieux perdre de l'argent que la santé, il vaut mieux que* + subj.

la **valse** ‖ Danse à trois temps: *la* ~ *viennoise/lente/musette, les* ~*s de Strauss, danser la* ~ (= *valser*). ⚠ **La** valse.

la **vanille** [vanij] ‖ *la glace à la* ~.

la **vanité** Caractère de celui qui a une bonne opinion de lui-même (sans motif valable), l'orgueil; Contr. la modestie, la simplicité: *flatter/satisfaire la* ~ *de qn, blesser qn dans sa* ~.

vaniteux, vaniteuse *adj.* Plein de vanité; Contr. modeste: *une jeune fille* ~*se, être* ~ *comme un paon.*

vanter *v.* Dire beaucoup de bien de qn/qc, louer publiquement et parfois trop: ~ *les mérites de qn,* ~ *un produit/une marchandise.* – **se** ~ (il s'est vanté), *il est toujours en train de se* ~, *se* ~ *de qc, se* ~ *de ses succès/d'avoir réussi* (= *se flatter*).

la **vapeur** L'eau qui devient gaz: *la* ~ *d'eau, une machine à* ~, *un bateau à* ~. ⚠ **La** vapeur.

variable *adj.* ‖ Qui change; Contr. constant, invariable: *le temps est* ~, *des vents* ~*s, un mot* ~.

la **variation 1.** ‖ Changement: *les* ~*s de température, subir des* ~*s.* **2.** ‖ En musique: *les* ~*s sur un thème de Brahms.*

varier *v.* ‖ Rendre divers, modifier, changer: *chercher à* ~ *les menus,* ~ *les plaisirs, les coutumes varient selon les pays* (= *sont différentes*); *des hors-d'œuvres variés.*

la **variété 1.** Caractère de ce qui est composé d'éléments différents, la diversité; Contr. la monotonie, l'uniformité: *une grande* ~ *de modèles, une* ~ *de couleurs, les menus manquent de* ~*; une* ~ *de pommes/de roses* (= *espèce*). **2.** *une émission de* ~*s, un spectacle de* ~*s* (= *de music-hall*).

le **vase** ‖ *un* ~ *de cristal, mettre des roses dans un* ~. ⚠ **Le** vase.

la **vase** Boue au fond d'une rivière/d'un lac: *enfoncer dans la* ~, *ce poisson a un goût de* ~.

vase

vaste *adj.* Très grand, immense; Contr. étroit: *une* ~ *plaine/forêt, un jardin très* ~.

le **vaurien** Mauvais garçon, petit voyou: *une bande de petits* ~*s.*

le **vautour** Grand oiseau: *les* ~*s se nourrissent de charogne.*

vautour

le **veau** (les **veaux**) Le petit de la vache: *la viande de ⌣, le rôti de ⌣, manger une escalope/de la tête de ⌣; pleurer comme un ⌣ (= pleurer beaucoup).*

vécu → vivre.

la **vedette** Grand acteur, grande actrice: *les ⌣s de la scène/de cinéma.*

végétal, végétale *adj.* (**végétaux, végétales**) Qui concerne les plantes: *la vie ⌣e; les huiles ⌣es.*

la **végétation** ‖ *la ⌣ tropicale.*

la **véhémence** ‖ La force/l'ardeur des sentiments; Contr. le calme: *la ⌣ des passions, discuter/protester avec ⌣.*

le **véhicule** Tout moyen de transport (avec des roues), la voiture: *un ⌣ à deux roues, voie interdite à tout ⌣.* ⚠ **Le** véhicule.

la **veille** Le jour qui précède celui dont il est question: *la ⌣ du 14 juillet, à la ⌣ de la fête, la ⌣ de mon départ, la ⌣ du jour de l'an (= le 31 décembre).*

veiller *v.* 1. Contr. dormir: *⌣ toute la nuit, ⌣ un malade.* 2. Faire attention: *⌣ sur un enfant, ⌣ à faire qc, ⌣ à ce que + subj.*

la **veine** 1. ‖ *les ⌣s et les artères, avoir de grosses ⌣s, faire une piqûre dans la ⌣ du bras.* 2. *avoir de la ⌣ (= de la chance).*

le **vélo** La bicyclette: *prendre son ⌣ pour aller à la poste, aller en/à ⌣, être à/en ⌣, monter à/en ⌣, faire du ⌣, on lui a volé son ⌣.* ⚠ **Le** vélo; mais **la** bicyclette.

le **vélomoteur** Un vélo à moteur (entre 50 et 125 cm^2), la mobylette: *mes parents m'ont acheté un ⌣ pour mon anniversaire.*

le **velours** [-lur] Sorte d'étoffe (douce au toucher): *le ⌣ de soie/de laine, un pantalon/un costume de ⌣; le chat fait patte de ⌣ (= il rentre ses griffes).*

la **vendange** Le fait de cueillir les raisins mûrs pour la fabrication du vin: *la saison des ⌣s, faire la ⌣/les ⌣s.*

le **vendeur**, la **vendeuse** Personne qui vend qc; Contr. le client, l'acheteur: *un bon ⌣, les ⌣ses d'un grand magasin.*

vendre *v.* (je vends, il vend, nous vendons, ils vendent; il vendit; il a vendu) Donner qc contre une somme d'argent; Contr. acheter, payer: *⌣ cher/bon marché, ⌣ qc à qn, ⌣ sa voiture, la maison est à ⌣, ⌣ qc en réclame/en solde.*

le **vendredi** Le cinquième jour de la semaine: *le ⌣ saint (avant Pâques), ⌣ treize (jour qui soi-disant porte malheur).*

la **vengeance** L'action de se venger: *le désir de ⌣, tirer ⌣ d'un affront/de ses ennemis, agir par esprit de ⌣.*

venger *v.* (-ge- devant a et o: nous vengeons; il vengeait; vengeant) Punir l'auteur d'un affront fait à qn; Contr. pardonner: *⌣ qn, j'ai promis à mon ami de le ⌣. – se ⌣* (il s'est vengé), *se ⌣ de qn, je me vengerai, se ⌣ d'une insulte/d'une injure.*

venimeux, venimeuse *adj.* Qui produit du poison (en parlant d'un animal): *un serpent ⌣; des propos ⌣ (= très méchants), une critique/une remarque ⌣se.* ⚠ Un champignon **vénéneux**.

venir *v.* (je viens, il vient, nous venons, ils viennent; il vint, nous vînmes, ils vinrent; il est venu; il viendra; qu'il vînt) 1. Aller dans un lieu: *⌣ chez qn/ici/près de qn, venez avec moi, aller et ⌣, ⌣ de Paris, le café vient du Brésil, ⌣ en voiture/par le train, faire ⌣ qn, faire ⌣ le docteur, viens m'aider, ⌣ faire qc, un mot qui vient aux lèvres, une idée m'est venue; ⌣ au monde (= naître).* 2. *⌣ de faire qc (= avoir juste fini de faire qc), il vient de sortir, je viens de terminer mon travail.* ⚠ Il **est** venu. ⚠ Distinguez: «venir faire qc» (= pour faire qc) et «venir **de** faire qc» (= avoir fini de faire qc).

le **vent** [vã] ‖ Mouvement de l'air: *un ⌣ modéré/doux/violent, un ⌣ froid souffle du nord, il y a du ⌣, il fait du ⌣, un coup de ⌣, une rafale de ⌣, le ⌣ du nord, le ⌣ tourne, un instrument à ⌣.*

la **vente** L'action de vendre; Contr. l'achat: *la ⌣ d'une maison, mettre qc en ⌣, le prix de ⌣, la ⌣ à crédit.*

le **ventre** *un gros ⌣, avoir le ⌣ plat, avoir mal au ⌣, courir ⌣ à terre (= très vite).*

ventre

la **venue** L'action de celui qui vient, l'arrivée: *la ⁓ de mon oncle, ⁓ des invités, j'ai perdu du temps en allées et ⁓s.*

le **ver** *un ⁓ de terre, une pomme pleine de ⁓s, un ⁓ à soie; tirer les ⁓s du nez à qn (= le faire parler).* ⚠ Ne pas confondre avec **le vers.**

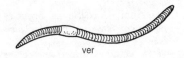
ver

verbal, verbale *adj.* (verbaux, verbales) ‖ Cᴏɴᴛʀ. écrit: *une promesse ⁓e, un accord ⁓. – adv.* **verbalement.**

le **verbe** ‖ «aller», «chercher» sont des verbes: *les formes/les temps/les modes/les personnes d'un ⁓, conjuguer un ⁓, un ⁓ transitif/intransitif/pronominal/réfléchi.*

le **verger** Jardin planté d'arbres qui produisent des fruits: *soigner son ⁓, manger les fruits de son ⁓.*

le **verglas** [-gla] Mince couche de glace sur le sol: *ce matin les voitures roulent prudemment à cause du ⁓, il a dérapé sur une plaque de ⁓.*

vérifier *v.* Contrôler, examiner: *⁓ une addition/l'exactitude d'une nouvelle/une hypothèse/la pression des pneus, ⁓ si . . .*

véritable *adj.* Qui existe réellement; Cᴏɴᴛʀ. faux, imaginé, inventé: *un ⁓ ami, le ⁓ amour, une ⁓ catastrophe, un sac en cuir ⁓. – adv.* **véritablement.**

la **vérité** Qualité de ce qui est vrai; Cᴏɴᴛʀ. le mensonge, le rêve: *chercher la ⁓, connaître/dire la ⁓ sur qc, c'est la pure ⁓, en ⁓, toutes les ⁓s ne sont pas bonnes à dire, dire à qn ses quatre ⁓s (= lui dire ouvertement ce qu'on lui reproche).*

vermeil, vermeille *adj.* D'un rouge vif; Cᴏɴᴛʀ. pâle: *un teint ⁓, des lèvres ⁓les.*

le **vernis** [-ni] Produit transparent (que l'on met par exemple sur la surface d'un tableau): *le peintre passe une couche de ⁓ sur son tableau, le ⁓ à ongles.*

verra → voir.

le **verre 1.** Matière transparente et fragile: *un ⁓ de lampe/de montre, des ⁓s de lunettes, un pot en ⁓, casser comme du ⁓.* **2.** Récipient à boire: *un ⁓ à vin/à liqueur,* *un ⁓ à pied, boire un ⁓ de vin/d'eau.* ⚠ Distinguez: un verre **à** vin (= pour boire du vin), un verre **de** vin (= où il y a du vin).

verres

le **verrou** (les verrous) *pousser/tirer le ⁓, fermer au ⁓ (= verrouiller), être sous les ⁓s (= en prison).*

verrou

vers *prép.* [ᴠᴇʀ] **1.** En direction de (dans l'espace): *courir ⁓ la sortie, aller ⁓ qn, qn vient ⁓ vous/toi, se diriger ⁓ le sud, ⁓ quoi/qui se dirige-t-il?* ⚠ «Vers où» ne se dit pas. **2.** (dans le temps) *⁓ minuit, ⁓ une heure, ⁓ le 1ᵉʳ mai.*

le **vers** [ᴠᴇʀ] ‖ *écrire un poème en ⁓, écrire/faire des ⁓, lire/réciter des ⁓.* ⚠ **Le verset** de la Bible.

verser *v.* **1.** Faire couler un liquide: *⁓ du vin dans un verre, ⁓ le café dans les tasses; ⁓ des larmes (= pleurer).* **2.** Payer: *⁓ mille francs au compte de qn.*

la **version 1.** Traduction d'un texte en langue étrangère dans sa propre langue; Cᴏɴᴛʀ. le thème: *faire une ⁓ latine, j'ai eu une mauvaise note à ma ⁓ espagnole.* **2.** ‖ *un film en ⁓ originale.*

vert, verte *adj.* [ᴠᴇʀ, ᴠᴇʀt] La couleur des feuilles, etc.: *des olives ⁓es, des légumes/des haricots ⁓s, le signal/le feu ⁓, donner le feu ⁓ à qn (= lui permettre d'agir).* ⚠ Une robe verte, mais: une robe vert clair.

vertical, verticale *adj.* (verticaux, verticales) ‖ Cᴏɴᴛʀ. horizontal: *une ligne ⁓e. – adv.* **verticalement.**

le **vertige** Sensation éprouvée par celui qui croit que les objets tournent autour de lui, le manque d'équilibre: *avoir un* ⌣/*des* ⌣*s, avoir le* ⌣ *quand on est sur une échelle.*

la **vertu** Qualité morale (qui pousse l'homme à faire le bien); CONTR. le vice, l'immoralité: *il a beaucoup de patience c'est sa plus grande* ⌣, *en* ⌣ *de la loi (= d'après).* ⚠ **La** vertu.

vertueux, vertueuse *adj.* Qui a des qualités morales; CONTR. immoral, corrompu: *une femme* ⌣*se, une conduite* ⌣*se.*

la **verve** Manière brillante/spirituelle de s'exprimer: *un discours plein de* ⌣, *la* ⌣ *d'un orateur, parler avec* ⌣.

la **veste** *mettre sa* ⌣, *ôter sa* ⌣, *porter une* ⌣, *une* ⌣ *de cuir.* ⚠ Ne pas confondre avec **le gilet.**

veste

le **vestiaire** Lieu (dans un théâtre, etc.) où l'on dépose les manteaux, les parapluies, etc.: *le* ⌣ *de théâtre/de restaurant, la dame du* ⌣. ⚠ **La garde-robe** = ensemble des vêtements d'une personne, l'armoire où l'on pend ses vêtements.

le **veston** La veste d'un complet d'homme: *un costume d'homme se compose d'un* ⌣ *et d'un pantalon, mettre son* ⌣, *être en* ⌣. ⚠ Les dames portent une **veste.** ⚠ **La jaquette** (= habit de cérémonie pour hommes, souvent noir, sorte de frac).

veston

le **vêtement 1.** Le manteau ou la veste: *je vais prendre un* ⌣ *pour sortir car il fait froid.* **2.** Les habits en général: *des* ⌣*s neufs/usés/chauds, les* ⌣*s de tous les jours/de travail/du dimanche/de sport, les sous-*⌣*s.*

le **vétéran** ‖ Ancien ou vieux soldat: *les* ⌣*s de guerre.*

le **vétérinaire** Médecin qui soigne les animaux: *consulter le* ⌣ *pour un chien malade.*

vêtu, vêtue *participe passé* de «vêtir». Habillé: *être bien/mal* ⌣, *être* ⌣ *de gris.*

le **veuf** [vœf], la **veuve** Homme qui a perdu sa femme, femme qui a perdu son mari: *rester* ⌣ *avec deux enfants, épouser un* ⌣/*une veuve.*

veuille → vouloir.

vexer *v.* Blesser qn dans son amour-propre, offenser; CONTR. flatter: *je ne voulais pas vous* ⌣, *être vexé que* + subj., *une remarque vexante.* – **se** ⌣ (il s'est vexé), *se* ⌣ *de qc, se* ⌣ *pour un rien.*

la **viande** La chair des animaux qu'on mange: *manger de la* ⌣, *la* ⌣ *rouge (de bœuf, de mouton)/blanche (de veau, de volaille)/noire (des animaux tués à la chasse), la* ⌣ *bien cuite/saignante, de la* ⌣ *froide.*

vibrant, vibrante *adj.* ‖ *une voix forte et* ⌣*e (= sonore); un discours* ⌣ (= *qui exprime un forte émotion).*

le **vice** [vis] Défaut grave, l'immoralité, le péché; CONTR. la vertu: *vivre dans le* ⌣, *la paresse est mère de tous les* ⌣*s, pauvreté n'est pas* ⌣. ⚠ **Le** vice.

la **victime** Personne tuée ou blessée: *les* ⌣*s d'un accident, la catastrophe a fait plus de cent* ⌣*s, les* ⌣*s d'un tyran.*

la **victoire** Succès obtenu à la fin d'un combat/d'une guerre; CONTR. la défaite, l'échec: *remporter une* ⌣, *la* ⌣ *de la Marne, la fête nationale de la* ⌣ (le 11. 11. 1918), *la* ⌣ *d'une équipe de football.*

victorieux, victorieuse *adj.* Qui a remporté une victoire; CONTR. vaincu: *une armée/équipe* ⌣*se.* – *adv.* **victorieusement.**

vide 1. *adj.* Qui ne contient rien; CONTR. plein; *un tasse/une bouteille* ⌣, *avoir l'estomac* ⌣, *le dimanche en été les rues sont souvent* ⌣*s; une phrase* ⌣ *de sens.* **2.** *m.*

regarder dans le ⌣.

vider *v.* CONTR. remplir: *⌣ un sac/ses poches/une bouteille/un tiroir, ⌣ une maison de ses meubles, ⌣ un verre d'un trait (= tout boire en une seule fois).*

la **vie** Le fait de vivre, l'existence; CONTR. la mort: *être en ⌣ (= vivant)/sans ⌣ (= mort), sauver la ⌣ à qn, donner/risquer sa ⌣ pour qc, la lutte pour la ⌣, c'est une question de ⌣ ou de mort, mener une ⌣ simple, la ⌣ privée/politique/professionnelle, il a travaillé toute sa ⌣, le niveau de ⌣, la ⌣ est chère, c'est la ⌣, une assurance-⌣, le train de ⌣ (= manière de vivre et de dépenser son argent).*

vieil → vieux.

le **vieillard** Homme très âgé; CONTR. l'enfant, le jeune homme: *aider un ⌣, un ⌣ respectable.* ⚠ Une **vieillarde** est littéraire et parfois péjoratif, on dira plutôt: une **vieille (dame).**

la **vieillesse** La dernière partie de la vie; CONTR. l'enfance, la jeunesse: *avoir une ⌣ heureuse, redouter la ⌣, mourir de ⌣.*

vieillir *v.* Devenir vieux; CONTR. rajeunir: *je l'ai trouvé vieilli, il a beaucoup vieilli, un mot vieilli (= qui n'est plus employé), laisser ⌣ le vin.* ⚠ Il a vieilli.

la **vierge 1.** Fille/femme qui n'a jamais eu de relations sexuelles: *elle est encore ⌣, la Sainte Vierge (= la mère de Jésus).* **2.** *adj. la forêt ⌣, du papier ⌣ (= qui n'a pas servi).*

vieux/vieil, vieille *adj.* (**vieux, vieilles**) CONTR. jeune: *un vieil arbre, un vieil homme, un vieil ami, devenir/être ⌣, visiter une vieille église, un ⌣ livre, du vin ⌣, le Vieux Monde (= l'Europe) le bon ⌣ temps.* ⚠ Il est **âgé** de 20 ans. ⚠ Distinguez: un vieil aveugle (= un aveugle qui est vieux) et: un vieux aveugle (= un vieux qui est aveugle).

vif, vive *adj.* **1.** Plein de vivacité; CONTR. apathique: *un enfant ⌣ et intelligent, un regard ⌣, avoir une imagination/intelligence vive.* **2.** Vivant: *être brûlé ⌣.* **3.** Intense: *une douleur vive, des couleurs vives, un froid ⌣, éprouver une vive inquiétude, à mon ⌣ regret.* **4.** *m.* peindre qn sur le ⌣ (= d'après nature), piquer qn au ⌣ (= le blesser dans son amour-pro-

pre); entrer dans le ⌣ du sujet. – *adv.* **vivement.**

vigilant, vigilante *adj.* Attentif: *un observateur ⌣, des soins ⌣s.*

la **vigne 1.** La plante cultivée pour ses fruits qui servent à la production du vin: *cultiver la ⌣, tailler la ⌣, le pied de ⌣.* **2.** Une plantation de vigne: *travailler dans la ⌣, les ⌣s de Bourgogne.*

le **vigneron** Personne qui cultive la vigne/qui fait du vin: *un vieux ⌣, saint Vincent est le patron des ⌣s.*

vigoureux, vigoureuse *adj.* Fort, robuste; CONTR. faible: *un enfant/un arbre ⌣, avoir une santé ⌣se, opposer à qn une résistance ⌣se.* – *adv.* **vigoureusement.**

la **vigueur** [-gœr] **1.** L'énergie, la puissance, la force; CONTR. la faiblesse: *être dans toute la ⌣ de la jeunesse, se défendre avec ⌣, la ⌣ de l'expression.* **2.** en ⌣ (= en application), *ces mesures ne sont pas encore en ⌣, entrer en ⌣.*

vil, vile *adj.* Qui inspire le mépris: *se conduire d'une manière vile.*

vilain, vilaine *adj.* Méchant, laid; CONTR. gentil, beau: *tu es un ⌣ petit garçon!, jouer un ⌣ tour à qn, avoir de ⌣es dents, un ⌣ mot (= grossier), un ⌣ temps (= pluvieux).* – *adv.* **vilainement.**

la **villa** Belle maison avec un jardin (à la campagne), le pavillon: *posséder une petite ⌣ en banlieue, ils passent les grandes vacances dans leur ⌣ au bord de la mer.* ⚠ Ne pas confondre avec **la résidence.**

le **village** Des maisons avec une église/une mairie/une école à la campagne: *un ⌣ de cinq cents habitants, un petit/gros ⌣, aller faire ses courses au ⌣ voisin.* ⚠ **Le** village; mais **la** ville. ⚠ Le **hameau** (= village sans église/mairie).

la **ville** Paris, Lyon, Bordeaux sont des villes; CONTR. la campagne: *les grandes/petites ⌣s, une vieille ⌣, une ⌣ de province, des ⌣s-dortoirs, des ⌣s-satellites, habiter la ⌣, aller en ⌣, dîner en ⌣.*

le **vin** ‖ Jus de raisin fermenté: *le ⌣ rouge/blanc/rosé, un bon ⌣, un ⌣ sec/doux, la fabrication du ⌣, mettre le ⌣ en tonneaux/en bouteilles, une bouteille/un litre/un verre de ⌣, le marchand de ⌣, le ⌣ monte à la tête, le ⌣ de messe, un ⌣ d'honneur.*

⚠ Boire du **c**hampagne/du **b**ordeaux/du châteauneuf-du-pape. Boire un verre de côtes-du-rhône.

le **vinaigre** Liquide d'un goût piquant tiré du vin: *mettre de l'huile et du ~ dans la salade, des cornichons au ~.*

vingt [vɛ̃] *numéral.* 20: *~ jours, ~ francs, ~-deux* [vɛ̃t-]*, ~-quatre heures, avoir ~ ans, la page/le chapitre ~, quatre-~s, la page quatre-~, quatre-~-trois, ~ pour cent; une vingtaine de personnes (= à peu près vingt).* – **vingtième.**

la **violence** Très grande force brutale, la brutalité; Contr. la douceur, la mesure: *un acte/une scène de ~, la ~ du vent/de la tempête, parler avec ~, employer la ~, se faire ~ pour faire qc (= se forcer à faire qc).*

violent, violente *adj.* Brutal; Contr. doux, calme: *une ~e colère, un ~ orage, le choc a été ~, souffrir d'un ~ mal de tête, une mort ~e (= par accident/par meurtre).* – *adv.* **violemment** [-amã].

violer *v.* Ne pas respecter qc, nuire gravement: *~ une loi/un traité/son serment, ~ une femme (= la posséder contre sa volonté).*

violet, violette *adj.* ‖ Couleur: *ses mains sont ~tes de froid.*

la **violette** Petite fleur de couleur violette: *offrir un bouquet de ~s à qn.*

violettes

le **violon** ‖ Instrument de musique: *jouer du ~, le premier ~ d'un orchestre, concerto pour ~ et orchestre.* ⚠ **Le** violon.

violon

la **vipère** ‖ Serpent venimeux: *être mordu par une ~, la morsure de ~ est très dangereuse et fait mal; notre voisine a une langue de ~ (= elle est méchante).*

le **virage** Endroit où une route tourne brusquement: *un ~ dangereux, ~s sur 5 kilomètres!, aborder/prendre un ~ lentement, aller trop vite dans un ~.*

la **virgule** Signe de ponctuation (,): *mettre une ~, le point-~(;).*

viril, virile *adj.* Propre à l'homme, mâle; Contr. féminin: *une force/voix ~e, le membre ~, des traits ~s.* – *adv.* **virilement.**

le **virtuose** ‖ *un ~ du piano/du violon.*

le **virus** [-ys] ‖ *le ~ de la rage/de la poliomyélite.*

la **vis** [vis] *la tête d'une ~, serrer/desserrer une ~.* ⚠ **La** vis.

vis

le **visage** La partie antérieure de la tête de l'homme: *un ~ rond/rose/pâle/ridé/gai/triste, elle a un joli ~ aux traits réguliers, un ~ connu/inconnu.* ⚠ **Le** visage. ⚠ Il a **une sale gueule** *(vulgaire)* (= un visage fatigué ou un visage antipathique).

vis-à-vis *prép.* ‖ En face de: *~ de la poste, habiter ~ de l'église, ils se sont assis ~ l'un de l'autre, tu as mal agi ~ de lui (= envers lui).*

viser *v.* Diriger une arme vers un but (avant de tirer): *bien/mal ~, ~ juste, ~ un oiseau, ~ au cœur.*

visible *adj.* Qui peut être vu; Contr. invisible, secret, caché: *être ~ à l'œil nu/au microscope, devenir/rester ~.* – *adv.* **visiblement.**

la **vision** ‖ *avoir une ~ réaliste/poétique du monde.*

la **visite 1.** Le fait d'aller voir qn (chez lui): *rendre ~ à qn, être en ~ chez qn, faire une petite/longue ~ à qn.* **2.** En tourisme: *la ~ d'un musée/d'un château, une ~ guidée.* **3.** Examen médical: *le médecin fait ses ~s, passer une ~ médicale (= 1 fois par an dans les écoles).*

visiter *v.* **1.** Aller voir (comme touriste): *˜ une ville/un musée/le Louvre/Paris/des églises/les grottes de Lascaux/la Hollande.* **2.** *le médecin visite un malade.* ⚠ Ne pas confondre avec **aller voir qn.** ⚠ **Aller** à l'école.

le **visiteur** **1.** Personne qui va voir qn: *recevoir/reconduire un ˜.* **2.** Qui va voir qc par curiosité: *les ˜s du musée/du Louvre/ de la tour Eiffel.*

visuel, visuelle *adj.* ‖ Qui concerne la vue: *des impressions ˜les, des troubles ˜s, la mémoire ˜le.* – *adv.* **visuellement.**

vit → vivre, → voir.

vital, vitale *adj.* (**vitaux, vitales**) **1.** Qui concerne la vie: *les organes vitaux (par exemple le cœur, les reins), avoir le minimum ˜.* **2.** Qui touche à l'essentiel: *c'est un problème ˜, c'est d'une importance ˜e pour lui.*

la **vitamine** ‖ *la ˜ A, B, C . . ., la salade est riche en ˜s.* ⚠ **La** vitamine.

vite *adv.* Rapidement; CONTR. lentement, doucement: *marcher ˜, venez ˜, mon cœur bat ˜, conduire trop ˜, il a ˜ compris, le plus ˜ possible.* ⚠ «Vite» = adverbe; **rapide** = adjectif; mais dans la langue du sport on entend: *les coureurs les plus* **vites** *du monde.*

la **vitesse** Parcourir une distance en peu de temps: *la ˜ d'une voiture, le compteur de ˜, le levier de changement de ˜, la première/seconde/troisième/quatrième ˜, changer de ˜, à toute ˜ (= le plus vite possible), l'excès de ˜, marcher à ˜ réduite, rouler à grande ˜.*

la **vitre** Verre mis à une fenêtre, le carreau: *faire/nettoyer les ˜s d'une fenêtre, casser une ˜, les ˜s d'une voiture/d'un train, baisser les ˜s.*

vitre

la **vitrine** **1.** (Dans un magasin) où l'on expose les objets à vendre qui sont visibles de la rue: *regarder les ˜s, exposer des articles en ˜, mettre/être en ˜.* **2.** Petite armoire où l'on expose des objets de collection: *les ˜s d'un musée.*

vitrine

la **vivacité** Caractère de ce qui a de la vie/ qui est vif, l'activité; CONTR. la lenteur, l'apathie: *avoir une grande ˜ d'esprit, avoir beaucoup de ˜ dans ses gestes, cet enfant est plein de ˜, répondre avec ˜.*

vivant, vivante **1.** *adj.* Qui est en vie; CONTR. mort: *un être ˜, être ˜, un regard ˜, un souvenir ˜, les langues ˜es.* **2.** *m.* *les ˜s et les morts, de son ˜ (= pendant sa vie).*

vive! *exclamation.* CONTR. à bas!: *˜ la République!, ˜ la France!, ˜ les vacances!*

vivement *adv.* D'un ton vif, beaucoup: *répondre ˜, regretter ˜ qc, ˜ qu'on arrive! (= je souhaite qu'on arrive le plus vite possible).*

vivre *v.* (je vis, il vit, nous vivons, ils vivent; il vécut; il a vécu) Être en vie; CONTR. mourir: *˜ longtemps, ˜ vieux, ˜ à Paris/à la campagne, ˜ en paix/dans le luxe, travailler pour ˜, ˜ de ses rentes, avoir de quoi ˜ (= avoir assez d'argent pour vivre), le savoir-˜, ˜ sur sa réputation.* ⚠ *Les quatre-vingts ans qu'il a vécu* (les quatre-vingts ans = complément circonstanciel de temps), mais: *la scène que j'ai vécue* (la scène = objet direct).

vlan! *interjection.* Qui exprime un bruit violent: *et ˜ il lui ferma la porte au nez.*

le **vocabulaire** **1.** Les mots propres à un art/une science: *le ˜ juridique/technique.* **2.** Les mots que qn possède: *enrichir son ˜, apprendre son ˜ d'anglais.*

vocal, vocale *adj.* (**vocaux, vocales**) Produit par la voix: *la musique ˜e.* ⚠ **La voyelle.**

la **vocation** Le goût, le penchant: *avoir une ˜ artistique, suivre/manquer sa ˜.*

le **vœu** (**les vœux**) Le souhait: *faire un ˜, je*

*vous adresse tous mes ⁓x, mes ⁓x de
bonne année/de bonheur, envoyer ses
meilleurs ⁓x à qn pour son anniversaire.*
la **vogue** [vɔg] La popularité, ce qui est à la
mode: *être en ⁓.*
voici *prép.* Désigne qn/qc qui est proche:
*⁓ toute la famille, ⁓ votre livre, ⁓ le
directeur, le ⁓ qui arrive.* ⚠ **Voilà** est
plus employé.
la **voie 1.** Le chemin, la route, le passage:
*les grandes ⁓s de communication (= les
routes), la ⁓ publique; être en bonne ⁓,
trouver sa ⁓.* **2.** La partie de la route de la
largeur d'un véhicule: *une route nationale
à trois/quatre ⁓s.*
voilà *prép.* **1.** Désigne qn/qc qui est relativement éloigné: *⁓ le facteur, en ⁓ assez.* **2.** En donnant qc à qn: *⁓ de l'argent,
«⁓, Monsieur, votre bière.»*
la **voile** *un bateau à ⁓s (= le voilier), faire
de la ⁓ (= de la navigation sur un bateau
à voiles), la ⁓ est fixée au mât.*

voile

le **voile** Tissu qui sert à cacher le visage ou
la tête: *porter un ⁓ sur la tête, un ⁓ de
deuil/de mariée; prendre le ⁓ (= devenir
religieuse).*
voiler *v.* Couvrir, cacher (par un voile):
*⁓ une statue, un regard voilé (= trou-
ble).* **– se ⁓** (il s'est voilé) *se ⁓ le visage.*
voir *v.* (je vois, il voit, nous voyons, ils
voient; il vit; il a vu; il verra) Se servir de
ses yeux, recevoir des images par les
yeux; Contr. être aveugle: *⁓ qc de ses
(propres) yeux, ⁓ une pièce de théâtre,
cela est agréable à ⁓, aller ⁓ qn (= lui
rendre visite), ⁓ que + ind., je vois que je
me suis trompé, ⁓ si . . ., voyons! (= reproche), il est bien vu par le patron.* **– se ⁓**
(il s'est vu), *se ⁓ dans la glace.* ⚠ Ne pas
confondre **voit** (→ voir) et **va** (→ aller).

voire *adv.* Et même: *ce médicament est
inutile et ⁓ dangereux.*
le **voisin,** la **voisine 1.** Personne qui habite
à côté: *c'est mon ⁓, avoir des ⁓s agréables, un ⁓ de palier.* **2.** *adj. la ville ⁓e, la
France et l'Allemagne sont deux États ⁓s.*
le **voisinage** L'ensemble des voisins: *les enfants du ⁓, vivre en bon ⁓ avec qn, les
maisons qui sont dans le ⁓.*
la **voiture 1.** Le véhicule: *une ⁓ à deux/à
quatre roues, une ⁓ d'enfant.* **2.** L'automobile: *conduire/garer une ⁓, une ⁓ de
sport/de tourisme, monter en ⁓, descendre
de ⁓.* **3.** Dans le train, le wagon: *la ⁓ de
tête/de queue, en ⁓!* ⚠ **Une** voiture, **une**
auto, une Renault, **une** Mercédès.
la **voix 1.** Les sons produits par la bouche:
*la ⁓ humaine, une ⁓ forte/puissante/faible/
aiguë, parler à ⁓ basse/à ⁓ haute, élever la
⁓, baisser la ⁓, entendre la ⁓ de son père;
la ⁓ du cœur/de la conscience, la ⁓ du
peuple.* **2.** Aux élections: *donner sa ⁓ à
un candidat/à un parti, obtenir la majorité
des ⁓.* **3.** Grammaire: *la ⁓ passive/active/
pronominale des verbes.*
le **vol 1.** Action de voler (= ce que fait un
oiseau/un avion): *le ⁓ des oiseaux migrateurs, dix kilomètres à ⁓ d'oiseau (= en
ligne droite), un ⁓ à basse altitude, la
vitesse de ⁓ d'un avion, faire un ⁓ plané
(= sans moteur).* **2.** Le fait de s'emparer
du bien d'une autre personne: *le ⁓ d'une
voiture, un ⁓ à main armée, commettre
un ⁓.*
la **volaille** L'ensemble des poules, canards,
oies, etc.: *un élevage de ⁓, engraisser de
la ⁓, manger de la ⁓.*
le **volant** *se mettre/être au ⁓, tenir le ⁓,
tourner le ⁓, un as du ⁓.*

volant

le **volcan** ‖ *le Vésuve est un ⁓ actif, un ⁓
éteint, le cratère d'un ⁓, un ⁓ en éruption.*
voler *v.* **1.** Se maintenir en l'air: *un oi-
seau/un avion vole, ⁓ à haute altitude; ⁓*

dans les bras de qn; un poisson volant, un tapis volant. **2.** Prendre ce qui appartient à un autre, dérober, s'emparer de qc: ~ *de l'argent/ un portefeuille/des bijoux/une voiture, on m'a volé mon portefeuille, des objets volés.*

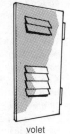

volet

le **volet** *ouvrir/fermer les ~s.*

le **voleur** Personne qui a pris ce qui appartient à un autre, le cambrioleur, le pickpocket: *les ~s ont pénétré dans la maison, arrêter le ~, au ~!*

la **volière** Grande cage pour les oiseaux: *les ~s d'un zoo.*

volontaire 1. *adj.* Qui a de la volonté, qui est fait par la volonté; CONTR. obligatoire: *un tempérament ~, une omission ~.* **2.** *m. les ~s et les appelés (à l'armée). –* *adv.* **volontairement.**

la **volonté** La faculté de vouloir, ce que qn veut, l'intention: *il a de la ~, faire un effort de ~, mettre de la bonne ~ à faire qc, les dernières ~s de qn.*

volontiers *adv.* Avec plaisir: *j'irai ~ le voir, «Vous venez dîner? – Très ~.»* ⚠ Orthographe: volontiers (avec -s).

le **volt** [vɔlt] ‖ *un courant de 110/de 220 ~s.* ⚠ Abréviations: du 110, du 220.

le **volume 1.** ‖ *le ~ d'un récipient, calculer le ~ d'une caisse.* **2.** Le livre: *un dictionnaire en trois ~s.*

volumineux, volumineuse *adj.* Qui a un grand volume, qui tient beaucoup de place; CONTR. petit, menu: *un dossier/paquet ~.*

la **volupté** Vif plaisir (sensuel): *faire qc avec ~, éprouver un sentiment de ~ à faire qc.*

vomir *v.* Rejeter par la bouche ce qu'on a mangé ou bu: *~ son repas/du sang, avoir envie de ~.*

vorace *adj.* Qui mange beaucoup et vite: *un chien ~, un appétit ~.*

le **vote** [vɔt] Le fait d'exprimer son opinion aux élections: *le droit de ~, le ~ par procuration, procéder au ~, le bureau de ~,*

déposer le bulletin de ~ dans l'urne, compter les ~s. ⚠ **Le** vote.

voter *v.* Exprimer son opinion par un vote, faire accepter par un vote: *~ pour/ contre qn/qc, ~ blanc (= ni pour ni contre), ~ une loi, la loi a été votée.*

votre, vos *adj. possessif,* deuxième personne du pluriel: *~ maison, ~ adresse, vous avez oublié ~ parapluie, c'est pour ~ bien que je vous dis cela, vos voisins.*

vôtre, vôtres *pron. possessif: ma maison et la ~, à la ~! (= à votre santé), les ~s (= votre famille).*

vouer *v.* Consacrer, destiner: *~ sa vie à lutter contre la misère/à défendre les droits de l'homme, ~ à qn une amitié éternelle (= la lui donner pour toujours).*

vouloir *v.* (je veux, il veut, nous voulons, ils veulent; il voulut; il a voulu; qu'il veuille, que nous voulions; il voudra; veuillez) Avoir la volonté/le désir; CONTR. refuser: *~ qc de qn, ~ faire qc, ~ réussir, je voudrais vous voir seul, ~ que + subj., si tu veux . . ., sans le ~, ~ bien, ~ dire (= signifier), que veut dire ceci?, en ~ à qn (= être fâché), veuillez me suivre.*

vous 1. *pron. personnel,* deuxième personne du pluriel: *~ deux, ~ autres, ~ allez jouer, ~ seul(s), beaucoup d'entre ~ ont réussi.* **2.** Le «vous» de politesse: *il me dit «vous», «Que voulez-~, Monsieur?», c'est à ~ que je m'adresse, si j'étais ~.*

la **voûte** *les ~s d'une cathédrale/d'un pont, la ~ céleste (= le ciel).*

voûte

le **voyage** Le fait d'aller assez loin/dans un autre lieu: *faire un ~ d'affaires/touristique/organisé/de noces, faire un ~ à Rome, partir en ~, souhaiter bon ~ à qn, être en ~.*

voyager *v.* (-ge- devant a et o: nous voyageons; il voyageait; voyageant) Faire un voyage: *~ en voiture/en 1re classe, ~ en Allemagne/dans toute l'Europe, ~ pour son plaisir.*

le **voyageur** Personne qui voyage: *tous les ~s pour Paris sont priés de monter en voiture, un train/un wagon/une gare de ~s, un ~ de commerce.*

la **voyelle** A, e, i, o, u, y sont des voyelles; CONTR. la consonne: *les ~s orales/nasales.* ⚠ **Un a, un e.**

le **voyou (les voyous)** Jeune mal élevé: *un petit ~ qui traîne dans les rues, une bande de ~s.*

vrai, vraie 1. *adj.* Certain, exact, sûr, authentique, véritable; CONTR. faux, inexact: *tout ce qu'il raconte est ~, une histoire ~e, il est ~ que* + ind., *c'est ~?* ⚠ «**Cela** est vrai» n'est pas faux mais recherché. **2.** *m.* distinguer *le ~ du faux, à ~ dire (= en réalité).* – *adv.* **vraiment.** ⚠ Orthographe: vraiment (sans -e-).

vraisemblable 1. *adj.* Qui paraît vrai, plausible; CONTR. invraisemblable: *une excuse/une histoire ~, il est ~ que* + ind.

(= très probable)/+ subj. *(= peu probable), il n'est pas ~ que* + subj. **2.** *m. le ~.* – *adv.* **vraisemblablement.**

vu → voir.

la **vue 1.** Celui des cinq sens qui permet de voir, action de voir: *avoir une bonne ~, porter des lunettes pour la ~, la ~ courte d'un myope, à première ~ (= au premier regard), connaître qn de ~, perdre qn de ~, une ~ de Paris (= carte postale/tableau représentant Paris), une personne très en ~.* **2.** *le point de ~ (= manière de voir/ de juger les choses), du point de ~ historique, avoir un échange de ~s.*

vulgaire *adj.* Commun, grossier, trivial, bas; CONTR. élégant, recherché, distingué: *des manières ~s, un mot ~; le nom ~ d'une plante (= courant;* CONTR. *scientifique).* – *adv.* **vulgairement.**

vulnérable *adj.* Qui peut être facilement blessé: *être ~ à la critique, occuper une position ~, un pays ~.*

W

le **wagon** *un ~ de marchandises/de voyageurs, le ~-lit, le ~-restaurant, un ~-citerne.* ⚠ À la SNCF, les véhicules sont appelés: une **voiture**-lit, une **voiture**-bar.

le **W.-C.** [vese] *(au pluriel)* ‖ *les ~ sont libres/occupés, les ~ sont au fond du cou-*

loir.

le **week-end** [-ɛnd] Le congé de fin de semaine: *nous partons à la campagne tous les ~s, un ~ ensoleillé, pendant le ~.*

le **western** ‖ Film de cow-boys: *regarder un ~ à la télévision.*

Y

y *pron. adv.* **1.** Dans ce lieu: *Allons-~, j'~ vais, vas-~ vite, ça ~ est (= j'ai fini), ~ compris.* **2.** *il ~ a (= voici).*

le **yacht** [jɔt] ‖ Bateau de plaisance à voiles

ou à moteur: *une course de ~s.*

le **yaourt** [jaurt], **yogourt** [jɔgurt] ‖ *manger des ~s, un ~ nature/aux fruits.*

yeux → œil.

Z

le **zèle** [zɛl] Vive ardeur à servir une personne, l'ardeur; CONTR. la négligence: *travailler avec ~, le ~ d'un employé.*

le **zéro** [zero] *numéral* 0: *~ degré, dix degrés au-dessus/au dessous de ~, partir de ~, gagner par deux buts à ~.*

le **zinc** [zɛ̃g] ‖ Métal gris: *un tuyau de ~, une gouttière en ~, le comptoir de ~ (d'un débit de boissons).*

la **zone** ‖ *la ~ d'occupation/d'influence, une ~ démilitarisée, la ~ franche, ~ bleue (dans une ville où le stationnement est limité).*

le **zoo** [zo] ‖ *aller au ~, le ~ de Vincennes.* **zoologique** *adj.* ‖ *le jardin ~.*

zut! [zyt] *interjection* Exclamation qui exprime le mécontentement/l'impatience: *~! j'ai perdu mon portefeuille.*

Conjugaison des verbes français

avoir

INDICATIF							
Présent		*Imparfait*		*Passé simple*		*Futur*	
j'	ai	j'	avais	j'	eus	j'	aurai
tu	as	tu	avais	tu	eus	tu	auras
il	a	il	avait	il	eut	il	aura
nous	avons	nous	avions	nous	eûmes	nous	aurons
vous	avez	vous	aviez	vous	eûtes	vous	aurez
ils	ont	ils	avaient	ils	eurent	ils	auront
Passé composé		*Plus-que-parfait*		*Passé antérieur*		*Futur antérieur*	
j'ai eu, *etc.*		j'avais eu, *etc.*		j'eus eu, *etc.*		j'aurai eu, *etc.*	

SUBJONCTIF				CONDITIONNEL		PARTICIPE
Présent		*Imparfait*		*Présent*		*Présent*
que j'	aie	que j'	eusse	j'	aurais	ayant
que tu	aies	que tu	eusses	tu	aurais	*Passé*
qu'il	ait	qu'il	eût	il	aurait	eu, eue
que nous	ayons	que nous	eussions	nous	aurions	
que vous	ayez	que vous	eussiez	vous	auriez	IMPÉRATIF
qu'ils	aient	qu'ils	eussent	ils	auraient	aie!
Passé		*Plus-que-parfait*		*Passé*		ayons!
que j'aie eu, *etc.*		que j'eusse eu, *etc.*		j'aurais eu, *etc.*		ayez!

être

INDICATIF							
Présent		*Imparfait*		*Passé simple*		*Futur*	
je	suis	j'	étais	je	fus	je	serai
tu	es	tu	étais	tu	fus	tu	seras
il	est	il	était	il	fut	il	sera
nous	sommes	nous	étions	nous	fûmes	nous	serons
vous	êtes	vous	étiez	vous	fûtes	vous	serez
ils	sont	ils	étaient	ils	furent	ils	seront
Passé composé		*Plus-que-parfait*		*Passé antérieur*		*Futur antérieur*	
j'ai été, *etc.*		j'avais été, *etc.*		j'eus été, *etc.*		j'aurai été, *etc.*	

SUBJONCTIF				CONDITIONNEL		PARTICIPE
Présent		*Imparfait*		*Présent*		*Présent*
que je	sois	que je	fusse	je	serais	étant
que tu	sois	que tu	fusses	tu	serais	*Passé*
qu'il	soit	qu'il	fût	il	serait	été
que nous	soyons	que nous	fussions	nous	serions	
que vous	soyez	que vous	fussiez	vous	seriez	IMPÉRATIF
qu'ils	soient	qu'ils	fussent	ils	seraient	sois!
Passé		*Plus-que-parfait*		*Passé*		soyons!
que j'aie été, *etc.*		que j'eusse été, *etc.*		j'aurais été, *etc.*		soyez!

⚠ **Être** se conjugue avec «avoir»: il **a** été.

aimer (Verbe régulier en -er)

INDICATIF			
Présent	*Imparfait*	*Passé simple*	*Futur*
j' aime	j' aimais	j' aimai	j' aimerai
tu aimes	tu aimais	tu aimas	tu aimeras
il aime	il aimait	il aima	il aimera
nous aimons	nous aimions	nous aimâmes	nous aimerons
vous aimez	vous aimiez	vous aimâtes	vous aimerez
ils aiment	ils aimaient	ils aimèrent	ils aimeront
Passé composé	*Plus-que-parfait*	*Passé antérieur*	*Futur antérieur*
j'ai aimé, *etc.*	j'avais aimé, *etc.*	j'eus aimé, *etc.*	j'aurai aimé, *etc.*

SUBJONCTIF		CONDITIONNEL	PARTICIPE
Présent	*Imparfait*	*Présent*	*Présent*
que j' aime	que j' aimasse	j' aimerais	aimant
que tu aimes	que tu aimasses	tu aimerais	*Passé*
qu'il aime	qu'il aimât	il aimerait	aimé, ée
que nous aimions	que nous aimassions	nous aimerions	
que vous aimiez	que vous aimassiez	vous aimeriez	
qu'ils aiment	qu'ils aimassent	ils aimeraient	IMPÉRATIF
			aime!
Passé	*Plus-que-parfait*	*Passé*	aimons!
que j'aie aimé, *etc.*	que j'eusse aimé, *etc.*	j'aurais aimé, *etc.*	aimez!

⚠ Impératif «aime!»; mais: «tu aimes».

finir (Verbe régulier en -ir)

INDICATIF			
Présent	*Imparfait*	*Passé simple*	*Futur*
je finis	je finissais	je finis	je finirai
tu finis	tu finissais	tu finis	tu finiras
il finit	il finissait	il finit	il finira
nous finissons	nous finissions	nous finîmes	nous finirons
vous finissez	vous finissiez	vous finîtes	vous finirez
ils finissent	ils finissaient	ils finirent	ils finiront
Passé composé	*Plus-que-parfait*	*Passé antérieur*	*Futur antérieur*
j'ai fini, *etc.*	j'avais fini, *etc.*	j'eus fini, *etc.*	j'aurai fini, *etc.*

SUBJONCTIF		CONDITIONNEL	PARTICIPE
Présent	*Imparfait*	*Présent*	*Présent*
que je finisse	que je finisse	je finirais	finissant
que tu finisses	que tu finisses	tu finirais	*Passé*
qu'il finisse	qu'il finît	il finirait	fini, ie
que nous finissions	que nous finissions	nous finirions	
que vous finissiez	que vous finissiez	vous finiriez	
qu'ils finissent	qu'ils finissent	ils finiraient	IMPÉRATIF
			finis!
Passé	*Plus-que-parfait*	*Passé*	finissons!
que j'aie fini, *etc.*	que j'eusse fini, *etc.*	j'aurais fini, *etc.*	finissez!

descendre

INDICATIF

Présent		Imparfait		Passé simple		Futur	
je	descends	je	descendais	je	descendis	je	descendrai
tu	descends	tu	descendais	tu	descendis	tu	descendras
il	descend	il	descendait	il	descendit	il	descendra
nous	descendons	nous	descendions	nous	descendîmes	nous	descendrons
vous	descendez	vous	descendiez	vous	descendîtes	vous	descendrez
ils	descendent	ils	descendaient	ils	descendirent	ils	descendront

Passé composé	Plus-que-parfait	Passé antérieur	Futur antérieur
je suis descendu(e), etc.	j'étais descendu(e), etc.	je fus descendu(e), etc.	je serai descendu(e), etc.

| SUBJONCTIF | | CONDITIONNEL | PARTICIPE |

Présent		Imparfait		Présent		Présent
que je	descende	que je	descendisse	je	descendrais	descendant
que tu	descendes	que tu	descendisses	tu	descendrais	*Passé*
qu'il	descende	qu'il	descendît	il	descendrait	descendu, ue
que nous	descendions	que nous	descendissions	nous	descendrions	
que vous	descendiez	que vous	descendissiez	vous	descendriez	IMPÉRATIF
qu'ils	descendent	qu'ils	descendissent	ils	descendraient	descends!

Passé	Plus-que-parfait	Passé	descendons!
que je sois descendu(e), etc.	que je fusse descendu(e), etc.	je serais descendu(e), etc.	descendez!

recevoir

INDICATIF

Présent		Imparfait		Passé simple		Futur	
je	reçois	je	recevais	je	reçus	je	recevrai
tu	reçois	tu	recevais	tu	reçus	tu	recevras
il	reçoit	il	recevait	il	reçut	il	recevra
nous	recevons	nous	recevions	nous	reçûmes	nous	recevrons
vous	recevez	vous	receviez	vous	reçûtes	vous	recevrez
ils	reçoivent	ils	recevaient	ils	reçurent	ils	recevront

Passé composé	Plus-que-parfait	Passé antérieur	Futur antérieur
j'ai reçu, etc.	j'avais reçu, etc.	j'eus reçu, etc.	j'aurai reçu, etc.

| SUBJONCTIF | | CONDITIONNEL | PARTICIPE |

Présent		Imparfait		Présent		Présent
que je	reçoive	que je	reçusse	je	recevrais	recevant
que tu	reçoives	que tu	reçusses	tu	recevrais	*Passé*
qu'il	reçoive	qu'il	reçût	il	recevrait	reçu, ue
que nous	recevions	que nous	reçussions	nous	recevrions	
que vous	receviez	que vous	reçussiez	vous	recevriez	IMPÉRATIF
qu'ils	reçoivent	qu'ils	reçussent	ils	recevraient	reçois!

Passé	Plus-que-parfait	Passé	recevons!
que j'aie reçu, etc.	que j'eusse reçu, etc.	j'aurais reçu, etc.	recevez!

Nombres

Nombres cardinaux

0	zéro	18	dix-huit	100	cent
1	un, une	19	dix-neuf	101	cent un(e)
2	deux	20	vingt	110	cent dix
3	trois	21	vingt et un(e)	200	deux cent(s)
4	quatre	22	vingt-deux	201	deux cent un
5	cinq	23	vingt-trois	1 000	mille
6	six	30	trente	1 001	mille un(e)
7	sept	40	quarante	1 002	mille deux
8	huit	50	cinquante	1 100	onze cent(s)
9	neuf	60	soixante	1 200	douze cent(s) *ou*
10	dix	70	soixante-dix		mil(le) deux cent(s)
11	onze	71	soixante et onze	2 000	deux mille
12	douze	72	soixante-douze	10 000	dix mille
13	treize	80	quatre-vingt(s)	100 000	cent mille
14	quatorze	81	quatre-vingt-un(e)	1 000 000	un million
15	quinze	82	quatre-vingt-deux	1 000 000 000	un milliard
16	seize	90	quatre-vingt-dix	1982	mil neuf cent
17	dix-sept	91	quatre-vingt-onze		quatre-vingt-deux

Nombres ordinaux

1er	(le) premier	10e	dixième	20e	vingtième
1re	(la) première	11e	onzième	21e	vingt et unième
2e	deuxième; second(e)	12e	douzième	22e	vingt-deuxième
3e	troisième	13e	treizième	30e	trentième
4e	quatrième	14e	quatorzième	100e	centième
5e	cinquième	15e	quinzième	101e	cent unième
6e	sixième	16e	seizième	102e	cent deuxième
7e	septième	17e	dix-septième	200e	deux centième
8e	huitième	18e	dix-huitième	1 000e	millième
9e	neuvième	19e	dix-neuvième	1 000 000e	millionième

Fractions

½	(un) demi	¼	un quart	⅙	un sixième
1½	un et demi	¾	(les) trois quarts	⅐	un septième
⅓	un tiers	2¼	deux un quart	0,5	zéro virgule cinq
⅔	(les) deux tiers	⅕	un cinquième	2,8	deux virgule huit